高考专题案卷系列丛书

U0817730

高中课堂教学设计汇编·数学篇

丛书顾问　郭艳秋
丛书主编　张义武
本册主编　董万宾

北京邮电大学出版社
www.buptpress.com

内容简介

本书主要针对“三动一适应”的课堂教学模式编写。为了调动学生学习的积极性，培养学生自主合作探究的学习方式。本书从学生学习实际出发，以简单的问题为出发点，通过划分学习目标、疑点识记、问题探究等版块对知识进行系统归类，重难点突出。其中，核心突破和课堂练习更能使学生及时巩固所学知识，并达到熟练运用的程度，从而达到使学生领悟数学思想方法、提高解题能力的目的。本书适合数学爱好者和学生自学或随堂使用，也可以作为教师的教学参考用书。

图书在版编目(CIP)数据

高中课堂教学设计汇编·数学篇 / 董万宾主编. -- 北京：北京邮电大学出版社，2018.8

ISBN 978-7-5635-5443-0

Ⅰ. ①高… Ⅱ. ①董… Ⅲ. ①中学数学课－课堂教学－教学设计－高中 Ⅳ. ①G633

中国版本图书馆 CIP 数据核字（2018）第 090444 号

书　　名：高中课堂教学设计汇编·数学篇
责任著作者：董万宾　主编
责 任 编 辑：徐振华　王　义
出 版 发 行：北京邮电大学出版社
社　　址：北京市海淀区西土城路 10 号（邮编：100876）
发 行 部：电话：010-62282185　传真：010-62283578
E-mail：publish@bupt.edu.cn
经　　销：各地新华书店
印　　刷：北京玺诚印务有限公司
开　　本：787 mm×1 092 mm　1/16
印　　张：23
字　　数：568 千字
版　　次：2018 年 8 月第 1 版　2018 年 8 月第 1 次印刷

ISBN 978-7-5635-5443-0　　　　定　价：58.00 元

编　委　会

前　言

数学的理论是美妙的、引人入胜的；数学的方法是精巧的、丰富多彩的。但想要学好数学却必须付出艰辛的劳动。在教学过程中，我们经常遇到这样的学生：他们能背出一些基本的公式，却做不了略有变化的演算；他们能记得住一些基本的定理，却给不出稍分层次的推理。这些学生学习数学的方法大多较为稚嫩，他们对数学知识只停留于形式的理解，并未达到对其实质的掌握。其实，与大多数其他学科相比，数学能为学生提供更多的学习独立思考的机会，在任何一门数学课程的学习过程中，起主导作用的并非教师而是学生。学生学习数学的过程应当是一个再创造的过程。学生应当自己去认识、解释、分析所学的内容，用新的观点去改造原有的理解，从而在个人数学知识的库藏中打上自己特有的烙印。学生只有通过深入地思考，将吸收的新知识有机地融入原有的知识结构中，对抽象的对象建立起直观的理解，才能真正地学好数学。

本书主要针对“三动一适应”的课堂教学模式编写。教学过程中老师常会遇到课堂上讲解同一个题目多遍，课后学生仍然不会做的情况，而且这种情况屡见不鲜，究其原因是学生对基本概念、基本方法、基本解题技巧领悟不到位。在传统的教学方式下，学生成为被动接受知识的工具，对知识的理解都是表面的，所以“老师一讲就会，离开老师就不会”的情况就不足为怪了。而本书从学生实际出发，以简单的问题为出发点，让学生通过自主阅读、自主思考达到掌握本书内容和突破难点的目的。本书以人民教育出版社出版的普通高中课程标准实验教科书《数学》系统为基础，设置疑点识记、问题探究、核心突破等版块，对知识进行系统归类。

【疑点识记】课堂教学的主体是学生，要调动学生学习的积极性，培养学生自主合作探究的学习方式，提高学生的自学能力。学生自学时，有时会看书看不出门道，因此本书将教材疑问通过设问的方式将疑难问题分解转化，使学生在思考问题的过程中突破难点。我们希望学生带着问题去学习，当学生脑海里有问题的时候，他们自然而然会产生学习的欲望。这样做目的明确，注意力容易集中，使学生既可以学习到新知识，也可以解决问题，是一举两得的学习方法。

【问题探究】新课程理念重视的是学生能力的培养，创新精神的培养，而这些能力和精神的培养所依赖的课堂应是以学生为主体、师生互动的课堂，通过师生互动探究，促进师生共同成长。

【核心突破】通过凝缩知识点和解题思想、方法，学生将碎片化的知识点总结。可以这么说，抓住了核心考点，就等于抓住了高分的关键，编委会成员通过精心选题，认真思考，选出代表性很强的典型题目，以达到让学生掌握知识、领悟数学思想方法、提高解题能力的目的。

由于时间仓促和水平有限，书中难免会出现不足之外，请读者批评指正！

编 者

2016 年 12 月

前　言

编　者

2016年12月

目　　录

必修一篇

必修二篇

必修三篇

必修四篇

必修一篇

第1章　集合与函数的概念

1.1　集合的含义及其表示方法(一)

【学习目标】

1. 通过实例了解集合的含义，体会元素与集合的“属于”关系，能选择集合不同的语言形式描述具体的问题，提高语言转换和抽象概括能力，树立用集合语言表示数学内容的意识。

2. 了解集合元素的确定性、互异性、无序性，掌握常用数集及其专用符号，并能够用其解决有关问题，提高学生分析问题和解决问题的能力，培养学生的应用意识。

一、阅读提纲

【疑点识记】

阅读课本填空：

1. 集合：一般地，把一些能够________________的对象看成一个整体，就说这个整体是由这些对象的全体构成的__________(或________)。构成集合的每个对象叫作这个集合的______(或________)。

2. 集合与元素的表示：集合通常用__________________________来表示，它们的元素通常用____________________来表示。

3. 元素与集合的关系：

如果 a 是集合 A 的元素，就说__________，记作______，读作____________。

如果 a 不是集合 A 的元素，就说__________，记作______，读作____________。

4. 常用的数集及其记号：

(1) 自然数集：____________________，记作______。

(2) 正整数集：____________________，记作______。

(3) 整数集：____________________，记作______。

(4) 有理数集：____________________，记作______。

(5) 实数集：____________________，记作______。

【问题探究】

问题1：军训前学校通知8月15日8点，高一年级学生到操场集合进行军训。试问这个通知的对象是高一的全体学生还是个别学生？

问题2：高一年级所有女生能不能构成一个集合？

问题3：高一年级身高在1.75 m以上的男生能不能构成一个集合？

问题4：生活中有很多东西能构成集合，比如新华字典里所有的汉字可以构成一个集合。大家能不能再举出一些生活中的实际例子呢？请你给出集合的含义。

问题5：如果用A表示高一(3)班全体学生组成的集合，用a表示高一(3)班的一位同学，b表示高一(4)班的一位同学，那么a、b与集合A分别有什么关系？由此看出元素与集合之间有什么关系？

问题6：世界上最高的山能不能构成一个集合？

问题7：世界上的高山能不能构成一个集合？

问题8：问题6和7说明集合中的元素具有什么性质？

问题9：由实数1、2、3、1组成的集合有几个元素？

问题10：问题9说明集合中的元素具有什么性质？

问题11：由实数1、2、3组成的集合记为M，由实数3、1、2组成的集合记为N，这两个集合中的元素相同吗？这说明集合中的元素具有什么性质？由此类比实数相等，你发现集合有什么结论？

小结：

1. 一般地，指定的某些对象的全体称为集合，标记：$A,B,C,D,\cdots$

集合中的每个对象叫作这个集合的元素，标记：$a,b,c,d,\cdots$

2. 元素与集合的关系

a是集合A的元素，就说a属于集合A，记作$a\in A$。

a不是集合A的元素，就说a不属于集合A，记作$a\notin A$。

3. 集合中元素的三个特性

(1) 元素的确定性：对于一个给定的集合，集合中的元素是确定的，任何一个对象是或者不是这个给定的集合的元素。

(2) 元素的互异性：任何一个给定的集合中，任何两个元素都是不同的对象，相同的对象归入一个集合时，仅算一个元素。如：book这个单词中的字母构成的集合。

(3) 元素的无序性：集合中的元素是平等的，没有先后顺序，因此判定两个集合是否一样，仅需比较它们的元素是否一样，不需考查排列顺序是否一样。

集合元素的三个特性使集合本身具有了确定性和整体性。

问题12：阅读课本(人教版高中《数学 必修1》)第3页数学中一些常用的数集及其记法。快速写出常见数集的记号。

二、核心突破

【命题方向1】 集合的含义

【典例1】 下列各组对象不能组成集合的是(　　)。

A. 大于6的所有整数　　B. 高中数学的所有难题

C. 被3除余2的所有整数　　D. 函数$y=\frac{1}{x}$图像上所有的点

解析：学生先思考、讨论集合元素的性质，教师指导学生此类选择题要逐项判断。判断一组对象能否构成集合，关键是看其是否满足集合元素的确定性。

在选项A、C、D中的元素符合集合的确定性，而选项B中，难题没有标准，不符合集合元素的确定性，不能构成集合。

答案：B。

[方法规律总结]　集合元素的三大性质。

【跟踪练习 1】　下列条件能形成集合的是(　　)。

A. 充分小的负数全体　　B. 爱好足球的人

C. 中国的富翁　　D. 某公司的全体员工

【命题方向 2】　常见数集的符号表示

【典例 2】　下列结论中,不正确的是(　　)。

A. 若 $a\in\mathbf{N}$,则 $-a\notin\mathbf{N}$　　B. 若 $a\in\mathbf{Z}$,则 $a^2\in\mathbf{Z}$

C. 若 $a\in\mathbf{Q}$,则 $|a|\in\mathbf{Q}$　　D. 若 $a\in\mathbf{R}$,则 $\sqrt[3]{a}\in\mathbf{R}$

解析:(1) 元素与集合的关系及其符号表示;(2) 特殊集合的表示方法。

答案:A。

【跟踪训练 2】　判断下面说法是否正确。正确的在(　)内填"√",错误的填"×"。

(1) 所有在 $\mathbf{N}$ 中的元素都在 $\mathbf{N}^*$ 中。(　　)

(2) 所有在 $\mathbf{N}$ 中的元素都在 $\mathbf{Z}$ 中。(　　)

(3) 所有不在 $\mathbf{N}^*$ 中的数都不在 $\mathbf{Z}$ 中。(　　)

(4) 所有不在 $\mathbf{Q}$ 中的实数都在 $\mathbf{R}$ 中。(　　)

(5) 由既在 $\mathbf{R}$ 中又在 $\mathbf{N}^*$ 中的数组成的集合中一定包含数 0。(　　)

(6) 不在 $\mathbf{N}$ 中的数不能使方程 $4x=8$ 成立。(　　)

[方法规律总结]　$\mathbf{N}$ 表示非负整数集;$\mathbf{N}^*$ 或 $\mathbf{N}_+$ 表示正整数集;$\mathbf{Z}$ 表示整数集;$\mathbf{Q}$ 表示有理数集;$\mathbf{R}$ 表示实数集。

三、课堂练习

1. 下列对象能否组成集合:

(1) 数组 1、3、5、7;

(2) 到两定点距离的和等于两定点间距离的点;

(3) 满足 $3x-2>x+3$ 的全体实数;

(4) 所有直角三角形;

(5) NBA 的著名篮球明星;

(6) 所有绝对值等于 6 的数;

(7) 所有绝对值小于 3 的整数;

(8) 中国男子足球队中技术很差的队员;

(9) 参加 2008 年奥运会的中国代表团成员。

2. (口答)说出下面集合中的元素:

(1) {大于 3 小于 11 的偶数};

(2) {平方等于 1 的数};

(3) {15 的正约数}。

3. 用符号 $\in$ 或 $\notin$ 填空:

(1) 1 ______ $\mathbf{N}$,0 ______ $\mathbf{N}$,-3 ______ $\mathbf{N}$,0.5 ______ $\mathbf{N}$,$\sqrt{2}$ ______ $\mathbf{N}$;

(2) 1 ______ $\mathbf{Z}$,0 ______ $\mathbf{Z}$,-3 ______ $\mathbf{Z}$,0.5 ______ $\mathbf{Z}$,$\sqrt{2}$ ______ $\mathbf{Z}$;

(3) 1 ______ **Q**,0 ______ **Q**,−3 ______ **Q**,0.5 ______ **Q**,$\sqrt{2}$ ______ **Q**;

(4) 1 ______ **R**,0 ______ **R**,−3 ______ **R**,0.5 ______ **R**,$\sqrt{2}$ ______ **R**。

4. 判断正误。

(1) 所有属于 **N** 的元素都属于 $\mathbf{N}^*$。 ( )

(2) 所有属于 **N** 的元素都属于 **Z**。 ( )

(3) 所有不属于 $\mathbf{N}^*$ 的数都不属于 **Z**。 ( )

(4) 所有不属于 **Q** 的实数都属于 **R**。 ( )

(5) 不属于 **N** 的数不能使方程 $4x=8$ 成立。 ( )

1.2 集合的含义及其表示方法(二)

【学习目标】

1. 会用列举法表示简单的集合。
2. 明确描述法表示集合的难点。

一、阅读提纲

阅读课本表示下列集合:

(1) 小于 10 的所有自然数组成的集合;

(2) 方程 $x^2=x$ 的所有实数根组成的集合;

(3) 由 1～20 以内的所有质数组成的集合。

【疑点识记】

1. 列举法的基本格式是________________。
2. 描述法的基本格式是________________。

【问题探究】

问题 1:写出"中国的直辖市"构成的集合

问题 2:写出由"maths"中的字母构成的集合。

问题 3:写出由"book"中的字母构成的集合。

问题 4:写出从 51 到 100 的所有整数组成的集合。

问题 5:不等式 $x+1<-2$ 的解集怎么表示。

小结:

列举法:把集合中的元素一一列举出来,写在大括号内表示集合的方法。

描述法:用确定的条件表示某些对象是否属于这个集合,并把这个条件写在大括号内表示集合的方法。

格式:$\{x\in A|P(x)\}$。

含义:在集合 A 中满足条件 $P(x)$ 的 x 的集合。

二、核心突破

【命题方向 1】 列举法的运用

【典例 1】 用列举法表示下列集合:

(1) 小于5的正奇数组成的集合；

(2) 能被3整除且大于4小于15的自然数组成的集合；

(3) 方程 $x^2-9=0$ 的解组成的集合；

(4) {15以内的质数}；

(5) $\left\{x\left|\frac{6}{3-x}\in\mathbf{Z},x\in\mathbf{Z}\right.\right\}$。

答案：

(1) 满足题设条件小于5的正奇数有1、3，故用列举法表示为{1,3}；

(2) 能被3整除且大于4小于15的自然数有6、9、12，故用列举法表示为{6,9,12}；

(3) 方程 $x^2-9=0$ 的解为 -3、3，故用列举法表示为 $\{-3,3\}$；

(4) 15以内的质数有2、3、5、7、11、13，故该集合用列举法表示为{2,3,5,7,11,13}；

(5)满足 $\frac{6}{3-x}\in\mathbf{Z}$ 的 x 有 $3-x=\pm1$、±2、±3、±6，解之，得 $x=2$、4、1、5、0、6、-3、9，故用列举法表示为 $\{2,4,1,5,0,6,-3,9\}$。

[方法规律总结]　要明确各个集合中的元素。

【跟踪练习1】　用列举法表示下列集合：

(1) x^2-4 的一次因式组成的集合；

(2) $\{y\mid y=-x^2-2x+3,x\in\mathbf{R},y\in\mathbf{N}\}$；

(3) 方程 $x^2+6x+9=0$ 的解集；

(4) {20以内的质数}；

(5) $\{(x,y)\mid x^2+y^2=1,x\in\mathbf{Z},y\in\mathbf{Z}\}$；

(6) {大于0小于3的整数}；

(7) $\{x\in\mathbf{R}\mid x^2+5x-14=0\}$；

(8) $\{(x,y)\mid x\in\mathbf{N}$ 且 $1\leqslant x<4,y-2x=0\}$；

(9) $\{(x,y)\mid x+y=6,x\in\mathbf{N},y\in\mathbf{N}\}$。

【命题方向2】　描述法的运用

【典例2】　用描述法分别表示下列集合：

(1) 二次函数 $y=x^2$ 图像上的点组成的集合；

(2) 数轴上离原点的距离大于6的点组成的集合；

(3) 不等式 $x-7<3$ 的解集。

答案：(1) 二次函数 $y=x^2$ 上的点 (x,y) 的坐标满足 $y=x^2$，则二次函数 $y=x^2$ 图像上的点组成的集合表示为 $\{(x,y)\mid y=x^2\}$；

(2) 数轴上离原点的距离大于6的点组成的集合等于绝对值大于6的实数组成的集合，则数轴上离原点的距离大于6的点组成的集合表示为 $\{x\in\mathbf{R}\mid |x|>6\}$；

(3)不等式 $x-7<3$ 的解是 $x<10$，则不等式 $x-7<3$ 的解集表示为 $\{x\mid x<10\}$。

[方法规律总结]　本题主要考查集合的描述法表示。描述法适用于元素个数是有限个并且较多或无限个的集合。

用描述法表示集合时，集合元素的代表符号不能随便设，点集的元素代表符号是 (x,y)，数集的元素代表符号常用 x。集合中元素的公共特征属性可以用文字直接表述，但最好用数学符号表示,必须抓住其实质。

【跟踪训练 2】 用描述法表示下列集合:

(1) 方程 $2x+y=5$ 的解集;

(2) 小于 10 的所有非负整数的集合;

(3) 方程 $ax+by=0(ab\neq 0)$ 的解;

(4) 数轴上离原点的距离大于 3 的点的集合;

(5) 平面直角坐标系中第二、四象限点的集合;

(6) 方程组 $\begin{cases}x+y=1\\x-y=1\end{cases}$ 的解的集合;

(7) $\{1,3,5,7,\cdots\}$;

(8) x 轴上所有点的集合;

(9) 非负偶数;

(10) 能被 3 整除的整数。

三、课堂练习

1. 下列集合表示法正确的是(　　)。

A. $\{1,2,2,3\}$　　B. {全体实数}

C. {有理数}　　D. 不等式 $x^2-5>0$ 的解集为 $\{x^2-5>0\}$

2. 用列举法表示下列集合。

(1) $\{x\in\mathbf{N}^*\mid x$ 是 15 的约数$\}$________;

(2) $\{(x,y)\mid x\in\{1,2\},y\in\{1,2\}\}$________;

(3) $\{x\mid x=(-1)^n,n\in\mathbf{N}\}$________;

(4) {数字和为 5 的两位数}________;

(5) $\{(x,y)\mid 3x+2y=16,x\in\mathbf{N},y\in\mathbf{N}\}$________。

3. 用列举法和描述法分别表示方程 $x^2-5x+6=0$ 的解集。

4. 集合 $\{x\in\mathbf{N}\mid -1<x<4\}$ 用列举法表示为________。

1.3 集合的基本关系

【学习目标】

1. 了解集合之间包含与相等的含义,能识别给定集合的子集。

2. 理解子集、真子集的概念。

3. 能使用 Venn 图表达集合间的关系,体会直观图示对理解抽象概念的作用。

一、阅读提纲

【疑点识记】

1. 集合 A 是集合 B 的真子集的含义是什么?什么叫空集?

2. 集合 A 是集合 B 的真子集与集合 A 是集合 B 的子集之间有什么区别?

3. $0,\{0\}$ 与 $\varnothing$ 三者之间有什么关系?

4. 包含关系$\{a\}\subseteq A$与属于关系$a\in A$正义有什么区别？试结合实例作出解释。

5.空集是任何集合的子集吗？空集是任何集合的真子集吗？

6.能否说任何一个集合是它本身的子集，即$A\subseteq A$？

7.对于集合A,B,C,D，如果$A\subseteq B,B\subseteq C$，那么集合$A$与$C$有什么关系？

【问题探究】

问题1：实数有相等、大小关系，如$5=5,5<7,5>3$等，类比实数之间的关系，集合之间有什么关系？

问题2：观察下面几个例子，你能发现两个集合间有什么关系？

(1) $A=\{1,2,3\},B=\{1,2,3,4,5\}$；

(2) 设A为某中学高一(3)班男生的全体组成的集合，B为这个班学生的全体组成的集合；

(3) 设$C=\{x|x$是两条边相等的三角形$\}$，$D=\{x|x$是等腰三角形$\}$；

(4) $E=\{2,4,6\},F=\{6,4,2\}$。

问题3：与实数中的结论“若$a\geqslant b$，且$b\geqslant a$，则$a=b$”相类比，在集合中，能得出什么结论？

小结：

1. 一般地，对于两个集合A,B，如果集合A中任意一个元素都是集合B中的元素，我们就说这两个集合有包含关系，称集合A为B的子集。

记作：$A\subseteq B$(或$B\supseteq A$)。

读作：A含于B(或B包含A)。

2. 如果两个集合所含的元素完全相同，那么我们称这两个集合相等。为了直观地表示集合间的关系，我们常用平面上封闭曲线的内部代表集合，这种图称为Venn图。图(1)和图(2)分别是表示问题2中实例(1)和实例(3)的Venn图。

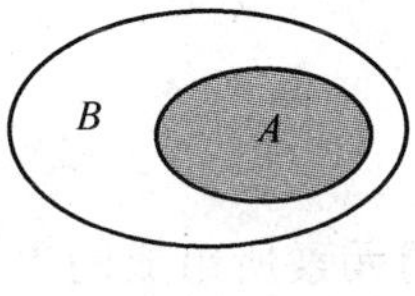

图(1)

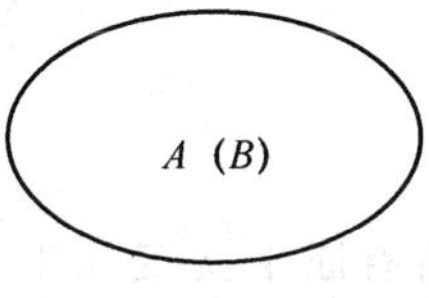

图(2)

二、核心突破

【命题方向1】 子集的概念

【典例1】 某工厂生产的产品在质量和长度上都合格时，该产品才合格。若用A表示合格产品，B表示质量合格的产品的集合，C表示长度合格的产品的集合。则下列包含关系哪些成立？

$A\subseteq B,B\subseteq A,A\subseteq C,C\subseteq A$。

答案：B是A的子集，C是A的子集。

【跟踪练习1】 用适当的符号($\in$、$\notin$、$\subset$、$\supset$、$\subseteq$、$\supseteq$)填空：

① 4 ______ $\{0,2,4,6\}$；　　② 11 ______ $\{4m+3,m\in\mathbf{Z}\}$；

③ $\{1,2\}$ ______ $\{1,2,3,4\}$；　　④ $\{5,6\}$ ______ $\{6\}$。

【命题方向 2】 写子集

【典例 2】 写出集合$\{a,b\}$的所有子集,并指出哪些是它的真子集。

解析:(1) 集合之间的关系的应用;(2) 子集的书写规律。

答案:$\{a,b\}$,$\{a\}$,$\{b\}$,$\varnothing$。

[方法规律总结] 书写子集时按顺序思考。

【跟踪训练 2】 写出集合$\{0,1,2\}$的所有子集,并指出哪些是它的真子集。

三、课堂练习

1. 用“$\subseteq$、$\subset$、$\supseteq$、$\supset$”连接下列集合对:

(1) $A=\{$济南人$\}$,$B=\{$山东人$\}$;

(2) $A=\mathbf{N}$,$B=\mathbf{R}$;

(3) $A=\{1,2,3,4\}$,$B=\{0,1,2,3,4,5\}$;

(4) $A=\{$本校田径队队员$\}$,$B=\{$本校长跑队队员$\}$;

(5) $A=\{$11 月份的公休日$\}$,$B=\{$11 月份的星期六或星期天$\}$。

2. 若$A=\{a,b,c\}$,则有几个子集,几个真子集?写出 A 所有的子集。

3. 设$A=\{x|x=3m,m\in\mathbf{Z}\}$,$B=\{x|x=6k,k\in\mathbf{Z}\}$,则 A、B 之间是什么关系?

1.4 并集与交集

【学习目标】

1. 熟练掌握交集、并集的概念及其性质。
2. 能利用数轴、Venn 图来解决交集、并集问题。
3. 体会数学语言的简洁性与明确性,发展运用数学语言交流问题的能力。

一、阅读提纲

【疑点识记】

1. 交集:一般地,由所有属于 A 又属于 B 的元素所组成的集合,叫作 A、B 的________。记作________________,即________________。

2. 并集:一般地,对于给定的两个集合 A,B 把它们所有的元素并在一起所组成的集合,叫作 A、B 的________。记作____________,即____________。

3. 用 Venn 图表示两个集合的交集与并集。

【问题探究】

问题 1:观察下面两个图的阴影部分,它们同集合 A、集合 B 有什么关系?

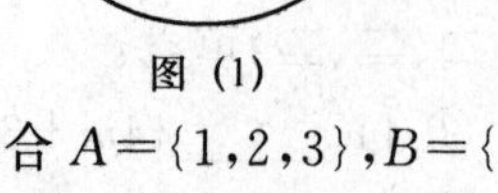

图 (1)

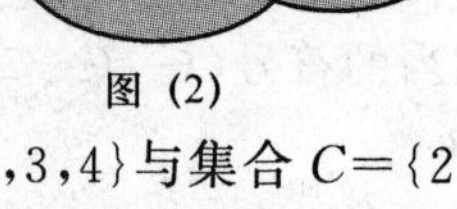

图 (2)

问题 2:(1) 考察集合$A=\{1,2,3\}$,$B=\{2,3,4\}$与集合$C=\{2,3\}$之间的关系。

(2) 考察集合$A=\{1,2,3\}$,$B=\{2,3,4\}$与集合$C=\{1,2,3,4\}$之间的关系。

小结：

1. 交集：一般地，由所有属于 A 又属于 B 的元素所组成的集合，叫作 A、B 的交集。记作 $A\cap B$(读作“A 交 B”)，即 $A\cap B=\{x|x\in A$，且 $x\in B\}$。

2. 并集：一般地，对于给定的两个集合 A、B 把它们所有的元素并在一起所组成的集合，叫作 A、B 的并集。记作 $A\cup B$(读作“A 并 B”)，即 $A\cup B=\{x|x\in A$，或 $x\in B\}$。

3. $A\cap B=B\cap A$；　$A\cap A=A$；　$A\cap\varnothing=\varnothing$；　$A\cap B=A\Leftrightarrow A\subseteq B$；

$A\cup B=B\cup A$；　$A\cup A=A$；　$A\cup\varnothing=A$；　$A\cap B=B\Leftrightarrow A\supseteq B$。

二、核心突破

【命题方向 1】　交集的运用

【典例 1】　已知集合 $M=\{(x,y)|x+y=2\}$，$N=\{(x,y)|x-y=4\}$，那么集合 $M\cap N$ 为(　　)。

A. $x=3,y=-1$　　B. $(3,-1)$　　C. $\{3,-1\}$　　D. $\{(3,-1)\}$

答案：由已知得 $M\cap N=\{(x,y)|x+y=2$，且 $x-y=4\}=\{(3,-1)\}$。也可采用筛选法。首先，易知 A、B 不正确，因为它们都不是集合符号。又因为集合 M,N 的元素都是数组(x,y)，所以 C 也不正确。

［方法规律总结］　求两集合的交集即求同时满足两集合中元素性质的元素组成的集合。本题中就是求方程组 $\begin{cases}x+y=2\\x-y=4\end{cases}$ 的解组成的集合。另外要弄清集合中元素的一般形式。

【跟踪练习 1】　已知集合 $M=\{x|x+y=2\}$，$N=\{y|y=x^2\}$，那么 $M\cap N$ 为________。

【命题方向 2】　并集的运用

【典例 2】　设 $A=\{x|-1<x<2\}$，$B=\{x|1<x<3\}$，求 $A\cup B$。

解：$A\cup B=\{x|-1<x<2\}\cup\{x|1<x<3\}=\{x|-1<x<3\}$。

［方法规律总结］　可以通过数轴来直观表示并集。

【跟踪训练 2】　已知 $A=\{x|x^2-px+15=0\}$，$B=\{x|x^2-ax-b=0\}$，且 $A\cup B=\{2,3,5\}$，$A\cap B=\{3\}$，求 p,a,b 的值。

【命题方向 3】　集合中元素的性质

【典例 3】　已知集合 $A=\{-2,-1,0,1,2\}$，$B=\{x|(x-1)(x+2)<0\}$，则 $A\cap B=$(　　)。

A. $A=\{-1,0\}$　　B. $\{0,1\}$　　C. $\{-1,0,1\}$　　D. $\{0,1,2\}$

解析：由已知得 $B=\{x|-2<x<1\}$，故 $A\cap B=\{-1,0\}$。

答案：A。

［方法规律总结］　弄清楚集合中元素的性质。

【跟踪训练 3】　已知集合 $A=\{1,2,3\}$，$B=\{x|(x+1)(x-2)<0,x\in\mathbf{Z}\}$，则 $A\cup B=$(　　)。

A. $\{1\}$　　B. $\{1,2\}$　　C. $\{0,1,2,3\}$　　D. $\{-1,0,1,2,3\}$

三、课堂练习

1. 设 $M=\{0,1,2,4,5,7\}$，$N=\{1,4,6,8,9\}$，$P=\{4,7,9\}$，则$(M\cap N)\cup(M\cap P)=$(　　)。

A. $\{1,4\}$　　B. $\{1,7\}$　　C. $\{4,7\}$　　D. $\{1,4,7\}$

2. 已知 $A=\{y|y=x^2-4x+3,x\in\mathbf{R}\}$，$B=\{y|y=x-1,x\in\mathbf{R}\}$，则 $A\cap B=$（　　）。

A. $\{y|y=-1$ 或 $0\}$　　B. $\{x|x=0$ 或 $1\}$

C. $\{(0,-1),(1,0)\}$　　D. $\{y|y\geqslant -1\}$

3. 已知集合 $M=\{x|x-a=0\}$，$N=\{x|ax-1=0\}$，若 $M\cap N=M$，则实数 $a=$（　　）。

A. 1　　B. -1　　C. 1 或 -1　　D. 1、-1 或 0

4. 若集合 A、B 满足 $A\cup B=A\cap B$，则集合 A，B 的关系是________。

5. 设 $A=\{y|y=x^2-2x-3,x\in\mathbf{R}\}$，$B=\{y|y=-x^2+2x+13,x\in\mathbf{R}\}$，则 $A\cap B=$________。

6. 已知关于 x 的方程 $3x^2+px-7=0$ 的解集为 A，方程 $3x^2-7x+q=0$ 的解集为 B，若 $A\cap B=\left\{-\frac{1}{3}\right\}$，求 $A\cup B$。

1.5　集合的基本运算——补集及综合应用

【学习目标】

1. 了解全集的意义，理解补集的概念。

2. 能用 Venn 图表达集合的关系及运算，体会直观图示对理解抽象概念的作用。

3. 进一步体会数学语言的简洁性与明确性，发展运用数学语言交流问题的能力。

一、阅读提纲

【疑点识记】

1. 如果所要研究的集合__________，那么称这个给定的集合为全集，记作______。

2. 如果 A 是全集 U 的一个子集，由__________构成的集合，称为 A 在 U 中的补集，记作______，读作______。

3. $A\cup \complement_U A=$______，$A\cap \complement_U A=$______，$\complement_U(\complement_U A)=$______。

【问题探究】

问题 1：设全集 $U=\{0,1,2,3,4\}$，集合 $A=\{0,1,2,3\}$，集合 $B=\{2,3,4\}$，则 $(\complement_U A)\cup(\complement_U B)=$（　　）。

A. $\{0\}$　　B. $\{0,1\}$　　C. $\{0,1,4\}$　　D. $\{0,1,2,3,4\}$

问题 2：已知集合 $I=\{0,-1,-2,-3,-4\}$，集合 $M=\{0,-1,-2\}$，$N=\{0,-3,-4\}$，则 $M\cap(\complement_I N)=$（　　）。

A. $\{0\}$　　B. $\{-3,-4\}$　　C. $\{-1,-2\}$　　D. $\{0,-1,-2\}$

问题 3：已知全集为 U，M、N 是 U 的非空子集，若 $M\subseteq N$，则 $\complement_U M$ 与 $\complement_U N$ 的关系是__________。

问题 4：思考全集与补集的性质有哪些？

二、核心突破

【命题方向 1】　补集的运用

【典例 1】　设 $U=\{2,4,3-a^2\}$，$P=\{2,a^2+2-a\}$，$\complement_U P=\{-1\}$，求 a。

解：因为 $-1\in \complement_U P$，所以 $-1\in U$，所以由 $3-a^2=-1$ 得 $a=\pm 2$。

当 $a=2$ 时，$P=\{2,4\}$ 满足题意。

当 $a=-2$ 时，$P=\{2,8\}$，$8\notin U$ 舍去。因此 $a=2$。

[方法规律总结] 由集合、补集、全集三者关系进行分析，特别注意集合元素的互异性，所以解题时不要忘记检验，防止产生增解。

【跟踪练习 1】 已知 $A=\{0,2,4,6\}$，$\complement_S A=\{-1,-3,1,3\}$，$\complement_S B=\{-1,0,2\}$，用列举法写出集合 B。

【命题方向 2】 集合运算综合运用

【典例 2】 设全集 $U=R$，$A=\{x\mid 3m-1<x<2m\}$，$B=\{x\mid -1<x<3\}$，$B\subsetneqq \complement_U A$，求 m 的取值范围。

解：由条件知，若 $A=\varnothing$，则 $3m-1\geqslant 2m$，即 $m\geqslant 1$，适合题意；

若 $A\neq\varnothing$。当 $m<1$ 时，$\complement_U A=\{x\mid x\geqslant 2m$ 或 $x\leqslant 3m-1\}$，应有 $-1\geqslant 2m$，得 $m\leqslant -\dfrac{1}{2}$；

或 $3m-1\geqslant 3$，得 $m\geqslant\dfrac{3}{4}$ 与 $m<1$ 矛盾，舍去。

综上可知：m 的取值范围是 $m\geqslant 1$ 或 $m\leqslant -\dfrac{1}{2}$。

[方法规律总结] 注意空集的讨论。

【跟踪训练 2】 设全集 $U=\{1,2,3,4\}$，且 $A=\{x\mid x^2-mx+n=0,x\in U\}$，若 $\complement_U A=\{2,3\}$，求 m,n 的值。

三、课堂练习

1. 已知 $\complement_Z A=\{x\in\mathbf{Z}\mid x>5\}$，$\complement_Z B=\{x\in\mathbf{Z}\mid x>2\}$，则有（　　）。

A. $A\subseteq B$　　B. $B\subseteq A$　　C. $A=B$　　D. 以上都不对

2. 设 $U=\mathbf{R}$，$A=\{x\mid x\geqslant 1\}$，$B=\{x\mid 0<x<5\}$，则 $(\complement_U A)\cap B=$（　　）。

A. $\{x\mid 0<x<1\}$　　B. $\{x\mid 1\leqslant x<5\}$　　C. $\{x\mid 0\leqslant x<1\}$　　D. $\{x\mid 1\leqslant x<5\}$

3. 设全集 $U=\{2,3,a^2+2a-3\}$，$A=\{|a+1|,2\}$，$\complement_U A=\{5\}$，则 a 的值为（　　）。

A. 2 或 -4　　B. 2　　C. -3 或 1　　D. 4

4. 设 $U=\mathbf{R}$，$A=\{x\mid a\leqslant x\leqslant b\}$，$\complement_U A=\{x\mid x>4$ 或 $x<3\}$，则 $a=$________，$b=$________。

5. 设 $U=\mathbf{R}$，$A=\{x\mid x^2-x-2=0\}$，$B=\{x\mid |x|=y+1,y\in A\}$，则 $\complement_U B=$________。

6. 已知全集 $S=\{$不大于 20 的质数$\}$，A、B 是 S 的两个子集，且满足 $A\cap(\complement_S B)=\{3,5\}$，$(\complement_S A)\cap B=\{7,19\}$，$(\complement_S A)\cap(\complement_S B)=\{2,17\}$，求集合 A 和集合 B。

1.6　函数的概念

【学习目标】

1. 通过丰富的实例，进一步体会函数是描述变量之间的依赖关系的重要数学模型。

2. 学习用集合语言刻画函数。

3. 理解构成函数的要素，会求一些简单函数的定义域，并能够正确使用“区间”的符号表示某些函数的定义域。

一、阅读提纲

【疑点识记】

1. 在一个变化的过程中，有两个变量 x 和 y，如果给定了一个 x 值，相应地________，那么我们称________的函数，其中 x 是________，y 是________。

2. 记集合 A 是一个________，对 A 内________x，按照确定的法则 f，都有________与它对应，则这种对应关系称为__________，记作__________，其中 x 称为________，数集 A 称为______________。

3. 如果自变量取值 a，则由法则 f 确定的值 y 称为____________，记作________或________，所有函数值构成的集合____________，称为____________。

【问题探究】

函数是数学中最主要的概念之一，而函数概念贯穿整个中学数学，如：数、式、方程、函数、排列组合、数列极限等都是以函数为中心的代数。加强函数教学可帮助学生学好其他的数学内容。而掌握好函数的概念是学好函数的基石。阅读课本引例，体会函数是描述客观事物变化规律的数学模型的思想：

(1) 炮弹的射高与时间的变化关系问题；

(2) 南极臭氧空洞面积与时间的变化关系问题；

(3)“八五”计划以来我国城镇居民的恩格尔系数与时间的变化关系问题

通过读课本上 3 个例子的研究，进一步体会函数是描述变量之间的依赖关系的重要数学模型。

问题 1：用集合语言刻画函数关键词语有哪些？

问题 2：函数有哪三个要素？

问题 3：区间怎么表示？

小结：

(1) 函数的概念

设 A、B 是非空的数集，如果按照某个确定的对应关系 f，使对于集合 A 中的任意一个数 x，在集合 B 中都有唯一确定的数 $f(x)$ 和它对应，那么就称 $f:A\to B$ 为从集合 A 到集合 B 的一个函数(function)。

记作：$y=f(x)$，$x\in A$。

其中，x 叫作自变量，x 的取值范围 A 叫作函数的定义域(domain)；与 x 的值相对应的 y 值叫作函数值，函数值的集合 $\{f(x)\mid x\in A\}$ 叫作函数的值域(range)。

注意：

a. “$y=f(x)$”是函数符号，可以用任意的字母表示，如“$y=g(x)$”。

b. 函数符号“$y=f(x)$”中的 $f(x)$ 表示与 x 对应的函数值，是一个数，而不是 f 乘 x。

c. 函数是非空数集到非空数集的对应关系。

d. “$f:A\to B$”表示一个函数有三要素：法则 f(是核心)，定义域 A(要优先)，值域 C(函数值的集合，且 $C\in B$)。

(2) 区间的概念

区间的分类:开区间、闭区间、半开半闭区间。

$\{x|a\leqslant x\leqslant b\}=[a,b]$;$\{x|a\leqslant x<b\}=[a,b)$;$\{x|a<x\leqslant b\}=(a,b]$;

$\{x|a<x<b\}=(a,b)$;$\{x|x\leqslant b\}=(-\infty,b]$;$\{x|a\leqslant x\}=[a,+\infty)$。

二、核心突破

【命题方向 1】 求函数的定义域

【典例 1】 求函数 $y=\sqrt{2x+3}-\dfrac{1}{\sqrt{2-x}}+\dfrac{1}{x}$的定义域。

解:由条件知应满足 $2x+3\geqslant 0$ 且 $2-x>0$ 且 $x\neq 0$,解得$-\dfrac{3}{2}\leqslant x<2$ 且 $x\neq 0$,所以定义域为$\left[-\dfrac{3}{2},0\right)\cup(0,2)$。

[方法规律总结] 题中既有分母又有根式,要保证两种形式同时有意义,解不等式(组)。

【跟踪练习 1】 求函数 $y=\dfrac{x-2}{x^2-4}$的定义域。

【命题方向 2】 求函数值

【典例 2】 求函数 $f(x)=\dfrac{1}{x^2+1}$,$x\in\mathbf{R}$,在 $x=0,1,2$ 处的函数值和值域。

解:$f(0)=\dfrac{1}{0^2+1}=1$,$f(1)=\dfrac{1}{1^2+1}=\dfrac{1}{2}$,$f(2)=\dfrac{1}{2^2+1}=\dfrac{1}{5}$。

观察知这个函数的值域为:$\left\{y\,\middle|\,y=\dfrac{1}{x^2+1},x\in\mathbf{R}\right\}=(0,1]$。

[方法规律总结] 求函数值(域)首先考虑定义域。

【跟踪训练 2】 已知 $A=\{1,2,3,k\}$,$B=\{4,7,a^4,a^2+3a\}$,$a\in\mathbf{N}^*$,$k\in\mathbf{N}^*$,$x\in A$,$y\in B$,$f:x\rightarrow y=3x+1$ 是从定义域 A 到值域 B 上的一个函数,求 a,k,A,B。

三、课堂练习

1. 函数 $y=\dfrac{(x+1)^0}{\sqrt{|x|-x}}$的定义域是( )。

A. $\{x|0\leqslant x\leqslant 1\}$　　C. $\{x|x<-1$ 或 $x>-1\}$

B. $\{x|x>0\}$　　D. $\{x|x\neq -1,x\neq 0\}$

2. 已知函数 $f(x)=x+1$,其定义域为$\{-1,0,1,2\}$,则函数的值域为( )。

A. $[0,3]$　B. $\{0,3\}$　C. $\{0,1,2,3\}$　D. $\{y|y\geqslant 0\}$

3. 已知 $f(x)=x^2+1$,则 $f[f(-1)]$的值等于( )。

A. 2　B. 3　C. 4　D. 5

4. 函数 $y=\sqrt{x-2}+\sqrt{2-x}$的定义域是________。

5. 已知 $f(x)=2x+3$,则 $f(1)=$________,$f(a)=$________,$f[f(a)]=$________。

6. 用长为 l 的铁丝弯成下部为矩形，上部为半圆形的框架，若矩形底边长为 $2x$，求此框架围成的面积 y 与 x 的函数关系式，并指出其定义域。

1.7 函数的表示法

【学习目标】

1. 掌握函数的三种主要表示方法。
2. 能选择恰当的方法表示具体问题中的函数关系。
3. 会画简单函数的图像。

一、阅读提纲

【疑点识记】

1. 列表法：通过列出________与对应__________的表来表示____________的方法叫作列表法。

2. 图像法：以________为横坐标，对应的________为纵坐标的点________的集合，叫作函数 $y=f(x)$ 的图像，这种用“图形”表示函数的方法叫作图像法。

3. 解析法(公式法)：用________来表达函数 $y=f(x)(x\in A)$ 中的 $f(x)$，这种表达函数的方法叫解析法，也称公式法。

4. 分段函数：在函数的定义域内，对于自变量 x 的不同取值区间，有着____________，这样的函数通常叫作__________。

【问题探究】

问题 1：函数的定义是什么？函数的图像的定义是什么？

问题 2：在中学数学中，画函数图像的基本方法是什么？

问题 3：用描点法画函数图像，怎样避免描点前盲目列表计算？怎样做到描最少的点却能显示出图像的主要特征？

小结：

表示函数的方法，常用的有解析法、列表法和图像法三种。

(1) 解析法：就是把两个变量的函数关系，用一个等式表示，这个等式叫作函数的解析表达式，简称解析式。

优点：一是简明、全面地概括了变量间的关系；二是可以通过解析式求出任意一个自变量的值所对应的函数值。中学阶段研究的函数主要是用解析法表示的函数。

(2) 列表法：就是列出表格来表示两个变量的函数关系。

数学用表中的平方表、平方根表、三角函数表，银行里的利息表，公共汽车上的票价表、列车时刻表等都是用列表法来表示函数关系的。

优点：不需要计算就可以直接看出与自变量的值相对应的函数值。

(3) 图像法：就是用函数图像表示两个变量之间的关系。

优点：能直观形象地表示出自变量的变化，相应的函数值变化的趋势，这样使得我们可以通过图像来研究函数的某些性质。

二、核心突破

【命题方向1】 函数表示法的运用

【典例1】 某种笔记本每个5元，买 $x\in\{1,2,3,4\}$ 个笔记本的钱数记为 y 元，试写出以 x 为自变量的函数 y 的解析式，并画出这个函数的图像。

解：这个函数的定义域集合是 $\{1,2,3,4\}$，函数的解析式为 $y=5x, x\in\{1,2,3,4\}$。

它的图像由4个孤立点 $A(1,5)$，$B(2,10)$，$C(3,15)$，$D(4,20)$ 组成，如右图所示。

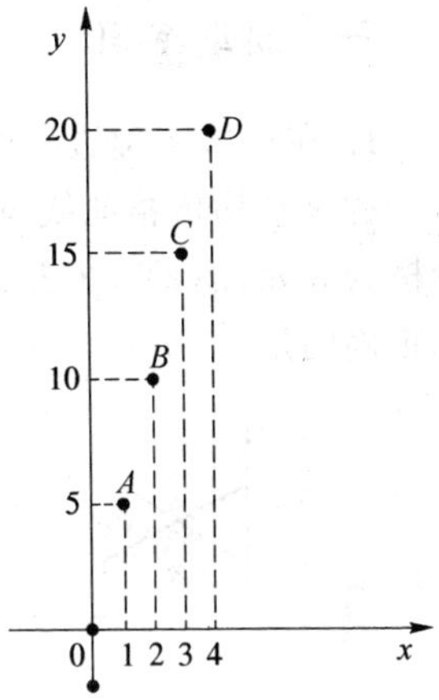

[方法规律总结] 定义域优先。

【跟踪练习1】 设 $f(x+x^{-1})=x^3+x^{-3}$，$g(x+x^{-1})=x^2+x^{-2}$，求 $f[g(x)]$。

【命题方向2】 画函数的图像

【典例2】 作出函数 $y=x+\dfrac{1}{x}$ 的图像。

列表描点：

K'	L'	M'	N'	G'	O'	P'	Q'
$(-5.0,-5.2)$	$(-4.0,-4.3)$	$(-3.0,-3.3)$	$(-2.0,-2.5)$	$(-1.0,-2.0)$	$(-0.4,-3.0)$	$(-0.3,-4.0)$	$(-0.2,-5.0)$
Q	P	O	G	N	M	L	K
$(0.2,5.0)$	$(0.3,4.0)$	$(0.4,3.0)$	$(1.0,2.0)$	$(2.0,2.5)$	$(3.0,3.3)$	$(4.0,4.3)$	$(5.0,5.2)$

$y=x+\dfrac{1}{x}$ 的函数图像如下图所示。

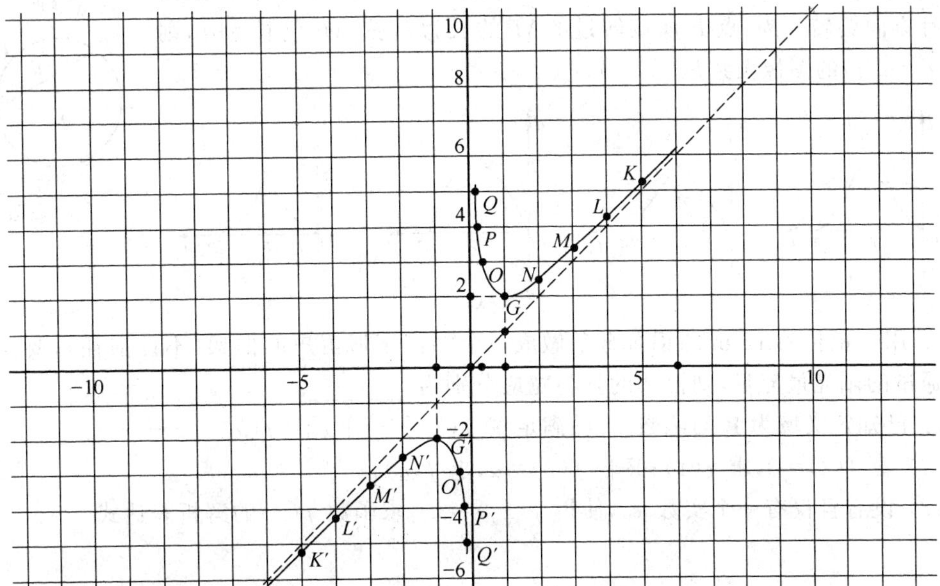

［方法规律总结］ 复杂函数图像的画法。

【跟踪训练 2】 画出函数 $y=|x|$ 与函数 $y=|x-2|$ 的图像。

三、课堂练习

1. 在股票买卖过程中，经常用到两种曲线，一种是即时价格曲线 $y=f(x)$（实线表示），另一种是平均价格曲线 $y=g(x)$（虚线表示）〔如 $f(2)=3$ 是指开始买卖后两个小时的即时价格为 3 元；$g(2)=3$ 表示两个小时内的平均价格为 3 元〕，下面给出的 4 个图像中，其中可能正确的是（　　）。

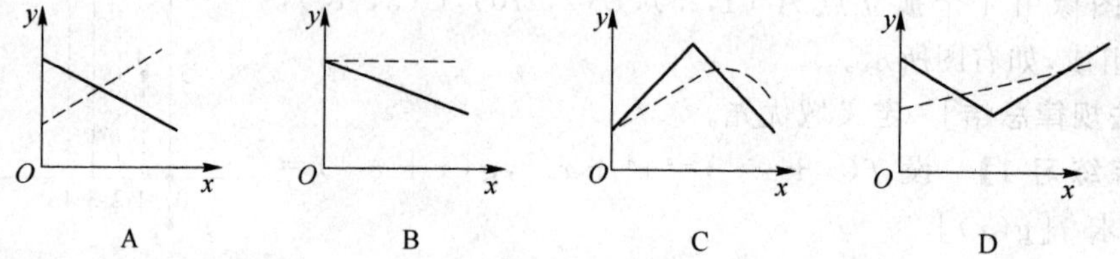

2. 函数 $f(x+1)$ 为偶函数，且 $x<1$ 时，$f(x)=x^2+1$，则 $x>1$ 时，$f(x)$ 的解析式为（　　）。

A. $f(x)=x^2-4x+4$　　B. $f(x)=x^2-4x+5$

C. $f(x)=x^2-4x-5$　　D. $f(x)=x^2+4x+5$

3. 函数 $f(x)=\frac{x}{|x|}\cdot a^x(a>1)$ 的图像的大致形状是（　　）。

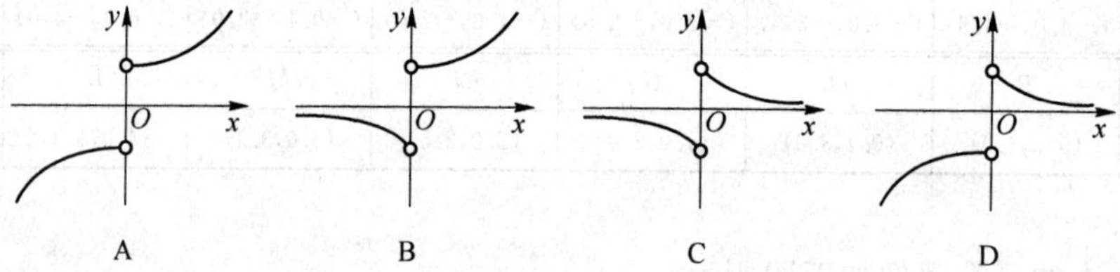

4. 如图，设点 A 是单位圆上的一定点，动点 P 从点 A 出发在圆上按逆时针方向旋转一周，点 P 所旋转过的 $\overset{\frown}{AP}$ 的长为 l，弦 AP 的长为 d，则函数 $d=f(l)$ 的图像大致是（　　）。

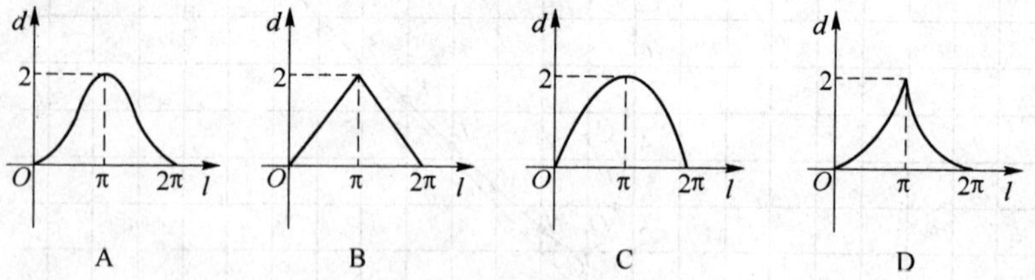

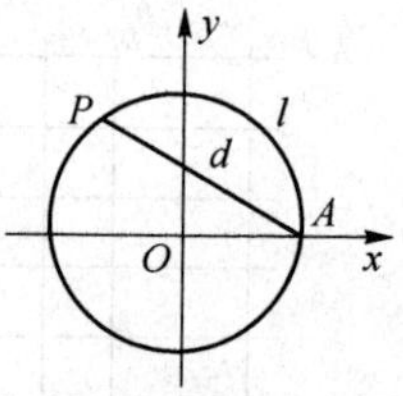

第 4 题图

5. 用一根长为 12 m 的铝合金条做成一个“目”字形窗户的框架（不计损耗），要使这个窗户通过的阳光最充足，则框架的长与宽应分别为________。

6. 已知定义域为 **R** 的函数 $f(x)$ 满足 $f[f(x)-x^2+x]=f(x)-x^2+x$。

(1) 若 $f(2)=3$，求 $f(1)$；又若 $f(0)=a$，求 $f(a)$；

(2) 设有且仅有一个实数 x_0，使得 $f(x_0)=x_0$，求函数 $f(x)$ 的解析表达式。

1.8　函数的表示方法——分段函数

【学习目标】

1. 根据要求求函数的解析式。
2. 了解分段函数及其简单应用。
3. 理解分段函数是一个函数，而不是几个函数。

一、阅读提纲

【疑点识记】

在同一直角坐标系中：作出函数 $y=2x+1(x\in(1,+\infty))$ 的图像和函数 $y=-x^2+4(x\in(-\infty,1])$ 的图像。

【问题探究】

问题 1：前面所作出的图形是否可以作为某个函数的图像？

问题 2：是什么样的函数的图像？和以前见到的图像有何异同？

问题 3：如何表示这样的函数？

小结：

分段函数是一个函数而不是多个函数。

二、核心突破

【命题方向 1】　分段函数的实际应用

【典例 1】　国内投寄信函（外埠），每封信函不超过 20 g 付邮资 80 分，超过 20 g 而不超过 40 g 付邮资 160 分，依次类推，每封 x g$(0<x\leqslant100)$ 的信函应付邮资为（单位：分），试写出以 x 为自变量的函数 y 的解析式，并画出这个函数的图像。

解：这个函数的定义域集合是 $0<x\leqslant100$，函数的解析式为

$$y=\begin{cases}80, x\in(0,20]\\160, x\in(20,40]\\240, x\in(40,60]\\320, x\in(60,80]\\400, x\in(80,100]\end{cases}。$$

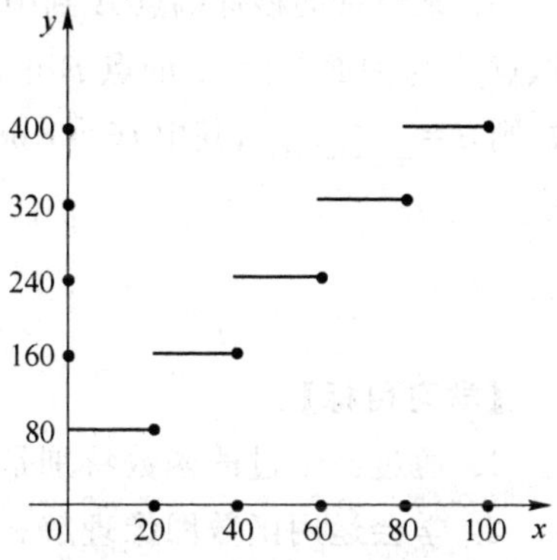

这个函数的图像是 5 条线段（不包括左端点），都平行于 x 轴，如右图所示。

[**方法规律总结**]　这一种函数我们把它称为分段函数。

【跟踪练习 1】　作函数 $y=|x-2|(x+1)$ 的图像。

【命题方向 2】　画分段函数的图像

【典例 2】　画出函数 $y=|x|=\begin{cases}x, & x\geqslant0\\-x, & x<0\end{cases}$ 的图像。

解：这个函数的图像是两条射线，分别是第一象限和第二象限的角平分线，如图所示。

[方法规律总结]

(1) 再次说明函数图像的多样性;

(2) 有些函数在它的定义域中,对于自变量 x 的不同取值范围,对应法则不同,这样的函数通常称为分段函数。注意分段函数是一个函数,而不是几个函数。

(3) 注意:并不是每一个函数都能作出它的图像,如狄利克雷(Dirichlet)函数 $D(x)=\begin{cases}1, & x\text{是有理数}\\ 0, & x\text{是无理数}\end{cases}$,我们就作不出它的图像。

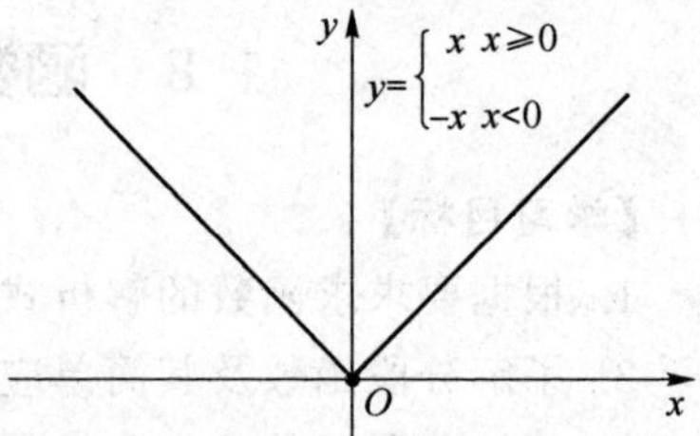

典例 2 图

【跟踪训练 2】 作出分段函数 $y=|x-1|+|x+2|$ 的图像。

【跟踪训练 3】 作出函数 $y=|x^2-2x-3|$ 的函数图像。

三、课堂练习

1. 定义运算$\otimes$:$a\otimes b=\begin{cases}a, a\leqslant b\\ b, a>b\end{cases}$。设 $F(x)=f(x)\otimes g(x)$,若 $f(x)=\sin x$, $g(x)=\cos x$, $x\in\mathbf{R}$,则 $F(x)$的值域为(　　)。

A. $[-1,1]$　　B. $\left[-\frac{\sqrt{2}}{2},1\right]$　　C. $\left[-1,\frac{\sqrt{2}}{2}\right]$　　D. $\left[-1,-\frac{\sqrt{2}}{2}\right]$

2. 已知 $f(x)=\begin{cases}\cos \pi x, & x\leqslant 0\\ f(x-1)+1, & x>0\end{cases}$,则 $f\left(\frac{4}{3}\right)+f\left(-\frac{4}{3}\right)$的值为(　　)。

A. -2　　B. -1　　C. 1　　D. 2

3. 设函数 $f(x)=\begin{cases}\sin(\pi x^2), & -1<x<0\\ e^{x-1}, & x\geqslant 0\end{cases}$,若 $f(1)+f(a)=2$,则 a 的所有可能的值是________。

4. 某时钟的秒针端点 A 到中心点 O 的距离为 5 cm,秒针均匀地绕点 O 旋转,当时间 $t=0$ 时,点 A 与钟面上标 12 的点 B 重合。将 A、B 两点间的距离 d(单位 cm)表示成 t(单位 s)的函数,则 $d=$________,其中 $t\in[0,60]$。

1.9　函数单调性

【学习目标】

1. 通过已学过的函数特别是二次函数,理解函数的单调性及其几何意义。
2. 学会运用函数图像理解和研究函数的性质。
3. 能够熟练应用定义判断与证明函数在某区间上的单调性。

一、阅读提纲

【疑点识记】

1. 观察下列各个函数的图像,并说说它们分别反映了相应函数的哪些变化规律:

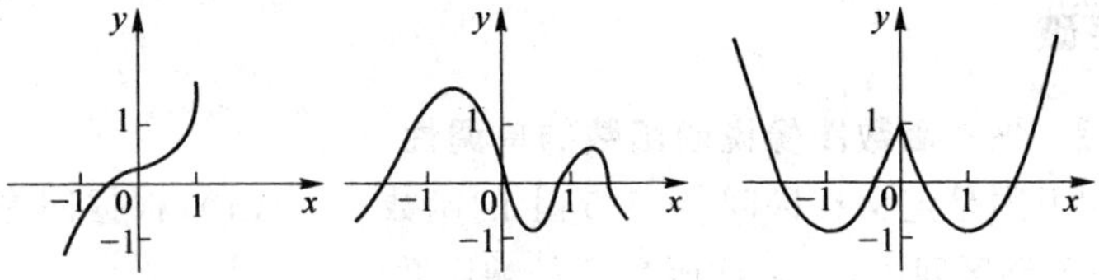

(1) 随 x 的增大，y 的值有什么变化？

(2) 能否看出函数的最大、最小值？

(3) 函数图像是否具有某种对称性？

2. 分别在右图画出下列函数的图像，观察其变化规律。

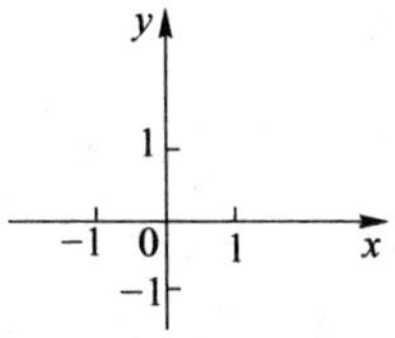

(1)

(1) $f(x)=x$

① 从左至右图像上升还是下降________？

② 在区间________上，随着 x 的增大，$f(x)$的值随着________。

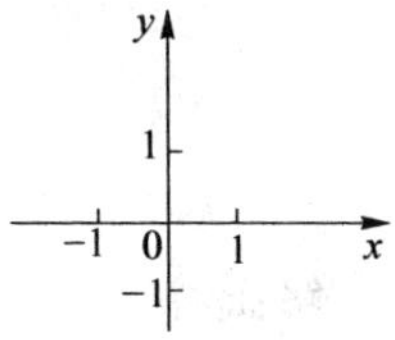

(2)

(2) $f(x)=-x+2$

① 从左至右图像上升还是下降________？

② 在区间________上，随着 x 的增大，$f(x)$的值随着________。

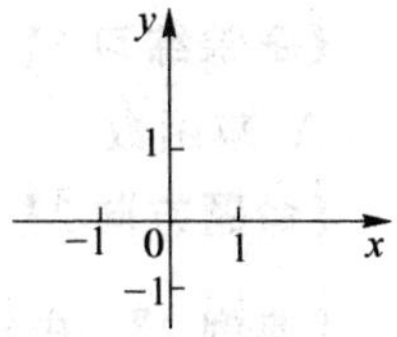

(3)

(3) $f(x) = x^2$

① 在区间________上，$f(x)$的值随着 x 的增大而________。

② 在区间________上，$f(x)$的值随着 x 的增大而________。

3. 一般地，设函数 $y=f(x)$的定义域为 I，如果对于定义域 I 内的某个区间 D 内的任意两个自变量 x_1,x_2，会有：

(1) 当 $x_1<x_2$时，都有 $f(x_1)$________$f(x_2)$，那么就说 $f(x)$在区间 D 上是________函数；

(2) 当 $x_1<x_2$时，都有 $f(x_1)$________$f(x_2)$，那么就说 $f(x)$在区间 D 上是________函数。

【问题探究】

问题 1：$y=x^2$ 的图像在 y 轴右侧是上升的，如何用数学符号语言来描述这种“上升”呢？

问题 2：从函数图像上可以看到，$y=x^2$ 的图像在 y 轴左侧是下降的，类比增函数的定义，你能概括出减函数的定义吗？

小结：

1. 增函数

一般地，设函数 $y=f(x)$的定义域为 I，如果对于定义域 I 内的某个区间 D 内的任意两个自变量 x_1,x_2，当 $x_1<x_2$时，都有 $f(x_1)<f(x_2)$，那么就说 $f(x)$在区间 D 上是增函数。

2. 注意

(1) 函数的单调性是在定义域内的某个区间上的性质，是函数的局部性质。

(2) 必须是对于区间 D 内的任意两个自变量 x_1,x_2；当 $x_1<x_2$ 时，总有 $f(x_1)<f(x_2)$。

3. 函数的单调性定义

如果函数 $y=f(x)$在某个区间上是增函数或是减函数，那么就说函数 $y=f(x)$在这一区间具有(严格的)单调性，区间 D 叫作 $y=f(x)$的单调区间。

二、核心突破

【命题方向 1】 根据函数图像说明函数的单调性

【典例 1】 如下图是定义在区间$[-5,5]$上的函数 $y=f(x)$，根据图像说出函数的单调区间，以及在每一单调区间上，它是增函数还是减函数？

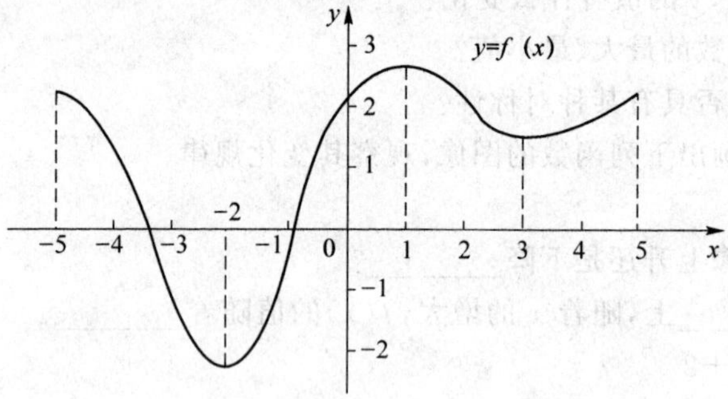

解：略。

[方法规律总结] 从图像中看出函数的单调区间是理解单调性的基础。

【跟踪练习 1】 函数 $f(x)=2x$ 在 $x\in[-1,2]$上的单调性为(　　)。

A. 减函数　　　B. 增函数　　　C. 先增后减　　　D. 先减后增

【命题方向 2】 函数单调性的运用

【典例 2】 由物理学中的玻意定律 $p=\dfrac{k}{V}$(k 为正常数)得知，对于一定量的气体，当其体积 V 减少时，压强 p 将增大。试用函数的单调性证明之。

解析：按题意，只要证明函数 $p=\dfrac{k}{V}$在区间$(0,+\infty)$上是减函数即可。

证明：略。

[方法规律总结] 实际问题与函数模型之间的关联十分密切，常常需要借助函数的单调性解决问题。

【跟踪训练 2】 若函数 $y=mx+b$ 在$(-\infty,+\infty)$上是增函数，那么(　　)。

A. $b>0$　　　B. $b<0$　　　C. $m>0$　　　D. $m<0$

【命题方向 3】 单调性定义的运用

【典例 3】 求证：函数 $f(x)=x+\dfrac{1}{x}$，在区间$(0,1)$上是减函数。

解：设 $x_1<x_2\in(0,1)$，则

$$
\begin{aligned}
f(x_1)-f(x_2)&=x_1+\frac{1}{x_1}-x_2-\frac{1}{x_2}\\
&=(x_1-x_2)+\frac{x_2-x_1}{x_1x_2}\\
&=(x_1-x_2)\left(1-\frac{1}{x_1x_2}\right)\\
&=(x_1-x_2)\frac{(x_1x_2-1)}{x_1x_2}。
\end{aligned}
$$

因为 $x_1<x_2$，$x_1-x_2<0$，$x_1x_2\in(0,1)$，$x_1x_2<1$，$x_1x_2-1<0$，所以 $f(x_1)-f(x_2)>0$，得出 $f(x_1)>f(x_2)$。

因此 $f(x)=x+\frac{1}{x}$在区间$(0,1)$上是减函数。

[方法规律总结] 利用定义证明函数 $f(x)$在给定的区间 D 上的单调性的一般步骤：

(1) 任取 $x_1,x_2\in D$，且 $x_1<x_2$；

(2) 作差 $f(x_1)-f(x_2)$；

(3) 变形(通常是因式分解和配方)；

(4) 定号(即判断差 $f(x_1)-f(x_2)$的正负)；

(5) 下结论(即指出函数 $f(x)$在给定的区间 D 上的单调性)。

【跟踪训练 3】 画出反比例函数 $y=\frac{1}{x}$的图像。

(1) 这个函数的定义域是什么？

(2) 它在定义域 I 上的单调性怎样？证明你的结论。

三、课堂练习

1. 函数 $y=-x^2$ 的单调增区间为(　　)。

A. $(-\infty,0]$　　B. $[0,+\infty)$　　C. $(-\infty,+\infty)$　　D. $(-1,+\infty)$

2. 函数 $f(x)=2x^2-mx+3$，当 $x\in[-2,+\infty)$时是增函数，当 $x\in(-\infty,-2]$时是减函数，则 $f(1)$等于(　　)。

A. -3　　B. 13　　C. 7　　D. 由 m 而定的常数

3. 若函数 $f(x)=\frac{k-x}{x}$在$(-\infty,0)$上是减函数，则 k 的取值范围是(　　)。

A. $k=0$　　B. $k>0$　　C. $k<0$　　D. $k\geqslant 0$

4. 函数 $f(x)=|x|$的减区间是________。

5. 若函数 $f(x)=(2m-1)x+n$ 在$(-\infty,+\infty)$上是减函数，则 m 的取值范围是________。

1.10　函数的最值

【学习目标】

1. 理解函数的最大(小)值及其几何意义。

2. 学会运用函数图像理解和研究函数的性质。

一、阅读提纲

【疑点识记】

1. 画出下列函数的图像，并根据图像解答下列问题：

(1) 说出 $y=f(x)$的单调区间，以及在各单调区间上的单调性；

(2) 指出图像的最高点或最低点，并说明它能体现函数的什么特征？

① $f(x)=-2x+3$　　② $f(x)=-2x+3$，$x\in[-1,2]$

③ $f(x)=x^2+2x+1$　　④ $f(x)=x^2+2x+1$，$x\in[-2,2]$

2. 一般地，设函数 $y=f(x)$ 的定义域为 I，如果存在实数 M 满足：

(1) 对于任意的 $x\in I$，都有 $f(x)\leqslant M$；

(2) 存在 $x_0\in I$，使得 $f(x_0)=M$。

那么，称 M 是函数 $y=f(x)$ 的最________值。

3. 试给出最小值的定义。

【问题探究】

画出下列函数的图像，并根据图像解答下列问题：

(1) $f(x)=-2x+3$；　　(2) $f(x)=-2x+3, x\in[-1,2]$；

(3) $f(x)=x^2+2x+1$；　　(4) $f(x)=x^2+2x+1, x\in[-2,2]$。

问题1：说出 $y=f(x)$ 的单调区间，以及在各单调区间上的单调性。

问题2：指出图像的最高点或最低点，并说明它能体现函数的什么特征？

小结：

1. 最大值

一般地，设函数 $y=f(x)$ 的定义域为 I，如果存在实数 M 满足：

(1) 对于任意的 $x\in I$，都有 $f(x)\leqslant M$；

(2) 存在 $x_0\in I$，使得 $f(x_0)=M$。

那么，称 M 是函数 $y=f(x)$ 的最大值(Maximum Value)。

仿照函数最大值的定义，给出函数 $y=f(x)$ 的最小值的定义。

注意：

函数最大(小)首先应该是某一个函数值，即存在 $x_0\in I$，使得 $f(x_0)=M$；

函数最大(小)应该是所有函数值中最大(小)的，即对于任意的 $x\in I$，都有 $f(x)\leqslant M(f(x)\geqslant M)$。

2. 利用函数单调性的判断函数的最大(小)值的方法

(1) 利用二次函数的性质(配方法)求函数的最大(小)值。

(2) 利用图像求函数的最大(小)值。

(3) 利用函数单调性的判断函数的最大(小)值。

如果函数 $y=f(x)$ 在区间 $[a,b]$ 上单调递增，在区间 $[b,c]$ 上单调递减，则函数 $y=f(x)$ 在 $x=b$ 处有最大值 $f(b)$。

如果函数 $y=f(x)$ 在区间 $[a,b]$ 上单调递减，在区间 $[b,c]$ 上单调递增，则函数 $y=f(x)$ 在 $x=b$ 处有最小值 $f(b)$。

二、核心突破

【命题方向1】 基本函数的最值求法

【典例1】 (课本第30页例3)利用二次函数的性质确定函数的最大(小)值。

解：略。

[方法规律总结] 对于具有实际背景的问题，首先要仔细审清题意，适当设出变量，建立适当的函数模型，然后利用二次函数的性质或利用图像确定函数的最大(小)值。

【跟踪练习1】 设 $a,b\in\mathbf{R}$，且 $a>0$，函数 $f(x)=x^2+ax+2b$，$g(x)=ax+b$，在 $[-1,1]$ 上 $g(x)$ 的最大值为2，则 $f(2)$ 等于(　　)。

A. 4　　B. 8　　C. 10　　D. 16

【命题方向 2】 非基本函数最值求法

【典例 2】 课本第 31 页例 4。

［**方法规律总结**］ 先证明单调性再求最值。

【跟踪训练 2】 求函数 $f(x)=\frac{x}{x-1}$在$[2,5]$上的最大值和最小值。

三、课堂练习

1. 设偶函数 $f(x)$的定义域为 $\mathbf{R}$，当 $x\in[0,+\infty)$时，$f(x)$是增函数，则 $f(-2)$，$f(\pi)$，$f(-3)$的大小关系是(　　)。

A. $f(\pi)>f(-3)>f(-2)$　　B. $f(\pi)>f(-2)>f(-3)$

C. $f(\pi)<f(-3)<f(-2)$　　D. $f(\pi)<f(-2)<f(-3)$

2. 已知偶函数 $f(x)$在区间$[0,+\infty)$单调递增，则满足 $f(2x-1)<f\left(\frac{1}{3}\right)$的 x 取值范围是(　　)。

A. $\left(\frac{1}{3},\frac{2}{3}\right)$　　B. $\left(-\infty,\frac{2}{3}\right)$　　C. $\left(\frac{1}{2},\frac{2}{3}\right)$　　D. $\left(\frac{2}{3},+\infty\right)$

3. 若偶函数 $f(x)$在$(-\infty,-1]$上是增函数，则下列关系式中成立的是(　　)。

A. $f\left(-\frac{3}{2}\right)<f(-1)<f(2)$　　B. $f(-1)<f\left(-\frac{3}{2}\right)<f(2)$

C. $f(2)<f(-1)<f\left(-\frac{3}{2}\right)$　　D. $f(2)<f\left(-\frac{3}{2}\right)<f(-1)$

4. 已知偶函数 $f(x)$在区间$[0,+\infty)$单调增加，则满足 $f(2x-1)<f\left(\frac{1}{3}\right)$的 x 取值范围是(　　)。

A. $\left(\frac{1}{3},\frac{2}{3}\right)$　　B. $\left[\frac{1}{3},\frac{2}{3}\right)$　　C. $\left(\frac{1}{2},\frac{2}{3}\right)$　　D. $\left[\frac{1}{2},\frac{2}{3}\right)$

1.11　函数的奇偶性的概念

【学习目标】

1. 理解函数的奇偶性及其几何意义。
2. 学会运用函数图像理解和研究函数的性质。
3. 学会判断函数的奇偶性。

一、阅读提纲

【疑点识记】

函数的奇偶性定义：

一般地，对于函数 $f(x)$的定义域内的任意一个 x，都有______________，那么 $f(x)$就叫作函数。

一般地，对于函数 $f(x)$ 的定义域的任意一个 x，都有____________，那么 $f(x)$ 就叫作函数。

【问题探究】

问题：观察下列函数的图像，总结各函数之间的共性。

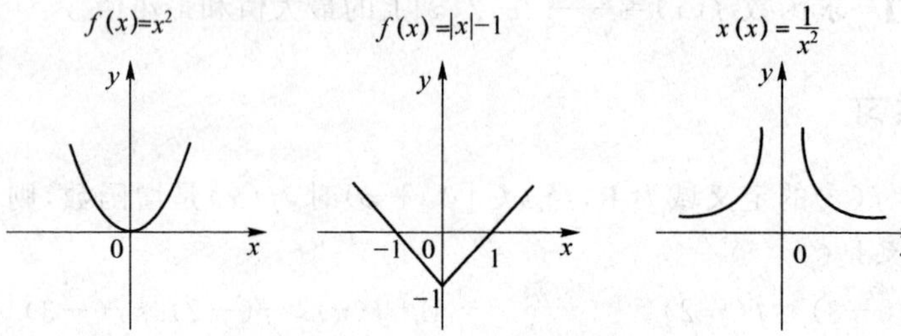

小结：

若点 $(x,\ f(x))$ 在函数图像上，则相应的点 $(-x, f(x))$ 也在函数图像上，即函数图像上横坐标互为相反数的点，它们的纵坐标一定相等。

函数的奇偶性定义：

1. 偶函数

一般地，对于函数 $f(x)$ 的定义域内的任意一个 x，都有 $f(-x)=f(x)$，那么 $f(x)$ 就叫作偶函数。

2. 奇函数

一般地，对于函数 $f(x)$ 的定义域内的任意一个 x，都有 $f(-x)=-f(x)$，那么 $f(x)$ 就叫作奇函数。

注意：

(1) 函数是奇函数或是偶函数称为函数的奇偶性，函数的奇偶性是函数的整体性质。

(2) 由函数的奇偶性定义可知，函数具有奇偶性的一个必要条件是，对于定义域内的任意一个 x，则 $-x$ 也一定是定义域内的一个自变量(即定义域关于原点对称)。

3. 具有奇偶性的函数的图像的特征。

偶函数的图像关于 y 轴对称；奇函数的图像关于原点对称。

二、核心突破

【命题方向 1】　函数奇偶性的判断

【典例 1】 判断下列函数是否是偶函数。

(1) $f(x)=x^2, x\in[-1,2]$；

(2) $f(x)=\dfrac{x^3-x^2}{x-1}$。

解析：函数 $f(x)=x^2,\ x\in[-1,2]$ 不是偶函数，因为它的定义域关于原点不对称。

函数 $f(x)=\dfrac{x^3-x^2}{x-1}$ 也不是偶函数，因为它的定义域为 $\{x|x\in\mathbf{R}\text{ 且 }x\neq1\}$，并不关于原点对称。

［方法规律总结］ 判断函数的奇偶性，先看函数的定义域。

【跟踪练习 1】 判断下列函数的奇偶性。

(1) $f(x)=x^3+x$；(2) $f(x)=(x-1)\sqrt{\dfrac{x+1}{x-1}}$

(3) $f(x)=\sqrt{x^2-4}+\sqrt{2-x^2}$。

【命题方向 2】 奇偶性的定义

【典例 2】 判断下列函数的奇偶性。

(1) $f(x)=x^4$；(2) $f(x)=x^5$；(3) $f(x)=x+\dfrac{1}{x}$；(4) $f(x)=\dfrac{1}{x^2}$。

解：(1) 偶函数　(2) 奇函数　(3) 奇函数　(4) 偶函数

［方法规律总结］ 利用定义判断函数奇偶性的格式步骤。

(1) 首先确定函数的定义域，并判断其定义域是否关于原点对称。

(2) 确定 $f(-x)$与 $f(x)$的关系。

(3) 作出相应结论：

若 $f(-x)=f(x)$或 $f(-x)-f(x)=0$，则 $f(x)$是偶函数；

若 $f(-x)=-f(x)$或 $f(-x)+f(x)=0$，则 $f(x)$是奇函数。

【跟踪训练 2】 判断函数的奇偶性：$g(x)=\begin{cases}\dfrac{1}{2}x^2+1 & (x>0)\\ -\dfrac{1}{2}x^2-1 & (x<0)\end{cases}$。

三、课堂练习

1. 函数 $f(x)=\dfrac{1}{x}$，$x\in(0,1)$的奇偶性是(　　)。

A. 奇函数　　B. 偶函数

C. 非奇非偶函数　　D. 既是奇函数又是偶函数

2. 若函数 $f(x)=ax^2+bx+c(a\neq0)$是偶函数，则 $g(x)=ax^3+bx^2+cx$ 是(　　)。

A. 奇函数　　B. 偶函数

C. 非奇非偶函数　　D. 既是奇函数又是偶函数

3. 若函数 $y=f(x)$，$x\in\mathbf{R}$ 是奇函数，且 $f(1)<f(2)$，则必有(　　)。

A. $f(-1)<f(-2)$　　B. $f(-1)>f(-2)$

C. $f(-1)=f(-2)$　　D. 不确定

4. 函数 $f(x)$是 $\mathbf{R}$ 上的偶函数，且在$[0,+\infty)$上单调递增，则下列各式成立的是(　　)。

A. $f(-2)>f(0)>f(1)$　　B. $f(-2)>f(-1)>f(0)$

C. $f(1)>f(0)>f(-2)$　　D. $f(1)>f(-2)>f(0)$

5. 已知函数 $y=f(x)$是偶函数，其图像与 x 轴有四个交点，则方程 $f(x)=0$ 的所有实数根的和为(　　)。

A. 4　　B. 2　　C. 1　　D. 0

6. 函数 $f(x)=a$，$a\neq0$ 是________函数。

7. 若函数 $g(x)$为 $\mathbf{R}$ 上的奇函数，那么 $g(a)+g(-a)=$________。

8. 如果奇函数 $f(x)$在区间$[3,7]$上是增函数，且最小值是 5，那么 $f(x)$在区间$[-7,-3]$上的最________值为________。

1.12 奇偶性的应用

【学习目标】

1. 理解函数的奇偶性及其几何意义。
2. 学会运用函数图像理解和研究函数的性质。

一、阅读提纲

【疑点识记】

1. 函数的奇偶性定义____________________________________。
2. 函数单调性的定义____________________________________。

【问题探究】

问题：列举基本初等函数(一次函数、二次函数、反比例函数)的性质。

二、核心突破

【命题方向1】 利用奇偶性求函数值

【典例1】 设 $f(x)$ 是定义在 **R** 上的奇函数，当 $x\geqslant 0$ 时，$f(x)=2x+b$，则 $f(-1)$ 等于(　　)。

A. 0　　B. 2　　C. -2　　D. 1

解析：因为 $f(x)$ 是定义在 **R** 上的奇函数，所以 $f(0)=0$，即 $b=0$。当 $x\geqslant 0$ 时，$f(x)=2x$，得 $f(-1)=-f(1)=-2$。

答案：C。

[方法规律总结] 利用函数的奇偶性求函数值需转化区间。

【跟踪练习1】 已知 $f(x)$ 是定义在 **R** 上的奇函数，且 $x\geqslant 0$ 时 $f(x)$ 的图像如右图所示，则 $f(-2)=$(　　)。

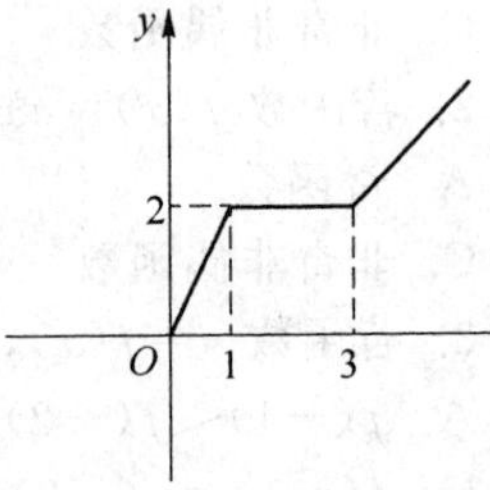

A. -3　　B. -2

C. -1　　D. 2

【命题方向2】 奇偶性与单调性的运用

【典例2】 已知函数 $f(x)=x|x|-2x$，则下列结论正确的是(　　)。

A. $f(x)$ 是偶函数，递增区间是 $(0,+\infty)$

B. $f(x)$ 是偶函数，递减区间是 $(0,+\infty)$

C. $f(x)$ 是奇函数，递减区间是 $(-\infty,1)$

D. $f(x)$ 是奇函数，递增区间是 $(-\infty,0)$

解：$f(x)$ 图像如右图所示。

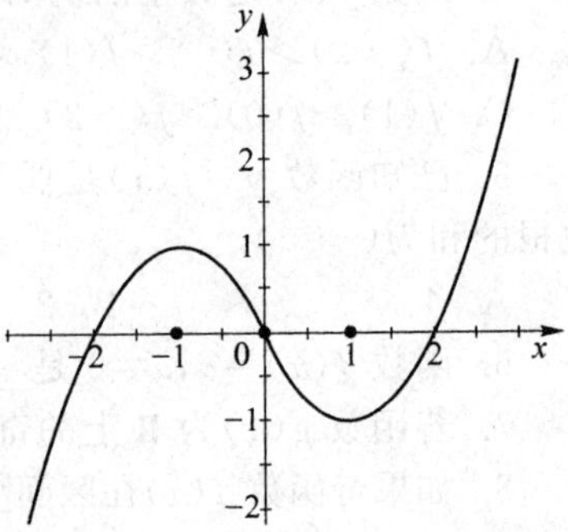

答案：C。

[方法规律总结]

奇函数在 $[a,b]$ 和 $[-b,-a]$ 上有相同的单调性。

偶函数在 $[a,b]$ 和 $[-b,-a]$ 上有相反的单调性。

【跟踪训练 2】

1. 如图(1)所示为奇函数 $y=f(x)$ 的局部图像，试比较 $f(1)$ 与 $f(3)$ 的大小。

2. 若如图(1)所示为偶函数 $y=f(x)$ 的局部图像，试比较 $f(1)$ 与 $f(-3)$ 的大小。

3. 已知奇函数 $f(x)$ 的定义域为 $[-5,5]$，且在区间 $[0,5]$ 上的图像如图(2)所示，则使函数值 $y<0$ 的 x 的取值集合为____________。

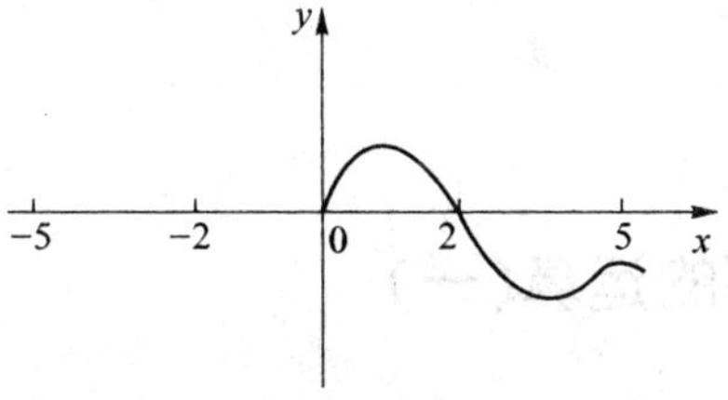

(1)

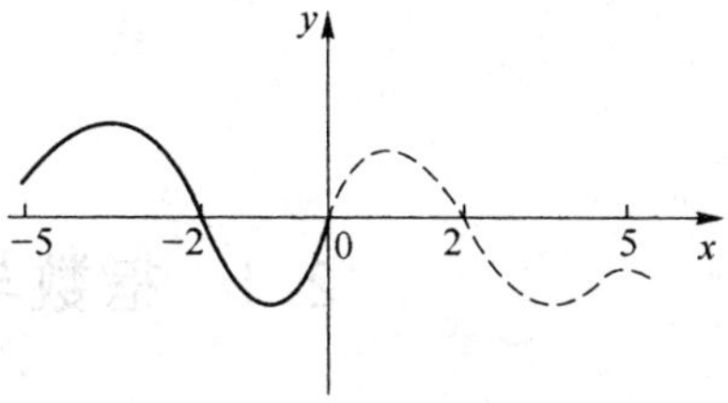

(2)

【命题方向 3】　利用奇偶性求函数解析式

【典例 3】　已知函数 $f(x)$ 是定义在 $\mathbf{R}$ 上的奇函数，当 $x>0$ 时，$f(x)=-2x^2+3x+1$，求：

(1) $f(0)$；

(2) 当 $x<0$ 时，$f(x)$ 的解析式；

(3) $f(x)$ 在 $\mathbf{R}$ 上的解析式。

解：(1) 因为函数 $f(x)$ 是定义在 $\mathbf{R}$ 上的奇函数，所以 $f(-0)=-f(0)$，即 $f(0)=0$。

(2) 当 $x<0$ 时，$-x>0$，$f(-x)=-2(-x)^2+3(-x)+1=-2x^2-3x+1$。由于 $f(x)$ 是奇函数，故 $f(x)=-f(-x)$，所以 $f(x)=2x^2+3x-1$，$x<0$。

(3) 函数 $f(x)$ 在 $\mathbf{R}$ 上的解析式为

$$f(x)=\begin{cases}-2x^2+3x+1, & x>0\\ 0, & x=0\\ 2x^2+3x-1, & x<0\end{cases}。$$

[方法规律总结]　利用奇偶性转化区间。

【跟踪训练 3】　若 $f(x)$ 是定义在 $\mathbf{R}$ 上的奇函数，当 $x<0$ 时，$f(x)=x(1-x)$，求当 $x\geqslant 0$ 时，函数 $f(x)$ 的解析式。

三、课堂练习

1. 已知函数 $f(x)$ 是定义在区间 $[a-1,2a]$ 上的奇函数，则实数 a 的值为(　　)。

A. 0　　B. 1　　C. $\dfrac{1}{3}$　　D. 不确定

2. 下列函数是偶函数的是(　　)。

A. $f(x)=x$　　B. $f(x)=x^2+|x|$　　C. $f(x)=3x+2$　　D. $f(x)=x+\dfrac{1}{x}$

3. 若函数 $y=(x+1)(x-a)$ 为偶函数，则 $a=$__________。

4. 若函数 $y=f(x)$ 对任意 $x,y\in\mathbf{R}$，恒有 $f(x+y)=f(x)+f(y)$。

(1) 指出 $y=f(x)$ 的奇偶性，并给予证明；

(2) 如果 $x>0$ 时，$f(x)<0$，判断 $f(x)$ 的单调性；

(3) 在(2)的条件下，若对任意实数 x，恒有 $f(kx^2)+f(-x^2+x-2)>0$ 成立，求 k 的取值范围。

第2章　基本初等函数

2.1　指数与指数幂的运算(一)

【学习目标】

1. 理解 n 次根式、n 次方根的概念。
2. 能利用根式的性质进行化简、求值。
3. 体会分类讨论思想、符号化思想的作用。

一、阅读提纲

【疑点识记】

1. 如果____________，那么 x 叫作 a 的 n 次方根。

2. 式子 $\sqrt[n]{a}$ 叫作________，这里 n 叫作________，a 叫作________。

3. (1) $n\in\mathbf{N}^*$ 时，$(\sqrt[n]{a})^n=$________。

(2) n 为正奇数时，$\sqrt[n]{a^n}=$________，n 为正偶数时，$\sqrt[n]{a^n}=$________。

【问题探究】

问题1：$\frac{1}{2}$，$\left(\frac{1}{2}\right)^2$，$\left(\frac{1}{2}\right)^3$，…是正整数指数幂，它们的值分别为 $\frac{1}{2}$，$\frac{1}{4}$，$\frac{1}{8}$，…那么，$\left(\frac{1}{2}\right)^{\frac{6000}{5730}}$，$\left(\frac{1}{2}\right)^{\frac{10000}{5730}}$，$\left(\frac{1}{2}\right)^{\frac{10000}{5730}}$ 的意义是什么？

问题2：若 $x^2=3$，这样的 x 有几个？它们叫作3的什么？怎么表示？

问题3：我们已经知道若 $x^2=3$，则 $x=\pm\sqrt{3}$，那么 $(\sqrt{3})^2$ 等于什么？$\sqrt{3^2}$ 呢？$\sqrt{(-3)^2}$ 呢？

问题4：若 $x^n=a$，这样的 x 有几个？它们叫作 a 的什么？怎么表示？

问题5：对于根式 $\sqrt[n]{a}$，当 n 为偶数时，a 的值满足什么条件？可能是负值吗？

小结：

由上面的探究过程可以得到。

(1) n 次方根的定义，即如果 $x^n=a$，那么 x 叫作 a 的 n 次方根。

(2) 根式的定义，即式子 $\sqrt[n]{a}$ 叫作根式，这里 n 叫作根指数，a 叫作被开方数。

(3) 根式的性质：①$(\sqrt[n]{a})^n=a$($n\in\mathbf{N}^*$，且 $n>1$)；② $\sqrt[n]{a^n}=a$(n 为大于1的奇数)；

③ $\sqrt[n]{a^n}=|a|=\begin{cases}a,(a\geqslant0)\\-a,(a<0)\end{cases}$（$n$ 为大于1的偶数）。

二、核心突破

【命题方向 1】 能利用根式的性质化简或者求值

【典例 1】 化简下列各式。

(1) $\sqrt[4]{(3-\pi)^4}$；(2) $\sqrt{(a-b)^2}$，$(a<b)$；(3) $\sqrt{(a-1)^2}+\sqrt{(1-a)^2}+\sqrt[3]{(1-a)^3}$。

解：(1) $\sqrt[4]{(3-\pi)^4}=|3-\pi|=\pi-3$。

(2) $\sqrt{(a-b)^2}=|a-b|=b-a(a<b)$。

(3) 由题意知 $a-1\geqslant0$，即 $a\geqslant1$。

原式 $=a-1+|1-a|+1-a=a-1+a-1+1-a=a-1$。

[**方法规律总结**] (1) 当 n 为奇数时，$(\sqrt[n]{a})^n=\sqrt[n]{a^n}=a$，$a$ 为任意实数均可。

(2) 当 n 为偶数时，$a\geqslant0$ 时 $(\sqrt[n]{a})^n$ 才有意义，且 $(\sqrt[n]{a})^n=a$。

(3) a 为任意实数时，$\sqrt[n]{a^n}$ 均有意义，且 $\sqrt[n]{a^n}=|a|$。

【跟踪练习 1】 求下列各式的值。

(1) $\sqrt[7]{(-2)^7}$；(2) $\sqrt[4]{(3a-3)^4}(a\leqslant1)$；(3) $\sqrt[3]{a^3}+\sqrt[4]{(1-a)^4}$。

【命题方向 2】 有限制条件的根式的化简

【典例 2】 设 $-3<x<3$，求 $\sqrt{x^2-2x+1}-\sqrt{x^2+6x+9}$ 的值。

解：原式 $=\sqrt{(x-1)^2}-\sqrt{(x+3)^2}=|x-1|-|x+3|$。

因为 $-3<x<3$，所以当 $-3<x<1$ 时，有

原式 $=-(x-1)-(x+3)=-2x-2$。

又因为当 $1\leqslant x<3$ 时，有

原式 $=(x-1)-(x+3)=-4$。

所以原式 $=\begin{cases}2x-2, & -3<x<1\\ -4, & 1\leqslant x<3\end{cases}$。

[**方法规律总结**] 当 n 为偶数时，$\sqrt[n]{a^n}=|a|$，再根据 a 的正负去绝对值符号。

【跟踪训练 2】 设 $x\leqslant-3$，求 $\sqrt{x^2-2x+1}-\sqrt{x^2+6x+9}$ 的值。

【命题方向 3】 根式的意义

【典例 3】 求使等式 $\sqrt{(a-3)(a^2-9)}=(3-a)\sqrt{a+3}$ 成立的实数 a 的取值范围。

解：$\sqrt{(a-3)(a^2-9)}=\sqrt{(a-3)^2(a+3)}=|a-3|\sqrt{(a+3)}$。

要使得 $|a-3|\sqrt{(a+3)}=(3-a)\sqrt{a+3}$，需 $\begin{cases}a-3\leqslant0\\ a+3\geqslant0\end{cases}$，解得 $a\in[-3,3]$。

[**方法规律总结**] 对于 $\sqrt[n]{a}$，当 n 为偶数时，要注意两点：(1) 只有 $a\geqslant0$ 才有意义；(2) 只要 $\sqrt[n]{a}$ 有意义，$\sqrt[n]{a}$ 必不为负。

【跟踪训练 3】 若 $\sqrt{a^2-2a+1}=a-1$，求 a 的取值范围。

三、课堂练习

1. 已知 $x^5=6$，则 $x=($ $)$。

A. $\sqrt{6}$　　B. $\sqrt[5]{6}$　　C. $-\sqrt[5]{6}$　　D. $\pm\sqrt[5]{6}$

2．m 是实数，下列式子中可能没有意义的是（　　）。

A．$\sqrt[4]{m^2}$　　B．$\sqrt[3]{m}$　　C．$\sqrt[6]{m}$　　D．$\sqrt[5]{-m}$

3．$(\sqrt[4]{2})^4$ 运算的结果是（　　）。

A．2　　B．-2　　C．± 2　　D．不确定

4．$\sqrt[3]{-8}$的值是（　　）。

A．2　　B．-2　　C．± 2　　D．-8

5．化简 $\sqrt{(1-2x)^2}$ $(2x>1)$的结果是（　　）。

A．$1-2x$　　B．0　　C．$2x-1$　　D．$(1-2x)^2$

2.2　指数与指数幂的运算(二)

【学习目标】

1．学会根式与分数指数幂之间的相互转化。

2．掌握用有理数指数幂的运算性质化简求值。

3．了解无理数指数幂的运算性质。

一、阅读提纲

【疑点识记】

1．分数指数幂的定义

(1) 规定正数的正分数指数幂的意义是：$a^{\frac{m}{n}}=$________$(a>0, m, n\in \mathbf{N}^*$，且 $n>1)$。

(2) 规定正数的负分数指数幂的意义是：$a^{-\frac{m}{n}}=$________$(a>0, m, n\in \mathbf{N}^*$，且 $n>1)$。

(3) 0 的正分数指数幂等于________；0 的负分数指数幂________。

2．有理数指数幂的运算性质

(1) $a^r a^s=$________$(a>0, r, s\in \mathbf{Q})$。

(2) $(a^r)^s=$________$(a>0, r, s\in \mathbf{Q})$。

(3) $(ab)^r=$________$(a>0, b>0, r\in \mathbf{Q})$。

3．无理数指数幂 a^α $(a>0$，α 是无理数$)$是一个确定的实数，有理数指数幂的运算性质对于无理数指数幂同样________。

【问题探究】

问题 1：零和负整数指数幂是如何规定的？

问题 2：根据 n 次方根的定义和数的运算，得出以下式子，你能从中总结出怎样的规律？

(1) $\sqrt[5]{a^{10}}=\sqrt[5]{(a^2)^5}=a^2=a^{\frac{10}{5}}$　$(a>0)$

(2) $\sqrt{a^8}=\sqrt{(a^4)^2}=a^4=a^{\frac{8}{2}}$　$(a>0)$

问题 3：分数指数幂是怎么样定义的？它与根式如何进行转化？

问题 4：规定了分数指数幂以后，指数的概念就从整数指数推广到了有理数指数，那么整数指数幂的运算性质对于有理数指数幂是否同样适用？

问题 5：无理数指数幂 a^α $(a>0$，α 是无理数$)$有何意义？有怎样的运算性质？

小结：

(1) 规定 $a^0=1(a\neq0)$；0^0 无意义；$a^{-\frac{1}{n}}=\frac{1}{a^n}(a\neq0)$。

(2) 当根式的被开方数的指数能被根指数整除时，根式可以表示成分数指数幂的形式。

(3) $a^{\frac{m}{n}}=\sqrt[n]{a^m}$；$a^{-\frac{m}{n}}=\frac{1}{\sqrt[n]{a^m}}(a>0,m,n\in\mathbf{N}^*$，且 $n>1)$。

(4) 由于整数指数幂，分数指数幂都有意义，因此有理数指数幂是有意义的，整数指数幂的运算性质可以推广到有理数指数幂。

(5) 无理数指数幂的意义，是用有理数指数幂的不足近似值和过剩近似值无限地逼近以确定大小，一般来说，无理数指数幂 $a^\alpha(a>0,\alpha$ 是无理数)是一个确定的实数，有理数指数幂的运算性质同样适用于无理数指数幂。

二、核心突破

【命题方向 1】　根式与分数指数幂的互化

【典例 1】　用分数指数幂的形式表示下列各式(其中 $a>0,x>0,y>0$)。

(1) $a^2\cdot\sqrt{a}$　(2) $a^3\cdot\sqrt[3]{a^2}$　(3) $\sqrt{a\cdot\sqrt{a}}$　(4) $\sqrt{\frac{y^2}{x}\cdot\sqrt{\frac{x^3}{y}\cdot\sqrt[3]{\frac{y^6}{x^3}}}}$

解：(1) $a^2\cdot\sqrt{a}=a^2\cdot a^{\frac{1}{2}}=a^{2+\frac{1}{2}}=a^{\frac{5}{2}}$

(2) $a^3\cdot\sqrt[3]{a^2}=a^3\cdot a^{\frac{2}{3}}=a^{3+\frac{2}{3}}=a^{\frac{11}{3}}$

(3) $\sqrt{a\cdot\sqrt{a}}=(a\cdot a^{\frac{1}{2}})^{\frac{1}{2}}=(a^{\frac{3}{2}})^{\frac{1}{2}}=a^{\frac{3}{4}}$

(4) 方法一：从里向外化为分数指数幂。

$$\sqrt{\frac{y^2}{x}\cdot\sqrt{\frac{x^3}{y}\cdot\sqrt[3]{\frac{y^6}{x^3}}}}=\sqrt{\frac{y^2}{x}\cdot\sqrt{\frac{x^3}{y}\cdot\left(\frac{y^6}{x^3}\right)^{\frac{1}{3}}}}$$

$$=\sqrt{\frac{y^2}{x}\cdot\sqrt{\frac{x^3}{y}\cdot\frac{y^2}{x}}}=\sqrt{\frac{y^2}{x}\cdot\sqrt{x^2\cdot y}}=\sqrt{\frac{y^2}{x}\cdot(x^2\cdot y)^{\frac{1}{2}}}$$

$$=\sqrt{\frac{y^2}{x}\cdot(x^2\cdot y)^{\frac{1}{2}}}=\sqrt{\frac{y^2}{x}\cdot x\cdot y^{\frac{1}{2}}}=\sqrt{y^{\frac{5}{2}}}=y^{\frac{5}{4}}$$

方法二：从外向里化为分数指数幂。

$$\left(\frac{y^2}{x}\cdot\sqrt{\frac{x^3}{y}\cdot\sqrt[3]{\frac{y^6}{x^3}}}\right)^{\frac{1}{2}}=\left(\frac{y^2}{x}\cdot\left(\frac{x^3}{y}\cdot\sqrt[3]{\frac{y^6}{x^3}}\right)^{\frac{1}{2}}\right)^{\frac{1}{2}}$$

$$=\left(\frac{y^2}{x}\cdot\left(\frac{x^3}{y}\cdot\left(\frac{y^6}{x^3}\right)^{\frac{1}{3}}\right)^{\frac{1}{2}}\right)^{\frac{1}{2}}=\left(\frac{y^2}{x}\right)^{\frac{1}{2}}\cdot\left(\frac{x^3}{y}\right)^{\frac{1}{4}}\cdot\left(\frac{y^6}{x^3}\right)^{\frac{1}{12}}=y^{\frac{5}{4}}$$

[方法规律总结]　(1) 在解决根式与分数指数幂的互化问题时，关键是熟记根式与分数指数幂的转化式子：$a^{\frac{m}{n}}=\sqrt[n]{a^m}$，$a^{-\frac{m}{n}}=\frac{1}{a^{\frac{m}{n}}}=\frac{1}{\sqrt[n]{a^m}}$，其中字母 a 要使得式子有意义。

(2) 将含有多重根号的根式化为分数指数幂的途径有两条：一是由里向外化为分数指数幂；二是由外向里化为分数指数幂。

【跟踪练习 1】 把下列根式化为分数指数幂

(1) $\sqrt[6]{8\cdot\sqrt{2}}$；(2) $b^3\cdot\sqrt[3]{b^2}$；(3) $\dfrac{1}{\sqrt[3]{x\cdot\left(\sqrt[5]{x^2}\right)^2}}$。

【命题方向 2】 利用指数幂的运算性质化简或者求值

【典例 2】 计算下面各式。

(1) $(0.027)^{\frac{2}{3}}+\left(\dfrac{27}{125}\right)^{-\frac{1}{3}}-\left(2\dfrac{7}{9}\right)^{0.5}$；(2) $\dfrac{\sqrt{a^3\cdot b^2\cdot\sqrt[3]{a\cdot b^2}}}{\left(a^{\frac{1}{4}}\cdot b^{\frac{1}{2}}\right)^4\cdot\sqrt[3]{\dfrac{b}{a}}}(a>0,b>0)$。

解:(1) 原式$=(0.3^3)^{\frac{2}{3}}+\left(\dfrac{3^3}{5^3}\right)^{-\frac{1}{3}}-\left(\dfrac{25}{9}\right)^{\frac{1}{2}}=0.3^2+\dfrac{1}{\left(\left(\dfrac{3}{5}\right)^3\right)^{\frac{1}{3}}}-\left(\left(\dfrac{5}{3}\right)^2\right)^{\frac{1}{2}}$

$$=\frac{9}{100}+\frac{5}{3}-\frac{5}{3}=\frac{9}{100}$$

(2) 原式$=\dfrac{a^{\frac{3}{2}}\cdot b\cdot\left((a\cdot b^2)^{\frac{1}{3}}\right)^{\frac{1}{2}}}{a\cdot b^2\cdot\left(\dfrac{b}{a}\right)^{\frac{1}{3}}}=\dfrac{a^{\frac{3}{2}}\cdot b\cdot a^{\frac{1}{6}}\cdot b^{\frac{1}{3}}}{a^{\frac{2}{3}}\cdot b^{\frac{7}{3}}}=\dfrac{a^{\frac{10}{6}}\cdot b^{\frac{4}{3}}}{a^{\frac{2}{3}}\cdot b^{\frac{7}{3}}}=\dfrac{a}{b}$

[方法规律总结] (1) 有括号先算括号里的,无括号先进行指数运算。

(2) 负指数幂化成正指数幂的倒数。

(3) 底数是小数要先化成分数,底数是带分数,要先化成假分数,然后要尽可能用幂的形式表示,便于用指数幂的运算性质。

(4) 对于化简求值的结果,一般用分数指数幂的形式保留,但结果不能同时含有根号和分数指数,也不能既含有分母又含有负指数。

【跟踪训练 2】 求值或者化简。

(1) $(0.027)^{\frac{1}{3}}-\left(6\dfrac{1}{4}\right)^{\frac{1}{2}}+(2\sqrt{2})^{-\frac{2}{3}}-3^{-1}+\pi^0$；(2) $\left(\dfrac{1}{4}\right)^{-\frac{1}{2}}\times\dfrac{\left(\sqrt{a\cdot b^{-1}}\right)^3}{(0.1)^{-2}\cdot(a^3\cdot b^{-3})^{\frac{1}{2}}}$。

【命题方向 3】 条件求值问题

【典例 3】 求值。

(1) 已知 $2^x+2^{-x}=a$(a 是常数),求 8^x+8^{-x} 的值。

(2) 已知 $x+y=12$,$x\cdot y=9$ 且 $x<y$,求$\dfrac{x^{\frac{1}{2}}-y^{\frac{1}{2}}}{x^{\frac{1}{2}}+y^{\frac{1}{2}}}$的值。

解:(1) 令 $2^x=t$,则 $2^{-x}=t^{-1}$,所以 $t+t^{-1}=a$①。

由①两边分别平方得 $t^2+t^{-2}=a^2-2$。

所以 $8^x+8^{-x}=t^3+t^{-3}=(t+t^{-1})(t^2-t\cdot t^{-1}+t^{-2})=a(a^2-2-1)=a^3-3a$。

(2) 因为$\dfrac{x^{\frac{1}{2}}-y^{\frac{1}{2}}}{x^{\frac{1}{2}}+y^{\frac{1}{2}}}=\dfrac{\left(x^{\frac{1}{2}}-y^{\frac{1}{2}}\right)^2}{\left(x^{\frac{1}{2}}+y^{\frac{1}{2}}\right)\left(x^{\frac{1}{2}}-y^{\frac{1}{2}}\right)}=\dfrac{(x+y)-2(xy)^{\frac{1}{2}}}{x-y}$①,

又因为 $x+y=12$,$x\cdot y=9$②,所以 $(x-y)^2=(x+y)^2-4xy=12^2-4\times9=108$。

因为 $x<y$,得 $x-y=-6\sqrt{3}$③。

将②、③代入①式得$\dfrac{x^{\frac{1}{2}}-y^{\frac{1}{2}}}{x^{\frac{1}{2}}+y^{\frac{1}{2}}}=\dfrac{12-2\times 9^{\frac{1}{2}}}{-6\sqrt{3}}=-\dfrac{\sqrt{3}}{3}$。

[方法规律总结]　(1) 原则:①把所要求的式子进行变形,找出与条件等式的联系,然后求值;②先对条件加以变形,使它与所要求的式子的联系更加明显,从总体上把握代数式的结构特点,然后求值。

(2) 技巧:乘法公式在分数指数幂中的应用及“整体代换”的技巧、换元思想。

(3) 要求同学们熟练掌握平方差、立方和(差)和完全平方公式。

【跟踪训练 3】　已知$a^{\frac{1}{2}}+a^{-\frac{1}{2}}=3$,求下列各式的值。

(1) $a+a^{-1}$;(2) a^2+a^{-2};(3) $\dfrac{a^{\frac{3}{2}}-a^{-\frac{3}{2}}}{a^{\frac{1}{2}}-a^{-\frac{1}{2}}}$。

三、课堂练习

1. 下列各式中成立的是(　　)。

A. $\left(\dfrac{m}{n}\right)^7=m^7\cdot n^{\frac{1}{7}}$　　B. $\sqrt[12]{(-3)^4}=\sqrt[3]{-3}$

C. $\sqrt[4]{x^3+y^3}=(x+y)^{\frac{3}{4}}$　　D. $\sqrt{\sqrt[3]{9}}=\sqrt[3]{3}$

2. 化简:$(a^{\frac{2}{3}}b^{\frac{1}{2}})\cdot(-3a^{\frac{1}{2}}b^{\frac{1}{3}})\div\left(\dfrac{1}{3}a^{\frac{1}{6}}b^{\frac{5}{6}}\right)=$(　　)。

A. $6a$　　B. $-a$　　C. $-9a$　　D. $9a^2$

3. 若$(1-2x)^{-\frac{3}{4}}$有意义,则x的取值范围是(　　)。

A. $x\in\mathbf{R}$　　B. $x\in\mathbf{R}$且$x\neq\dfrac{1}{2}$　　C. $x>\dfrac{1}{2}$　　D. $x<\dfrac{1}{2}$

4. 计算和化简。

(1) $(0.0001)^{-\frac{1}{4}}+27^{\frac{2}{3}}-\left(\dfrac{49}{64}\right)^{-\frac{1}{2}}+\left(\dfrac{1}{9}\right)^{-1.5}$　　(2) $\dfrac{m^{\frac{1}{2}}-n^{\frac{1}{2}}}{m^{\frac{1}{2}}+n^{\frac{1}{2}}}+\dfrac{m^{\frac{1}{2}}+n^{\frac{1}{2}}}{m^{\frac{1}{2}}-n^{\frac{1}{2}}}$

5. 已知$x^{\frac{1}{2}}+x^{-\frac{1}{2}}=3$,求$\dfrac{x^2+x^{-2}-2}{x+x^{-1}-3}$的值。

2.3　指数函数及其性质(一)

【学习目标】

1. 理解指数函数的概念,会判断一个函数是否为指数函数。
2. 掌握指数函数的图像和性质。
3. 会应用指数函数的性质求复合函数的定义域,值域。

一、阅读提纲

【疑点识记】

1. 指数函数的概念

一般地,____________叫作指数函数,其中x是自变量,函数的定义域是____________。

2. 指数函数 $y=a^x(a>0$,且 $a\neq1)$ 的图像和性质

		$a>1$	$0<a<1$
图像		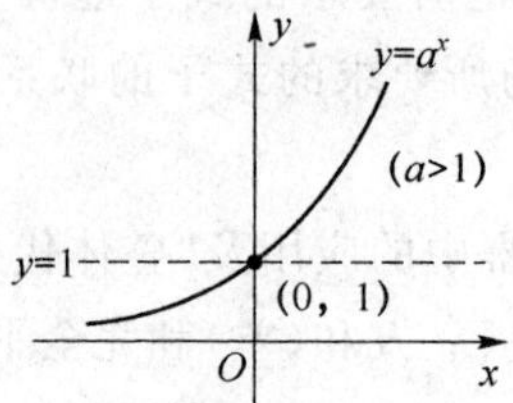	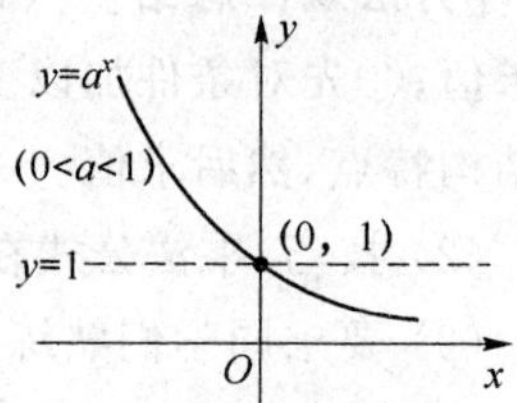
定义域		**R**	
值域		$(0,+\infty)$	
性质	过定点	过点________,即 $x=$________时,$y=$________	
	函数值的变化	当 $x>0$ 时,________; 当 $x<0$ 时,________	当 $x>0$ 时,________; 当 $x<0$ 时,________
	单调性	是 **R** 上的________	是 **R** 上的________

【问题探究】

问题 1:课本中第 48 页,问题(2)中函数 $P=\left(\frac{1}{2}\right)^{\frac{t}{5730}}(t\geqslant0)$ 的解析式与问题(1)中函数 $y=1.073^x(x\in\mathbf{N}^*\ x\leqslant20)$ 的解析式有什么共同特征?

问题 2:细胞分裂时,第一次由 1 个分裂成 2 个,第二次由 2 个分裂成 4 个,第三次由 4 个分裂成 8 个,如此下去,如果第 x 次分裂得到 y 个细胞,那么细胞个数 y 与分裂次数 x 的函数关系式是什么?这个函数式 $y=x^2$ 与有什么不同?

问题 3:指数函数中为什么规定了 $a>0$,且 $a\neq1$?

问题 4:函数的性质包括哪些?如何探索指数函数的性质?

小结:

(1) 细胞个数 y 与分裂次数 x 的函数关系式是 $y=2^x$,它的底为常数,自变量为指数,而 $y=x^2$ 恰好反过来。一般地,函数 $y=a^x(a>0$,且 $a\neq1)$ 叫作指数函数,其中 x 是自变量,函数的定义域是 **R**。

(2) 原因如下:①如果 $a<0$,比如 $y=(-4)^x$,这时对于 $x=\frac{1}{4}$,$x=\frac{1}{2}$ 等,在实数范围内函数值不存在。②如果 $a=0$,则 $\begin{cases}a^x\text{ 恒等于 }0, & \text{当 }x>0\text{ 时}\\ a^x\text{ 无意义}, & \text{当 }x\leqslant0\text{ 时}\end{cases}$。③如果 $a=1$,$y=1^x=1$,是个常数函数,没有研究的必要。

(3) 函数的性质通常包括定义域、值域、特殊点、单调性、最值、奇偶性。可以通过描点作图,先研究具体的指数函数的图像,再推广至一般。

二、核心突破

【命题方向 1】 求指数函数的解析式

【典例 1】 已知指数函数 $f(x)$ 的图像经过点 $(2,4)$,求 $f(-3)$ 的值。

解：设 $f(x)=a^x(a>0$，且 $a\neq1)$，将点(2,4)代入，得到 $a^2=4$，解得 $a=2$，于是 $f(x)=2^x$。则 $f(-3)=2^{-3}=\frac{1}{9}$。

［**方法规律总结**］　要求指数函数 $f(x)=a^x(a>0$，且 $a\neq1)$ 的解析式，只需要求出 a 的值，要求 a 的值，只需要一个已知条件即可。

【跟踪练习 1】　已知指数函数 $y=(2b-3)a^x$ 经过点(1,2)，求 a,b 的值。

【命题方向 2】　指数函数图像的应用

【典例 2】　直线 $y=2a$ 与函数 $y=|2^x-1|$ 的图像有两个公共点，求 a 的取值范围。

解：$y=|2^x-1|=\begin{cases}1-2^x, & x<0\\ 2^x-1, & x\geqslant0\end{cases}$，图像如下，

由图可知，要使直线 $y=2a$ 与函数 $y=|2^x-1|$ 的图像有两个公共点，需 $0<2a<1$，即 $0<a<\frac{1}{2}$。

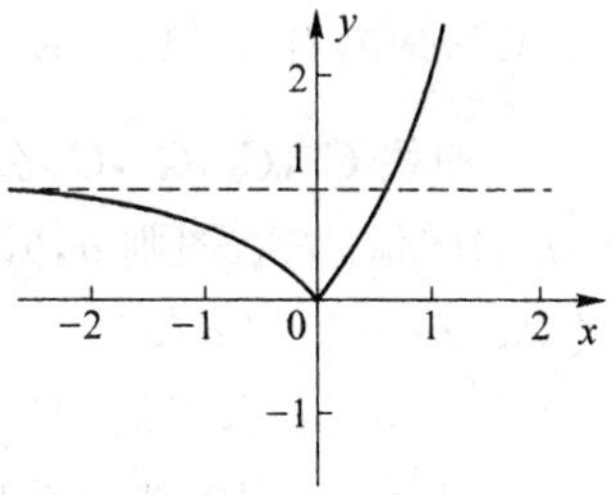

典例 2 图

［**方法规律总结**］　指数函数是一种基本函数，与其他函数一起可以衍生出很多函数，本例就体现了指数函数的"原料"作用。

【跟踪训练 2】　函数 $y=a^{|x|}(a>1)$ 的图像是(　　)。

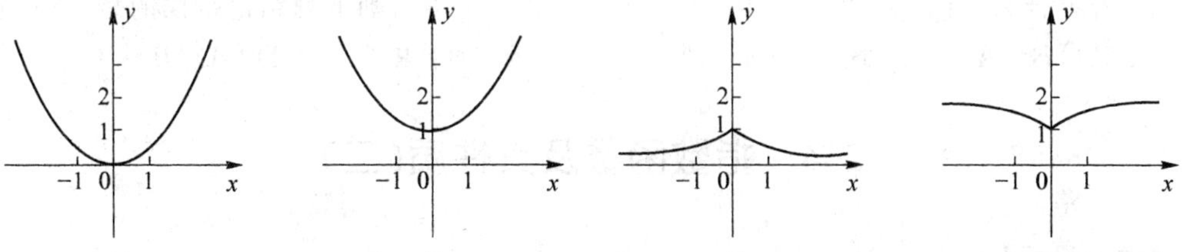

【命题方向 3】　求指数函数与其他函数的复合函数的定义域、值域。

【典例 3】　求下列函数的定义域、值域。

(1) $y=\frac{3^x}{1+3^x}$；(2) $y=4^x-2^x+1$。

解：(1) 函数的定义域为 $\mathbf{R}$，(因为对于一切 $x\in\mathbf{R}$，$3^x\neq-1$)。则

$y=\frac{(1+3^x)-1}{1+3^x}=1-\frac{1}{1+3^x}$。

因为 $3^x>0$，$1+3^x>1$，所以 $0<\frac{1}{1+3^x}<1$，$-1<1-\frac{1}{1+3^x}<0$，$0<1-\frac{1}{1+3^x}<1$，可得值域为(0,1)。

(2) 定义域为 $\mathbf{R}$，$y=(2^x)^2-2^x+1=\left(2^x-\frac{1}{2}\right)^2+\frac{3}{4}$，因为 $2^x>0$，所以 $2^x=\frac{1}{2}$。即 $x=-1$时，y 取最小值$\frac{3}{4}$。同时 y 可以取一切大于$\frac{3}{4}$的实数，所以值域为$\left[\frac{3}{4},+\infty\right)$。

［**方法规律总结**］　指数函数 $y=a^x$ 与 $y=f(x)$ 的复合方式是 $y=a^{f(x)}$ 和 $y=f(a^x)$。函数 $y=a^{f(x)}(a>0$，且 $a\neq1)$ 与函数 $y=f(x)$ 的定义域相同，求与指数函数有关的函数的值域时，要达到指数函数本身的要求，并利用好指数函数的单调性。

【跟踪训练 3】 求下列函数的定义域、值域。

(1) $y=0.3^{\frac{1}{x-1}}$；(2) $y=3^{\sqrt{5x-1}}$。

三、课堂练习

1. 下列函数中是指数函数的是(　　)。

A. $(-3)^x$　　B. -3^x　　C. 3^{x-1}　　D. $\left(\frac{1}{3}\right)^x$

2. 若函数 $y=(2a-1)^x$（x 是自变量）是指数函数，则 a 的取值范围是(　　)。

A. $a>0$，且 $a\neq1$　　B. $a\geqslant0$，且 $a\neq1$　　C. $a>\frac{1}{2}$，且 $a\neq1$　　D. $a\geqslant\frac{1}{2}$

3. 曲线 C_1,C_2,C_3,C_4 分别是指数函数 $y=a^x$，$y=b^x$，$y=c^x$，$y=d^x$ 的图像，如右图则 a,b,c,d 和 1 的大小关系是(　　)。

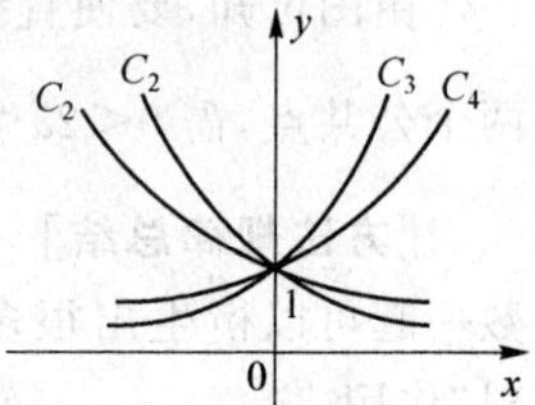

A. $a<b<1<c<d$　B. $a<b<1<d<c$

C. $b<a<1<c<d$　D. $b<a<1<d<c$

4. 已知 $3^x=10$，则这样的 x(　　)。

A. 存在且只有一个　　B. 存在且不只一个

C. 存在且 $x<2$　　D. 根本不存在

5. 若集合 $A=\{y|y=2^x,x\in\mathbf{R}\}$，$B=\{x|y=2^x,x\in\mathbf{R}\}$，则下列结论错误的是(　　)。

A. $A\cap B=A$　　B. $A\cap B=\varnothing$　　C. $A\cup B=\mathbf{R}$　　D. $A\cup B=B$

2.4　指数函数及其性质(二)

【学习目标】

1. 掌握指数函数与其他函数复合所得的函数单调区间的求法及单调性的判断。
2. 能借助指数函数性质比较大小。
3. 会解简单的指数方程、不等式。
4. 了解与指数函数相关的函数的奇偶性的判断方法。

一、阅读提纲

【疑点识记】

1. 指数函数在同一直角坐标系中的图像的相对位置与底数大小的关系如右图所示，则 $0<c<d<1<a<b$。在 y 轴右侧，图像从上到下的底数由________变________；在 y 轴左侧，图像从下到上的底数由________变________。

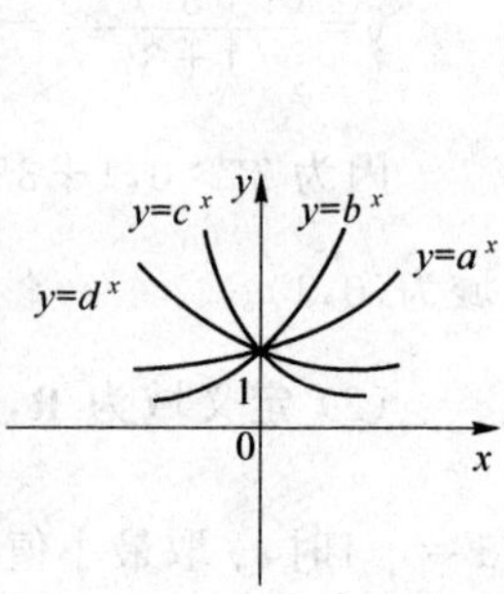

2. 指数函数 $y=a^x$ 与 $y=\left(\frac{1}{a}\right)^x$（$a>0$，且 $a\neq1$）的图像关于________轴对称。

3. 函数 $y=f(x)$ 向左平移 $k(k>0)$ 个单位，得到函数________的图像，向右平移 k 个单位，得到函数________的图像。

4. 关于指数型函数 $y=a^{f(x)}$ ($a>0$ 且 $a\neq 1$)的单调性由两点决定，一是底数 $a>1$，还是 $0<a<1$；二是 $f(x)$ 的单调性，它由两个函数________复合而成。

5. $y=f(u)$，$u=g(x)$，下列函数 $y=f(g(x))$ 的单调性有如下特点。

$u=g(x)$	$y=f(x)$	$y=f(g(x))$
增	增	________
增	减	________
减	增	________
减	减	________

6. 求复合函数的单调区间，首先求出函数的________，然后把函数分解成 $u=f(u)$，$u=\varphi(x)$，通过考查 $f(u)$ 和 $\varphi(x)$ 的单调性，求出 $y=f(\varphi(x))$ 的单调性。

【问题探究】

问题 1：指数函数的图像的大致走势有几种？主要取决于什么？

问题 2：形如 $y=a^{|x+m|}$ ($a>0$，且 $a\neq 1$，$m\in\mathbf{R}$)的图像的一般画法有哪些？

小结：

(1) 指数函数图像的大致走势有两种，一种是从左到右图像是下降的，而另一种恰好相反，图像的走势主要取决于底数 a 与 1 的大小关系。

(2) 一般有两种画法：①先去掉绝对值，化简函数解析式，转化为分段函数，然后再画出图像；②借助函数 $y=a^{|x|}$ 的图像，利用平移变换来作图。

二、核心突破

【命题方向 1】　比较幂值的大小

【典例 1】　比较下列各题中两个值的大小。

(1) $1.7^{-2.5}$，1.7^{-3}；(2) $1.7^{0.3}$，$1.5^{0.3}$；(3) $1.7^{0.3}$，$0.8^{3.1}$。

解：(1)因为 $1.7>1$，所以 $y=1.7^x$ 在 $(-\infty,+\infty)$ 上是增函数。

又因为 $-2.5>-3$，所以 $1.7^{-2.5}>1.7^{-3}$。

(2) 方法一。因为 $1.7>1.5$。所以在 $(0,+\infty)$ 上，$y=1.7^x$ 的图像位于 $y=1.5^x$ 的图像的上方。而 $0.3>0$，得 $1.7^{0.3}>1.5^{0.3}$。

方法二。因为 $1.5^{0.3}>0$，且 $\dfrac{1.7^{0.3}}{1.5^{0.3}}=\left(\dfrac{1.7}{1.5}\right)^{0.3}$，又因为 $\dfrac{1.7}{1.5}>1$，$0.3>0$，所以 $\left(\dfrac{1.7}{1.5}\right)^{0.3}>1$，$1.7^{0.3}>1.5^{0.3}$。

(3) 因为 $1.7^{0.3}>1.7^0=1$，$0.8^{3.1}<0.8^0=1$，所以 $1.7^{0.3}>0.8^{3.1}$。

[方法规律总结]　一般比较幂值得大小的方法有：

(1) 对于同底数不同指数的两个幂的大小，利用指数函数的单调性来判断；

(2) 对于底数不同指数相同的两个幂的大小，利用指数函数的图像的变化规律来判断；

(3) 对于底数不同指数也不同的两个幂的大小，则通过中间值来判断，常用的中间量有 0，1，-1。

【跟踪练习1】 比较下列各题中的两个值的大小。

(1) $0.8^{-0.1}$, $1.25^{0.2}$;(2) $\left(\frac{1}{\pi}\right)^{-\pi}$,1。

【命题方向2】 解指数方程

【典例2】 解下列关于 x 的方程。

(1) $81\times3^{2x}=\left(\frac{1}{9}\right)^{x+2}$;(2) $2^{2x+2}+3\times2^{x}-1=0$。

解析:(1) 因为 $81\times3^{2x}=\left(\frac{1}{9}\right)^{x+2}$,所以 $3^{2x+4}=3^{-(x+2)}$,得 $2x+4=-2(x+2)$,$x=-2$。

(2) 因为 $2^{2x+2}+3\times2^{x}-1=0$,所以 $4\times(2^{x})^{2}+3\times2^{x}-1=0$。

令 $t=2^{x}(t>0)$,则方程可化为 $4t^{2}+3t-1=0$,

解得 $t=\frac{1}{4}$或 $t=-1$(舍去)。

所以 $2^{x}=\frac{1}{4}$,解得 $x=-2$。

[方法规律总结]

1. $a^{f(x)}=b$ 型通常化为同底来解。

2. 解指数方程时常用换元法,用换元法时要特别注意"元"的范围。转化为解二次方程,用二次方程求解时,要注意二次方程根的取舍。

【跟踪训练2】 已知函数 $f(x)=5^{|x|}$,$g(x)=ax^{2}-x(a\in\mathbf{R})$,若 $f(g(1))=1$,则 a 等于(　　)。

A. 1　　B. 2　　C. 3　　D. -1

【命题方向3】 解指数不等式

【典例3】 解关于 x 的不等式:$a^{2x+1}\leqslant a^{x-5}(a>0$,且 $a\neq1)$。

解:(1)当 $0<a<1$ 时,因为 $a^{2x+1}\leqslant a^{x-5}$,所以 $2x+1\geqslant x-5$,解得 $x\geqslant-6$。

(2) 当 $a>1$ 时,因为 $a^{2x+1}\leqslant a^{x-5}$,所以 $2x+1\leqslant x-5$,解得 $x\leqslant-6$。

综上所述,当 $0<a<1$ 时,不等式的解集为 $\{x|x\geqslant-6\}$;当 $a>1$ 时,不等式的解集为 $\{x|x\leqslant-6\}$。

[方法规律总结] 解指数不等式的基本方法是先化为同底指数式,再利用指数函数单调性化为常规的不等式来解,注意底数对不等号方向的影响。

【跟踪训练3】 已知 $(a^{2}+a+2)^{x}>(a^{2}+a+2)^{1-x}$,则 x 的取值范围是________。

三、课堂练习

1. 若 $a=0.5^{\frac{1}{2}}$,$b=0.5^{\frac{1}{3}}$,$c=0.5^{\frac{1}{4}}$则 a、b、c 的大小关系是(　　)。

A. $a>b>c$　　B. $a<b<c$

C. $a<c<b$　　D. $b<c<a$

2. 方程 $4^{2x-1}=16$ 的解是(　　)。

A. $-\frac{3}{2}$　　B. $\frac{3}{2}$　　C. 1　　D. 2

3. 设 $0<a<1$,则关于 x 的不等式 $a^{2x^{2}-3x+2}>a^{2x^{2}+2x-3}$ 的解集为____________。

4. 若指数函数 $y=a^x$ 在$[-1,1]$上的最大值与最小值的差是 1,则底数 $a=$________。
5. 用函数单调性定义证明 $a>1$ 时,$y=a^x$ 是增函数。

2.5 对数与对数运算(一)

【学习目标】

1. 理解对数的概念,能进行指数式与对数式的互化。
2. 了解常用对数与自然对数的意义。
3. 掌握对数的基本性质,会用对数恒等式进行运算。

一、阅读提纲

【疑点识记】

1. 对数的概念

如果 $a^x=N(a>0$,且 $a\neq1)$,那么数 x 叫作________,记作________,其中 a 叫作________,N 叫作________。

2. 常用对数与自然对数

通常将以 10 为底的对数叫作________,以 e 为底的对数叫作________,$\log_{10}N$ 可简记为________,$\log_e N$ 简记为________。

3. 对数与指数的关系

若 $a>0$,且 $a\neq1$,则 $a^x=N\Leftrightarrow\log_a N=$________。

对数恒等式:$a^{\log_a N}=$________;$\log_a a^N=$________$(a>0$,且 $a\neq1)$。

4. 对数的性质

(1) 1 的对数为________;

(2) 底的对数为________;

(3) 零和负数________。

【问题探究】

问题 1:解指数方程:$3^x=\sqrt{3}$可化为 $3^x=3^{\frac{1}{2}}$,所以 $x=\frac{1}{2}$。但你会解 $3^x=2$ 吗?

问题 2:$\log_a 1$ 等于多少?

小结:

(1) 不会,因为 2 难以化为以 3 为底的指数式,因而需要引入对数概念。

(2) 因为是一个新符号,所以$\log_a 1$ 一时难以理解,但若设$\log_a 1=t$,化为指数式 $a^t=1$,则不难求得 $t=0$,即 $\log_a 1=0$。

二、核心突破

【命题方向 1】 对数的概念

【典例 1】 在 $N=\log_{(5-b)}(b-2)$中,实数 b 的取值范围是(　　)。

A. $b<2$ 或 $b>5$　　B. $2<b<5$　　C. $4<b<5$　　D. $2<b<5$ 且 $b\neq4$

解析:因为$\begin{cases}b-2>0\\5-b>0\\5-b\neq1\end{cases}$,所以 $2<b<5$ 且 $b\neq4$。

答案:D。

[方法规律总结] 由于对数式中的底数 a 就是指数式中的底数 a,所以 a 的取值范围为 $a>0$,且 $a\neq1$;由于在指数式中 $a^x=N$,而 $a^x>0$,所以 $N>0$。

【跟踪练习 1】 求 $f(x)=\log_x\dfrac{1-x}{1+x}$的定义域。

【命题方向 2】 对数式与指数式的互化

【典例 2】 (1) 将下列指数式写成对数式。

① $5^4=625$; ② $2^{-6}=\dfrac{1}{64}$; ③ $3^a=27$; ④ $\left(\dfrac{1}{3}\right)^m=5.73$。

(2) 求下列各式中的 x 的值。

① $\log_{64}x=-\dfrac{2}{3}$; ② $\log_x 8=6$; ③ $\lg_{100}=x$; ④ $-\ln e^2=x$。

解析:(1) ① $\log_5 625=4$ ② $\log_2\dfrac{1}{64}=-6$ ③ $\log_3 27=a$ ④ $\log_{\frac{1}{3}}5.73=m$

(2) ① $x=(64)^{-\frac{2}{3}}=(4^3)^{-\frac{2}{3}}=4^{-2}=\dfrac{1}{16}$。

② $x^6=8$,所以 $x=(x^6)^{\frac{1}{6}}=8^{\frac{1}{6}}=(2^3)^{\frac{1}{6}}=2^{\frac{1}{2}}=\sqrt{2}$。

③ $10^x=100=10^2$,于是 $x=2$。

[方法规律总结] 要求对数的值,设对数为某一未知数,将对数式化为指数式,再利用指数幂的运算性质求解。

【跟踪训练 2】 计算:(1) $\log_9 27$;(2) $\log_{\sqrt[4]{3}}81$;(3) $\log_{\sqrt[3]{5^4}}625$。

【命题方向 3】 应用对数的基本性质求值

【典例 3】 求下列各式中 x 的值。

(1) $\log_2(\log_5 x)=0$;(2) $\log_3(\lg x)=1$;(3) $\log_{(\sqrt{2}-1)}\dfrac{1}{\sqrt{3+2\sqrt{2}}}=x$;(4) $3^{3+\log_3 x}=2$。

解:(1) 因为$\log_2(\log_5 x)=0$,所以$\log_5 x=2^0=1$,得 $x=5^1=5$。

(2) 因为$\log_3(\lg x)=1$,所以$\lg x=3^1=3$,得 $x=10^3=1\ 000$。

(3) 因为$\log_{(\sqrt{2}-1)}\dfrac{1}{\sqrt{3+2\sqrt{2}}}=x$,所以$(\sqrt{2}-1)^x=\dfrac{1}{\sqrt{3+2\sqrt{2}}}=\dfrac{1}{\sqrt{(\sqrt{2}+1)^2}}=\dfrac{1}{\sqrt{2}+1}=\sqrt{2}-1$。

(4) 因为 $3^{3+\log_3 x}=3^3\cdot 3^{\log_3 x}=27x=2$,所以 $x=\dfrac{2}{27}$。

[方法规律总结] 本题利用对数的基本性质从整体入手,由外到内逐层深入来解决问题。

【跟踪训练 3】 (1) 若$\log_2(\log_3 x)=\log_3(\log_4 y)=\log_4(\log_2 z)=0$,则 $x+y+z$ 的值为(　　)。

A. 9　　B. 8　　C. 7　　D. 6

(2) 求 $a^{\log_a b\cdot\log_b c\cdot\log_c N}$的值($a,b,c\in\mathbf{R}_+$,且不等于 1,$N>0$)。

三、课堂练习

1. $\log_b N=a(b>0,b\neq1,N>0)$对应的指数式是(　　)。

A. $a^b=N$　　B. $b^a=N$　　C. $a^N=b$　　D. $b^N=a$

2. 若$\log_a x=1$,则(　　)。

A. $x=1$　　B. $a=1$　　C. $x=a$　　D. $x=10$

3. 下列指数式与对数式互化不正确的一组是(　　)。

A. $e^0=1$ 与 $\ln 1=0$　　B. $8^{-\frac{1}{3}}=\frac{1}{2}$ 与 $\log_8 \frac{1}{2}=-\frac{1}{3}$

C. $\log_3 9=2$ 与 $9^{\frac{1}{2}}=3$　　D. $\log_7 7=1$ 与 $7^1=7$

4. 已知$\log_x 16=2$,则 x 等于(　　)。

A. ± 4　　B. 4　　C. 256　　D. 2

5. 设$10^{\lg x}=100$,则 x 的值等于(　　)。

A. 10　　B. 0.01　　C. 100　　D. 1000

2.6　对数与对数运算(二)

【学习目标】

1. 掌握对数的运算性质及其推导。
2. 能运用对数运算性质进行化简、求值和证明。
3. 了解换底公式并能用换底公式将一般对数化成自然对数和常用对数。

一、阅读提纲

【疑点识记】

1. 对数的运算性质

如果 $a>0$,且 $a\neq 1$,$M>0$,$N>0$,那么:

(1) $\log_a(M\cdot N)=$__________;

(2) $\log_a\frac{M}{N}=$__________;

(3) $\log_a M^n=$________($n\in\mathbf{R}$)。

2. 对数换底公式

$\log_a b=\frac{\log_c b}{\log_c a}$($a>0$,且 $a\neq 1$,$b>0$,$c>0$,且 $c\neq 1$);

特别地:$\log_a b\cdot\log_b a=$________($a>0$,且 $a\neq 1$,$b>0$,且 $b\neq 1$)。

【问题探究】

问题 1:根据对数的定义及对数与指数的关系你能解答下列问题吗?

(1) 设 $\log_a 2=m$,$\log_a 3=n$,求 a^{m+n};

(2) 设 $\log_a M=m$,$\log_a N=n$,试利用 m、n 表示 $\log_a(M\cdot N)$。

问题 2:同样地,由 $a^m\div a^n=a^{m-n}$和$(a^m)^n=a^{mn}$,也得到对数运算的其他性质:$\log_a\frac{M}{N}=\log_a M-\log_a N$;$\log_a M^n=n\log_a M(n\in\mathbf{R})(a>0$,且 $a\neq 1,M>0,N>0)$。试着推导出上述两个公式。

小结:

1.(1) 由 $\log_a 2=m$,得 $a^m=2$,由 $\log_a 3=n$,得 $a^n=3$。

所以 $a^m\cdot a^n=a^{m+n}=2\times 3=6$,即 $a^{m+n}=6$。

(2) 由 $\log_a M=m$,得 $a^m=M$,由 $\log_a N=n$,得 $a^n=N$。

所以 $a^m\cdot a^n=a^{m+n}=M\times N$,把指数式化为对数式得:$\log_a(M\cdot N)=m+n$。

2. 令 $M=a^m,N=a^n$,则$\frac{M}{N}=a^m\div a^n=a^{m-n}$,所以 $m-n=\log_a\frac{M}{N}$。

又因为 $M=a^m,N=a^n$,所以 $m=\log_a M,n=\log_a N$,即:$\log_a M-\log_a N=m-n=\log_a\frac{M}{N}$。

当 $n\neq0$ 时,令 $\log_a M=p$,由对数定义可以得 $M=a^p$。

所以 $M^n=(a^p)^n=a^{np}$,得 $\log_a M^n=np$。将 $\log_a M=p$ 代入,即证得 $\log_a M^n=n\log_a M$。

当 $n=0$ 时,显然成立。因此 $\log_a M^n=n\log_a M$。

二、核心突破

【命题方向 1】 积商幂的对数运算

【典例 1】 化简 $\log_a\frac{x\sqrt[2]{y}}{\sqrt[3]{z}}$

解:因为$\frac{x\sqrt[2]{y}}{\sqrt[3]{z}}>0$ 且 $x^2>0,\sqrt{y}>0$,所以 $y>0,z>0$。

$\log_a\frac{x\sqrt[2]{y}}{\sqrt[3]{z}}=\log_a(x\sqrt[2]{y})-\log_a\sqrt[3]{z}$

$=\log_a x^2+\log_a\sqrt{y}-\log_a\sqrt[3]{z}$

$=2\log_a|x|+\frac{1}{2}\log_a y-\frac{1}{3}\log_a z$。

[方法规律总结] 要特别注意 $\log_a(MN)\neq\log_a M\cdot\log_a N$,$\log_a(M\pm N)\neq\log_a M\pm\log_a N$。

【跟踪练习 1】 已知 $y>0$,化简 $\log_a\frac{\sqrt{x}}{yz}$。

【命题方向 2】 换底公式

【典例 2】 (1) 若 $a>0$ 且 $a\neq1,M>0$,求证:$\log_{a^n}M=\frac{1}{n}\log_a M$。

(2) 已知$\log_{18}9=a,18^b=5$ 求$\log_{36}45$。

解:(1) $\log_{a^n}M=\frac{\log_a M}{\log_a a^n}=\frac{\log_a M}{n\log_a a}=\frac{1}{n}\log_a M$。

(2) 方法一。因为$\log_{18}9=a,18^b=5$,所以$\log_{18}5=b$。

于是 $\log_{36}45=\frac{\log_{18}45}{\log_{18}36}=\frac{\log_{18}(9\times5)}{\log_{18}(18\times2)}=\frac{\log_{18}9+\log_{18}5}{1+\log_{18}2}=\frac{a+b}{1+\log_{18}\frac{18}{9}}=\frac{a+b}{2-a}$。

方法二。因为$\log_{18}9=a,18^b=5$,所以$\log_{18}^5=b$。

于是 $\log_{36}45=\frac{\log_{18}45}{\log_{18}36}=\frac{\log_{18}(9\times5)}{\log_{18}(18\times2)}=\frac{\log_{18}9+\log_{18}5}{2\log_{18}18-\log_{18}9}=\frac{a+b}{2-a}$。

方法三。因为$\log_{18}9=a,18^b=5$,所以$\lg9=a\lg18,\lg5=b\lg18$。

于是 $\log_{36}45=\frac{\lg45}{\lg36}=\frac{\lg(9\times5)}{\lg\frac{18^2}{9}}=\frac{\lg9+\lg5}{2\lg18-\lg9}=\frac{a\lg18+b\lg18}{2\lg18-a\lg18}=\frac{a+b}{2-a}$。

[**方法规律总结**]　在利用换底公式进行化简求值时，一般情况是根据题中所给的对数式的具体特点选择恰当的底数进行换底，如果所给的对数式中的底数和真数互不相同，我们可以选择以 10 为底数进行换底。

【跟踪训练 2】　已知 $\log_2 3=a$，$\log_3 7=b$，用 a，b 表示 $\log_{42}56$。

【命题方向 3】　化简求值

【典例 3】　已知 $\log_a x=\log_a c+b$，求 x。

解：方法一。由对数定义可知：$x=a^{\log_a c+b}=a^{\log_a c}\cdot a^b=c\cdot a^b$。

方法二。由已知移项可得：$\log_a x-\log_a c=b$。即 $\log_a \dfrac{x}{c}=b$，则 $\dfrac{c}{x}=a^b$，所以 $x=c\cdot a^b$。

方法三。因为 $b=\log_a a^b$，所以 $\log_a x=\log_a c+\log_a a^b=\log_a(c\cdot a^b)$，得 $x=c\cdot a^b$。

[**方法规律总结**]　$a>0$ 且 $a\neq 1$，$N>0$ 时，恒有 $a^{\log_a N}=N$。

【跟踪训练 3】　我们都处于有声世界里，不同场合，人们对音量会有不同的要求，音量大小的单位是分贝(dB)，对于一个强度为 I 的声波，分贝的定义是：$y=10\lg\dfrac{I}{I_0}$。这里 I_0 是人耳能听到的声音的最低声波强度，$I_0=10^{-12}$ W/m²，当 $I=I_0$ 时，$y=0$，即音量为 0 dB。

(1) 如果 $I=1$ W/m²，求相应的分贝值；(2)70 dB 时声音强度 I 是 60 dB 时声音强度 I' 的多少倍？

三、课堂练习

1. $\log_5\dfrac{1}{3}+\log_5 3$ 等于(　　)。

A. 0　　B. 1　　C. -1　　D. $\log_5\dfrac{10}{5}$

2. $\log_3 5-\log_3 45$ 等于(　　)。

A. 1　　B. -1　　C. 2　　D. -2

3. $\log_{\sqrt{2}}4$ 等于(　　)。

A. $\dfrac{1}{2}$　　B. $\dfrac{1}{4}$　　C. 2　　D. 4

4. $\log_8 4$ 等于(　　)。

A. $\dfrac{1}{2}$　　B. $\dfrac{2}{3}$　　C. 2　　D. 4

5. $\log_2 9\times\log_3 4$ 等于(　　)。

A. $\dfrac{1}{4}$　　B. $\dfrac{1}{2}$　　C. 2　　D. 4

2.7　对数函数及其性质(一)

【学习目标】

1. 掌握对数函数的概念、图像和性质。

2. 能够根据指数函数的图像和性质得出对数函数的图像和性质，把握指数函数与对数函数关系的实质。

一、阅读提纲

【疑点识记】

1. 对数函数的定义：一般地，我们把__________叫作对数函数，其中 x 是自变量，函数的定义域是__________。

2. 对数函数的图像与性质

定义	$y=\log_a x$ $(a>0$，且 $a\neq 1)$	
底数	$a>1$	$0<a<1$
图像	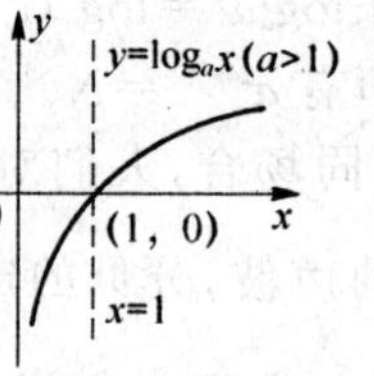	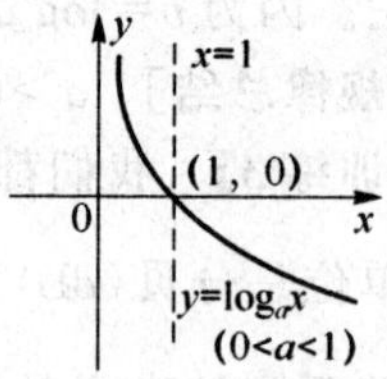
定义域	________	
值域	________	
单调性	在 $(0,+\infty)$ 上是增函数	在 $(0,+\infty)$ 上是减函数
共点性	图像过点______，即 $\log_a 1=0$	
函数值特点	$x\in(0,1)$ 时，$y\in$______； $x\in[1,+\infty)$ 时，$y\in$______	$x\in(0,1)$ 时，$y\in$______； $x\in[1,+\infty)$ 时，$y\in$______
对称性	函数 $y=\log_a x$ 与 $y=\log_{\frac{1}{a}} x$ 的图像关于______对称	

3. 反函数

对数函数 $y=\log_a x(a>0$ 且 $a\neq 1)$ 和指数函数________互为反函数。

【问题探究】

问题1：已知细胞分裂个数 y 与分裂次数 x 满足 $y=2^x$，那么反过来，x 是否为关于 y 的函数？

问题2：$y=\log_a x$ 化为指数式是 $x=a^y$。你能用指数函数单调性推导出对数函数单调性吗？

小结：

(1) 由于 $y=2^x$ 是增函数，所以对于任意 $y\in(0,+\infty)$ 都有唯一确定的 x 与之对应，故 x 也是关于 y 的函数，其函数关系式是 $x=\log_2 y$。

(2) 当 $a>1$ 时，若 $0<x_1<x_2$，则解指数不等式，得 $y_1<y_2$，从而 $y=\log_a x$ 在 $(0,+\infty)$ 上为增函数。

当 $0<a<1$ 时，同理可得 $y=\log_a x$ 在 $(0,+\infty)$ 上为减函数。

二、核心突破

【命题方向1】 对数函数的概念

【典例1】 已知对数函数 $y=f(x)$ 过点 $(4,2)$，求 $f\left(\dfrac{1}{2}\right)$ 及 $f(2^{\lg 2})$。

解：设 $y=\log_a x(a>0$ 且 $a\neq 1)$，则 $2=\log_a 4$，故 $a=2$，即 $y=\log_2 x$。

因此 $f\left(\frac{1}{2}\right)=\log_2\frac{1}{2}=-1$，$f(2^{\lg 2})=\log_2 2^{\lg 2}=\lg 2$。

$f(2^{\lg 2})=\log_2 2^{\lg 2}=\lg 2$。

[方法规律总结]　判断一个函数是否为对数函数的方法。

判断一个函数是对数函数必须是形如 $y=\log_a x\ (a>0$ 且 $a\neq 1)$ 的形式，即必须满足以下条件：

① 系数为 1。

② 底数为大于 0 且不等于 1 的常数。

③ 对数的真数仅有自变量 x。

【跟踪练习 1】　判断下列函数是不是对数函数？并说明理由。

(1) $y=\log_a x^2(a>0$，且 $a\neq 1)$；

(2) $y=\log_2 x-1$；

(3) $y=\log_x a(x>0$，且 $x\neq 1)$；

(4) $y=\log_5 x$。

【命题方向 2】　对数函数的定义域

【典例 2】　求下列函数的定义域。

(1) $y=\log_a(9-x^2)$；(2) $y=\log_2(16-4^x)$。

解：(1) 由 $9-x^2>0$，得 $-3<x<3$。

所以函数 $y=\log_a(9-x^2)$ 的定义域是 $\{x|-3<x<3\}$。

(2) 由 $16-4^x>0$，得 $4^x<16=4^2$。

由指数函数的单调性得 $x<2$，所以函数 $y=\log_2(16-4^x)$ 的定义域为 $\{x|x<2\}$。

[方法规律总结]　求含对数式的函数定义域关键是真数大于 0，底数大于 0 且不为 1。

【跟踪训练 2】　求下列函数的定义域。

(1) $y=\log_7\frac{1}{1-3x}$；(2) $y=\sqrt{\log_3 x}$。

【命题方向 3】　比较对数的大小

【典例 3】　比较下列各组数中两个值的大小。

(1) $\log_2 3.4$，$\log_2 8.5$；(2) $\log_{0.3}1.8$，$\log_{0.3}2.7$；(3) $\log_a 5.1$，$\log_a 5.9(a>0$，且 $a\neq 1)$。

解：(1) 考察对数函数 $y=\log_2 x$，因为它的底数 $2>1$，所以它在 $(0,+\infty)$ 上是增函数。

又因为 $3.4<8.5$，于是 $\log_2 3.4<\log_2 8.5$。

(2) 考察对数函数 $y=\log_{0.3}x$，因为它的底数 $0<0.3<1$，所以它在 $(0,+\infty)$ 上是减函数。

又因为 $1.8<2.7$，于是 $\log_{0.3}1.8>\log_{0.3}2.7$。

(3) 当 $a>1$ 时，$y=\log_a x$ 在 $(0,+\infty)$ 上是增函数。

因为 $5.1<5.9$，于是 $\log_a 5.1<\log_a 5.9$。

当 $0<a<1$ 时，$y=\log_a x$ 在 $(0,+\infty)$ 上是减函数。

因为 $5.1<5.9$，于是 $\log_a 5.1>\log_a 5.9$。

综上所述，当 $a>1$ 时，$\log_a 5.1<\log_a 5.9$；当 $0<a<1$ 时，$\log_a 5.1>\log_a 5.9$。

［**方法规律总结**］ 比较两个同底数的对数大小，首先要根据对数底数来判断对数函数的增减性；然后比较真数大小，再利用对数函数的增减性判断两对数值的大小。对于底数以字母形式出现的，需要对底数 a 进行讨论。

【跟踪训练 3】 设 $a=\log_3\pi$，$b=\log_2\sqrt{3}$，$c=\log_3\sqrt{2}$，则（　　）。

A. $a>b>c$　　B. $a>c>b$　　C. $b>a>c$　　D. $b>c>a$

三、课堂练习

1. 下列函数为对数函数的是（　　）。

A. $y=\log_a x+1(a>0$ 且 $a\neq1)$

B. $y=\log_a(2x)(a>0$ 且 $a\neq1)$

C. $y=\log_{(a-1)}x(a>1$ 且 $a\neq2)$

D. $y=2\log_a x(a>0$ 且 $a\neq1)$

2. 函数 $y=\log_2(x-2)$ 的定义域是（　　）。

A. $(0,+\infty)$　　B. $(1,+\infty)$　　C. $(2,+\infty)$　　D. $[4,+\infty)$

3. 已知函数 $f(x)=\log_2 x-2$，则 $f(x)>0$ 的解集是（　　）。

A. $(2,+\infty)$　　B. $(3,+\infty)$　　C. $(4,+\infty)$　　D. **R**

4. 函数 $y=\lg|x|$ 的图像是（　　）。

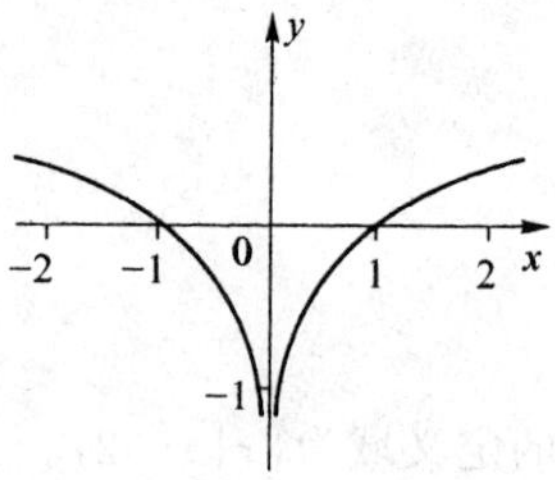

A

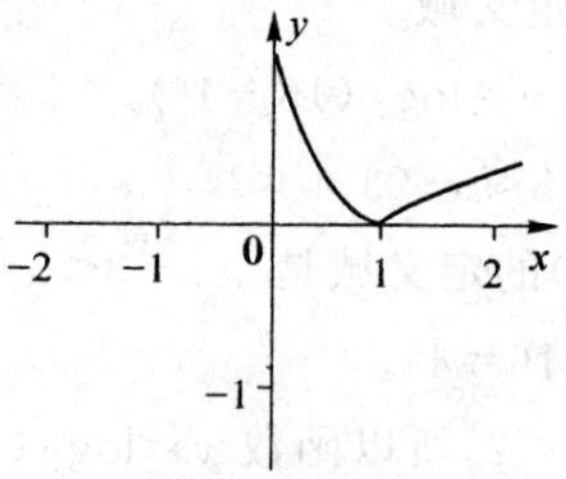

B

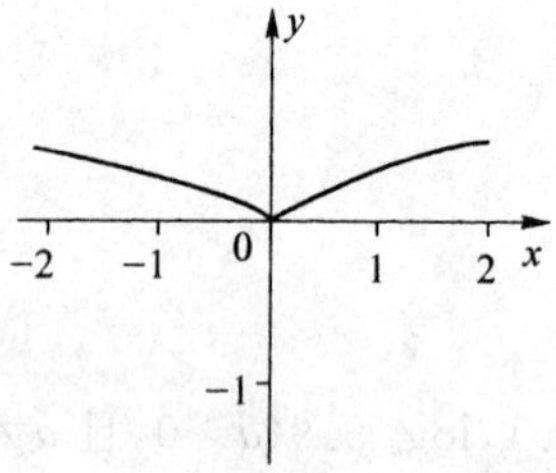

C

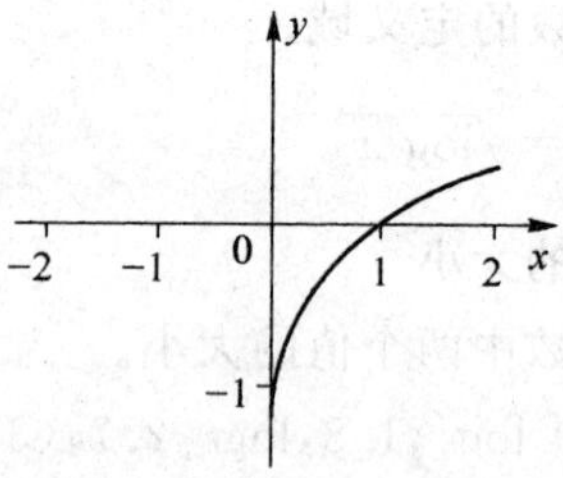

D

5. 如右图的四个对数函数的底数分别为 a_1,a_2,a_3,a_4，则（　　）。

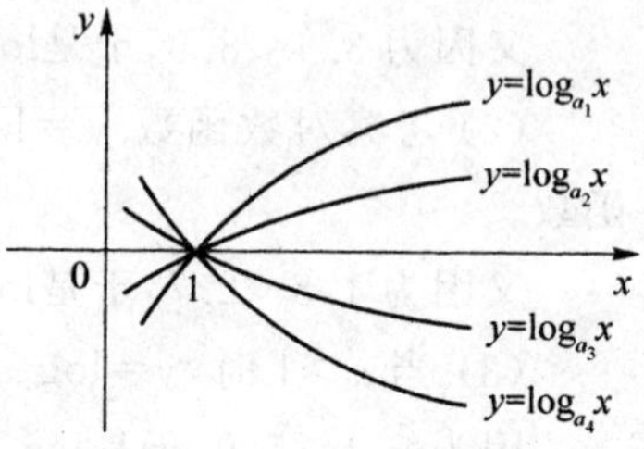

A. $a_1<a_2<a_3<a_4$

B. $a_1>a_2>a_3>a_4$

C. $a_3<a_4<a_1<a_2$

D. $a_4<a_3<a_1<a_2$

2.8　对数函数及其性质(二)

【学习目标】

1. 进一步加深理解对数函数的性质。
2. 掌握对数函数的性质及其应用。

一、阅读提纲

【问题探究】

问题1:我们知道 $y=2^{f(x)}$ 的单调性与 $y=f(x)$ 的单调性相同,那么 $y=\log_2 f(x)$ 的单调区间与 $y=f(x)$ 的单调区间相同吗?

问题2: $\log_2 x<\log_2 3$ 等价于 $x<3$ 吗?

问题3: $y=\log_2 x$ 与 $y=\log_3 x$ 同为 $(0,+\infty)$ 上的增函数,都过点 $(1,0)$,怎样区分它们在同一坐标系内的相对位置?

问题4:如果把 $y=2^x$ 视为 $A=\mathbf{R}\to B=(0,+\infty)$ 的一个映射,那么 $y=\log_2 x$ 是从哪个集合到哪个集合的映射?

小结:

(1) $y=\log_2 f(x)$ 与 $y=f(x)$ 的单调区间不一定相同,因为 $y=\log_2 f(x)$ 的定义域与 $y=f(x)$ 定义域不一定相同。

(2) 不等价。$\log_2 x<\log_2 3$ 成立的前提是 $\log_2 x$ 有意义,即 $x>0$,所以 $\log_2 x<\log_2 3\Leftrightarrow 0<x<3$。

(3) 可以通过描点定位,也可令 $y=1$,对应 x 值即底数。

(4) 如下图所示, $y=\log_2 x$ 是从 $B=(0,+\infty)$ 到 $A=\mathbf{R}$ 的一个映射,相当于 A 中元素通过 $f:x\to 2^x$ 对应 B 中的元素 2^x, $y=\log_2 x$ 的作用是 B 中元素 2^x 原路返回对应 A 中元素 x。

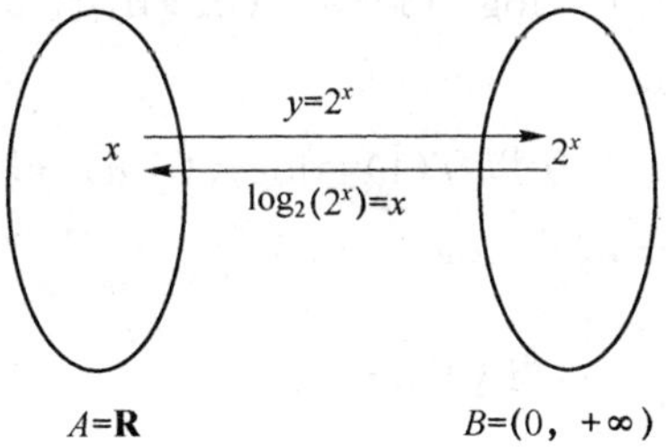

二、核心突破

【命题方向1】 对数型复合函数的单调性

【典例1】 求函数 $y=\log_{\frac{1}{2}}(-x^2+2x+1)$ 的值域和单调区间。

解:设 $t=-x^2+2x+1$,则 $t=-(x-1)^2+2$。

因为 $y=\log_{\frac{1}{2}}t$ 为减函数,且 $0<t\leqslant 2$,所以 $y=\log_{\frac{1}{2}}2=-1$,即函数的值域为 $[-1,+\infty)$。

再由函数 $\log_{\frac{1}{2}}(-x^2+2x+1)$ 的定义域为 $\{x|1-\sqrt{2}<x<1+\sqrt{2}\}$,所以 $t=-x^2+2x+1$ 在 $(1-\sqrt{2},1)$ 上递增,而在 $[1,1+\sqrt{2}]$ 上递减,而 $y=\log_{\frac{1}{2}}t$ 为减函数。

所以函数 $y=\log_{\frac{1}{2}}(-x^2+2x+1)$ 的增区间为 $[1,1+\sqrt{2}]$,减区间为 $(1-\sqrt{2},1)$。

[方法规律总结] 求复合函数的单调性要抓住两个要点:(1)单调区间必须是定义域的子集,哪怕一个端点都不能超出定义域;(2)$f(x)$,$g(x)$单调性相同,则 $f(g(x))$为增函数;$f(x)$,$g(x)$单调性相异,则 $f(g(x))$为减函数,简称"同增异减"。

【跟踪练习 1】 已知函数 $y=\log_{\frac{1}{2}}(-x^2+2x)$,(1)求函数 $f(x)$的值域;(2)求 $f(x)$的单调性。

【命题方向 2】 对数型复合函数的奇偶性

【典例 2】 判断函数 $f(x)=\ln\dfrac{2-x}{2+x}$的奇偶性。

解:由$\dfrac{2-x}{2+x}>0$ 可得$-2<x<2$,所以函数的定义域为$(-2,2)$,关于原点对称。

方法一。$f(-x)=\ln\dfrac{2+x}{2-x}=\ln\left(\dfrac{2-x}{2+x}\right)^{-1}=-\ln\dfrac{2-x}{2+x}=-f(x)$,所以函数 $f(x)=\ln\dfrac{2-x}{2+x}$是奇函数。

方法二。$f(x)+f(-x)=\ln\dfrac{2-x}{2+x}+\ln\dfrac{2+x}{2-x}=\ln\left(\dfrac{2-x}{2+x}\cdot\dfrac{2+x}{2-x}\right)=\ln 1=0$,即 $f(-x)=-f(x)$,所以函数 $f(x)=\ln\dfrac{2-x}{2+x}$是奇函数。

[方法规律总结] 1. 指数函数、对数函数都是非奇非偶函数,但并不妨碍它们与其他函数复合成奇函数(或偶函数)。

2. 含对数式的奇偶性判断,一般用 $f(x)\pm f(x)=0$ 来判断,运算相对简单。

【跟踪训练 2】 判断函数 $f(x)=\lg(\sqrt{1+x^2}-x)$的奇偶性。

【命题方向 3】 对数不等式

【典例 3】 已知函数 $f(x)=\log_a(1-a^x)(a>0$,且 $a\neq1)$。解关于 x 的不等式:$\log_a(1-a^x)>f(1)$。

解:因为 $f(x)=\log_a(1-a^x)$,所以 $f(1)=\log_a(1-a)$,得 $1-a>0$,$0<a<1$。

所以不等式可化为$\log_a(1-a^x)>\log_a(1-a)$。

因此$\begin{cases}1-a^x>0\\1-a^x<1-a\end{cases}$,即$\begin{cases}a^x<1\\a^x>a\end{cases}$,得 $0<x<1$。

所以不等式的解集为$(0,1)$。

[方法规律总结] 对数不等式解法要点:

(1) 化为同底$\log_a f(x)>\log_a g(x)$;

(2) 根据 $a>1$ 或 $0<a<1$ 去掉对数符号,注意不等号方向;

(3) 加上使对数式有意义的约束条件 $f(x)>0$ 且 $g(x)>0$。

【跟踪训练 3】 已知函数 $f(x)=\begin{cases}\log_2 x, & x>0\\ \log_{\frac{1}{2}}(-x), & x<0\end{cases}$,若 $f(a)>f(-a)$,则实数 a 的取值范围是(　　)。

A. $(-1,0)\cup(0,1)$　　B. $(-\infty,-1)\cup(1,+\infty)$

C. $(-1,0)\cup(1,+\infty)$　　D. $(-\infty,-1)\cup(0,1)$

三、课堂练习

1. 当 $a>1$ 时，函数 $y=\log_a x$ 和 $y=(1-a)^x$ 的图像只可能是(　　)。

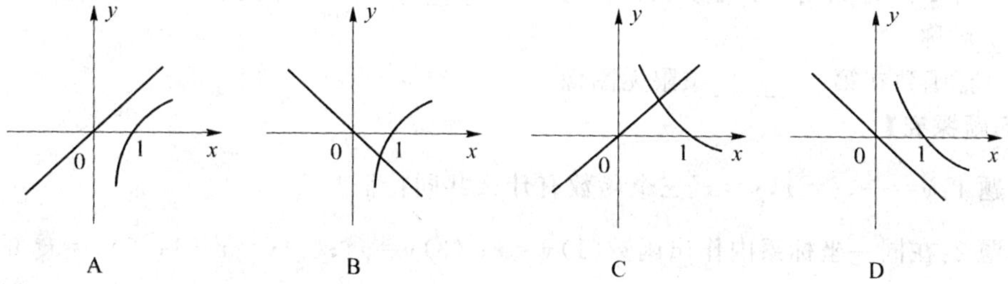

2. 函数 $f(x)=\lg\dfrac{1-x}{1+x}$ 是(　　)。

A. 奇函数　　B. 偶函数

C. 既是奇函数又是偶函数　　D. 既非奇函数又非偶函数

3. $f(x)=\lg(x^2+a)$ 的值域为 $\mathbf{R}$，则实数 a 可以是(　　)。

A. 0　　B. 1　　C. 2　　D. 10

4. 如果 $\log_{\frac{1}{2}}x<\log_{\frac{1}{2}}y<0$，那么(　　)。

A. $y<x<1$　　B. $x<y<1$　　C. $1<x<y$　　D. $1<y<x$

5. 若函数 $y=f(x)$ 是函数 $y=a^x(a>0$ 且 $a\neq1)$ 的反函数，且 $f(2)=1$，则 $f(x)$ 等于(　　)。

A. $\log_2 x$　　B. $\dfrac{1}{2^x}$　　C. $\log_{\frac{1}{2}}x$　　D. 2^{x-2}

2.9 幂　函　数

【学习目标】

1. 理解幂函数的概念。

2. 学会以简单的幂函数为例研究函数性质的方法。

3. 理解和掌握幂函数在第一象限的分类特征，能运用数形结合的方法处理幂函数有关问题。

一、阅读提纲

【疑点识记】

1. 一般地，__________叫作幂函数，其中 x 是自变量，α 是常数。

2. 在同一平面直角坐标系中，画出幂函数 $y=x,y=x^2,y=x^3,y=x^{\frac{1}{2}},y=x^{-1}$ 的图像。

3. 结合 2 中已经画完图像，填空。

(1) 所有的幂函数图像都过点________，在 $(0,+\infty)$ 上都有定义。

(2) 若$\alpha>0$时，幂函数图像过点________，且在第一象限内________；当$0<\alpha<1$时，图像上凸，当$\alpha>1$时，图像________。

(3) 若$\alpha<0$，则幂函数图像过点________，并且在第一象限内单调________，在第一象限内，当x从$+\infty$趋向于原点时，函数在y轴右方无限地逼近于y轴，当x趋于$+\infty$时，图像在x轴上方无限逼近x轴。

(4) 当α为奇数时，幂函数图像关于________对称；当α为偶数时，幂函数图像关于________对称。

(5) 幂函数在第________象限无图像。

【问题探究】

问题1：$y=\frac{1}{x}$，$y=x$，$y=x^2$三个函数有什么共同特征？

问题2：在同一坐标系内作出函数(1)$y=x$；(3)$y=x^2$；(4)$y=x-1$；(5)$y=x^3$的图像。

小结：

底数为x，指数为常数。

一般地，$y=x^\alpha$叫作幂函数，其中x是自变量，α是常数。

二、核心突破

【命题方向1】 幂函数的概念

【典例1】 已知$y=(m^2+2m-2)x^{m^2-1}+2n-3$是幂函数，求$m,n$的值。

解：由题意得$\begin{cases}m^2+2m-2=1\\m^2-1\neq0\\2n-3=0\end{cases}$，解得$\begin{cases}m=-3\\n=\frac{3}{2}\end{cases}$，所以$m=-3$，$n=\frac{3}{2}$。

[方法规律总结] 幂函数与指数函数、对数函数的定义类似，只有满足函数解析式右边的系数为1，底数为自变量x，指数为常数这三个条件，才是幂函数。如：$y=3x^2$，$y=(2x)^3$，$y=\left(\frac{x}{2}\right)^4$都不是幂函数。

【跟踪练习1】 在函数$y=\frac{1}{x^2}$，$y=2x^2$，$y=x^2+x$，$y=1$中，幂函数的个数为(　　)。

A. 0　　B. 1　　C. 2　　D. 3

【命题方向2】 幂函数的图像及应用

【典例2】 若点$(\sqrt{2},2)$在幂函数$f(x)$的图像上，点$(-2,\frac{1}{4})$在幂函数$g(x)$的图像上，问当x为何值时：(1)$f(x)>g(x)$；(2)$f(x)=g(x)$；(3)$f(x)<g(x)$。

解：设$f(x)=x^\alpha$，因为点$(\sqrt{2},2)$在幂函数$f(x)$的图像上，

所以，将点$(\sqrt{2},2)$代入$f(x)=x^\alpha$中，得$2=(\sqrt{2})^\alpha$，解得$\alpha=2$，则$f(x)=x^2$。同理可求得$g(x)=x^{-2}$。

在同一坐标系里作出函数$f(x)=x^2$和$g(x)=x^{-2}$的图像(如右图所示)。

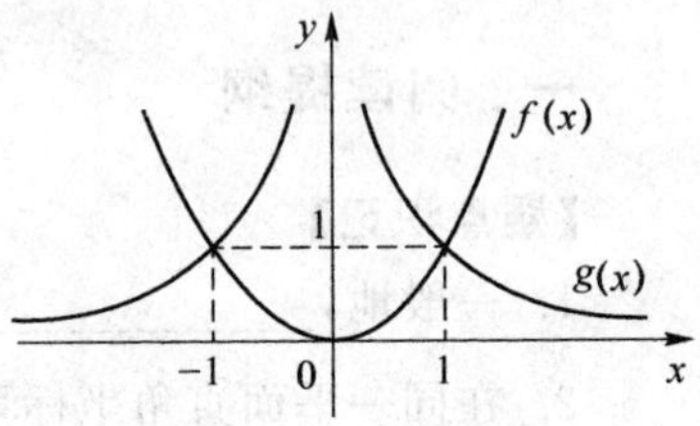

观察图像可得：

(1) 当$x>1$或$x<-1$时，$f(x)>g(x)$；

(2) 当 $x=1$ 或 $x=-1$ 时，$f(x)=g(x)$；

(3) 当 $-1<x<1$ 且 $x\neq 0$ 时，$f(x)<g(x)$。

[方法规律总结]　注意本题中对 $f(x)>g(x)$，$f(x)=g(x)$ 的几何解释。这种几何解释帮助我们从图形角度解读不等式方程，是以后常用的方法。

【跟踪训练 2】　幂函数 $y=x^{\alpha}(\alpha\neq 0)$ 当 α 取不同的正数时，在区间 $[0,1]$ 上它们的图像是一簇美丽的曲线(如右图所示)。设点 $A(1,0)$，$B(0,1)$，连接 AB，线段 AB 恰好被其中的两个幂函数 $y=x^{\alpha}$，$y=x^{\beta}$ 的图像三等分，即有 $BM=MN=NA$。那么 $\alpha\cdot\beta$ 等于(　　)。

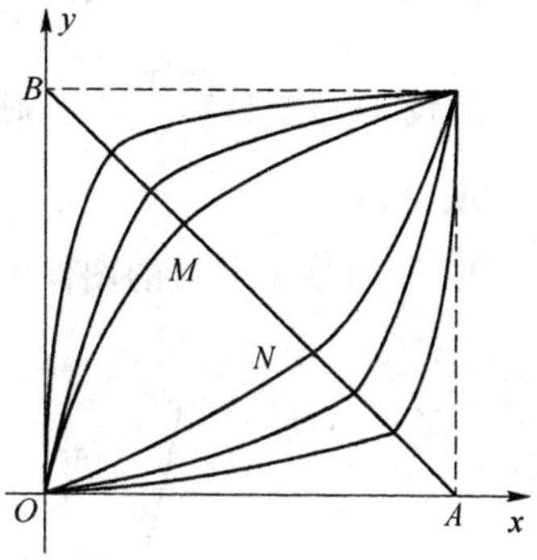

A. 1　　　　B. 2

C. 3　　　　D. 无法确定

【命题方向 3】　幂函数性质的综合应用

【典例 3】　(1) 探讨函数 $f(x)=x^{-\frac{1}{2}}$ 的单调性。

(2) 若 $(a+1)^{-\frac{1}{2}}<(3-2a)^{-\frac{1}{2}}$ 则 a 的取值范围是________。

解：(1) $f(x)=x^{-\frac{1}{2}}$ 的定义域为 $(0,+\infty)$，任取 $x_1,x_2\in(0,+\infty)$，且 $x_1<x_2$，则 $f(x_2)-f(x_1)=x_2^{-\frac{1}{2}}-x_1^{-\frac{1}{2}}=\dfrac{1}{\sqrt{x_2}}-\dfrac{1}{\sqrt{x_1}}$，$=\dfrac{\sqrt{x_1}-\sqrt{x_2}}{\sqrt{x_1x_2}}=\dfrac{x_1-x_2}{\sqrt{x_1x_2}\cdot(\sqrt{x_1}+\sqrt{x_2})}$。

因为 $x_2>x_1>0$，所以 $x_1-x_2<0$，且 $\sqrt{x_1x_2}(\sqrt{x_1}+\sqrt{x_2})>0$，于是 $f(x_2)-f(x_1)<0$，即 $f(x_2)<f(x_1)$。

所以 $f(x)=x^{-\frac{1}{2}}$ 在区间 $(0,+\infty)$ 内是减函数。

(2) 由(1)知 $f(x)=x^{-\frac{1}{2}}$ 在区间 $(0,+\infty)$ 内是减函数。

所以 $(a+1)^{-\frac{1}{2}}<(3-2a)^{-\frac{1}{2}}$ 等价于 $\begin{cases}a+1>0\\3-2a>0\\a+1>3-2a\end{cases}$，解得 $\dfrac{2}{3}<a<\dfrac{3}{2}$。所以 a 的取值范围是 $\left(\dfrac{2}{3},\dfrac{3}{2}\right)$。

[方法规律总结]　本例第(2)问是核心问题，第(1)问是铺垫，很多时候，我们会直接面对没有第(1)问而直接提出第(2)问，这个时候需要我们主动构造函数，并针对解题需要研究某方面的性质。

【跟踪训练 3】　已知幂函数 $f(x)=\dfrac{1}{x^{m^2+m}}(m\in\mathbf{N}^*)$。

(1) 试确定该函数的定义域，并指明该函数在其定义域上的单调性；

(2) 若函数还经过 $(2,\sqrt{2})$，试确定 m 的值，并求满足 $f(2-a)>f(a-1)$ 的实数 a 的取值范围。

三、课堂练习

1. 已知幂函数 $f(x)=k\cdot x^{\alpha}$ 的图像过点 $\left(\dfrac{1}{2},\dfrac{\sqrt{2}}{2}\right)$，则 $k+\alpha$ 等于(　　)。

A. $\frac{1}{2}$　　B. 1　　C. $\frac{3}{2}$　　D. 2

2. 已知幂函数 $f(x)$的图像经过点$\left(2,\frac{2}{2}\right)$,则 $f(4)$的值等于(　　)。

A. 16　　B. $\frac{1}{16}$　　C. 2　　D. $\frac{1}{2}$

3. 设 $\alpha\in\{-1,1,\frac{1}{2},3\}$,则使函数 $y=x^{\alpha}$的定义域为 **R** 的所有 α 的值为(　　)。

A. 1,3　　B. -1,1　　C. -1,3　　D. -1,1,3

4. 下列是 $y=x^{\frac{2}{3}}$的图像的是(　　)。

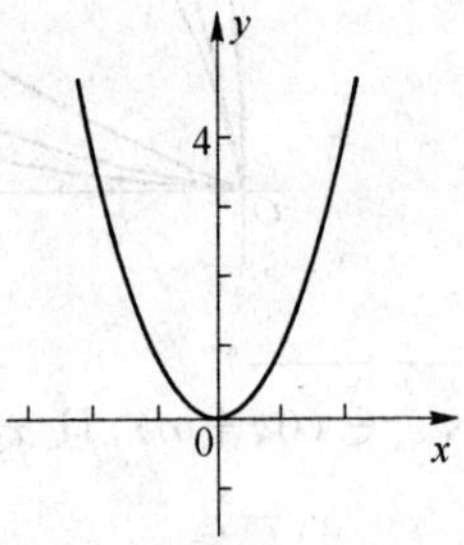

A

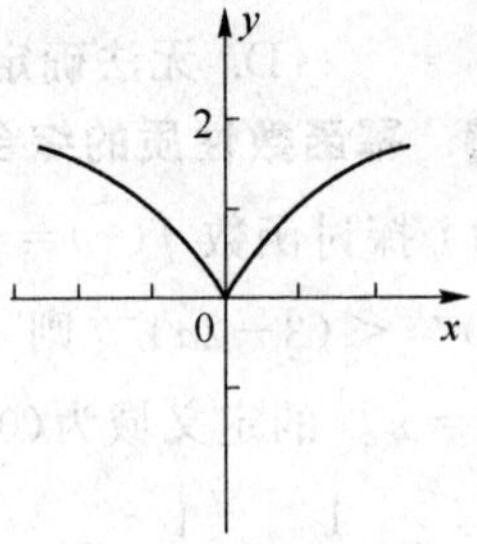

B

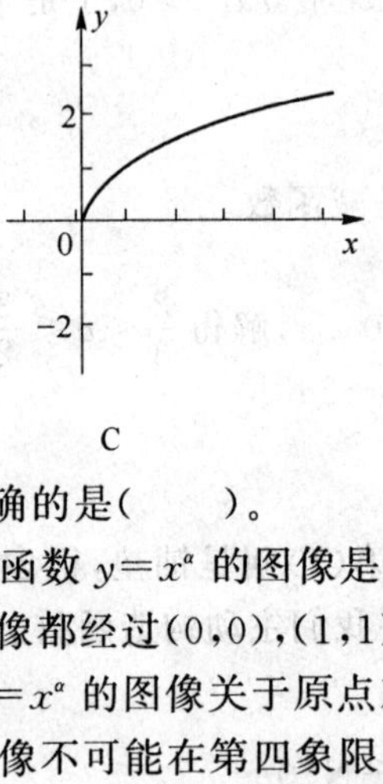

C

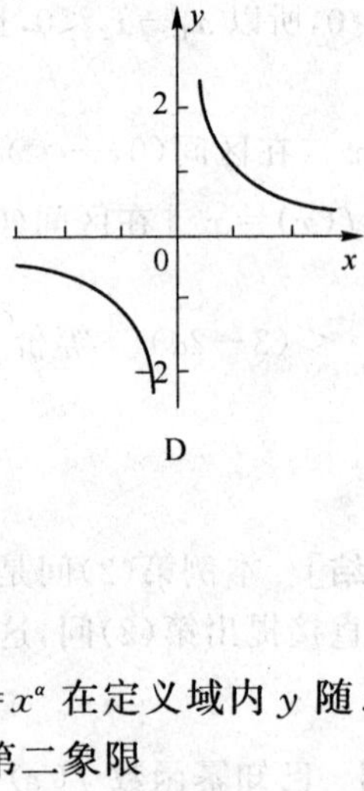

D

5. 以下结论正确的是(　　)。

A. 当 $\alpha=0$ 时,函数 $y=x^{\alpha}$ 的图像是一条直线

B. 幂函数的图像都经过(0,0),(1,1)两点

C. 若幂函数 $y=x^{\alpha}$ 的图像关于原点对称,则 $y=x^{\alpha}$ 在定义域内 y 随 x 的增大而增大

D. 幂函数的图像不可能在第四象限,但可能在第二象限

第3章　函数的应用

3.1　方程的根与函数的零点

【学习目标】

1. 理解函数零点的概念以及函数零点与方程根的关系。
2. 会求函数的零点。
3. 掌握函数零点的存在性定理并会判断函数零点个数。

一、阅读提纲

【疑点识记】

1. 定义:对于函数 $y=f(x)$,使____________________叫作函数 $y=f(x)$的零点。

2. 几何意义:

① 函数 $y=f(x)$的零点就是方程 $f(x)=0$ 的________,即函数 $y=f(x)$的图像与 x 轴交点的________;

② 方程 $f(x)=0$ 有实数根⇔函数 $y=f(x)$的图像与 x 轴有________⇔函数 $y=f(x)$有________。

3. 若 $f(x)$在$[a,b]$上连续,且存在零点⇔________。

【问题探究】

初、高中,我们学过解一元一次,一元二次方程,分式方程,根式方程,以及含指、对数的方程,那么 $\ln x-\frac{1}{x-1}=0$ 这个方程你会解吗?

问题1:这个方程有解吗?如何判断?

问题2:若有解,解大概在哪个区间?

问题3:类似的"非初等"方程,我们如何解?

小结:

在上面的探究过程中,对于不能直接求解(已有知识)的方程,可以通过将方程转换为两个函数,绘制其图像观察交点得出方程是否有解,并通过图像得知方程解的大致范围。

二、核心突破

【命题方向1】　求函数的零点

【典例1】　判断下列函数是否存在零点,若存在,求出其零点。

(1) $f(x)=x^2-x-6$;(2) $f(x)=(x+1)\ln x$。

解:(1) 令 $f(x)=0$,则 $x^2-x-6=0$,解得 $x_1=3$,$x_2=-2$,所以函数 $f(x)=x^2-x-6$ 的零点是 3 和 -2。

(2) 令 $f(x)=0$,则 $(x+1)\ln x=0$,则 $x=-1$ 或 $x=1$,因为 $x>0$,所以函数 $f(x)=(x+1)\ln x$ 的零点是 1。

[方法规律总结] (1) 函数的零点即方程 $f(x)=0$ 的根。

(2) 求函数零点常用代数法和图像法。

【跟踪练习 1】 若函数 $f(x)=x^2+x-a$ 的一个零点是 -3,求实数 a 的值,并求函数 $f(x)$ 的其余零点。

【命题方向 2】 判断零点所在区间

【典例 2】 若 $a<b<c$,则函数 $f(x)=(x-a)(x-b)+(x-b)(x-c)+(x-c)(x-a)$ 的两个零点分别位于区间(　　)。

A. (a,b)和(b,c)内　　B. $(-\infty,a)$和(a,b)内

C. (b,c)和$(c,+\infty)$内　　D. $(-\infty,a)$和$(c,+\infty)$内

解析:求函数零点落在哪个区间,可以借助函数零点存在定理:若 $f(a)\cdot f(b)<0$,则 $f(x)$ 在区间 (a,b) 存在零点。

因为 $f(a)=(a-b)(a-c)>0$,$f(b)=(b-c)(b-a)<0$,$f(c)=(c-a)(c-b)>0$,所以 $f(a)\cdot f(b)<0$,$f(b)\cdot f(c)<0$。

答案:A。

[方法规律总结] 判断零点所在的区间,其关键是分析函数在区间两端点处的函数值是否异号。

【跟踪训练 2】 函数 $f(x)=e^x-\dfrac{1}{x}$ 的零点所在的区间是(　　)。

A. $\left(0,\dfrac{1}{2}\right)$　　B. $\left(\dfrac{1}{2},1\right)$　　C. $\left(1,\dfrac{3}{2}\right)$　　D. $\left(\dfrac{3}{2},2\right)$

【命题方向 3】 判断函数零点的个数

【典例 3】 求函数 $f(x)=2^x+\lg(x+1)-2$ 的零点个数。

解析:令 $f(x)=2^x+\lg(x+1)-2=0$,即有 $2^x-2=-\lg(x+1)$,绘制函数 $f(x)=2^x-2$ 与函数 $g(x)=-\lg(x+1)$ 的图像如下:

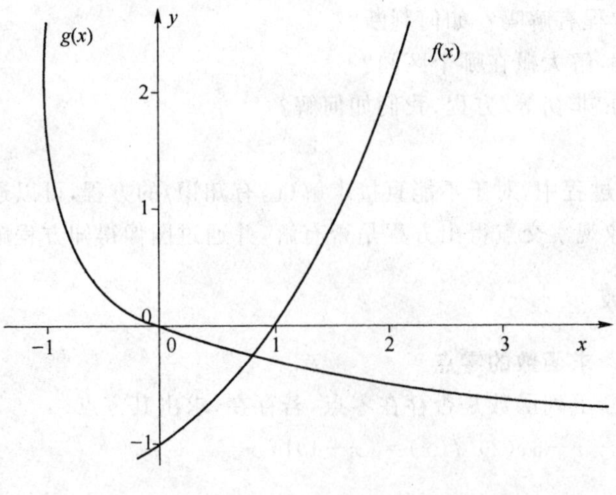

由图像可知，两个函数有一个交点，所以函数 $f(x)=2^x+\lg(x+1)-2$ 有一个零点。

[**方法规律总结**]　求函数零点的个数时，若转换为 $f(x)=0$，解此方程不易，可以将其转化为两个容易绘制图像的函数，通过图像交点个数判断函数零点的个数。

【跟踪训练 3】　函数 $f(x)=\ln x-\dfrac{1}{x-1}$ 的零点的个数是(　　)。

A. 0　　B. 1　　C. 2　　D. 3

三、课堂练习

1. 函数 $f(x)=\begin{cases}x^2+2x-3, & x\leqslant 0\\ -2+\ln x, & x>0\end{cases}$，零点的个数为________。

2. 函数 $f(x)=2^x+3x$ 的零点所在的一个区间是(　　)。

A. $(-2,-1)$　　B. $(-1,0)$　　C. $(0,1)$　　D. $(1,2)$

3. 设函数 $f(x)=\begin{cases}4x-4, & x\leqslant 1\\ x^2-4x+3, & x>1\end{cases}$，$g(x)=\log_2 x$，则函数 $h(x)=f(x)-g(x)$ 的零点个数是(　　)。

A. 4　　B. 3　　C. 2　　D. 1

4. 已知函数 $f(x)$ 是定义域为 **R** 的奇函数，-2 是它的一个零点，且在 $(0,+\infty)$ 上是增函数，则该函数有________个零点，这几个零点的和等于________。

5. 已知 $y=f(x)$ 是定义域为 **R** 的奇函数，当 $x\in[0,+\infty)$ 时，$f(x)=x^2-2x$。

(1) 写出函数 $y=f(x)$ 的解析式；

(2) 若方程 $f(x)=a$ 有 3 个不同的解，求 a 的取值范围。

3.2　用二分法求方程的近似解

【学习目标】

1. 理解二分法的定义。
2. 掌握用二分法求函数零点近似值的步骤。
3. 会用二分法求方程的近似解。

一、阅读提纲

【疑点识记】

1. 若 $f(x)$ 在 $[a,b]$ 上连续，且存在零点 $\Leftrightarrow$ ________________。

2. 对于在区间 $[a,b]$ 上________且________的函数，通过不断地把函数零点所在的区间________，使区间的两个端点逐步逼近________，进而得到零点近似值的方法叫作二分法。

3. 给定精确度 ε，用二分法求函数 $f(x)$ 零点的近似值的步骤如下：

① 确定区间 $[a,b]$，验证____________，给定精确度 ε。

② 求区间 (a,b) 的中点 c；

③ 计算 $f(c)$。

a. 若 $f(c)=0$，则______就是函数的零点。

b. 若 $f(a)f(c)<0$，此时零点 $x_0\in$______。

c. 若 $f(b)f(c)<0$，此时零点 $x_0\in$______。

【问题探究】

我们探究了方程 $\ln x-\dfrac{1}{x-1}=0$ 的解的情况，将其转化为两个函数 $y=\ln x$ 与 $y=\dfrac{1}{x-1}$ 图像的交点问题，通过图像绘制，如下图所示，发现两个函数有两个交点，那么方程的根到底是多少？

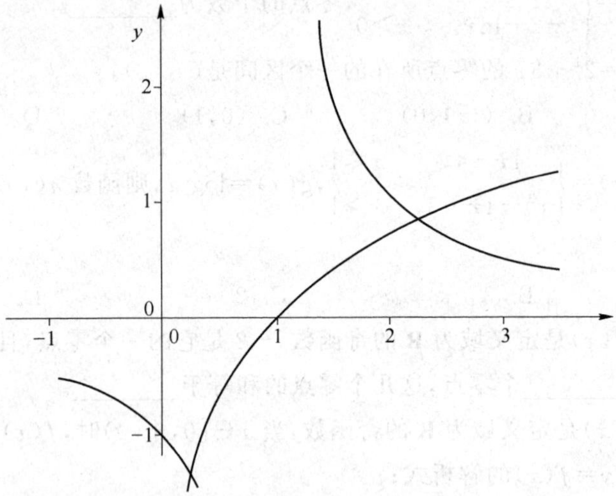

问题 1：通过图像我们发现方程有两个根，这两个根位于哪个区间？

问题 2：借助我们学过的知识，如何找到方程根的近似解？

小结：

通过探究，我们发现借助函数零点存在定理可以不断缩短零点所在区间，进而得到函数零点的近似值，即得到方程的近似根。

二、核心突破

【命题方向 1】　二分法的定义

【典例 1】　用二分法求函数 $f(x)=x^3+5$ 的零点可以取的初始区间是（　　）。

A. $[-2,1]$　　B. $[-1,0]$　　C. $[0,1]$　　D. $[1,2]$

解析：因为 $f(-2)=(-2)^3+5=-3<0$，$f(-1)=(-1)^3+5=4$，$f(0)=5$，$f(1)=1+5=6$，所以 $f(-2)\cdot f(1)<0$。

答案：A。

[方法规律总结]　用二分法求函数零点所在初始区间，可以借助零点存在定理确定。判断一个函数能否用二分法求其零点的依据是：其图像在零点附近是连续不断的，且该零点左右符号不同。

【跟踪练习 1】　若函数 $f(x)$ 的图像是连续不间断的，根据下面的表格，可以断定 $f(x)$ 的零点所在的区间为______。（只填序号）

①$(-\infty,1]$；②$[1,2]$；③$[2,3]$；④$[3,4]$；⑤$[4,5]$；⑥$[5,6]$；⑦$[6,+\infty)$

x	1	2	3	4	5	6
$f(x)$	136.123	15.542	−3.930	10.678	−50.667	−305.678

【命题方向 2】　用二分法求函数零点的近似值

【典例 2】　借助计算器或计算机，用二分法求函数 $f(x)=x^3+1.1x^2+0.9x-1.4$ 在区间(0,1)内的零点。(精确度 0.1)

解：由题设可知 $f(0)=-1.4<0$，$f(1)=1.6>0$，于是 $f(0)\cdot f(1)<0$，

所以，函数 $f(x)$ 在区间(0,1)内有一个零点。

下面用二分法求函数 $f(x)=x^3+1.1x^2+0.9x-1.4$ 在区间(0,1)内的零点，取区间(0,1)的中点 $x_1=0.5$，用计算器可算得 $f(0.5)=-0.55$。因为 $f(0.5)\cdot f(1)<0$，所以 $x_0\in(0.5,1)$。

再取区间(0.5,1)的中点 $x_2=0.75$，用计算器可算得 $f(0.75)\approx0.32$。

因为 $f(0.5)\cdot f(0.75)<0$，所以 $x_0\in(0.5,0.75)$。

同理可得 $x_0\in(0.625,0.75)$，$x_0\in(0.625,0.6875)$。

由于 $|0.6875-0.625|=0.0625<0.1$，所以原方程的近似解可取为 0.687 5。

[方法规律总结]　用二分法求函数零点应遵循的原则，首先是该区间存在零点，其次区间长尽量小；用二分法求函数零点的使用方法，可借助计算器完成计算，在计算时可用表格或数轴清晰地描述逐步缩小零点所在区间的过程，在区间长度小于精确度 ε 的时候，运算结束，区间内的任意一点都可作为函数零点的近似值。

【跟踪训练 2】　用二分法求函数 $f(x)=x^3-x-1$ 在区间[1,1.5]内的一个零点。(精确度 0.01)

三、课堂练习

1. 设 $f(x)=3^x+3x-8$，用二分法求方程 $3^x+3x-8=0$ 在 $x\in(1,2)$ 内近似解的过程中得 $f(1)<0$，$f(1.5)>0$，$f(1.25)<0$，则方程的根落在区间________。

2. 用“二分法”求方程 $x^3-2x-5=0$ 在区间[2,3]内的实根，取区间中点为 $x_0=2.5$，那么下一个有根的区间是________。

3. 利用计算器，列出自变量和函数值的对应关系如下表：

x	0.2	0.6	1.0	1.4	1.8	2.2	2.6	3.0	3.4	…
$y=2^x$	1.149	1.516	2.0	2.639	3.482	4.595	6.063	8.0	10.556	…
$y=x^2$	0.04	0.36	1.0	1.96	3.24	4.84	6.76	9.0	11.56	…

那么方程 $2^x=x^2$ 的一个根位于下列哪个区间内(　　)。

A. (0.6,1.0)　　B. (1.4,1.8)　　C. (1.8,2.2)　　D. (2.6,3.0)

4. 如图所示的函数图像与 x 轴均有交点，其中不能用二分法求图中交点横坐标的是(　　)。

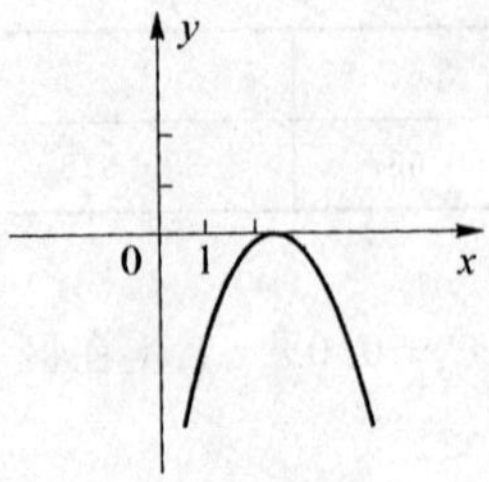
①

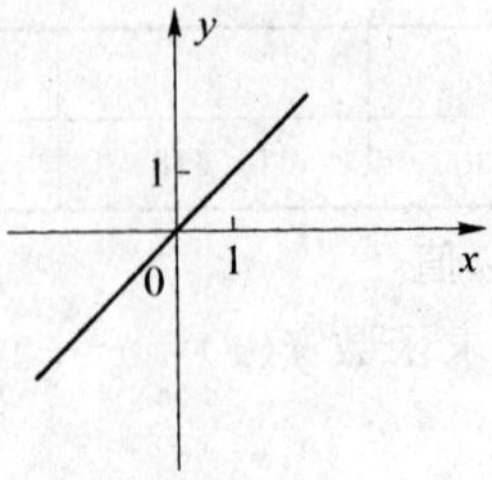
②

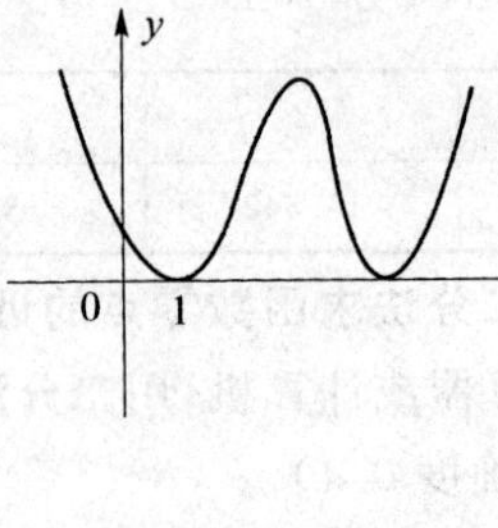
③

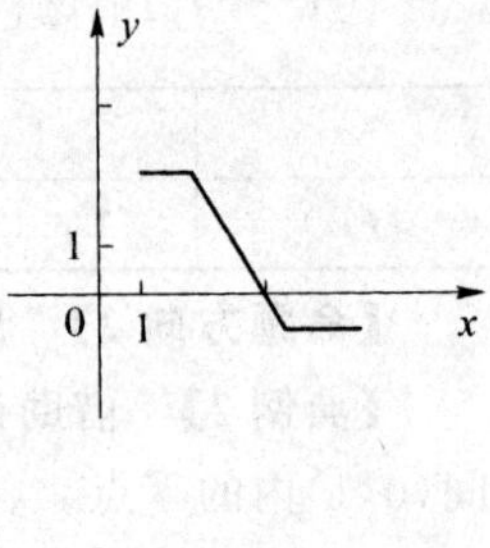
④

A. ①③　　B. ②④　　C. ①②　　D. ③④

5. 已知函数 $f(x)=x^3+x$。

(1) 试求函数 $y=f(x)$的零点；

(2) 是否存在自然数 n,使 $f(n)=1\ 000$？若存在，求出 n,若不存在，请说明理由。

必修二篇

第二单元

第4章　点、直线、平面之间的位置关系

4.1　平　　面

【学习目标】

1. 掌握文字、符号、图形语言之间的转化。

2. 理解公理1、2、3，并能运用它们解决点共线、线共点、点和线共面等问题。

一、阅读提纲

【疑点识记】

1. 公理1：如果一条直线上的________在一个平面内，那么________在此平面内。符号：____________。

2. 公理2：________点，有且只有________平面。

3. 公理3：如果两个不重合的平面有________公共点，那么它们有且只有________该点的公共直线。

符号：____________________。

4. 用符号语言表示下列语句。

(1) 点A在平面α内，但在平面β外：________________。

(2) 直线l经过面α内一点A，α外一点B：____________________。

(3) 直线l在面α内也在面β内：____________________。

(4) 平面α内的两条直线l、m相交于A：____________________。

【问题探究】

生活中的一些物体通常呈平面形，和我们几何里所说的“平面”一样吗？

问题1：平面有什么特性？

问题2：借助公理1怎样理解平面是无限延展的？平面是很平很平的？

问题3：公理2及3个推论的作用是什么？公理3的作用是什么？

问题4：公理1、2、3联合起来能解决那些问题？

二、核心突破

【命题方向1】　共面问题

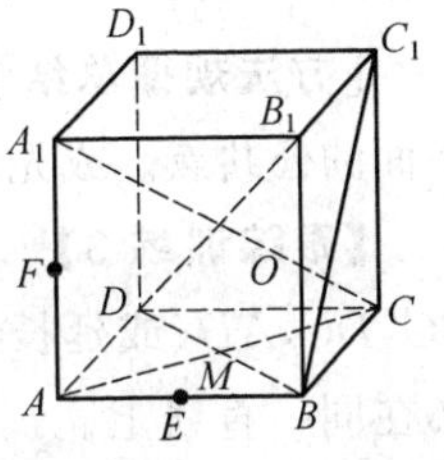

【典例1】　如右图所示，在正方体$ABCD\text{-}A_1B_1C_1D_1$中，对角线A_1C与平面BDC_1交于点O，AC、BD交于点M，E为AB的中点，F为AA_1的中点。

求证：E、C、D_1、F四点共面。

证明：因为E，F分别是AB，A_1A的中点，

所以 $EF /\!/ A_1B$。

又因为 $A_1B /\!/ CD_1$，所以 $EF /\!/ CD_1$。

所以 E、C、D_1、F 四点共面。

［**方法规律总结**］ 证明点线共面的方法：先由有关元素确定一个基本平面，再证其他的点（或线）在这个平面内；或先由部分点线确定平面，再由其他点线确定平面，然后证明这些平面重合。

【跟踪练习 1】 直线 l 和 n 条平行线都相交，求证：这 $n+1$ 条直线共面。

【命题方向 2】 共点问题

【典例 2】 如图（1）所示，在正方体 $ABCD\text{-}A_1B_1C_1D_1$ 中，对角线 A_1C 与平面 BDC_1 交于点 O，AC、BD 交于点 M，E 为 AB 的中点，F 为 AA_1 的中点。

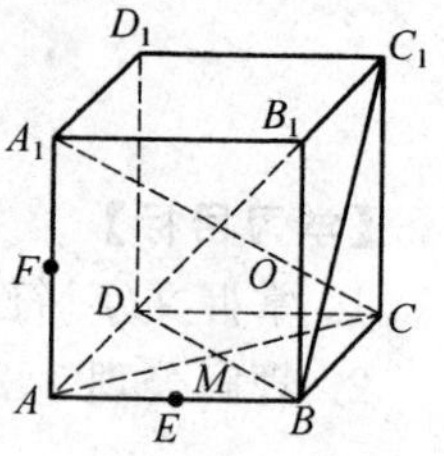

(1)

求证：CE、D_1F、DA 三线共点。

证明：

因为 $A_1B /\!/ CD_1$，E，F 分别是 AB，A_1A 的中点，

所以 $EF /\!/ A_1B$。四点 E、C、D_1、F 共面。

又因为 $EF=\frac{1}{2}A_1B$。所以 D_1F，CE 为相交直线，记交点为 P。如图（2）所示。

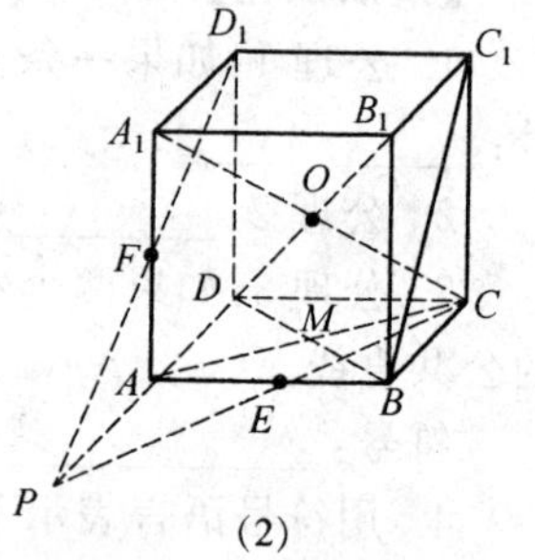

(2)

则 $P\in D_1F\subset$ 平面 ADD_1A_1，$P\in CE\subset$ 平面 $ADCB$。

所以 $P\in$ 平面 $ADD_1A_1\cap$ 平面 $ADCB=AD$。

因此 CE、D_1F、DA 三线共点。

［**方法规律总结**］ 先证两线共点，再证这个点在其他直线上，而"其他"直线往往归结为平面与平面的交线。

【跟踪训练 2】 空间中三个平面两两相交于三条直线，这三条直线两两不平行，证明此三条直线必相交于一点。

【命题方向 3】 共线问题

【典例 3】 如右图所示，在正方体 $ABCD\text{-}A_1B_1C_1D_1$ 中，对角线 A_1C 与平面 BDC_1 交于点 O，AC、BD 交于点 M，E 为 AB 的中点，F 为 AA_1 的中点。

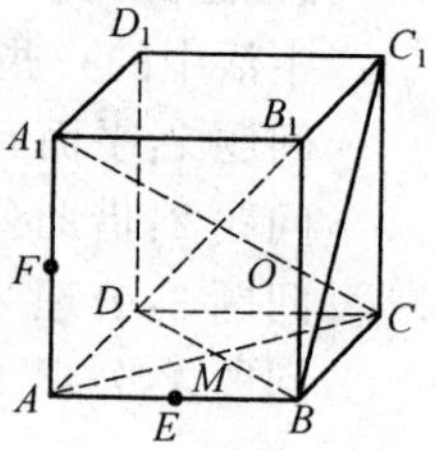

求证：C_1、O、M 三点共线。

证明：因为 C_1、O、$M\in$ 平面 BDC_1，

又因为 C_1、O、$M\in$ 平面 A_1ACC_1，由公理 3 知，

点 C_1、O、M 在平面 BDC_1 与平面 A_1ACC_1 的交线上，

所以 C_1、O、M 三点共线。

［**方法规律总结**］ 先考虑两个平面的交线，再证有关的点都是这两个平面的公共点。或先由某两点作一直线，再证明其他点也在这条直线上。

【跟踪训练 3】 如右图所示，四边形 $ABCD$ 中，已知 $AB /\!/ CD$，AB，BC，DC，AD（或延长线）分别与平面 α 相交于 E，F，G，H，求证：E，F，G，H 必在同一直线上。

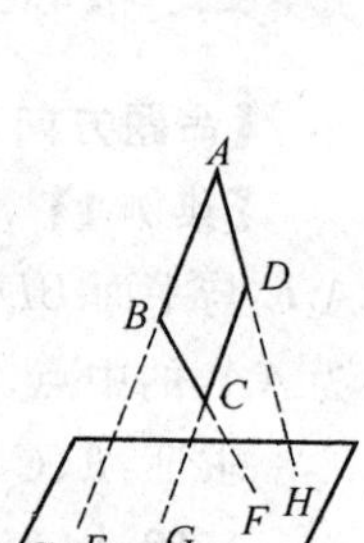

三、课堂练习

1. 空间中可以确定一个平面的条件是(　　)。

A. 两条直线　　B. 一点和一直线　　C. 一个三角形　　D. 三个点

2. 空间四个点 A,B,C,D 不共面，那么下列判断中正确的是(　　)。

A. A,B,C,D 四点中必有三点共线　　B. A,B,C,D 四点中不存在三点共线

C. 直线 AB 与 CD 相交　　D. 直线 AB 与 CD 平行

3. 若三个平面两两相交，且三条交线互相平行，则这三个平面把空间分成(　　)。

A. 5 部分　　B. 6 部分　　C. 7 部分　　D. 8 部分

4. 在空间四边形 $ABCD$ 的边 AB、BC、CD、DA 上分别取 E、F、G、H 四点，如果 EF 与 HG 交于点 M，那么(　　)。

A. M 一定在直线 AC 上

B. M 一定在直线 BD 上

C. M 可能在直线 AC 上，也可能在直线 BD 上

D. M 既不在直线 AC 上，也不在直线 BD 上

5. 如图所示，在正方体 $ABCD\text{-}A_1B_1C_1D_1$ 中：

(1) $AC\cap BD=$________；

(2) 平面 $ABB_1A_1\cap$ 平面 $AA_1C_1C=$________；

(3) 平面 $A_1C_1CA\cap$ 平面 $ABCD=$________；

(4) 平面 $A_1C_1CA\cap$ 平面 $D_1B_1BD=$________；

(5) 平面 $A_1B_1C_1D_1\cap$ 平面 $ABB_1A_1\cap$ 平面 $BCC_1B_1=$________。

6. 如图所示，已知空间四边形 $ABCD$，E，H 分别是 AB，AD 的中点，F，G 分别是边 BC，CD 上的点，且 $\frac{CF}{CB}=\frac{CG}{CD}=\frac{2}{3}$，求证：直线 EF，GH，AC 交于一点。

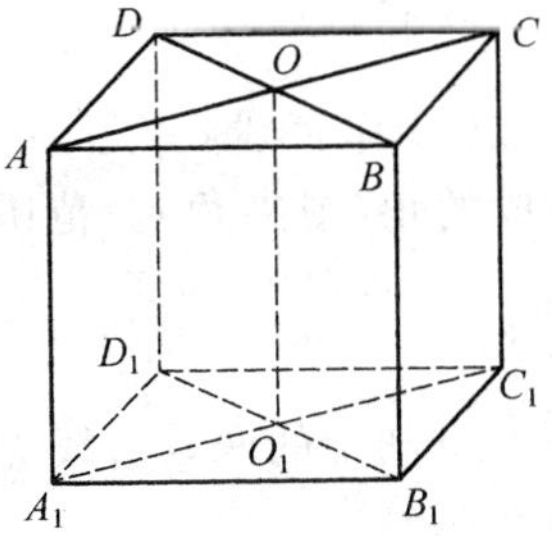

第 5 题图

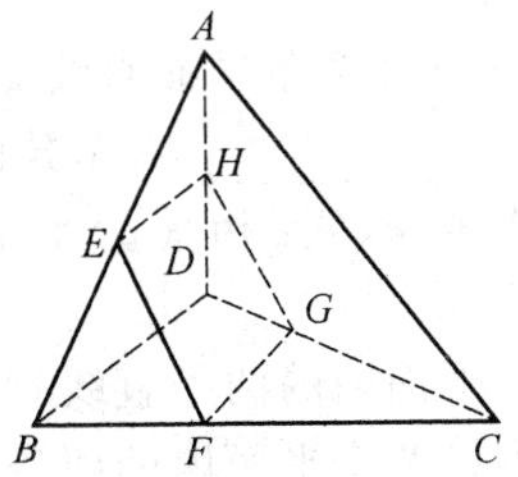

第 6 题图

4.2　空间中直线与直线的位置关系

【学习目标】

1. 会判断空间两直线的位置关系。
2. 理解两异面直线的定义，会求两异面直线所成角。
3. 能用公理 4 解决一些简单的相关问题。

一、阅读提纲

【疑点识记】

1. 异面直线定义：____。

画法：图形表示为如下图所示(通常用一个或两个平面衬托)。

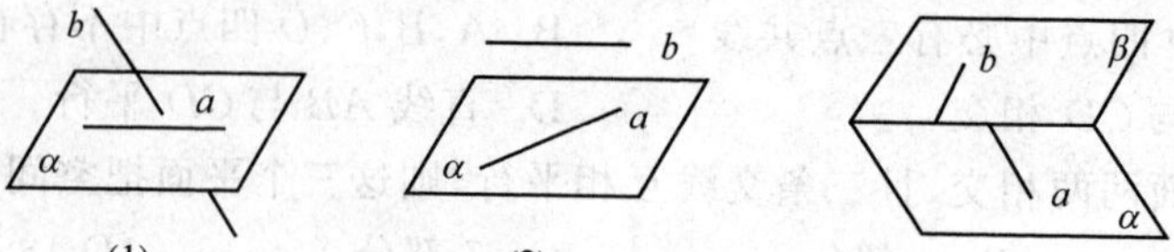

(1)　　(2)　　(3)

2. 空间两条直线的位置关系。

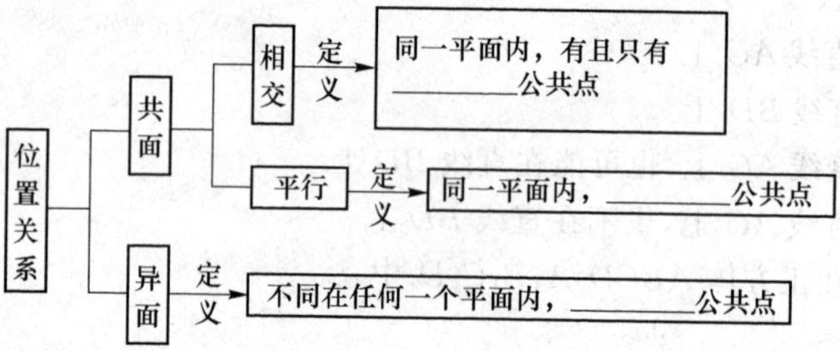

3. 平行公理：平行于同一条直线的两条直线________，这个性质通常叫作空间__________。

4. 等角定理：空间中如果两个角的两边分别__________，那么这两个角相等或________。

5. 异面直线所成的角。

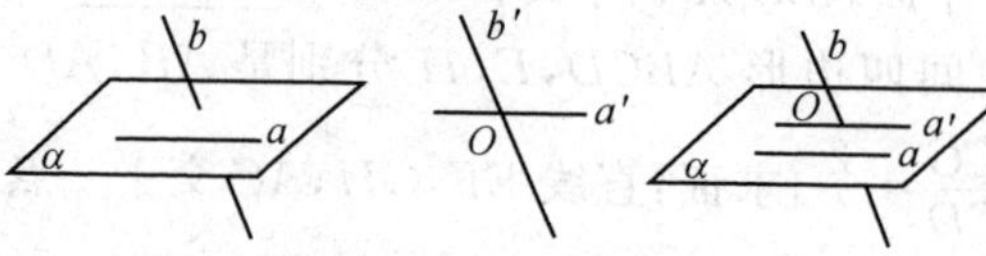

(1)　　(2)　　(3)

如上图所示，已知两条异面直线 a,b 经过空间一点 O 作直线 $a'//a,b'//b$，我们把 a' 和 b' 所成的________________叫作异面直线 a,b 所成的角(或夹角)。范围为________，且若夹角为直角时，称 a,b 互相垂直，记作__________。

【问题探究】

问题1：同一平面内的两条直线有几种位置关系？空间中的两条直线呢？

问题2：分别在两个平面内的两条直线是异面直线吗？

问题3：对于等角定理中在什么情况下相等、互补？

问题4：如下定义两条异面直线所成的角，是否合理？对空间中的任一点 O 有无限制条件？

小结：

已知两条异面直线 a,b，经过空间任一点 O 作直线 $a' \parallel a,b' \parallel b$，我们把 a' 与 b' 所成的锐角(或直角)叫作异面直线 a 与 b 所成的角(或夹角)。

二、核心突破

【命题方向1】　空间直线位置关系的判定

【典例1】　选择题

1. 分别在两个平面内的两条直线间的位置关系是(　　)。

A. 异面　　B. 平行　　C. 相交　　D. 以上都有可能

2. 若 a 和 b 是异面直线，b 和 c 是异面直线，则 a 和 c 的位置关系是(　　)。

A. 异面或平行　　B. 异面或相交　　C. 异面　　D. 相交、平行或异面

3. 分别和两条异面直线平行的两条直线的位置关系是(　　)。

A. 一定平行　　B. 一定相交　　C. 一定异面　　D. 相交或异面

[方法规律总结] 判定两直线的位置关系的依据就在于两直线平行、相交、异面的定义。很多情况下，定义就是一种常用的判定方法。另外，我们解决空间有关线线问题时，不要忘了我们生活中的模型，比如说教室就是一个长方体模型，里面的线线关系非常丰富，我们要好好地利用它，它是我们培养空间想象能力的好工具。

【跟踪练习 1】 如下图所示，G、H、M、N 分别是正三棱柱的顶点或所在棱的中点，则表示直线 GH，MN 是异面直线的图形有______(填序号)。

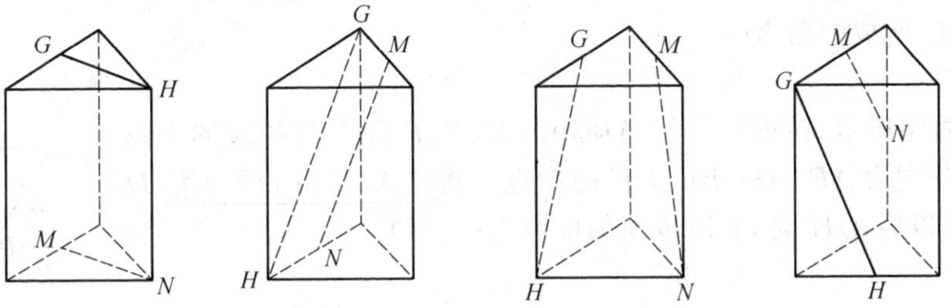

①　　②　　③　　④

【命题方向 2】 异面直线所成的角

【典例 2】 如图(1)所示，在空间四边形 $ABCD$ 中，$AB=CD$ 且 AB 与 CD 所成的角为 $30°$，E、F 分别是 BC、AD 的中点，求 EF 与 AB 所成角的大小。

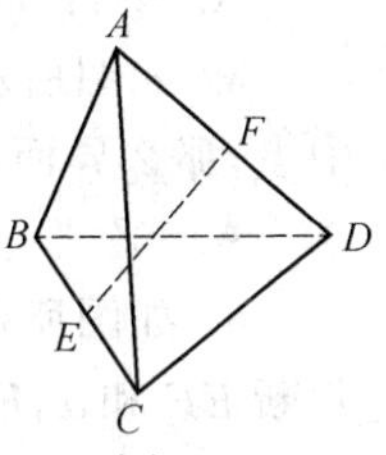

(1)

解：如图(2)所示，取 AC 的中点 G，

连接 EG、FG，

则 $EG\parallel AB$，$GF\parallel CD$，

且由 $AB=CD$ 知 $EG=FG$，

所以 $\angle GEF$(或它的补角)为 EF 与 AB 所成的角，

$\angle EGF$(或它的补角)为 AB 与 CD 所成的角。

因为 AB 与 CD 所成的角为 $30°$，

所以 $\angle EGF=30°$ 或 $150°$。

由 $EG=FG$ 知 $\triangle EFG$ 为等腰三角形，当 $\angle EGF=30°$ 时，$\angle GEF=75°$；

当 $\angle EGF=150°$ 时，$\angle GEF=15°$。

故 EF 与 AB 所成的角为 $15°$ 或 $75°$。

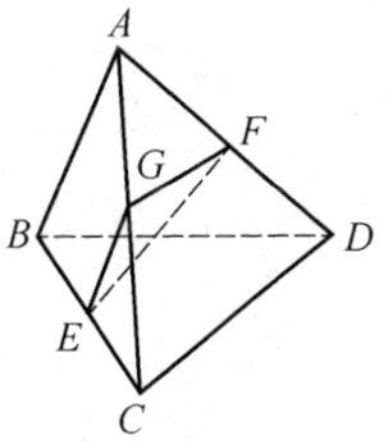

(2)

[方法规律总结] 在研究异面直线所成角的大小时，通常把两条异面直线所成的角转化为两条相交直线所成的角。将空间问题向平面问题转化，这是我们学习立体几何的一条重要的思维途径。需要强调的是，两条异面直线所成角的范围为 $(0°, 90°]$，解题时经常结合这一点去求异面直线所成的角的大小。

作异面直线所成的角，可通过多种方法平移产生，主要有三种方法：(1)直接平移法(可

利用图中已有的平行线);(2)中位线平移法;(3)平行四边形平移法。

【跟踪训练 2】 如右图所示,在正方体 $ABCD\text{-}A_1B_1C_1D_1$ 中,E,F 分别是 AD,AA_1 的中点。

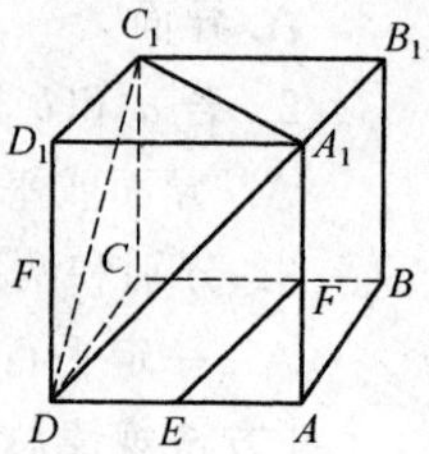

(1) 求直线 AB_1 和 CC_1 所成的角的大小。

(2) 求直线 AB_1 和 EF 所成的角的大小。

三、课堂练习

1. 下列说法中正确的是(　　)。

A. 不在一个平面内的两条直线是异面直线

B. 若两条直线不是异面直线,则这两条直线平行或相交

C. 直线 a 与直线 c 异面,直线 b 与直线 c 异面,则直线 a 与直线 b 异面

D. 两条直线垂直则这两条直线一定相交

2. 已知在四面体 $ABCD$ 中,E,F 分别是 AC,BD 的中点,若 $AB=2$,$CD=4$,$EF\perp AB$,则 EF 与 CD 所成的角为(　　)。

A. 90°　　B. 45°　　C. 60°　　D. 30°

3. 如右图所示,在正三角形 ABC 中,D、E、F 分别为各边的中点,G、H、I、J 分别为 AF、AD、BE、DE 的中点。将 $\triangle ABC$ 沿 DE、EF、DF 折成三棱锥以后,GH 与 IJ 所成角的度数为(　　)。

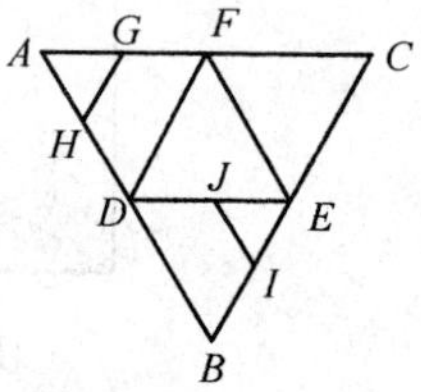

A. 90°　　B. 60°

C. 45°　　D. 0°

4. 对于平面 α 外的任意的直线 l 与平面 α,在平面 α 内必有直线 m,使 m 与 l(　　)。

A. 平行　　B. 相交　　C. 垂直　　D. 互为异面直线

5. 如图所示,空间四边形 $SABC$ 中各边及对角线长都相等,若 E,F 分别为 SC,AB 的中点,那么异面直线 EF 与 SA 所成的角等于(　　)。

A. 90°　　B. 60°　　C. 45°　　D. 30°

6. 如图所示,a,b 是异面直线,A,$B\in a$,C,$D\in b$,E,F 分别是线段 AC 和 BD 的中点,判断 EF 和 a,EF 和 b 的位置关系,并证明你的结论。

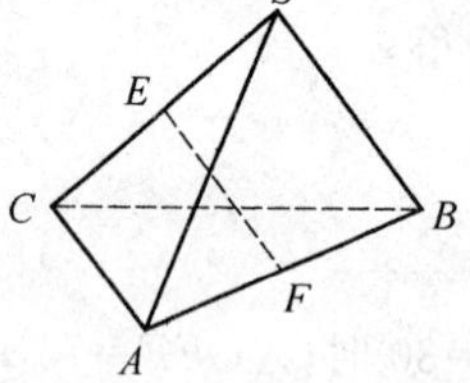

第 5 题图

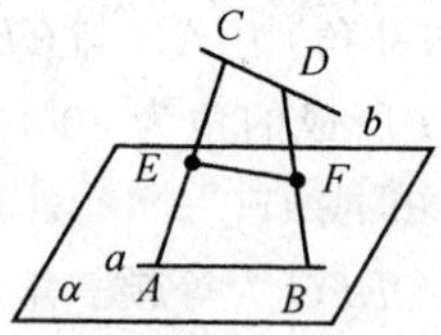

第 6 题图

4.3 空间中直线与平面以及平面与平面位置关系

【学习目标】

1. 会对直线和平面的位置关系进行分类。

2. 会对平面和平面之间的位置关系进行分类。

3. 会用符号或图形把直线和平面、平面和平面的位置关系正确地表示出来。

一、阅读提纲

【疑点识记】

1. 直线和平面的位置关系。

位置关系	直线 a 在平面 α 内	直线 a 在平面 α 外	
		直线 a 与平面 α 相交	直线 a 与平面 α 平行
公共点	______公共点	______公共点	______公共点
符号表示	$a\subset\alpha$	$a\cap\alpha$	$a/\!/\alpha$
图形表示		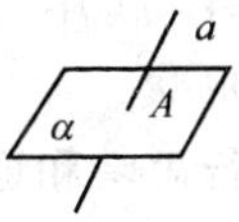	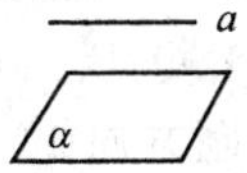

2. 两个平面的位置关系。

位置关系	图示	表示法	公共点个数
两平面平行	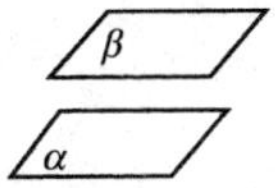	$\alpha/\!/\beta$	0 个
两平面相交	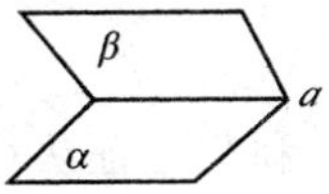	$\alpha\cap\beta$	有______个（在一条直线上）

【问题探究】

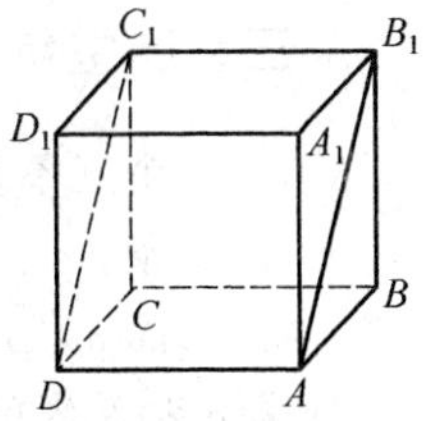

如右图所示，正方体 $ABCD\text{-}A_1B_1C_1D_1$ 中，平面 AC 和其他 5 个面的位置关系是什么？直线 AB_1 与 6 个面的位置关系是什么？

问题 1：正方体 $ABCD\text{-}A_1B_1C_1D_1$ 的六个面中，与 AB 相交的面有多少个？

问题 2：直线在平面外，则直线与平面的关系是什么？

问题 3：直线与平面有公共点，则直线与平面的关系是什么？

问题 4：直线与平面没有公共点，则直线与平面的关系是什么？

问题 5：当直线与平面相交时，平面上是否存在与该直线平行的直线？

问题 6：直线 a 与平面 α 平行，直线 b 与平面 α 也平行，则 a 与 b 有怎样的位置关系？

问题 7：一条直线在两个平行平面中的一个平面内，则该直线与另一个平面具有怎样的位置关系？

二、核心突破

【命题方向 1】 线面，面面位置关系的判断和证明

【典例 1】 如图所示，平面 α、β、γ 满足 $\alpha/\!/\beta$，$\alpha\cap\gamma=a$，$\beta\cap\gamma=b$。判断 a 与 b、a 与 β 的关

系，并证明你的结论。

证明：

由 $\alpha \cap \gamma = a$ 知 $a \subset \alpha$ 且 $a \subset \gamma$，

由 $\beta \cap \gamma = b$ 知 $b \subset \beta$ 且 $b \subset \gamma$，

因为 $\alpha /\!/ \beta$，$a \subset \alpha$，$b \subset \beta$，所以 a、b 无公共点。

又因为 $a \subset \gamma$ 且 $b \subset \gamma$，所以 $a /\!/ b$。

因为 $\alpha /\!/ \beta$，所以 α 与 β 无公共点，

且 $a \subset \alpha$，所以 a 与 β 无公共点，所以 $a /\!/ \beta$。

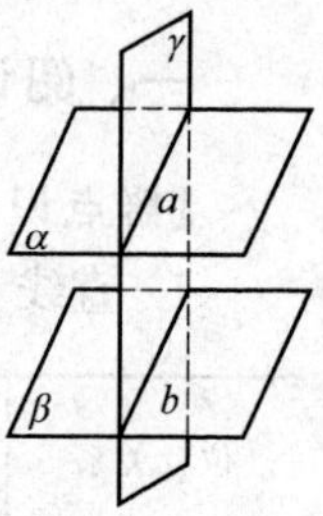

典例 1 图

[方法规律总结] 利用这个结论常常可以画截面图形。

【跟踪练习 1】

如图所示，正方体 $ABCD\text{-}A_1B_1C_1D_1$ 中，点 Q 是棱 DD_1 上的动点，判断过 A、Q、B_1 三点的截面图形的形状。

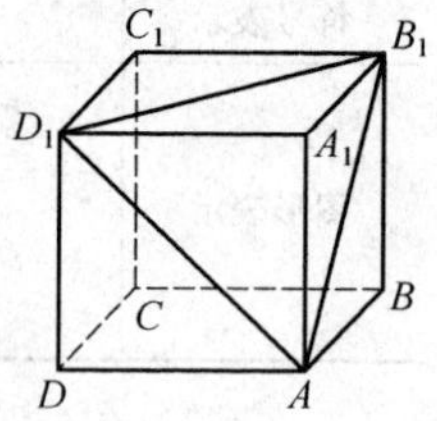

跟踪练习 1 图

【命题方向 2】 利用反证法进行思考和证明

【典例 2】 证明：如果一条直线经过平面内的一点，又经过平面外的一点，则此直线和平面相交。

解析：原题可化为：

已知 $A \in \alpha$，$A \in a$，$B \notin \alpha$，$B \in a$。求证：直线 a 与平面 α 相交。

证明：假设直线 a 和平面 α 不相交，即 $a /\!/ \alpha$ 或 $a \subset \alpha$。

假设 $a /\!/ \alpha$，就有 $A \notin \alpha$，与 $A \in \alpha$ 矛盾。

假设 $a \subset \alpha$，又 $B \in a$，所以 $B \in \alpha$，与 $B \notin \alpha$ 矛盾。

所以假设不成立。

因此直线 a 和平面 α 相交。

[方法规律总结] 当遇到的问题不宜直接下手时，利用反证法往往容易奏效。

【跟踪训练 2】 已知平面 α，β，直线 a，b，且 $\alpha /\!/ \beta$，$a \subset \alpha$，$b \subset \beta$，则直线 a 与直线 b 具有怎样的位置关系？

三、课堂练习

1. 三个互不重合的平面把空间分成 6 部分时，它们的交线有（　　）。

A. 1 条　　B. 2 条　　C. 3 条　　D. 1 条或 2 条

2. 平面 $\alpha /\!/ \beta$，且 $a \subset \alpha$，下列四个结论：

① a 和 β 内的所有直线平行；　② a 和 β 内的无数条直线平行；

③ a 和 β 内的任何直线都不平行；　④ a 和 β 无公共点。

其中正确的个数为（　　）。

A. 0　　B. 1　　C. 2　　D. 3

3. 教室内有一根直尺，无论怎样放置，在地面上总有这样的直线与直尺所在的直线（　　）。

A. 异面　　B. 相交　　C. 平行　　D. 垂直

4. 若 a、b 是两条异面直线，且 $a /\!/$ 平面 α，则 b 与 α 的位置关系是________。

5. 三个不重合的平面，能把空间分成 n 部分，则 n 的所有可能值为________。

6. 如图(1)是一个正方体（如图(2)所示）的表面展开图的示意图，MN 和 PQ 是两个面的对角线，请在正方体中将 MN 和 PQ 画出来，并就这个正方体解答下列问题：

(1) 求 MN 和 PQ 所成角的大小；

(2) 求四面体 $MNPQ$ 的体积与正方体的体积之比。

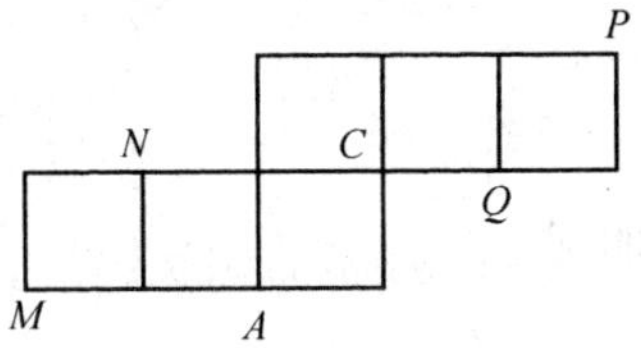

图(1)

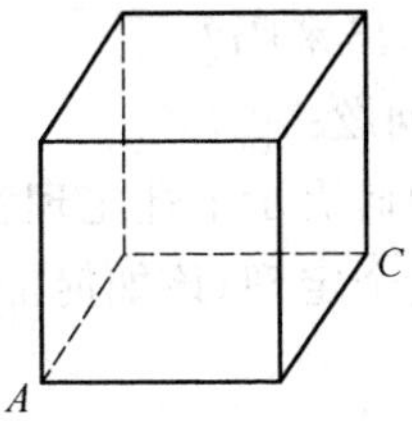

图(2)

4.4　直线与平面平行的判定

【学习目标】

1. 通过生活中的实际情况，建立几何模型，了解直线与平面平行的背景。

2. 理解和掌握直线与平面平行的判定定理，并会用其证明线面平行。

一、阅读提纲

【疑点识记】

1. 直线与平面平行的定义：直线与平面________公共点。

2. 直线与平面平行的判定定理：

____________一条直线与____________一条直线平行，则该直线与此平面平行。用符号表示为__________。

3. 直线与平面的位置关系有__________________。

【问题探究】

直线和平面的位置关系中，平行是最重要的关系之一，那么如何判定直线和平面是平行的呢？根据定义好判断吗？

问题 1：直线与平面平行的背景分析。

实例 1：如下图所示，一面墙上有一扇门，门扇的两边是平行的。当门扇绕着墙上的一边转动时，观察门扇转动的一边 l 与墙所在的平面位置关系如何？

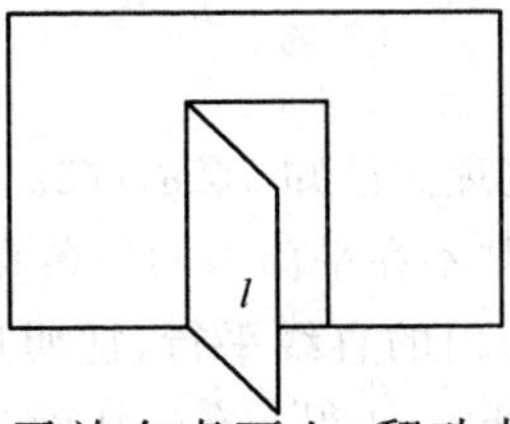

实例 2：如下图所示，将一本书平放在桌面上，翻动书的封面，观察封面边缘所在直线 l 与桌面所在的平面具有怎样的位置关系？

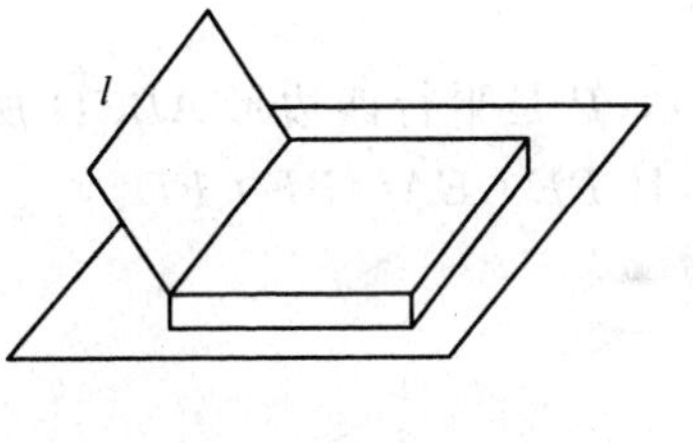

问题 2:直线与平面平行的判定定理。

问题 1 两个实例中的直线 l 为什么会和对应的平面平行呢？你能猜想出什么结论吗？能作图把这一结论表示出来吗？

问题 3:思考下列问题。

(1) 用符号语言如何表示上述定理？

(2) 如果要证明这个定理，该如何证明呢？

二、核心突破

【命题方向 1】 利用定义证明线、面平行

【典例 1】 如右图所示，已知：$a\not\subset\alpha$，$b\subset\alpha$，且 $a/\!/b$。求证：$a/\!/\alpha$。

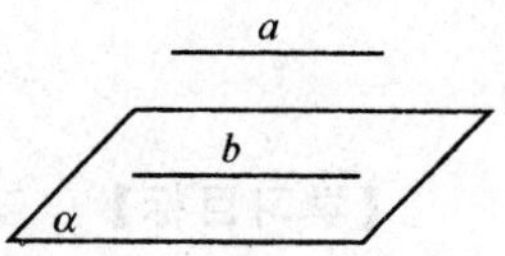

证明：因为 $a/\!/b$，a 和 b 可确定平面 β。

假设 a 和 α 有公共点 A，则 A 就是 α 和 β 的公共点。所以 $A\in b$。这与已知矛盾。假设不成立。所以 $a/\!/\alpha$。

[方法规律总结] 证明直线 a 与平面 α 没有公共点。这一点直接证明是很困难的，往往借助于反证法来证明。

【命题方向 2】 利用判定定理证明线、面平行

【典例 2】 如图(1)所示，在正方体 $ABCD\text{-}A_1B_1C_1D_1$ 中，E、F 分别是棱 BC、C_1D_1 的中点。

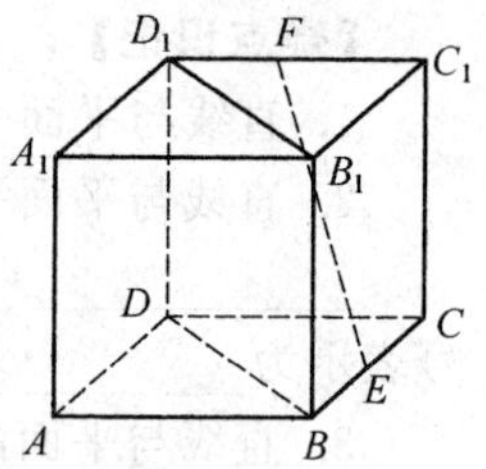

(1)

求证：$EF/\!/$平面 BDD_1B_1。

证明：如图(2)所示，取 D_1B_1 的中点 O，

连接 OF，OB。

因为 $OF\underline{\parallel}\frac{1}{2}B_1C_1$，$BE\underline{\parallel}\frac{1}{2}B_1C_1$，

所以 $OF\underline{\parallel}BE$。

所以四边形 $OFEB$ 是平行四边形，

所以 $EF/\!/BO$。

因为 $EF\not\subset$平面 BDD_1B_1，

$BO\subset$平面 BDD_1B_1，

所以 $EF/\!/$平面 BDD_1B_1。

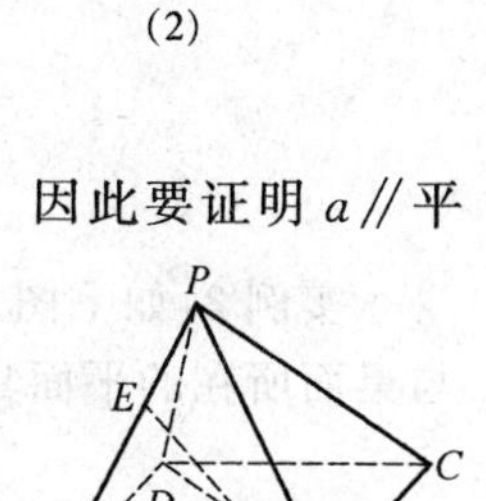

(2)

[方法规律总结]

利用直线和平面平行的判定定理。已知 $a\not\subset\alpha$，$b\subset\alpha$，且 $a/\!/b$。求证：$a/\!/\alpha$。使用定理时，一定要说明“不在平面内的一条直线和平面内的一条直线平行”，若不注明和平面内的直线平行，证明过程就不完整。因此要证明 $a/\!/$平面 α，则必须在平面 α 内找一条直线 b，使得 $a/\!/b$，从而达到证明的目的。证明线线平行时常利用三角形中位线、平行四边形以及平行线分线段成比例定理等。

【跟踪训练 1】 如右图所示，P 是平行四边形 $ABCD$ 所在平面外一点，E、F 分别在 PA、BD 上，且 $PE:EA=BF:FD$。

求证：$EF/\!/$平面 PBC。

三、课堂练习

1. 过平行六面体 $ABCD\text{-}A_1B_1C_1D_1$ 任意两条棱的中点作直线，其中与平面 DBB_1D_1 平行的直线共有（　　）。

A. 4 条　　　　B. 6 条　　　　C. 8 条　　　　D. 12 条

2. 经过直线外一点有________个平面与已知直线平行。

3. 如右图所示，在长方体 $ABCD\text{-}A_1B_1C_1D_1$ 的面中：

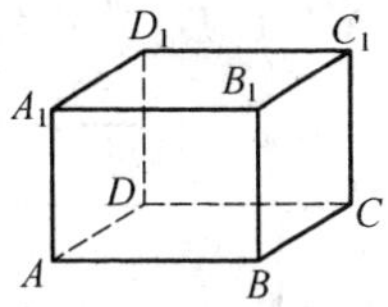

(1) 与直线 AB 平行的平面是______________________________。

(2) 与直线 AA_1 平行的平面是______________________________。

(3) 与直线 AD 平行的平面是______________________________。

4. 在正方体 $ABCD\text{-}A_1B_1C_1D_1$ 中，E 为 DD_1 的中点，则 BD_1 与过点 A,E,C 的平面的位置关系是__________。

5. 下列四个正方体图形中，A、B 为正方体的两个顶点，M、N、P 分别为其所在棱的中点，能得出 AB∥面 MNP 的图形的序号是________。（写出所有符合要求的图形序号）

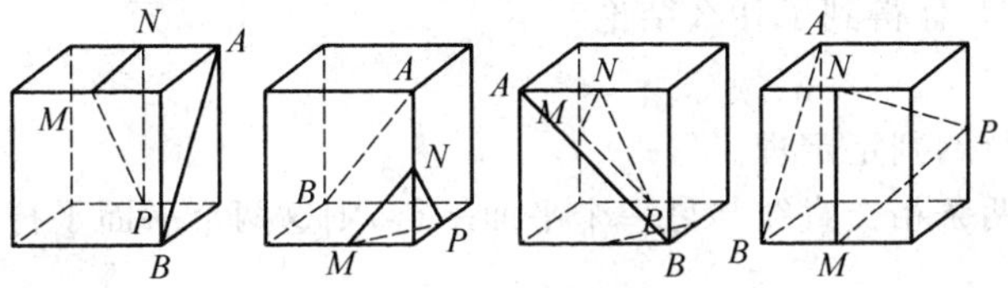

①　　　②　　　③　　　④

6. 如右图所示，正方形 $ABCD$ 与正方形 $ABEF$ 所在平面相交于 AB，在 AE，BD 上各有一点 P，Q，且 $AP=DQ$。求证 PQ∥平面 BCE。（用两种方法证明）

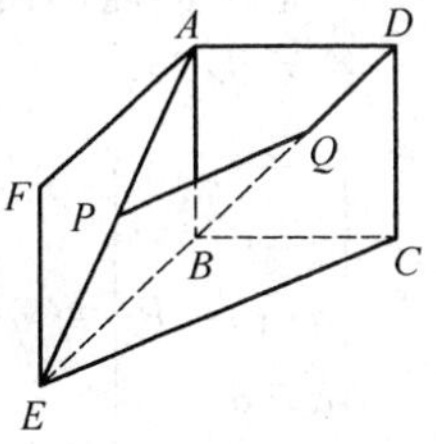

第 6 题图

4.5　平面与平面平行的判定

【学习目标】

1. 理解并掌握平面与平面平行的判定定理。

2. 提高观察能力、空间想象力和类比、转化能力，进而提高逻辑推理能力。

一、阅读提纲

【疑点识记】

1. 平面 α 与平面 β 平行是指两平面没有公共点。若 $\alpha /\!/ \beta$，直线 $a \subset \alpha$，则 a 与 β 的位置关系为________。

2. 下面的命题在“________”处缺少一个条件，补上这个条件，使其构成真命题（m，n 为直线，α，β 为平面），则此条件应为________________。

$$\left.\begin{array}{l} m \subset \alpha \\ n \subset \alpha \\ m /\!/ \beta \\ n /\!/ \beta \\ \underline{\qquad} \end{array}\right\} \Rightarrow \alpha /\!/ \beta$$

【问题探究】

问题1:在长方体中,回答下列问题。

(1) 如图(1)所示,$AA'\subset$面$AA'B'B$,$AA'\parallel$面$BB'C'C$,则面$AA'B'B\parallel$面$BB'C'C$吗?

(2) 如图(2)所示,$AA'\parallel$面$DCC'D'$,$EF\parallel$面$DCC'D'$,$AA'\parallel EF$,则面$A'ADD'\parallel$面$DCC'D'$吗?

(3) 如图(3)所示,直线$A'C'$和$B'D'$相交,且$A'C'$、$B'D'$都和平面$ABCD$平行,则平面$A'B'C'D'\parallel$平面$ABCD$吗?

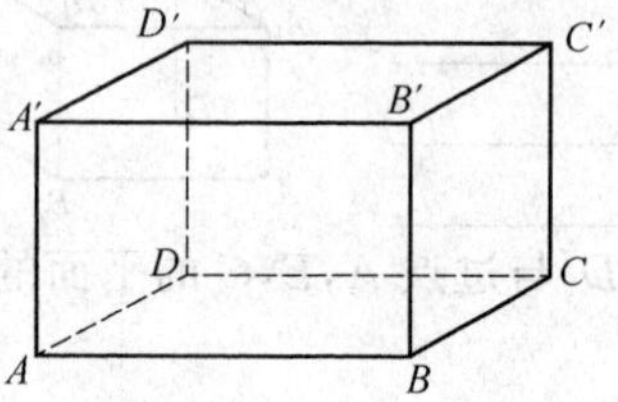

图(1)

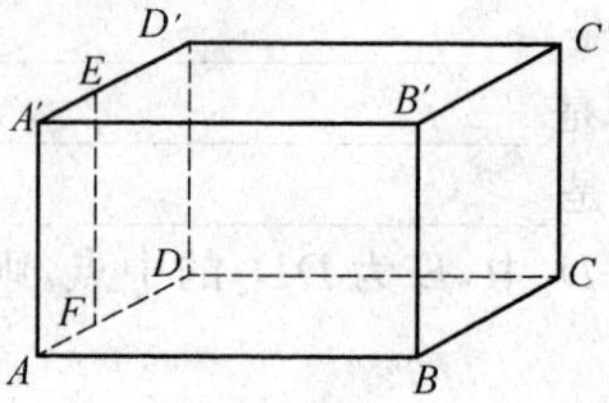

图(2)

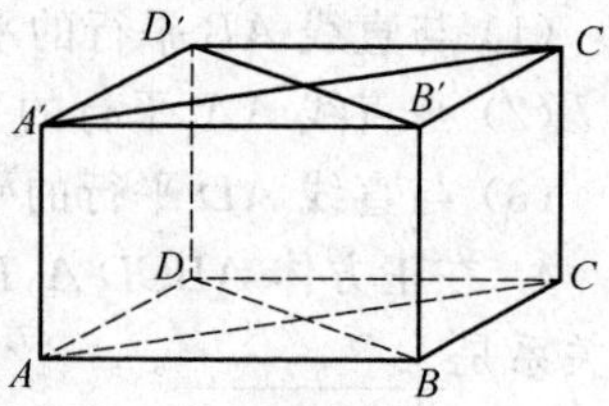

图(3)

由以上3个问题,你得到了什么结论?

小结:

平面与平面平行的判定定理。

一个平面内的两条相交直线与另一个平面平行,则这两个平面平行。

符号表示:

$$\left.\begin{cases}a\subset\beta\\ b\subset\beta\\ a\cap b=P\\ a\parallel\alpha\\ b\parallel\alpha\end{cases}\right\}\Rightarrow\alpha\parallel\beta$$

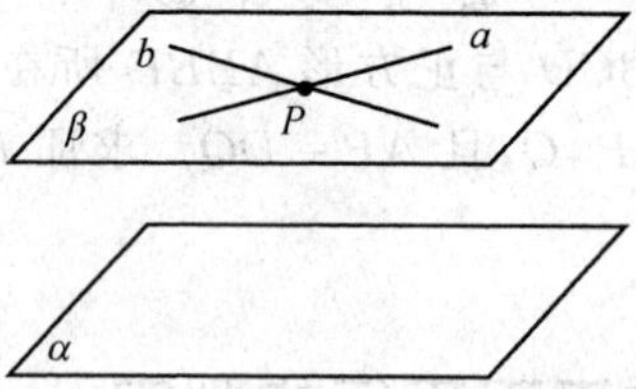

问题2:平面可以看作是由直线构成的。若一平面内的所有直线都与另一个平面平行,则这两个平面平行吗?

问题3:一个平面内所有直线都平行于另外一个平面好证明吗?能否只证明一个平面内若干条直线和另外一个平面平行,那么这两个平面就平行呢?

二、核心突破

【命题方向1】 证明面、面平行

【典例1】 如图(1)所示,在正方体$ABCD\text{-}A_1B_1C_1D_1$中,S是B_1D_1的中点。E、F、G分别是BC、DC和SC的中点。求证:平面$EFG\parallel$平面BDD_1B_1。

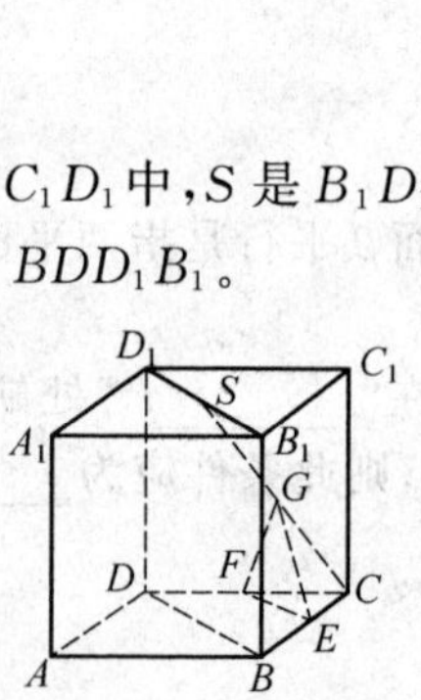

图(1)

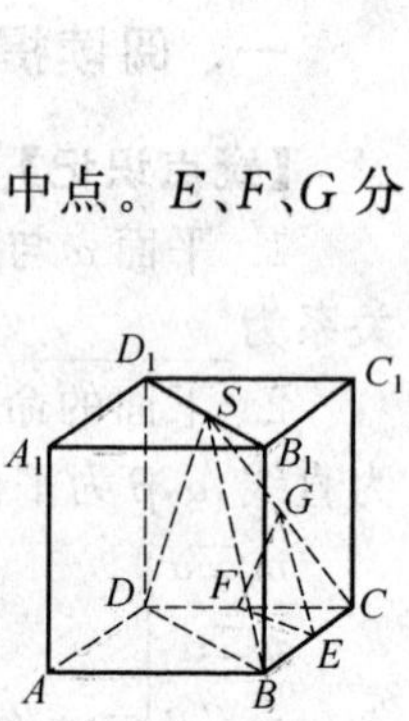

图(2)

证明:如图(2)所示,连接SB,SD,

因为F、G分别是DC、SC的中点,

所以$FG\parallel SD$。

又因为$SD\subset$平面BDD_1B_1,$FG\not\subset$平面BDD_1B_1,

所以直线$FG\parallel$平面BDD_1B_1。

同理可证$EG\parallel$平面BDD_1B_1。

又因为$EG\subset$平面EFG,$FG\subset$平面EFG,$EG\cap FG=G$,

所以平面 EFG∥平面 BDD_1B_1。

［方法规律总结］　证明面面平行转化为线面平行，证明线面平行转化为线线平行，证明线线平行常常利用三角形中位线，平行四边形，平行线分线段成比例定理的逆定理。

【跟踪训练 1】　如右图所示，B 为△ACD 所在平面外一点，M，N，G 分别为△ABC，△ABD，△BCD 的重心。

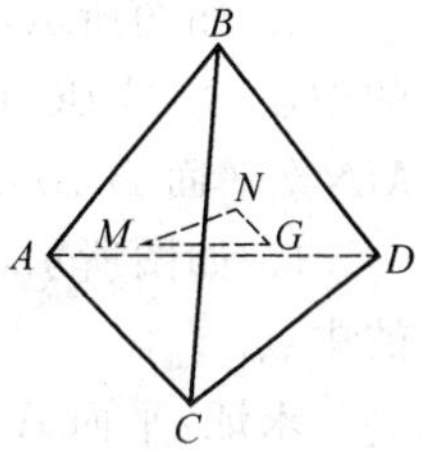

(1) 求证：平面 MNG∥平面 ACD。

(2) 求 $S_{\triangle MNG}:S_{\triangle ADC}$。

【命题方向 2】　面、面平行的探索

【典例 2】　如下图所示，在正方体 $ABCD\text{-}A_1B_1C_1D_1$ 中，O 为底面 $ABCD$ 的中心，P 是 DD_1 的中点，设 Q 是 CC_1 上的点，问：当点 Q 在什么位置时，平面 D_1BQ∥平面 PAO?

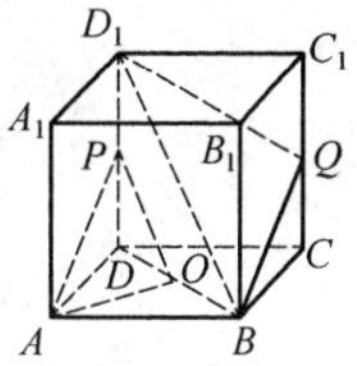

典例 2 图

解：当 Q 为 CC_1 的中点时，

平面 D_1BQ∥平面 PAO。

因为 Q 为 CC_1 的中点，P 为 DD_1 的中点，

所以 QB∥PA。

因为 P、O 为 DD_1、DB 的中点，所以 D_1B∥PO。

又 $PO\cap PA=P$，$D_1B\cap QB=B$，

D_1B∥平面 PAO，QB∥平面 PAO，

所以平面 D_1BQ∥平面 PAO。

【跟踪训练 2】　如右图所示，在正方体 $ABCD\text{-}A'B'C'D'$ 中，E、F、G、P、Q 分别是所在棱 AB、BC、BB'、$A'D'$、$D'C'$ 的中点，R 在 DD' 上，当点 R 在什么位置时？平面 PQR∥平面 EFG。

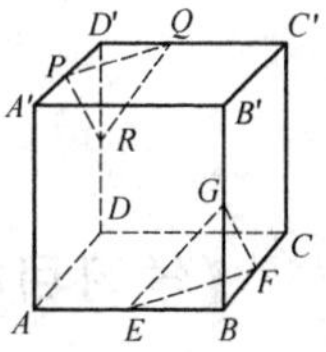

跟踪训练 2 图

三、课堂练习

1. α 和 β 是两个不重合的平面，在下列条件中，可判定 α∥β 的是(　　)。

A. α 内有无数条直线平行于 β

B. α 内不共线三点到 β 的距离相等

C. l、M 是平面 α 内的直线，且 l∥α，M∥β

D. l、M 是异面直线，且 l∥α，M∥α，l∥β，M∥β

2. 给出下列结论，正确的有(　　)。

① 平行于同一条直线的两个平面平行；

② 平行于同一平面的两个平面平行；

③ 过平面外两点，不能作一个平面与已知平面平行；

④ 若 a，b 为异面直线，则过 a 与 b 平行的平面只有一个。

A. 1 个　　B. 2 个　　C. 3 个　　D. 4 个

3. 有下列几个命题：

① 平面 α 内有无数个点到平面 β 的距离相等，则 α∥β；

② $\alpha\cap\gamma=a$，$\alpha\cap\beta=b$，且 a∥b(α，β，γ 分别表示平面，a，b 表示直线)，则 γ∥β；

③ 平面 α 内一个三角形三边分别平行于平面 β 内的一个三角形的三条边，则 α∥β；

④ 平面 α 内的一个平行四边形的两边与平面 β 内的一个平行四边形的两边对应平行，则 $\alpha /\!/ \beta$。

其中正确的有________。(填序号)

4. 如图所示，在正方体 $ABCD\text{-}A_1B_1C_1D_1$ 中，E、F、G、H 分别是棱 CC_1、C_1D_1、D_1D、CD 的中点，N 是 BC 的中点，点 M 在四边形 $EFGH$ 及其内部运动，则 M 满足________时，有 $MN /\!/$ 平面 B_1BDD_1。

5. 如图所示，三棱柱 $ABC\text{-}A_1B_1C_1$，D 是 BC 上一点，且 $A_1B /\!/$ 平面 AC_1D，D_1 是 B_1C_1 的中点。

求证：平面 $A_1BD_1 /\!/$ 平面 AC_1D。

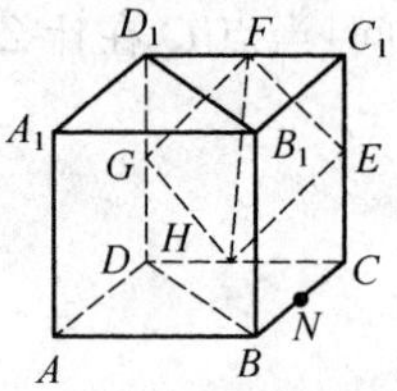

第 4 题图

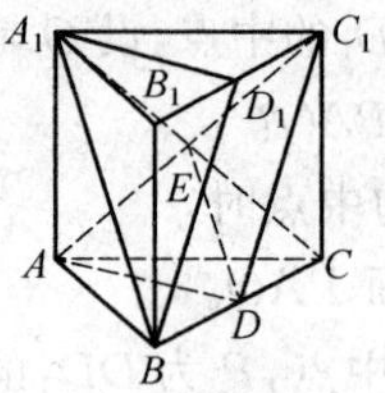

第 5 题图

4.6 直线与平面平行的性质

【学习目标】

(1) 能应用文字语言、符号语言、图形语言准确地描述直线与平面平行的性质定理。

(2) 能运用直线与平面平行的性质定理，证明一些空间线面平行关系的简单问题。

一、阅读提纲

【疑点识记】

直线与平面平行的性质定理。

一条直线与一个平面平行，则________________________。

(1) 符号语言描述：____________。

(2) 性质定理的作用：

可以作为____________平行的判定方法，也提供了一种作________的方法。

【问题探究】

小王想做个模型。他有一块六个面的木料如右图所示，已知棱 BC 平行于平面 $A'B'C'D'$。要经过木料表面 $A'B'C'D'$ 内一点 P 和棱 BC 将木料锯开，需要先画线。如何画？请你和同桌讨论帮他设计一下。

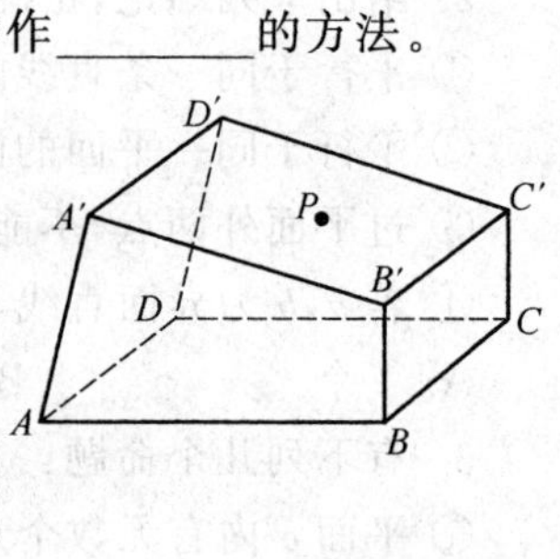

问题 1：在面 $A'B'C'D'$ 上画的线与 BC 有什么关系？

问题 2：如何在面 $A'B'C'D'$ 上画出与 BC 平行的直线？

问题 3：点 P 在面上动态变化时，面 $A'B'C'D'$ 上所画的线之间什么关系？它们与面 $ABCD$ 什么关系？

小结：

直线与平面平行的性质定理。

一条直线与一个平面平行，则过这条直线的任一平面与此平面的交线与该直线平行。

二、核心突破

【命题方向 1】 直线与平面平行的性质的应用

【典例 1】 如图(1)所示，$ABCD$ 是平行四边形，点 P 是平面 $ABCD$ 外一点，M 是 PC 的中点，在 DM 上取一点 G，过 G 和 AP 作平面交平面 BDM 于 GH，

求证：$AP/\!/GH$。

证明：如图(2)所示，连接 AC 交 BD 于 O，连接 MO。

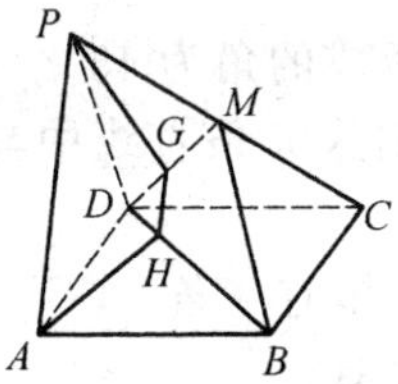

图(1)

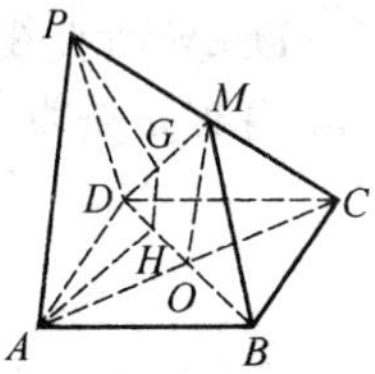

图(2)

因为 $ABCD$ 是平行四边形，所以 O 是 AC 中点。

又因为 M 是 PC 的中点，所以 $AP/\!/OM$。

根据直线和平面平行的判定定理，则有 $PA/\!/$平面 BMD。

因为平面 $PAHG\cap$平面 $BMD=GH$，根据直线和平面平行的性质定理，得 $AP/\!/GH$。

［方法规律总结］ 直线与平面平行判定定理和直线与平面平行性质定理经常交替使用，也就是通过线线平行推出线面平行，再通过线面平行推出新的线线平行，复杂的题目还可继续推下去。可有如下示意图：

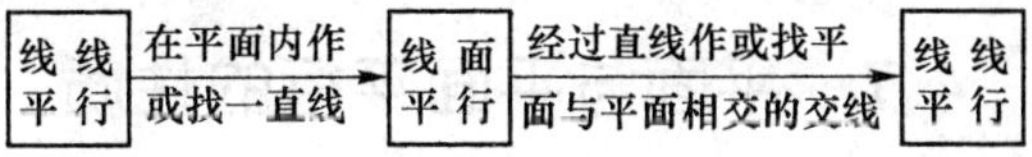

【跟踪练习 1】 如右图所示，三棱锥 $A\text{-}BCD$ 被一平面所截，截面为平行四边形 $EFGH$。

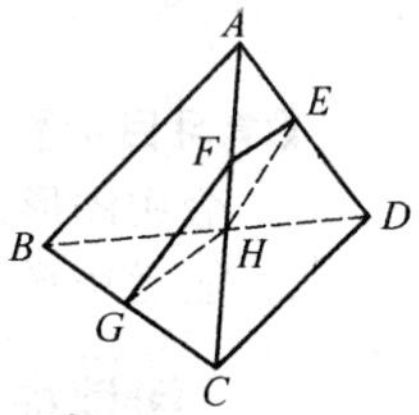

求证：$CD/\!/$平面 $EFGH$。

【命题方向 2】 线面平行的性质与判定的综合应用

【典例 2】 已知，$a/\!/\alpha$，且 $a/\!/\beta$，$\alpha\cap\beta=l$，求证：$a/\!/l$。

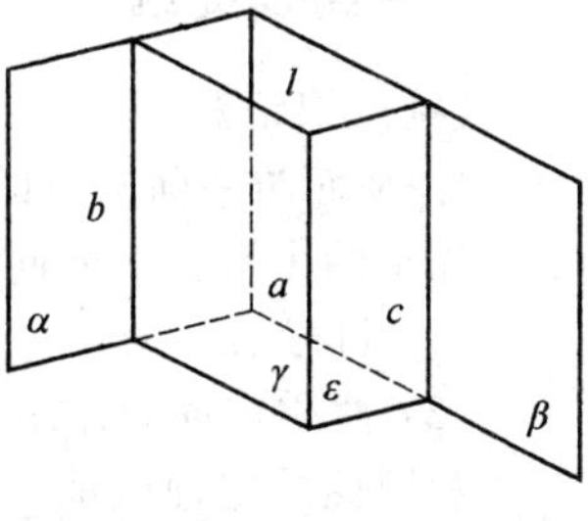

证明：如右图所示，过 a 作平面 γ 交 α 于 b。

因为 $a/\!/\alpha$，所以 $a/\!/b$。过 a 作平面 ε 交平面 β 于 c。

因为 $a/\!/\beta$，所以 $a/\!/c$，所以 $b/\!/c$。

又因为 $b\not\subset\beta$ 且 $c\subset\beta$，所以 $b/\!/\beta$。

又因为平面 α 过 b 交 β 于 l，所以 $b/\!/l$。

因为 $a/\!/b$，所以 $a/\!/l$。

［方法规律总结］ 判定定理与性质定理常常交替使用，即先通过线线平行推出线面平行，再通过线面平行推出线线平行，复杂的题目还可以继续推下去，我们可称它为平行链。

【跟踪训练 2】 如下图所示，AB 是圆 O 的直径，点 C 是圆 O 上异于 A，B 的点，P 为平面

ABC 外一点，E，F 分别是 PA，PC 的中点。记平面 BEF 与平面 ABC 的交线为 l，试判断直线 l 与平面 PAC 的位置关系，并加以证明。

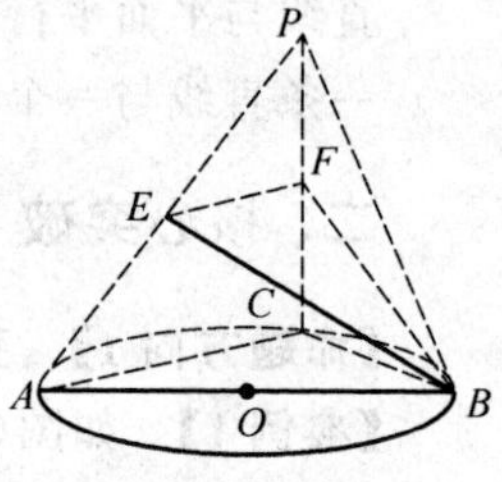

跟踪训练 2 图

三、课堂练习

1. a，b 是两条异面直线，P 是空间一点，过 P 作平面与 a，b 都平行，这样的平面（　　）。

A. 只有一个　　B. 至多有两个

C. 不一定有　　D. 有无数个

2. 如图所示，在四面体 $ABCD$ 中，若截面 $PQMN$ 是正方形，则在下列命题中，错误的为（　　）。

A. $AC\perp BD$　　B. $AC\parallel$ 截面 $PQMN$

C. $AC=BD$　　D. 异面直线 PM 与 BD 所成的角为 $45°$

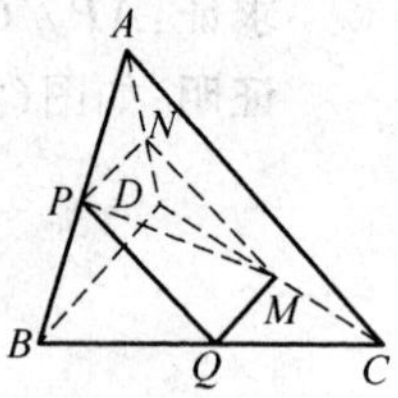

第 2 题图

3. 直线 $a\parallel$ 平面 α，α 内有 n 条直线交于一点，则这 n 条直线中与直线 a 平行的直线（　　）。

A. 至少有一条　　B. 至多有一条

C. 有且只有一条　　D. 没有

4. 设 m、n 是平面 α 外的两条直线，给出三个论断：

①$m\parallel n$；②$m\parallel\alpha$；③$n\parallel\alpha$。以其中的两个为条件，余下的一个为结论，构造三个命题，写出你认为正确的一个命题：________。（用序号表示）

5. 如图所示，P 为平行四边形 $ABCD$ 所在平面外一点，M、N 分别为 AB、PC 的中点，平面 $PAD\cap$ 平面 $PBC=l$。

（1）求证：$BC\parallel l$。

（2）MN 与平面 PAD 是否平行？试证明你的结论。

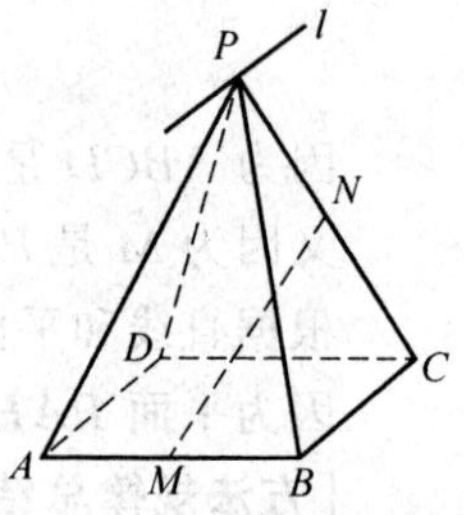

第 5 题图

4.7　平面与平面平行的性质

【学习目标】

1. 会用图形语言、文字语言、符号语言准确地描述平面与平面平行的性质定理。

2. 能运用平面与平面平行的性质定理，证明一些空间面面平行关系的简单命题。

一、阅读提纲

【疑点识记】

1. 平面与平面平行的性质定理

如果两个平行平面同时和第三个平面相交，________________________________。

（1）符号表示为：________$\Rightarrow a\parallel b$。

（2）性质定理的作用：

利用性质定理可证________，也可用来作空间中的平行线。

2. 面面平行的其他性质

（1）两平面平行，其中一个平面内的任一直线平行于____________，即$\left.\begin{matrix}\alpha\parallel\beta\\ a\subset\alpha\end{matrix}\right\}\Rightarrow$________，可用来证明线面平行。

(2) 夹在两个平行平面间的平行线段________。

(3) 平行于同一平面的两个平面________。

【问题探究】

如右图所示，观察长方体 $ABCD\text{-}A_1B_1C_1D_1$ 的两个面：平面 $ABCD$ 及平面 $A_1B_1C_1D_1$。

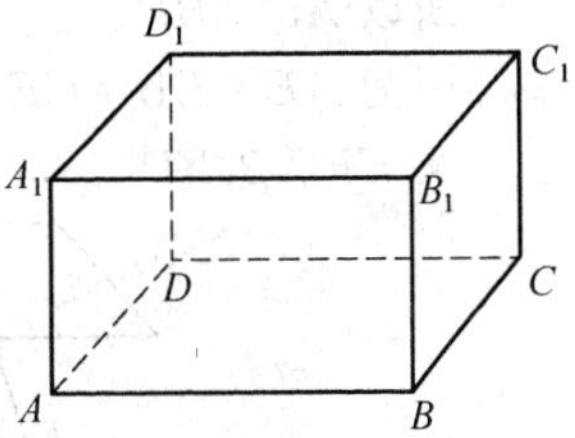

问题 1：平面 $A_1B_1C_1D_1$ 中的所有直线都平行于平面 $ABCD$ 吗？

问题 2：若 $m\subset$平面 $ABCD$，$n\subset$平面 $A_1B_1C_1D_1$，则 $m/\!/n$ 吗？

问题 3：过 BC 的平面交面 $A_1B_1C_1D_1$ 于 B_1C_1，B_1C_1 与 BC 是什么关系？

小结：

平面和平面平行平行的性质定理：如果两个平行平面同时和第三个平面相交，那么它们的交线平行。符号表示为：

$$\left.\begin{array}{l}\alpha/\!/\beta\\ \alpha\cap\gamma=a\\ \beta\cap\gamma=b\end{array}\right\}\Rightarrow a/\!/b。$$

二、核心突破

【命题方向 1】　平面和平面平行的性质定理应用

【典例 1】　求证：夹在两个平行平面间的平行线段相等。

解析：已知 $\alpha/\!/\beta$，$AB/\!/CD$，$A\in\alpha$，$D\in\alpha$，$B\in\beta$，$C\in\beta$。求证：$AB=CD$。

证明：因为 $AB/\!/CD$，所以过 AB、CD 可作平面 γ，且平面 γ 与平面 α、平面 β 分别交于 AD 和 BC，如右图所示。

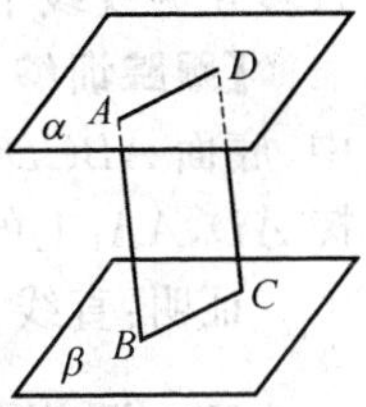

因为 $\alpha/\!/\beta$，所以 $AD/\!/BC$，所以四边形 $ABCD$ 是平行四边形，所以 $AB=CD$。

[方法规律总结]　常用的面面平行的其他几个性质。

(1) 两个平面平行，其中一个平面内的任意一条直线平行于另一个平面。

(2) 夹在两个平行平面之间的平行线段长度相等。

(3) 经过平面外一点有且只有一个平面与已知平面平行。

(4) 两条直线被三个平行平面所截，截得的对应线段成比例。

(5) 如果两个平面分别平行于第三个平面，那么这两个平面互相平行。

【跟踪练习 1】　如右图所示，平面 $\alpha/\!/$平面 β，$\triangle ABC$，$\triangle A'B'C'$分别在 α，β 内，线段 AA'，BB'，CC'共点于 O，O 在平面 α 和平面 β 之间，若 $AB=2$，$AC=2$，$\angle BAC=60°$，$OA:OA'=3:2$，则$\triangle A'B'C'$的面积为________。

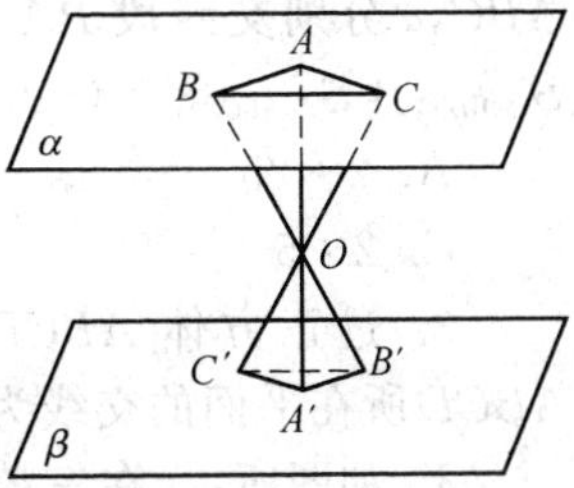

【命题方向 2】　平行关系的相互转化

【典例 2】　已知，平面 $\alpha/\!/$平面 β，点 $A\in\alpha$，$C\in\alpha$，点 $B\in\beta$，$D\in\beta$，点 E、F 分别在线段 AB、CD 上，且 $AE:EB=CF:FD$。

求证：$EF/\!/\beta$，$EF/\!/\alpha$。

证明：① 当 AB，CD 在同一平面内时，如图(1)所示，

由 $\alpha/\!/\beta$，$\alpha\cap$平面 $ABDC=AC$，$\beta\cap$平面 $ABDC=BD$，

所以 $AC/\!/BD$。

因为 $AE:EB=CF:FD$，所以 $EF/\!/BD$。

又 $EF\not\subset\beta$，$BD\subset\beta$，所以 $EF/\!/\beta$。

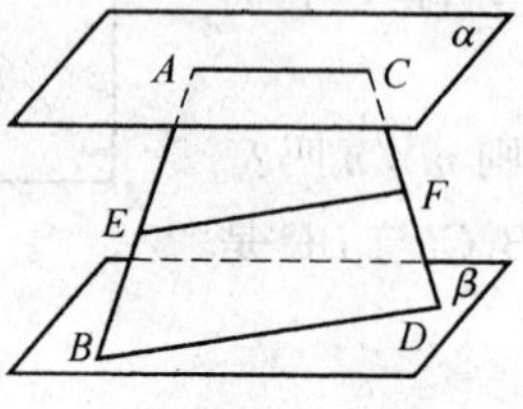

图(1)

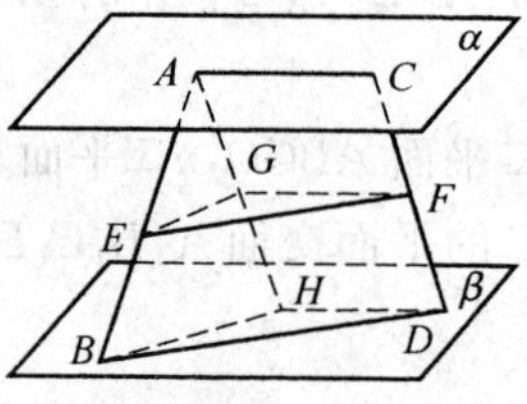

图(2)

② 当 AB 与 CD 异面时，如图(2)所示，

设平面 $ACD\cap\beta=l$，在 l 上取一点 H，使 $DH=AC$。

因为 $\alpha/\!/\beta$，$\alpha\cap$平面 $ACDH=AC$，所以 $AC/\!/DH$，所以四边形 $ACDH$ 是平行四边形。

在 AH 上取一点 G，使 $AG:GH=CF:FD$。

又因为 $AE:EB=CF:FD$，所以 $GF/\!/HD$，$EG/\!/BH$，

又因为 $EG\cap GF=G$，$BH\cap HD=H$，所以平面 $EFG/\!/$平面 β。

因为 $EF\subset$平面 EFG，所以 $EF/\!/\beta$。综上①②知，$EF/\!/\beta$。

因为 $\alpha/\!/\beta$，$EF/\!/\beta$ 且 $EF\not\subset\alpha$，所以 $EF/\!/\alpha$。

［方法规律总结］ 线线平行、线面平行、面面平行是一个有机的整体，平行关系的判定定理、性质定理是转化平行关系的关键，解题时，往往通过构造辅助平面将面面平行、线面平行转化为线线平行。

【跟踪训练 2】 如右图所示，在四棱柱 $ABCD\text{-}A_1B_1C_1D_1$ 中，底面 $ABCD$ 为等腰梯形，$AB/\!/CD$，$AB=2CD$，E，E_1 分别是棱 AD，AA_1 上的点。设 F 是棱 AB 的中点。

证明：直线 $EE_1/\!/$平面 FCC_1。

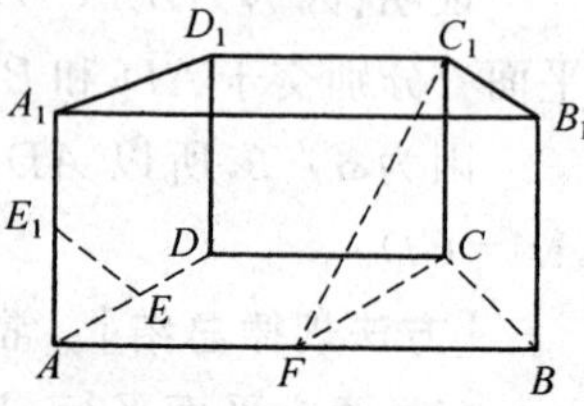

三、课堂练习

1. 已知平面 $\alpha/\!/$平面 β，过平面 α 内的一条直线 a 的平面 γ 与平面 β 相交，交线为直线 b，则 a、b 的位置关系是(　　)。

A. 平行　　B. 相交　　C. 异面　　D. 不确定

2. 如右图所示，P 是三角形 ABC 所在平面外一点，平面 $\alpha/\!/$平面 ABC，α 分别交线段 PA、PB、PC 于 A'、B'、C'，若 $PA':AA'=2:3$，则 $S_{\triangle A'B'C'}:S_{\triangle ABC}$ 等于(　　)。

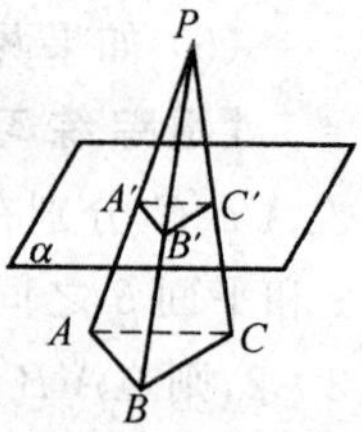

A. $2:25$　　B. $4:25$

C. $2:5$　　D. $4:5$

3. 过正方体 $ABCD\text{-}A_1B_1C_1D_1$ 的三顶点 A_1、C_1、B 的平面与底面 $ABCD$ 所在平面的交线为 l，则 l 与 A_1C_1 的位置关系是________。

4. 如图所示，在三棱柱 $ABC\text{-}A_1B_1C_1$ 中，M 是 A_1C_1 的中点，平面 $AB_1M/\!/$平面 BC_1N，$AC\cap$平面 $BC_1N=N$。

求证：N 为 AC 的中点。

5. 如图所示，在正方体 $ABCD\text{-}A_1B_1C_1D_1$ 中，侧面对角线 AB_1、BC_1 上分别有两点 E、F，且 $B_1E=C_1F$。

求证：$EF/\!/$平面 $ABCD$。

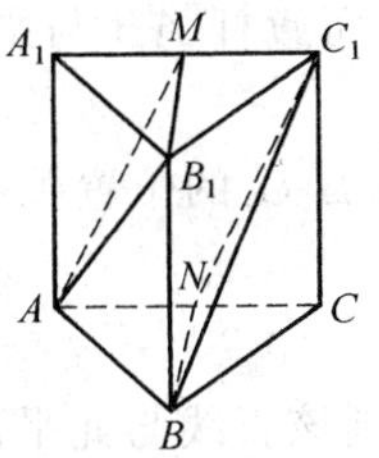

第 4 题图

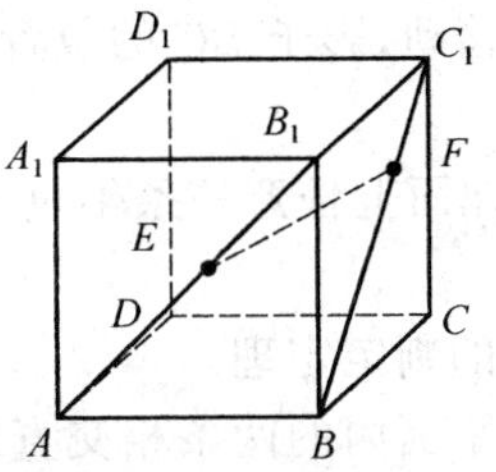

第 5 题图

4.8 直线与平面垂直的判定

【学习目标】

1. 掌握直线与平面垂直的定义。
2. 掌握直线与平面垂直的判定定理并能灵活应用定理证明直线与平面垂直。
3. 知道斜线在平面上的射影的概念，斜线与平面所成角的概念。

一、阅读提纲

【疑点识记】

1. 直线与平面垂直

(1) 定义：如果直线 l 与平面 α 内的________直线都________，就说直线 l 与平面 α 互相垂直，记作________。直线 l 叫作平面 α 的________，平面 α 叫作直线 l 的________。

(2) 判定定理

文字表述：一条直线与一个平面内的______________都垂直，则该直线与此平面垂直。

符号表述：

$l\perp a$
$l\perp b$
____
____
____
$\Rightarrow l\perp\alpha$。

2. 直线与平面所成的角

(1) 定义：平面的一条斜线和它在平面上的________所成的________，叫作这条直线和这个平面所成的角。

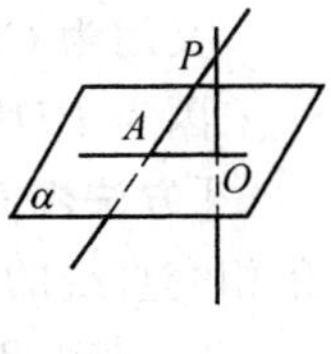

如右图所示，________就是斜线 AP 与平面 α 所成的角。

(2) 当直线 AP 与平面垂直时，它们所成的角的度数是 90°；

当直线与平面平行或在平面内时，它们所成的角的度数是________；

线面角 θ 的范围：________。

【问题探究】

问题 1：在现实生活中，我们经常看到一些直线与平面垂直的现象，例如：旗杆与地面，大桥的桥柱和水面的位置关系，你能举出一些类似的例子吗？

问题 2:空间一条直线和一个平面有哪几种位置关系?

问题 3:在日常生活中你见得最多的直线与平面相交的情形是什么?请举例说明。

问题 4:结合对下列问题的思考,试着给出直线和平面垂直的定义。

(1) 阳光下,旗杆 AB 与它在地面上的影子 BC 所成的角度是多少?

(2) 随着太阳的移动,影子 BC 的位置也会移动,而旗杆 AB 与影子 BC 所成的角度是否会发生改变?

(3) 旗杆 AB 与地面上任意一条不过点 B 的直线 B_1C_1 的位置关系如何?

小结:

直线与平面垂直的判定定理

一条直线与一个平面内的两条相交直线都垂直,则该直线与此平面垂直。

注意:① 定理中的"两条相交直线"这一条件不可忽视;

② 定理体现了"直线与平面垂直"与"直线与直线垂直"互相转化的数学思想。

问题 5:(1) 如果一条直线垂直于一个平面内的无数条直线,那么这条直线是否与这个平面垂直?

(2) 如果一条直线垂直于一个平面,那么这条直线是否垂直于这个平面内的所有直线?

二、核心突破

【命题方向 1】 直线与平面垂直的判定定理的应用

【典例 1】 如图(1)所示,在四棱锥 $P\text{-}ABCD$ 中,底面 $ABCD$ 是矩形,侧棱 PA 垂直于底面,E、F 分别是 AB、PC 的中点,$PA=AD$。

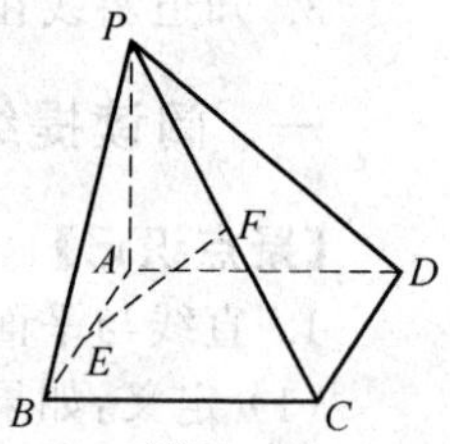

图(1)

求证:(1)$CD\perp PD$;(2)$EF\perp$平面 PCD。

证明:(1) 因为 $PA\perp$底面 $ABCD$,

所以 $CD\perp PA$。

又矩形 $ABCD$ 中,$CD\perp AD$,且 $AD\cap PA=A$,所以 $CD\perp$平面 PAD,所以 $CD\perp PD$。

(2) 如图(2)所示,取 PD 的中点 G,连接 AG,FG。

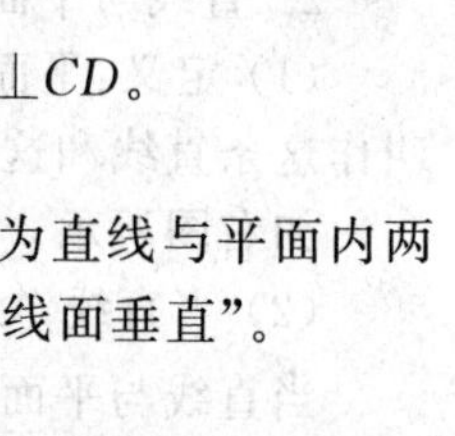

图(2)

又因为 G、F 分别是 PD、PC 的中点,

所以 $GF\underset{=}{\parallel}\frac{1}{2}CD$,所以 $GF\parallel AE$,所以四边形 $AEFG$ 是平行四边形,$AG\parallel EF$。

又因为 $PA=AD$,G 是 PD 的中点。所以 $AG\perp PD$,所以 $EF\perp PD$。

又因为 $CD\perp$平面 PAD,$AG\subset$平面 PAD。所以 $CD\perp AG$,所以 $EF\perp CD$。

因为 $PD\cap CD=D$,所以 $EF\perp$平面 PCD。

[**方法规律总结**] 1. 运用化归思想,将直线与平面垂直的判定转化为直线与平面内两条相交直线的判定,而同时还由此得到直线与直线垂直。即"线线垂直$\Leftrightarrow$线面垂直"。

2. 直线和平面垂直的判定方法。

(1) 利用线面垂直的定义。(2) 利用线面垂直的判定定理。

(3) 利用下面两个结论:①若 $a\parallel b$,$a\perp\alpha$,则 $b\perp\alpha$;②若 $\alpha\parallel\beta$,$a\perp\alpha$,则 $a\perp\beta$。

3. 线线垂直的判定方法。

(1) 异面直线所成的角是 90°。(2) 线面垂直,则线线垂直。

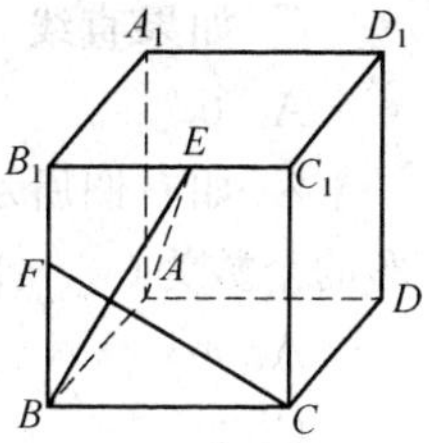

【跟踪练习 1】 如右图所示，在正方体 $ABCD\text{-}A_1B_1C_1D_1$ 中，E、F 分别是棱 B_1C_1、B_1B 的中点。

求证：$CF\perp$ 平面 EAB。

【命题方向 2】 求直线与平面所成角的大小

【典例 2】 如图(1)所示，在正方体 $ABCD\text{-}A_1B_1C_1D_1$ 中，

(1) 直线 A_1B 与平面 $ABCD$ 所成的角是________；

(2) 直线 A_1B 与平面 ABC_1D_1 所成的角是________；

(3) 直线 A_1B 与平面 AB_1C_1D 所成的角是________。

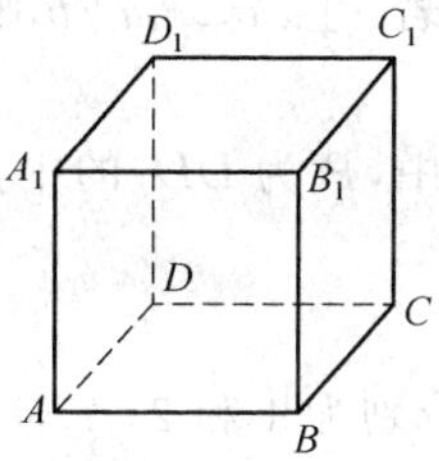

图(1)

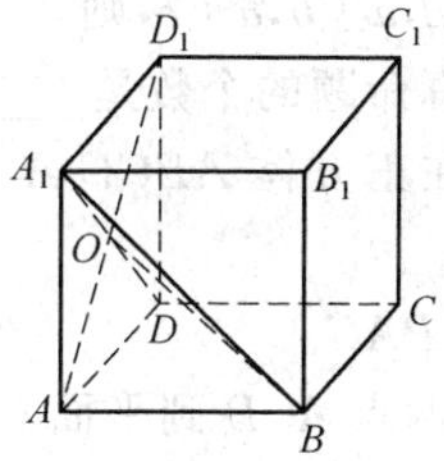

图(2)

解：如图(2)所示。

(1) 由线面角定义知$\angle A_1BA$ 为 A_1B 与平面 $ABCD$ 所成的角，$\angle A_1BA=45^\circ$。

(2) 连接 A_1D、AD_1，交点为 O，

则易证 $A_1D\perp$ 面 ABC_1D_1，所以 A_1B 在面 ABC_1D_1 内的射影为 OB，

所以 A_1B 与面 ABC_1D_1 所成的角为$\angle A_1BO$，

因为 $A_1O=\frac{1}{2}A_1B$，所以$\angle A_1BO=30^\circ$。

(3) 因为 $A_1B\perp AB_1$，$A_1B\perp B_1C_1$，

所以 $A_1B\perp$ 面 AB_1C_1D，即 A_1B 与面 AB_1C_1D 所成的角为 90°。

[方法规律总结] (1) 求线面角的步骤：一找，即找出相关的角；二证，即证明找出的角即为所求的角；三计算，即通过解三角形的方法求出所求角。

(2) 线面角的找法：找出斜线在平面内的射影，关键是作出垂线，确定垂足。

(3) 求解线面角时，把已知条件转化到该角所在的三角形中求解。解答过程要注意所求角的取值范围，即解三角形求得的角不一定是所求角，也可能是其补角。

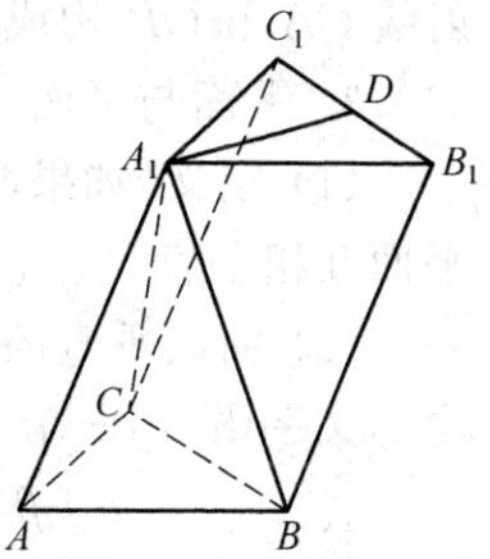

【跟踪训练 2】 如右图所示，在三棱锥 $ABC-A_1B_1C_1$ 中，$\angle BAC=90^\circ$，$AB=AC=2$，$AA_1=4$，A_1 在底面 ABC 的射影为 BC 的中点，D 为 B_1C_1 的中点。

(1) 证明：$A_1D\perp$ 平面 A_1BC。

(2) 求直线 A_1B 和平面 BB_1C_1C 所成的角的正弦值。

三、课堂练习

1. 下列命题中正确的个数是(　　)。

① 如果直线 l 与平面 α 内的无数条直线垂直，则 $l\perp\alpha$；

② 如果直线 l 与平面 α 内的一条直线垂直，则 $l\perp\alpha$；

③ 如果直线 l 不垂直于 α，则 α 内没有与 l 垂直的直线；

④ 如果直线 l 不垂直于 α，则 α 内也可以有无数条直线与 l 垂直。

A. 0　　B. 1　　C. 2　　D. 3

2. 如右图所示，$PA\perp$平面 ABC，$\triangle ABC$ 中 $BC\perp AC$，则图中直角三角形的个数为(　　)。

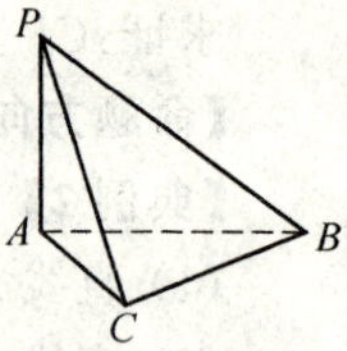

A. 4　　B. 3

C. 2　　D. 1

3. 三条不同的直线，α、β、γ 为三个不同的平面。

① 若 $\alpha\perp\beta$，$\beta\perp\gamma$，则 $\alpha/\!/\beta$；　② 若 $a\perp b$，$b\perp c$，则 $a/\!/c$ 或 $a\perp c$；

③ 若 $a\subset\alpha$，b、$c\subset\beta$，$a\perp b$，$a\perp c$，则 $\alpha\perp\beta$；　④ 若 $a\perp\alpha$，$b\subset\beta$，$a/\!/b$，则$\alpha\perp\beta$。

上面四个命题中真命题的个数是________。

4. 如右图所示，在正方体 $ABCD\text{-}A_1B_1C_1D_1$ 中，P 为 DD_1 的中点，O 为 $ABCD$ 的中心。

求证：$B_1O\perp$平面 PAC。

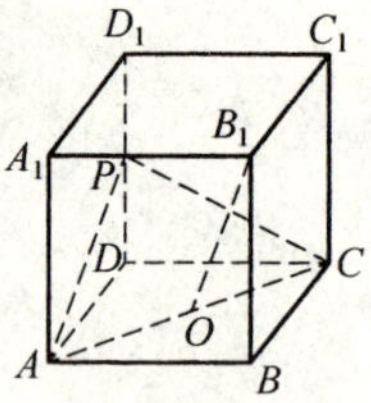

第 4 题图

5. 已知平面 α 外两点 A、B 到平面 α 的距离分别为 1 和 2，A、B 两点在 α 内的射影之间距离为$\sqrt{3}$，求直线 AB 和平面 α 所成的角。

4.9　平面与平面垂直的判定

【学习目标】

1. 掌握二面角的概念，二面角的平面角的概念，会求简单的二面角的大小。
2. 掌握两个平面互相垂直的概念，并能利用判定定理判定两个平面垂直。

一、阅读提纲

【疑点识记】

1. 二面角：从一条直线出发的____________所组成的图形叫作二面角。____________叫作二面角的棱。____________叫作二面角的面。

2. 二面角的平面角

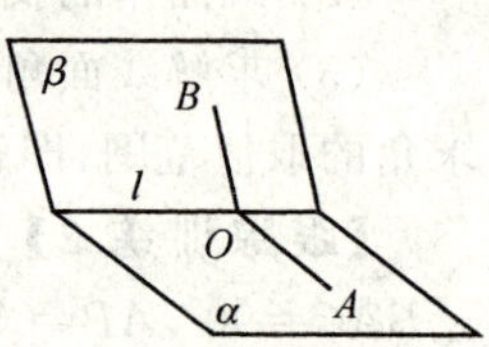

如右图所示：在二面角 $\alpha\text{-}l\text{-}\beta$ 的棱 l 上任取一点 O，以点 O 为________，在半平面 α 和 β 内分别作垂直于棱 l 的射线 OA 和 OB，则射线 OA 和 OB 构成的________叫作二面角的平面角。

3. 平面与平面的垂直

(1) 定义：如果两个平面相交，且它们所成的二面角是____________，就说这两个平面互相垂直。

(2) 面面垂直的判定定理

文字语言：一个平面过另一个平面的________，则这两个平面垂直。

符号表示：$\left.\begin{array}{l}a\perp\beta\\ \_\_\_\_\_\_\_\_\end{array}\right\}\Rightarrow\alpha\perp\beta$。

【问题探究】

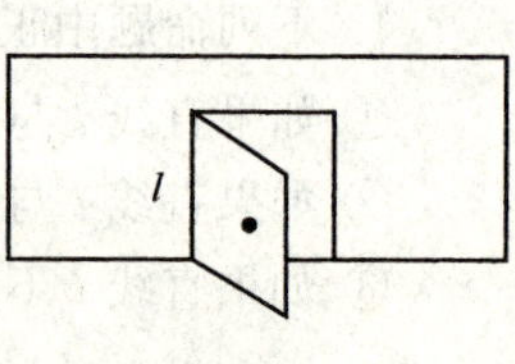

问题 1：如右图所示，观察教室内门与墙面，当门绕着门轴旋转时，门所在的平面与墙面所形成的角的大小和形状。在数学上，用

哪个概念来描述门所在的平面与墙面所在的平面所形成的角？

问题 2：建筑工人常在一根细线上拴一个重物，做成“铅锤”，用这种方法来检查墙与地面是否垂直。当挂铅锤的线从上面某一点垂下时，如果墙壁贴近铅锤线，则说明墙和地面什么关系？此时铅锤线与地面什么关系？

问题 3：平时，我们常说“把门开大一点”，在这里指的是哪个角大一点？

小结：

1. 二面角

(1) 定义：从空间一直线出发的两个半平面所组成的图形。

(2) 相关概念：

① 这条直线叫二面角的棱；②两个半平面叫二面角的面。

(3) 画法：

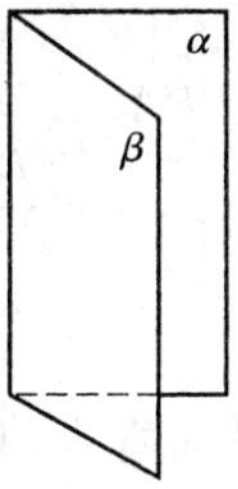

直立式

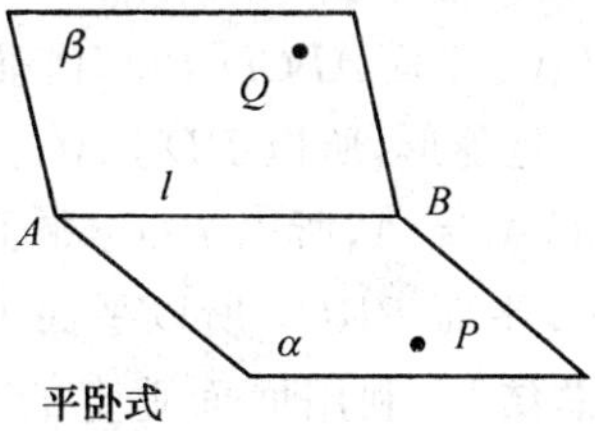

平卧式

(4) 记法：二面角 α-l-β 或 α-AB-β 或 P-l-Q 或 P-AB-Q。

(5) 二面角的平面角：

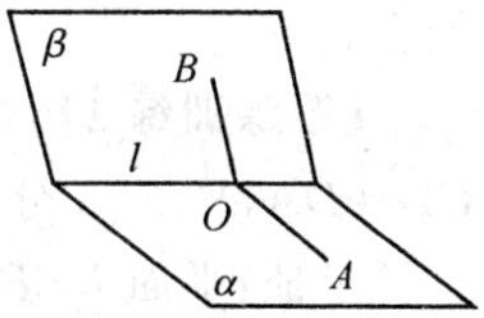

如右图所示，若有①O ____ l；②OA ____ α，OB ____ β；③OA ____ l，OB ____ l，则二面角 α-l-β 的平面角是________。

2. 平面与平面垂直判定定理

一个平面过另一个平面的垂线，则这两个平面垂直。

二、核心突破

【命题方向 1】　定义法判定两平面垂直

【典例 1】　如图(1)所示，在四面体 $ABCD$ 中，$BD=\sqrt{2}a$，$AB=AD=CB=CD=AC=a$。

求证：平面 $ABD\perp$ 平面 BCD。

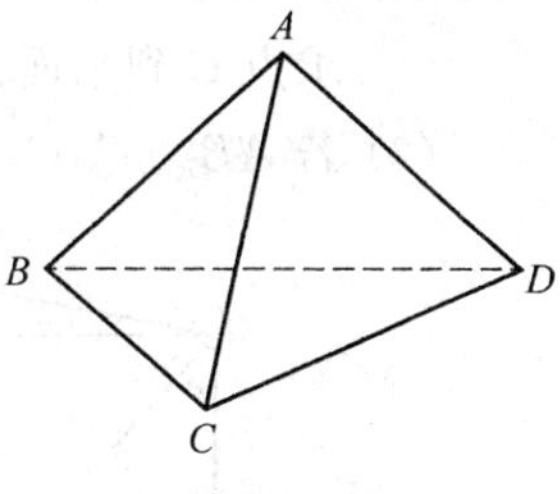

图(1)

证明：因为$\triangle ABD$ 与$\triangle BCD$ 是全等的等腰三角形，

所以取 BD 的中点 E，连接 AE，CE，如图(2)所示，则$AE\perp BD$，$BD\perp CE$。

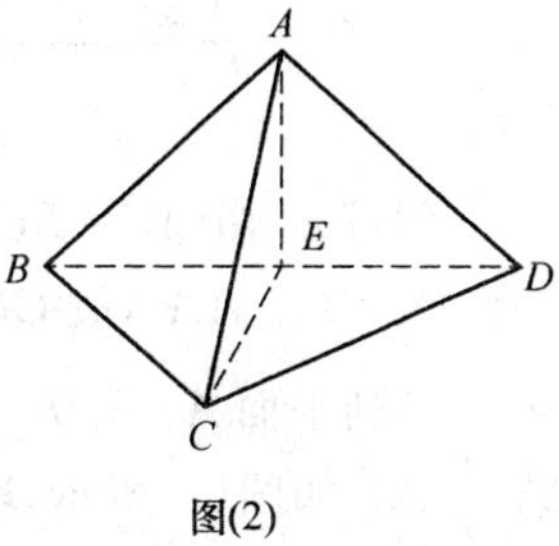

图(2)

在$\triangle ABD$ 中，$AB=a$，$BE=\frac{1}{2}BD=\frac{\sqrt{2}}{2}a$，

所以 $AE=\sqrt{AB^2-BE^2}=\frac{\sqrt{2}}{2}a$。

同理 $CE=\frac{\sqrt{2}}{2}a$，在$\triangle AEC$ 中，$AE=CE=\frac{\sqrt{2}}{2}a$，$AC=a$。

由于 $AC^2=AE^2+CE^2$，所以 $AE\perp CE$，所以 $AE\perp$ 面 BCD。

又 $AE\subset$ 面 ABD，所以平面 $ABD\perp$ 平面 BCD。

[方法规律总结]　1. 利用两个平面互相垂直的定义可以直接判定两平面垂直，其判定

的方法是：(1)找出两相交平面的平面角；(2)证明这个平面角是直角；(3)根据定义，这两个相交平面互相垂直。

2. 此类问题在证明平面角是直角时常用勾股定理的逆定理，解答时要特别注意。

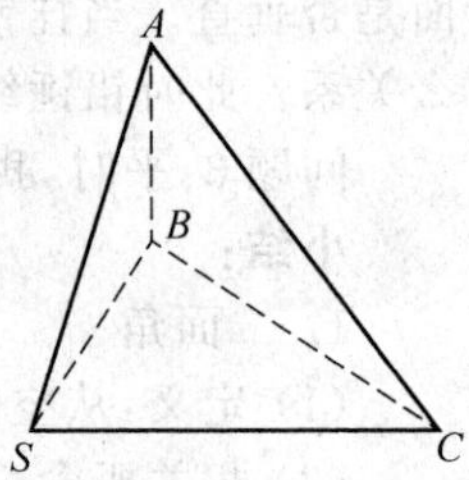

【跟踪训练 1】 如右图所示，过点 S 引三条长度相等但不共面的线段 SA、SB、SC，且 $\angle ASB=\angle ASC=60°$，$\angle BSC=90°$。

求证：平面 $ABC\perp$ 平面 BSC。

【命题方向 2】 平面与平面垂直判定定理的应用

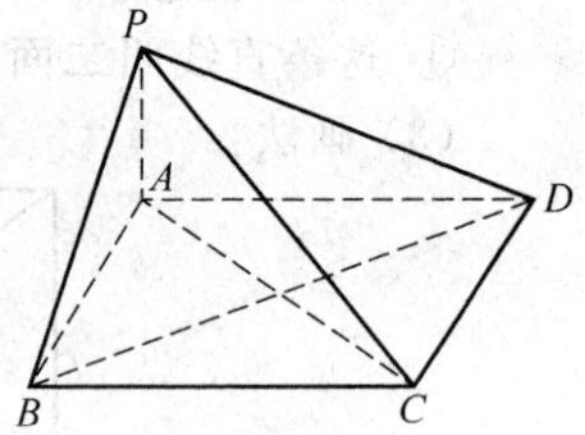

【典例 2】 如右图所示，在四棱锥 $P\text{-}ABCD$ 中，若 $PA\perp$ 平面 $ABCD$ 且 $ABCD$ 是菱形。

求证：平面 $PAC\perp$ 平面 PBD。

证明：因为 $PA\perp$ 平面 $ABCD$，$BD\subset$ 平面 $ABCD$，所以 $BD\perp PA$。

因为 $ABCD$ 是菱形，所以 $BD\perp AC$。

又因为 $PA\cap AC=A$，所以 $BD\perp$ 平面 PAC。

又因为 $BD\subset$ 平面 PBD，所以平面 $PBD\perp$ 平面 PAC。

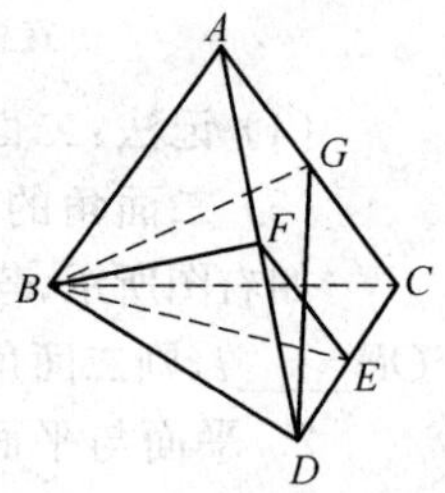

［方法规律总结］ 利用面面垂直的判定定理证明两平面垂直，只需转证线面垂直，关键是在其中的一个平面内寻找一直线与另一个平面垂直。

【跟踪训练 2】 如右图所示，在空间四边形 $ABCD$ 中，$AB=BC$，$CD=DA$，E、F、G 分别为 CD、DA 和对角线 AC 的中点。

求证：平面 $BEF\perp$ 平面 BGD。

【命题方向 3】 求二面角的大小

【典例 3】 如图(1)所示，在直三棱柱(侧棱垂直于底面的棱柱)$ABC\text{-}A_1B_1C_1$ 中，$AB=4$，$AC=BC=3$，D 为 AB 的中点。

(1) 求点 C 到平面 A_1ABB_1 的距离；

(2) 若 $AB_1\perp A_1C$，求二面角 $A_1\text{-}CD\text{-}C_1$ 的平面角的余弦值。

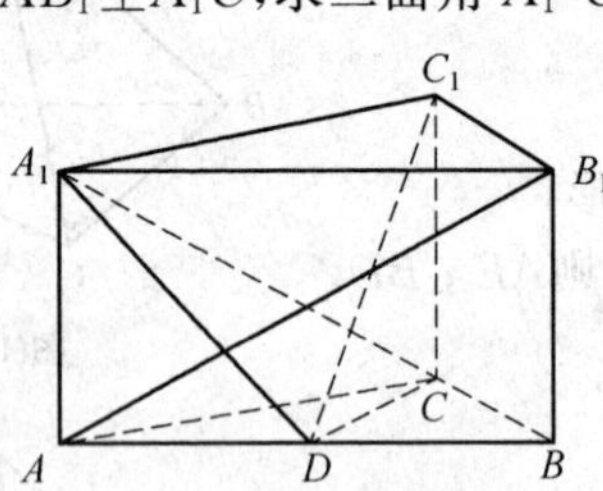

图(1)

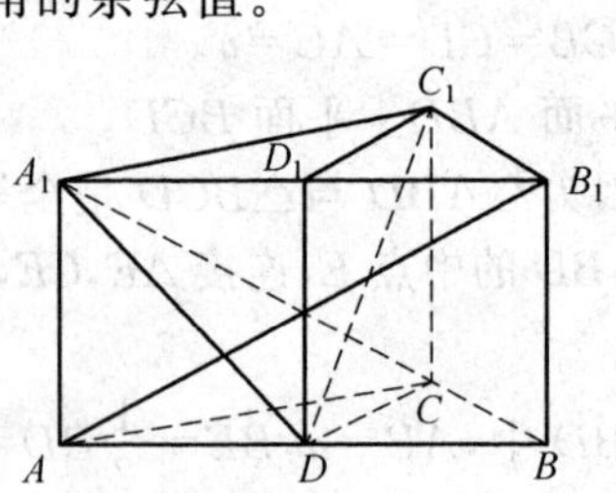

图(2)

解：(1) 由 $AC=BC$，D 为 AB 的中点，得 $CD\perp AB$。

又 $CD\perp AA_1$，故 $CD\perp$ 面 A_1ABB_1。

C 到平面 A_1ABB_1 的距离为 $CD=\sqrt{BC^2-BD^2}=\sqrt{5}$。

(2) 如图(2)所示，取 D_1 为 A_1B_1 的中点，连接 DD_1，则 $DD_1\parallel AA_1\parallel CC_1$。

又由(1)知 $CD\perp$ 面 A_1ABB_1，故 $CD\perp A_1D$，$CD\perp DD_1$，

所以 $\angle A_1DD_1$ 为所求的二面角 $A_1\text{-}CD\text{-}C_1$ 的平面角。

因 $CD\perp$ 面 A_1ABB_1，$AB_1\subset$ 面 A_1ABB_1，所以 $AB_1\perp CD$。

又因为 $AB_1\perp A_1C$，$A_1C\cap CD=C$，

所以 $AB_1\perp$ 面 A_1CD，故 $AB_1\perp A_1D$。

从而 $\angle A_1AB_1$、$\angle A_1DA$ 都与 $\angle B_1AB$ 互余，因此 $\angle A_1AB_1=\angle A_1DA$，

所以 $Rt\triangle A_1AD\backsim Rt\triangle B_1A_1A$。

因此 $\frac{AA_1}{AD}=\frac{A_1B_1}{AA_1}$，即 $AA_1^2=AD\cdot A_1B_1=8$，得 $AA_1=2\sqrt{2}$，从而 $A_1D=\sqrt{AA_1^2+AD^2}=2\sqrt{3}$。

所以在 $Rt\triangle A_1DD_1$ 中，$\cos\angle A_1DD_1=\frac{DD_1}{A_1D}=\frac{AA_1}{A_1D}=\frac{\sqrt{6}}{3}$。

[方法规律总结]　求二面角的大小应注意做题的顺序。一般情况下，是先作出二面角的平面角，然后证明它是二面角的平面角，接着是求出这个角的值，最后说明二面角为多少度。这个过程可以简记为：作(找)、证、求、答。

【跟踪训练 3】　如右图所示，四棱锥 P-$ABCD$ 的底面 $ABCD$ 是边长为 1 的菱形，$\angle BCD=60°$，E 是 CD 的中点，$PA\perp$ 底面 $ABCD$，$PA=\sqrt{3}$。

(1) 证明：平面 $PBE\perp$ 平面 PAB。

(2) 求二面角 A-BE-P 的大小。

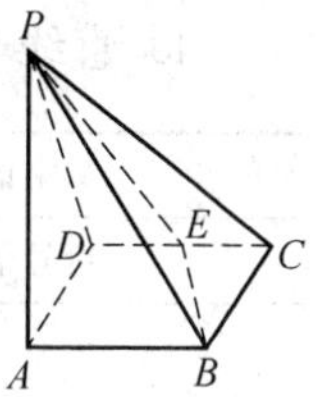

三、课堂练习

1. 过平面 α 外两点且垂直于平面 α 的平面(　　)。

A. 有且只有一个　　B. 不是一个便是两个

C. 有且仅有两个　　D. 一个或无数个

2. 如右图所示，在立体图形 D-ABC 中，若 $AB=CB$，$AD=CD$，E 是 AC 的中点，则下列命题中正确的是(　　)。

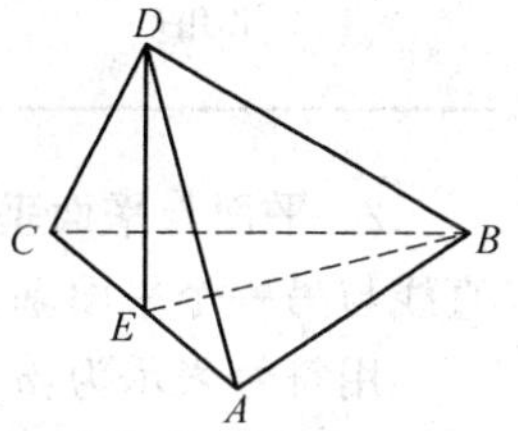

A. 平面 $ABC\perp$ 平面 ABD

B. 平面 $ABD\perp$ 平面 BDC

C. 平面 $ABC\perp$ 平面 BDE，且平面 $ADC\perp$ 平面 BDE

D. 平面 $ABC\perp$ 平面 ADC，且平面 $ADC\perp$ 平面 BDE

3. 在边长为 1 的菱形 $ABCD$ 中，$\angle ABC=60°$，把菱形沿对角线 AC 折起，使折起后 $BD=\frac{\sqrt{3}}{2}$，则二面角 B-AC-D 的余弦值为(　　)。

A. $\frac{1}{3}$　　B. $\frac{1}{2}$　　C. $\frac{2\sqrt{2}}{3}$　　D. $\frac{\sqrt{3}}{2}$

4. 已知 P 为锐二面角 α-l-β 内一点，P 到平面 α、β 及棱 l 的距离之比为 $1:\sqrt{2}:2$，则此二面角的度数________。

5. 如右图所示，已知直四棱柱 $ABCD$-$A_1B_1C_1D_1$ 的底面是菱形，且 $\angle DAB=60°$，$AD=AA_1$，F 为棱 BB_1 的中点，M 为线段 AC_1 的中点。

(1) 求证：直线 $MF\parallel$ 平面 $ABCD$。

(2) 求证：平面 $AFC_1\perp$ 平面 ACC_1A_1。

(3) 求平面 AFC_1 与平面 $ABCD$ 所成二面角的大小。

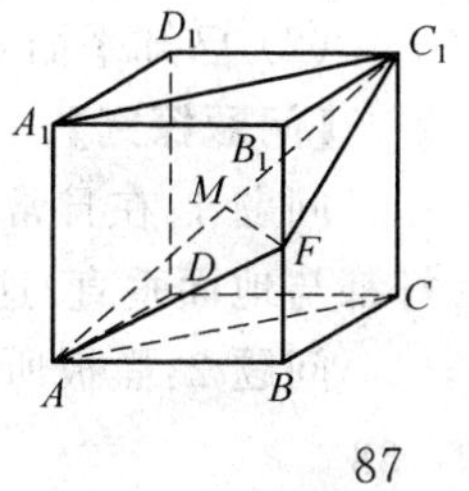

4.10 直线与平面垂直的性质以及平面与平面垂直的性质

【学习目标】

1. 理解直线和平面垂直的性质定理,并能用文字、符号和图形语言描述定理。理解平面与平面垂直的性质定理。

2. 能够灵活地应用线面垂直的性质定理证明相关问题,能应用面面垂直的性质定理证明空间中线、面的垂直关系。

3. 理解并掌握“平行”与“垂直”之间的相互转化。

4. 理解线线垂直、线面垂直、面面垂直的内在联系。

一、阅读提纲

【疑点识记】

1. 直线与平面垂直的性质定理:

文字语言	垂直于同一个平面的两条直线________
符号语言	________
图形语言	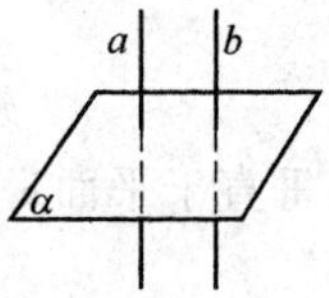
作用	① 线面垂直⇒线线平行 ② 作平行线

2. 平面与平面垂直的性质定理:两个平面垂直,则一个平面内________于________的直线与另一个平面垂直。

用符号表示为:$\alpha\perp\beta,\alpha\cap\beta=l,a\subset\alpha,a\perp l\Rightarrow$________。

3. 两个重要结论:

(1) 如果两个平面互相垂直,那么经过第一个平面内的一点垂直于第二个平面的直线在____________________。

图形表示为:

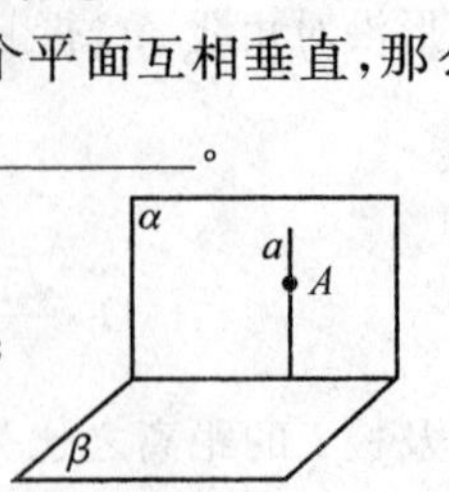

符号表示为:$\alpha\perp\beta,A\in\alpha,A\in a,a\perp\beta\Rightarrow$________。

(2) 已知平面$\alpha\perp$平面$\beta,a\not\subset\alpha,a\perp\beta$,那么________($a$与$\alpha$的位置关系)。

【问题探究】

问题1:在日常生活中常见到一排排和地面垂直的电线杆。一排电线杆中的每根电线杆都与地面垂直,这些电线杆之间的位置关系是什么?

问题2:黑板所在平面与地面所在平面垂直,你能否在黑板上画一条直线与地面垂直?

小结：

(1) 直线与平面垂直的性质定理：垂直于同一平面的两条直线平行。

(2) 平面与平面垂直的性质定理：两个平面垂直，则一个平面内垂直于交线的直线与另一个平面垂直。

二、核心突破

【命题方向 1】 直线与平面垂直的性质定理的应用

【典例 1】 如右图所示，在四棱锥 $P\text{-}ABCD$ 中，底面 $ABCD$ 是矩形，$AB\perp$ 平面 PAD，$AD=AP$，E 是 PD 的中点，M，N 分别在 AB，PC 上，且 $MN\perp AB$，$MN\perp PC$。证明：$AE/\!/MN$。

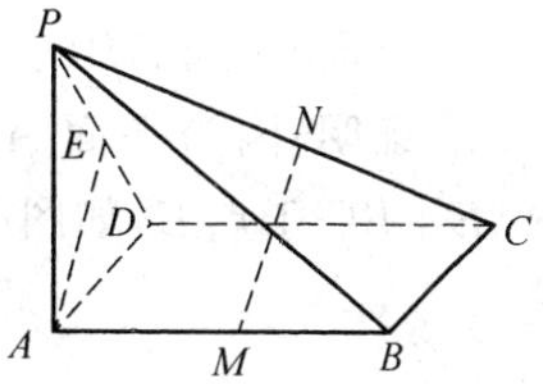

证明：因为 $AB\perp$ 平面 PAD，$AE\subset$ 平面 PAD，所以 $AE\perp AB$。

又 $AB/\!/CD$，所以 $AE\perp CD$。

已知 $AD=AP$，E 是 PD 的中点，所以 $AE\perp PD$。

又 $CD\cap PD=D$，所以 $AE\perp$ 平面 PCD。

因为 $MN\perp AB$，$AB/\!/CD$，所以 $MN\perp CD$。

又因为 $MN\perp PC$，$PC\cap CD=C$，所以 $MN\perp$ 平面 PCD，所以 $AE/\!/MN$。

[方法规律总结] 判定线面垂直的方法主要有以下五种：

(1)线面垂直的定义；(2)线面垂直的判定定理；(3)面面垂直的性质定理；(4)如果两条平行线中的一条垂直于一个平面，那么另一条也垂直于同一平面，$\left.\begin{matrix}a\parallel b\\ a\perp\alpha\end{matrix}\right\}\Rightarrow b\perp\alpha$；(5)如果一条直线垂直于两个平行平面中的一个平面，那么它也垂直于另一个平面，$\left.\begin{matrix}\alpha/\!/\beta\\ a\perp\alpha\end{matrix}\right\}\Rightarrow a\perp\beta$。

【跟踪练习 1】 如右图所示，$\alpha\cap\beta=l$，$PA\perp\alpha$，$PB\perp\beta$，垂足分别为 A、B，$a\subset\alpha$，$a\perp AB$。

求证：$a/\!/l$。

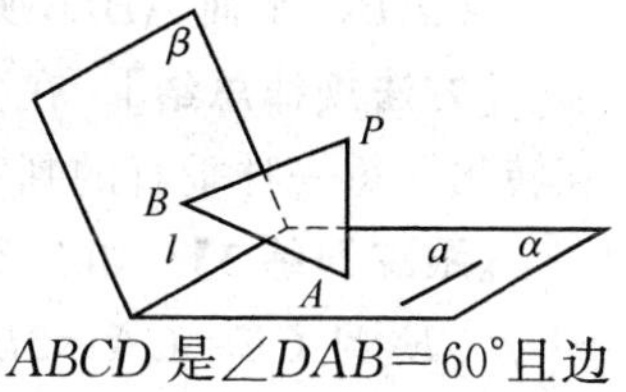

【命题方向 2】 平面与平面垂直的性质定理的应用

【典例 2】 如图所示，P 是四边形 $ABCD$ 所在平面外的一点，$ABCD$ 是 $\angle DAB=60^\circ$ 且边长为 a 的菱形。侧面 PAD 为正三角形，其所在平面垂直于底面 $ABCD$，G 为 AD 边的中点。

求证：(1) $BG\perp$ 平面 PAD；

(2) $AD\perp PB$。

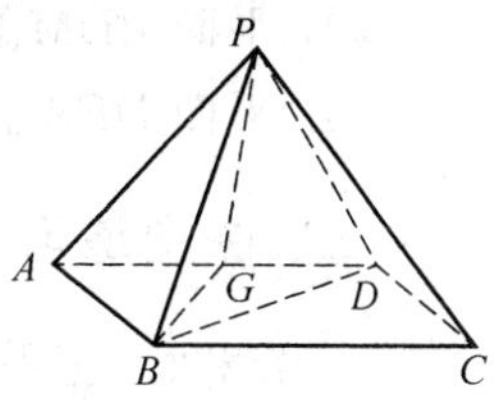

典例 2 图

证明：(1) 由题意知 $\triangle PAD$ 为正三角形，G 是 AD 的中点，所以 $PG\perp AD$。

又因为平面 $PAD\perp$ 平面 $ABCD$，平面 $PAD\cap$ 平面 $ABCD=AD$，所以 $PG\perp$ 平面 $ABCD$，所以 $PG\perp BG$。

又因为四边形 $ABCD$ 是菱形且 $\angle DAB=60^\circ$，所以 $\triangle ABD$ 是正三角形，所以 $BG\perp AD$。

又 $AD\cap PG=G$，所以 $BG\perp$ 平面 PAD。

(2) 由(1)可知 $BG\perp AD$，$PG\perp AD$，$BG\cap PG=G$，所以 $AD\perp$ 平面 PBG，又因为 $PB\subset$ 平面 PBG，所以 $AD\perp PB$。

[方法规律总结] 利用面面垂直的性质定理，证明线面垂直的问题时，要注意以下三

点：(1)两个平面垂直；(2)直线必须在其中一个平面内；(3)直线必须垂直于它们的交线。

【跟踪训练 2】 如右图所示，在三棱锥 $P\text{-}ABC$ 中，$PA\perp$平面 ABC，平面 $PAB\perp$平面 PBC。

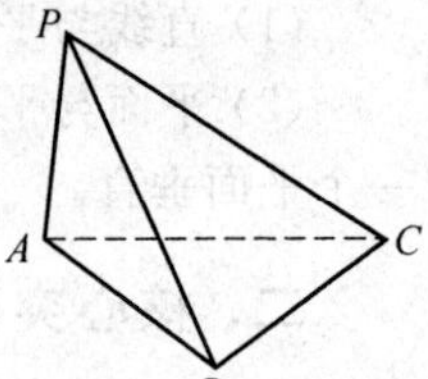

求证：$BC\perp AB$。

【命题方向 3】 线线、线面、面面垂直的综合问题

【典例 3】 如图(1)所示，在四面体 $ABCD$ 中，平面 $ABC\perp$平面 BCD，$AB\perp AC$，$DC\perp BC$。

求证：平面 $ABD\perp$平面 ACD。

证明：因为平面 $ABC\perp$平面 BCD，平面 $ABC\cap$平面 $BCD=BC$，在平面 ABC 内，作 $AE\perp BC$ 于点 E，如图(2)所示，则 $AE\perp$平面 BCD。

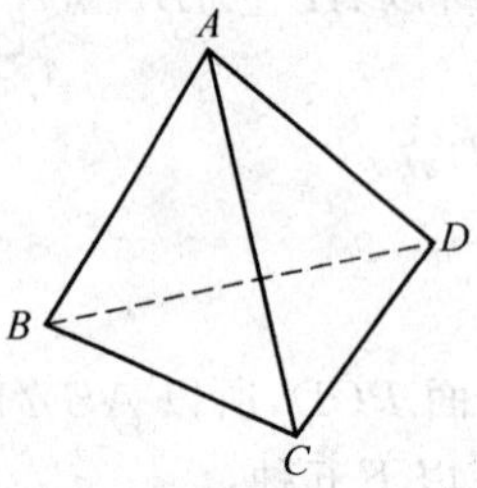

图(1)

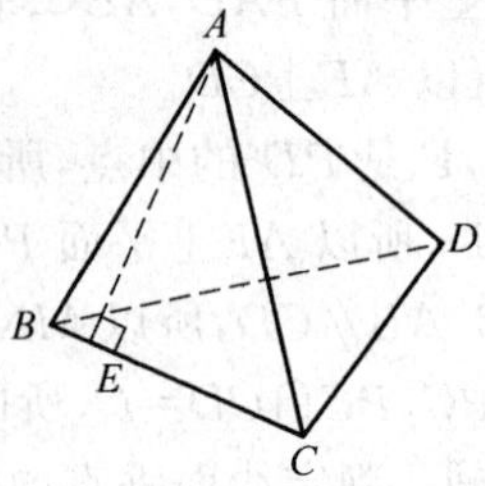

图(2)

又 $CD\subset$平面 BCD，所以 $AE\perp CD$。

又 $BC\perp CD$，$AE\cap BC=E$，AE、$BC\subset$平面 ABC，所以 $CD\perp$平面 ABC。

又 $AB\subset$平面 ABC，所以 $AB\perp CD$。

又 $AB\perp AC$，$AC\cap CD=C$，AC，$CD\subset$平面 ACD。所以 $AB\perp$平面 ACD。

又 $AB\subset$平面 ABD，所以平面 $ABD\perp$平面 ACD。

[方法规律总结] 在关于垂直问题的论证中要注意线线垂直、线面垂直、面面垂直的相互转化。每一种垂直的判定都是从某一垂直开始转向另一垂直，最终达到目的。

【跟踪训练 3】 如右图所示，$\triangle ABC$ 为正三角形，$EC\perp$平面 ABC，$BD\parallel CE$，且 $CE=CA=2BD$，M 是 EA 的中点。

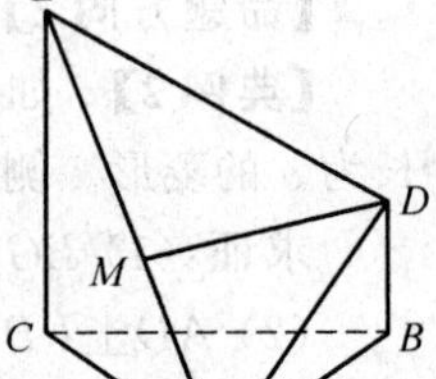

求证：(1) $DE=DA$；

(2) 平面 $BDM\perp$平面 ECA；

(3) 平面 $DEA\perp$平面 ECA。

三、课堂练习

1. 若平面 $\alpha\perp$平面 β，平面 $\beta\perp$平面 γ，则(　　)。

A. $\alpha\parallel\gamma$　　B. $\alpha\perp\gamma$

C. α 与 γ 相交但不垂直　　D. 以上都有可能

2. 已知 l,m,n 为两两垂直的三条异面直线，过 l 作平面 α 与直线 m 垂直，则直线 n 与平面 α 的关系是(　　)。

A. $n\parallel\alpha$　　B. $n\parallel\alpha$ 或 $n\subset\alpha$

C. $n\subset\alpha$ 或 n 与 α 不平行　　D. $n\subset\alpha$

3. 若 a,b 表示直线，α 表示平面，下列命题中正确的有______个。

① $a\perp\alpha, b/\!/\alpha \Rightarrow a\perp b$；　　② $a\perp\alpha, a\perp b \Rightarrow b/\!/\alpha$；

③ $a/\!/\alpha, a\perp b \Rightarrow b\perp\alpha$；　　④ $a\perp\alpha, b\perp\alpha \Rightarrow a/\!/b$。

4．如图所示，在正方形 $SG_1G_2G_3$ 中，E，F 分别是 G_1G_2，G_2G_3 的中点，现在沿 SE，SF，EF 把这个正方形折成一个四面体，使 G_1、G_2、G_3 重合，重合后的点记为 G。给出下列关系：

①$SG\perp$平面 EFG；②$SE\perp$平面 EFG；③$GF\perp SE$；④$EF\perp$平面 SEG。

其中成立的有(　　)。

A. ①②　　B. ①③　　C. ②③　　D. ③④

5．如图所示，平面 $PAB\perp$平面 ABC，平面 $PAC\perp$平面 ABC，$AE\perp$平面 PBC，E 为垂足。

(1) 求证：$PA\perp$平面 ABC。

(2) 当 E 为$\triangle PBC$ 的垂心时，求证：$\triangle ABC$ 是直角三角形。

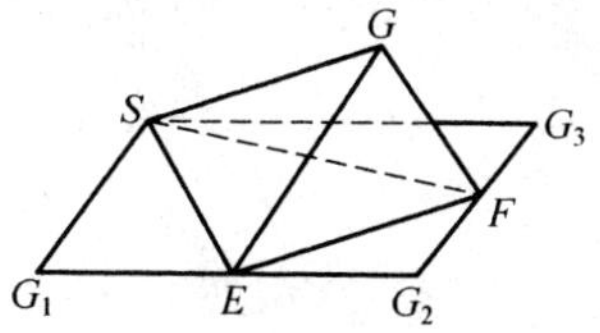

第 4 题图

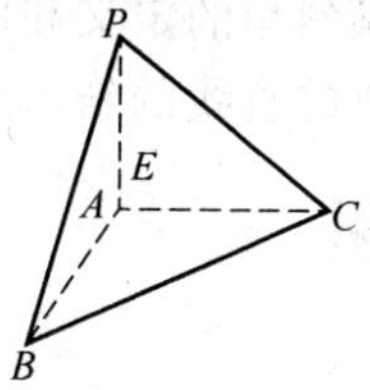

第 5 题图

第5章 直线与方程

5.1 倾斜角与斜率

【学习目标】

1. 掌握直线倾斜角的定义和取值范围，掌握直线斜率的定义、斜率与倾斜角的关系。

2. 掌握过两点的直线的斜率计算公式。

一、阅读提纲

【疑点识记】

1. 直线倾斜角定义：取______轴作为基准，x 轴______与直线 l ______之间所成的角。直线斜率定义：直线 l 倾斜角的______，记作______。

2. 倾斜角与斜率的对应关系。

图示	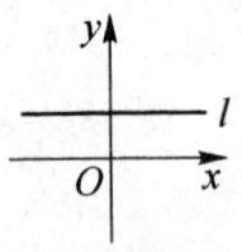	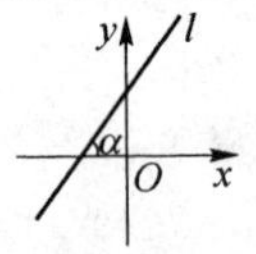	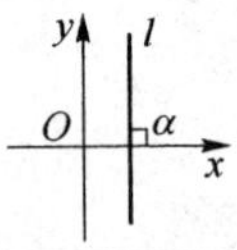	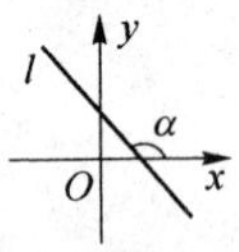
倾斜角(范围)	$\alpha=0°$	$0°<\alpha<90°$	$\alpha=90°$	______
斜率(范围)	______	$k>0$	______	$k<0$

由上表可知直线 l 的倾斜角 α 的取值范围是________，斜率 k 的取值范围是________。

3. 直线过两点 $P_1(x_1,y_1)$，$P_2(x_2,y_2)$，其斜率 $k=$________。

【问题探究】

如右图所示，对于平面直角坐标系内的一条直线 l，它的位置有哪些条件确定呢？

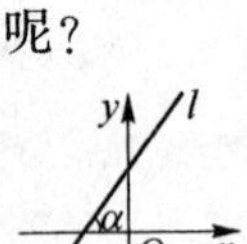

问题1：在初中我们学习的直线的位置是怎样确定的？

问题2：还有没有其他办法确定直线的位置呢？

问题3：确定一条直线的几何要素是什么？

小结：

给出一点 P，可以做无数条直线，这些直线组成"直线束"，这些直线的共同点是都经过点 P，不同点是它们的倾斜程度不同。要确定直线束中某一条直线还需要给出一个角。

二、核心突破

【命题方向1】 求直线的倾斜角与斜率

【典例1】 直线 l_1 的倾斜角 $\alpha_1=30°$，直线 $l_1\perp l_2$，求 l_1，l_2 的斜率。

解：因为 l_1 的斜率 $k_1=\tan 30°=\frac{\sqrt{3}}{3}$，因为 l_2 的倾斜角 $\alpha_2=90°+30°=120°$，所以直线 l_2 的斜率 $k_2=\tan 120°=\tan(180°-60°)=-\sqrt{3}$。

［**方法规律总结**］（1）利用倾斜角求斜率：$k=\tan\alpha$。

（2）三角函数诱导公式及特殊角的正切值。

【跟踪练习 1】 已知直线的倾斜角，求直线的斜率：

（1）$\alpha=30°$；（2）$\alpha=135°$；（3）$\alpha=60°$；（4）$\alpha=90°$。

【命题方向 2】 根据斜率公式求斜率

【典例 2】 已知 $A(3,3)$，$B(-4,2)$，$C(0,-2)$。

（1）求直线 AB 和 AC 的斜率。

（2）若点 D 在线段 BC 上（包括端点）移动时，求直线 AD 的斜率变化范围。

解：（1）由斜率计算公式：直线 AB 的斜率 $k_{AB}=\frac{2-3}{-4-3}=\frac{1}{7}$，直线 AC 的斜率 $k_{AB}=\frac{-2-3}{0-3}=\frac{5}{3}$，所以直线 AB 和直线 AC 的斜率分别为 $\frac{1}{7}$ 和 $\frac{5}{3}$。

（2）当 D 由 B 运动到 C 时，直线 AD 的斜率由 k_{AB} 增大到 k_{AC}，所以直线 AD 的斜率的变化范围是 $\left[\frac{1}{7},\frac{5}{3}\right]$。

［**方法规律总结**］（1）当已知两定点坐标，求过这两点的直线斜率时可直接利用斜率公式求解，应用斜率公式时应先判定两定点的横坐标是否相等。若相等，直线垂直 x 轴，斜率不存在；若不等，再代入斜率公式求解。

（2）数形结合是解决数学问题常用的思想方法。当直线绕定点由与 x 轴平行（或重合）位置按逆时针方向旋转到与 x 轴垂直时，斜率由 0 逐渐增大到 $+\infty$（即斜率不存在）；按顺时针方向旋转到与 x 轴垂直时，斜率由 0 逐渐减小至 $-\infty$（即斜率不存在）。

【跟踪训练 2】 求经过下列两点的直线的斜率，并判断其倾斜角是锐角还是钝角。

（1）$(1,1)$，$(2,4)$；（2）$(-3,5)$，$(0,2)$；（3）$(4,4)$，$(4,5)$；（4）$(10,2)$，$(-10,2)$。

【命题方向 3】 三点共线问题

【典例 3】 求证：$A(1,1)$，$B(4,7)$，$C(-1,-3)$ 三点共线。

证明：由斜率公式，$k_{AB}=\frac{7-1}{4-1}=2$，$k_{AC}=\frac{1+3}{1+1}=2$，$k_{AB}=k_{AC}$。因为直线 AB 与直线 AC 都过点 A，所以直线 AB 与直线 AC 重合，所以 $A(1,1)$，$B(4,7)$，$C(-1,-3)$ 三点共线。

［**方法规律总结**］ 已知三点中，若任意两点连线的斜率相等，则此三点一定共线；反之，当三点共线时，任意两点连线的斜率一定相等（除非都不存在），注意判断是否存在斜率。

【跟踪训练 3】 下列各组点中，三点共线的是（　　）。

A. $(1,4)$，$(-1,2)$，$(3,5)$　　　　B. $(-2,-5)$，$(7,6)$，$(-5,3)$

C. $(1,0)$，$\left(0,-\frac{1}{3}\right)$，$(7,2)$　　　　D. $(0,0)$，$(2,4)$，$(-1,3)$

三、课堂练习

1. 已知直线经过点 $A(0,4)$ 和点 $B(1,2)$，则直线 AB 的斜率为（　　）。

A. 3　　B. -2　　C. 2　　D. 不存在

2. 过点 $M(-2,m)$，$N(m,4)$ 的直线的斜率等于 1，则 m 的值为(　　)。

A. 1　　B. 4　　C. 1 或 3　　D. 1 或 4

3. 已知直线 l 的斜率 $k=-1$，则其倾斜角为______。

4. 直线 l 的斜率为 k，倾斜角是 α，$-1<k<1$，则 α 的取值范围是______。

5. 已知两点 $A(-3,4)$，$B(3,2)$，过点 $P(2,-1)$ 的直线 l 与线段 AB 有公共点。求直线 l 的斜率 k 的取值范围。

5.2　两条直线平行与垂直的判定

【学习目标】

1. 理解两直线平行与垂直时倾斜角之间的关系。
2. 能够通过代数的方法，运用斜率来判定两直线平行与垂直关系。

一、阅读提纲

【疑点识记】

1. 两条直线平行的判定。

两条不重合的直线平行的条件是(斜率都存在)：______________。即：$\alpha_1=\alpha_2 \Leftrightarrow l_1 /\!/ l_2 \Leftrightarrow$ ________。(上述结论的前提是两条直线不重合并且斜率都存在。)

例如：已知两不重合直线的倾斜角都为 0°，则这两直线________。

2. 两条直线垂直的判定

(1) l_1，l_2 的倾斜角 $\alpha_1=90°$，$\alpha_2=0°$ 时，斜率 k_1 不存在；$k_2=0$，此时两直线________。

(2) 两直线的斜率都存在时，两直线垂直，则它们的斜率 k_1，k_2 的乘积 $k_1k_2=-1$。反之亦然，即：________。

【问题探究】

问题 1：平面内两条直线的位置关系？

问题 2：(1)如何判定两条不重合直线的平行？(2)当两条直线斜率不存在，位置关系如何？(3)直线 l_1 和直线 l_2 的斜率 $k_1=k_2$，两条直线可能重合的情况下：两条直线位置关系怎样？

问题 3：(1)如何利用直线的斜率判定两条直线的垂直？(2)两条垂直的直线斜率有怎样的关系？

小结：

两条不重合的直线平行的条件是(斜率都存在)它们的斜率相等，即：$\alpha_1=\alpha_2 \Leftrightarrow l_1 /\!/ l_2 \Leftrightarrow k_1=k_2$。

两直线的斜率都存在时，两直线垂直，则它们的斜率 k_1，k_2 的乘积 $k_1k_2=-1$。反之亦然，即：$l_1 \perp l_2 \Leftrightarrow k_1k_2=-1$。

二、核心突破

【命题方向 1】　两条直线平行与垂直的关系

【典例 1】 已知 $A(2,3)$，$B(-4,0)$，$P(-3,1)$，$Q(-1,2)$，试判断直线 BA 与 PQ 的位置关系，并证明你的结论。

证明:因为直线 BA 的斜率 $k_{BA}=\frac{3-0}{2-(-4)}=\frac{1}{2}$,直线 PQ 的斜率 $k_{PQ}=\frac{2-1}{-1-(-3)}=\frac{1}{2}$。即:$k_{BA}=k_{PQ}$,所以直线 BA 与直线 PQ 平行。

[方法规律总结] ① 通过直线的斜率来判定直线的平行关系是解析几何基本思想的一种具体体现,即我们可以通过判断两条不重合直线的斜率是否相等来判断两条直线是否平行。

② 两直线垂直是两直线相交的一种特例,如果这两条垂直直线的斜率都存在,则有 $k_1\cdot k_2=-1$;如果这两条直线中有一条斜率不存在,则另一条斜率必为 0。

【跟踪练习 1】 已知直线 l_1 经过两点 $(-1,-2)$,$(-1,4)$,直线 l_2 经过两点 $(2,1)$,$(x,6)$,且 $l_1 /\!/ l_2$,则 $x=$(　　)。

A. 2　　　　B. -2　　　　C. 4　　　　D. 1

【命题方向 2】 两条直线平行与垂直的应用

【典例 2】 已知 $A(0,3)$,$B(-1,0)$,$C(0,3)$,求 D 点坐标,使四边形 $ABCD$ 为直角梯形(A,B,C,D 按逆时针排列)。

解:设所求 D 点坐标为 (x,y)。

因为 $k_{AB}=3$,$k_{BC}=0$,所以 $k_{AB}\cdot k_{BC}=0\neq-1$,即 AB 与 BC 不垂直,所以 AB 与 BC 都不可能做为直角梯形 $ABCD$ 的直角边。

① 若 CD 是直角梯形的直角腰,则 $BC\perp CD$,$AD\perp CD$。因为 $k_{BC}=0$,所以 CD 的斜率不存在从而有 $x=3$。又 $k_{AD}=k_{BC}$,$\frac{y-3}{x}=0$,即 $y=3$,此时 AB 与 CD 不平行,故所求 D 点坐标为 $(3,3)$。

② 若 AD 是直角梯形的直角腰,则 $AD\perp AB$,$AD\perp CD$。因为 $k_{AD}=\frac{y-3}{x}$,$k_{CD}=\frac{y}{x-3}$,$AD\perp AB$,所以 $\frac{y-3}{x}\cdot 3=-1$。又因为 $AD/\!/BC$,$\frac{y}{x-3}=3$,解上述两式可得 $\begin{cases}x=\frac{18}{5}\\ y=\frac{9}{5}\end{cases}$,此时 AD 与 BC 不平行。综上可知,满足题意的点 D 的坐标为 $(3,3)$ 或 $\left(\frac{18}{5},\frac{9}{5}\right)$。

[方法规律总结] (1) 把哪条边作为直角梯形的直角腰是分类的标准,解决此题时要注意不要丢根。

(2) 在遇到两条直线的平行或垂直的问题时,一是要注意直线的斜率不存在时的情形,如本例中的 CD 作为直角腰时,其斜率便不存在。

【跟踪训练 2】 直线 l_1、l_2 的斜率 k_1、k_2 是关于 k 的方程 $2k^2-3k-b=0$ 的两根,若 $l_1\perp l_2$,则 $b=$________;若 $l_1 /\!/ l_2$,则 $b=$________。

三、课堂练习

1. 已知 $A(2,0)$,$B(3,3)$,直线 $l/\!/AB$,则直线 l 的斜率 k 等于(　　)。

A. -3　　　　B. 3　　　　C. $-\frac{1}{3}$　　　　D. $\frac{1}{3}$

2. 直线 l_1 的倾斜角为 $60°$,直线 $l_1\perp l_2$,则直线 l_2 的斜率为(　　)。

A. $\sqrt{3}$　　　　B. $-\sqrt{3}$　　　　C. $\frac{\sqrt{3}}{3}$　　　　D. $-\frac{\sqrt{3}}{3}$

3. 若过点 $P(1,4)$ 和 $Q(a,2a+2)$ 的直线与直线 $2x-y-3=0$ 平行，则 a 的值是（　　）。

A. 1　　　　B. -1　　　　C. $a\neq 1$　　　　D. $a\neq -1$

4. 已知 $A(1,-1)$，$B(2,2)$，$C(3,0)$ 三点，求点 D 使 $CD\perp AB$ 且 $CB//AD$。

5. $\triangle ABC$ 的顶点 $A(5,-1)$，$B(1,1)$，$C(2,m)$，若 $\triangle ABC$ 为直角三角形，求 m 的值。

5.3　直线的点斜式方程

【学习目标】

1. 了解直线可以由直线上的一点坐标与斜率确定。
2. 会由直线的一点坐标与斜率求直线的方程，掌握直线点斜式方程的形式。
3. 了解斜截式方程 $y=kx+b$ 是点斜式方程的特殊形式。
4. 会根据直线的点斜式方程求直线的截距。

一、阅读提纲

【疑点识记】

1. 直线的点斜式方程和斜截式方程。

<table>
<tr><th>名称</th><th>已知条件</th><th>示意图</th><th>方程</th><th>使用范围</th></tr>
<tr><td>点斜式</td><td>点 $P(x_0,y_0)$ 和斜率 k</td><td>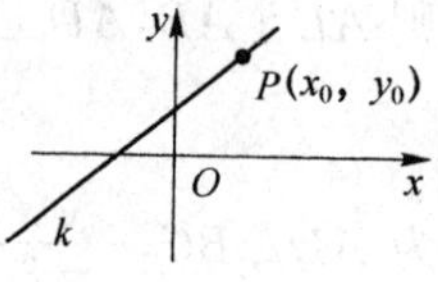
</td><td>________</td><td>斜率存在</td></tr>
<tr><td>斜截式</td><td>斜率 k 和在 y 轴上的截距 b</td><td>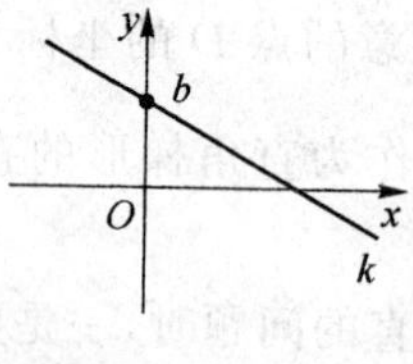
</td><td>________</td><td>斜率存在</td></tr>
</table>

2. 直线 l 的截距。

(1) 直线在 y 轴上的截距：直线与 y 轴的交点 $(0,b)$ 的________。

(2) 直线在 x 轴上的截距：直线与 x 轴的交点 $(a,0)$ 的________。

【问题探究】

问题 1：过定点 $P(x_0,y_0)$ 的直线有多少条？倾斜角为定值的直线有多少条？

问题 2：给出两个独立的条件，例如：一个点 $P_1(2,4)$ 和斜率 $k=2$ 就能决定一条直线 l 吗？

问题 3：(1) 你能在直线 l 上再找一点，并写出它的坐标吗？你是如何找的？

(2) 这条直线上的任意一点 $P(x,y)$ 的坐标 x,y 满足什么特征呢？

问题 4：(1) $P_1(x_1,y_1)$的坐标满足方程吗？

(2) 直线上任意一点的坐标与此方程有什么关系？

小结：

直线上的任意一点 $P(x,y)$(除 P_1 点外)和 $P_1(x_1,y_1)$的连线的斜率是一个不变量，即为 k，即：$k=\frac{y-y_0}{x-x_0}$，即 $y-y_1=k(x-x_1)$。

二、核心突破

【命题方向 1】 求直线点斜式方程

【典例 1】 你能写出下列直线的点斜式方程吗？

(1) 经过点 $A(2,5)$，斜率是 4；

(2) 经过点 $B(2,3)$，倾斜角是 45°；

(3) 经过点 $C(-1,-1)$，与 x 轴平行；

(4) 经过点 $D(1,1)$，与 x 轴垂直。

解：(1) $y-5=4(x-2)$；(2) 因为 $k=\tan 45°=1$，所以 $y-3=x-2$；(3) $y=-1$；(4) $x=1$。

[方法规律总结] (1) 利用点斜式求直线方程须满足两个条件：一点 $P(x_0,y_0)$和斜率 k。

(2) 过点 $P(x_0,y_0)$的直线有无数条，但可以分成两类：

① 斜率存在的直线，可写成点斜式 $y-y_0=k(x-x_0)$；

② 斜率不存在的直线，不能写成点斜式，方程为 $x=x_0$。

【跟踪练习 1】 写出下列直线的点斜式方程：

(1) 斜率是 3，过点(0，−3)；

(2) 倾斜角是60°，且过点(1，2)；

(3) 倾斜角是150°，且过点(0，0)。

【命题方向 2】 求直线的斜截式方程

【典例 2】 写出下列直线的斜截式方程。

(1) 斜率是 3，在 y 轴上截距是−3；

(2) 倾斜角是60°，在 y 轴上截距是 5；

(3) 倾斜角是150°，在 y 轴上截距是 0。

解：(1) $y=3x-3$；(2) 因为 $k=\tan 60°=\sqrt{3}$，所以直线的斜截式方程为 $y=\sqrt{3}x+5$；(3) 因为 $k=\tan 150°=-\frac{\sqrt{3}}{3}$，所以直线的斜截式方程为 $y=-\frac{\sqrt{3}}{3}x$。

[方法规律总结] 直线在 y 轴上的截距是直线与 y 轴交点的纵坐标，可以是正数、负数、零。

【跟踪训练 2】 写出斜率为 2，在 y 轴上截距为 m 的直线方程，当 m 为何值时，直线通过点(1，1)？

【命题方向 3】 利用平行线与垂直条件求直线方程

【典例 3】 (1) 求经过点(1，1)，且与直线 $y=2x+7$ 平行的直线方程。

(2) 求经过点(0，2)，且与 x 轴平行的直线方程。

解：(1) 由 $y=2x+7$ 得 $k_1=2$，因为 $k_2=k_1=2$，所以所求直线方程为 $y-1=2(x-1)$。

(2) 因为所求直线与 x 轴平行,所以斜率为 0。又过(0,2)点,所以所求直线方程为 $y=2$。

[方法规律总结] 利用已知条件,寻求所求直线的斜率以及经过的一点,从而写出直线方程。

【跟踪训练 3】 若直线 l 过点(0,7),与直线 $y=-4x+2$ 平行,则直线 l 的方程为________________。

三、课堂练习

1. 经过点(-3,2),倾斜角为 60°的直线方程是(　　)。

A. $y+2=\sqrt{3}(x-3)$　　B. $y-2=\frac{\sqrt{3}}{3}(x+3)$

C. $y-2=\sqrt{3}(x+3)$　　D. $y+2=\frac{\sqrt{3}}{3}(x-3)$

2. 直线 $y-2=-\sqrt{3}(x+1)$ 的倾斜角及在 y 轴上的截距分别为(　　)。

A. 60°,2　　B. 120°,$2-\sqrt{3}$　　C. 60°,$2-\sqrt{3}$　　D. 120°,2

3. 直线 $y=k(x-2)+3$ 必过定点,该定点为(　　)。

A. (3,2)　　B. (2,3)　　C. (2,-3)　　D. (-2,3)

4. 若直线 $(m+2)x+(m^2-2m-3)y=2m$ 在 x 轴上的截距是 3,则 m 的值是(　　)。

A. $\frac{2}{5}$　　B. 6　　C. $-\frac{2}{5}$　　D. -6

5. 求倾斜角为直线 $y=-\sqrt{3}x+1$ 的倾斜角的一半,且分别满足下列条件的直线方程:(1) 经过点(-4,1);(2) 在 y 轴上的截距为-10。

5.4 直线的两点式方程

【学习目标】

1. 掌握直线一般式方程的形式及几何意义。

2. 掌握直线方程的两点式、截距式以及它们之间的联系和转化,并能根据条件熟练地求出满足已知条件的直线方程。

一、阅读提纲

【疑点识记】

1. 直线方程的两点式和截距式。

名称	已知条件	示意图	方程	使用范围
两点式	$P_1(x_1,y_1)$,$P_2(x_2,y_2)$,其中 $x_1\neq x_2$,$y_1\neq y_2$	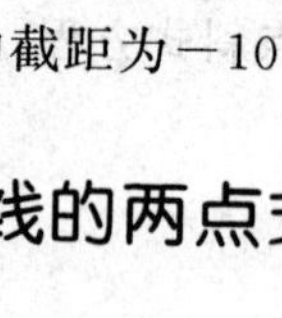		斜率存在且不为 0

续表

名称	已知条件	示意图	方程	使用范围
截距式	在 x，y 轴上的截距分别为 a，b 且 $ab\neq 0$	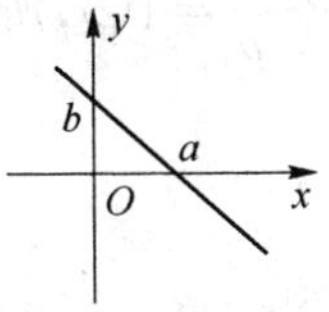	______	斜率存在且不为 0，不过原点

2. 两点式直线方程不能表示平行的直线。

3. 截距式中 a 表示在______的截距，b 表示在______的截距，它们均可正可负。

4. 直线 $\frac{x}{-3}+\frac{y}{2}=1$ 在 x 轴上截距为：________，y 轴上截距为：________。

【问题探究】

问题 1：由一个点和斜率可以确定一条直线，还有别的条件可以确定一条直线吗？

问题 2：设直线 l 经过两点 $P_1(x_1,y_1)$，$P_2(x_2,y_2)$，其中 $x_1\neq x_2$，$y_1\neq y_2$，则直线 l 斜率是什么？结合点斜式直线 l 的方程如何？

小结：

直线方程的两点式 $\frac{y-y_1}{y_2-y_1}=\frac{x-x_1}{x_2-x_1}(x_1\neq x_2,y_1\neq y_2)$。

经过直线上两点 $P_1(x_1,y_1)$，$P_2(x_2,y_2)$（其中 $x_1\neq x_2$，$y_1\neq y_2$）的直线方程叫作直线的两点式方程，简称两点式。

问题 3：直线的两点式方程能用 $\frac{y-y_1}{x-x_1}=\frac{y_2-y_1}{x_2-x_1}(x_1\neq x_2,y_1\neq y_2)$ 代替吗？

二、核心突破

【命题方向 1】　求直线的两点式方程

【典例 1】　三角形的顶点 $A(-5,0)$，$B(3,-3)$，$C(0,-2)$，求这个三角形三边所在直线的方程。

解：直线 AB 过点 $A(-5,0)$，$B(3,-3)$，由两点式得 $\frac{y-0}{-3-0}=\frac{x-(-5)}{y-(-5)}$，化简整理得：$3x+8y+15=0$，这就是直线 AB 的方程。同理可得直线 BC 的方程为 $5x+3y-6=0$，直线 AC 的方程为 $2x-5y+10=0$。

[方法规律总结]　(1) 已知不垂直两轴的直线上的两点，便可以利用直线的两点式方程求其方程，也可以先求斜率，再用点斜式求其方程。

(2) 当直线斜率不存在或斜率为 0 时，都不能用两点式来求它的方程(易错点)。

(3) 两点式方程完全可以不记，可转化为两点定斜率，写点斜式方程；当斜率不存在时，直线方程为 $x=x_1$。

【跟踪练习 1】　已知直线 l 过 $A(3,-5)$ 和 $B(-2,5)$，求直线 l 的方程。

【命题方向 2】　求直线的截距式方程

【典例 2】　直线 l 过点 $(-3,4)$，且在两坐标轴上和为 12，求直线 l 的方程。

解：由于直线在两坐标轴上的截距之和为 12，因此直线 l 在两轴上的截距都存在且不过原点，故可设为截距式直线方程为：$\frac{x}{a}+\frac{y}{b}=1$，则 $a+b=12$ ①。

又因为直线 l 过点 $(-3,4)$，$\frac{-3}{a}+\frac{4}{b}=1$②，所以由①②解得 $\begin{cases}a=9\\b=3\end{cases}$ 或 $\begin{cases}a=-4\\b=16\end{cases}$，故所求直线方程为 $\frac{x}{9}+\frac{y}{3}=1$ 或 $\frac{x}{-4}+\frac{y}{16}=1$，

即 $x+3y-9=0$ 或 $4x-y+16=0$。

[**方法规律总结**] ① 如果问题中涉及直线与坐标轴相交则可考虑选用截距式直线方程用待定系数法确定其系数即可。

② 选用截距式直线方程时首先必须考虑直线能否过原点以及能否与两坐标轴垂直。

【跟踪训练 2】 已知直线 l 经过点 $E(1,2)$，且与两坐标轴的正半轴围成的三角形的面积是 4，则直线 l 的方程为________________。

三、课堂练习

1. 过两点 $(6,2)$，$(3,2)$ 的直线方程是（　　）。

A. $x=5$　　B. $y=2$　　C. $x+y=2$　　D. $x=2$

2. 在 x，y 轴上的截距分别是 -3，4 的直线方程是（　　）。

A. $\frac{x}{-3}+\frac{y}{4}=1$　　B. $\frac{x}{3}+\frac{y}{4}=1$　　C. $\frac{x}{-3}-\frac{y}{4}=1$　　D. $\frac{x}{4}+\frac{y}{-3}=1$

3. 若三点 $A(2,2)$，$B(a,0)$，$C(0,b)$ $(ab\neq0)$ 共线，则 $\frac{1}{a}+\frac{1}{b}=$________。

4. 直线 $\frac{x}{a}+\frac{y}{b}=1$ 过一、二、三象限，则（　　）。

A. $a>0,b>0$　　B. $a>0,b<0$　　C. $a<0,b>0$　　D. $a<0,b<0$

5. 直线 l 在 x 轴上的截距比在 y 轴上的截距大 l，且过定点 $(6,-2)$，求直线 l 的方程。

5.5　直线的一般式方程

【学习目标】

1. 掌握直线一般式方程的形式及几何意义。

2. 体会直线的点斜式、斜截式、两点式和截距式表示直线有一定的局限性，只有直线的一般式能表示所有的直线。

3. 清楚直线与二元一次方程的对应关系，能由直线的一般式转化为所需要的其他直线形式。

一、阅读提纲

【疑点识记】

1. 直线方程有几种形式？指明它们的条件及应用范围。

点斜式：已知直线上一点 $P_1(x_1,y_1)$ 的坐标，和直线的斜率 k，则直线的方程

是________。

斜截式：已知直线的斜率 k，和直线在 y 轴上的截距 b，则直线方程是________。

两点式：已知直线上两点 $P_1(x_1,y_1)$，$P_2(x_2,y_2)$，则直线的方程是________。

截距式：已知直线在 x 轴 y 轴上的截距为 a，b，则直线的方程是________。

【问题探究】

问题 1：直线的方程都可以写成关于 x，y 的二元一次方程吗？反过来，二元一次方程都表示直线？

问题 2：直线方程的一般式与其他几种形式的直线方程相比，它有什么优点？

问题 3：探讨直线 $Ax+By+C=0$，当 A，B，C 为何值时，直线：(1)平行于 x 轴？(2)平行于 y 轴？(3)与 x 轴重合？(4)与 y 轴重合？

小结：

任意一个二元一次方程：$Ax+By+C=0$(A，B 不同时为 0)，

当 $B\neq 0$ 时，上述方程变形为 $y=-\frac{A}{B}x-\frac{C}{B}$，它表示过点 $\left(0,-\frac{C}{B}\right)$ 斜率为 $-\frac{A}{B}$ 的直线；

当 $B=0$ 时，是一条平行于 y 轴的直线。由上述可知，关于 x，y 的二元一次方程，它表示一条直线。

我们把关于 x，y 的二元一次方程 $Ax+By+C=0$(A，B 不同时为 0)叫作直线的一般式方程，简称一般式(general form)。

二、核心突破

【命题方向 1】　一般式与其他形式的互化

【典例 1】　根据下列条件分别写出直线的方程，并化为一般式方程。

(1) 斜率是 $\sqrt{3}$，且经过点 $A(5,3)$；

(2) 经过 $A(-1,5)$，$B(2,-1)$ 两点；

(3) 斜率是 4，在 y 轴上截距是 -2；

(4) 在 x，y 轴上截距分别为 -3，-1。

解：(1) 由点斜式方程可知，$y-3=\sqrt{3}(x-5)$，化为一般方程为：$\sqrt{3}x-y+3-5\sqrt{3}=0$；

(2) 由两点式方程可知，所求直线方程为：$\frac{y-5}{-1-5}=\frac{x-(-1)}{2-(-1)}$，化为一般式方程为 $2x+y-3=0$；

(3) 由斜截式方程可知，所求直线方程为：$y=4x-2$，化为一般式为：$4x-y-2=0$。

(4) 由截距式方程可得，所求直线方程为 $\frac{x}{-3}+\frac{y}{-1}=1$，化为一般式为：$x+3y+3=0$。

[方法规律总结]　这类题目求解的关键是选准合适的方程形式，对于一般式方程，x 的系数一般为非负数且 x，y 的系数不要有分数。

【跟踪练习 1】　已知直线经过点(6，4)，斜率为 $-\frac{4}{3}$，求直线的点斜式和一般式方程。

【命题方向 2】　用直线方程的一般式研究平行与垂直

【典例 2】　a 为何值时，直线 $(a-1)x-2y+4=0$ 与 $x-ay-1=0$，(1)两直线平行；(2)两直线垂直。

解:因为当 $a=0$ 或 $a=1$ 时,两直线既不平行也不垂直,当 $a\neq0$ 且 $a\neq1$ 时,直线 $(a-1)x-2y+4=0$ 的斜率 $k_1=\frac{-1+a}{2}$,直线 $x-ay-1=0$ 的斜率 $k_2=\frac{1}{a}$,截距为 $b_2=-\frac{1}{a}$。

(1) 由 $k_1=k_2,b_1\neq b_2$. 即 $\frac{1}{a}=\frac{-1+a}{2}$,$a\neq-\frac{1}{2}$,解得:$a=-1$ 或 $a=2$。所以当 $a=-1$ 或 $a=2$ 时,两直线平行。

(2) 由 $k_1\cdot k_2=-1$,即 $\frac{1}{a}\cdot\frac{-1+a}{2}=-1$,解得 $a=\frac{1}{3}$。所以,当 $a=\frac{1}{3}$时,两直线垂直。

[**方法规律总结**] 此类题按有无斜率及斜率是否为 0 进行讨论,也可按平行或垂直的充要条件来解。

【跟踪训练 2】 求过点 $A(2,2)$且分别满足下列条件的直线方程:

(1) 与直线 $2x+y-1=0$ 平行;(2) 与 $2x+y-1=0$ 垂直。

【命题方向 3】 含参数的直线方程

【典例 3】 直线$(2m^2-5m+2)x-(m^2-4)y+5m=0$ 的倾斜角是 45°,则实数 m 的值为________。

解:由已知得$\begin{cases}\frac{2m^2-5m+2}{m^2-4}=1\\ m^2-4\neq0\end{cases}$,所以 $m=3$。

[**方法规律总结**] 利用直线的点斜式、斜截式、两点式、截距式求解直线的方程时,一定要注意每种方程形式的适用范围,要注意对斜率是否存在,截距是否为 0 进行分类讨论,最后将方程形式转化为一般式。

【跟踪训练 3】 已知直线 $l_1:2x+(m+1)y+4=0$ 与直线 $l_2:mx+3y-2=0$ 平行,求 m 的值。

三、课堂练习

1. 直线 $3x-2y-4=0$ 的截距式方程是(　　)。

A. $\frac{3x}{4}-\frac{y}{4}=1$　　B. $\frac{x}{\frac{1}{3}}-\frac{y}{\frac{1}{2}}=4$　　C. $\frac{3x}{4}+\frac{y}{-2}=1$　　D. $\frac{x}{\frac{4}{3}}+\frac{y}{-2}=1$

2. 已知点 $A(1,2)$,$B(3,1)$,则线段 AB 的垂直平分线的方程是(　　)。

A. $4x+2y=5$　　B. $4x-2y=5$　　C. $x+2y=5$　　D. $x-2y=5$

3. 两直线 $mx+y-n=0$ 与 $x+my+1=0$ 互相平行的条件是(　　)。

A. $m=1$　　B. $m=\pm1$　　C. $\begin{cases}m=1\\ n\neq-1\end{cases}$　　D. $\begin{cases}m=1\\ n\neq-1\end{cases}$或$\begin{cases}m=-1\\ n\neq1\end{cases}$

4. 纵截距为-4,与两坐标轴围成三角形的面积为 20 的直线的一般式方程为__________。

5. 直线的截距式方程$\frac{x}{a}+\frac{y}{b}=1$ 化为斜截式方程为 $y=-2x+b$,化为一般式方程为 $bx+ay-8=0$。求 a,b 的值。

5.6　两条直线的交点坐标

【学习目标】

1. 掌握两直线方程联立方程组解的情况与两直线不同位置的对立关系，并且会通过直线方程系数判定解的情况。

2. 当两条直线相交时，会求交点坐标。

3. 学生通过一般形式的直线方程解的讨论，加深对解析法的理解，培养转化能力。

一、阅读提纲

【疑点识记】

1. 看下表，并填空：

几何元素及关系	代数表示
点 A	$A(a,b)$
直线 l	$l:Ax+By+C=0$
点 A 在直线上	________
直线 l_1 与 l_2 的交点 A	________

【问题探究】

由直线方程的概念，我们知道直线上的一点与二元一次方程的解的关系，那如果两直线相交于一点，这一点与这两条直线的方程有何关系？该怎样由直线的方程求出它们的交点坐标？

问题 1：已知两直线 $l_1:A_1x+B_1y+C_1=0$，$l_2:A_2x+B_2y+C_2=0$，如何判断这两条直线的关系？

问题 2：如果两条直线相交，怎样求交点坐标？交点坐标与二元一次方程组有什关系？

问题 3：解下列方程组：

(1) $\begin{cases}3x+4y-2=0\\2x+y+2=0\end{cases}$；(2) $\begin{cases}2x-6y+3=0\\y=\dfrac{1}{3}x+\dfrac{1}{2}\end{cases}$；(3) $\begin{cases}2x-6y=0\\y=\dfrac{1}{3}x+\dfrac{1}{2}\end{cases}$。

如何根据两直线的方程系数之间的关系来判定两直线的位置关系？

小结：设两条直线的方程是 $l_1:A_1x+B_1y+C_1=0$，$l_2:A_2x+B_2y+C_2=0$。

如果这两条直线相交，由于交点同时在这两条直线上，交点的坐标一定是这两个方程的唯一公共解，那么以这个解为坐标的点必是直线 l_1 和 l_2 的交点，因此，两条直线是否有交点，就要看这两条直线方程所组成的方程组 $\begin{cases}A_1x+B_1y+C_1=0\\A_2x+B_2y+C_2=0\end{cases}$，是否有唯一解。

(1) 若二元一次方程组有唯一解，则 l_1 与 l_2 相交；

(2) 若二元一次方程组无解，则 l_1 与 l_2 平行；

(3) 若二元一次方程组有无数解，则 l_1 与 l_2 重合。

二、核心突破

【命题方向1】 求两条直线的交点坐标

【典例1】 求下列两直线的交点坐标，$l_1:3x+4y-2=0$，$l_2:2x+y+2=0$。

解：由方程组$\begin{cases}3x+y-2=0\\2x+y+2=0\end{cases}$，得$\begin{cases}x=-2\\y=2\end{cases}$，所以$l_1$与$l_2$的交点坐标为$M(-2,2)$。

[**方法规律总结**] 求两直线的交点坐标的方法：解方程组，以方程组的解为坐标的点就是交点。

【跟踪练习1】 求经过原点且经过以下两条直线的交点的直线方程$l_1:x-2y+2=0$，$l_2:2x-y-2=0$。

【命题方向2】 判断直线的位置关系

【典例2】 判断下列各对直线的位置关系。如果相交，求出交点坐标。

(1) $l_1:x-y=0$，$l_2:3x+3y-10=0$。

(2) $l_1:3x-y+4=0$，$l_2:6x-2y-1=0$。

(3) $l_1:3x+4y-5=0$，$l_2:6x+8y-10=0$。

解：(1) 解方程组$\begin{cases}x-y=0\\3x+3y-10=0\end{cases}$，得$\begin{cases}x=\dfrac{5}{3}\\y=\dfrac{5}{3}\end{cases}$。

所以l_1与l_2相交，交点是$\left(\dfrac{5}{3},\dfrac{5}{3}\right)$。

(2) 解方程组$\begin{cases}3x-y+4=0 & ①\\6x-2y-1=0 & ②\end{cases}$，

①×2－②得$9=0$，矛盾，方程组无解，所以两直线无公共点，$l_1\parallel l_2$。

(3) 解方程组$\begin{cases}3x+4y-5=0 & ①\\6x+8y-10=0 & ②\end{cases}$，

①×2得$6x+8y-10=0$。

因此，①和②可以化成同一个方程，即①和②表示同一条直线，l_1与l_2重合。

[**方法规律总结**] 判断两条直线的位置关系，就要看这两条直线方程所组成的方程组$\begin{cases}A_1x+B_1y+C_1=0\\A_2x+B_2y+C_2=0\end{cases}$是否有解。

(1) 若二元一次方程组有唯一解，则l_1与l_2相交；

(2) 若二元一次方程组无解，则l_1与l_2平行；

(3) 若二元一次方程组有无数解，则l_1与l_2重合。

【跟踪训练2】 判定下列各对直线的位置关系，若相交，则求交点。

(1) $l_1:7x+2y-1=0$，$l_2:14x+4y-2=0$。

(2) $l_1:(\sqrt{3}-\sqrt{2})x+y=7$，$l_2:x+(\sqrt{3}+\sqrt{2})y-6=0$。

(3) $l_1:3x+5y-1=0$，$l_2:4x+3y=5$。

三、课堂练习

1. 两直线 $2x-y+k=0$ 和 $4x-2y+1=0$ 的位置关系为(　　)。

A. 垂直　　B. 平行　　C. 重合　　D. 平行或重合

2. 经过直线 $2x-y+4=0$ 与 $x-y+5=0$ 的交点，且垂直于直线 $x-2y=0$ 的直线的方程是(　　)。

A. $2x+y-8=0$　　B. $2x-y-8=0$

C. $2x+y+8=0$　　D. $2x-y+8=0$

3. 直线 $ax+2y+8=0$，$4x+3y=10$ 和 $2x-y=10$ 相交于一点，则 a 的值为(　　)。

A. 1　　B. -1　　C. 2　　D. -2

4. 两条直线 $l_1: 2x+3y-m=0$ 与 $l_2: x-my+12=0$ 的交点在 y 轴上，那么 m 的值为(　　)。

A. -24　　B. 6　　C. ± 6　　D. 以上答案均不对

5. 若集合 $\{(x,y) \mid x+y-2=0$ 且 $x-2y+4=0\} \subseteq \{(x,y) \mid y=3x+b\}$，则 $b=$________。

5.7 两点间的距离

【学习目标】

1. 掌握直角坐标系两点间距离，用坐标法证明简单的几何问题。
2. 通过两点间距离公式的推导，能更充分体会数形结合的优越性。
3. 体会事物之间的内在联系，能用代数方法解决几何问题。

一、阅读提纲

【疑点识记】

1. 数轴上两点 A，B 间的距离：$|AB|=$________。
2. 两点 $P_1(x_1,y_1)$、$P_2(x_2,y_2)$ 的距离公式：$|P_1P_2|=$________。
3. 原点 $O(0,0)$ 与任一点 $P(x,y)$ 的距离 $|OP|=$________。

【问题探究】

问题1：如果 A、B 是 x 轴上两点，C、D 是 y 轴上两点，它们坐标分别是 x_A、x_B、y_C、y_D，那么 $|AB|$、$|CD|$ 怎样求？

问题2：求点 $B(3,4)$ 到原点的距离。

问题3：已知平面上的两点 $P_1(x_1,y_1)$，$P_2(x_2,y_2)$，如何求 $P_1(x_1,y_1)$，$P_2(x_2,y_2)$ 的距离 $|P_1P_2|$。

小结：

两点 $P_1(x_1,y_1)$、$P_2(x_2,y_2)$ 的距离公式：$|P_1P_2|=\sqrt{(x_2-x_1)^2+(y_2-y_1)^2}$。

二、核心突破

【命题方向1】 两点间的距离公式的应用

【典例1】 已知点 $A(-1,2)$，$B(2,\sqrt{7})$，在 x 轴上求一点，使 $|PA|=|PB|$，并求 $|PA|$

的值。

解:设所求点 $P(x,0)$,于是有 $\sqrt{(x+1)^2+(0-2)^2}=\sqrt{(x-2)^2+(0-\sqrt{7})^2}$。

由 $|PA|=|PB|$,得 $x^2+2x+5=x^2-4x+11$,解得 $x=1$。

即所求点为 $P(1,0)$,且 $|PA|=\sqrt{(1+1)^2+(0-2)^2}=2\sqrt{2}$。

[**方法规律总结**] 引导学生熟练设点及应用距离公式。

【跟踪练习 1】 已知直线 $l: y=-2x+6$ 和点 $A(1,-1)$,过点 A 作直线 l_1 与直线 l 相交于 B 点,且 $|AB|=5$,求直线 l_1 的方程。

三、课堂练习

1. 已知点 $A(-3,4)$ 和 $B(0,b)$,且 $|AB|=5$,则 b 等于( )。

A. 0 或 8　　B. 0 或 -8　　C. 0 或 6　　D. 0 或 -6

2. 设点 A 在 x 轴上,点 B 在 y 轴上,AB 的中点是 $P(2,-1)$,则 $|AB|$ 等于( )。

A. 5　　B. $4\sqrt{2}$　　C. $2\sqrt{5}$　　D. $2\sqrt{10}$

3. 已知 $\triangle ABC$ 的顶点 $A(2,3)$,$B(-1,0)$,$C(2,0)$,则 $\triangle ABC$ 的周长是( )。

A. $2\sqrt{3}$　　B. $3+2\sqrt{3}$　　C. $6+3\sqrt{2}$　　D. $6+2\sqrt{10}$

4. 已知点 $A(1,2)$,$B(3,1)$,则到 A,B 两点距离相等的点的坐标满足的条件是( )。

A. $4x+2y=5$　　B. $4x-2y=5$　　C. $x+2y=5$　　D. $x-2y=5$

5. 已知点 $A(x,5)$ 关于点 $C(1,y)$ 的对称点是 $B(-2,-3)$,则点 $P(x,y)$ 到原点的距离是________。

5.8 点到直线距离以及两条平行直线之间的距离

【学习目标】

1. 让学生掌握点到直线的距离公式,并会求两条平行线间的距离。

2. 引导学生构思距离公式的推导方案,培养学生观察、分析、转化、探索问题的能力,鼓励创新。培养学生勇于探索、善于研究的精神,学会合作。

一、阅读提纲

【疑点识记】

1. 两点 $P_1(x_1,y_1)$、$P_2(x_2,y_2)$ 的距离公式:$|P_1P_2|=$________。

2. 已知点 $P(x_0,y_0)$ 和直线 $l: Ax+By+C=0$,则点 P 到直线 l 的距离为________。

3. 两条平行线 $l_1: Ax+By+C_1=0$ 与 $l_2: Ax+By+C_2=0$ 的距离________。

【问题探究】

我们已学习了两点间的距离公式,本节课我们来研究点到直线的距离。如右图所示,已知点 $P(x_0,y_0)$ 和直线 $l: Ax+By+C=0$,求点 P 到直线 l 的距离(为使结论具有一般性,我们假设 A、$B\neq0$)。

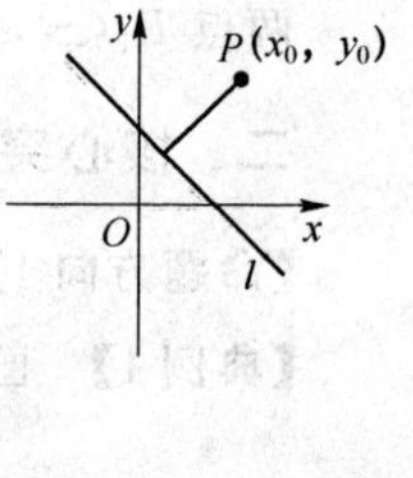

问题 1:已知点 $P(0,0)$ 和直线 $l: Ax+By+C=0$,如何求点 P 到直线 l 的距离?

问题 2：已知点 $P(x_0, y_0)$ 和直线 $l: Ax+By+C=0$，如何求点 P 到直线 l 的距离？

问题 3：前面我们是在 A、B 均不为零的假设下推导出公式的，若 A、B 中有一个为零，公式是否仍然成立？

问题 4：回顾前面的证明过程，如何求两条平行线间的距离？

小结：

(1) 已知点 $P(x_0, y_0)$ 和直线 $l: Ax+By+C=0$，求点 P 到直线 l 的距离公式为 $d=\dfrac{|Ax_0+By_0+C|}{\sqrt{A^2+B^2}}$。

(2) 当 $A=0$ 或 $B=0$ 时，上述公式也成立。

(3) 两条平行线 $Ax+By+C_1=0$ 与 $Ax+By+C_2=0$ 的距离公式为 $d=\dfrac{|C_1-C_2|}{\sqrt{A^2+B^2}}$。

二、核心突破

【命题方向 1】　求点到直线的距离

【典例 1】　求点 $P_0(-1,2)$ 到下列直线的距离：

(1) $2x+y-10=0$；(2) $3x=2$。

解：(1) 根据点到直线的距离公式得 $d=\dfrac{|2\times(-1)+2-10|}{\sqrt{2^2+1^2}}=\dfrac{10}{\sqrt{5}}=2\sqrt{5}$。

(2) 因为直线 $3x=2$ 平行于 y 轴，所以 $d=\left|\dfrac{2}{3}-(-1)\right|=\dfrac{5}{3}$。

[方法规律总结]　直接应用了点到直线的距离公式，但是不要局限于公式。

【跟踪练习 1】　点 $A(a,6)$ 到直线 $3x-4y=2$ 的距离等于 4，求 a 的值。

【命题方向 2】　求三角形的面积

【典例 2】　已知点 $A(1,3)$，$B(3,1)$，$C(-1,0)$，求 $\triangle ABC$ 的面积。

解：设 AB 边上的高为 h，则 $S_{\triangle ABC}=\dfrac{1}{2}|AB|\cdot h$。

$|AB|=\sqrt{(3-1)^2+(1-3)^2}=2\sqrt{2}$，$AB$ 边上的高 h 就是点 C 到 AB 的距离。

AB 边所在的直线方程为 $\dfrac{y-3}{1-3}=\dfrac{x-1}{3-1}$，即 $x+y-4=0$。

点 C 到 $x+y-4=0$ 的距离为 $h=\dfrac{|-1+0-4|}{\sqrt{1^2+1^2}}=\dfrac{5}{\sqrt{2}}$。因此，$S_{\triangle ABC}=\dfrac{1}{2}\times2\sqrt{2}\times\dfrac{5}{\sqrt{2}}=5$。

[方法规律总结]　利用点到直线的距离公式求高，利用两点之间的距离求底边长。

【跟踪训练 2】　求过点 $A(-1,2)$，且与原点的距离等于 $\dfrac{\sqrt{2}}{2}$ 的直线方程。

【命题方向 3】　求平行线间的距离

【典例 3】　求平行线 $2x-7y+8=0$ 和 $2x-7y-6=0$ 的距离。

解：在直线 $2x-7y-6=0$ 上任取一点，例如取 $P(3,0)$，则点 $P(3,0)$ 到直线 $2x-7y+8=0$ 的距离就是两平行线间的距离。因此，$d=\dfrac{|2\times3-7\times0+8|}{\sqrt{2^2+(-7)^2}}=\dfrac{14}{\sqrt{53}}=\dfrac{14\sqrt{53}}{53}$。

[方法规律总结]　把求两平行线间的距离转化为点到直线的距离。

【跟踪训练3】 求两平行线 $l_1:2x+3y-8=0$，$l_2:2x+3y-10=0$ 的距离。

三、课堂练习

1. 点(2,3)到直线 $y=1$ 的距离为(　　)。

A. 1　　B. -1　　C. 0　　D. 2

2. 原点到直线 $3x+4y-26=0$ 的距离是(　　)。

A. $\frac{26\sqrt{7}}{7}$　　B. $\frac{26}{5}$　　C. $\frac{24}{5}$　　D. $\frac{27}{5}$

3. 点 $P(x,y)$ 在直线 $x+y-4=0$ 上，O 是原点，则 $|OP|$ 的最小值是(　　)。

A. $\sqrt{10}$　　B. $2\sqrt{2}$　　C. $\sqrt{6}$　　D. 2

4. P、Q 分别为 $3x+4y-12=0$ 与 $6x+8y+6=0$ 上任一点，则 $|PQ|$ 的最小值为(　　)。

A. $\frac{9}{5}$　　B. $\frac{18}{5}$　　C. 3　　D. 6

5. $\triangle ABC$ 的三个顶点是 $A(-1,4)$，$B(-2,-1)$，$C(2,3)$。

(1) 求 BC 边的高所在直线方程；

(2) 求 $\triangle ABC$ 的面积 S。

第6章 圆与方程

6.1 圆的标准方程

【学习目标】

1. 掌握圆的标准方程的特点，能根据所给有关圆心、半径的具体条件准确地写出圆的标准方程，能运用圆的标准方程正确地求出其圆心和半径，解决一些简单的实际问题。

2. 通过圆的标准方程的推导，培养学生利用求曲线的方程的一般步骤解决一些实际问题的能力。

3. 通过圆的标准方程，解决一些如圆拱桥的实际问题，说明理论既来源于实践，又服务于实践，可以适时进行辩证唯物主义思想教育。

一、阅读提纲

【疑点识记】

1. 圆的标准方程：圆心为$C(a,b)$、半径为r的圆的标准方程为________。

2. 点与圆的位置关系。

设点P到圆心的距离为d，圆的半径为r，则点与圆的位置关系有几种？哪几种？

【问题探究】

问题1：具有什么性质的点的轨迹称为圆？

问题2：下图中哪个点是定点？哪个点是动点？动点具有什么性质？圆心和半径都反映了圆的什么特点？

问题3：如何建立圆的标准方程呢？

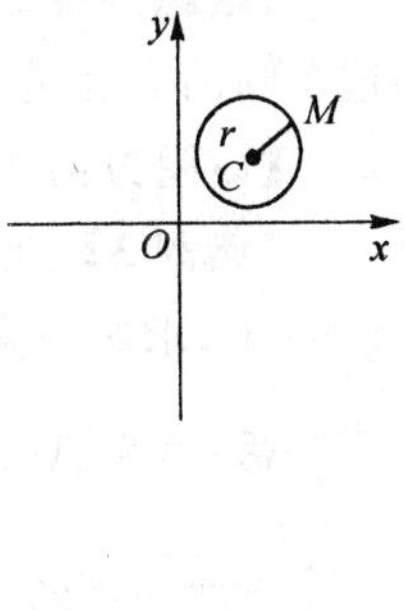

问题4：圆的方程形式有什么特点？当圆心在原点时，圆的方程是什么？

小结：

圆的标准方程$(x-a)^2+(y-b)^2=r^2$。当圆心在原点即$C(0,0)$时，方程为$x^2+y^2=r^2$。

二、核心突破

【命题方向1】 求圆的标准方程

【典例1】 写出下列各圆的方程：

(1) 圆心在原点，半径是3；

(2) 圆心在点$C(3,4)$，半径是$\sqrt{5}$；

(3) 经过点$P(5,1)$，圆心在点$C(8,-3)$。

解:(1)$x^2+y^2=9$;(2)$(x-3)^2+(y-4)^2=5$;

(3) $(x-8)^2+(y+3)^2=25$;(4) $(x-1)^2+(y-3)^2=\frac{256}{25}$。

[**方法规律总结**] 圆的标准方程与圆心坐标、半径长密切相关。

【跟踪练习 1】 说出下列圆的圆心和半径:

(1) $(x-3)^2+(y-2)^2=5$;(2) $(x+4)^2+(y+3)^2=7$;(3) $(x+2)^2+y^2=4$。

【命题方向 2】 点与圆的位置关系

【典例 2】 (1) 已知两点 $P_1(4,9)$和 $P_2(6,3)$,求以 P_1P_2 为直径的圆的方程;(2) 试判断点 $M(6,9)$、$N(3,3)$、$Q(5,3)$是在圆上,在圆内,还是在圆外?

解:设圆心 $C(a,b)$、半径 r,则由 C 为 P_1P_2 的中点得:$a=\frac{4+6}{2}=5$,$b=\frac{9+3}{2}=6$。

又由两点间的距离公式得:$r=|CP_1|=\sqrt{(4-5)^2+(9-6)^2}=\sqrt{10}$。

所以所求圆的方程为:$(x-5)^2+(y-6)^2=10$。

分别计算点到圆心的距离:

$|CM|=\sqrt{(6-5)^2+(9-6)^2}=\sqrt{10}$;

$|CN|=\sqrt{(3-5)^2+(3-6)^2}=\sqrt{13}>\sqrt{10}$;

$|CQ|=\sqrt{(5-5)^2+(3-6)^2}=3<\sqrt{10}$。

因此,点 M 在圆上,点 N 在圆外,点 Q 在圆内。

[**方法规律总结**] 1. 求圆的方程的方法

(1) 待定系数法,确定 a,b,r;

(2) 轨迹法,求曲线方程的一般方法。

2. 点与圆的位置关系

设点到圆心的距离为 d,圆半径为 r:

(1) 点在圆上$\Leftrightarrow d=r$;

(2) 点在圆外$\Leftrightarrow d>r$;

(3) 点在圆内$\Leftrightarrow d<r$。

【跟踪训练 2】 已知圆的内接正方形相对的两个顶点的坐标分别是(5,6),(3,-4),则这个圆的方程是__________。

【命题方向 3】 求圆的标准方程

【典例 3】 已知圆心为 C 的圆经过点 $A(1,1)$和 $B(2,-2)$,且圆心 C 在直线 l:$x-y+1=0$ 上,求圆心为 C 的圆的标准方程。

解:因为 $A(1,1)$和 $B(2,-2)$,所以线段 AB 的中点 D 的坐标为$\left(\frac{3}{2},-\frac{1}{2}\right)$。

直线 AB 的斜率 $k_{AB}=\frac{-2-1}{2-1}=-3$,因此线段 AB 的垂直平分线 l' 的方程为 $y+\frac{1}{2}=\frac{1}{3}\left(x-\frac{3}{2}\right)$,即 $x-3y-3=0$。

圆心 C 的坐标是方程组$\begin{cases}x-3y-3=0\\x-y+1=0\end{cases}$的解。

解此方程组，得$\begin{cases}x=-3\\y=-2\end{cases}$。所以圆心 C 的坐标是$(-3,-2)$。

圆心为 C 的圆的半径长 $r=|AC|=\sqrt{(1+3)^2+(1+2)^2}=5$。

所以，圆心为 C 的圆的标准方程是$(x+3)^2+(y+2)^2=25$。

[方法规律总结]　结合圆的有关性质解题。

【跟踪训练 3】　已知一个圆与 y 轴相切，圆心在直线 $x-3y=0$ 上，且该圆经过点 $A(6,1)$，求这个圆的方程。

三、课堂练习

1. $(x+1)^2+(y-2)^2=4$ 的圆心与半径分别为(　　)。

A. $(-1,2)$，2　　B. $(1,-2)$，2　　C. $(-1,2)$，4　　D. $(1,-2)$，4

2. 点 $P(m^2,5)$ 与圆 $x^2+y^2=24$ 的位置关系是(　　)。

A. 在圆内　　B. 在圆外　　C. 在圆上　　D. 不确定

3. 圆的一条直径的两个端点是$(2,0)$，$(2,-2)$，则此圆的方程是(　　)。

A. $(x-2)^2+(y-1)^2=1$　　B. $(x-2)^2+(y+1)^2=1$

C. $(x+2)^2+(y-1)^2=1$　　D. $(x+2)^2+(y+1)^2=1$

4. 圆$(x-1)^2+y^2=1$ 的圆心到直线 $y=\frac{\sqrt{3}}{3}x$ 的距离为(　　)。

A. $\frac{1}{2}$　　B. $\frac{\sqrt{3}}{2}$　　C. 1　　D. $\sqrt{3}$

5. 圆 O 的方程为$(x-3)^2+(y-4)^2=25$，点$(2,3)$到圆上的最大距离为________。

6.2　圆的一般方程

【学习目标】

1. 正确理解圆的一般方程及其特点。
2. 会由圆的一般方程求其圆心、半径。
3. 会依据不同条件利用待定系数法求圆的一般方程，并能简单应用。
4. 初步掌握点的轨迹方程的求法，并能简单应用。

一、阅读提纲

【疑点识记】

1. 圆的一般方程的定义

(1) 当________时，方程 $x^2+y^2+Dx+Ey+F=0$ 叫作圆的一般方程，其圆心为________，半径为____________。

(2) 当 $D^2+E^2-4F=0$ 时，方程 $x^2+y^2+Dx+Ey+F=0$ 表示点____________。

(3) 当____________时，方程 $x^2+y^2+Dx+Ey+F=0$ 不表示任何图形。

2. 由圆的一般方程判断点与圆的位置关系

已知点 $M(x_0,y_0)$ 和圆的方程 $x^2+y^2+Dx+Ey+F=0(D^2+E^2-4F>0)$，则其位置关系如下表：

位置关系	代数关系
点 M 在圆外	$x_0^2+y_0^2+Dx_0+Ey_0+F$ ______ 0
点 M 在圆上	$x_0^2+y_0^2+Dx_0+Ey_0+F$ ______ 0
点 M 在圆内	$x_0^2+y_0^2+Dx_0+Ey_0+F$ ______ 0

【问题探究】

我们已讨论了圆的标准方程$(x-a)^2+(y-b)^2=r^2$，现将展开可得 $x^2+y^2-2ax-2by+a^2+b^2-r^2=0$。可见，任何一个圆的方程都可以写成 $x^2+y^2+Dx+Ey+F=0$。请思考一下：形如 $x^2+y^2+Dx+Ey+F=0$ 的方程的曲线是不是圆？下面我们来深入研究这一方面的问题。

问题 1：如何得到圆的一般方程？

问题 2：比较二元二次方程的一般形式 $Ax^2+Bxy+Cy^2+Dx+Ey+F=0$ 与圆的一般方程 $x^2+y^2+Dx+Ey+F=0$，$(D^2+E^2-4F>0)$的系数可得出什么结论？

二、核心突破

【命题方向 1】 由圆的一般方程求圆的半径和圆心坐标

【典例 1】 求下列圆的半径和圆心坐标：

(1) $x^2+y^2-8x+6y=0$；

(2) $x^2+y^2+2by=0$。

解：(1)圆心为$(4,-3)$，半径为 5；(2)圆心为$(0,-b)$，半径为$|b|$，注意半径不为 b。

[方法规律总结] 由圆的一般方程求圆心坐标和半径，一般用先配方，将方程化为标准形式，再求圆心和半径。

【跟踪练习 1】 方程 $x^2+y^2+2kx+4y+3k+8=0$ 表示圆的充要条件是(　　)。

A. $k>4$ 或者 $k<-1$　　　　B. $-1<k<4$

C. $k=4$ 或者 $k=-1$　　　　D. 以上答案都不对

【命题方向 2】 用待定系数法求圆的方程

【典例 2】 求过三点 $O(0,0)$、$A(1,1)$、$B(4,2)$的圆的方程。

解：设所求圆的方程为 $x^2+y^2+Dx+Ey+F=0$，由 O、A、B 在圆上，则有

$$\begin{cases}F=0\\D+E+F+2=0\\4D2E+F+20=0\end{cases}，解得\begin{cases}D=-8\\E=6\\F=0\end{cases}。$$

故所求圆的方程为 $x^2+y^2-8x+6=0$。

[方法规律总结] 1.用待定系数法求圆的方程的步骤：

(1) 根据题意设所求圆的方程为标准式或一般式；

(2) 根据条件列出关于 a、b、r 或 D、E、F 的方程；

(3) 解方程组，求出 a、b、r 或 D、E、F 的值，代入所设方程，就得到要求的方程。

2. 关于何时设圆的标准方程。一般说来，如果由已知条件容易求圆心的坐标、半径或需要用圆心的坐标、半径列方程的问题，往往设圆的标准方程；如果已知条件和圆心坐标或半径都无直接关系，往往设圆的一般方程。

【跟踪训练 2】

求圆心在直线 $l: x+y=0$ 上，且过两圆 $C_1: x^2+y^2-2x+10y-24=0$ 和 $C_2: x^2+y^2+2x+2y-8=0$ 的交点的圆的方程。

三、课堂练习

1. 圆 $2x^2+2y^2+6x-4y-3=0$ 的圆心坐标和半径分别为(　　)。

A. $\left(-\frac{3}{2},1\right)$和$\frac{19}{4}$　　B. $(3,2)$和$\frac{\sqrt{19}}{2}$

C. $\left(-\frac{3}{2},1\right)$和$\frac{\sqrt{19}}{2}$　　D. $\left(\frac{3}{2},-1\right)$和$\frac{\sqrt{19}}{2}$

2. 方程 $x^2+y^2+4x-2y+5m=0$ 表示圆的条件是(　　)。

A. $\frac{1}{4}<m<1$　　B. $m>1$　　C. $m<\frac{1}{4}$　　D. $m<1$

3. $M(3,0)$是圆 $x^2+y^2-8x-2y+10=0$ 内一点，过 M 点最长的弦所在的直线方程是(　　)。

A. $x+y-3=0$　　B. $x-y-3=0$

C. $2x-y-6=0$　　D. $2x+y-6=0$

4. 圆 $x^2+y^2-2x+4y+3=0$ 的圆心到直线 $x-y=1$ 的距离为(　　)。

A. 2　　B. $\frac{\sqrt{2}}{2}$　　C. 1　　D. $\sqrt{2}$

5. 平面直角坐标系中有 $A(-1,5)$，$B(5,5)$，$C(6,-2)$，$D(-2,-1)$四个点能否在同一个圆上？

6.3　直线与圆的位置关系

【学习目标】

1. 掌握直线与圆的三种位置关系：相交、相切、相离。
2. 会用代数法和几何法来判定直线与圆的三种位置关系。
3. 会用直线与圆的位置关系解决一些实际问题。

一、阅读提纲

【疑点识记】

1. 圆的标准方程是$(x-a)^2+(y-b)^2=r^2$，其圆心坐标是________，半径________。
2. 圆的一般式是____________________，圆心是________，半径________。
3. 点 $p(x_0,y_0)$与圆$(x-a)^2+(y-b)^2=r^2$的位置关系：

当$(x-a)^2+(y-b)^2$______r^2⇔点在圆上；

当$(x-a)^2+(y-b)^2$______r^2⇔点在圆外；

当$(x-a)^2+(y-b)^2$______r^2⇔点在圆内；

【问题探究】

一艘轮船在沿直线返回港口的途中，接到气象台的台风预报：台风中心位于轮船正西

80 km 处，受影响的范围是半径长为 30 km 的圆形区域。已知港口位于台风中心正北 40 km处，如果这艘轮船不改变航线，那么它是否会受到台风的影响？

问题 1：运用平面几何知识，你能解决这个问题吗？请同学们动手试一下？

问题 2：初中学过的平面几何中，直线与圆的位置关系有几种？

问题 3：怎样判断直线与圆的位置关系呢？

小结：

由上面的探究过程，可得直线与圆的位置关系及其判断方法如下表所示。

		相离	相切	相交
图形		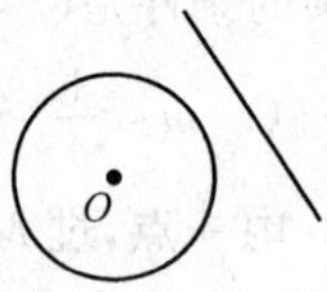	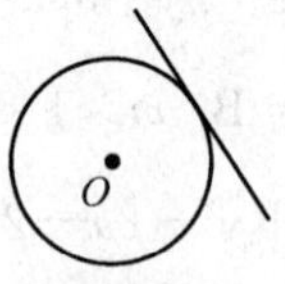	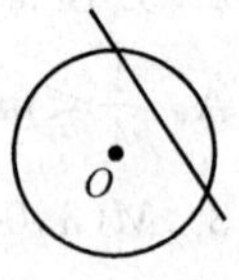
量化	方程观点	$\Delta<0$	$\Delta=0$	$\Delta>0$
	几何观点	$d>r$	$d=r$	$d<r$

二、核心突破

【命题方向 1】 已知直线与圆的方程求位置关系

【典例 1】 已知直线 $l:x+y-5=0$ 和圆 $C:x^2+y^2-4x+6y-12=0$，判断直线和圆的位置关系。

解：(方法一)联立方程组，消 y 得 $2x^2-20x+43=0$。

因为 $\Delta=(-20)^2-4\times2\times43=216>0$，

所以直线与圆相交。

(方法二) 将圆的方程化为 $(x-2)^2+(y+3)^2=5^2$。

可得圆心 $C(2,-3)$，半径 $r=5$。

因为圆心到直线的距离 $d=3\sqrt{2}<5$， 所以直线与圆相交。

［方法规律总结］ 方法一，判断直线与圆的位置关系，就是看由它们的方程组成的方程组有无实数解；方法二，可以依据圆心到直线的距离与半径长的关系，判断直线与圆的位置关系。

【跟踪练习 1】 判断直线 $x-y+5=0$ 和圆 $C:x^2+y^2-4x+6y-12=0$ 的位置关系。

【命题方向 2】 已知直线与圆的方程求弦长

【典例 2】 求直线 $l:3x-y-6=0$ 被圆 $C:x^2+y^2-2x+4y=0$ 截得的弦 AB 的长。

解：(方法一) 将圆的方程化为 $(x-1)^2+(y-2)^2=5$。

可得圆心 $C(1,2)$，半径 $r=\sqrt{5}$。

圆心到直线的距离 $d=\dfrac{|3-2-6|}{\sqrt{10}}=\dfrac{\sqrt{10}}{2}$。

弦 AB 的长 $|AB|=2\sqrt{5-\dfrac{5}{2}}=\sqrt{10}$。

(方法二) 联立方程组,消 y 得 $x^2-5x+6=0$。

根据一元二次方程根与系数的关系,有 $x_1+x_2==5$,$x_1x_2=6$。

直线 l 被圆 C 截得的弦 AB 的长 $|AB|=\sqrt{(1+k^2)[(x_1+x_2)^2-4x_1x_2]}=\sqrt{(1+3^2)(5^2-4\times6)}$ $=\sqrt{10}$。

[**方法规律总结**]　一般地,在解决圆和直线相交时,应首先考虑圆心到直线的距离,弦长的一半,圆的半径构成的直角三角形。还可以联立方程组,消去 x 或 y,组成一个一元二次方程,利用方程根与系数的关系表达出弦长 $l=\sqrt{k^2+1}\cdot\sqrt{(x_1+x_2)^2-4x_1x_2}=\sqrt{k^2+1}$ $|x_1-x_2|$。

【跟踪训练 2】　直线 l 经过点 $P(5,5)$,且和圆 C:$x^2+y^2=25$ 相交,截得的弦长为 $4\sqrt{5}$,求 l 的方程。

【命题方向 3】　求圆的切线的方程

【典例 3】　求过点 $P(-1,5)$ 的圆 $(x-1)^2+(y-2)^2=4$ 的切线方程。

解:(1) 当斜率 k 存在时,设切线方程为 $y-5=k(x+1)$,即 $kx-y+k+5=0$。

由圆心到切线的距离等于半径得 $\frac{|k-2+k+5|}{\sqrt{k^2+1}}=2$,解得 $k=-\frac{5}{12}$,所以切线方程为 $5x+12y-55=0$。

(2) 当斜率 k 不存在时,切线方程为 $x=-1$,此时与圆正好相切。

综上,所求圆的切线方程为 $x=-1$ 或 $5x+12y-55=0$。

[**方法规律总结**]　研究圆的切线问题时要注意切线的斜率是否存在。过一点求圆的切线方程时,要考虑该点是否在圆上。当点在圆上,切线只有一条;当点在圆外时,切线有两条。

【跟踪训练 3】　圆 $x^2+y^2-4x=0$ 在点 $P(1,\sqrt{3})$ 处的切线方程为________________。

三、课堂练习

1. 直线 $3x+4y+12=0$ 与圆 C:$(x-1)^2+(y-1)^2=9$ 的位置关系是(　　)。

A. 相交并且过圆心　B. 相交不过圆心　C. 相切　D. 相离

2. 已知圆 $x^2+y^2+Dx+Ey+F=0$ 与 y 轴切于原点,那么(　　)。

A. $D=0,E=0,F\neq0$　B. $D=0,E\neq0,F=0$

C. $D\neq0,E=0,F=0$　D. $D\neq0,E\neq0,F=0$

3. 圆 $x^2+y^2-4x+4y+6=0$ 截直线 $x-y-5=0$ 所得弦长等于(　　)。

A. $\sqrt{6}$　B. $\frac{5\sqrt{2}}{2}$　C. 1　D. 5

4. 圆 $x^2+y^2+2x+4y-3=0$ 上到直线 l:$x+y+1=0$ 的距离为 $\sqrt{2}$ 的点有(　　)。

A. 1 个　B. 2 个　C. 3 个　D. 4 个

5. 已知直线 $ax+by+c=0(abc\neq0)$ 与圆 $x^2+y^2=1$ 相切,则三条边长分别为 $|a|,|b|,|c|$ 的三角形是(　　)。

A. 锐角三角形　B. 直角三角形　C. 钝角三角形　D. 不存在

6. 与圆 $x^2+y^2-4x+2=0$ 相切，在 x,y 轴上的截距相等的直线共有（　）。

A. 1条　　　　B. 2条　　　　C. 3条　　　　D. 4条

6.4　圆与圆的位置关系

【学习目标】

1. 掌握圆与圆的位置关系及判定方法。
2. 会利用圆与圆位置关系的判断方法进行判断。
3. 能综合应用圆与圆的位置关系解决其他问题。

一、阅读提纲

【疑点识记】

1. 圆的标准方程是________________。
2. 圆的一般式是________________。
3. 直线与圆的位置关系分别有________________。

【问题探究】

问题1：圆与圆的位置关系有哪几种呢？

问题2：如何判断圆与圆之间的位置关系呢？

小结：

圆与圆位置关系的判定方法：

1. 几何法。若两圆的半径分别为 r_1、r_2，两圆的圆心距为 d，则两圆的位置关系的判断方法如下：

位置关系	外离	外切	相交	内切	内含
图示	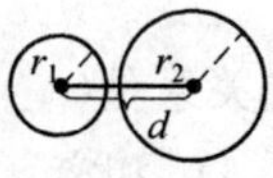	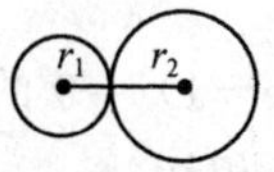	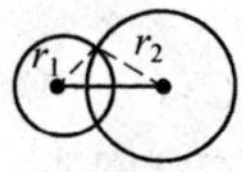	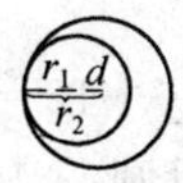	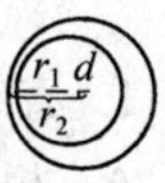
d 与 r_1、r_2 的关系	$d>r_1+r_2$	$d=r_1+r_2$	$\|r_1-r_2\|<d<r_1+r_2$	$d=r_2-r_1$	$d<r_2-r_1$

2. 代数法。通过两圆方程组成方程组的公共解的个数进行判断。$\left.\begin{matrix}\text{圆 } C_1 \text{ 方程}\\ \text{圆 } C_2 \text{ 方程}\end{matrix}\right\}\xrightarrow{\text{消元}}$一元二次方程$\begin{cases}\Delta>0\Leftrightarrow\text{相交}\\ \Delta=0\Leftrightarrow\text{相切}\\ \Delta<0\Leftrightarrow\text{相离}\end{cases}$。

二、核心突破

【命题方向 1】 已知两圆的方程求两圆位置关系

【典例 1】 已知圆 $C_1: x^2+y^2+2x+3y+1=0$,圆 $C_2: x^2+y^2+4x+3y+2=0$,是判断圆 C_1 与圆 C_2 的位置关系。

解: 方法一。

圆 C_1 的方程配方,得 $(x+1)^2+\left(y+\frac{3}{2}\right)^2=\frac{9}{4}$。

圆心的坐标是 $\left(-1,-\frac{3}{2}\right)$,半径长 $r_1=\frac{3}{2}$。

圆 C_2 的方程配方,得 $(x+2)^2+\left(y+\frac{3}{2}\right)^2=\frac{17}{4}$。

圆心的坐标是 $\left(-2,-\frac{3}{2}\right)$,半径长 $r_2=\frac{\sqrt{17}}{2}$。

连心线的距离为 1,$r_1+r_2=\frac{3+\sqrt{17}}{2}$,$|r_1-r_2|=\frac{\sqrt{17}-3}{2}$。

因为 $\frac{\sqrt{17}-3}{2}<1<\frac{3+\sqrt{17}}{2}$,所以两圆相交。

方法二。

方程 $x^2+y^2+2x+3y+1=0$ 与 $x^2+y^2+4x+3y+2=0$ 相减,得 $x=\frac{1}{2}$。

把 $x=\frac{1}{2}$ 代入 $x^2+y^2+2x+3y+1=0$,得 $4y^2+12y+1=0$。

因为根的判别式 $\Delta=144-16>0$,所以方程 $4y^2+12y+1=0$ 有两个实数根,因此两圆相交。

[方法规律总结] 判断圆与圆的位置关系,一是根据连心线的长与两半径长的和或两半径长的差的绝对值的大小关系,二是看由它们的方程组成的方程组有无实数解。通常情况下我们用第一种方法。

【跟踪练习 1】 圆 $C_1: (x+2)^2+(y-2)^2=1$ 与圆 $C_2: (x-2)^2+(y-5)^2=16$ 的位置关系是什么?

【命题方向 2】 已知两圆相切求相应参数

【典例 2】 两圆 $x^2+y^2=1$ 和 $(x+4)^2+(y-a)^2=25$ 相切,则实数 a 的值为________。

解: 因为圆心分别为 $(0,0)$ 和 $(-4,a)$,半径分别为 1 和 5。

两圆外切时有 $\sqrt{(-4-0)^2+(a-0)^2}=1+5$,所以 $a=\pm 2\sqrt{5}$。

两圆内切时有 $\sqrt{(-4-0)^2+(a-0)^2}=5-1$,所以 $a=0$。

综上所述,$a=\pm 2\sqrt{5}$ 或 $a=0$。

[方法规律总结] 两圆相切的关系,有外切、内切之分,判断出两圆半径与圆心距的关系。

【跟踪训练 2】 求过点 $A(0,6)$ 且与圆 $C: x^2+y^2+10x+10y=0$ 切于原点的圆的方程。

【命题方向 3】 利用两圆的位置关系求解相关应用问题

【典例 3】 点 M 在圆心为 C_1 的方程 $x^2+y^2+6x-2y+1=0$ 上,点 N 在圆心为 C_2 的方

程 $x^2+y^2+2x+4y+1=0$ 上，求 $|MN|$ 的最大值。

解：把圆的方程都化成标准形式，得 $(x+3)^2+(y-1)^2=9$，$(x+1)^2+(y+2)^2=4$。

C_1 的坐标是 $(-3,1)$，半径长是 3；C_2 的坐标是 $(-1,-2)$，半径长是 2。

所以，$|C_1C_2|=\sqrt{(-3+1)^2+(1+2)2}=\sqrt{13}$。

因此，$|MN|$ 的最大值是 $\sqrt{13}+5$。

[方法规律总结]　弦心距与两圆的公共弦垂直且平分。

【跟踪训练 3】两圆交于 $A(1,3)$ 及 $B(m,-1)$，两圆的圆心均在直线 $x-y+n=0$ 上，则 $m+n$ 的值为________。

三、课堂练习

1. 两圆 $(x+3)^2+(y-2)^2=4$ 和 $(x-3)^2+(y+6)^2=64$ 的位置关系是（　　）。

A. 外切　　B. 内切　　C. 相交　　D. 相离

2. 两圆 $x^2+y^2-4x+2y+1=0$ 与 $x^2+y^2+4x-4y-1=0$ 的公切线有（　　）。

A. 1 条　　B. 2 条　　C. 3 条　　D. 4 条

3. 圆 $x^2+y^2-4x+6y=0$ 和圆 $x^2+y^2-6x=0$ 交于 A、B 两点，则 AB 的垂直平分线的方程是（　　）。

A. $x+y+3=0$　　B. $2x-y-5=0$　　C. $3x-y-9=0$　　D. $4x-3y+7=0$

4. 圆 C_1：$(x-m)^2+(y+2)^2=9$ 与圆 C_2：$(x+1)^2+(y-m)^2=4$ 外切，则 m 的值为（　　）。

A. 2　　B. -5　　C. 2 或 -5　　D. 不确定

5. 已知半径为 1 的动圆与圆 $(x-5)^2+(y+7)^2=16$ 相切，则动圆圆心的轨迹方程是（　　）。

A. $(x-5)^2+(y+7)^2=25$

B. $(x-5)^2+(y+7)^2=17$ 或 $(x-5)^2+(y+7)^2=15$

C. $(x-5)^2+(y+7)^2=9$

D. $(x-5)^2+(y+7)^2=25$ 或 $(x-5)^2+(y+7)^2=9$

6. 集合 $M=\{(x,y)\mid x^2+y^2\leqslant 4\}$，$N=\{(x,y)\mid (x-1)^2+(y-1)^2\leqslant r^2, r>0\}$，且 $M\cap N=N$，则 r 的取值范围是（　　）。

A. $(0,\sqrt{2}-1)$　　B. $(0,1]$　　C. $(0,2-\sqrt{2}]$　　D. $(0,2]$

6.5　直线与圆的方程的应用

【学习目标】

1. 正确理解直线与圆的概念并能解决简单的实际问题。
2. 能利用直线与圆的位置关系解决简单的实际问题。
3. 体会用代数方法处理几何问题的思想。

一、阅读提纲

【疑点识记】

1. 直线方程的形式，分别是____。

2. 圆的方程的形式，分别是__________________________________。
3. 直线和圆的位置关系：__________________________________。
判断方法：____。
4. 圆位置关系有：____________________________________。
判断方法：____。

【问题探究】

下图是一桥圆拱的示意图，根据提供信息完成以下计算：圆拱跨度 $AB=20$ m，拱高 $A_6P_6=4$ m，在建造时每隔 4 m 需用一个支柱支撑，求：支柱 A_2P_2 的长度（精确到 0.01 m）。

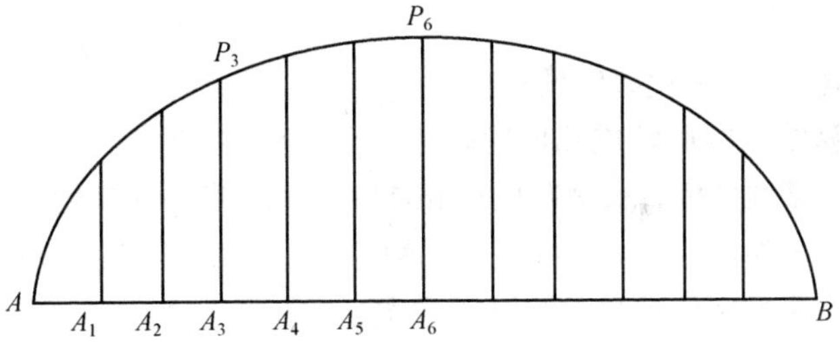

问题 1：该圆的圆心位于哪里、半径是多少？

问题 2：能用代数方法解决这个几何问题吗，能的话如何建立直角坐标系？

问题 3：如何用直线与圆的方程解决这个问题？

小结：

在上面问题求解过程中，我们通过"建系"，利用直线和圆的方程来完成平面几何中的计算。

二、核心突破

【命题方向 1】用坐标法解决实际平面几何问题

【典例 1】　下图是某圆拱形桥一孔圆拱的示意图。这个圆的圆拱跨度 $AB=20$ m，拱高 $OP=4$ m，建造时每间隔 4 m 需要用一根支柱支撑，求支柱 A_2P_2 的高度（精确到 0.01 m）。

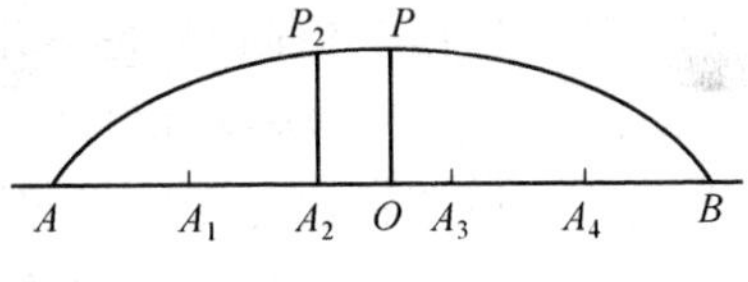

解：建立如下图所示直角坐标系，使圆心在 y 轴上，只需求出 P_2 的纵坐标，就可得出支柱 A_2P_2 的高度。

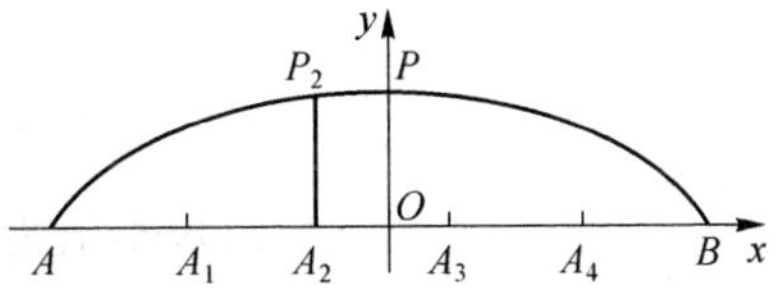

设圆心的坐标是 $(0,b)$，圆的半径是 r，那么圆的方程是 $x^2+(y-b)^2=r^2$。

下面确定 b 和 r 的值。

因为 P、B 都在圆上，所以它们的坐标 $(0,4)$，$(10,0)$ 都满足方程 $x^2+(y-b)^2=r^2$。于

是得到方程组$\begin{cases}0^2+(4-b)^2=r^2\\10^2+(0-b)^2=r^2\end{cases}$,解得 $b=-10.5,r^2=14.5^2$。

所以,圆的方程是 $x^2+(y+10.5)^2=14.5^2$。把点 P_2 的横坐标 $x=-2$ 代入圆的方程,得$(-2)^2+(y+10.5)^2=14.5^2$,即 $y+10.5=\sqrt{14.5^2-(-2)^2}$($P_2$ 的纵坐标 $y>0$,平方根取正值)。所以 $y\approx3.86$(m)。

因此,A_2P_2 的高度约为 3.86 m。

[**方法规律总结**] 用坐标法解决平面几何问题的“三部曲”:

(1) 建立适当的平面直角坐标系,用坐标和方程表示问题中的几何元素,将平面几何问题转化为代数问题;

(2) 通过代数运算,解决代数问题;

(3) 把代数运算结果“翻译”成几何问题。

【跟踪练习 1】 某圆拱桥的水面跨度 16 m,拱高 4 m。有一货船,装满货过桥,顶部宽 4 m,水面以上高 3 m,请问此船能否通过?当卸完货返航时,船水面以上高 3.9 m,此时能否通过?

【命题方向 2】 用坐标法解决平面几何问题

【典例 2】 自点 $A(-3,3)$发出的光线 l 射到 x 轴上,被 x 轴反射,其反射光线所在直线与圆 $x^2+y^2-4x-4y+7=0$ 相切,求光线 l 所在直线的方程。

解:

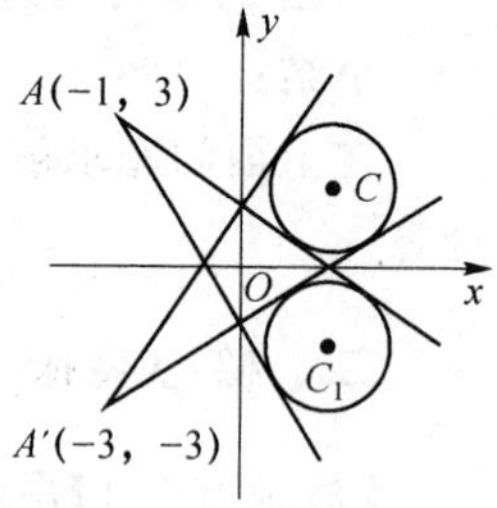

如右图所示,已知圆 $C:x^2+y^2-4x-4y+7=0$ 关于 x 轴对称的圆为 $C_1:(x-2)^2+(y+2)^2=1$,其圆心 C_1 的坐标为$(2,-2)$,半径为 1,由光的反射定律知,入射光线所在直线方程与圆 C_1 相切。

设 l 的方程为 $y-3=k(x+3)$,则 $\dfrac{|5k+5|}{\sqrt{1^2+k^2}}=1$,即 $12k^2+25k+12=0$。

所以 $k_1=-\dfrac{4}{3},k_2=-\dfrac{3}{4}$。

则 l 的方程为 $4x+3y+3=0$ 或 $3x+4y-3=0$。

[**方法规律总结**] 利用坐标法解决平面几何问题,是将几何中“形”的问题转化为代数中“数”的问题,应用的是数学中最基本的思想方法:转化与化归的思想方法,事实上,数学中一切问题的解决都离不开转化与化归。所谓转化与化归思想是指把待解决的问题(或未解决的问题)转化归结为已有知识范围内可解决的问题的一种数学意识。

【跟踪训练 2】 若 x,y 满足$(x-1)^2+(y+2)^2=4$,则 $2x+y$ 的最大值和最小值分别为________和________。

三、课堂练习

1. 实数 x,y 满足方程 $x+y-4=0$,则 x^2+y^2 的最小值为( )。

A. 4　　B. 6　　C. 8　　D. 12

2. 若直线 $ax+by=1$ 与圆 $x^2+y^2=1$ 相交,则点 $P(a,b)$的位置是( )。

A. 在圆上　　B. 在圆外　　C. 在圆内　　D. 都有可能

3. 如果实数满足$(x+2)^2+y^2=3$，则$\frac{y}{x}$的最大值为(　　)。

A. $\sqrt{3}$　　B. $-\sqrt{3}$　　C. $\frac{\sqrt{3}}{3}$　　D. $-\frac{\sqrt{3}}{3}$

4. 一辆卡车宽 2.7 m，要经过一个半径为 4.5 m 的半圆形隧道(双车道，不得违章)，则这辆卡车的平顶车篷篷顶距离地面的高度不得超过(　　)。

A. 1.4 m　　B. 3.0 m　　C. 3.6 m　　D. 4.5 m

5. 已知两点 $A(-2,0)$，$B(0,2)$，点 C 是圆 $x^2+y^2-2x=0$ 上任意一点，则$\triangle ABC$ 面积的最小值是(　　)。

A. $3-\sqrt{2}$　　B. $3+\sqrt{2}$　　C. $3-\frac{\sqrt{2}}{2}$　　D. $\frac{3-\sqrt{2}}{2}$

6. 已知集合 $M=\{(x,y)\mid y=\sqrt{9-x^2},y\neq 0\}$，$N=\{(x,y)\mid y=x+b\}$，若 $M\cap N\neq\varnothing$，则实数 b 的取值范围是(　　)。

A. $[-3\sqrt{2},3\sqrt{2}]$　　B. $[-3,3]$　　C. $(-3,3\sqrt{2}]$　　D. $[-3\sqrt{2},3)$

必修三篇

第三部分

第7章 三角函数

7.1 任意角

【学习目标】

1. 了解任意角的概念，能正确区分正角、负角与零角。

2. 理解象限角与终边相同的角的定义。掌握终边相同的角的表示方法，并会判断角所在的象限。

一、阅读提纲

【疑点识记】

1. 角

(1) 角的概念：角可以看成平面内________绕着________从一个位置________到另一个位置所成的图形。

(2) 角的分类：按旋转方向可将角分为如下三类。

类型	定义	图示
正角	按________形成的角	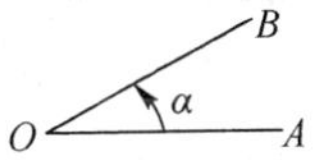
负角	按________形成的角	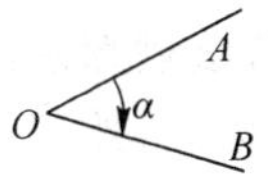
零角	一条射线________，称它形成了一个零角	

2. 象限角

角的顶点与坐标原点重合，角的始边与 x 轴的非负半轴重合，那么，角的终边在第几象限，就说这个角是________。如果角的终边在坐标轴上，就认为这个角不属于任何一个象限。

3. 终边相同的角

所有与角 α 终边相同的角，连同角 α 在内，可构成一个集合 $S=\{\beta|\beta=$________$\}$，即任一与角 α 终边相同的角，都可以表示成角 α 与________的和。

【问题探究】

将射线 OA 绕点 O 进行旋转，旋转到 OB 位置。

问题1:从 OA 旋转到 OB,有多少种旋转方向?

问题2:从 OA 旋转到 OB,有多少种旋转方式?

问题3:角 $70°$,$110°$,$320°$的终边分别在第几象限?

问题4:角 $270°$和$-90°$的终边也落在象限内吗?

问题5:角的顶点与坐标原点重合,始边与 x 轴非负半轴重合,确定一条射线,以它为终边的角唯一吗?

二、核心突破

【命题方向1】 有关角的概念的问题

【典例1】 下列说法正确的是(　　)。

A. 钝角不一定是第二象限的角　　B. 终边相同的角一定相等

C. 终边与始边重合的角是零角　　D. 相等的角终边相同

解析:钝角大于 $90°$且小于 $180°$,一定是第二象限角,A 不正确;$30°$与 $390°$角的终边相同,但不相等,B 不正确;$360°$角的终边也与始边重合,C 不正确;只有 D 正确。

答案:D。

[**方法规律总结**] 解决此类问题的关键是正确理解 $0°\sim90°$的角,象限角、锐角、小于 $90°$的角的概念。

【跟踪练习1】 给出下列四个命题:①$-75°$是第四象限角;②$225°$是第三象限角;③$475°$是第二象限角;④$-315°$是第一象限角。其中正确的命题有(　　)。

A. 1个　　B. 2个　　C. 3个　　D. 4个

【命题方向2】 终边相同的角

【典例2】 已知角 $\alpha=-3\ 000°$,则与 α 终边相同的最小的正角是________。

解析:与 α 角终边相同的角为 $\beta=k\cdot360°-3\ 000°(k\in\mathbf{Z})$。

由题意,令 $k\cdot360°-3\ 000°>0°$,则 $k>\dfrac{25}{3}$,故取 $k=9$,得与 α 终边相同的最小正角为 $240°$。

答案:$240°$。

[**方法规律总结**] 利用终边相同的角,求适合某范围的角的方法:一是通过解不等式求出 k 的范围,然后求出满足条件的角;二是先找到 $0°\sim360°$内与已知角终边相同的角,再找题设中所满足的角。

【跟踪训练2】 在$-720°$到 $720°$之间与$-1\ 000°$角终边相同的角是________。

【命题方向3】 区域角的表示形式

【典例3】 如右图所示,(1) 分别写出终边落在 OA,OB 位置上的角的集合;

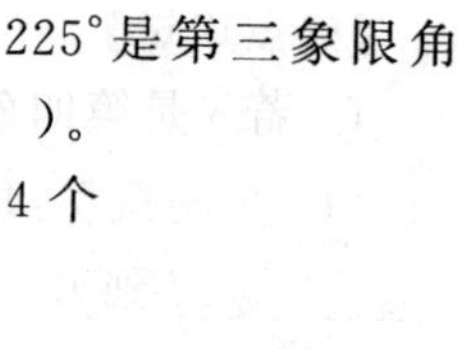

(2) 写出终边落在阴影部分(包括边界)的角的集合。

答案:(1) 终边落在 OA 位置上的角的集合为:$\{\alpha|\alpha=90°+45°+k\cdot360°,k\in\mathbf{Z}\}=\{\alpha|\alpha=135°+k\cdot360°,k\in\mathbf{Z}\}$。

终边落在 OB 位置上的角的集合为:$\{\beta|\beta=-30°+k\cdot360°,k\in\mathbf{Z}\}$。

(2) 由图可知,阴影部分角的集合可表示为

$\{\alpha|-30°+k\cdot360°\leqslant\alpha\leqslant135°+k\cdot360°,k\in\mathbf{Z}\}$。

［**方法规律总结**］　区域角是指终边落在坐标系的某个区域的角，其写法可分三步：

(1) 先按逆时针的方向找到区域的起始和终止边界；

(2) 由小到大分别标出起始、终止边界对应的一个角 α，β，写出所有与 α，β 终边相同的角；

(3)用不等式表示区域内的角，组成集合。

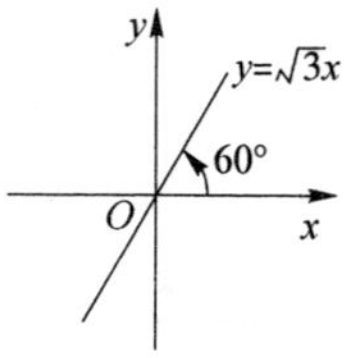

【跟踪训练 3】　如右图所示，写出终边落在直线 $y=\sqrt{3}x$ 上的角的集合(用 0°到 360°间的角表示)。

三、课堂练习

1. 已知中学生一节课的上课时间一般是 45 分钟，那么，经过一节课，分针旋转形成的角是(　　)。

A. 120°　　B. −120°　　C. 270°　　D. −270°

2. 下列叙述正确的是(　　)。

A. 第一或第二象限的角都可作为三角形的内角

B. 始边相同而终边不同的角一定不相等

C. 第四象限角一定是负角

D. 钝角比第三象限角小

3. 若 α 是第四象限角，则 $180°-\alpha$ 是第________象限角。

4. 在 0°～360°范围内：与 −1 000°角终边相同的最小正角是________，是第________象限角。

5. 在角的集合 $\{\alpha \mid \alpha=k\cdot 90°+45°, k\in\mathbf{Z}\}$ 中，

(1) 有几种终边不相同的角？

(2) 若 $-360°<\alpha<360°$，则集合中的 α 共有多少个？

7.2　弧　度　制

【学习目标】

1. 理解角度制与弧度制的概念，掌握角的不同度量制度，能对弧度和角度进行正确的变换。

2. 掌握并会应用弧度制下的弧长公式和扇形面积公式。

一、阅读提纲

【疑点识记】

1. 角的单位制

(1) 角度制：规定周角的________为 1°的角，用度作为单位来度量角的单位制叫作角度制。

(2) 弧度制：把长度等于________的弧所对的圆心角叫作 1 rad 的角，记作________。

(3) 角的弧度数求法：如果半径为 r 的圆的圆心角 α 所对的弧长为 l，那么 l，α，r 之间存在的关系是：______________；这里 α 的正负由角 α 的__________________决定。正角的

弧度数是一个________,负角的弧度数是一个________,零角的弧度数是________。

2. 角度制与弧度制的换算

角度化弧度	弧度化角度
$360°=$________ rad	2π rad=________
$180°=$________ rad	π rad=________
$1°=$________ rad≈0.017 45 rad	1 rad=________≈57°18′

3. 扇形的弧长及面积公式

设扇形的半径为 R,弧长为 l,α $(0<\alpha<2\pi)$为其圆心角,则

度量单位 / 类别	α 为角度制	α 为弧度制
扇形的弧长	$l=$________	$l=$________
扇形的面积	$S=$________	$S=$________=________

【问题探究】

问题 1:在角度制中,把圆周 360 等分,其中的一份是多少度?

问题 2:半径为 1 的圆的周长是 2π,即周长为 2π 时,对应的圆心角是 360°,那么弧长为 π 时,对应的圆心角是多少?

问题 3:1 rad 是多少度? α rad 呢?

问题 4:90°是多少弧度? 1°呢?

小结:

角的概念推广以后,在弧度制下,角的集合与实数集 **R** 之间建立一种一一对应关系。每一个角都有唯一的一个实数(角的弧度数)与它对应;反过来,每一个实数也都有唯一的一个角(弧度数等于这个实数的角)和它对应。

二、核心突破

【命题方向 1】 弧度制概念问题

【典例 1】 下列命题中,错误的是( )。

A. “度”与“弧度”是度量角的两种不同的度量单位

B. 1°的角是周角的$\frac{1}{360}$,1 rad 的角是周角的$\frac{1}{2\pi}$

C. 1 rad 的角比 1°的角要大

D. 用弧度制度量角时,角的大小与圆的半径有关

解析:根据角度制和弧度制的定义可以知道,A,B 是正确的;1 rad 的角是$\left(\frac{180}{\pi}\right)^{\circ}\approx$ 57.30°,C 也是正确的,无论是用角度制还是用弧度制度量角,角的大小都与圆的半径无关,故 D 错误。

答案:D。

[方法规律总结]　准确理解概念是判断的前提，弧度制与角度制的异同：

不同点	①单位不同，弧度制以“弧度”为度量单位，角度制以“度”为度量单位； ②表示角时，“弧度”二字可以省略不写
相同点	不管以“弧度”还是以“度”为单位，角的大小都是一个与圆的半径大小无关的定值

【跟踪练习 1】　下列说法中，错误的是(　　)。

A. 半圆所对的圆心角是 π rad

B. 周角的弧度数等于 2π

C. 1 rad 的圆心角所对的弧长等于该圆的半径

D. 长度等于半径的弦所对的圆心角的大小是 1 rad

【命题方向 2】　角度弧度互换

【典例 2】　将 1 920°转化为弧度数为(　　)。

A. $\frac{16}{3}$　　B. $\frac{32}{3}$　　C. $\frac{16\pi}{3}$　　D. $\frac{32\pi}{3}$

解析：$1\ 920°=1\ 920\times\frac{\pi}{180}=\frac{32\pi}{3}$。

答案：D。

[方法规律总结]　①在进行角度与弧度的换算时，关键是抓住 π 这一关系；②以后用弧度制表示角时，“弧度”或“rad”可以省略不写，而只写这个角所对应的弧度数即可，但是在用角度表示时，“度”或“°”却不能省略，以防止与弧度混淆；③用弧度作为单位时，常出现 π，如果题目中没有特殊的要求，应当保留 π 的形式，不要写成小数。

【跟踪训练 2】　判断下列各角所在的象限：

(1) 9；(2) -4；(3) $-\frac{1\ 999\pi}{5}$。

【命题方向 3】　扇形的弧长和面积公式

【典例 3】　已知一扇形的周长为 40 cm，当它的半径和圆心角取什么值时，才能使扇形的面积最大？最大面积是多少？

解析：

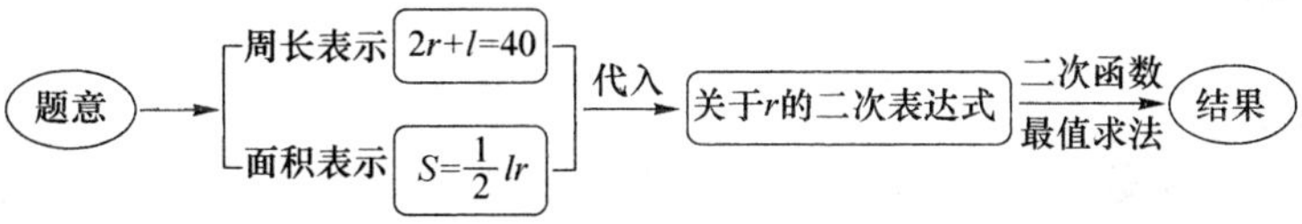

解：扇形的圆心角为 θ，半径为 r，弧长为 l，面积 S，则 $l+2r=40$，即 $l=40-2r(0<r<20)$。

$S=\frac{1}{2}lr=\frac{1}{2}\times(40-2r)r=20r-r^2=-(r-10)^2+100$。

当半径 $r=10$ cm 时，扇形的面积最大，最大值为 100 cm^2，此时 $\theta=\frac{l}{r}=\frac{40-2\times10}{10}=2$ rad。

[方法规律总结]

本题主要借助于弧长和面积公式，构造出二次函数，然后求解二次函数的最值及相关的量，并将数学问题的解还原为实际问题的解，这是解应用类问题的一般思路。同时，我们还应该注意所构造出函数的定义域除使解析式有意义外，还要有它的实际意义。

【跟踪训练 3】 (1) 已知扇形的周长为 20 cm，面积为 9 cm^2。

(1) 求扇形圆心角的弧度数；

(2) 已知某扇形的圆心角为 75°，半径为 15 cm，求扇形的面积。

三、课堂练习

1. 2 145°转化为弧度数为(　　)。

A. $\frac{16}{3}$　　B. $\frac{32\pi}{2}$　　C. $\frac{16\pi}{3}$　　D. $\frac{143\pi}{12}$

2. $\alpha=-2$ rad，则 α 的终边在(　　)。

A. 第一象限　　B. 第二象限

C. 第三象限　　D. 第四象限

3. 在不等圆中，1 rad 的圆心角所对的是(　　)。

A. 弦长相等　　B. 弧长相等

C. 弦长等于所在圆的半径　　D. 弧长等于所在圆的半径

4. 已知集合 $A=\{x\mid 2k\pi\leqslant x\leqslant 2k\pi+\pi, k\in\mathbf{Z}\}$，集合 $B=\{x\mid -4\leqslant x\leqslant 4\}$，则 $A\cap B=$________。

5. 已知一扇形的中心角是 α，所在圆的半径是 R。

(1) 若 $\alpha=60°$，$R=10$ cm，求扇形的弧长及该弧所在的弓形面积；

(2) 若扇形的周长是一定值 $c(c>0)$，当 α 为多少弧度时，该扇形有最大面积？

7.3 任意角的三角函数(一)

【学习目标】

1. 借助单位圆理解任意角的三角函数(正弦、余弦、正切)定义。
2. 熟记正弦、余弦、正切函数值在各象限的符号。
3. 掌握诱导公式(一)及其应用。

一、阅读提纲

【疑点识记】

1. 任意角三角函数的定义

设角 α 终边上任意一点的坐标为 (x,y)，它与原点的距离为 r，则 $\sin\alpha=$________，$\cos\alpha=$________，$\tan\alpha=$________。

2. 在图中标出正弦、余弦、正切函数值在各象限的符号：

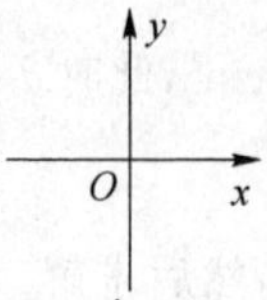

sin α

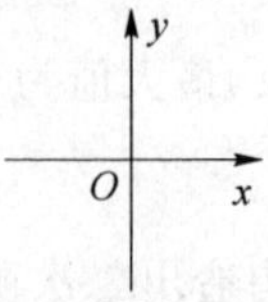

cos α

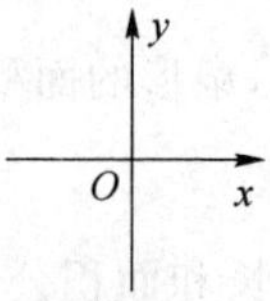

tan α

3. 诱导公式一

终边相同的角的同一三角函数的值________，即：

$\sin(\alpha+k\cdot 2\pi)=$________，$\cos(\alpha+k\cdot 2\pi)=$________，

$\tan(\alpha+k\cdot 2\pi)=$________，其中 $k\in\mathbf{Z}$。

【问题探究】

初中我们已经学习过锐角三角函数，它们都是以锐角为自变量的，请填好下表。

图形	定义	定义域	三角函数值的正负
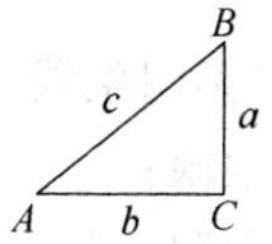 	$\sin A=$________； $\cos A=$________； $\tan A=\frac{a}{b}$	$A\in$________	$\sin A>0$， $\cos A>0$， $\tan A$ ________ 0

问题1：取 $\alpha=60^\circ$ 时，可取终边上一点 $P(1,\sqrt{3})$，问60°角的正弦、余弦和正切分别是什么？

问题2：在锐角 α 时，可取终边上一点 $P(a,b)$，问锐角的正弦、余弦和正切怎么表示。

问题3：在问题2中，$OP=1$，正弦、余弦和正切怎么表示？

问题4：若角 α 是第二象限角，则它的正弦、余弦和正切值的符号分别怎么表示？

问题5：取角 α 分别为 30°，390°，−330°，它们的三角函数值是什么关系？为什么？

二、核心突破

【命题方向1】　用三角函数定义求三角函数值

【典例1】　根据下列条件求 $\sin\alpha$，$\cos\alpha$，$\tan\alpha$。

(1) $\alpha=-\frac{\pi}{3}$；

(2) 角 α 的终边经过点 $P(-4a,3a)(a\neq 0)$。

解：(1) 角 $\alpha=-\frac{\pi}{3}$ 的终边与单位圆交于 $P\left(\frac{1}{2},-\frac{\sqrt{3}}{2}\right)$，所以 $\sin\alpha=-\frac{\sqrt{3}}{2}$，$\cos\alpha=\frac{1}{2}$，$\tan\alpha=-\sqrt{3}$。

(2) 因为 $x=-4a$，$y=3a$，所以 $r=\sqrt{(-4a)^2+(3a)^2}=5|a|$。

当 $a>0$ 时，$r=5a$，角 α 为第二象限，所以 $\sin\alpha=\frac{y}{r}=\frac{3a}{5a}=\frac{3}{5}$，

$\cos\alpha=\frac{x}{r}=\frac{-4a}{5a}=-\frac{4}{5}$，$\tan\alpha=\frac{y}{x}=\frac{3a}{-4a}=-\frac{3}{4}$；

当 $a<0$ 时，$r=-5a$，角 α 为第四象限，所以 $\sin\alpha=\frac{y}{r}=\frac{3a}{-5a}=-\frac{3}{5}$，

$\cos\alpha=\frac{x}{r}=\frac{-4a}{-5a}=\frac{4}{5}$，$\tan\alpha=\frac{y}{x}=\frac{3a}{-4a}=-\frac{3}{4}$。

[方法规律总结] 已知角 α 终边上任意一点的坐标,求其三角函数值的步骤是:①求 $r=|OP|=\sqrt{x^2+y^2}$;②利用 $\sin\alpha=\frac{y}{r}$,$\cos\alpha=\frac{x}{r}$,$\tan\alpha=\frac{y}{x}$ 求值。当角 α 终边上的点的坐标含参数时,为确定 r 的值要根据情况进行分类讨论。

【跟踪练习 1】 已知角 α 的终边经过点 $P(-b,4)$ 且 $\cos\alpha=-\frac{3}{5}$,则 b 的值为(　　)。

A. 3　　B. -3　　C. ± 3　　D. 5

【命题方向 2】 三角函数符号问题

【典例 2】 若角 α 分别是第二、三、四象限角,则点 $P(\sin\alpha,\cos\alpha)$ 分别落在第________、________和________象限。

解析: 当角 α 是第二象限角时,$\sin\alpha>0$,$\cos\alpha<0$,则点 $P(\sin\alpha,\cos\alpha)$ 在第四象限;
当角 α 是第三象限角时,$\sin\alpha<0$,$\cos\alpha<0$,则点 $P(\sin\alpha,\cos\alpha)$ 在第三象限;
当角 α 是第四象限角时,$\sin\alpha<0$,$\cos\alpha>0$,则点 $P(\sin\alpha,\cos\alpha)$ 在第二象限。

[方法规律总结] 判断三角函数的符号时,首先要确定角所在的象限,另外准确记忆三角函数值在各象限的符号是解决这类问题的关键,这个问题是以后解决三角函数求值问题的基础。

【跟踪训练 2】 若 α 为第二象限角,则 $\frac{|\sin\alpha|}{\sin\alpha}-\frac{\cos\alpha}{|\cos\alpha|}=$(　　)。

A. 1　　B. 0　　C. 2　　D. -2

【命题方向 3】 诱导公式一的简单应用

【典例 3】 $\sin 1\,485°$ 的值为(　　)。

A. $\frac{1}{2}$　　B. $\frac{\sqrt{2}}{2}$　　C. $\frac{\sqrt{3}}{2}$　　D. $-\frac{\sqrt{2}}{2}$

解析: $\sin 1\,485°=\sin(4\times 360°+45°)=\sin 45°=\frac{\sqrt{2}}{2}$。

答案: B。

[方法规律总结] 利用诱导公式一可把负角的三角函数化为 0 到 2π 间的三角函数,亦可把大于 2π 的角的三角函数化为 0 到 2π 间的三角函数,即实现"负化正,大化小"。

【跟踪训练 3】 求下列各式的值。

(1) $\cos\left(-\frac{23}{3}\pi\right)+\tan\frac{17}{4}\pi$;

(2) $\sin 630°+\tan 1\,125°+\tan 765°+\cos 540°$。

三、课堂练习

1. 角 α 的终边落在 $y=-x(x>0)$ 上,则 $\sin\alpha$ 的值等于(　　)。

A. $\pm\frac{1}{2}$　　B. $\frac{\sqrt{2}}{2}$　　C. $\pm\frac{\sqrt{2}}{2}$　　D. $-\frac{\sqrt{2}}{2}$

2. 若角 α 的终边上有一点 $P(-4a,3a)(a\neq 0)$,则 $2\sin\alpha+\cos\alpha$ 的值是(　　)。

A. $\frac{2}{5}$　　B. $\frac{2}{3}$ 或 $-\frac{2}{5}$

C. $-\frac{2}{5}$　　　　D. 与 a 有关但不能确定

3. 已知 $\tan x>0$，且 $\sin x+\cos x>0$，那么角 x 是第(　　)象限角。

A. 一　　　　B. 二　　　　C. 三　　　　D. 四

4. $\sin 2\cdot\cos 3\cdot\tan 4$ 的值的符号为________。

5. 已知 $\sin x<0$，且 $\tan x>0$。

(1) 求角 $\frac{x}{2}$ 的终边所在的象限；

(2) 试判断 $\tan\frac{x}{2}$ 与 $\sin\frac{x}{2}\cdot\cos\frac{x}{2}$ 的符号。

7.4　任意角的三角函数(二)

【学习目标】

了解三角函数线的意义，能用三角函数线表示一个角的正弦、余弦和正切。

一、阅读提纲

【疑点识记】

1. 三角函数线

如图所示，设单位圆与 x 轴的正半轴交于点 A，与角 α 的终边交于点 P。过点 P 作 x 轴的垂线 PM，垂足为 M，过点 A 作单位圆的切线交 OP 的延长线(或反向延长线)于点 T。单位圆中的有向线段________、________、________分别叫作角 α 的正弦线、余弦线、正切线，记作：$\sin\alpha=$________，$\cos\alpha=$________，$\tan\alpha=$________。

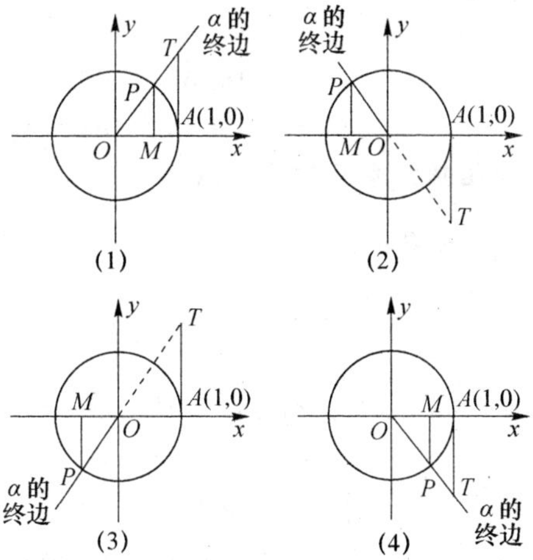

(1)　(2)　(3)　(4)

【问题探究】

在平面直角坐标系中，任意角 α 的终边与单位圆交于点 P，过 P 作 $PM\perp x$ 轴，过 $A(1,0)$ 作 $AT\perp x$ 轴，交终边或其反向延长线于点 T。

问题 1：根据上面叙述画出 α 分别取 135°，30°，225°和 −60°时的图形。

问题 2：由上面图形结合三角函数定义，可以得到 $\sin\alpha$，$\cos\alpha$，$\tan\alpha$ 与 MP，OM，AT 的关系吗？

小结：

正弦线、余弦线、正切线分别是正弦、余弦、正切函数的几何表示，三角函数线的长度等于三角函数值的绝对值。方向表示三角函数值的正负。

二、核心突破

【命题方向 1】 三角函数线

【典例 1】 分别作出$\frac{2\pi}{3}$和$\frac{4\pi}{5}$的正弦线、余弦线和正切线，并比较 $\sin\frac{2\pi}{3}$和 $\sin\frac{4\pi}{5}$，$\cos\frac{2\pi}{3}$和 $\cos\frac{4\pi}{5}$，$\tan\frac{2\pi}{3}$和 $\tan\frac{4\pi}{5}$的大小。

解：如右图所示$\frac{2\pi}{3}$的正弦线为 PM，余弦线为 OM，正切线为 AT，$\frac{4\pi}{5}$的正弦线为 $M'P'$，余弦线为 OM'，正切线为 AT'，显然

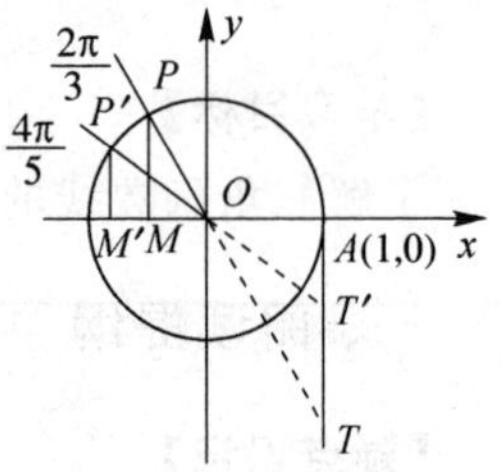

$|MP|>|M'P'|$，符号皆正，$\sin\frac{2\pi}{3}>\sin\frac{4\pi}{5}$。$|OM|<|OM'|$，符号皆负，所以 $\cos\frac{2\pi}{3}>\cos\frac{4\pi}{5}$。

$|AT|>|AT'|$，符号皆负，所以 $\tan\frac{2\pi}{3}<\tan\frac{4\pi}{5}$。

[方法规律总结] 利用三角函数线比较三角函数值的大小，是三角函数线的一个重要应用，也是典型的数形结合思想的应用。

【跟踪训练 1】 如果 MP、OM 分别是角 $\alpha=\frac{3\pi}{16}$的正弦线和余弦线，那么下列结论正确的是(　　)。

A. $MP<OM<0$　　　　B. $MP<0<OM$

C. $MP>OM>0$　　　　D. $OM>MP>0$

【命题方向 2】 利用三角函数线解三角不等式

【典例 2】 已知 $\sin\alpha\geqslant\frac{1}{2}$，求角 α 的集合。

解：如右图所示，作直线 $y=\frac{1}{2}$交单位圆于 P、P'，则 $\sin\angle POx=\sin\angle P'Ox=\frac{1}{2}$，在$[0,2\pi)$内$\angle POx=\frac{\pi}{6}$，$\angle P'Ox=\frac{5\pi}{6}$。

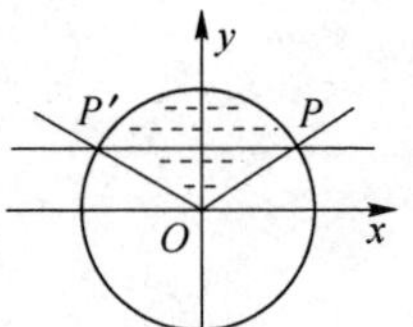

所以，满足条件的集合为$\left\{\alpha\,|\,2k\pi+\frac{\pi}{6}\leqslant\alpha\leqslant2k\pi+\frac{5\pi}{6},k\in\mathbf{Z}\right\}$。

[方法规律总结] 利用单位圆中的三角函数线解不等式的方法。

(1) 首先作出单位圆，然后根据各问题的约束条件，利用三角函数线画出满足条件的终边范围。

(2) 在应用三角函数线时，可根据这样一句话来理解：角的终边与单位圆交点的横坐标是该角的余弦值，与单位圆交点的纵坐标是该角的正弦值，写角的范围时，抓住边界值，然后

再注意角的范围的写法要求。

【跟踪训练 2】 使 $\sin x \leqslant \cos x$ 成立的 x 的一个变化区间是(　　)。

A. $\left[-\frac{3\pi}{4},\frac{\pi}{4}\right]$　　B. $\left[-\frac{\pi}{2},\frac{\pi}{2}\right]$　　C. $\left[-\frac{\pi}{4},\frac{3\pi}{4}\right]$　　D. $[0,\pi]$

【命题方向 3】 三角函数的综合应用

【典例 3】 若 $\alpha\in(0,2\pi)$，求证：$\sin\alpha+\cos\alpha>1$。

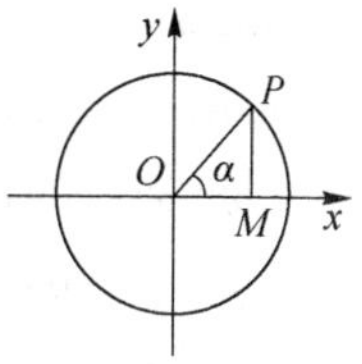

证明：如右图所示，在单位圆中，$\sin\alpha=MP$，$\cos\alpha=OM$，$OP=1$，由三角形两边之和大于第三边，可知 $MP+OM>OP$，即 $\sin\alpha+\cos\alpha>1$。

【方法规律总结】 在从“数”的角度认识任意角的三角函数的基础上，再从图形角度考查任意的三角函数，即用有向线段表示三角函数值，这是三角函数与其他基本初等函数不同的地方。

【跟踪训练 3】 利用三角函数线证明：若 $0<\alpha<\beta<\frac{\pi}{2}$，则有 $\beta-\alpha>\sin\beta-\sin\alpha$。

三、课堂练习

1. 利用正弦线比较 sin 1，sin 1.2，sin 1.5 的大小关系是(　　)。

A. $\sin 1>\sin 1.2>\sin 1.5$　　B. $\sin 1>\sin 1.5>\sin 1.2$

C. $\sin 1.5>\sin 1.2>\sin 1$　　D. $\sin 1.2>\sin 1>\sin 1.5$

2. 若 $0<\alpha<2\pi$，且 $\sin\alpha<\frac{\sqrt{3}}{2}$，$\cos\alpha>\frac{1}{2}$，则角 α 的取值范围是(　　)。

A. $\left[-\frac{\pi}{3},\frac{\pi}{3}\right]$　　B. $\left[0,\frac{\pi}{3}\right]$

C. $\left[\frac{5\pi}{3},2\pi\right]$　　D. $\left[0,\frac{\pi}{3}\right]\cup\left[\frac{5\pi}{3},2\pi\right]$

3. 如果 $\frac{\pi}{4}<\alpha<\frac{\pi}{2}$，那么下列不等式成立的是(　　)。

A. $\cos\alpha<\sin\alpha<\tan\alpha$　　B. $\tan\alpha<\sin\alpha<\cos\alpha$

C. $\sin\alpha<\cos\alpha<\tan\alpha$　　D. $\cos\alpha<\tan\alpha<\sin\alpha$

4. 不等式 $\tan\alpha+\frac{\sqrt{3}}{3}>0$ 的解集是____________________。

5. 求函数 $f(x)=\lg(3-4\sin^2 x)$ 的定义域为__________。

7.5　同角三角函数的基本关系

【学习目标】

1. 理解同角三角函数的基本关系式。
2. 会运用平方关系和商的关系进行化简、求值和证明。

一、阅读提纲

【疑点识记】

1. 同角三角函数的基本关系式

(1) 平方关系：____________________________。

(2) 商数关系：____________($\alpha \neq k\pi + \dfrac{\pi}{2}, k \in \mathbf{Z}$)。

2. 同角三角函数基本关系式的变形

(1) $\sin^2\alpha + \cos^2\alpha = 1$ 的变形公式：

$\sin^2\alpha =$ ________；$\cos^2\alpha =$ ________；

$(\sin\alpha + \cos\alpha)^2 =$ ____________________；

$(\sin\alpha - \cos\alpha)^2 =$ ________________；

$(\sin\alpha + \cos\alpha)^2 + (\sin\alpha - \cos\alpha)^2 =$ ________；

$\sin\alpha \cdot \cos\alpha =$ ________________ $=$ ________________。

(2) $\tan\alpha = \dfrac{\sin\alpha}{\cos\alpha}$ 的变形公式：$\sin\alpha =$ ____________；$\cos\alpha =$ ____________。

【问题探究】

若角 α 的终边与单位圆交于点 $P(x,y)$，根据三角函数的定义知 $y = \sin\alpha$，$x = \cos\alpha$，$\tan\alpha = \dfrac{y}{x}$。

问题 1：能否根据 x、y 的关系得到 $\sin\alpha, \cos\alpha, \tan\alpha$ 的关系？

问题 2：上面两个关系式对任意角都成立吗？

问题 3：公式中"同角"的含义是什么？

二、核心突破

【命题方向 1】 求值问题

【典例 1】 已知 α 是第三象限角，$\sin\alpha = -\dfrac{1}{3}$，则 $\tan\alpha =$ __________。

解：由 $\begin{cases} \sin\alpha = -\dfrac{1}{3} \\ \sin^2\alpha + \cos^2\alpha = 1 \end{cases}$，且 α 是第三象限角，可得 $\cos\alpha = -\dfrac{2}{3}\sqrt{2}$，所以

$\tan\alpha = \dfrac{\sin\alpha}{\cos\alpha} = \dfrac{\sqrt{2}}{4}$。

[方法规律总结] 已知角 α 的某一种三角函数值，求角 α 的其余三角函数值时，要注意公式的合理选择，一般是先选用平方关系，再用商数关系。另外也要注意"1"的代换，如"$1 = \sin^2\alpha + \cos^2\alpha$"。

【跟踪练习 1】 若 $\sin A = \dfrac{4}{5}$ 且 A 是三角形中的一个内角，求 $\dfrac{5\sin A + 8}{15\cos A - 7}$ 的值。

【命题方向 2】 有关弦化切的求值问题

【典例 2】 如果 $\tan\theta = 2$，那么 $1 + \sin\theta\cos\theta$ 的值是(　　)。

A. $\dfrac{7}{3}$　　B. $\dfrac{7}{5}$　　C. $\dfrac{5}{4}$　　D. $\dfrac{5}{3}$

解析：$1 + \sin\theta\cos\theta = \dfrac{\sin^2\theta + \cos^2\theta + \sin\theta\cos\theta}{\sin^2\theta + \cos^2\theta} = \dfrac{1 + \tan^2\theta + \tan\theta}{1 + \tan^2\theta} = \dfrac{1 + 2^2 + 2}{1 + 2^2} = \dfrac{7}{5}$。

答案：B。

［方法规律总结］　已知 $\tan\alpha$ 的值，求关于 $\sin\alpha,\cos\alpha$ 的齐次分式的值的问题，比如求 $\frac{\sin\alpha+\cos\alpha}{\sin\alpha-\cos\alpha}$ 的值，因为 $\cos\alpha\neq0$，所以用 $\cos\alpha$ 除之，将待求式化为关于 $\tan\alpha$ 的表达式，可整体代入 $\tan\alpha=m$ 的值，从而完成待求式的求值。

【跟踪训练2】　已知 $\tan\alpha=2$，计算：

(1) $\frac{2\sin\alpha-\cos\alpha}{\sin\alpha+2\cos\alpha}$；

(2) $\sin^2\alpha+\sin\alpha\cos\alpha-2\cos^2\alpha$。

【命题方向3】　利用 $\sin\alpha\pm\cos\alpha,\sin\alpha\cos\alpha$ 之间的关系求值

【典例3】　如果 $\sin\alpha+\cos\alpha=-\frac{1}{5}$ 且 $0<\alpha<\pi$，那么 $\tan\alpha$ 的值为（　　）。

A. $-\frac{4}{3}$　　B. $\frac{4}{3}$　　C. $-\frac{3}{4}$　　D. $\frac{3}{4}$

解析：方法一。因为 $\sin\alpha+\cos\alpha=-\frac{1}{5}$，所以 $2\sin\alpha\cos\alpha=-\frac{24}{25}<0$。

又因为 $0<\alpha<\pi$，所以 $\frac{3}{4}\pi<\alpha<\pi$。

所以 $-\frac{24}{25}=2\sin\alpha\cos\alpha=\frac{2\sin\alpha\cos\alpha}{\sin^2\alpha+\cos^2\alpha}=\frac{2\tan\alpha}{1+\tan^2\alpha}$。

化为 $12\tan^2\alpha+25\tan\alpha+12=0$。

得 $\tan\alpha=-\frac{4}{3}$（舍去）或 $\tan\alpha=-\frac{3}{4}$。

方法二。因为 $\sin\alpha+\cos\alpha=-\frac{1}{5}$，所以 $2\sin\alpha\cos\alpha=-\frac{24}{25}<0$ ①。

又因为 $0<\alpha<\pi$，所以 $\sin\alpha>0,\cos\alpha<0$，则 $\sin\alpha-\cos\alpha>0$，

得出 $\sin\alpha-\cos\alpha=\sqrt{(\sin\alpha-\cos\alpha)^2}=\sqrt{1-2\sin\alpha\cos\alpha}=\frac{7}{5}$②。

由①②解得 $\sin\alpha=\frac{3}{5},\cos\alpha=-\frac{4}{5}$，所以 $\tan\alpha=\frac{\sin\alpha}{\cos\alpha}=-\frac{3}{4}$。

［方法规律总结］　注意 $\sin\alpha+\cos\alpha,\sin\alpha-\cos\alpha,\sin\alpha\cdot\cos\alpha$ 三者"知一求二"的解题技巧，善于利用方程思想解决问题。

【跟踪训练3】　已知在 $\triangle ABC$ 中，$\sin A+\cos A=\frac{1}{5}$。

(1) 求 $\sin A\cos A$；

(2) 判断 $\triangle ABC$ 是锐角还是钝角三角形；

(3) $\tan A$ 的值。

【命题方向4】　三角函数式的化简

【典例4】　化简 $\frac{\sin\alpha}{1+\sin\alpha}-\frac{\sin\alpha}{1-\sin\alpha}$ 的结果为________。

解析：$\frac{\sin\alpha}{1+\sin\alpha}-\frac{\sin\alpha}{1-\sin\alpha}$

$=\dfrac{\sin\alpha(1-\sin\alpha)-\sin\alpha(1+\sin\alpha)}{(1+\sin\alpha)(1-\sin\alpha)}$

$=\dfrac{-2\sin^2\alpha}{1-\sin^2\alpha}=\dfrac{-2\sin^2\alpha}{\cos^2\alpha}=-2\tan^2\alpha$。

答案：$-2\tan^2\alpha$。

【跟踪训练4】 求证：$\dfrac{1-2\sin 2x\cdot\cos 2x}{\cos^2 2x-\sin^2 2x}=\dfrac{1-\tan 2x}{1+\tan 2x}$。

三、课堂练习

1. 已知 $\tan\alpha=-\dfrac{1}{2}$，则 $\dfrac{1+2\sin\alpha\cos\alpha}{\sin^2\alpha-\cos^2\alpha}$ 的值是（　　）。

A. $\dfrac{1}{3}$　　B. 3　　C. $-\dfrac{1}{3}$　　D. -3

2. 已知 $\sin\alpha-\cos\alpha=-\dfrac{\sqrt{5}}{2}$，则 $\tan\alpha+\dfrac{1}{\tan\alpha}$ 的值为（　　）。

A. -4　　B. 4　　C. -8　　D. 8

3. 已知 α 是第四象限角，$\tan\alpha=-\dfrac{5}{12}$，则 $\sin\alpha=$________。

4. 化简下列各式：

（1）$\sqrt{1-\sin^2 400^\circ}$；

（2）$\dfrac{\sqrt{1-2\sin 40^\circ\cos 40^\circ}}{\cos 40^\circ-\sqrt{1-\cos^2 40^\circ}}$。

5. 化简：$\dfrac{1-\cos^4\alpha-\sin^4\alpha}{1-\cos^6\alpha-\sin^6\alpha}$。

7.6　三角函数的诱导公式（一）

【学习目标】

1. 借助单位圆及三角函数定义理解三组公式的推导过程。
2. 运用所学四组公式进行求值、化简与证明。

一、阅读提纲

【疑点识记】

1. 设 α 为任意角，则 $\pi+\alpha$，$-\alpha$，$\pi-\alpha$ 的终边与 α 的终边之间的对称关系。

相关角	终边之间的对称关系
$\pi+\alpha$ 与 α	关于________对称
$-\alpha$ 与 α	关于________对称
$\pi-\alpha$ 与 α	关于________对称

2. 诱导公式一～四

(1) 公式一：$\sin(\alpha+2k\pi)=$ ________，$\cos(\alpha+2k\pi)=$ ________，$\tan(\alpha+2k\pi)=$ ________，其中 $k\in\mathbf{Z}$。

(2) 公式二：$\sin(\pi+\alpha)=$ ________，$\cos(\pi+\alpha)=$ ________，$\tan(\pi+\alpha)=$ ________。

(3) 公式三：$\sin(-\alpha)=$ ________，$\cos(-\alpha)=$ ________，$\tan(-\alpha)=$ ________。

(4) 公式四：$\sin(\pi-\alpha)=$ ________，$\cos(\pi-\alpha)=$ ________，$\tan(\pi-\alpha)=$ ________。

【问题探究】

问题 1：在平面直角坐标系中，角 α 与 $\alpha+2k\pi(k\in\mathbf{Z})$ 的终边相同，它们的三角函数值有什么关系？

问题 2：设单位圆与角 α，$-\alpha$ 终边的交点分别为 P 和 P'，那么这两点有什么关系？它们的坐标分别是什么？

问题 3：根据问题 2，$\cos(-\alpha)$ 与 $\cos\alpha$，$\sin(-\alpha)$ 与 $\sin\alpha$ 之间有什么关系？

问题 4：角 α 分别与 $\pi+\alpha$，$\pi-\alpha$ 的终边有什么关系？

问题 5：角 α 分别与 $\pi+\alpha$，$\pi-\alpha$ 的三角函数有关系吗？

小结：

1. 诱导公式一～四可用口诀“函数名不变，符号看象限”记忆，其中“函数名不变”是指等式两边的三角函数同名，“符号”是指等号右边是正号还是负号，“看象限”是指把 α 看成锐角时原三角函数值中的角的象限。

2. 公式一：利用诱导公式一可把任意角三角函数转化为 $0\sim2\pi$ 角的三角函数的值。

公式二：是 $\pi+\alpha$ 与 α 之间的关系式，若 α 为锐角时可把 $0\sim2\pi$ 的第三象限角转化为锐角求值。

公式三：研究角 α 与 $-\alpha$ 的关系，常用来把任意角求值转化为正角求值。

公式四：研究 $\pi-\alpha$ 与 α 的关系，若 α 为锐角时可把 $0\sim2\pi$ 的第二象限角转化为锐角求值。

二、核心突破

【命题方向 1】　给角求值问题

【典例 1】　求值。

(1) $\sin\left(-\frac{\pi}{3}\right)$；(2) $\sin 1\,290°$；(3) $\cos 690°$。

解：(1) $\sin\left(-\frac{\pi}{3}\right)=-\sin\frac{\pi}{3}=-\frac{\sqrt{3}}{2}$。

(2) $\sin 1\,290°=\sin(3\times360°+210°)=\sin 210°=\sin(180°+30°)=-\sin 30°=-\frac{1}{2}$。

(3) $\cos 690°=\cos(720°-30°)=\cos(-30°)=\cos 30°=\frac{\sqrt{3}}{2}$。

【跟踪练习 1】　下列三角函数：①$\sin\left(n\pi+\frac{4\pi}{3}\right)(n\in\mathbf{N})$；

② $\cos\left(2n\pi+\frac{\pi}{6}\right)(n\in\mathbf{N})$；③$\sin\left(2n\pi+\frac{\pi}{3}\right)$；

④$\cos\left(2n\pi+\frac{\pi}{3}\right)(n\in\mathbf{N})$；⑤$\sin\left((2n+1)\pi-\frac{\pi}{3}\right)(n\in\mathbf{Z})$。

其中与 $\sin\frac{\pi}{3}$数值相同的是(　　)。

A. ①②　　B. ①③④　　C. ②③⑤　　D. ①③⑤

【命题方向 2】 给值求值问题

【典例 2】 若 $\cos(\pi+\alpha)=-\frac{1}{2}$，$\frac{3\pi}{2}<\alpha<2\pi$，则 $\sin(2\pi-\alpha)$等于(　　)。

A. $-\frac{\sqrt{3}}{2}$　　B. $\frac{\sqrt{3}}{2}$　　C. $\frac{1}{2}$　　D. $\pm\frac{\sqrt{3}}{2}$

解析： 因为 $\cos(\pi+\alpha)=-\frac{1}{2}$，所以 $\cos\alpha=\frac{1}{2}$。又因为$\frac{3\pi}{2}<\alpha<2\pi$，所以 $\sin\alpha=-\sqrt{1-\cos^2\alpha}=-\frac{\sqrt{3}}{2}$。

故 $\sin(2\pi-\alpha)=-\sin\alpha=\frac{\sqrt{3}}{2}$。

[**方法规律总结**] 解决条件求值问题的策略。

(1) 解决条件求值问题，首先要仔细观察条件与所求式之间的角、函数名称及有关运算之间的差异及联系。

(2) 可以将已知式进行变形向所求式转化，或将所求式进行变形向已知式转化。

【跟踪训练 2】 $\tan(5\pi+\alpha)=m$，则$\frac{\sin(\alpha-3\pi)+\cos(\pi-\alpha)}{\sin(-\alpha)-\cos(\pi+\alpha)}$的值为(　　)。

A. $\frac{m+1}{m-1}$　　B. $\frac{m-1}{m+1}$　　C. -1　　D. 1

【命题方向 3】 利用诱导公式化简

【典例 3】 化简$\frac{\sqrt{1+2\sin 290^\circ\cos 430^\circ}}{\sin 250^\circ+\cos 790^\circ}$。

解： 原式$=\frac{\sqrt{1+2\sin(180^\circ+110^\circ)\cdot\cos(360^\circ+70^\circ)}}{\sin(180^\circ+70^\circ)+\cos(720^\circ+70^\circ)}$

$=\frac{\sqrt{1-2\sin 110^\circ\cos 70^\circ}}{-\sin 70^\circ+\cos 70^\circ}=\frac{\sqrt{1-2\sin 70^\circ\cos 70^\circ}}{\cos 70^\circ-\sin 70^\circ}$

$=\frac{|\sin 70^\circ-\cos 70^\circ|}{\cos 70^\circ-\sin 70^\circ}=\frac{\sin 70^\circ-\cos 70^\circ}{\cos 70^\circ-\sin 70^\circ}=-1$。

[**方法规律总结**] 三角函数式的化简方法：

(1) 利用诱导公式，将任意角的三角函数转化为锐角的三角函数。

(2) 常用"切化弦"法，即表达式中的切函数通常化为弦函数。

(3) 注意"1"的变式应用：如 $1=\sin^2\alpha+\cos^2\alpha$。

【跟踪训练 3】 设 $f(x)=a\sin(\pi x+\alpha)+b\cos(\pi x+\beta)+2$，其中 a、b、α、β 为非零常数。若 $f(2\ 009)=1$，则 $f(2\ 010)=$________。

三、课堂练习

1. $\sin\left(-\frac{19\pi}{6}\right)$的值等于(　　)。

A. $\frac{1}{2}$　　B. $-\frac{1}{2}$　　C. $\frac{\sqrt{3}}{2}$　　D. $-\frac{\sqrt{3}}{2}$

2. 若 n 为整数，则代数式 $\frac{\sin(n\pi+\alpha)}{\cos(n\pi+\alpha)}$ 的化简结果是（　　）。

A. $\pm\tan\alpha$　　B. $-\tan\alpha$　　C. $\tan\alpha$　　D. $\frac{1}{2}\tan\alpha$

3. 化简 $\sin^2(\pi+\alpha)-\cos(\pi+\alpha)\cos(-\alpha)+1$ 的结果是（　　）。

A. $2\sin^2\alpha$　　B. 0　　C. 1　　D. 2

4. 若 $\cos(\alpha-\pi)=-\frac{2}{3}$，求 $\frac{\sin(\alpha-2\pi)+\sin(-\alpha-3\pi)\cos(\alpha-3\pi)}{\cos(\pi-\alpha)-\cos(-\pi-\alpha)\cos(\alpha-4\pi)}$ 的值。

5. 化简：$\frac{\sin[(k+1)\pi+\theta]\cdot\cos[(k+1)\pi-\theta]}{\sin(k\pi-\theta)\cdot\cos(k\pi+\theta)}$（其中 $k\in\mathbf{Z}$）。

7.7　三角函数的诱导公式(二)

【学习目标】

1. 借助单位圆及三角函数定义理解公式五、公式六的推导过程。
2. 运用公式五、公式六进行有关计算与证明。

一、阅读提纲

【疑点识记】

1. 诱导公式五、六

(1) 公式五：$\sin\left(\frac{\pi}{2}-\alpha\right)=$________；$\cos\left(\frac{\pi}{2}-\alpha\right)=$________。

以 $-\alpha$ 替代公式五中的 α，可得公式六。

(2) 公式六：$\sin\left(\frac{\pi}{2}+\alpha\right)=$________；$\cos\left(\frac{\pi}{2}+\alpha\right)=$________。

2. 诱导公式五、六的记忆

$\frac{\pi}{2}-\alpha$，$\frac{\pi}{2}+\alpha$ 的三角函数值等于 α 的____________三角函数值，前面加上一个把 α 看成锐角时原函数值的________，记忆口诀为“函数名改变，符号看象限”。

【问题探究】

问题 1：在平面直角坐标系中，角 α 与角 $\frac{\pi}{2}-\alpha$ 的终边有什么关系？

问题 2：角 α 与角 $\frac{\pi}{2}-\alpha$ 的三角函数有关系？

问题 3：利用公式四、公式五推导出角 α 与角 $\frac{\pi}{2}+\alpha$ 的三角函数的关系。

二、核心突破

【命题方向 1】　利用诱导公式解决求值问题

【典例 1】　(1) 若 $\sin\left(\alpha+\frac{\pi}{12}\right)=\frac{1}{3}$，则 $\cos\left(\alpha+\frac{7\pi}{12}\right)=$________。

(2) 计算 $\sin^2 1°+\sin^2 2°+\sin^2 3°+\cdots+\sin^2 89°=$________。

解:(1) $\cos\left(\alpha+\frac{7\pi}{12}\right)=\cos\left[\frac{\pi}{2}+\left(\alpha+\frac{\pi}{12}\right)\right]=-\sin\left(\alpha+\frac{\pi}{12}\right)=-\frac{1}{3}$。

(2) 原式 $=\sin^2 1°+\sin^2 2°+\cdots+\sin^2 44°+\sin^2 45°+\cos^2 44°+\cdots+\cos^2 1°$

$=(\sin^2 1°+\cos^2 1°)+(\sin^2 2°+\cos^2 2°)+\cdots+\sin^2 45°$

$=1+1+\cdots+\left(\frac{\sqrt{2}}{2}\right)^2=44+\frac{1}{2}=\frac{89}{2}$。

【跟踪训练1】 若 $f(\cos x)=\cos 2x$,则 $f(\sin 15°)$ 的值为(　　)。

A. $-\frac{\sqrt{3}}{2}$　　B. $\frac{\sqrt{3}}{2}$　　C. $-\frac{1}{2}$　　D. $\frac{1}{2}$

[方法规律总结] 已知三角函数值求其他三角函数值的解题思路。

(1) 观察:观察已知的角和所求角的差异,寻求角之间的关系;观察已知的三角函数名与所求的三角函数名的差异。

(2) 转化:运用诱导公式将不同的角转化为相同的角;将不同名的三角函数化为同名的三角函数。

【命题方向2】 利用诱导公式化简

【典例2】 化简 $\frac{\tan(3\pi-\alpha)}{\sin(\pi-\alpha)\sin\left(\frac{3}{2}\pi-\alpha\right)}+\frac{\sin(2\pi-\alpha)\cos\left(\alpha-\frac{7}{2}\pi\right)}{\sin\left(\frac{3}{2}\pi+\alpha\right)\cos(2\pi+\alpha)}$。

解:$\tan(3\pi-\alpha)=-\tan\alpha$,$\sin(\pi-\alpha)=\sin\alpha$,$\sin(2\pi-\alpha)=-\sin\alpha$,$\cos(2\pi+\alpha)=\cos\alpha$,$\sin\left(\frac{3}{2}\pi-\alpha\right)=-\cos\alpha$。

$\cos\left(\alpha-\frac{7}{2}\pi\right)=\cos\left(\frac{7}{2}\pi-\alpha\right)=\cos\left(4\pi-\frac{\pi}{2}-\alpha\right)=\cos\left(\frac{\pi}{2}+\alpha\right)=-\sin\alpha$,$\sin\left(\frac{3}{2}\pi+\alpha\right)=-\cos\alpha$。

所以,原式 $=\frac{-\tan\alpha}{\sin\alpha\cdot(-\cos\alpha)}+\frac{-\sin\alpha\cdot(-\sin\alpha)}{-\cos\alpha\cdot\cos\alpha}$

$=\frac{1}{\cos^2\alpha}-\frac{\sin^2\alpha}{\cos^2\alpha}=\frac{1-\sin^2\alpha}{\cos^2\alpha}=\frac{\cos^2\alpha}{\cos^2\alpha}=1$。

[方法规律总结] 化简变形时,通常先用诱导公式将三角函数式的角度统一后,再用同角三角函数的基本关系,这样可以避免公式交错使用时导致混乱。

【跟踪训练2】 若 $f(\alpha)=\frac{\sin(\pi-\alpha)\cos(2\pi-\alpha)\tan\left(-\alpha+\frac{3\pi}{2}\right)}{\cos(-\pi-\alpha)}$,则 $f\left(-\frac{31}{3}\pi\right)$ 的值为(　　)。

A. $\frac{1}{2}$　　B. $-\frac{1}{2}$　　C. $\frac{\sqrt{3}}{2}$　　D. $-\frac{\sqrt{3}}{2}$

【命题方向3】 利用诱导公式证明等式

【典例3】 求证:$\frac{\tan(2\pi-\alpha)\sin(-2\pi-\alpha)\cos(6\pi-\alpha)}{\sin\left(\alpha+\frac{3\pi}{2}\right)\cos\left(\alpha+\frac{3\pi}{2}\right)}=-\tan\alpha$。

证明:左边 $=\frac{\tan(-\alpha)\cdot\sin(-\alpha)\cdot\cos(-\alpha)}{\sin\left[2\pi-\left(\frac{\pi}{2}-\alpha\right)\right]\cdot\cos\left[2\pi-\left(\frac{\pi}{2}-\alpha\right)\right]}$

$$=\frac{(-\tan\alpha)\cdot(-\sin\alpha)\cdot\cos\alpha}{\sin\left[-\left(\frac{\pi}{2}-\alpha\right)\right]\cos\left[-\left(\frac{\pi}{2}-\alpha\right)\right]}$$

$$=\frac{\sin^2\alpha}{-\sin\left(\frac{\pi}{2}-\alpha\right)\cos\left(\frac{\pi}{2}-\alpha\right)}$$

$$=\frac{\sin^2\alpha}{-\cos\alpha\cdot\sin\alpha}=-\frac{\sin\alpha}{\cos\alpha}=-\tan\alpha=\text{右边}。$$

所以原等式成立。

【方法规律总结】 在三角形中解决三角函数的取值范围或最值问题的方法：(1) 利用正弦定理理清三角形中基本量间的关系或求出某些量；(2) 将要求最值或取值范围的量表示成某一变量的函数(三角函数)，从而转化为函数的值域或最值的问题。

【跟踪训练 3】 求证：$\frac{\cos(x-5\pi)\tan(2\pi-x)}{\cos\left(\frac{3\pi}{2}+x\right)}+\tan^2(\pi-x)=1+\tan^2x$。

三、课堂练习

1. 已知 $\sin\left(\alpha-\frac{\pi}{4}\right)=\frac{1}{3}$，则 $\cos\left(\frac{\pi}{4}+\alpha\right)$的值等于(　　)。

A. $-\frac{1}{3}$　　B. $\frac{1}{3}$　　C. $\frac{-2\sqrt{2}}{3}$　　D. $\frac{2\sqrt{2}}{3}$

2. 若 $\sin(\pi+\alpha)+\cos\left(\frac{\pi}{2}+\alpha\right)=-m$，则 $\cos\left(\frac{3}{2}\pi-\alpha\right)+2\sin(2\pi-\alpha)$的值为(　　)。

A. $-\frac{2m}{3}$　　B. $\frac{2m}{3}$　　C. $-\frac{3m}{2}$　　D. $\frac{3m}{2}$

3. 已知 $\cos\left(\frac{\pi}{2}+\varphi\right)=\frac{\sqrt{3}}{2}$，且 $|\varphi|<\frac{\pi}{2}$，则 $\tan\varphi$ 等于(　　)。

A. $-\frac{\sqrt{3}}{3}$　　B. $\frac{\sqrt{3}}{3}$　　C. $-\sqrt{3}$　　D. $\sqrt{3}$

4. 角 α 与角 γ 的终边相同，且 α 是第一象限角，$\tan\gamma=1$，$\beta=\alpha+90°$，则 $\sin\beta=$(　　)。

A. $\frac{\sqrt{2}}{2}$　　B. $-\frac{\sqrt{2}}{2}$　　C. $\frac{1}{2}$　　D. $-\frac{1}{2}$

5. 已知 $\sin\alpha$ 是方程 $5x^2-7x-6=0$ 的根，且 α 为第三象限角，求

$$\frac{\sin\left(\alpha+\frac{3\pi}{2}\right)\cdot\sin\left(\frac{3\pi}{2}-\alpha\right)\cdot\tan^2(2\pi-\alpha)\cdot\tan(\pi-\alpha)}{\cos\left(\frac{\pi}{2}-\alpha\right)\cdot\cos\left(\frac{\pi}{2}+\alpha\right)}$$的值。

7.8　正弦函数、余弦函数的图像

【学习目标】

1. 了解正弦函数、余弦函数的图像。
2. 会用“五点法”画出正弦函数、余弦函数的图像。

一、阅读提纲

【疑点识记】

1. 如果以弧度制来度量角 x，y 表示其函数值，那么正弦函数解析式是什么？
2. 正弦线能代表正弦值吗？
3. 如果把正弦线沿 x 轴方向平移到某些特殊位置，线段的终点能否是函数图像上的点？
4. 如果有了正弦函数在 $[0,2\pi]$ 上的图像，怎样才能得到 $\mathbf{R}$ 上的图像？

【问题探究】

正弦函数在 $[0,2\pi]$ 的图像怎么画？在 $\mathbf{R}$ 上的怎么得到？余弦与正弦之间的等量关系怎么得到？如何由正弦函数的图像得到余弦函数的图像？

问题 1：根据诱导公式能得到某一角 x 的正弦与余弦之间的等量关系吗？

问题 2：根据关系式 $\sin\left(x+\frac{\pi}{2}\right)=\cos x$ 怎样才能得到 $y=\cos x$ 的图像？

二、核心突破

【命题方向 1】 "五点法"画函数简图

【典例 1】 用"五点法"画出下列函数在区间 $[0,2\pi]$ 上的简图。

(1) $y=2-\sin x$；(2) $y=\cos x-1$。

解析：(1) 按五个关键点列表：

x	0	$\frac{\pi}{2}$	π	$\frac{3\pi}{2}$	2π
$\sin x$	0	1	0	-1	0
$2-\sin x$	2	1	2	3	2

描点并将它们用光滑的曲线连接起来（如图(1)所示）。

(2) 按五个关键点列表：

x	0	$\frac{\pi}{2}$	π	$\frac{3\pi}{2}$	2π
$\cos x$	1	0	-1	0	1
$\cos x-1$	0	-1	-2	-1	0

描点并将它们用光滑的曲线连接起来（如图(2)所示）。

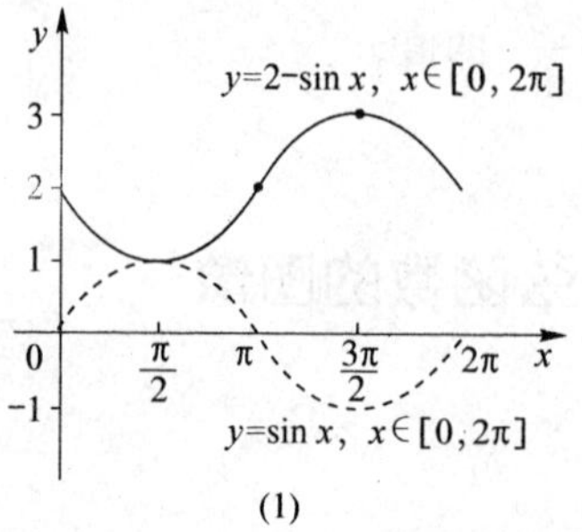

(1)

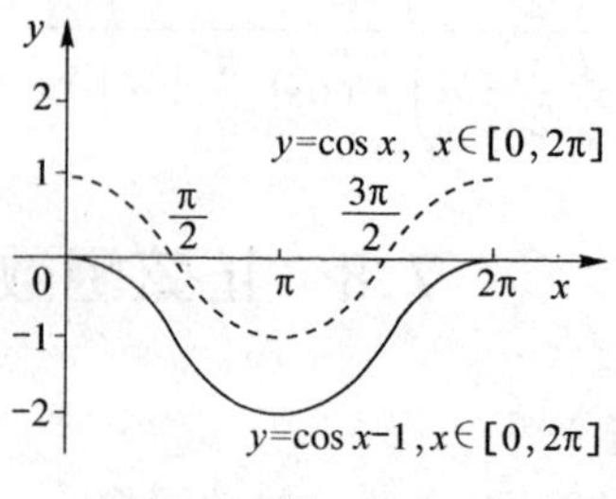

(2)

［方法规律总结］　五点法作图的步骤。

① 列表：根据函数关系式列出一个周期内的五个关键点。

② 画图：在坐标系中描点并用光滑曲线连接。

【跟踪练习 1】　用“五点法”作出函数 $y=3+2\cos x$ 在一个周期内的图像。

【命题方向 2】　三角函数的图像变换

【典例 2】　利用图像变换作出下列函数的简图：

(1) $y=1-\cos x, x\in[0,2\pi]$；

(2) $y=|\sin x|, x\in[0,4\pi]$。

解析：(1) 首先用五点法作出函数 $y=\cos x, x\in[0,2\pi]$ 的图像，再作出 $y=\cos x$ 关于 x 轴对称的图像，最后将图像向上平移 1 个单位。如图(1)所示。

(2) 首先用五点法作出函数 $y=\sin x, x\in[0,4\pi]$ 的图像，再将 x 轴下方的部分对称到 x 轴的上方。如图(2)所示。

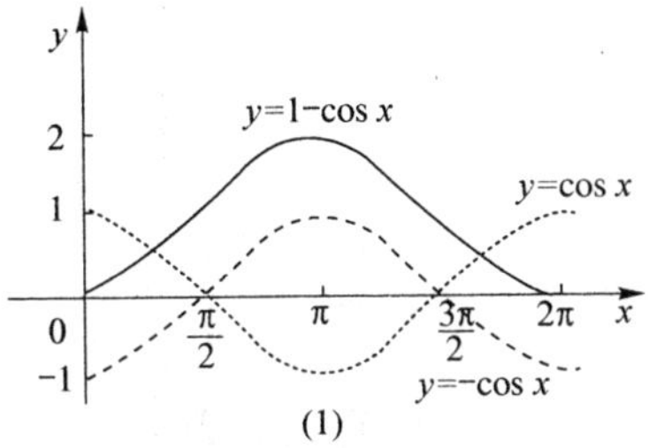

(1)

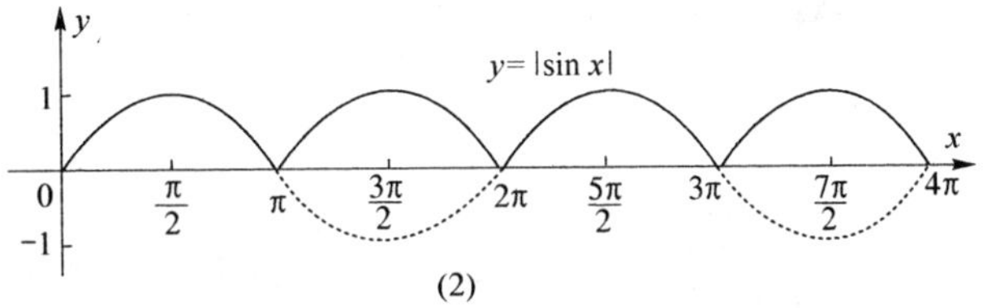

(2)

［方法规律总结］　函数的图像变换除了平移变换外，还有对称变换，如本例。一般地，函数 $f(x)$ 的图像与 $f(-x)$ 的图像关于 y 轴对称；$-f(x)$ 的图像与 $f(x)$ 的图像关于 x 轴对称；$-f(-x)$ 的图像与 $f(x)$ 的图像关于原点对称；$f(|x|)$ 的图像关于 y 轴对称。

【跟踪训练 2】　利用图像变换作出函数 $y=\sin|x|, x\in[-2\pi,2\pi]$ 的简图。

【命题方向 3】　正、余弦函数图像的简单应用

【典例 3】　画出正弦函数 $y=\sin x(x\in\mathbf{R})$ 的简图，并根据图像写出 $y\geqslant\frac{1}{2}$ 时 x 的集合。

解析：因用“五点法”作出 $y=\sin x$ 的简图。

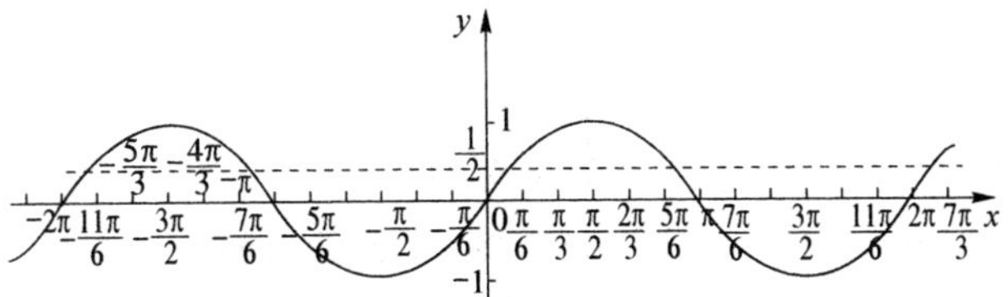

过 $\left(0,\frac{1}{2}\right)$ 点作 x 轴的平行线。

从图像可看出它在 $[0,2\pi]$ 区间与正弦曲线交于 $\left(\frac{\pi}{6},\frac{1}{2}\right)$，$\left(\frac{5\pi}{6},\frac{1}{2}\right)$ 点。

在 $[0,2\pi]$ 区间内，$y\geqslant\frac{1}{2}$ 时 x 的集合为 $\left\{x\left|\frac{\pi}{6}\leqslant x\leqslant\frac{5\pi}{6}\right.\right\}$，当 $x\in\mathbf{R}$ 时，若 $y\geqslant\frac{1}{2}$，则 x 的集合为 $\left\{x\left|\frac{\pi}{6}+2k\pi\leqslant x\leqslant\frac{5\pi}{6}+2k\pi, k\in\mathbf{Z}\right.\right\}$。

[方法规律总结] 利用三角函数的图像或三角函数线,可解简单的三角不等式,但需注意诱导公式一的应用,确保解的完整性。

【跟踪训练 3】 函数 $f(x)=\sin x+2|\sin x|, x\in[0,2\pi]$的图像与直线 $y=k$ 有且仅有两个不同的交点,求 k 的取值范围。

三、课堂练习

1. 对于正弦函数 $y=\sin x$ 的图像,下列说法错误的是(　　)。

A. 向左右无限伸展

B. 与 $y=\cos x$ 的图像形状相同,只是位置不同

C. 与 x 轴有无数个交点

D. 关于 y 轴对称

2. 从函数 $y=\cos x, x\in[0,2\pi)$的图像来看,对应于 $\cos x=\dfrac{1}{2}$的 x 有(　　)。

A. 1 个值　　B. 2 个值　　C. 3 个值　　D. 4 个值

3. 函数 $y=\cos x+|\cos x|, x\in[0,2\pi]$的大致图像为(　　)。

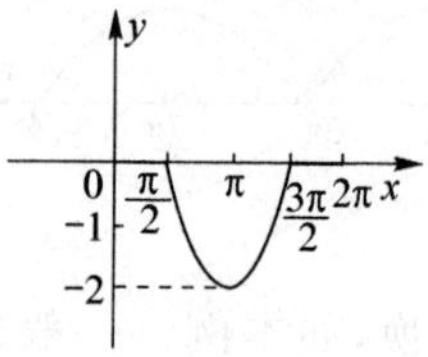

A

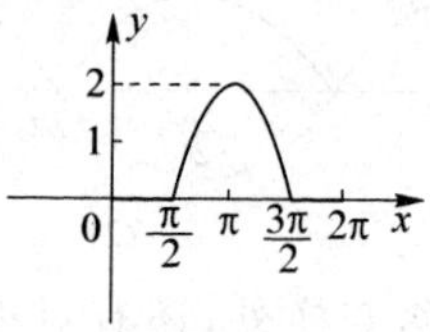

B

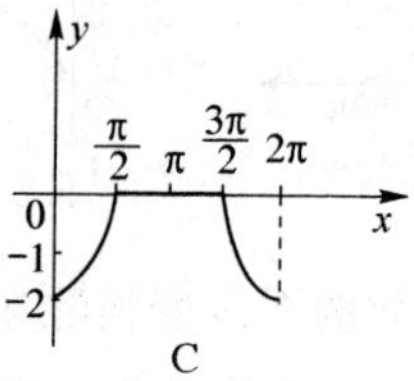

C

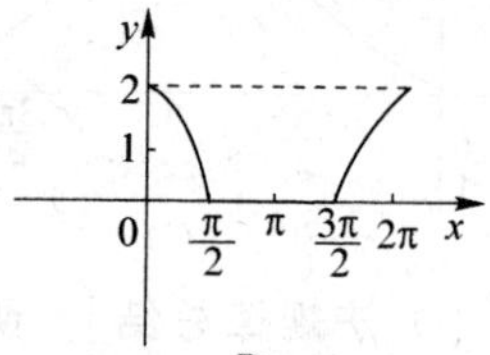

D

4. 不等式 $\cos x<0, x\in[0,2\pi]$的解集为(　　)。

A. $\left(\dfrac{\pi}{2},\dfrac{3\pi}{2}\right)$　　B. $\left[\dfrac{\pi}{2},\dfrac{3\pi}{2}\right]$　　C. $\left(0,\dfrac{\pi}{2}\right)$　　D. $\left(\dfrac{\pi}{2},2\pi\right)$

5. 在$[0,2\pi]$内用五点法作出 $y=-\sin x-1$ 的简图。

6. 判断方程 $x^2-\cos x=0$ 的根的个数。

7.9　正弦函数、余弦函数的性质(一)

【学习目标】

1. 了解周期函数、周期、最小正周期的定义。

2. 会求 $f(x)=A\sin(\omega x+\varphi)$及 $y=A\cos(\omega x+\varphi)$的周期。

3. 掌握 $y=\sin x, y=\cos x$ 的周期性及奇偶性。

一、阅读提纲

【疑点识记】

1. 函数的周期性

(1) 对于函数 $f(x)$,如果存在一个______________,使得当 x 取定义域内的______________值时,都有______________________,那么函数 $f(x)$就叫周期函数,

________叫作这个函数的周期。

(2) 如果在周期函数 $f(x)$的所有周期中存在一个________，那么这个最小正数叫作 $f(x)$的最小正周期。

2. 正、余弦函数的周期性

正弦函数 $y=\sin x(x\in\mathbf{R})$和余弦函数 $y=\cos x(x\in\mathbf{R})$都是周期函数，$2k\pi(k\in\mathbf{Z}$，且$k\neq0)$都是它们的周期。最小正周期为________。

3. 正弦、余弦函数的奇偶性

正弦函数是________，余弦函数是________。

【问题探究】

问题 1：终边相同的角的三角函数值有什么关系？

问题 2：正弦曲线具有什么特点？

问题 3：余弦曲线是否也具有上述特点？

问题 4：正弦曲线、余弦曲线各有怎样的对称性？

问题 5：诱导公式 $\sin(-x)=-\sin x$，$\cos(-x)=\cos x$ 体现了函数的什么性质？

二、核心突破

【命题方向 1】　函数的周期

【典例 1】 求下列函数的周期。

(1) $y=\sin\frac{1}{2}x$；(2) $y=2\sin\left(\frac{x}{3}-\frac{\pi}{6}\right)$。

解：(1) 因为 $\sin\left(\frac{1}{2}x+2\pi\right)=\sin\frac{1}{2}x$，即 $\sin\frac{1}{2}(x+4\pi)=\sin\frac{1}{2}x$，所以 $y=\sin\frac{1}{2}x$ 的周期是 4π。

(2) 因为 $2\sin\left(\frac{x}{3}-\frac{\pi}{6}+2\pi\right)=2\sin\left(\frac{x}{3}-\frac{\pi}{6}\right)$，即 $2\sin\left[\frac{1}{3}(x+6\pi)-\frac{\pi}{6}\right]=2\sin\left(\frac{x}{3}-\frac{\pi}{6}\right)$，所以 $y=2\sin\left(\frac{x}{3}-\frac{\pi}{6}\right)$的周期是 6π。

[**方法规律总结**] 求函数的最小正周期的常用方法有：

(1) 定义法，找到使 $f(x+T)=f(x)$成立的最小正常数 T 即可。

(2) 图像法，即作出 $y=f(x)$的图像，观察图像可求出 T。

(3) 公式法，形如 $y=A\sin(\omega x+\varphi)$或 $y=A\cos(\omega x+\varphi)$($A,\omega,\varphi$ 是常数，且 $A\neq0,\omega\neq0$)的函数，周期 $T=\frac{2\pi}{|\omega|}$。

【跟踪练习 1】 1. 函数 $y=\sin\left(\omega x+\frac{\pi}{4}\right)(\omega>0)$的周期是$\frac{2\pi}{3}$，则 $\omega=$________。

2. 求下列函数的周期：(1) $y=\sin\left(2x+\frac{\pi}{6}\right)$；(2) $y=|\sin 2x|$。

【命题方向 2】　奇偶性的判断

【典例 2】 判断下列函数的奇偶性：

(1) $f(x)=x\sin(\pi+x)$；(2) $f(x)=\dfrac{1-\cos x}{\sin x}$。

解:(1) 函数的定义域为$\mathbf{R}$,$f(x)=x\sin(\pi+x)=-x\sin x$。$f(-x)=-(-x)\sin(-x)=-x\sin x=f(x)$。所以$f(x)$为偶函数。

(2) 函数应满足$\sin x\neq 0$,所以函数的定义域为$\{x\mid x\neq k\pi,k\in\mathbf{Z}\}$。

当$x\neq k\pi$时,$-x\neq k\pi,k\in\mathbf{Z}$,

且$f(-x)=\dfrac{1-\cos(-x)}{\sin(-x)}=\dfrac{1-\cos x}{-\sin x}=-f(x)$,所以$f(x)$为奇函数。

[方法规律总结] 判断函数的奇偶性。

(1) 先求函数的定义域是正确判断奇偶性的前提,即首先要看定义域是否关于原点对称,再看$f(-x)$与$f(x)$的关系。

(2) 注意奇偶性判定法的变通式和定义式的用法。即偶函数也可由$f(x)-f(-x)=0$或$\dfrac{f(-x)}{f(x)}=1(f(x)\neq 0)$来判断;奇函数也可由$f(-x)+f(x)=0$或$\dfrac{f(-x)}{f(x)}=-1(f(x)\neq 0)$来判断。

【跟踪训练2】 1. 若函数$y=2\sin(\omega x+\varphi)$是偶函数,则$\varphi$可能取下列的(　　)。

A. $\dfrac{\pi}{6}$　　B. $\dfrac{\pi}{3}$　　C. $\dfrac{\pi}{2}$　　D. π

2. 函数$f(x)=7\sin\left(\dfrac{2}{3}x+\dfrac{15\pi}{2}\right)$是(　　)。

A. 周期为3π的偶函数　　B. 周期为2π的偶函数

C. 周期为3π的奇函数　　D. 周期为$\dfrac{4\pi}{3}$的偶函数

3. 判断下列函数的奇偶性。

(1) $f(x)=\sin x\cos x$；(2) $f(x)=\dfrac{1+\sin x-\cos^2 x}{1+\sin x}$。

【命题方向3】 函数周期性与奇偶性的应用

【典例3】 若函数$f(x)$是以$\dfrac{\pi}{2}$为周期的偶函数,且$f\left(\dfrac{\pi}{3}\right)=1$,求$f\left(-\dfrac{17}{6}\pi\right)$的值。

解:因为$f(x)$的周期为$\dfrac{\pi}{2}$,且为偶函数,所以$f\left(-\dfrac{17\pi}{6}\right)=f\left(-3\pi+\dfrac{\pi}{6}\right)=f\left(-6\times\dfrac{\pi}{2}+\dfrac{\pi}{6}\right)=f\left(\dfrac{\pi}{6}\right)$。

而$f\left(\dfrac{\pi}{6}\right)=f\left(\dfrac{\pi}{2}-\dfrac{\pi}{3}\right)=f\left(-\dfrac{\pi}{3}\right)=f\left(\dfrac{\pi}{3}\right)=1$,所以$f\left(-\dfrac{17\pi}{6}\right)=1$。

[方法规律总结] 利用函数周期性,可以把$x+nT(n\in\mathbf{Z})$的函数值转化为x的函数值,利用奇偶性,可以找到$-x$与x的函数值的关系,从而可解决求值问题。

【跟踪训练3】

1. 设$f(x)$是以4为周期的偶函数,且当$x\in[0,2]$时,$f(x)=x$,则$f(7.6)=$________。

2. 若$f(x)$是奇函数,且$f(x+1)=-f(x)$,当$x\in(-1,0)$时,$f(x)=2x+1$,求$f\left(\dfrac{9}{2}\right)$的值。

三、课堂练习

1. 设函数 $f(x)(x\in\mathbf{R})$满足 $f(-x)=f(x)$，$f(x+2)=f(x)$，则函数 $y=f(x)$的图像是(　　)。

A. 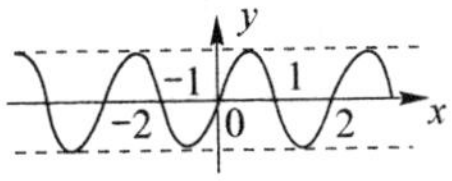

B. 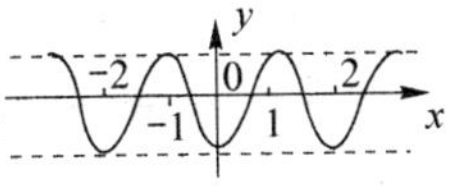

C. 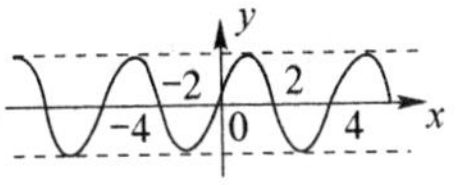

D. 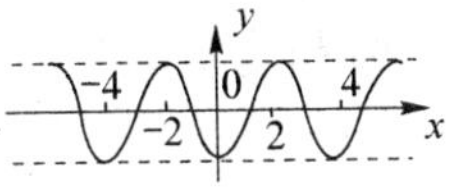

2. 函数 $y=\sin\left(-\frac{x}{2}+\frac{\pi}{4}\right)$的最小正周期为(　　)。

A. π　　B. 2π　　C. 4π　　D. $\frac{\pi}{2}$

3. 下列函数中，周期为$\frac{\pi}{2}$的是(　　)。

A. $y=\cos 4x$　　B. $y=\sin 2x$　　C. $y=\cos\frac{x}{4}$　　D. $y=\sin\frac{x}{2}$

4. 函数 $y=|\cos x|$的最小正周期是(　　)。

A. $\frac{\pi}{4}$　　B. $\frac{\pi}{2}$　　C. π　　D. 2π

5. 已知函数 $f(x)$是定义在 $\mathbf{R}$ 上的周期为 6 的奇函数，且 $f(1)=1$，则 $f(5)=$________。

6. $y=\sin x$，$x\in[0,2\pi]$是周期函数吗？为什么？将区间改为$[0,+\infty)$呢？当 $x\in[0,+\infty)$时，-2π 是它的一个周期吗？

7. 已知定义在 $\mathbf{R}$ 上的函数 $f(x)$满足 $f(x+2)f(x)=1$，求证：$f(x)$是周期函数。

7.10　正弦函数、余弦函数的性质(二)

【学习目标】

1. 掌握 $y=\sin x$，$y=\cos x$ 的最大值与最小值，并会求简单三角函数的值域或最值。
2. 掌握 $y=\sin x$，$y=\cos x$ 的单调性，并能用单调性比较大小。
3. 会求函数 $y=A\sin(\omega x+\varphi)$及 $y=A\cos(\omega x+\varphi)$的单调区间。

一、阅读提纲

【疑点识记】

1. 正弦函数和余弦函数的单调性

正弦函数在每一个闭区间________________________上都是增函数，其值从-1 增大到 1；在每一个闭区间________________________上都是减函数，其值从 1 减小到-1。

余弦函数在每一个闭区间________________________上都是增函数，其值________________；在每一个闭区间________________上都是减函数，其值________________。

2. 正弦函数和余弦函数的最值

(1) 正弦函数当且仅当______________________________________时，取得最大值1，当且仅当______________________________________时，取得最小值-1。

(2) 余弦函数当且仅当______________________________________时取得最大值1，当且仅当______________________________________时，取得最小值-1。

【问题探究】

下图中的曲线分别是正弦函数和余弦函数的图像，根据图像回答以下问题：

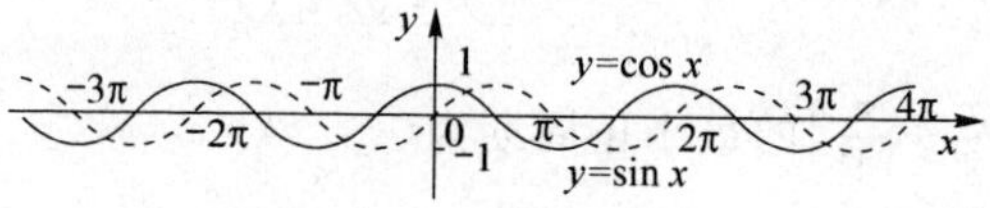

问题1：我们知道2π是正弦、余弦函数的周期，那么从$-\frac{\pi}{2}$到$\frac{3\pi}{2}$和从$-\pi$到π是它们的一个周期吗？

问题2：当x从$-\frac{\pi}{2}$增大到$\frac{\pi}{2}$时，正弦函数值是怎样变化的？

问题3：当x从$\frac{\pi}{2}$增大到$\frac{3\pi}{2}$时，正弦函数值是逐渐增大的吗？

问题4：余弦函数在$[0,2\pi]$上的单调性怎样呢？

问题5：它们在下一个周期内具有相同的单调性吗？

小结：

1. 关于周期函数概念的理解应注意以下两点：

(1) 存在一个不等于零的常数T；

(2) 对于定义域内的每个值x，都有$f(x+T)=f(x)$。

2. 利用诱导公式$\sin(2k\pi+\alpha)=\sin\alpha$，$\cos(2k\pi+\alpha)=\cos\alpha(k\in\mathbf{Z})$可得正、余弦函数的周期性。

利用诱导公式$\sin(-\alpha)=-\sin\alpha$，$\cos(-\alpha)=\cos\alpha$可得正、余弦函数的奇偶性。

二、核心突破

【命题方向1】 三角函数单调区间

【典例1】 求下列函数的单调区间。

(1) $y=\cos 2x$；(2) $y=2\sin\left(\frac{\pi}{4}-x\right)$。

解：(1) 函数$y=\cos 2x$的单调增区间、单调减区间分别由下面的不等式确定，

$2k\pi-\pi\leqslant 2x\leqslant 2k\pi(k\in\mathbf{Z})$①

$2k\pi\leqslant 2x\leqslant 2k\pi+\pi(k\in\mathbf{Z})$②

解①得，$k\pi-\frac{\pi}{2}\leqslant x\leqslant k\pi(k\in\mathbf{Z})$，解②得，$k\pi\leqslant x\leqslant k\pi+\frac{\pi}{2}(k\in\mathbf{Z})$。

故函数$y=\cos 2x$的单调增区间、单调减区间分别为$\left[k\pi-\frac{\pi}{2},k\pi\right](k\in\mathbf{Z})$、$\left[k\pi,k\pi+\frac{\pi}{2}\right]$ $(k\in\mathbf{Z})$。

（2）$y=2\sin\left(\frac{\pi}{4}-x\right)$化为$y=-2\sin\left(x-\frac{\pi}{4}\right)$。

因为 $y=\sin u(u\in\mathbf{R})$ 的单调增、单调减区间分别为$\left[2k\pi-\frac{\pi}{2},2k\pi+\frac{\pi}{2}\right](k\in\mathbf{Z})$，$\left[2k\pi+\frac{\pi}{2},2k\pi+\frac{3\pi}{2}\right](k\in\mathbf{Z})$。所以函数 $y=-2\sin\left(x-\frac{\pi}{4}\right)$的单调增、单调减区间分别由下面的不等式确定

$2k\pi+\frac{\pi}{2}\leqslant x-\frac{\pi}{4}\leqslant 2k\pi+\frac{3\pi}{2}(k\in\mathbf{Z})$　　①

$2k\pi-\frac{\pi}{2}\leqslant x-\frac{\pi}{4}\leqslant 2k\pi+\frac{\pi}{2}(k\in\mathbf{Z})$　　②

解①得，$2k\pi+\frac{3\pi}{4}\leqslant x\leqslant 2k\pi+\frac{7\pi}{4}(k\in\mathbf{Z})$，解②得，$2k\pi-\frac{\pi}{4}\leqslant x\leqslant 2k\pi+\frac{3\pi}{4}(k\in\mathbf{Z})$。

故函数 $y=2\sin\left(\frac{\pi}{4}-x\right)$的单调增区间、单调减区间分别为$\left[2k\pi+\frac{3\pi}{4},2k\pi+\frac{7\pi}{4}\right](k\in\mathbf{Z})$、$\left[2k\pi-\frac{\pi}{4},2k\pi+\frac{3\pi}{4}\right](k\in\mathbf{Z})$。

【跟踪训练 1】 求下列函数的单调区间：

（1）函数 $y=\sin\left(x+\frac{\pi}{4}\right)$在什么区间上是增函数？

（2）函数 $y=3\sin\left(\frac{\pi}{3}-2x\right)$在什么区间是减函数？

[**方法规律总结**] 求 $y=A\sin(\omega x+\varphi)$，$y=A\cos(\omega x+\varphi)$的单调区间时，首先把 x 的系数化为正的，再利用整体代换，即把 $\omega x+\varphi$ 代入相应不等式中，解不等式求 x 的范围。

【命题方向 2】 比较三角函数值大小

【典例 2】 比较下列各组值的大小。

（1）$\sin\frac{21\pi}{5}$与 $\sin\frac{42\pi}{5}$；（2）$\sin\frac{1}{5}$与 $\cos 5$。

解：（1）$\sin\frac{21}{5}\pi=\sin\left(4\pi+\frac{\pi}{5}\right)=\sin\frac{\pi}{5}$，

$\sin\frac{42}{5}\pi=\sin(8\pi+\frac{2\pi}{5})=\sin\frac{2\pi}{5}$。

因为 $y=\sin x$ 在$\left[0,\frac{\pi}{2}\right]$上单调递增，而且 $0<\frac{\pi}{5}<\frac{2\pi}{5}<\frac{\pi}{2}$，

所以 $\sin\frac{\pi}{5}<\sin\frac{2\pi}{5}$，$\sin\frac{21\pi}{5}<\sin\frac{42\pi}{5}$。

（2）$\cos 5=\cos(2\pi-5)$，

$\sin\frac{1}{5}=\cos\left(\frac{\pi}{2}-\frac{1}{5}\right)$。

因为 $y=\cos x$ 在$\left[0,\frac{\pi}{2}\right]$上单调递减，而且 $0<2\pi-5<\frac{\pi}{2}-\frac{1}{5}<\frac{\pi}{2}$，

所以 $\cos(2\pi-5)>\cos\left(\frac{\pi}{2}-\frac{1}{5}\right)$，得出 $\cos 5>\sin\frac{1}{5}$。

［方法规律总结］ 比较三角函数值大小的步骤：①异名函数化为同名函数；②利用诱导公式把角化到同一单调区间上；③利用函数的单调性比较大小。

【跟踪训练 2】 比较下列各组数的大小。

(1) $\sin 194°$与$\cos 160°$；

(2) $\sin\left(\sin\dfrac{3\pi}{8}\right)$与$\sin\left(\cos\dfrac{3\pi}{8}\right)$。

【命题方向 3】 三角函数图像的对称性

【典例 3】 函数$y=\sin\left(2x+\dfrac{\pi}{3}\right)$的对称轴是________，对称中心是________。

解析：要使$\sin\left(2x+\dfrac{\pi}{3}\right)=\pm1$，必有$2x+\dfrac{\pi}{3}=k\pi+\dfrac{\pi}{2}(k\in\mathbf{Z})$，所以$x=\dfrac{k}{2}\pi+\dfrac{\pi}{12}(k\in\mathbf{Z})$，即对称轴的直线方程为$x=\dfrac{k}{2}\pi+\dfrac{\pi}{12}(k\in\mathbf{Z})$。

而函数$y=\sin\left(2x+\dfrac{\pi}{3}\right)$的图像与$x$轴交点即为对称中心。令$y=0$，即$\sin\left(2x+\dfrac{\pi}{3}\right)=0$，所以$2x+\dfrac{\pi}{3}=k\pi(k\in\mathbf{Z})$，得$x=\dfrac{k}{2}\pi-\dfrac{\pi}{6}(k\in\mathbf{Z})$，故函数$y=\sin\left(2x+\dfrac{\pi}{3}\right)$的对称中心为$\left(\dfrac{k\pi}{2}-\dfrac{\pi}{6},0\right)$，$k\in\mathbf{Z}$。

答案：$x=\dfrac{k\pi}{2}+\dfrac{\pi}{12}(k\in\mathbf{Z})$；$\left(\dfrac{k}{2}\pi-\dfrac{\pi}{6},0\right)(k\in\mathbf{Z})$。

【方法规律总结】 根据正弦函数的周期性可知，过函数图像的最高点或最低点的与x轴垂直的直线均是对称轴，而图像与x轴交点均为对称中心。

【跟踪训练 3】 函数$y=\cos\left(2x+\dfrac{\pi}{3}\right)$的对称轴与对称中心分别为________。

【命题方向 4】 求三角函数的值域(最值)

【典例 4】 求下列函数的值域：

(1) $y=3-2\cos 2x,x\in\mathbf{R}$；

(2) $y=\cos^2 x+2\sin x-2,x\in\mathbf{R}$。

解：(1) 因为$-1\leqslant\cos 2x\leqslant1$，所以$-2\leqslant-2\cos 2x\leqslant2$。

所以$1\leqslant3-2\cos 2x\leqslant5$，即$1\leqslant y\leqslant5$。

所以函数$y=3-2\cos 2x,x\in\mathbf{R}$的值域为$[1,5]$。

(2) $y=\cos^2 x+2\sin x-2=-\sin^2 x+2\sin x-1=-(\sin x-1)^2$。

因为$-1\leqslant\sin x\leqslant1$，所以函数$y=\cos^2 x+2\sin x-2,x\in\mathbf{R}$的值域为$[-4,0]$。

【方法规律总结】 求三角函数的值域的方法：①化为$y=A\sin(\omega x+\varphi)+b$或$y=A\cos(\omega x+\varphi)+b(A>0)$，则其值域为$[-A+b,A+b]$，如本例(1)小题；②把$\sin x$或$\cos x$看成一个整体，利用换元法转化为求二次函数在闭区间上的值域，如本例(2)小题。

【跟踪训练 4】 求下列函数的值域。

(1) $y=3-2\sin 2x$；(2) $y=|\sin x|+\sin x$。

三、课堂练习

1. $y=2\sin x^2$的值域是(　　)。

A. $[-2,2]$　　B. $[0,2]$　　C. $[-2,0]$　　D. $\mathbf{R}$

2. 下列函数中，周期为 π，且在 $\left[\frac{\pi}{4},\frac{\pi}{2}\right]$ 上为减函数的是（　　）。

A. $y=\sin\left(2x+\frac{\pi}{2}\right)$　　B. $y=\cos\left(2x+\frac{\pi}{2}\right)$

C. $y=\sin\left(x+\frac{\pi}{2}\right)$　　D. $y=\cos\left(x+\frac{\pi}{2}\right)$

3. 下列关系式中正确的是（　　）。

A. $\sin 11^\circ<\cos 10^\circ<\sin 168^\circ$

B. $\sin 168^\circ<\sin 11^\circ<\cos 10^\circ$

C. $\sin 11^\circ<\sin 168^\circ<\cos 10^\circ$

D. $\sin 168^\circ<\cos 10^\circ<\sin 11^\circ$

4. 函数$=\sqrt{2}\cos\left(2x-\frac{\pi}{3}\right)$的单调增区间是______________。

5. $y=\sqrt{\sin x}$的定义域为______________，单调递增区间为________。

7.11　正切函数的性质与图像

【学习目标】

1. 了解正切函数图像的画法，理解掌握正切函数的性质。
2. 能利用正切函数的图像及性质解决有关问题。

一、阅读提纲

【疑点识记】

1. 正切函数性质

函数	$y=\tan x$
定义域	
值域	
周期	
奇偶性	
单调性	在每个开区间上都是______________

2. 正切函数图像

(1) 正切函数图像：

(2) 正切函数的图像叫作：

(3) 正切函数的图像特征：

正切曲线是被相互平行的直线 ______________________________所隔开的无穷多支曲线组成的。

【问题探究】

问题 1：正切函数 $y=\tan x$ 定义域是什么？

问题 2：根据诱导公式 $\tan(\pi+x)=\tan x$，说明了正切函数的什么性质？$\tan(k\pi+x)$ $(k\in\mathbf{Z})$与 $\tan x$ 关系怎样？

问题 3：根据诱导公式 $\tan(-x)=-\tan x$，说明了正切函数的什么性质？

问题 4：从正切线上观察，正切函数值是有界的吗？

问题 5：从正切线上观察正切函数值，在$\left(0,\frac{\pi}{2}\right)$上是增大的吗？

问题 6：还记得给定一个角在单位圆中的正切线怎样画吗？

问题 7：仿照利用正弦线作正弦曲线的作法，你能根据正切线作出正切曲线吗？

小结：

由上面的探究过程，可得下面结论。

(1) 正切函数只有单调递增区间，没有递减区间，但不能说正切函数在定义域内是增函数。

(2) 正切函数的图像是中心对称图形，其对称中心的坐标为$\left(\frac{k\pi}{2},0\right)(k\in\mathbf{Z})$；不是轴对称图形，没有对称轴。

(3) 函数 $y=A\tan(\omega x+\varphi)(A\neq0,\omega\neq0)$的最小正周期 $T=\frac{\pi}{|\omega|}$。

二、核心突破

【命题方向 1】 正切函数的周期性

【典例 1】 求下列函数的周期。

(1) $y=2\tan\left(2x+\frac{\pi}{3}\right)$；(2) $y=3\tan\left(\frac{1}{2}x-\frac{\pi}{4}\right)$。

解：解法一。(1) 令 $z=2x+\frac{\pi}{3}$，那么函数 $y=2\tan z$ 的周期是 π。

由于 $z+\pi=\left(2x+\frac{\pi}{3}\right)+\pi=2\left(x+\frac{\pi}{2}\right)+\frac{\pi}{3}$，所以自变量 x 只要并且至少要增加到 $x+\frac{\pi}{2}$时，函数值才能重复取得，即 $T=\frac{\pi}{2}$是能使等式 $2\tan\left[2(x+T)+\frac{\pi}{3}\right]=2\tan\left(2x+\frac{\pi}{3}\right)$成立的最小正数，从而函数 $y=2\tan\left(2x+\frac{\pi}{3}\right)$的周期是$\frac{\pi}{2}$。

(2) 令 $z=\frac{1}{2}x-\frac{\pi}{4}$，那么函数 $y=3\tan z$ 的周期是 π。

由于 $z+\pi=\left(\frac{1}{2}x-\frac{\pi}{4}\right)+\pi=\frac{1}{2}(x+2\pi)-\frac{\pi}{4}$，所以自变量 x 只要并且至少要增加到$x+2\pi$时，函数值才能重复取得，即 $T=2\pi$ 是能使等式 $3\tan\left[\frac{1}{2}(x+T)-\frac{\pi}{4}\right]=3\tan\left(\frac{1}{2}x-\frac{\pi}{4}\right)$成立的最小正数，从而函数 $y=3\tan\left(\frac{1}{2}x-\frac{\pi}{4}\right)$的周期是 2π。

解法二。(1) 因为 $T=\frac{\pi}{|\omega|}$，$\omega=2$，所以 $T=\frac{\pi}{2}$。

所以 $y=2\tan\left(2x+\frac{\pi}{3}\right)$的周期为$\frac{\pi}{2}$。

(2) 因为 $T=\frac{\pi}{|\omega|}$，$\omega=\frac{1}{2}$，所以 $T=2\pi$。

所以 $y=3\tan\left(\frac{1}{2}x-\frac{\pi}{4}\right)$的周期为 2π。

[**方法规律总结**]　利用周期函数的定义来解，对于正切函数 $y=\tan x$，若 $\tan x=\tan(x+T)$，则 T 为正切函数的周期。T 的最小值为最小正周期。

【跟踪练习 1】　求下列函数的最小正周期：

(1) $y=\tan\left(-\frac{1}{2}x\right)$；(2) $y=\tan\left(2x+\frac{\pi}{12}\right)$。

【命题方向 2】　正切函数的奇偶性

【典例 2】　试判断下列函数的奇偶性：

(1) $f(x)=1-2\cos x+|\tan x|$；(2) $f(x)=x^2\tan x-\sin^2 x$。

解：(1) 因为该函数的定义域是$\left\{x\,|\,x\neq\frac{\pi}{2}+k\pi,k\in\mathbf{Z}\right\}$，关于原点对称，且 $f(-x)=1-2\cos(-x)+|\tan(-x)|=1-2\cos x+|\tan x|=f(x)$，所以函数 $f(x)$为偶函数。

(2) 因为函数 $f(x)$的定义域是$\left\{x\,|\,x\neq\frac{\pi}{2}+k\pi,k\in\mathbf{Z}\right\}$，关于原点对称，又 $f(-x)=(-x)^2\tan(-x)-\sin^2(-x)=-x^2\tan x-\sin^2 x$，$f(-x)\neq f(x)$且 $f(-x)\neq -f(x)$，所以函数 $f(x)$既不是奇函数也不是偶函数。

[**方法规律总结**]　利用函数奇偶性的定义去判断。

【跟踪训练 2】　判断下列函数的奇偶性：

(1) $y=\tan x$，$-\frac{\pi}{4}\leqslant x<\frac{\pi}{4}$；(2) $y=x\tan^2 x+x^4$；(3) $y=\sin x+\tan x$。

【命题方向 3】　求定义域和单调区间

【典例 3】　求函数 $y=\tan\left(3x-\frac{\pi}{3}\right)$的定义域，并指出它的单调性。

解：要使函数有意义，自变量 x 的取值应满足 $3x-\frac{\pi}{3}\neq k\pi+\frac{\pi}{2}(k\in\mathbf{Z})$，得 $x\neq\frac{k\pi}{3}+\frac{5\pi}{18}(k\in\mathbf{Z})$，所以函数的定义域为$\left\{x\,\middle|\,x\neq\frac{k\pi}{3}+\frac{5\pi}{18},k\in\mathbf{Z}\right\}$。

令 $k\pi-\frac{\pi}{2}<3x-\frac{\pi}{3}<k\pi+\frac{\pi}{2}(k\in\mathbf{Z})$，即$\frac{k\pi}{3}-\frac{\pi}{18}<x<\frac{k\pi}{3}+\frac{5\pi}{18}(k\in\mathbf{Z})$。所以函数的单调递增区间为$\left(\frac{k\pi}{3}-\frac{\pi}{18},\frac{k\pi}{3}+\frac{5\pi}{18}\right)(k\in\mathbf{Z})$，不存在单调递减区间。

[**方法规律总结**]　求函数 $y=A\tan(\omega x+\varphi)$，$A\neq0$，$\omega>0$ 的单调区间，可以通过解不等式的方法去解答。列不等式的原则是把“$\omega x+\varphi(\omega>0)$”看作一个整体。令 $\omega x+\varphi\neq k\pi+\frac{\pi}{2}(k\in\mathbf{Z})$可解得该函数的定义域。

【跟踪训练 3】　求函数 $y=3\tan\left(\frac{\pi}{6}-\frac{x}{4}\right)$的定义域，并指出它的单调性。

【命题方向4】 单调性应用

【典例4】 不通过求值,比较下列每组中两个正切值的大小。

(1) $\tan\left(-\frac{2\pi}{7}\right)$与$\tan\left(-\frac{\pi}{5}\right)$;(2) $\tan 126°$与$\tan 496°$。

解:(1) 因为 $y=\tan x$ 在$\left(-\frac{\pi}{2},\frac{\pi}{2}\right)$上是增函数,$-\frac{\pi}{2}<-\frac{2\pi}{7}<-\frac{\pi}{5}<\frac{\pi}{2}$,所以$\tan\left(-\frac{2\pi}{7}\right)<\tan\left(-\frac{\pi}{5}\right)$。

(2) 因为 $\tan 496°=\tan 136°$,$y=\tan x$ 在$(90°,270°)$上是增函数,$270°>136°>126°>90°$,所以 $\tan 136°>\tan 126°$,即 $\tan 496°>\tan 126°$。

[**方法规律总结**] 不在同一单调区间内的角应该先用诱导公式化到同一个单调区间内。

【跟踪训练4】 不求值,比较下列每组中两个正切值的大小,用不等号"<"">"连接起来。

(1) $\tan 32°$________ $\tan 215°$。

(2) $\tan\frac{18\pi}{5}$________ $\tan\left(-\frac{28\pi}{9}\right)$。

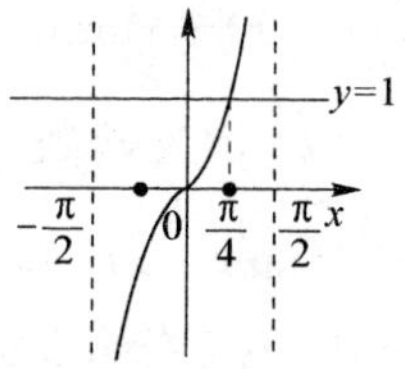

【命题方向5】 解三角不等式

【典例5】 观察正切曲线,解不等式 $\tan x>1$。

解:函数 $y=\tan x$ 在区间$\left(-\frac{\pi}{2},\frac{\pi}{2}\right)$内的图像如右图所示。

作直线 $y=1$,则在$\left(-\frac{\pi}{2},\frac{\pi}{2}\right)$内,当 $\tan x>1$ 时,有$\frac{\pi}{4}<x<\frac{\pi}{2}$,又因为函数 $y=\tan x$ 的周期为 π,则 $\tan x>1$ 的解集是$\left\{x\left|\frac{\pi}{4}+k\pi<x<\frac{\pi}{2}+k\pi,k\in\mathbf{Z}\right.\right\}$。

[**方法规律总结**] 一般地,求解简单三角不等式,既可以用三角函数线,又可以用三角函数图像,先在一个周期内找到满足不等式的解,再根据周期性加上周期的整数倍即可得完整解集,要注意定义域对解集的限制。

【跟踪训练5】 解不等式:$\tan 2x\leqslant-1$。

三、课堂练习

1. 函数 $f(x)=\frac{\tan 2x}{\tan x}$的定义域为(　　)。

A. $\{x|x\in\mathbf{R}$ 且 $x\neq\frac{k\pi}{4},k\in\mathbf{Z}\}$　　B. $\{x|x\in\mathbf{R}$ 且 $x\neq k\pi+\frac{\pi}{4},k\in\mathbf{Z}\}$

C. $\{x|x\in\mathbf{R}$ 且 $x\neq k\pi+\frac{\pi}{2},k\in\mathbf{Z}\}$　　D. $\{x|x\in\mathbf{R}$ 且 $x\neq k\pi-\frac{\pi}{4},k\in\mathbf{Z}\}$

2. 已知函数 $y=\tan(2x+\varphi)$的图像过点$\left(\frac{\pi}{12},0\right)$,则 φ 可以是(　　)。

A. $-\frac{\pi}{6}$　　B. $\frac{\pi}{6}$　　C. $-\frac{\pi}{12}$　　D. $\frac{\pi}{12}$

3. 下列各式中正确的是(　　)。

A. $\tan 735°>\tan 800°$　　　　B. $\tan 1>-\tan 2$

C. $\tan\frac{5\pi}{7}<\tan\frac{4\pi}{7}$　　　　D. $\tan\frac{9\pi}{8}<\tan\frac{\pi}{7}$

4. 函数 $y=\tan x+\frac{1}{\tan x}$是(　　)。

A. 奇函数　　　　B. 偶函数

C. 既是奇函数又是偶函数　　　　D. 既不是奇函数又不是偶函数

5. 求函数 $y=\tan\left(-\frac{1}{2}x+\frac{\pi}{4}\right)$的单调区间是________。

6. 画出函数 $y=|\tan x|+\tan x$ 的图像,并根据图像求出函数的主要性质。

7.12　函数 $y=A\sin(\omega x+\varphi)$的图像(一)

【学习目标】

1. 了解 φ、ω、A 对函数 $f(x)=A\sin(\omega x+\varphi)$的图像的影响。
2. 掌握 $y=\sin x$ 与 $f(x)=A\sin(\omega x+\varphi)$图像间的变换关系。

一、阅读提纲

【疑点识记】

1. $y=\sin x$ $\xrightarrow[\varphi<0\text{时,向\_\_\_\_平移\_\_\_\_个单位}]{\varphi>0\text{时,向\_\_\_\_平移\_\_\_\_个单位}}$ $y=\sin(x+\varphi)$。

2. $y=\sin(x+\varphi)$ $\xrightarrow[0<\omega<1\text{时,所有点的横坐标\_\_\_\_到原来\_\_\_\_倍}]{\omega>1\text{时,所有点的横坐标\_\_\_\_到原来\_\_\_\_倍}}$ $y=\sin(\omega x+\varphi)$。

3. (1) $y=\sin(\omega x+\varphi)$ $\xrightarrow[0<A<1\text{时,所有点的纵坐标\_\_\_\_到原来\_\_\_\_倍}]{A>1\text{时,所有点纵坐标\_\_\_\_到原来\_\_\_\_倍}}$ $y=A\sin(\omega x+\varphi)$。

(2) 正弦曲线到函数 $y=A\sin(\omega x+\varphi)$的图像的变换过程:

$y=\sin x$ 的图像 $\xrightarrow[\text{平移}|\varphi|\text{个单位}]{\text{向左}(\varphi>0)\text{或向右}(\varphi<0)}$ ________的图像 $\xrightarrow[\text{纵坐标不变}]{\text{横坐标变为原来的}\frac{1}{\omega}\text{倍}}$ ________的图像 $\xrightarrow[\text{横坐标不变}]{\text{纵坐标变为原来的}A\text{倍}}$ ________的图像。

4. A、ω、φ 的物理意义

在 $y=A\sin(\omega x+\varphi)$,$x\in[0,+\infty)$($A>0$,$\omega>0$)中,各参数的物理意义。

振幅	____	它是简谐振动的物体离开平衡位置的____
周期	$T=$	它是物体往复运动____所需要的时间
频率	$f=$____$=$____	它是单位时间内往复运动的____
相位	____	其中____为初相

【问题探究】

问题 1:通过 $y=f(x)$的图像怎样得到 $y=f(x+a)$的图像?

问题 2：由 $y=\sin x$ 的图像能得到 $y=\sin\left(x+\frac{\pi}{4}\right)$ 的图像吗？

问题 3：函数 $y=\sin x$，$y=\sin 2x$ 和 $y=\sin\frac{1}{2}x$ 的周期分别是什么？

问题 4：若三个函数的函数值相同时，它们 x 的取值有什么关系？

问题 5：函数 $y=\sin\omega x$ 的图像是否可以通过 $y=\sin x$ 的图像得到？

问题 6：已知函数 $y=2\sin x$，$y=\sin x$，$y=\frac{1}{2}\sin x$。(1) 对于同一个 x，函数值有何关系？

(2) $y=3\sin\left(2x-\frac{\pi}{6}\right)$ 和 $y=\sin\left(2x-\frac{\pi}{6}\right)$，它们的函数值有何关系？

小结：

A,ω,φ 对函数 $y=A\sin(\omega x+\varphi)(A>0,\omega>0)$ 图像的影响，可归纳如下：

(1) 对于函数 $y=\sin x$ 与 $y=\sin(x+\varphi)$ 之间的图像变换称为相位变换，它实质上是一种左右平移变换，此时相位由 x 变成 $x+\varphi$，初相由 0 变成 φ，不改变周期及振幅。

(2) 对于函数 $y=\sin(x+\varphi)$ 与 $y=\sin(\omega x+\varphi)$ 之间的图像变换称为周期变换，它实质上是横向的伸缩，此时，$y=\sin(\omega x+\varphi)$ 的周期为 $T=\frac{2\pi}{\omega}$，其振幅不变。

(3) 对于函数 $y=\sin(\omega x+\varphi)$ 与 $y=A\sin(\omega x+\varphi)$ 之间的图像变换称为振幅变换，它实质上是纵向的伸缩，只改变振幅，不改变周期及相位。

二、核心突破

【命题方向 1】 "五点法"作图

【典例 1】 已知函数 $y=2\sin\left(2x-\frac{\pi}{3}\right)$，用"五点法"画出其简图。

解：列表。

$2x-\frac{\pi}{3}$	0	$\frac{\pi}{2}$	π	$\frac{3\pi}{2}$	2π
x	$\frac{\pi}{6}$	$\frac{5\pi}{12}$	$\frac{2\pi}{3}$	$\frac{11\pi}{12}$	$\frac{7\pi}{6}$
$y=2\sin\left(2x-\frac{\pi}{3}\right)$	0	2	0	-2	0

描点，连线得函数 $y=2\sin\left(2x-\frac{\pi}{3}\right)$ 在一个周期内的图像。

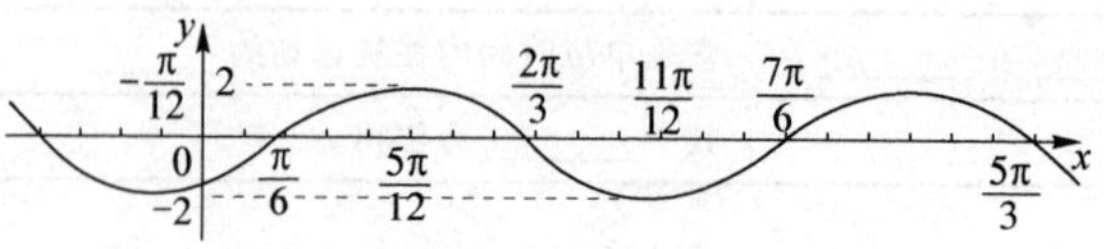

再将这部分图像向左或向右延伸 $k\pi(k\in\mathbf{Z})$个单位长度，就可得函数 $y=2\sin\left(2x-\frac{\pi}{3}\right)(x\in\mathbf{R})$ 的图像。

[方法规律总结] 用五点法作函数 $y=A\sin(\omega x+\varphi)$图像的步骤。

第一步：列表。

$\omega x+\varphi$	0	$\frac{\pi}{2}$	π	$\frac{3}{2}\pi$	2π
x	$-\frac{\varphi}{\omega}$	$\frac{\pi}{2\omega}-\frac{\varphi}{\omega}$	$\frac{\pi}{\omega}-\frac{\varphi}{\omega}$	$\frac{3\pi}{2\omega}-\frac{\varphi}{\omega}$	$\frac{2\pi}{\omega}-\frac{\varphi}{\omega}$
y	0	A	0	$-A$	0

第二步：在同一坐标系中描出各点。

第三步：用光滑曲线连接这些点，而得到图像。

【跟踪练习 1】 作出函数 $y=\frac{1}{2}\cos\left(\frac{1}{2}x+\frac{\pi}{3}\right)$在一个周期内的图像。

【命题方向 2】 函数图像的变换

【典例 2】 为得到函数 $y=\cos\left(2x+\frac{\pi}{3}\right)$的图像，只需将 $y=\cos 2x$ 的图像(　　)。

A. 向左平移$\frac{\pi}{3}$个长度单位　　B. 向右平移$\frac{\pi}{3}$个长度单位

C. 向左平移$\frac{\pi}{6}$个长度单位　　D. 向右平移$\frac{\pi}{6}$个长度单位

解析：将函数 $y=\cos 2x$ 左移$\frac{\pi}{6}$得到的函数为 $y=\cos 2\left(x+\frac{\pi}{6}\right)=\cos\left(2x+\frac{\pi}{3}\right)$，故选 C。

[方法规律总结] 由 $y=\sin x$ 的图像，通过变换得到 $y=A\sin(\omega x+\varphi)$的图像时，可以先相位变换后周期变换，也可以先周期变换后相位变换。两种变换的顺序不同，变换的量也有所不同，前者平移$|\varphi|$个单位，而后者则平移$\frac{|\varphi|}{\omega}$个单位。不论哪一种变换，都是对字母 x 而言的，即看“变量”变化多少，而不是“角”变化多少。

【跟踪训练 2】 要得到函数 $y=\sin\frac{1}{2}x$ 的图像，只需将函数 $y=\sin\left(\frac{1}{2}x+\frac{\pi}{4}\right)$的图像(　　)。

A. 向左平移$\frac{\pi}{4}$个单位长度　　B. 向右平移$\frac{\pi}{4}$个单位长度

C. 向左平移$\frac{\pi}{2}$个单位长度　　D. 向右平移$\frac{\pi}{2}$个单位长度

【命题方向 3】 不同三角函数名图像变换

【典例 3】 为得到函数 $y=\cos\left(2x+\frac{\pi}{3}\right)$的图像，只需将 $y=\sin 2x$ 的图像(　　)。

A. 向左平移$\frac{5}{12}\pi$ 个长度单位　　B. 向右平移$\frac{5}{12}\pi$ 个长度单位

C. 向左平移$\frac{5}{6}\pi$个长度单位　　D. 向右平移$\frac{5}{6}\pi$个长度单位

解析:先将函数化为同名函数,$y=\cos\left(2x+\frac{\pi}{3}\right)=\sin\left(2x+\frac{\pi}{3}+\frac{\pi}{2}\right)=\sin\left(2x+\frac{5}{6}\pi\right)=\sin2\left(x+\frac{5}{12}\pi\right)$。故只需将 $y=\sin2x$ 的图像向左平移$\frac{5}{12}\pi$个长度单位,即可得到 $y=\cos\left(2x+\frac{\pi}{3}\right)$的图像。

答案:A。

[**方法规律总结**]　若变换前后的函数名称不同,则需先统一函数名称,此项工作,一般情况下结合诱导公式即可完成。

【跟踪训练 3】　为了得到函数 $y=\cos\left(\frac{x}{2}-\frac{\pi}{4}\right)$的图像,可以将函数 $y=\sin\frac{x}{2}$的图像(　　)。

A. 向左平移$\frac{\pi}{2}$个单位长度　　B. 向左平移$\frac{\pi}{4}$个单位长度

C. 向右平移$\frac{\pi}{2}$个单位长度　　D. 向右平移$\frac{\pi}{4}$个单位长度

三、课堂练习

1. 为了得到 $y=\cos\frac{x}{4}$的图像,只需把 $y=\cos x$ 的图像上的所有点(　　)。

A. 横坐标伸长到原来的 4 倍,纵坐标不变

B. 横坐标缩短到原来的$\frac{1}{4}$,纵坐标不变

C. 纵坐标伸长到原来的 4 倍,横坐标不变

D. 纵坐标缩短到原来的$\frac{1}{4}$,横坐标不变

2. 要得到函数 $y=\cos 2x$ 的图像,只需将 $y=\cos\left(2x+\frac{\pi}{4}\right)$的图像(　　)。

A. 向左平移$\frac{\pi}{8}$个单位长度　　B. 向右平移$\frac{\pi}{8}$个单位长度

C. 向左平移$\frac{\pi}{4}$个单位长度　　D. 向右平移$\frac{\pi}{4}$个单位长度

3. 为了得到函数 $y=\sin\left(2x-\frac{\pi}{3}\right)$的图像,只需把函数 $y=\sin\left(2x+\frac{\pi}{6}\right)$的图像(　　)。

A. 向左平移$\frac{\pi}{4}$个长度单位　　B. 向右平移$\frac{\pi}{4}$个长度单位

C. 向左平移$\frac{\pi}{2}$个长度单位　　D. 向右平移$\frac{\pi}{2}$个长度单位

4. 下列命题正确的是(　　)。

A. $y=\sin x$ 的图像向右平移$\frac{\pi}{2}$个单位得 $y=\cos x$ 的图像

B. $y=\cos x$ 的图像向右平移$\frac{\pi}{2}$个单位得 $y=\sin x$ 的图像

C. 当 $\varphi>0$ 时，$y=\sin x$ 的图像向右平移 φ 个单位可得 $y=\sin(x+\varphi)$的图像

D. 当 $\varphi<0$ 时，$y=\sin x$ 的图像向左平移 φ 个单位可得 $y=\sin(x-\varphi)$的图像

5. 将函数 $y=\frac{1}{2}\sin 2x$ 的图像上所有的点的横坐标伸长为原来的 2 倍，然后横坐标不变，纵坐标缩短为原来的一半，求所得图像的函数解析式。

7.13　函数 $y=A\sin(\omega x+\varphi)$的图像(二)

【学习目标】

1. 会用“五点法”画函数 $f(x)=A\sin(\omega x+\varphi)$的图像。

2. 明确函数 $f(x)=A\sin(\omega x+\varphi)$（$A$、$\omega$、$\varphi$ 为常数，$A>0$，$\omega>0$）中常数 A、ω、φ 的物理意义。理解振幅、频率、相位、初相的概念。

3. 了解函数 $f(x)=A\sin(\omega x+\varphi)$图像的对称性（如对称轴，对称中心）。

一、阅读提纲

【疑点识记】

1. 简谐运动

简谐运动 $y=A\sin(\omega x+\varphi)$（$A>0$，$\omega>0$，$x\in[0,+\infty)$）中，$A$ 叫振幅，$T=\frac{2\pi}{\omega}$叫________，$f=\frac{\omega}{2\pi}$叫________，________叫相位，________叫初相。

2. 函数 $y=A\sin(\omega x+\varphi)$（$A>0$，$\omega>0$）的性质

(1) 定义域：________。

(2) 值域：____________。

当 $x=$____________（$k\in\mathbf{Z}$）时，y 取最大值 A；当 $x=$____________（$k\in\mathbf{Z}$）时，y 取最小值 $-A$。

(3) 周期性：周期函数，周期为________。

(4) 奇偶性：当且仅当 $\varphi=k\pi(k\in\mathbf{Z})$时，函数 $y=A\sin(\omega x+\varphi)$是________函数；当且仅当 $\varphi=k\pi+\frac{\pi}{2}(k\in\mathbf{Z})$时，函数 $y=A\sin(\omega x+\varphi)$是________函数。

(5) 单调性：单调递增区间是________________________（$k\in\mathbf{Z}$）；

单调递减区间是________________________（$k\in\mathbf{Z}$）。

【问题探究】

问题 1：函数 $y=A\sin(\omega x+\varphi)$的对称轴，对称中心是什么？

问题 2：相邻的对称轴、对称中心之间有什么性质？

小结：

讨论函数 $y=A\sin(\omega x+\varphi)$的性质，要善于采用整体策略，即把 $\omega x+\varphi$ 看成一个整体，将问题化归为正弦函数的性质来解决。

二、核心突破

【命题方向 1】 三角函数解析式

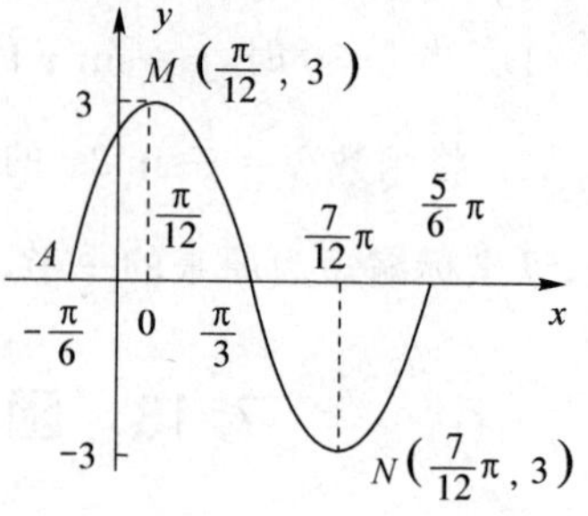

【典例 1】 如右图是函数 $y=A\sin(\omega x+\varphi)\left(A>0,\omega>0,|\varphi|<\frac{\pi}{2}\right)$的图像，求函数解析式。

解：解法一（最值点法）。

根据题意，$A=3$，$T=\frac{5\pi}{6}-\left(-\frac{\pi}{6}\right)=\pi$。

所以 $\omega=\frac{2\pi}{T}=2$，将点 $M\left(\frac{\pi}{12},3\right)$代入 $y=3\sin(2x+\varphi)$中得 $3=3\sin\left(2\times\frac{\pi}{12}+\varphi\right)$。

所以 $\sin\left(\frac{\pi}{6}+\varphi\right)=1$，得$\frac{\pi}{6}+\varphi=\frac{\pi}{2}$，即 $\varphi=\frac{\pi}{3}$。

从而所求函数解析式是 $y=3\sin\left(2x+\frac{\pi}{3}\right)$。

解法二（五点法）

由图像知 $A=3$。因为图像过 $M\left(\frac{\pi}{12},3\right)$，$N\left(\frac{7\pi}{12},-3\right)$，根据五点作图法的原理（$M$，$N$ 可视为“五点法”中的第二点和第四点），由$\begin{cases}\frac{\pi}{12}\omega+\varphi=\frac{\pi}{2}\\ \frac{7\pi}{12}\omega+\varphi=\frac{3}{2}\pi\end{cases}$，解得$\begin{cases}\omega=2\\ \varphi=\frac{\pi}{3}\end{cases}$，从而所求函数解析式是 $y=3\sin\left(2x+\frac{\pi}{3}\right)$。

解法三（平移法）

易知，$A=3$，$\omega=2$，$f(x)=3\sin(2x+\varphi)$。

由图知，它的图像是由 $y=3\sin 2x$ 的图像向左平移$\frac{\pi}{6}$得到的。所以 $f(x)=3\sin 2\left(x+\frac{\pi}{6}\right)$，即 $y=3\sin\left(2x+\frac{\pi}{3}\right)$。

［**方法规律总结**］ 由图像或部分图像确定解析式，在观察图像的基础上可按以下规律来确定 A，ω，φ；

（1）A：一般可由图像上的最大值、最小值来确定 A。

（2）ω：因为 $T=\frac{2\pi}{\omega}$，所以往往通过求周期 T 来确定 ω，可通过已知曲线与 x 轴的交点确定 T，也可由相邻的最高点与最低点之间的距离为$\frac{T}{2}$；相邻的两个最高点（或最低点）之间的距离为 T 来确定。

（3）φ：确定函数 $y=A\sin(\omega x+\varphi)$的解析式的关键是 φ 来确定。常用方法有：

① 代入法：把图像上的一个已知点代入（此时，A，ω 已知）或代入图像与 x 轴的交点求解（此时要注意交点在上升区间还是在下降区间上）。

② 五点法：确定 φ 值时，往往以寻找“五点法”中的第一零点 $\left(-\frac{\varphi}{\omega},0\right)$ 作为突破口。“五点”的 $\omega x+\varphi$ 的值具体如下。

“第一点”(即图像上升时与 x 轴的交点)为 $\omega x+\varphi=0$；

“第二点”(即图像的“峰点”)为 $\omega x+\varphi=\frac{\pi}{2}$；

“第三点”(即图像下降时与 x 轴的交点)为 $\omega x+\varphi=\pi$；

“第四点”(即图像的“谷点”)为 $\omega x+\varphi=\frac{3\pi}{2}$；

“第五点”(即图像从“谷点”上升时与 x 轴的交点)为 $\omega x+\varphi=2\pi$。

【跟踪训练 1】 右图所示的是函数 $y=A\sin(\omega x+\varphi)+B(A>0,\omega>0)$ 的图像的一部分，求 $f(x)$ 的表达式。

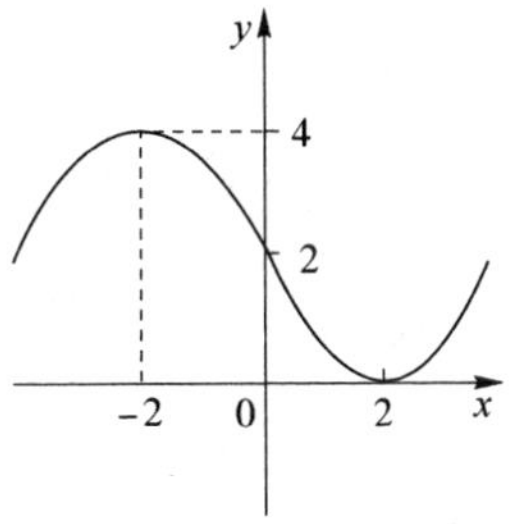

【命题方向 2】 函数 $y=A\sin(\omega x+\varphi)$ 性质的运用

【典例 2】 设函数 $f(x)=\sin(2x+\varphi)(-\pi<\varphi<0)$，$y=f(x)$ 图像的一条对称轴是直线 $x=\frac{\pi}{8}$。

(1) 求 φ；

(2) 求函数 $y=f(x)$ 的单调区间及最值。

解：(1) 由 $2x+\varphi=k\pi+\frac{\pi}{2},k\in\mathbf{Z}$ 得 $x=\frac{k\pi}{2}+\frac{\pi}{4}-\frac{\varphi}{2}$，令 $\frac{k\pi}{2}+\frac{\pi}{4}-\frac{\varphi}{2}=\frac{\pi}{8}$，解得 $\varphi=k\pi+\frac{\pi}{4},k\in\mathbf{Z}$。

因为 $-\pi<\varphi<0$，所以 $\varphi=-\frac{3\pi}{4}$。

(2) 由(1)知，$f(x)=\sin\left(2x-\frac{3\pi}{4}\right)$。

由 $2k\pi-\frac{\pi}{2}\leqslant 2x-\frac{3\pi}{4}\leqslant 2k\pi+\frac{\pi}{2}(k\in\mathbf{Z})$，解得 $k\pi+\frac{\pi}{8}\leqslant x\leqslant k\pi+\frac{5\pi}{8}(k\in\mathbf{Z})$。

故函数的单调递增区间是 $\left[k\pi+\frac{\pi}{8},k\pi+\frac{5\pi}{8}\right](k\in\mathbf{Z})$。同理可得函数的单调递减区间是 $\left[k\pi+\frac{5\pi}{8},k\pi+\frac{9\pi}{8}\right](k\in\mathbf{Z})$。

当 $2x-\frac{3\pi}{4}=2k\pi+\frac{\pi}{2}(k\in\mathbf{Z})$，即 $x=k\pi+\frac{5\pi}{8}(k\in\mathbf{Z})$ 时函数有最大值 1；

当 $2x-\frac{3\pi}{4}=2k\pi-\frac{\pi}{2}(k\in\mathbf{Z})$，即 $x=k\pi+\frac{\pi}{8}(k\in\mathbf{Z})$ 时函数有最小值 -1。

[方法规律总结] (1) 函数 $y=A\sin(\omega x+\varphi)$ 的性质较为综合，在历年高考题中都有所体现和考查。围绕着函数单调性、最值、奇偶性，图像的对称性等都有所体现和考查。

(2) 有关函数 $y=A\sin(\omega x+\varphi)$ 的性质运用问题，要特别注意整体代换思想的运用。

【跟踪训练 2】 已知 $\omega>0$，函数 $f(x)=\sin\left(\omega x+\frac{\pi}{4}\right)$ 在 $\left(\frac{\pi}{2},\pi\right)$ 上单调递减，则 ω 的取值范围是(　　)。

A. $\left[\frac{1}{2},\frac{5}{4}\right]$　　B. $\left[\frac{1}{2},\frac{3}{4}\right]$　　C. $\left(0,\frac{1}{2}\right]$　　D. $(0,2]$

三、课堂练习

1. 已知函数 $f(x)=\sin\left(\omega x+\frac{\pi}{3}\right)(\omega>0)$ 的最小正周期为 π，则该函数图像（　　）。

A. 关于点 $\left(\frac{\pi}{3},0\right)$ 对称　　B. 关于直线 $x=\frac{\pi}{4}$ 对称

C. 关于点 $\left(\frac{\pi}{4},0\right)$ 对称　　D. 关于直线 $x=\frac{\pi}{3}$ 对称

2. 函数 $f(x)=2\sin(\omega x+\varphi)\left(\omega>0,-\frac{\pi}{2}<\varphi<\frac{\pi}{2}\right)$ 的部分图像如下图所示，则 ω、φ 的值分别是（　　）。

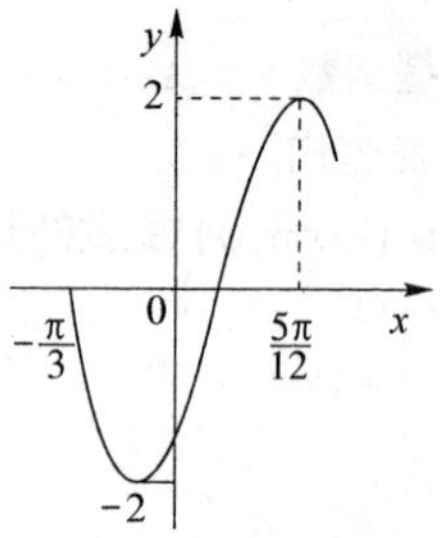

A. $2,-\frac{\pi}{3}$

B. $2,-\frac{\pi}{6}$

C. $4,-\frac{\pi}{6}$

D. $4,\frac{\pi}{3}$

3. 已知函数 $f(x)=A\cos(\omega x+\varphi)$ 的图像如下图所示，$f\left(\frac{\pi}{2}\right)=-\frac{2}{3}$，则 $f(0)=$（　　）。

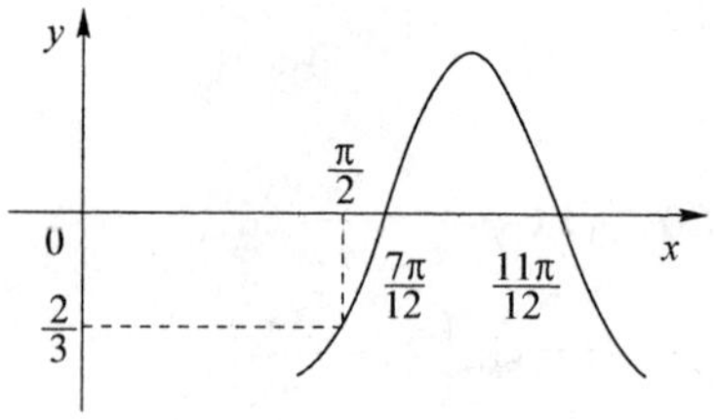

A. $-\frac{2}{3}$

B. $\frac{2}{3}$

C. $-\frac{1}{2}$

D. $\frac{1}{2}$

4. 已知函数 $f(x)=2\sin(\omega x+\varphi)(\omega>0)$ 的图像关于直线 $x=\frac{\pi}{3}$ 对称，且 $f\left(\frac{\pi}{12}\right)=0$，则 ω 的最小值为（　　）。

A. 2　　B. 4　　C. 6　　D. 8

5. 若函数 $f(x)=2\sin\left(2x-\frac{\pi}{3}+\varphi\right)$ 是偶函数，则 φ 的值可以是（　　）。

A. $\frac{5\pi}{6}$　　B. $\frac{\pi}{2}$　　C. $\frac{\pi}{3}$　　D. $-\frac{\pi}{2}$

6. 已知函数 $y=A\sin(\omega x+\varphi)(A,\omega>0$ 且 $|\varphi|<\pi)$ 在一个周期内的图像如下图所示，

(1) 求函数的解析式；

(2) 求函数的单调递增区间。

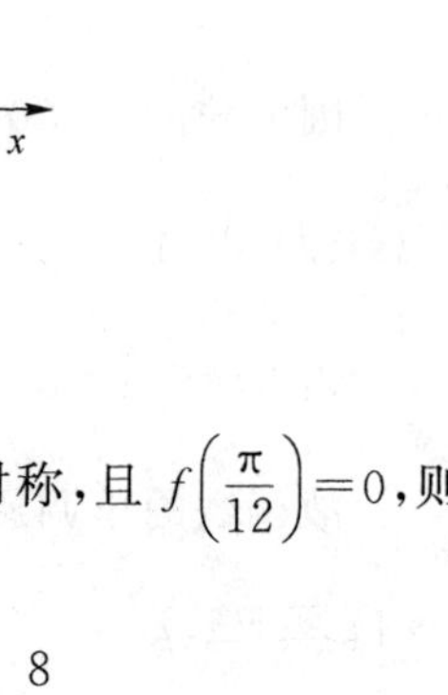

第8章 平面向量

8.1 平面向量的实际背景及基本概念

【学习目标】

1. 通过对物理模型和几何模型的探究，了解向量的实际背景，掌握向量的有关概念及向量的几何表示。

2. 掌握平行向量与相等向量的概念。

一、阅读提纲

【疑点识记】

1. 向量和数量

(1) 向量：既有____________，又有____________的量称为向量。

(2) 数量：只有____________，没有____________的量称为数量。

2. 向量的几何表示

(1) ________________的线段叫作有向线段，它包含三个要素：____________、____________、____________。

(2) 向量可以用____________表示，向量____________的大小，也就是向量________的________（或称模），记作____________。向量也可以用字母$\boldsymbol{a}$，$\boldsymbol{b}$，$\boldsymbol{c}$，…表示，也可以用有向线段的起点和终点字母表示，如：$\overrightarrow{AB}$，$\overrightarrow{CD}$。

3. 向量的有关概念

零向量	长度等于______的向量，记作__________
单位向量	长度等于__________的向量
平行向量 （共线向量）	方向____________的非零向量。 向量$\boldsymbol{a}$，$\boldsymbol{b}$平行，记作________。 规定：零向量与任一向量______
相等向量	长度_______且方向_______的向量。 向量$\boldsymbol{a}$，$\boldsymbol{b}$相等，记作__________

【问题探究】

问题1：在日常生活中，有很多量如面积、质量、速度、位移等，这些量有什么区别？

问题2:在学习三角函数线时,我们学习了有向线段,试想有向线段应包含什么要素?

问题3:对既有大小、又有方向的量,如何形象、直观地表示出来?

问题4:如何表示这个量?

小结:

1. 向量和数量

向量不同于数量,数量只有大小,没有方向,是一个代数量,可以进行代数运算,能比较大小;向量有方向和大小双重性,且不能比较大小。

2. 向量与有向线段

向量用有向线段表示,说明向量被赋予了几何意义,也显示了图形的直观性,但有向线段是向量的表示,并不是说向量就是有向线段。

3. 共线向量与平行向量

(1) 共线向量也就是平行向量,其要求是几个非零向量的方向相同或相反,当然向量所在的直线可以平行,也可以重合,其中"共线"的含义不同于平面几何中"共线"的含义。

(2) 共线向量有四种情况:方向相同且模相等,方向相同且模不等,方向相反且模相等,方向相反且模不等。这样,也就找到了共线向量与相等向量的关系,即共线向量不一定是相等向量,而相等向量一定是共线向量。

(3) 如果两个向量所在的直线平行或重合,则这两个向量是平行向量。

二、核心突破

【命题方向1】 向量的基本概念

【典例1】 判断下列几种说法的正误:

① 若非零向量 $\boldsymbol{a}$ 与 $\boldsymbol{b}$ 共线,则 $\boldsymbol{a}=\boldsymbol{b}$;

② 若向量 $\boldsymbol{a}$ 与 $\boldsymbol{b}$ 同向,且 $|\boldsymbol{a}|>|\boldsymbol{b}|$,则 $\boldsymbol{a}>\boldsymbol{b}$;

③ 若两向量可移到同一直线上,则两向量相等;

④ 若 $\boldsymbol{a}/\!/\boldsymbol{b}$,$\boldsymbol{b}/\!/\boldsymbol{c}$,则 $\boldsymbol{a}/\!/\boldsymbol{c}$。

解析:①错误。共线向量指向量的基线互相平行或重合,其方向相同或相反,所以共线向量未必相等。

②错误。向量是既有大小,又有方向的量,不能比较大小。

③错误。两向量可移到同一直线上,则表示两向量的有向线段在同一条直线上,但两向量的大小和方向不一定都相同。

④错误。当 $\boldsymbol{b}=\boldsymbol{0}$ 时,则 $\boldsymbol{a}$ 与 $\boldsymbol{c}$ 就不一定平行了。

[方法规律总结]

对向量有关概念的理解要严谨、准确,特别注意向量不同于数量,数量的关系只考虑大小,而向量的关系既要考虑大小,又要考虑方向。另外,零向量是比较特殊的向量,解题时要注意不可忽视零向量的存在。

【跟踪练习 1】

其中错误的序号是______________。下列命题正确的是________。

① 向量$\overrightarrow{AB}$与$\overrightarrow{CD}$是共线向量，则 A、B、C、D 四点必在一条直线上；

② 单位向量都相等；

③ 任一向量与它的相反向量不相等；

④ 四边形 $ABCD$ 是平行四边形当且仅当$\overrightarrow{AB}=\overrightarrow{DC}$；

⑤ 一个向量方向不确定当且仅当模为 0；

⑥ 共线的向量，若起点不同，则终点一定不同。

【命题方向 2】　依据图形写相等或共线向量

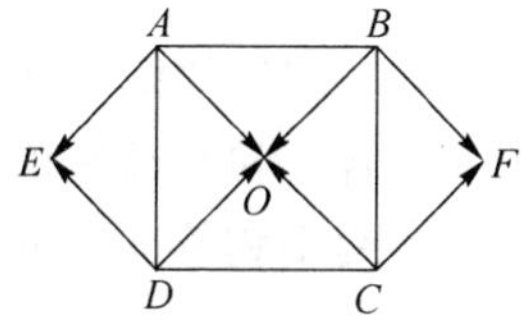

【典例 2】　如右图所示，点 O 为正方形 $ABCD$ 对角线的交点，四边形 $OAED$、$OCFB$ 都是正方形。在图中所示的向量中：

(1) 分别写出与$\overrightarrow{AO}$、$\overrightarrow{BO}$相等的向量；

(2) 写出与$\overrightarrow{AO}$共线的向量；

(3) 写出与$\overrightarrow{AO}$的模相等的向量；

(4) 向量$\overrightarrow{AO}$与$\overrightarrow{CO}$是否相等？

解析：(1) $\overrightarrow{AO}=\overrightarrow{BF}$，$\overrightarrow{BO}=\overrightarrow{AE}$；

(2) 与$\overrightarrow{AO}$共线的向量为：$\overrightarrow{BF}$，$\overrightarrow{CO}$，$\overrightarrow{DE}$；

(3) $|\overrightarrow{AO}|=|\overrightarrow{CO}|=|\overrightarrow{DO}|=|\overrightarrow{BO}|=|\overrightarrow{BF}|=|\overrightarrow{CF}|=|\overrightarrow{AE}|=|\overrightarrow{DE}|$；

(4) 不相等。

［**方法规律总结**］　(1) 寻找相等向量要把握住向量的两要素：大小和方向，相等向量必须二者都相同才成立。同时，也可以看出，向量是可以平移的，相等向量的起点并不一定要相同。(2) 对于非零向量，共线向量只需把握向量的方向要素，与向量的大小无关。故寻找非零共线向量时，只需判断两向量所在的直线是否共线或者重合即可。

【跟踪训练 2】　以边长为 2 的正方形的中心 O 为起点，分别以各顶点、各边的中点为终点作出向量 $\boldsymbol{a}$、$\boldsymbol{b}$、$\boldsymbol{c}$、$\boldsymbol{d}$、$\boldsymbol{e}$、$\boldsymbol{f}$、$\boldsymbol{g}$、$\boldsymbol{h}$。

(1) 试在各边与已知正方形相应各边平行且边长为 1 的正方形 $ABCD$ 中找出与它们相等的向量；

(2) 试找出分别与$\overrightarrow{AB}$、$\overrightarrow{BC}$、$\overrightarrow{AC}$、$\overrightarrow{BD}$共线的向量。

【命题方向 3】　向量的几何表示与向量的应用

【典例 3】　一辆汽车从 A 点出发向西行驶了 100 km 到达 B 点，然后又改变方向向西偏北 50°走了 200 km 到达 C 点，最后又改变方向，向东行驶了 100 km 到达 D 点。

(1) 作出向量$\overrightarrow{AB}$、$\overrightarrow{BC}$、$\overrightarrow{CD}$；

(2) 求$|\overrightarrow{AD}|$。

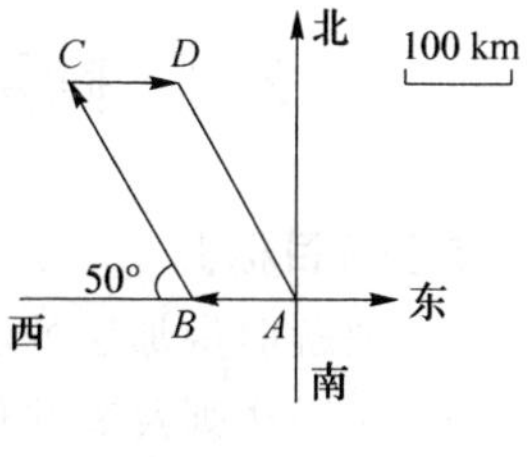

解：(1) 向量$\overrightarrow{AB}$、$\overrightarrow{BC}$、$\overrightarrow{CD}$，如右图所示。

(2) 由题意，易知$\overrightarrow{AB}$与$\overrightarrow{CD}$方向相反，故$\overrightarrow{AB}$与$\overrightarrow{CD}$共线。

又因为$|\overrightarrow{AB}|=|\overrightarrow{CD}|$，所以在四边形 $ABCD$ 中，$AB \mathrel{\underline{/\!/}} CD$。

所以四边形 $ABCD$ 为平行四边形。

而且$\overrightarrow{AD}=\overrightarrow{BC}$，$|\overrightarrow{AD}|=|\overrightarrow{BC}|=200$ km。

［**方法规律总结**］　1. 准确画出向量的方法是先确定向量的起点，再确定向量的方向，

然后根据向量的大小确定向量的终点。

2. 要注意能够运用向量观点将实际问题抽象成数学模型。"数学建模"能力是今后能力培养的主要方向，需要在日常学习中不断积累经验。

【跟踪训练 3】 飞机从 A 地按北偏西 $15°$ 的方向飞行 1 400 km 到达 B 地，再从 B 地按东偏南 $15°$ 的方向飞行 1 400 km 到达 C 地，那么 C 地在 A 地什么方向？C 地距 A 地多远？

三、课堂练习

1. 下列命题中正确的是(　　)。

A. 若两个向量相等，则它们的起点和终点分别重合

B. 模相等的两个平行向量是相等向量

C. 若 $\boldsymbol{a}$ 和 $\boldsymbol{b}$ 都是单位向量，则 $\boldsymbol{a}=\boldsymbol{b}$

D. 两个相等向量的模相等

2. 下列说法中，不正确的是(　　)。

A. 向量 $\overrightarrow{AB}$ 的长度与向量 $\overrightarrow{BA}$ 的长度相等

B. 任何一个非零向量都可以平行移动

C. 长度不相等而方向相反的两个向量一定是共线向量

D. 两个有共同起点且共线的向量其终点必相同

3. 已知非零向量 $\boldsymbol{a}$、$\boldsymbol{b}$ 满足 $\boldsymbol{a}/\!/\boldsymbol{b}$，则下列说法错误的是(　　)。

A. $\boldsymbol{a}=\boldsymbol{b}$　　B. 它们方向相同或相反

C. 所在直线平行或重合　　D. 都与零向量共线

4. 以下说法错误的是(　　)。

A. 零向量与任一非零向量平行　　B. 零向量与单位向量的模不相等

C. 平行向量方向相同　　D. 平行向量一定是共线向量

5. 下列说法正确的是(　　)。

A. 若 $|\boldsymbol{a}|=|\boldsymbol{b}|$，则 $\boldsymbol{a}$、$\boldsymbol{b}$ 的长度相等且方向相同或相反

B. 若向量 $\overrightarrow{AB}$、$\overrightarrow{CD}$ 满足 $|\overrightarrow{AB}|>|\overrightarrow{CD}|$，且 $\overrightarrow{AB}$ 与 $\overrightarrow{CD}$ 同向，则 $\overrightarrow{AB}>\overrightarrow{CD}$

C. 若 $\boldsymbol{a}\neq\boldsymbol{b}$，则 $\boldsymbol{a}$ 与 $\boldsymbol{b}$ 可能是共线向量

D. 若非零向量 $\overrightarrow{AB}$ 与 $\overrightarrow{CD}$ 平行，则 A、B、C、D 四点共线

6. 如右图，以 1×2 方格纸中的格点(各线段的交点)为起点和终点的向量中，

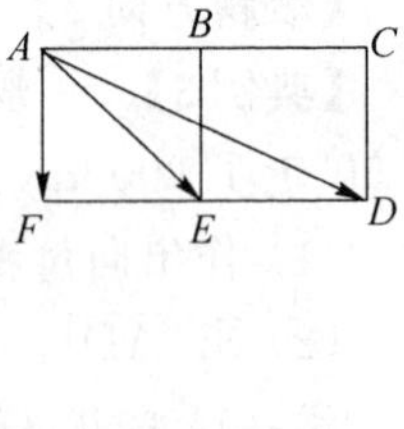

(1) 写出与 $\overrightarrow{AF}$、$\overrightarrow{AE}$ 相等的向量；

(2) 写出与 $\overrightarrow{AD}$ 模相等的向量。

8.2　向量加法运算及其几何意义

【学习目标】

1. 理解向量加法的法则及其几何意义。

2. 能用法则及其几何意义，正确作出两个向量的和。

一、阅读提纲

【疑点识记】

1. 向量的加法法则

(1) 三角形法则

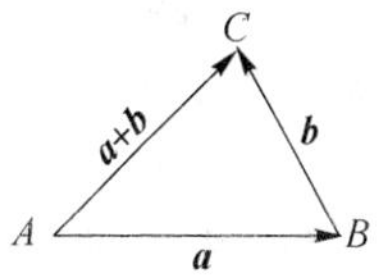

如右图所示，已知非零向量 $\boldsymbol{a}$，$\boldsymbol{b}$，在平面内任取一点 A，作$\overrightarrow{AB}=\boldsymbol{a}$，$\overrightarrow{BC}=\boldsymbol{b}$，则向量______叫作 $\boldsymbol{a}$ 与 $\boldsymbol{b}$ 的和(或和向量)，记作____________，即 $\boldsymbol{a}+\boldsymbol{b}=\overrightarrow{AB}+\overrightarrow{BC}=$________。上述求两个向量和的作图法则，叫作向量求和的三角形法则。

对于零向量与任一向量 $\boldsymbol{a}$ 的和有 $\boldsymbol{a}+\boldsymbol{0}=$________$+$________$=$________。

(2) 平行四边形法则

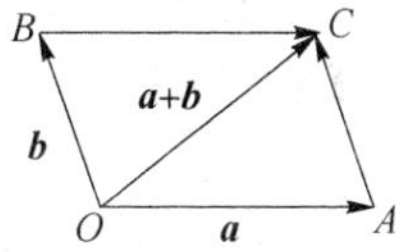

如右图所示，已知两个不共线向量 $\boldsymbol{a}$，$\boldsymbol{b}$，作$\overrightarrow{OA}=\boldsymbol{a}$，$\overrightarrow{OB}=\boldsymbol{b}$，则 O、A、B 三点不共线，以________，________为邻边作____________，则对角线上的向量________$=\boldsymbol{a}+\boldsymbol{b}$，这个法则叫作两个向量求和的平行四边形法则。

2. 向量加法的运算律

(1) 交换律：$\boldsymbol{a}+\boldsymbol{b}=$____________________。

(2) 结合律：$(\boldsymbol{a}+\boldsymbol{b})+\boldsymbol{c}=$__________________________。

【问题探究】

问题 1：向量能进行运算吗？请举例说明。

问题 2：如果两个力 $\boldsymbol{F}_1$，$\boldsymbol{F}_2$ 作用于同一个物体上，当物体静止时，说明了什么？

问题 3：做斜上抛运动的物体在水平方向上有速度吗？在竖直方向上有速度吗？

问题 4：在问题 3 中，物体为什么没沿水平或垂直方向运动？

问题 5：数的加法满足交换律和结合律，向量的加法 是否也满足交换律和结合律？

问题 6：你能验证向量也满足结合律吗？

二、核心突破

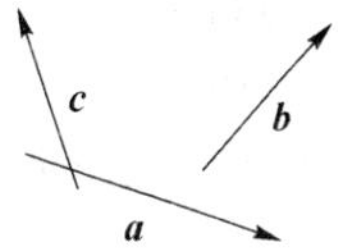

【命题方向 1】　求作向量的和

【典例 1】　如右图所示，已知向量 $\boldsymbol{a}$，$\boldsymbol{b}$，$\boldsymbol{c}$ 试作出向量 $\boldsymbol{a}+\boldsymbol{b}+\boldsymbol{c}$。

作法一：如图(1)所示，首先在平面内任取一点 O，作向量$\overrightarrow{OA}=\boldsymbol{a}$，接着作向量$\overrightarrow{AB}=\boldsymbol{b}$，则得向量$\overrightarrow{OB}=\boldsymbol{a}+\boldsymbol{b}$；然后作向量$\overrightarrow{BC}=\boldsymbol{c}$，则向量$\overrightarrow{OC}=(\boldsymbol{a}+\boldsymbol{b})+\boldsymbol{c}=\boldsymbol{a}+\boldsymbol{b}+\boldsymbol{c}$ 即为所求。

作法二：如图(2)所示，首先在平面内任取一点 O，作向量$\overrightarrow{OA}=\boldsymbol{a}$，$\overrightarrow{OB}=\boldsymbol{b}$，$\overrightarrow{OC}=\boldsymbol{c}$，以 OA、OB 为邻边作平行四边形 $OADB$，连接 OD，则$\overrightarrow{OD}=\overrightarrow{OA}+\overrightarrow{OB}=\boldsymbol{a}+\boldsymbol{b}$。再以 OD、OC 为邻边作平行四边形 $ODEC$，连接 OE，则$\overrightarrow{OE}=\overrightarrow{OD}+\overrightarrow{OC}=\boldsymbol{a}+\boldsymbol{b}+\boldsymbol{c}$ 即为所求。

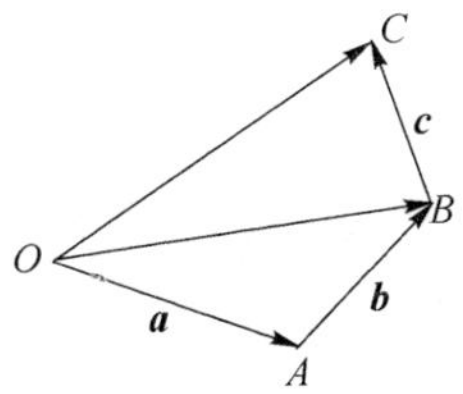

图(1)

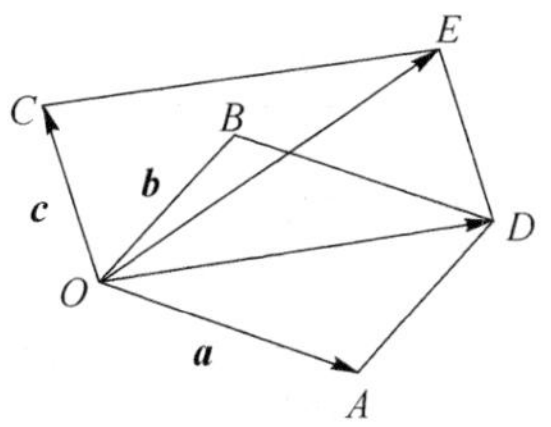

图(2)

［**方法规律总结**］ 应用三角形法则、平行四边形法则作向量和时需注意的问题：

① 三角形法则可以推广到 n 个向量求和，作图时要求“首尾相连”。即 n 个向量首尾相连的向量的和对应的向量是第一个向量的起点指向第 n 个向量的终点的向量。

② 平行四边形法则只适用于不共线的向量求和，作图时要求两个向量的起点重合。

③ 当两个向量不共线时，两个法则实质上是一致的，三角形法则作出的图形是平行四边形法则作出的图形的一半，在多个向量的加法中，利用三角形法则更为简便。如本题作法1比作法2简单。

【跟踪练习1】 如右图，在平行四边形 $ABCD$ 中，O 是对角线的交点，下列结论正确的是（　　）。

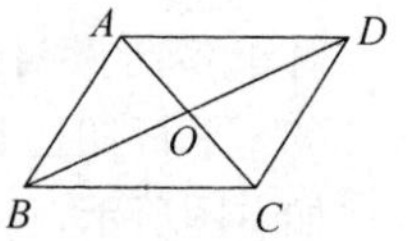

A. $\overrightarrow{AB}=\overrightarrow{CD},\overrightarrow{BC}=\overrightarrow{AD}$　　B. $\overrightarrow{AD}+\overrightarrow{OD}=\overrightarrow{DA}$

C. $\overrightarrow{AO}+\overrightarrow{OD}=\overrightarrow{AC}+\overrightarrow{CD}$　　D. $\overrightarrow{AB}+\overrightarrow{BC}+\overrightarrow{CD}=\overrightarrow{DA}$

【命题方向2】 向量的加法运算

【典例2】 化简下列各式：

(1) $\overrightarrow{AB}+\overrightarrow{BC}+\overrightarrow{CD}+\overrightarrow{DA}$；(2) $(\overrightarrow{AB}+\overrightarrow{MB})+\overrightarrow{BO}+\overrightarrow{OM}$。

解：(1) $\overrightarrow{AB}+\overrightarrow{BC}+\overrightarrow{CD}+\overrightarrow{DA}=(\overrightarrow{AB}+\overrightarrow{BC})+(\overrightarrow{CD}+\overrightarrow{DA})=\overrightarrow{AC}+\overrightarrow{CA}=\mathbf{0}$；

(2) $(\overrightarrow{AB}+\overrightarrow{MB})+\overrightarrow{BO}+\overrightarrow{OM}=(\overrightarrow{AB}+\overrightarrow{BO})+(\overrightarrow{OM}+\overrightarrow{MB})=\overrightarrow{AO}+\overrightarrow{OB}=\overrightarrow{AB}$。

【跟踪训练2】

(1) 在正六边形 $ABCDEF$ 中，$\overrightarrow{AB}=\boldsymbol{a},\overrightarrow{AF}=\boldsymbol{b}$，则 $\overrightarrow{AC}=$________，$\overrightarrow{AD}=$________，$\overrightarrow{AE}=$________。

(2) $\overrightarrow{AB}+\overrightarrow{DF}+\overrightarrow{CD}+\overrightarrow{BC}+\overrightarrow{FA}=$________。

［**方法规律总结**］ 解决该类题目要灵活运用向量加法运算律，注意各向量的起、终点字母的顺序，特别注意勿把 **0** 写成 0。

【命题方向3】 向量加法的实际应用

【典例3】 如图(1)所示，在重 300 N 的物体上拴两根绳子，这两根绳子在铅垂线的两侧，与铅垂线的夹角分别为 30°、60°，求当整个系统处于平衡状态时，两根绳子拉力的大小。

解析：如图(2)所示，作平行四边形 $OACB$，使 $\angle AOC=30°$，$\angle BOC=60°$，$\overrightarrow{OA}$ 和 $\overrightarrow{OB}$ 分别表示两根绳子的拉力，则 $\overrightarrow{OC}$ 表示这两根绳子拉力的合力，则 $|\overrightarrow{OC}|=300$ N。在 $\triangle OAC$ 中，$\angle ACO=\angle BOC=60°$，$\angle OAC=90°$，则 $|\overrightarrow{OA}|=|\overrightarrow{OC}|\cos 30°=300\times\frac{\sqrt{3}}{2}=150\sqrt{3}$ N，$|\overrightarrow{AC}|=|\overrightarrow{OC}|\sin 30°=300\times\frac{1}{2}=150$ N，即 $|\overrightarrow{OB}|=|\overrightarrow{AC}|=150$ N。则可得与铅垂线成 30° 角的绳子的拉力是 $150\sqrt{3}$ N，与铅垂线成 60° 角的绳子的拉力是 150 N。

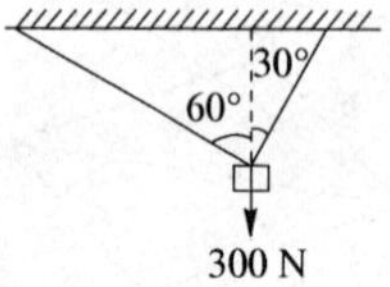

图(1)

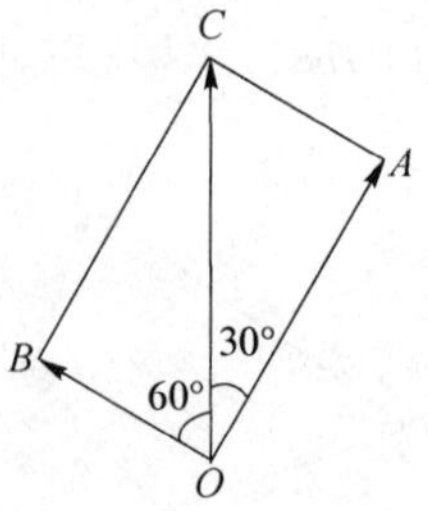

图(2)

［**方法规律总结**］ 解决与向量有关的实际应用题，应本着如下步骤解题。

弄清实际问题 → 数学问题 → 正确画出图形 → 用向量表示实际量 → 向量运算

【跟踪训练 3】 在小船过河时，小船沿垂直河岸方向行驶，速度为 $v_1=2\sqrt{3}$ km/h，河水流动的速度 $v_2=2.0$ km/h，试求小船过河实际行驶速度的大小。

三、课堂练习

1. 在矩形 $ABCD$ 中，$\overrightarrow{AC}$=（　　）。

A. $\overrightarrow{BC}+\overrightarrow{BA}$　　B. $\overrightarrow{AD}+\overrightarrow{CD}$　　C. $\overrightarrow{AB}+\overrightarrow{DA}$　　D. $\overrightarrow{AD}+\overrightarrow{DC}$

2. 在四边形 $ABCD$ 中，$\overrightarrow{CB}+\overrightarrow{AD}+\overrightarrow{BA}$等于（　　）。

A. $\overrightarrow{DC}$　　B. $\overrightarrow{CA}$　　C. $\overrightarrow{DB}$　　D. $\overrightarrow{CD}$

3. 下列等式不成立的是（　　）。

A. $\mathbf{0}+\boldsymbol{a}=\boldsymbol{a}$　　B. $\boldsymbol{a}+\boldsymbol{b}=\boldsymbol{b}+\boldsymbol{a}$　　C. $\overrightarrow{AB}+\overrightarrow{BA}=2\overrightarrow{AB}$　　D. $\overrightarrow{AB}+\overrightarrow{BC}=\overrightarrow{AC}$

4. 在四边形 $ABCD$ 中，$\overrightarrow{AB}+\overrightarrow{AD}=\overrightarrow{AC}$，则四边形 $ABCD$ 是（　　）。

A. 任意四边形　　B. 矩形　　C. 正方形　　D. 平行四边形

5. 设 $\boldsymbol{a}$ 表示“向东走 5 km”，$\boldsymbol{b}$ 表示“向南走 5 km”，则 $\boldsymbol{a}+\boldsymbol{b}$ 表示（　　）。

A. 向东走 10 km　　B. 向南走 10 km

C. 向东南走 10 km　　D. 向东南走 $5\sqrt{2}$ km

6. 在平行四边形 $ABCD$ 中，O 是对角线的交点。下列结论正确的是（　　）。

A. $\overrightarrow{AB}=\overrightarrow{CD}$，$\overrightarrow{BC}=\overrightarrow{AD}$　　B. $\overrightarrow{AD}+\overrightarrow{OD}=\overrightarrow{DA}$

C. $\overrightarrow{AO}+\overrightarrow{OD}=\overrightarrow{AC}+\overrightarrow{CD}$　　D. $\overrightarrow{AB}+\overrightarrow{BC}+\overrightarrow{CD}=\overrightarrow{DA}$

8.3　向量减法运算及其几何意义

【学习目标】

1. 理解向量减法的法则及其几何意义。
2. 能运用法则及其几何意义，正确作出两个向量的差。

一、阅读提纲

【疑点识记】

向量的减法

（1）定义：$\boldsymbol{a}-\boldsymbol{b}=\boldsymbol{a}+(-\boldsymbol{b})$，即减去一个向量相当于加上这个向量的________。

（2）作法：在平面内任取一点 O，作$\overrightarrow{OA}=\boldsymbol{a}$，$\overrightarrow{OB}=\boldsymbol{b}$，则向量 $\boldsymbol{a}-\boldsymbol{b}$=________。如右图所示。

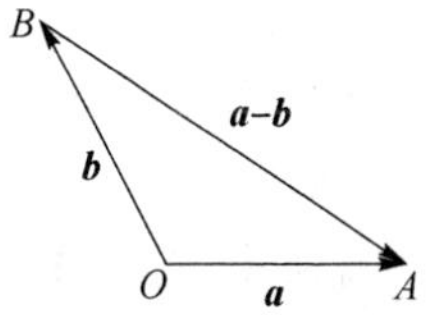

（3）几何意义：如果把两个向量的始点放在一起，则这两个向量的差是以减向量的终点为________，被减向量的终点为________的向量。例如：$\overrightarrow{OA}-\overrightarrow{OB}$=________。

【问题探究】

问题 1：一个数 a 的相反数是什么？

问题2:一个向量有相反向量吗?

问题3:两个相反数的和为零,那么两个相反向量的和也为零吗?

问题4:根据向量加法,如何求作 $\boldsymbol{a}-\boldsymbol{b}$?

小结:

1. 向量的减法运算与向量的加法运算是互逆运算,可以相互转化,减去一个向量等于加上这个向量的相反向量。

2. 两个向量的差也可用平行四边形法则及三角形法则求得:用平行四边形和向量是起点与它们的起点重合的那条对角线所对应的向量$\overrightarrow{AC}$,而差向量是另一条对角线所对应的向量$\overrightarrow{DB}$,方向是从减向量的终点指向被减向量的终点;用三角形法则时,把减向量与被减向量的起点相重合,则差向量是从减向量的终点指向被减向量的终点。用平等四边形法则时,两个向量也是共起点。

二、核心突破

【命题方向1】 利用已知向量求作和向量或差向量

【典例1】 如右图所示,已知向量 $\boldsymbol{a}$、$\boldsymbol{b}$、$\boldsymbol{c}$ 不共线,求作向量 $\boldsymbol{a}+\boldsymbol{b}-\boldsymbol{c}$。

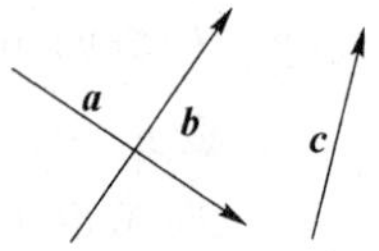

解析:利用向量加法和减法的三角形法则作图即可。

解法一。如图(1)所示,在平面内任取一点 O,作$\overrightarrow{OA}=\boldsymbol{a}$,$\overrightarrow{AB}=\boldsymbol{b}$,则$\overrightarrow{OB}=\boldsymbol{a}+\boldsymbol{b}$,再作$\overrightarrow{OC}=\boldsymbol{c}$,则$\overrightarrow{CB}=\boldsymbol{a}+\boldsymbol{b}-\boldsymbol{c}$。

解法二。如图(2)所示,在平面内任取一点 O,作$\overrightarrow{OA}=\boldsymbol{a}$,$\overrightarrow{AB}=\boldsymbol{b}$,则$\overrightarrow{OB}=\boldsymbol{a}+\boldsymbol{b}$,再作$\overrightarrow{CB}=\boldsymbol{c}$,连接 OC,则$\overrightarrow{OC}=\boldsymbol{a}+\boldsymbol{b}-\boldsymbol{c}$。

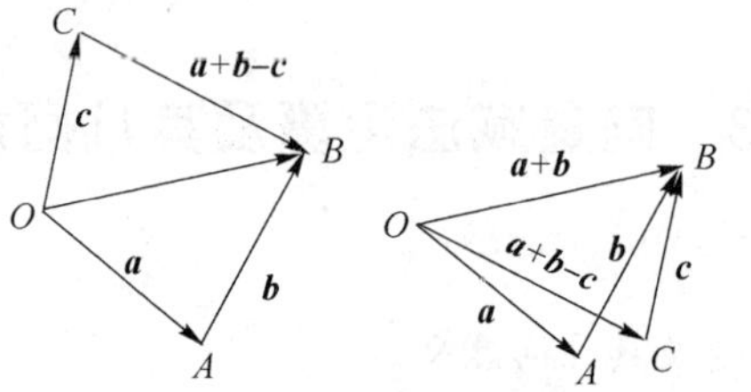

(1) (2)

[**方法规律总结**] (1) 求作两个向量的和向量时,要注意向量加法的三角形法则和平行四边形法则的应用。

(2) 求作两个向量的差向量时,有以下两种思路:①可以转化为向量的加法来进行,如 $\boldsymbol{a}-\boldsymbol{b}$,可以先作 $-\boldsymbol{b}$,然后作 $\boldsymbol{a}+(-\boldsymbol{b})$即可。②也可以直接用向量减法的三角形法则,即把两向量的起点重合,则差向量为连接两个向量的终点,指向被减向量的终点的向量。

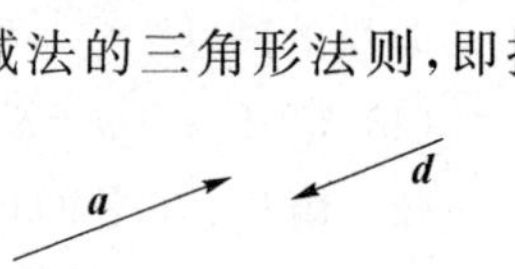

【跟踪练习1】 已知向量 $\boldsymbol{a}$、$\boldsymbol{b}$、$\boldsymbol{c}$ 与 $\boldsymbol{d}$,如右图所示,求 $\boldsymbol{a}-\boldsymbol{b}$,$\boldsymbol{c}-\boldsymbol{d}$。

【命题方向2】 利用已知向量表示其他向量

【典例2】 如右图所示,在正六边形 $ABCDEF$ 中,O 为中心,若$\overrightarrow{OA}=\boldsymbol{a}$,$\overrightarrow{OE}=\boldsymbol{b}$,用向量 $\boldsymbol{a}$、$\boldsymbol{b}$ 表示向量$\overrightarrow{OB}$、$\overrightarrow{OC}$和$\overrightarrow{OD}$。

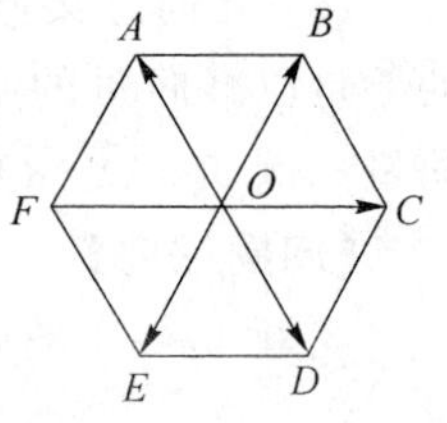

解析：观察图形 → 找已知向量与所求向量的关系 → 利用法则写出结果

解法一。在平行四边形 $OAFE$ 中，OF 为对角线，且 OA，OF，OE 起点相同，应用平行四边形法则，得$\overrightarrow{OF}=\overrightarrow{OA}+\overrightarrow{OE}=\boldsymbol{a}+\boldsymbol{b}$。

因为$\overrightarrow{OC}=-\overrightarrow{OF}$，所以$\overrightarrow{OC}=-\boldsymbol{a}-\boldsymbol{b}$。

而$\overrightarrow{OB}=-\overrightarrow{OE}=-\boldsymbol{b}$，$\overrightarrow{OD}=-\overrightarrow{OA}=-\boldsymbol{a}$，

所以$\overrightarrow{OB}=-\boldsymbol{b}$，$\overrightarrow{OC}=-\boldsymbol{a}-\boldsymbol{b}$，$\overrightarrow{OD}=-\boldsymbol{a}$。

解法二。由正六边形的几何性质，得

$\overrightarrow{OD}=-\boldsymbol{a}$，$\overrightarrow{OB}=-\boldsymbol{b}$，$\overrightarrow{BC}=-\overrightarrow{OA}=-\boldsymbol{a}$。

在$\triangle OBC$ 中，$\overrightarrow{OC}=\overrightarrow{OB}+\overrightarrow{BC}=-\boldsymbol{a}-\boldsymbol{b}$。

解法三。由正六边形的几何性质，得

$\overrightarrow{OB}=-\boldsymbol{b}$，$\overrightarrow{OD}=-\boldsymbol{a}$。

在平行四边形 $OBCD$ 中，$\overrightarrow{OC}=\overrightarrow{OB}+\overrightarrow{OD}=-\boldsymbol{a}-\boldsymbol{b}$。

［**方法规律总结**］　解此类问题要根据图形的几何性质，运用向量的平行四边形法则和三角形法则解题。要特别注意向量的方向以及运算式中向量之间的关系。

【跟踪训练 2】　如右图所示，解答下列各题：

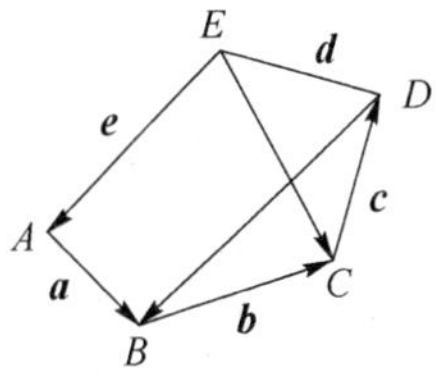

(1) 用 $\boldsymbol{a}$、$\boldsymbol{d}$、$\boldsymbol{e}$ 表示$\overrightarrow{DB}$；

(2) 用 $\boldsymbol{b}$、$\boldsymbol{c}$ 表示$\overrightarrow{DB}$；

(3) 用 $\boldsymbol{a}$、$\boldsymbol{b}$、$\boldsymbol{e}$ 表示$\overrightarrow{EC}$；

(4) 用 $\boldsymbol{c}$、$\boldsymbol{d}$ 表示$\overrightarrow{EC}$。

【命题方向 3】　向量的加、减运算及模的综合应用

【典例 3】　已知向量 $\boldsymbol{a}$、$\boldsymbol{b}$ 满足 $|\boldsymbol{a}|=1$，$|\boldsymbol{b}|=2$，$|\boldsymbol{a}-\boldsymbol{b}|=2$，求 $|\boldsymbol{a}+\boldsymbol{b}|$ 的值。

解析：明确 $\boldsymbol{a}-\boldsymbol{b}$ 与 $\boldsymbol{a}+\boldsymbol{b}$ 的几何意义，通过解直角三角形求得结果。

在平面内任取一点 A，作$\overrightarrow{AD}=\boldsymbol{a}$，$\overrightarrow{AB}=\boldsymbol{b}$，则$\overrightarrow{AC}=\boldsymbol{a}+\boldsymbol{b}$，$\overrightarrow{BD}=\boldsymbol{a}-\boldsymbol{b}$。

由题意，知 $|\overrightarrow{AB}|=|\overrightarrow{BD}|=2$，$|\overrightarrow{AD}|=1$。

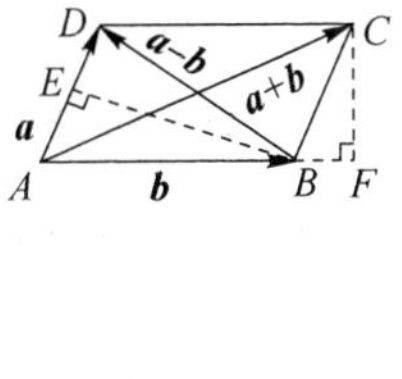

如右图所示，过 B 作 $BE\perp AD$ 于 E，过 C 作 $CF\perp AB$ 交直线 AB 于 F。

因为 $AB=BD=2$，所以 $AE=ED=\dfrac{1}{2}AD=\dfrac{1}{2}$。

在$\triangle ABE$ 中，$\cos\angle EAB=\dfrac{AE}{AB}=\dfrac{1}{4}$。

在$\triangle CBF$ 中，$\angle CBF=\angle EAB$，所以 $\cos\angle CBF=\dfrac{1}{4}$。

因此 $BF=BC\cdot\cos\angle CBF=1\times\dfrac{1}{4}=\dfrac{1}{4}$。所以 $CF=\dfrac{\sqrt{15}}{4}$。

所以 $AF=AB+BF=2+\dfrac{1}{4}=\dfrac{9}{4}$。

在 Rt$\triangle AFC$ 中,$AC=\sqrt{AF^2+CF^2}=\sqrt{\frac{81}{16}+\frac{15}{16}}=\sqrt{6}$,所以$|\boldsymbol{a}+\boldsymbol{b}|=\sqrt{6}$。

[方法规律总结] (1) 理解向量的几何意义,且能准确运用向量的加、减运算。

(2) 恰当构造相关图形,且能灵活运用几何性质求解未知量。

【跟踪训练 3】 已知向量 $\boldsymbol{a}$、$\boldsymbol{b}$,满足$|\boldsymbol{a}|=|\boldsymbol{b}|=1$,$|\boldsymbol{a}+\boldsymbol{b}|=\sqrt{3}$,求$|\boldsymbol{a}-\boldsymbol{b}|$。

三、课堂练习

1. 下列等式:①$\boldsymbol{0}-\boldsymbol{a}=-\boldsymbol{a}$;②$-(-\boldsymbol{a})=\boldsymbol{a}$;③$\boldsymbol{a}+(-\boldsymbol{a})=\boldsymbol{0}$;④$\boldsymbol{a}+\boldsymbol{0}=\boldsymbol{a}$;⑤$\boldsymbol{a}-\boldsymbol{b}=\boldsymbol{a}+(-\boldsymbol{b})$;⑥$\boldsymbol{a}+(-\boldsymbol{a})=\boldsymbol{0}$。

正确的个数是(　　)。

A. 3　　B. 4　　C. 5　　D. 6

2. 在$\triangle ABC$ 中,$\overrightarrow{BC}=\boldsymbol{a}$,$\overrightarrow{CA}=\boldsymbol{b}$,则$\overrightarrow{AB}$等于(　　)。

A. $\boldsymbol{a}+\boldsymbol{b}$　　B. $-\boldsymbol{a}-\boldsymbol{b}$　　C. $\boldsymbol{a}-\boldsymbol{b}$　　D. $\boldsymbol{b}-\boldsymbol{a}$

3. 化简$\overrightarrow{AC}-\overrightarrow{BD}+\overrightarrow{CD}-\overrightarrow{AB}$得(　　)。

A. $\overrightarrow{AB}$　　B. $\overrightarrow{DA}$　　C. $\overrightarrow{BC}$　　D. $\boldsymbol{0}$

4. 在平行四边形 $ABCD$ 中,$\overrightarrow{AC}-\overrightarrow{AD}$等于(　　)。

A. $\overrightarrow{AB}$　　B. $\overrightarrow{BA}$　　C. $\overrightarrow{CD}$　　D. $\overrightarrow{DB}$

5. 下列四式不能化简为$\overrightarrow{PQ}$的是(　　)。

A. $\overrightarrow{AB}+(\overrightarrow{PA}+\overrightarrow{BQ})$　　B. $(\overrightarrow{AB}+\overrightarrow{PC})+(\overrightarrow{BA}-\overrightarrow{QC})$

C. $\overrightarrow{QC}+\overrightarrow{CQ}-\overrightarrow{QP}$　　D. $\overrightarrow{PA}+\overrightarrow{AB}-\overrightarrow{BQ}$

8.4 向量数乘运算及其几何意义

【学习目标】

1. 掌握向量数乘的定义。
2. 理解向量数乘的几何意义。
3. 了解向量数乘的运算律。
4. 理解向量共线的条件。

一、阅读提纲

【疑点识记】

1. 向量数乘运算

实数 λ 与向量 $\boldsymbol{a}$ 的积是一个__________,这种运算叫作向量的__________,记作________,其长度与方向规定如下:

(1) $|\lambda\boldsymbol{a}|=$__________。

(2) $\lambda\boldsymbol{a}$ $(\boldsymbol{a}\neq\boldsymbol{0})$的方向$\begin{cases}当______时,与\ \boldsymbol{a}\ 方向相同\\ 当______时,与\ \boldsymbol{a}\ 方向相反\end{cases}$。

特别地，当 $\lambda=0$ 或 $\boldsymbol{a}=\boldsymbol{0}$ 时，$0\boldsymbol{a}=$________或 $\lambda\boldsymbol{0}=$________。

2. 向量数乘的运算律

(1) $\lambda(\mu\boldsymbol{a})=$________；(2) $(\lambda+\mu)\boldsymbol{a}=$____________；(3) $\lambda(\boldsymbol{a}+\boldsymbol{b})=$______________。

特别地，有 $(-\lambda)\boldsymbol{a}=$________________$=$________；$\lambda(\boldsymbol{a}-\boldsymbol{b})=$________________。

3. 共线向量定理

向量 $\boldsymbol{a}$ $(\boldsymbol{a}\neq\boldsymbol{0})$ 与 $\boldsymbol{b}$ 共线，当且仅当有唯一一个实数 λ，使__________________。

4. 向量的线性运算

向量的________、________、________运算统称为向量的线性运算，对于任意向量 $\boldsymbol{a}$、$\boldsymbol{b}$，以及任意实数 λ、μ_1、μ_2，恒有 $\lambda(\mu_1\boldsymbol{a}\pm\mu_2\boldsymbol{b})=$________________________。

【问题探究】

问题 1：按照向量的加法法则，若 $\boldsymbol{a}$ 为非零向量，则 $\boldsymbol{a}+\boldsymbol{a}$ 的长度与 $|\boldsymbol{a}|$ 的关系怎样？

问题 2：我们知道，$x+x+x=3x$，那么 $\boldsymbol{a}+\boldsymbol{a}+\boldsymbol{a}$ 能否写成 $3\boldsymbol{a}$ 呢？

问题 3：$3\boldsymbol{a}$ 与 $\boldsymbol{a}$ 的方向为什么关系？$-3\boldsymbol{a}$ 与 $\boldsymbol{a}$ 的方向呢？

根据向量加法的三角形法则、平行四边形法则以及数乘的定义，回答下列问题：

问题 4：$3\cdot(2\boldsymbol{a})$ 与 $2\cdot(3\boldsymbol{a})$ 是否等于 $6\boldsymbol{a}$？

问题 5：$(3+2)\boldsymbol{a}=3\boldsymbol{a}+2\boldsymbol{a}$ 成立吗？

问题 6：$2(\boldsymbol{a}+\boldsymbol{a})$ 与 $2\boldsymbol{a}+2\boldsymbol{a}$ 是否相等？

问题 7：如果两个向量共线，这两个向量具有哪几种情况？

问题 8：根据向量的数乘运算，$\lambda\boldsymbol{a}$ 与 $\boldsymbol{a}$ $(\lambda\neq0,\boldsymbol{a}\neq\boldsymbol{0})$ 的方向有何关系。

问题 9：向量 $\boldsymbol{a}$ 与 $\lambda\boldsymbol{a}$（λ 为常数）共线吗？

小结：

1. 实数与向量可以进行数乘运算，但不能进行加减运算，如 $\lambda+\boldsymbol{a}$，$\lambda-\boldsymbol{a}$ 无法进行。$\lambda\boldsymbol{a}=\boldsymbol{0}$ 的条件是 $\lambda=0$ 或 $\boldsymbol{a}=\boldsymbol{0}$。

2. 从几何的角度来看，对于向量的长度而言，①当 $|\lambda|>1$ 时，有 $|\lambda\boldsymbol{a}|>|\boldsymbol{a}|$，这意味着表示向量 $\boldsymbol{a}$ 的有向线段在原方向 $(\lambda>0)$ 或反方向 $(\lambda<0)$ 上伸长到 $|\lambda|$ 倍；②当 $0<|\lambda|<1$ 时，有 $|\lambda\boldsymbol{a}|<|\boldsymbol{a}|$，这意味着表示向量 $\boldsymbol{a}$ 的有向线段在原方向 $(0<\lambda<1)$ 或反方向 $(-1<\lambda<0)$ 上缩短到 $|\lambda|$ 倍；③利用向量的数乘运算可解决平面几何中的平行、相似等问题。

3. 共线向量定理的理解。

(1) 定理本身包含了正反两个方面：若存在一个实数 λ，使 $\boldsymbol{b}=\lambda\boldsymbol{a}$ $(\boldsymbol{a}\neq\boldsymbol{0})$，则 $\boldsymbol{a}$ 与 $\boldsymbol{b}$ 共线；反之，若 $\boldsymbol{a}$ 与 $\boldsymbol{b}$ 共线 $(\boldsymbol{a}\neq\boldsymbol{0})$，则必存在一个实数 λ，使 $\boldsymbol{b}=\lambda\boldsymbol{a}$。

(2) 该定理中之所以规定 $\boldsymbol{a}\neq\boldsymbol{0}$，是因为：当 $\boldsymbol{a}=\boldsymbol{0}$ 时，若 $\boldsymbol{b}=\boldsymbol{0}$，这时 λ 不唯一；若 $\boldsymbol{b}\neq\boldsymbol{0}$，则不存在 λ 值使 $\boldsymbol{b}=\lambda\boldsymbol{a}$。

(3) 该定理的作用主要是论证两条直线平行或三点共线问题。

二、核心突破

【命题方向 1】　向量的数乘运算

【典例 1】　计算：(1) $6(3\boldsymbol{a}-2\boldsymbol{b})+9(-2\boldsymbol{a}+\boldsymbol{b})$；

(2) $\frac{1}{2}\left[(3\boldsymbol{a}+2\boldsymbol{b})-\frac{2}{3}\boldsymbol{a}-\boldsymbol{b}\right]-\frac{7}{6}\left[\frac{1}{2}\boldsymbol{a}+\frac{3}{7}\left(\boldsymbol{b}+\frac{7}{6}\boldsymbol{a}\right)\right]$;

(3) $6(\boldsymbol{a}-\boldsymbol{b}+\boldsymbol{c})-4(\boldsymbol{a}-2\boldsymbol{b}+\boldsymbol{c})-2(-2\boldsymbol{a}+\boldsymbol{c})$。

解:(1) 原式$=18\boldsymbol{a}-12\boldsymbol{b}-18\boldsymbol{a}+9\boldsymbol{b}=-3\boldsymbol{b}$。

(2) $\frac{1}{2}\left[(3\boldsymbol{a}+2\boldsymbol{b})-\frac{2}{3}\boldsymbol{a}-\boldsymbol{b}\right]-\frac{7}{6}\left[\frac{1}{2}\boldsymbol{a}+\frac{3}{7}\left(\boldsymbol{b}+\frac{7}{6}\boldsymbol{a}\right)\right]$

$=\frac{1}{2}\left(3\boldsymbol{a}-\frac{2}{3}\boldsymbol{a}+2\boldsymbol{b}-\boldsymbol{b}\right)-\frac{7}{6}\left(\frac{1}{2}\boldsymbol{a}+\frac{1}{2}\boldsymbol{a}+\frac{3}{7}\boldsymbol{b}\right)=\frac{1}{2}\left(\frac{7}{3}\boldsymbol{a}+\boldsymbol{b}\right)-\frac{7}{6}\left(\boldsymbol{a}+\frac{3}{7}\boldsymbol{b}\right)$

$=\frac{7}{6}\boldsymbol{a}+\frac{1}{2}\boldsymbol{b}-\frac{7}{6}\boldsymbol{a}-\frac{1}{2}\boldsymbol{b}=\boldsymbol{0}$。

(3) 原式$=6\boldsymbol{a}-6\boldsymbol{b}+6\boldsymbol{c}-4\boldsymbol{a}+8\boldsymbol{b}-4\boldsymbol{c}+4\boldsymbol{a}-2\boldsymbol{c}$

$=(6\boldsymbol{a}-4\boldsymbol{a}+4\boldsymbol{a})+(8\boldsymbol{b}-6\boldsymbol{b})+(6\boldsymbol{c}-4\boldsymbol{c}-2\boldsymbol{c})=4\boldsymbol{a}+2\boldsymbol{b}$。

[方法规律总结] 向量的线性运算类似于代数多项式的运算,实数运算中去括号、移项、合并同类项、提取公因式等变形手段在向量线性运算中也可以使用。

【跟踪练习 1】 计算:(1) $\frac{2}{5}(\boldsymbol{a}-\boldsymbol{b})-\frac{1}{3}(2\boldsymbol{a}+4\boldsymbol{b})+\frac{2}{15}(2\boldsymbol{a}+13\boldsymbol{b})$;(2) $(m+n)(\boldsymbol{a}-\boldsymbol{b})-(m-n)(\boldsymbol{a}+\boldsymbol{b})$。

【命题方向 2】 共线向量与三点共线问题

【典例 2】 设两个非零向量 $\boldsymbol{a}$ 与 $\boldsymbol{b}$ 不共线,

(1) 若$\overrightarrow{AB}=\boldsymbol{a}+\boldsymbol{b}$,$\overrightarrow{BC}=2\boldsymbol{a}+8\boldsymbol{b}$,$\overrightarrow{CD}=3(\boldsymbol{a}-\boldsymbol{b})$,求证:$A$、$B$、$D$ 三点共线;

(2) 试确定实数 k,使 $k\boldsymbol{a}+\boldsymbol{b}$ 与 $\boldsymbol{a}+k\boldsymbol{b}$ 共线。

证明:(1) 因为$\overrightarrow{AB}=\boldsymbol{a}+\boldsymbol{b}$,$\overrightarrow{BC}=2\boldsymbol{a}+8\boldsymbol{b}$,$\overrightarrow{CD}=3(\boldsymbol{a}-\boldsymbol{b})$。

所以$\overrightarrow{BD}=\overrightarrow{BC}+\overrightarrow{CD}=2\boldsymbol{a}+8\boldsymbol{b}+3(\boldsymbol{a}-\boldsymbol{b})=2\boldsymbol{a}+8\boldsymbol{b}+3\boldsymbol{a}-3\boldsymbol{b}=5(\boldsymbol{a}+\boldsymbol{b})=5\overrightarrow{AB}$。

所以$\overrightarrow{AB}$、$\overrightarrow{BD}$共线。

(2) 因为 $k\boldsymbol{a}+\boldsymbol{b}$ 与 $\boldsymbol{a}+k\boldsymbol{b}$ 共线,所以存在实数 λ,使 $k\boldsymbol{a}+\boldsymbol{b}=\lambda(\boldsymbol{a}+k\boldsymbol{b})$,即 $k\boldsymbol{a}+\boldsymbol{b}=\lambda\boldsymbol{a}+\lambda k\boldsymbol{b}$,所以$(k-\lambda)\boldsymbol{a}=(\lambda k-1)\boldsymbol{b}$。

因为 $\boldsymbol{a}$、$\boldsymbol{b}$ 是不共线的两个非零向量,所以 $k-\lambda=\lambda k-1=0$,所以 $k^2-1=0$。所以 $k=\pm 1$。

[方法规律总结] (1) 欲证三点 A、B、D 共线,即证存在实数 λ,使$\overrightarrow{AB}=\lambda\overrightarrow{BD}$,只要由已知条件找出 λ 即可。

(2) 由两向量共线,列出关于 $\boldsymbol{a}$、$\boldsymbol{b}$ 的等式,再由 $\boldsymbol{a}$ 与 $\boldsymbol{b}$ 不共线知,若 $\lambda\boldsymbol{a}=\mu\boldsymbol{b}$,则 $\lambda=\mu=0$。

【跟踪训练 2】 已知向量$\overrightarrow{AB}=\boldsymbol{a}+5\boldsymbol{b}$,$\overrightarrow{BC}=-2\boldsymbol{a}+8\boldsymbol{b}$,$\overrightarrow{CD}=3(\boldsymbol{a}-\boldsymbol{b})$,

(1) 求证:A、B、D 三点共线;(2) 求证:$\overrightarrow{CA}=x\overrightarrow{CB}+y\overrightarrow{CD}$(其中 $x+y=1$)。

【命题方向 3】 向量的线性运

【典例 3】 如右图所示,四边形 $OADB$ 是以向量$\overrightarrow{OA}=\boldsymbol{a}$,$OB=\boldsymbol{b}$ 为邻边的平行四边形,又 $BM=\frac{1}{3}BC$,$CN=\frac{1}{3}CD$,试用 $\boldsymbol{a}$,$\boldsymbol{b}$ 表示$\overrightarrow{OM}$,$\overrightarrow{ON}$,$\overrightarrow{MN}$。

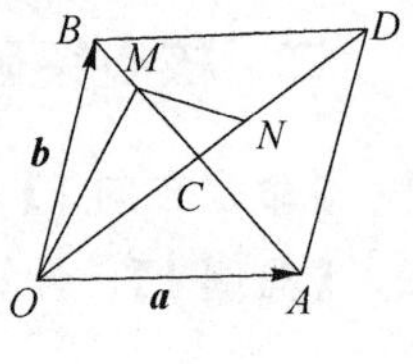

解:$\overrightarrow{BM}=\frac{1}{3}\overrightarrow{BC}=\frac{1}{6}\overrightarrow{BA}=\frac{1}{6}(\overrightarrow{OA}-\overrightarrow{OB})=\frac{1}{6}(\boldsymbol{a}-\boldsymbol{b})$,

所以$\overrightarrow{OM}=\overrightarrow{OB}+\overrightarrow{BM}=\boldsymbol{b}+\frac{1}{6}\boldsymbol{a}-\frac{1}{6}\boldsymbol{b}=\frac{1}{6}\boldsymbol{a}+\frac{5}{6}\boldsymbol{b}$。

因为$\overrightarrow{CN}=\frac{1}{3}\overrightarrow{CD}=\frac{1}{6}\overrightarrow{OD}$，

所以$\overrightarrow{ON}=\overrightarrow{OC}+\overrightarrow{CN}=\frac{1}{2}\overrightarrow{OD}+\frac{1}{6}\overrightarrow{OD}=\frac{2}{3}\overrightarrow{OD}=\frac{2}{3}(\overrightarrow{OA}+\overrightarrow{OB})=\frac{2}{3}\boldsymbol{a}+\frac{2}{3}\boldsymbol{b}$，

$\overrightarrow{MN}=\overrightarrow{ON}-\overrightarrow{OM}=\frac{2}{3}(\boldsymbol{a}+\boldsymbol{b})-\frac{1}{6}\boldsymbol{a}-\frac{5}{6}\boldsymbol{b}=\frac{1}{2}\boldsymbol{a}-\frac{1}{6}\boldsymbol{b}$。

［**方法规律总结**］　解决此类问题的思路一般是将所表示向量置于某一个三角形内，用减法法则表示，然后逐步用已知向量代换表示。

【跟踪训练 3】　如右图所示，已知△OAB 中，点 C 是以点 A 为对称中心的点 B 的对称点，$OD=2DB$，DC 和 OA 交于点 E，设$\overrightarrow{OA}=\boldsymbol{a}$，$\overrightarrow{OB}=\boldsymbol{b}$。用 $\boldsymbol{a}$，$\boldsymbol{b}$ 表示向量$\overrightarrow{OC}$，$\overrightarrow{DC}$。

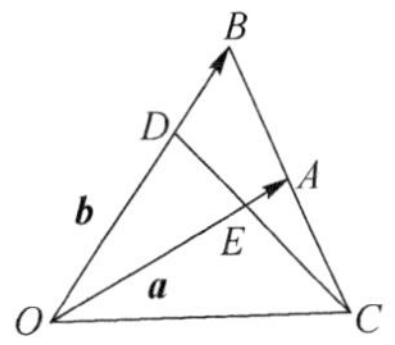

三、课堂练习

1. $(2\boldsymbol{a}-\boldsymbol{b})-(2\boldsymbol{a}+\boldsymbol{b})$等于（　　）。

A. $\boldsymbol{a}-2\boldsymbol{b}$　　B. $-2\boldsymbol{b}$　　C. $\boldsymbol{0}$　　D. $\boldsymbol{b}-\boldsymbol{a}$

2. 已知 λ、$\mu\in\mathbf{R}$，下面式子正确的是（　　）。

A. $\lambda\boldsymbol{a}$ 与 $\boldsymbol{a}$ 同向　　B. $0\cdot\boldsymbol{a}=0$

C. $(\lambda+\mu)\boldsymbol{a}=\lambda\boldsymbol{a}+\mu\boldsymbol{a}$　　D. 若 $\boldsymbol{b}=\lambda\boldsymbol{a}$，则$|\boldsymbol{b}|=\lambda|\boldsymbol{a}|$

3. 点 C 在直线 AB 上，且$\overrightarrow{AC}=3\overrightarrow{AB}$，则$\overrightarrow{BC}$等于（　　）。

A. $-2\overrightarrow{AB}$　　B. $\frac{1}{3}\overrightarrow{AB}$　　C. $-\frac{1}{3}\overrightarrow{AB}$　　D. $2\overrightarrow{AB}$

4. 已知向量 $\boldsymbol{a}=\boldsymbol{e}_1+\lambda\boldsymbol{e}_2$，$\boldsymbol{b}=2\boldsymbol{e}_1$，$\lambda\in\mathbf{R}$，且 $\lambda\neq0$，若 $\boldsymbol{a}/\!/\boldsymbol{b}$，则（　　）。

A. $\boldsymbol{e}_1=\boldsymbol{0}$　　B. $\boldsymbol{e}_2=\boldsymbol{0}$　　C. $\boldsymbol{e}_1/\!/\boldsymbol{e}_2$　　D. $\boldsymbol{e}_1/\!/\boldsymbol{e}_2$ 或 $\boldsymbol{e}_1=\boldsymbol{0}$

5. 已知 $\boldsymbol{a}$、$\boldsymbol{b}$ 是两个非零向量，下列各命题中真命题的个数为（　　）。

（1）$2\boldsymbol{a}$ 的方向与 $\boldsymbol{a}$ 的方向相同，且 $2\boldsymbol{a}$ 的模是 $\boldsymbol{a}$ 的模的 2 倍；

（2）$-2\boldsymbol{a}$ 的方向与 $5\boldsymbol{a}$ 的方向相反，且 $-2\boldsymbol{a}$ 的模是 $5\boldsymbol{a}$ 的模的$\frac{2}{5}$；

（3）$-2\boldsymbol{a}$ 与 $2\boldsymbol{a}$ 是一对相反向量；

（4）$\boldsymbol{a}-\boldsymbol{b}$ 与$-(\boldsymbol{b}-\boldsymbol{a})$是一对相反向量。

A. 1　　B. 2　　C. 3　　D. 4

8.5　平面向量基本定理

【学习目标】

1. 理解并掌握平面向量基本定理。
2. 掌握向量之间的夹角与垂直。

一、阅读提纲

【疑点识记】

1. 平面向量基本定理

(1) 定理:如果 $\boldsymbol{e}_1,\boldsymbol{e}_2$ 是同一平面内的两个________向量,那么对于这一平面内的________向量 $\boldsymbol{a}$,________________实数 λ_1,λ_2,使 $\boldsymbol{a}=$____________________________。

(2) 基底:把__________的向量 $\boldsymbol{e}_1,\boldsymbol{e}_2$ 叫作表示这一平面内__________向量的一组基底。

2. 两向量的夹角与垂直

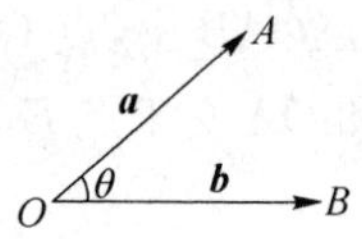

(1) 夹角:已知两个__________ $\boldsymbol{a}$ 和 $\boldsymbol{b}$,作 $\overrightarrow{OA}=\boldsymbol{a}$,$\overrightarrow{OB}=\boldsymbol{b}$,如上图所示。则________ $=\theta$ $(0°\leqslant\theta\leqslant180°)$,叫作向量 $\boldsymbol{a}$ 与 $\boldsymbol{b}$ 的夹角。

① 范围:向量 $\boldsymbol{a}$ 与 $\boldsymbol{b}$ 的夹角的范围是____________________。

② 当 $\theta=0°$ 时,$\boldsymbol{a}$ 与 $\boldsymbol{b}$ ________。

③ 当 $\theta=180°$ 时,$\boldsymbol{a}$ 与 $\boldsymbol{b}$ ________。

(2) 垂直:如果 $\boldsymbol{a}$ 与 $\boldsymbol{b}$ 的夹角是________,则称 $\boldsymbol{a}$ 与 $\boldsymbol{b}$ 垂直,记作______________。

【问题探究】

问题 1:在物理中,我们学习了力的分解,即一个力可以分解为两个不同方向的力,试想平面内的任一向量是否可以分解为其他两个向量的和?

问题 2:如下图所示,以 $\boldsymbol{a}$ 为平行四边形的一条对角线作平行四边形,四边形确定吗?

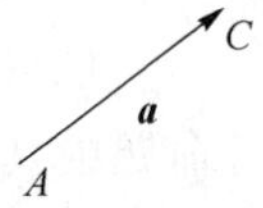

问题 3:如果 $\boldsymbol{e}_1,\boldsymbol{e}_2$ 是两个不共线的确定向量,那么与 $\boldsymbol{e}_1,\boldsymbol{e}_2$ 在同一平面内的任一向量 $\boldsymbol{a}$ 能否用 $\boldsymbol{e}_1,\boldsymbol{e}_2$ 表示?根据是什么?

问题 4:如果 $\boldsymbol{e}_1,\boldsymbol{e}_2$ 是共线向量,那么向量 $\boldsymbol{a}$ 能否用 $\boldsymbol{e}_1,\boldsymbol{e}_2$ 表示?为什么?

问题 5:两条直线存在夹角,那么两个向量也有夹角吗?

问题 6:两条直线在什么情况下互相垂直?

小结:

1. 平面向量基本定理的实质是向量的分解,即平面内任一向量都可以沿两个不共线的方向分解成两个向量和的形式,且分解是唯一的。

2. 平面向量基本定理中,实数 λ_1,λ_2 的唯一性是相对于基底 $\boldsymbol{e}_1,\boldsymbol{e}_2$ 而言的,平面内任意两个不共线的向量都可作为基底,一旦选定一组基底,则给定向量沿着基底的分解是唯一的。

3. 基底必须具备两个特征:①基底是两个不共线的向量;②基底的选择不是唯一的。

二、核心突破

【命题方向 1】　考查对基底概念的理解

【典例 1】　如果 $\mathbf{e}_1$、$\mathbf{e}_2$ 是平面 α 内两个不共线的向量，那么下列说法中不正确的是(　　)。

① $\boldsymbol{a}=\lambda\boldsymbol{e}_1+\mu\boldsymbol{e}_2(\lambda、\mu\in\mathbf{R})$可以表示平面 α 内的所有向量；

② 对于平面 $\boldsymbol{a}$ 内任一向量 $\boldsymbol{a}$，使 $\boldsymbol{a}=\lambda\boldsymbol{e}_1+\mu\boldsymbol{e}_2$ 的实数对(λ,μ)有无穷多个；

③ 若向量 $\lambda_1\boldsymbol{e}_1+\mu_1\boldsymbol{e}_2$ 与 $\lambda_2\boldsymbol{e}_1+\mu_2\boldsymbol{e}_2$ 共线，则$\frac{\lambda_1}{\lambda_2}=\frac{\mu_1}{\mu_2}$

④ 若实数 λ、μ 使得 $\lambda\boldsymbol{e}_1+\mu\boldsymbol{e}_2=0$，则 $\lambda=\mu=0$。

A. ①②　　B. ②③　　C. ③④　　D. ②

解析：应用平面向量基本定理解题时，要抓住基向量 $\boldsymbol{e}_1$ 与 $\boldsymbol{e}_2$ 不共线和平面内向量 $\boldsymbol{a}$ 用基底 $\boldsymbol{e}_1$、$\boldsymbol{e}_2$ 表示的唯一性求解。

由平面向量基本定理可知，①④是正确的。对于②，由平面向量基本定理可知，一旦一个平面的基底确定，那么任意一个向量在此基底下的实数对是唯一的。对于③，当 $\lambda_1\lambda_2=0$ 或 $\mu_1\mu_2=0$ 时不一定成立，应为 $\lambda_1\mu_2-\lambda_2\mu_1=0$。

答案：B。

[**方法规律总结**]　根据平面向量基底的定义知此类问题可转化为判断两个向量是否共线的问题。若不共线，则它们可作为一组基底；若共线，则它们不可能作为一组基底。

【跟踪练习 1】　设 $\boldsymbol{e}_1$、$\boldsymbol{e}_2$ 是不共线的两个向量，给出下列四组向量：①$\boldsymbol{e}_1$ 与 $\boldsymbol{e}_1+\boldsymbol{e}_2$；②$\boldsymbol{e}_1-2\boldsymbol{e}_2$ 与 $\boldsymbol{e}_2-2\boldsymbol{e}_1$；③$\boldsymbol{e}_1-2\boldsymbol{e}_2$ 与 $4\boldsymbol{e}_2-2\boldsymbol{e}_1$；④$\boldsymbol{e}_1+\boldsymbol{e}_2$ 与 $\boldsymbol{e}_1-\boldsymbol{e}_2$。其中不能作为平面内所有向量的一组基底的是________。(写出所有满足条件的序号)

【命题方向 2】　用基底表示向量

【典例 2】　如下图所示，已知$\overrightarrow{OA}=\boldsymbol{a}$，$\overrightarrow{OB}=\boldsymbol{b}$，$C$ 为线段 AO 上距 A 较近的一个三等分点，D 为线段 CB 上距 C 较近的一个三等分点，则用 $\boldsymbol{a}$、$\boldsymbol{b}$ 表示$\overrightarrow{OD}$的表达式为(　　)。

A. $\frac{1}{9}(4\boldsymbol{a}+3\boldsymbol{b})$　　B. $\frac{1}{16}(9\boldsymbol{a}+7\boldsymbol{b})$　　C. $\frac{1}{3}(2\boldsymbol{a}+\boldsymbol{b})$　　D. $\frac{1}{4}(3\boldsymbol{a}+\boldsymbol{b})$

解析：因为$\overrightarrow{OD}=\overrightarrow{OC}+\overrightarrow{CD}=\overrightarrow{OC}+\frac{1}{3}\overrightarrow{CB}$

$=\overrightarrow{OC}+\frac{1}{3}(\overrightarrow{OB}-\overrightarrow{OC})=\frac{2}{3}\overrightarrow{OC}+\frac{1}{3}\overrightarrow{OB}$

$=\frac{4}{9}\overrightarrow{OA}+\frac{1}{3}\overrightarrow{OB}=\frac{1}{9}(4\boldsymbol{a}+3\boldsymbol{b})$。

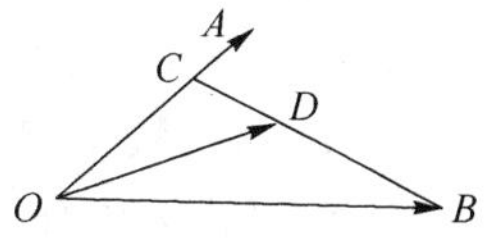

答案：A。

【跟踪训练 2】　已知平行四边形 $OADB$ 的对角线交于点 C，$\overrightarrow{BM}=\frac{1}{3}\overrightarrow{BC}$，$\overrightarrow{CN}=\frac{1}{3}\overrightarrow{CD}$，$\overrightarrow{OA}=\boldsymbol{a}$，$\overrightarrow{OB}=\boldsymbol{b}$，用 $\boldsymbol{a}$、$\boldsymbol{b}$ 表示$\overrightarrow{OD}=$____________，$\overrightarrow{ON}=$________，$\overrightarrow{MN}=$________。

【命题方向 3】　有关向量夹角的计算

【典例 3】　已知两个非零向量 $\boldsymbol{a}$ 与 $\boldsymbol{b}$ 的夹角为 $60°$，试求下列向量的夹角：(1) $\boldsymbol{a}$ 与 $-\boldsymbol{b}$；(2) $2\boldsymbol{a}$ 与 $3\boldsymbol{b}$。

解析：首先作出相应向量，然后依据向量夹角的定义求解。

(1) 由向量夹角的定义,作出 $\boldsymbol{a}$ 与 $\boldsymbol{b}$ 的夹角,如图(1)所示,向量 $\boldsymbol{a}$ 与 $-\boldsymbol{b}$ 的夹角为 120°。

(2) 如图(2)所示,向量 $2\boldsymbol{a}$ 与 $3\boldsymbol{b}$ 的夹角为 60°。

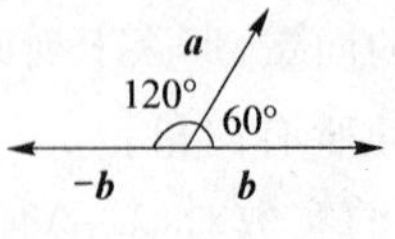

(1)

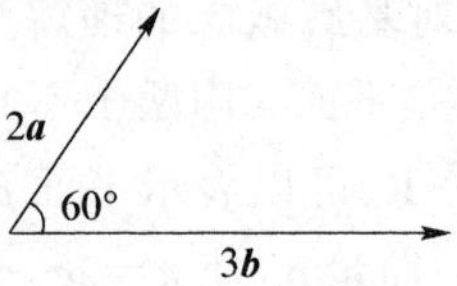

(2)

[**方法规律总结**] 解决此类问题时,应先作出图形,明确要求的角,然后结合图形求出角度。

【跟踪训练 3】 如右图所示,已知△ABC 是等边三角形。

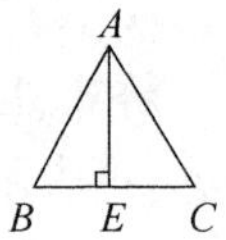

(1) 求向量$\overrightarrow{AB}$与向量$\overrightarrow{BC}$的夹角;

(2) 若 E 为 BC 的中点,求向量$\overrightarrow{AE}$与$\overrightarrow{EC}$的夹角。

三、课堂练习

1. 向量的夹角 θ 的范围是( )。

A. $0°\leqslant\theta<180°$　B. $0°\leqslant\theta\leqslant180$　C. $0°<\theta<180°$　D. $0°<\theta\leqslant180°$

2. $\boldsymbol{e}_1$、$\boldsymbol{e}_2$是平面内所有向量的一组基底,则下面四组向量中,不能作为基底的是( )。

A. $\boldsymbol{e}_1+\boldsymbol{e}_2$和 $\boldsymbol{e}_1-\boldsymbol{e}_2$　B. $3\boldsymbol{e}_1-2\boldsymbol{e}_2$和 $4\boldsymbol{e}_2-6\boldsymbol{e}_1$

C. $\boldsymbol{e}_1+2\boldsymbol{e}_2$和 $\boldsymbol{e}_2-2\boldsymbol{e}_1$　D. $\boldsymbol{e}_2$和 $\boldsymbol{e}_1+\boldsymbol{e}_2$

3. 设 $\boldsymbol{e}_1$、$\boldsymbol{e}_2$是同一平面内的两个向量,则有( )。

A. $\boldsymbol{e}_1$、$\boldsymbol{e}_2$一定平行

B. $\boldsymbol{e}_1$、$\boldsymbol{e}_2$的模相等

C. 同一平面内的任一向量 $\boldsymbol{a}$,都有 $\boldsymbol{a}=\lambda\boldsymbol{e}_1+\mu\boldsymbol{e}_2(\lambda,\mu\in\mathbf{R})$

D. 若 $\boldsymbol{e}_1$、$\boldsymbol{e}_2$不共线,则同一平面内的任一向量 $\boldsymbol{a}$,都有 $\boldsymbol{a}=\lambda\boldsymbol{e}_1+\mu\boldsymbol{e}_2(\lambda,\mu\in\mathbf{R})$

4. 如右图,设 O 是平行四边形 $ABCD$ 两对角线的交点,有下列向量组:①$\overrightarrow{AD}$与$\overrightarrow{AB}$;②$\overrightarrow{DA}$与$\overrightarrow{BC}$;③$\overrightarrow{CA}$与$\overrightarrow{DC}$;④$\overrightarrow{OD}$与$\overrightarrow{OB}$。其中可作为该平面内所有向量基底的是( )。

A. ①②　B. ①③　C. ①④　D. ③④

5. 如果 $\boldsymbol{e}_1$、$\boldsymbol{e}_2$是平面 α 内所有向量的一组基底,那么下列命题中正确的是( )。

A. 已知实数 λ_1、λ_2,则向量 $\lambda_1\boldsymbol{e}_1+\lambda_2\boldsymbol{e}_2$不一定在平面 α 内

B. 对平面 α 内任一向量 $\boldsymbol{a}$,使 $\boldsymbol{a}=\lambda_1\boldsymbol{e}_1+\lambda_2\boldsymbol{e}_2$的实数 λ_1,λ_2可以不唯一

C. 若有实数 λ_1、λ_2使 $\lambda_1\boldsymbol{e}_1=\lambda_2\boldsymbol{e}_2$,则 $\lambda_1=\lambda_2=0$

D. 对平面 α 内任一向量 $\boldsymbol{a}$,使 $\boldsymbol{a}=\lambda_1\boldsymbol{e}_1+\lambda_2\boldsymbol{e}_2$的实数 λ_1、λ_2不一定存在

8.6 平面向量的正交分解及坐标表示、平面向量的坐标运算

【学习目标】

1. 掌握向量的正交分解,理解平面向量坐标的概念,会写出给定向量的坐标,会作出已知坐标表示的向量。

2. 掌握平面向量的坐标运算,能准确运用向量的加法、减法、数乘的坐标运算法则进行有关的运算。

一、阅读提纲

【疑点识记】

1. 平面向量的坐标表示

(1) 向量的正交分解：把一个向量分解为两个____________的向量，叫作把向量正交分解。

(2) 向量的坐标表示：在平面直角坐标系中，分别取与 x 轴、y 轴方向相同的两个____________ $\boldsymbol{i}$，$\boldsymbol{j}$ 作为基底，对于平面内的一个向量 $\boldsymbol{a}$，有且只有一对实数 x，y 使得 $\boldsymbol{a}=$____________，则____________叫作向量 $\boldsymbol{a}$ 的坐标，____________叫作向量的坐标表示。

(3) 向量坐标的求法：在平面直角坐标系中，若 $A(x,y)$，则$\overrightarrow{OA}=$________；若 $A(x_1,y_1)$，$B(x_2,y_2)$，则$\overrightarrow{AB}=$________________。

2. 平面向量的坐标运算

(1) 若 $\boldsymbol{a}=(x_1,y_1)$，$\boldsymbol{b}=(x_2,y_2)$，则 $\boldsymbol{a}+\boldsymbol{b}=$________________，即两个向量和的坐标等于这两个向量相应坐标的和。

(2) 若 $\boldsymbol{a}=(x_1,y_1)$，$\boldsymbol{b}=(x_2,y_2)$，则 $\boldsymbol{a}-\boldsymbol{b}=$________________，即两个向量差的坐标等于这两个向量相应坐标的差。

(3) 若 $\boldsymbol{a}=(x,y)$，$\lambda\in\mathbf{R}$，则 $\lambda\boldsymbol{a}=$________，即实数与向量的积的坐标等于用这个实数乘原来向量的相应坐标。

【问题探究】

问题 1：在平面内，一个向量的分解是唯一的吗？

问题 2：在平面内，规定 $\boldsymbol{e}_1$，$\boldsymbol{e}_2$ 为基底，那么一个向量对 $\boldsymbol{e}_1$，$\boldsymbol{e}_2$ 的分解是唯一的吗？

问题 3：在平面直角坐标系中，分别取 x 轴，y 轴方向相同的两个单位向量 $\boldsymbol{i}$，$\boldsymbol{j}$ 作为基底，任作一向量$\overrightarrow{OA}$，根据平面向量基本定理，$\overrightarrow{OA}=x\boldsymbol{i}+y\boldsymbol{j}$，那么$(x,y)$与 A 点的坐标相同吗？

问题 4：如果向量$\overrightarrow{OA}$也用(x,y)表示，那么这种向量$\overrightarrow{OA}$与实数对(x,y)之间是否一一对应？

若 $\boldsymbol{a}=x_1\boldsymbol{i}+y_1\boldsymbol{j}$，$\boldsymbol{b}=x_2\boldsymbol{i}+y_2\boldsymbol{j}$。

问题 5：a，b 的坐标分别是什么？

问题 6：试求 $3\boldsymbol{a}$ 和 $2\boldsymbol{a}-\boldsymbol{b}$。

问题 7：$3\boldsymbol{a}$ 与 $2\boldsymbol{a}-\boldsymbol{b}$ 的坐标分别是什么？

问题 8：若把向量$\overrightarrow{OA}$平移到$\overrightarrow{BC}$，$\overrightarrow{OA}$和$\overrightarrow{BC}$的坐标相同吗？$\overrightarrow{BC}$的坐标是 C 点坐标吗？

小结：

1. 在平面直角坐标系中，以 O 为起点的向量$\overrightarrow{OA}=\boldsymbol{a}$，点 A 的位置被 $\boldsymbol{a}$ 唯一确定，此时 A 点的坐标与向量的坐标相同。

2. 向量用坐标表示，为表示向量 $\boldsymbol{a}$ 提供了另一种方法，使向量 $\boldsymbol{a}$ 与实数对(x,y)建立了一一对应关系。

3. 点的坐标与向量的坐标的区别：

平面向量的坐标与该向量的始点、终点的坐标都有关，只有始点在原点时，向量的坐标才与终点的坐标相等。

4. 对符号(x,y)的认识:符号(x,y)在平面直角坐标系中具有了双重意义,它可以表示一个点,又可以表示一个向量,为加以区分,常说点$P(x,y)$或者向量$\boldsymbol{a}=(x,y)$,注意前者没有等号,后者有等号。

二、核心突破

【命题方向 1】 向量的坐标表示

【典例 1】 如右图所示,取与x轴、y轴同向的两个单位向量$\boldsymbol{i}$、$\boldsymbol{j}$作为基底,分别用$\boldsymbol{i}$、$\boldsymbol{j}$表示$\overrightarrow{OA}$、$\overrightarrow{OB}$、$\overrightarrow{AB}$,并求出它们的坐标。

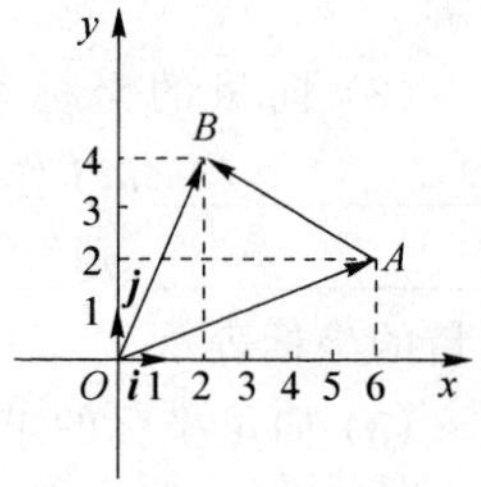

典例 1 图

解:$\overrightarrow{OA}=6\boldsymbol{i}+2\boldsymbol{j}$,$\overrightarrow{OB}=2\boldsymbol{i}+4\boldsymbol{j}$,$\overrightarrow{AB}=-4\boldsymbol{i}+2\boldsymbol{j}$。

它们的坐标表示为:$\overrightarrow{OA}=(6,2)$,$\overrightarrow{OB}=(2,4)$,$\overrightarrow{AB}=(-4,2)$。

[**方法规律总结**] 向量的坐标表示实质上是向量的代数表示,引入向量的坐标表示后,可使向量运算代数化,将数和形紧密结合起来,从而使许多几何问题的证明转化为数量运算。

【跟踪练习 1】

在直角坐标系xOy中,向量$\boldsymbol{a}$、$\boldsymbol{b}$、$\boldsymbol{c}$的方向如右图所示,且$|\boldsymbol{a}|=2$,$|\boldsymbol{b}|=3$,$|\boldsymbol{c}|=4$,分别计算出它们的坐标。

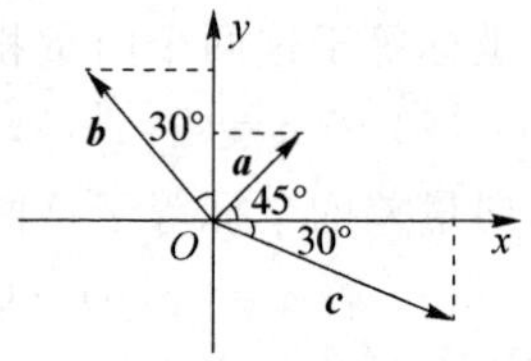

跟踪练习 1 图

【命题方向 2】 向量的坐标运算

【典例 2】 设向量$\boldsymbol{a}$、$\boldsymbol{b}$的坐标分别是$(-1,2)$,$(3,-5)$,求$\boldsymbol{a}+\boldsymbol{b}$,$\boldsymbol{a}-\boldsymbol{b}$,$3\boldsymbol{a}$,$2\boldsymbol{a}+3\boldsymbol{b}$的坐标。

解析:$\boldsymbol{a}+\boldsymbol{b}=(-1,2)+(3,-5)=(-1+3,2-5)=(2,-3)$;

$\boldsymbol{a}-\boldsymbol{b}=(-1,2)-(3,-5)=(-1-3,2+5)=(-4,7)$;

$3\boldsymbol{a}=3(-1,2)=(-3,6)$;

$2\boldsymbol{a}+3\boldsymbol{b}=2(-1,2)+3(3,-5)=(-2,4)+(9,-15)$

$=(-2+9,4-15)=(7,-11)$。

[**方法规律总结**] 准确、熟练掌握向量的加法、减法、数乘的坐标运算公式。牢记公式、细心计算。

【跟踪训练 2】 已知$\boldsymbol{a}=(2,1)$,$\boldsymbol{b}=(-3,4)$。求:(1) $\boldsymbol{a}+3\boldsymbol{b}$;(2) $\frac{1}{2}\boldsymbol{a}-\frac{1}{4}\boldsymbol{b}$。

【命题方向 3】 向量的坐标表示

【典例 3】 已知平面上三个点$A(4,6)$、$B(7,5)$、$C(1,8)$,求$\overrightarrow{AB}$、$\overrightarrow{AC}$、$\overrightarrow{AB}+\overrightarrow{AC}$、$\overrightarrow{AB}-\overrightarrow{AC}$、$2\overrightarrow{AB}+\frac{1}{2}\overrightarrow{AC}$。

解:因为$A(4,6)$、$B(7,5)$、$C(1,8)$。

所以$\overrightarrow{AB}=(7,5)-(4,6)=(3,-1)$;

$\overrightarrow{AC}=(1,8)-(4,6)=(-3,2)$;

$\overrightarrow{AB}+\overrightarrow{AC}=(3,-1)+(-3,2)=(0,1)$;

$\overrightarrow{AB}-\overrightarrow{AC}=(3,-1)-(-3,2)=(6,-3)$;

$2\overrightarrow{AB}+\frac{1}{2}\overrightarrow{AC}=2(3,-1)+\frac{1}{2}(-3,2)=(6,-2)+\left(-\frac{3}{2},1\right)=\left(\frac{9}{2},-1\right)$。

【跟踪训练 3】 已知$A(-2,4)$,$B(3,-1)$,$C(-3,-4)$,且$\overrightarrow{CM}=3\overrightarrow{CA}$,$\overrightarrow{CN}=2\overrightarrow{CB}$,求$M$、$N$的坐标和$\overrightarrow{MN}$的坐标。

三、课堂练习

1. 向量正交分解中，两基底的夹角等于(　　)。

A. 45°　　B. 90°　　C. 180°　　D. 不确定

2. 向量$\overrightarrow{OA}=(x,y)$($O$为原点)的终点$A$位于第二象限，则有(　　)。

A. $x>0,y>0$　　B. $x>0,y<0$　　C. $x<0,y>0$　　D. $x<0,y<0$

3. 如右图所示，向量$\overrightarrow{MN}$的坐标是(　　)。

A. (1,1)　　B. (−1,−2)

C. (2,3)　　D. (−2,−3)

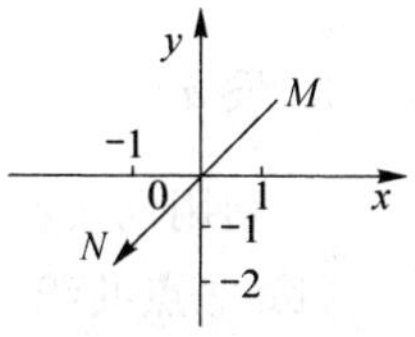

4. 已知平面向量$\boldsymbol{a}=(0,1)$，$\boldsymbol{b}=(-1,2)$，则向量$2\boldsymbol{a}-\frac{1}{3}\boldsymbol{b}$等于(　　)。

A. $\left(-\frac{1}{3},\frac{4}{3}\right)$　　B. $\left(\frac{1}{3},-\frac{4}{3}\right)$　　C. $\left(-\frac{1}{3},-\frac{4}{3}\right)$　　D. $\left(\frac{1}{3},\frac{4}{3}\right)$

5. 已知向量$\boldsymbol{a}=(2,1)$，$\boldsymbol{b}=(1,-2)$。若$m\boldsymbol{a}+n\boldsymbol{b}=(9,-8)(m,n\in\mathbf{R})$，则$m-n$的值为________。

8.7　平面向量共线的坐标表示

【学习目标】

1. 理解用坐标表示的平面向量共线的条件。
2. 会根据平面向量的坐标，判断向量是否共线。

一、阅读提纲

【疑点识记】

1. 两向量共线的坐标表示

设$\boldsymbol{a}=(x_1,y_1)$，$\boldsymbol{b}=(x_2,y_2)$。

(1) 当$\boldsymbol{a}/\!/\boldsymbol{b}$时，有________________________________。

(2) 当$\boldsymbol{a}/\!/\boldsymbol{b}$且$x_2y_2\neq0$时，有____________________________。即两向量的相应坐标成比例。

2. 若$\overrightarrow{P_1P}=\lambda\overrightarrow{PP_2}$，则$P$与$P_1$、$P_2$三点共线

当$\lambda\in$________时，P位于线段P_1P_2的内部，特别地$\lambda=1$时，P为线段P_1P_2的中点；

当$\lambda\in$________时，P位于线段P_1P_2的延长线上；

当$\lambda\in$________时，P位于线段P_1P_2的反向延长线上。

【问题探究】

已知下列几组向量：

(1) $\boldsymbol{a}=(0,2)$，$\boldsymbol{b}=(0,4)$；

(2) $\boldsymbol{a}=(2,3)$，$\boldsymbol{b}=(4,6)$；

(3) $\boldsymbol{a}=(-1,4)$,$\boldsymbol{b}=(2,-8)$;

(4) $\boldsymbol{a}=\left(\frac{1}{2},1\right)$,$\boldsymbol{b}=\left(-\frac{1}{2},-1\right)$。

问题1:上面几组向量中,$\boldsymbol{a}$,$\boldsymbol{b}$ 有什么关系?

问题2:以上几组向量中 $\boldsymbol{a}$,$\boldsymbol{b}$ 共线吗?

问题3:当 $\boldsymbol{a}/\!/\boldsymbol{b}$ 时 $\boldsymbol{a}$,$\boldsymbol{b}$ 的坐标成比例吗?

小结:

1. 设 $\boldsymbol{a}=(x_1,y_1)$,$\boldsymbol{b}=(x_2,y_2)$。若$\frac{x_1}{x_2}=\frac{y_1}{y_2}$,则一定有 $\boldsymbol{a}/\!/\boldsymbol{b}$,但反过来则不一定。

2. 利用向量共线的坐标表示可以解决的问题有:

(1) 三点共线问题;

(2) 判断两条直线平行问题。

注意:$\boldsymbol{0}$ 与任何一个向量都共线。

二、核心突破

【命题方向1】 向量共线条件的坐标表示

【典例1】 已知 $\boldsymbol{a}=(2,1)$,$\boldsymbol{b}=(3,-4)$,当 λ 为何值时,$\lambda\boldsymbol{a}-\boldsymbol{b}$ 与 $\boldsymbol{a}+2\boldsymbol{b}$ 平行?平行时,它们是同向还是反向?

解析: [求 $\lambda\boldsymbol{a}-\boldsymbol{b}$ 与 $\boldsymbol{a}+2\boldsymbol{b}$ 的坐标] → [根据平行条件构造方程] → [求 λ] → [判断方向]。

$\lambda\boldsymbol{a}-\boldsymbol{b}=\lambda(2,1)-(3,-4)=(2\lambda,\lambda)-(3,-4)=(2\lambda-3,\lambda+4)$,

$\boldsymbol{a}+2\boldsymbol{b}=(2,1)+2(3,-4)=(2,1)+(6,-8)=(8,-7)$,

因为$(\lambda\boldsymbol{a}-\boldsymbol{b})/\!/(\boldsymbol{a}+2\boldsymbol{b})$,

所以 $8(\lambda+4)+7(2\lambda-3)=0 \Rightarrow 22\lambda+11=0 \Rightarrow \lambda=-\frac{1}{2}$。

所以$-\frac{1}{2}\boldsymbol{a}-\boldsymbol{b}=\left(-\frac{1}{2}\times2-3,-\frac{1}{2}+4\right)=\left(-4,\frac{7}{2}\right)$,即 $\lambda\boldsymbol{a}-\boldsymbol{b}=-\frac{1}{2}(\boldsymbol{a}+2\boldsymbol{b})$。

故当 $\lambda=-\frac{1}{2}$时,$\lambda\boldsymbol{a}-\boldsymbol{b}$ 与 $\boldsymbol{a}+2\boldsymbol{b}$ 平行;平行时,它们反向。

[方法规律总结] 设 $\boldsymbol{a}=(x_1,y_1)$,$\boldsymbol{b}=(x_2,y_2)$,其中 $\boldsymbol{b}\neq0$。当且仅当 $x_1y_2-x_2y_1=0$ 时,向量 $\boldsymbol{a}$,$\boldsymbol{b}$ 共线。对条件的理解有两方面的含义:由 $x_1y_2-x_2y_1=0$,可判定 $\boldsymbol{a}$,$\boldsymbol{b}$ 共线;反之,若 $\boldsymbol{a}$,$\boldsymbol{b}$ 共线,则 $x_1y_2-x_2y_1=0$。

【跟踪练习1】 已知 $\boldsymbol{a}=(1,0)$,$\boldsymbol{b}=(2,1)$,当实数 k 为何值时,向量 $k\boldsymbol{a}-\boldsymbol{b}$ 与 $\boldsymbol{a}+3\boldsymbol{b}$ 平行?并确定此时它们是同向还是反向?

【命题方向2】 三点共线问题

【典例2】 O 是坐标原点,$\overrightarrow{OA}=(k,12)$,$\overrightarrow{OB}=(4,5)$,$\overrightarrow{OC}=(10,k)$。当 k 为何值时,A、B、C 三点共线?

解析:由 A、B、C 三点共线可知,$\overrightarrow{AB}$、$\overrightarrow{AC}$、$\overrightarrow{BC}$中任两个共线,由坐标表示的共线条件解方程可求得 k 值。

解：$\overrightarrow{AB}=\overrightarrow{OB}-\overrightarrow{OA}=(4,5)-(k,12)=(4-k,-7)$，$\overrightarrow{BC}=\overrightarrow{OC}-\overrightarrow{OB}=(10,k)-(4,5)=(6,k-5)$。

因为 A、B、C 三点共线，所以 $\overrightarrow{AB}$ 与 $\overrightarrow{BC}$ 共线，因此 $(4-k)(k-5)-6\times(-7)=0$，解得 $k=11$，或 $k=-2$。

［**方法规律总结**］ 使用 A、B、C 三点共线这一条件时，$\overrightarrow{AC}=\lambda\overrightarrow{BC}$，或 $\overrightarrow{AB}=\lambda\overrightarrow{AC}$ 等，都是可以的，但原则上要少用含未知数的表达式，故用 $\overrightarrow{AB}$ 和 $\overrightarrow{BC}$。

【跟踪训练 2】 如果向量 $\overrightarrow{AB}=\boldsymbol{i}-2\boldsymbol{j}$，$\overrightarrow{BC}=\boldsymbol{i}+m\boldsymbol{j}$，其中 $\boldsymbol{i}$，$\boldsymbol{j}$ 分别是 x 轴、y 轴正方向上的单位向量，试确定实数 m 的值，使 A、B、C 三点共线。

三、课堂练习

1. 下列向量与 $\boldsymbol{a}=(1,3)$ 共线的是(　　)。

A. $(1,2)$　　B. $(-1,3)$　　C. $(1,-3)$　　D. $(2,6)$

2. 已知向量 $\boldsymbol{a}=(-3,3)$，$\boldsymbol{b}=(3,x)$，若 $\boldsymbol{a}$ 与 $\boldsymbol{b}$ 共线，则 x 等于(　　)。

A. -3　　B. 3　　C. 1　　D. -1

3. 若 $O(0,0)$，$B(-1,3)$，且 $\overrightarrow{OA}=3\overrightarrow{OB}$，则点 A 的坐标为(　　)。

A. $(3,9)$　　B. $(-3,9)$　　C. $(-3,3)$　　D. $(3,-3)$

4. 若 $\boldsymbol{a}=(6,6)$，$\boldsymbol{b}=(5,7)$，$\boldsymbol{c}=(2,4)$，则下列命题成立的是(　　)。

A. $\boldsymbol{a}-\boldsymbol{c}$ 与 $\boldsymbol{b}$ 共线　　B. $\boldsymbol{b}+\boldsymbol{c}$ 与 $\boldsymbol{a}$ 共线　　C. $\boldsymbol{a}$ 与 $\boldsymbol{b}-\boldsymbol{c}$ 共线　　D. $\boldsymbol{a}+\boldsymbol{b}$ 与 $\boldsymbol{c}$ 共线

5. 已知向量 $\boldsymbol{a}=(x,5)$，$\boldsymbol{b}=(5,x)$，两向量方向相反，则 $x=$(　　)。

A. -5　　B. 5　　C. -1　　D. 1

8.8　平面向量数量积的物理背景及其含义

【学习目标】

1. 通过物理中"功"等实例，理解平面向量数量积的含义及其物理意义。
2. 体会平面向量的数量积与向量投影的关系。
3. 掌握向量数量积的运算律。

一、阅读提纲

【疑点识记】

1. 平面向量数量积

(1) 定义：已知两个非零向量 $\boldsymbol{a}$ 与 $\boldsymbol{b}$，我们把数量____________叫作 $\boldsymbol{a}$ 与 $\boldsymbol{b}$ 的数量积(或内积)，记作 $\boldsymbol{a}\cdot\boldsymbol{b}$，即 $\boldsymbol{a}\cdot\boldsymbol{b}=|\boldsymbol{a}||\boldsymbol{b}|\cos\theta$，其中 θ 是 $\boldsymbol{a}$ 与 $\boldsymbol{b}$ 的夹角。

(2) 规定：零向量与任一向量的数量积为______。

(3) 投影：设两个非零向量 $\boldsymbol{a}$、$\boldsymbol{b}$ 的夹角为 θ，则向量 $\boldsymbol{a}$ 在 $\boldsymbol{b}$ 方向的投影是________，向量 $\boldsymbol{b}$ 在 $\boldsymbol{a}$ 方向上的投影是__________。

2. 数量积的几何意义

$\boldsymbol{a}\cdot\boldsymbol{b}$ 的几何意义是数量积 $\boldsymbol{a}\cdot\boldsymbol{b}$ 等于 $\boldsymbol{a}$ 的长度 $|\boldsymbol{a}|$ 与 $\boldsymbol{b}$ 在 $\boldsymbol{a}$ 的方向上的投影

________________________的乘积。

3. 向量数量积的运算律

(1) $\boldsymbol{a}\cdot\boldsymbol{b}=$________(交换律);

(2) $(\lambda\boldsymbol{a})\cdot\boldsymbol{b}=$________$=$________(结合律);

(3) $(\boldsymbol{a}+\boldsymbol{b})\cdot\boldsymbol{c}=$______________________________(分配律)。

【问题探究】

一个物体,在力 f 的作用下产生位移 S,如图。

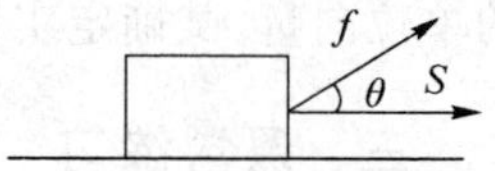

问题 1:如何计算这个力所做的功?

问题 2:力 f 在位移方向上的分力的数值是多少?

问题 3:力做功的大小与哪些量有关?

小结:

1. 两个向量的和或差是向量,而它们的数量积是一个数,这个数可正可负可为零,若夹角为 θ,当 $0^\circ\leqslant\theta<90^\circ$ 时,$\boldsymbol{a}\cdot\boldsymbol{b}>\boldsymbol{0}$;当 $90^\circ<\theta\leqslant180^\circ$ 时,$\boldsymbol{a}\cdot\boldsymbol{b}<\boldsymbol{0}$;当 $\theta=90^\circ$ 时,$\boldsymbol{a}\cdot\boldsymbol{b}=\boldsymbol{0}$。

2. 向量 $\boldsymbol{a}$ 在 $\boldsymbol{b}$ 方向上的投影是 $|\boldsymbol{a}|\cos\theta$,$\boldsymbol{b}$ 在 $\boldsymbol{a}$ 方向上的投影是 $|b|\cos\theta$,因此投影也是数量,可正可负可为零。

二、核心突破

【命题方向 1】 计算向量的数量积

【典例 1】 已知 $|\boldsymbol{a}|=4$,$|\boldsymbol{b}|=5$。当(1) $\boldsymbol{a}/\!/\boldsymbol{b}$;(2) $\boldsymbol{a}\perp\boldsymbol{b}$;(3) $\boldsymbol{a}$ 与 $\boldsymbol{b}$ 的夹角为 60° 时,分别求 $\boldsymbol{a}$ 与 $\boldsymbol{b}$ 的数量积。

解析:(1) 因为 $\boldsymbol{a}/\!/\boldsymbol{b}$,若 $\boldsymbol{a}$ 与 $\boldsymbol{b}$ 同向,则 $\theta-0^\circ$,

所以 $\boldsymbol{a}\cdot\boldsymbol{b}=|\boldsymbol{a}||\boldsymbol{b}|\cos0^\circ=4\times5=20$;

若 $\boldsymbol{a}$ 与 $\boldsymbol{b}$ 反向,则 $\theta=180^\circ$,

所以 $\boldsymbol{a}\cdot\boldsymbol{b}=|\boldsymbol{a}||\boldsymbol{b}|\cos180^\circ=4\times5\times(-1)=-20$。

(2) 当 $\boldsymbol{a}\perp\boldsymbol{b}$ 时,$\theta=90^\circ$,所以 $\boldsymbol{a}\cdot\boldsymbol{b}=|\boldsymbol{a}||\boldsymbol{b}|\cos90^\circ=0$。

(3) 当 $\boldsymbol{a}$ 与 $\boldsymbol{b}$ 夹角为 60° 时,$\boldsymbol{a}\cdot\boldsymbol{b}=|\boldsymbol{a}||\boldsymbol{b}|\cos60^\circ=4\times5\times\frac{1}{2}=10$。

[方法规律总结] $\boldsymbol{a}/\!/\boldsymbol{b}$ 时其夹角为 0° 或 180°,$\boldsymbol{a}\perp\boldsymbol{b}$ 时其夹角为 90°,将两向量的模及夹角代入数量积公式计算即可。

【跟踪练习 1】 已知 $|\boldsymbol{a}|=3$,$|\boldsymbol{b}|=4$,且 $\boldsymbol{a}$ 与 $\boldsymbol{b}$ 的夹角为 $\theta=150^\circ$,求 $\boldsymbol{a}\cdot\boldsymbol{b}$,$(\boldsymbol{a}-\boldsymbol{b})^2$,$|\boldsymbol{a}+\boldsymbol{b}|$。

【命题方向 2】 求一个向量在另一个向量方向上的投影

【典例 2】 已知 $|\boldsymbol{a}|=4$,$\boldsymbol{e}$ 为单位向量,它们的夹角为 $\frac{2\pi}{3}$,则 $\boldsymbol{a}$ 在 $\boldsymbol{e}$ 方向上的投影是______________;$\boldsymbol{e}$ 在 $\boldsymbol{a}$ 方向上的投影是______________。

答案:$-2,-\frac{1}{2}$。

[方法规律总结] 将已知量代入 $\boldsymbol{a}$ 在 $\boldsymbol{b}$ 方向上的投影公式 $|\boldsymbol{a}|\cos\theta$ 中计算即可。

【跟踪训练 2】　已知$|\boldsymbol{b}|=3$，$\boldsymbol{a}$ 在 $\boldsymbol{b}$ 方向上的投影是$\frac{3}{2}$，则 $\boldsymbol{a}\cdot\boldsymbol{b}$ 为(　　)。

A. 3　　B. $\frac{9}{2}$　　C. 2　　D. $\frac{1}{2}$

【命题方向 3】　求两个向量的夹角

【典例 3】　已知 $\boldsymbol{a}$、$\boldsymbol{b}$ 是两个非零向量，同时满足$|\boldsymbol{a}|=|\boldsymbol{b}|=|\boldsymbol{a}-\boldsymbol{b}|$，求 $\boldsymbol{a}$ 与 $\boldsymbol{a}+\boldsymbol{b}$ 的夹角。

解析：根据$|\boldsymbol{a}|=|\boldsymbol{b}|$，有$|\boldsymbol{a}|^2=|\boldsymbol{b}|^2$，

又由$|\boldsymbol{b}|=|\boldsymbol{a}-\boldsymbol{b}|$，得$|\boldsymbol{b}|^2=|\boldsymbol{a}|^2-2\boldsymbol{a}\cdot\boldsymbol{b}+|\boldsymbol{b}|^2$，所以 $\boldsymbol{a}\cdot\boldsymbol{b}=\frac{1}{2}|\boldsymbol{a}|^2$。

而$|\boldsymbol{a}+\boldsymbol{b}|^2=|\boldsymbol{a}|^2+2\boldsymbol{a}\cdot\boldsymbol{b}+|\boldsymbol{b}|^2=3|\boldsymbol{a}|^2$，所以$|\boldsymbol{a}+\boldsymbol{b}|=\sqrt{3}|\boldsymbol{a}|$。

设 $\boldsymbol{a}$ 与 $\boldsymbol{a}+\boldsymbol{b}$ 的夹角为 θ，则 $\cos\theta=\frac{\boldsymbol{a}\cdot(\boldsymbol{a}+\boldsymbol{b})}{|\boldsymbol{a}||\boldsymbol{a}+\boldsymbol{b}|}=\frac{|\boldsymbol{a}|^2+\frac{1}{2}|\boldsymbol{a}|^2}{|\boldsymbol{a}|\cdot\sqrt{3}|\boldsymbol{a}|}=\frac{\sqrt{3}}{2}$。

又 $0°\leqslant\theta\leqslant180°$，所以 $\theta=30°$。

[**方法规律总结**]　根据模长的关系，利用两向量的夹角公式计算。

【跟踪训练 3】　已知非零向量 $\boldsymbol{a}$，$\boldsymbol{b}$ 满足$|\boldsymbol{b}|=4|\boldsymbol{a}|$，且 $\boldsymbol{a}\perp(2\boldsymbol{a}+\boldsymbol{b})$，则 $\boldsymbol{a}$ 与 $\boldsymbol{b}$ 的夹角为(　　)。

A. $\frac{\pi}{3}$　　B. $\frac{\pi}{2}$　　C. $\frac{2\pi}{3}$　　D. $\frac{5\pi}{6}$

【命题方向 4】　求向量的模

【典例 4】　已知$|\boldsymbol{a}|=|\boldsymbol{b}|=5$，向量 $\boldsymbol{a}$ 与 $\boldsymbol{b}$ 的夹角为$\frac{\pi}{3}$，求$|\boldsymbol{a}+\boldsymbol{b}|$，$|\boldsymbol{a}-\boldsymbol{b}|$的值。

解析：先分别求$|\boldsymbol{a}+\boldsymbol{b}|^2$、$|\boldsymbol{a}-\boldsymbol{b}|^2$，将模的计算转化为数量积的问题。

因为 $\boldsymbol{a}^2=|\boldsymbol{a}|^2=25$，$\boldsymbol{b}^2=|\boldsymbol{b}|^2=25$，

$\boldsymbol{a}\cdot\boldsymbol{b}=|\boldsymbol{a}||\boldsymbol{b}|\cos\theta=5\times5\times\cos\frac{\pi}{3}=\frac{25}{2}$，

所以$|\boldsymbol{a}+\boldsymbol{b}|=\sqrt{|\boldsymbol{a}+\boldsymbol{b}|^2}=\sqrt{\boldsymbol{a}^2+\boldsymbol{b}^2+2\boldsymbol{a}\cdot\boldsymbol{b}}=\sqrt{25+25+25}=5\sqrt{3}$，

$|\boldsymbol{a}-\boldsymbol{b}|=\sqrt{|\boldsymbol{a}-\boldsymbol{b}|^2}=\sqrt{\boldsymbol{a}^2+\boldsymbol{b}^2-2\boldsymbol{a}\cdot\boldsymbol{b}}=\sqrt{25+25-25}=5$。

【跟踪训练 4】　已知 $x=1$ 是方程 $x^2+|\boldsymbol{a}|x+\boldsymbol{a}\cdot\boldsymbol{b}=0$ 的根，且 $\boldsymbol{a}^2=4$，$\langle\boldsymbol{a},\boldsymbol{b}\rangle=120°$。

求：(1) 向量 $\boldsymbol{b}$ 的模；

(2) 向量 $\lambda\boldsymbol{b}$ 的模。

三、课堂练习

1. 若 $\boldsymbol{a}\cdot\boldsymbol{c}=\boldsymbol{b}\cdot\boldsymbol{c}(\boldsymbol{c}\neq\boldsymbol{0})$，则(　　)。

A. $\boldsymbol{a}=\boldsymbol{b}$

B. $\boldsymbol{a}\neq\boldsymbol{b}$

C. $|\boldsymbol{a}|=|\boldsymbol{b}|$

D. $\boldsymbol{a}$ 在 $\boldsymbol{c}$ 方向上的投影与 $\boldsymbol{b}$ 在 $\boldsymbol{c}$ 方向上的投影必相等

2. 若 $|\boldsymbol{m}|=4$，$|\boldsymbol{n}|=6$，$\boldsymbol{m}$ 与 $\boldsymbol{n}$ 的夹角为 $135°$，则 $\boldsymbol{m}\cdot\boldsymbol{n}=$(　　)。

A. 12　　B. $12\sqrt{2}$　　C. $-12\sqrt{2}$　　D. -12

3. 若非零向量 $\boldsymbol{a}$、$\boldsymbol{b}$ 满足 $|\boldsymbol{a}|=|\boldsymbol{b}|$，$(2\boldsymbol{a}+\boldsymbol{b})\cdot\boldsymbol{b}=0$，则 $\boldsymbol{a}$ 与 $\boldsymbol{b}$ 的夹角为(　　)。

A. $30°$　　B. $60°$　　C. $120°$　　D. $150°$

4. 若 $\boldsymbol{a}\cdot\boldsymbol{b}>0$，则 $\boldsymbol{a}$ 与 $\boldsymbol{b}$ 的夹角 θ 的取值范围是(　　)。

A. $\left[0,\frac{\pi}{2}\right)$　　B. $\left[\frac{\pi}{2},\pi\right)$　　C. $\left(\frac{\pi}{2},\pi\right]$　　D. $\left(\frac{\pi}{2},\pi\right)$

5. 已知菱形 $ABCD$ 的边长为 a，$\angle ABC=60°$，则 $\overrightarrow{BD}\cdot\overrightarrow{CD}=$(　　)。

A. $-\frac{3}{2}a^2$　　B. $-\frac{3}{4}a^2$　　C. $\frac{3}{4}a^2$　　D. $\frac{3}{2}a^2$

6. 已知 $|\boldsymbol{b}|=5$，$\boldsymbol{a}\cdot\boldsymbol{b}=12$，则向量 $\boldsymbol{a}$ 与 $\boldsymbol{b}$ 方向上投影为________。

8.9　平面向量数量积的坐标表示、模、夹角

【学习目标】

1. 掌握数量积的坐标表示，会进行平面向量数量积的坐标运算。

2. 能运用数量积的坐标表示求两个向量的夹角，会用数量积的坐标表示判断两个平面向量的垂直关系，会用数量的坐标表示求向量的模。

一、阅读提纲

【疑点识记】

1. 平面向量数量积的坐标表示

若 $\boldsymbol{a}=(x_1,y_1)$，$\boldsymbol{b}=(x_2,y_2)$，则 $\boldsymbol{a}\cdot\boldsymbol{b}=$______________。

即两个向量的数量积等于______________________________。

2. 两个向量垂直的坐标表示

设两个非零向量 $\boldsymbol{a}=(x_1,y_1)$，$\boldsymbol{b}=(x_2,y_2)$，则 $\boldsymbol{a}\perp\boldsymbol{b}\Leftrightarrow$________________________。

3. 平面向量的模

(1) 向量模公式：设 $\boldsymbol{a}=(x_1,y_1)$，则 $|\boldsymbol{a}|=$_______________________。

(2) 两点间距离公式：若 $A(x_1,y_1)$，$B(x_2,y_2)$，则 $|\overrightarrow{AB}|=$____________________。

4. 向量的夹角公式

设两非零向量 $\boldsymbol{a}=(x_1,y_1)$，$\boldsymbol{b}=(x_2,y_2)$，$\boldsymbol{a}$ 与 $\boldsymbol{b}$ 的夹角为 θ，则 $\cos\theta=$________$=$__________。

【问题探究】

已知两个向量 $\boldsymbol{a}=(x_1,y_1)$，$\boldsymbol{b}=(x_2,y_2)$。

问题1：若 $\boldsymbol{i}$，$\boldsymbol{j}$ 是两个互相垂直且分别与 x 轴，y 轴的正半轴同向的向量。则 $\boldsymbol{a}$，$\boldsymbol{b}$ 如何用 $\boldsymbol{i}$，$\boldsymbol{j}$ 表示？

问题 2：$|\boldsymbol{a}|$，$|\boldsymbol{b}|$分别用坐标怎样表示？

问题 3：能用 $\boldsymbol{a}$，$\boldsymbol{b}$ 的坐标表示 $\boldsymbol{a}\cdot\boldsymbol{b}$ 吗？

问题 4：垂直的条件和向量夹角能用坐标表示吗？

小结：

1. 平面向量的坐标运算实现了向量运算的完全代数化，并将数与形紧密结合起来。

2. 在坐标运算中，要注意向量垂直的条件与向量平行的条件的区别，向量垂直的条件可简化为“对应乘积和为零”；平行的条件可简化为“交叉相乘积相等”。

二、核心突破

【命题方向 1】　数量积的坐标运算

【典例 1】　已知向量 $\boldsymbol{a}/\!/\boldsymbol{b}$，$\boldsymbol{b}=(1,2)$，$|\boldsymbol{a}\cdot\boldsymbol{b}|=10$。

(1) 求向量 $\boldsymbol{a}$ 的坐标。

(2) 若 $\boldsymbol{a}$、$\boldsymbol{b}$ 同向，$\boldsymbol{c}=(2,-1)$，求$(\boldsymbol{b}\cdot\boldsymbol{c})\boldsymbol{a}$，$(\boldsymbol{a}\cdot\boldsymbol{b})\boldsymbol{c}$。

解：(1) 设 $\boldsymbol{a}=(x,y)$，所以 $\boldsymbol{a}\cdot\boldsymbol{b}=x+2y$。

因为 $\boldsymbol{a}/\!/\boldsymbol{b}$，所以 $y=2x$。

由$\begin{cases}y=2x\\|x+2y|=10\end{cases}$，解得$\begin{cases}x=2\\y=4\end{cases}$，或$\begin{cases}x=-2\\y=-4\end{cases}$。

综上 $\boldsymbol{a}=(2,4)$或 $\boldsymbol{a}=(-2,-4)$。

(2) 因为 $\boldsymbol{a}$、$\boldsymbol{b}$ 同向，所以 $a=(2,4)$。

则$(\boldsymbol{b}\cdot\boldsymbol{c})\boldsymbol{a}=[1\times2+2\times(-1)]\boldsymbol{a}=0\boldsymbol{a}=0$。

$(\boldsymbol{a}\cdot\boldsymbol{b})\boldsymbol{c}=(2+2\times4)\boldsymbol{c}=10(2,-1)=(20,-10)$。

[方法规律总结]　解答本题可根据 $\boldsymbol{a}$ 与 $\boldsymbol{b}$ 共线设出 $\boldsymbol{a}$ 的坐标，再利用已知条件构建方程(组)求得 $\boldsymbol{a}$ 的坐标，进而进行求解。

【跟踪练习 1】　已知 $\boldsymbol{a}=(2,-1)$，$\boldsymbol{b}=(3,-2)$，求$(3\boldsymbol{a}-\boldsymbol{b})\cdot(\boldsymbol{a}-2\boldsymbol{b})$。

【命题方向 2】　求向量的夹角

【典例 2】　(1) 已知 $\boldsymbol{a}=(1,\sqrt{3})$，$\boldsymbol{b}=(\sqrt{3}+1,\sqrt{3}-1)$，求 $\boldsymbol{a}$ 与 $\boldsymbol{b}$ 的夹角。

(2) 已知 $A(2,1)$，$B(3,2)$，$C(-1,5)$，求证$\triangle ABC$ 是锐角三角形。

解：(1) 由 $\boldsymbol{a}=(1,\sqrt{3})$，$\boldsymbol{b}=(\sqrt{3}+1,\sqrt{3}-1)$，得 $\boldsymbol{a}\cdot\boldsymbol{b}=\sqrt{3}+1+\sqrt{3}\times(\sqrt{3}-1)=4$，$|\boldsymbol{a}|=2$，$|\boldsymbol{b}|=2\sqrt{2}$。

设 $\boldsymbol{a}$ 与 $\boldsymbol{b}$ 的夹角为 θ，则 $\cos\theta=\dfrac{\boldsymbol{a}\cdot\boldsymbol{b}}{|\boldsymbol{a}||\boldsymbol{b}|}=\dfrac{\sqrt{2}}{2}$。

又 $0\leqslant\theta\leqslant\pi$，所以 $\theta=\dfrac{\pi}{4}$。

(2) **证明：**由条件得$\overrightarrow{AB}=(1,1)$，$\overrightarrow{BC}=(-4,3)$，$\overrightarrow{CA}=(3,-4)$。

因为$\overrightarrow{AB}\cdot\overrightarrow{BC}=-4+3=-1<0$，所以$\overrightarrow{AB}$、$\overrightarrow{BC}$的夹角是钝角，从而$\angle ABC$ 为锐角。

同理$\angle BCA$，$\angle BAC$ 也为锐角，所以$\triangle ABC$ 是锐角三角形。

[方法规律总结]　(1) 分别求出 $\boldsymbol{a}\cdot\boldsymbol{b}$，$|\boldsymbol{a}|$，$|\boldsymbol{b}|$，代入夹角公式求解。

(2) $\triangle ABC$是锐角三角形,即三个内角都是锐角,分别求出相应向量夹角的余弦值,确定该三角形三个内角的余弦值均大于0即可。

【跟踪训练2】 设$\boldsymbol{a}=(4,-3)$,$\boldsymbol{b}=(2,1)$,若$\boldsymbol{a}+t\boldsymbol{b}$与$\boldsymbol{b}$的夹角为$45°$,求实数$t$的值。

三、课堂练习

1. 已知$\boldsymbol{a}=(0,1)$,$\boldsymbol{b}=(2,-1)$,则$\boldsymbol{a}\cdot\boldsymbol{b}$等于(　　)。

A. 1　　B. -1　　C. 2　　D. -2

2. 已知$A(1,2)$,$B(2,3)$,$C(-2,5)$,则$\triangle ABC$的形状是(　　)。

A. 直角三角形　　B. 锐角三角形　　C. 钝角三角形　　D. 等边三角形

3. 已知向量$\boldsymbol{a}=(-5,6)$,$\boldsymbol{b}=(6,5)$,则$\boldsymbol{a}$与$\boldsymbol{b}$(　　)。

A. 垂直　　B. 不垂直也不平行　　C. 平行且同向　　D. 平行且反向

4. 已知向量$\boldsymbol{a}=(2,1)$,$\boldsymbol{a}\cdot\boldsymbol{b}=10$,$|\boldsymbol{a}+\boldsymbol{b}|=5\sqrt{2}$,则$|\boldsymbol{b}|$等于(　　)。

A. $\sqrt{5}$　　B. $\sqrt{10}$　　C. 5　　D. 25

5. 已知向量$\boldsymbol{m}=(\lambda+1,1)$,$\boldsymbol{n}=(\lambda+2,2)$,若$(\boldsymbol{m}+\boldsymbol{n})\perp(\boldsymbol{m}-\boldsymbol{n})$,则$\lambda$等于(　　)。

A. -4　　B. -3　　C. -2　　D. -1

第 9 章　三角恒等变换

9.1　两角差的余弦公式

【学习目标】

1. 会用向量的数量积推导两角差的余弦公式。

2. 掌握两角差的余弦公式。

一、阅读提纲

【疑点识记】

1. 任意角的三角函数

如右图，设 α 是一个任意角，它的终边与单位圆交于点 $P(x,y)$，则 $\sin\alpha=$__________，$\cos\alpha=$__________，故点 P 的坐标也可以表示为______________。

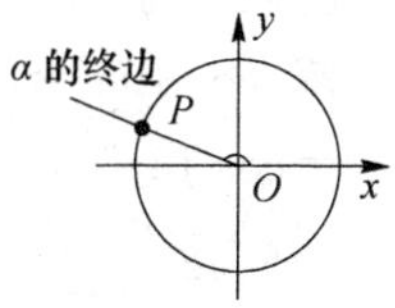

2. 两向量的数量积

(1) 定义：$\boldsymbol{a}\cdot\boldsymbol{b}=$______________，其中 θ 为向量 $\boldsymbol{a}$ 与 $\boldsymbol{b}$ 的夹角。

(2) 定义表示：若 $\boldsymbol{a}=(x_1,y_1)$，$\boldsymbol{b}=(x_2,y_2)$，则 $\boldsymbol{a}\cdot\boldsymbol{b}=$____________________。

3. 诱导公式

$\sin(\pi-\alpha)=$_________，$\cos(\pi-\alpha)=$_________，$\sin\left(\frac{\pi}{2}-\alpha\right)=$_________，$\cos\left(\frac{\pi}{2}-\alpha\right)$ $=$_________，$\sin(-\alpha)=$_________，$\cos(-\alpha)=$_________，$\tan(-\alpha)=$_________。

【问题探究】

世界著名的艺术殿堂——法国卢浮宫，它的正门入口处有一个金字塔建筑，它的设计者就是著名的美籍华人建筑师贝聿铭。那么在测量这类建筑物的高度时（如右图），我们需要来解复合角 $\angle DAC=\alpha-\beta$ 的正、余弦值，这就需要对两角差的正、余弦进行变换。事实上，变换是数学的重要工具，同时也是高中数学学习的主要对象之一。其中代数变换我们已经在初中学习过，而且在必修 4 的第一章也涉及同角三角函数的变换。与代数变换一样，三角变换也是一种只变其形，不改变其本质的一种变换。

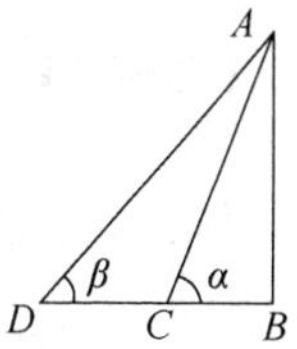

问题 1：当 $\alpha=60^\circ$，$\beta=30^\circ$ 时，$\cos\alpha-\cos\beta$ 等于多少？

问题 2：$\cos 60^\circ-\cos 30^\circ=\cos(60^\circ-30^\circ)$ 成立吗？

问题 3：$\cos\alpha-\cos\beta=\cos(\alpha-\beta)$ 成立吗？

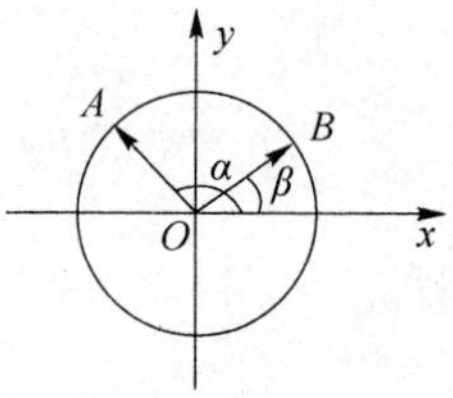

问题4:单位圆中(如右图所示),$\angle AOx=\alpha$,$\angle BOx=\beta$,那么A,B的坐标是什么?$\overrightarrow{OA}$与$\overrightarrow{OB}$的夹角是多少?

问题5:你能用几种方法计算$\overrightarrow{OA}\cdot\overrightarrow{OB}$的数量积?

问题6:根据上面的计算,可以得出什么结论?

对于任意角 α,β,有:$\cos(\alpha-\beta)=$ ________________ $(C_{(\alpha-\beta)})$

小结:

对两角差的余弦公式的理解。

① 公式中的角α,β是任意角,特点是用单角的三角函数表示差角的三角函数。

② 差角的余弦公式不能按分配律展开,即一般情况下,$\cos(\alpha-\beta)\neq\cos\alpha-\cos\beta$。

③ 公式的特点:公式左边是差角的余弦,公式右边的式子含有同名弦函数之积的和式,可用口诀"余余、正正,号相反"记忆公式。

④ 通过公式可以知道,只要知道$\cos\alpha$,$\cos\beta$,$\sin\alpha$,$\sin\beta$的值,就可以求得$\cos(\alpha-\beta)$的值。

二、核心突破

【命题方向1】 给角求值

【典例1】 求$\cos 105°$的值。

解:$\cos 105°=\cos(135°-30°)$

$=\cos 135°\cos 30°+\sin 135°\sin 30°$

$=-\frac{\sqrt{2}}{2}\times\frac{\sqrt{3}}{2}+\frac{\sqrt{2}}{2}\times\frac{1}{2}=\frac{\sqrt{6}-\sqrt{2}}{4}$。

[**方法规律总结**] 在利用两角差的余弦公式求某些角的三角函数时,关键在于先利用诱导公式把角化小,把名称化为余弦,然后再把待求的角转化为已知特殊角(如30°,45°,60°,90°,120°,135°,150°等)的差,然后利用公式化简求值。

【跟踪练习1】 (1) $\cos(30°-45°)$等于( )。

A. $\frac{\sqrt{2}}{2}$　　B. $\frac{\sqrt{3}}{2}$　　C. $\frac{\sqrt{2}+\sqrt{3}}{4}$　　D. $\frac{\sqrt{2}+\sqrt{6}}{4}$

(2) 利用公式$C_{(\alpha-\beta)}$证明:$\cos(2\pi-\alpha)=\cos\alpha$;$\cos(\pi-\alpha)=-\cos\alpha$;$\cos\left(\frac{\pi}{2}-\alpha\right)=\sin\alpha$。

【命题方向2】 公式的直接应用

【典例2】 已知$\sin\alpha=\frac{4}{5}$,$\alpha\in(\frac{\pi}{2},\pi)$,$\cos\beta=-\frac{5}{13}$,$\beta$是第三象限角,求$\cos(\alpha-\beta)$。

解:因为$\alpha\in\left(\frac{\pi}{2},\pi\right)$,$\sin\alpha=\frac{4}{5}$。所以$\cos\alpha=-\frac{3}{5}$,又$\beta$在第三象限且$\cos\beta=-\frac{5}{13}$,所以$\sin\beta=-\frac{12}{13}$。

因此$\cos(\alpha-\beta)=\cos\alpha\cos\beta+\sin\alpha\sin\beta=-\frac{3}{5}\times\left(-\frac{5}{13}\right)+\frac{4}{5}\times\left(-\frac{12}{13}\right)=\frac{15}{65}-\frac{48}{65}=-\frac{33}{65}$。

[**方法规律总结**] 利用同角三角函数的基本关系$\sin^2\alpha+\cos^2\alpha=1$,实现同一个角的正

余弦互求，注意依据角的范围确定函数的符号，再利用差角公式求解，是一种常见的题型。

【跟踪训练 2】 已知 $\sin\theta=\frac{1}{5}$，$\theta\in\left(\frac{\pi}{2},\pi\right)$，求 $\cos\left(\theta-\frac{\pi}{3}\right)$的值。

【命题方向 3】 公式的逆用

【典例 3】 $\cos 45^\circ\cos 15^\circ+\sin 45^\circ\sin 15^\circ=$(　　)。

A. $\frac{1}{2}$　　B. $\frac{\sqrt{3}}{2}$　　C. $\frac{\sqrt{2}}{2}$　　D. $\frac{\sqrt{3}}{3}$

解：原式$=\cos(45^\circ-15^\circ)=\cos 30^\circ=\frac{\sqrt{3}}{2}$。

答案：B。

[方法规律总结] 要使角结构依次为 α、β、α、β，三角函数名称依次为 cos、cos、sin、sin，完全满足这样的结构就可以逆用 $C_{\alpha-\beta}$公式，如果不满足，需要进行化简。

【跟踪训练 3】 求值：

(1) $\cos(\alpha-35^\circ)\cdot\cos(25^\circ+\alpha)+\sin(\alpha-35^\circ)\cdot\sin(25^\circ+\alpha)$；

(2) $\cos 40^\circ\cos 70^\circ+\cos 20^\circ\cos 50^\circ$。

【命题方向 4】 角的变换

【典例 4】 已知$\frac{\pi}{2}<\beta<\alpha<\frac{3\pi}{4}$，$\cos(\alpha-\beta)=\frac{12}{13}$，$\sin(\alpha+\beta)=-\frac{3}{5}$，求 $\cos 2\beta$。

解析：从条件和待求的问题中发现角与角之间的关系：$2\beta=(\alpha+\beta)-(\alpha-\beta)$。

解：因为$\frac{\pi}{2}<\beta<\alpha<\frac{3\pi}{4}$，所以 $0<\alpha-\beta<\frac{\pi}{4}$，$\pi<\alpha+\beta<\frac{3\pi}{2}$。

所以 $\sin(\alpha-\beta)=\sqrt{1-\cos^2(\alpha-\beta)}=\sqrt{1-\left(\frac{12}{13}\right)^2}=\frac{5}{13}$，

$\cos(\alpha+\beta)=\sqrt{1-\sin^2(\alpha+\beta)}=-\sqrt{1-\left(-\frac{3}{5}\right)^2}=-\frac{4}{5}$，

$\cos 2\beta=\cos[(\alpha+\beta)-(\alpha-\beta)]=\cos(\alpha+\beta)\cos(\alpha-\beta)+\sin(\alpha+\beta)\sin(\alpha-\beta)=-\frac{4}{5}\times\frac{12}{13}+\left(-\frac{3}{5}\right)\times\frac{5}{13}=-\frac{63}{65}$。

[方法规律总结] (1) 利用差角的余弦公式求值时，不能机械地从表面去套公式，而要变通地从本质上使用公式，即把所求的角分解成已知的两个角的差，并且这两个角的正、余弦函数值是已知的或可求的，再代入公式即可求解。

(2) 在将所求角分解成某两角的差时，应注意如下变换：$2\beta=(\alpha+\beta)-(\alpha-\beta)$，$\alpha=(\alpha+\beta)-\beta$，$\alpha=\beta-(\beta-\alpha)$，$\alpha=(2\alpha-\beta)-(\alpha-\beta)$，$\alpha=\frac{1}{2}[(\alpha+\beta)+(\alpha-\beta)]$，$\alpha=\frac{1}{2}[(\beta+\alpha)-(\beta-\alpha)]$等。

【跟踪训练 4】 (1) 已知 $\cos\alpha=\frac{1}{7}$，$\cos(\alpha+\beta)=-\frac{11}{14}$，且 α、$\beta\in\left(0,\frac{\pi}{2}\right)$，求 $\cos\beta$ 的值。

(2) 在$\triangle ABC$ 中，$\sin(A+B)=\frac{2}{3}$，$\cos B=-\frac{3}{4}$，求 $\cos A$ 的值。

三、课堂练习

1. 化简 $\sin(x+y)\sin(x-y)+\cos(x+y)\cos(x-y)$的结果是(　　)。

A. $\sin 2x$　　B. $\cos 2y$　　C. $-\cos 2x$　　D. $-\cos 2y$

2. 若 $\sin(\pi+\theta)=-\frac{3}{5}$，$\theta$ 是第二象限角，$\sin\left(\frac{\pi}{2}+\varphi\right)=-\frac{2\sqrt{5}}{5}$，$\varphi$ 是第三象限角，则 $\cos(\theta-\varphi)$ 的值是（　　）。

A. $-\frac{\sqrt{5}}{5}$　　B. $\frac{\sqrt{5}}{5}$　　C. $\frac{11\sqrt{5}}{25}$　　D. $\sqrt{5}$

3. 在 $\triangle ABC$ 中，若 $\sin A\sin B<\cos A\cos B$，则 $\triangle ABC$ 是（　　）。

A. 等边三角形　　B. 直角三角形　　C. 锐角三角形　　D. 钝角三角形

4. 已知 $\cos\left(\alpha-\frac{\pi}{6}\right)+\sin\alpha=\frac{4}{5}\sqrt{3}$，则 $\cos\left(\alpha-\frac{\pi}{3}\right)$ 的值是________。

5. 已知 $\sin\left(\alpha+\frac{\pi}{4}\right)=\frac{4}{5}$，且 $\frac{\pi}{4}<\alpha<\frac{3\pi}{4}$，求 $\cos\alpha$ 的值。

9.2　两角和与差的正弦、余弦、正切公式(一)

【学习目标】

1. 在两角差的余弦公式的基础上，会推导两角和与差的正弦、余弦公式。
2. 灵活运用两角和与差的正、余弦公式进行求值、化简、证明。

一、阅读提纲

【疑点识记】

1. $\cos(\alpha-\beta)=$________________________________$(C_{(\alpha-\beta)})$
2. $\sin(-\alpha)=$________，$\cos(-\alpha)=$________。
3. $\sin\left(\frac{\pi}{2}-\alpha\right)=$________，$\cos\left(\frac{\pi}{2}-\alpha\right)=$________。

【问题探究】

问题 1：把公式 $\cos(\alpha-\beta)=\cos\alpha\cos\beta+\sin\alpha\sin\beta$ 中的 β 用 $-\beta$ 代替，结果如何？

问题 2：在 $\cos(\alpha\pm\beta)$ 的公式中，α,β 的条件是什么？

小结：

两角差的余弦：$\cos(\alpha-\beta)=\cos\alpha\cos\beta+\sin\alpha\sin\beta(C_{(\alpha-\beta)})$。

两角和的余弦：$\cos(\alpha+\beta)=\cos\alpha\cos\beta-\sin\alpha\sin\beta(C_{(\alpha+\beta)})$。

其中，$\alpha,\beta\in\mathbf{R}$。

问题 3：由公式 $C_{(\alpha-\beta)}$ 可以得到求 $\sin(\alpha+\beta)$ 的公式吗？

问题 4：能利用上述公式把 $\sin(\alpha-\beta)$ 用 $\sin\alpha,\cos\alpha,\sin\beta,\cos\beta$ 表示吗？

小结：

两角和的正弦：$\sin(\alpha+\beta)=\sin\alpha\cos\beta+\cos\alpha\sin\beta(S_{(\alpha+\beta)})$。

两角差的正弦：$\sin(\alpha-\beta)=\sin\alpha\cos\beta-\cos\alpha\sin\beta(S_{(\alpha-\beta)})$。

其中，$\alpha,\beta\in\mathbf{R}$。

归纳、升华、领悟：

(1) 可采用如下方法记忆：对于公式 $C_{(\alpha-\beta)}$，$C_{(\alpha+\beta)}$ 可记为“同名相乘，符号反”；对于公式 $S_{(\alpha-\beta)}$，$S_{(\alpha+\beta)}$ 可记为“异名相乘，符号同”。

（2）三角函数的诱导公式是两角和与差的三角函数公式的特殊情况。

二、核心突破

【命题方向 1】 给角求值问题

【典例 1】 求下列各式的值：

（1）$\cos 44^\circ\sin 14^\circ-\sin 44^\circ\cos 14^\circ$；

（2）$\sin(54^\circ-x)\cos(36^\circ+x)+\cos(54^\circ-x)\sin(36^\circ+x)$；

（3）$\frac{1}{2}\sin 15^\circ-\frac{\sqrt{3}}{2}\cos 15^\circ$。

解：（1）$\cos 44^\circ\sin 14^\circ-\sin 44^\circ\cos 14^\circ$

$=\sin 14^\circ\cos 44^\circ-\cos 14^\circ\sin 44^\circ$

$=\sin(14^\circ-44^\circ)=\sin(-30^\circ)=-\sin 30^\circ=-\frac{1}{2}$。

（2）$\sin(54^\circ-x)\cos(36^\circ+x)+\cos(54^\circ-x)\sin(36^\circ+x)$

$=\sin[(54^\circ-x)+(36^\circ+x)]$

$=\sin 90^\circ=1$。

（3）$\frac{1}{2}\sin 15^\circ-\frac{\sqrt{3}}{2}\cos 15^\circ$

$=\sin 15^\circ\cos 60^\circ-\cos 15^\circ\sin 60^\circ$

$=\sin(15^\circ-60^\circ)=\sin(-45^\circ)=-\frac{\sqrt{2}}{2}$。

[方法规律总结] 灵活运用公式既包括对公式的正用，也包括对公式的逆用及变形应用。

（1）正用公式只要正确套用公式，不出现套用差错即可；

（2）逆用公式一般要先利用诱导公式，转化为公式右边展开式的形式，然后再用公式求值；

（3）对于形如 $a\sin\alpha+b\cos\alpha$ 的函数，常利用两角和与差的正、余弦公式转化为 $y=\sqrt{a^2+b^2}\sin(\alpha+\varphi)$（其中 $\tan\varphi=\frac{b}{a}$）的形式。

【跟踪练习 1】 求下列各式的值：

（1）$\cos 105^\circ$；

（2）$\cos(x+27^\circ)\cos(x-18^\circ)+\sin(x+27^\circ)\sin(x-18^\circ)$；

（3）$\sin\left(x+\frac{\pi}{3}\right)+2\sin\left(x-\frac{\pi}{3}\right)-\sqrt{3}\cos\left(\frac{2\pi}{3}-x\right)$。

【命题方向 2】 已知三角函数值（式）求值

【典例 2】 已知$\frac{\pi}{2}<\beta<\alpha<\frac{3\pi}{4}$，$\cos(\alpha-\beta)=\frac{12}{13}$，$\sin(\alpha+\beta)=-\frac{3}{5}$，求 $\sin 2\alpha$ 的值。

解：因为$\frac{\pi}{2}<\beta<\alpha<\frac{3\pi}{4}$，所以 $0<\alpha-\beta<\frac{\pi}{4}$，$\pi<\alpha+\beta<\frac{3}{2}\pi$。

又 $\cos(\alpha-\beta)=\frac{12}{13}$，$\sin(\alpha+\beta)=-\frac{3}{5}$，

所以 $\sin(\alpha-\beta)=\sqrt{1-\cos^2(\alpha-\beta)}=\sqrt{1-\left(\frac{12}{13}\right)^2}=\frac{5}{13}$，

$\cos(\alpha+\beta)=-\sqrt{1-\sin^2(\alpha+\beta)}=-\sqrt{1-\left(-\frac{3}{5}\right)^2}=-\frac{4}{5}$。

所以 $\sin 2\alpha=\sin[(\alpha-\beta)+(\alpha+\beta)]$

$=\sin(\alpha-\beta)\cos(\alpha+\beta)+\cos(\alpha-\beta)\sin(\alpha+\beta)$

$=\frac{5}{13}\times\left(-\frac{4}{5}\right)+\frac{12}{13}\times\left(-\frac{3}{5}\right)=-\frac{56}{65}$。

［方法规律总结］ 解此类问题的关键是把“所求角”用“已知角”表示出来。

（1）当“已知角”有两个时，“所求角”一般表示为两个“已知角”的和或差的形式。

（2）当“已知角”有一个时，此时应着眼于“所求角”与“已知角”的和或差的关系，然后应用诱导公式把“所求角”变成“已知角”。

（3）角的拆分方法不唯一，可根据题目合理选择拆分方式。

【跟踪训练 2】 已知 $\cos\alpha=\frac{1}{3}$，$\alpha\in\left(0,\frac{\pi}{2}\right)$，$\sin\beta=-\frac{3}{5}$，$\beta$ 是第三象限角。求 $\sin(\alpha+\beta)$，$\sin(\alpha-\beta)$ 的值。

【命题方向 3】 角的范围的讨论

【典例 3】 在△ABC 中，$\cos A=\frac{3}{5}$，$\sin B=\frac{5}{13}$，求 $\sin C$ 的值。

解析： 因为 A 为△ABC 的内角且 $\cos A=\frac{3}{5}$，

所以 $\sin A=\sqrt{1-\cos^2 A}=\frac{4}{5}$。

因为 B 为△ABC 的内角，又 $\sin B=\frac{5}{13}$，

所以 $\cos B=\pm\sqrt{1-\sin^2 B}=\pm\frac{12}{13}$。

（1）当 $\cos B=\frac{12}{13}$，即 B 为锐角时，

$\sin C=\sin[180°-(A+B)]=\sin(A+B)$

$=\sin A\cos B+\cos A\sin B=\frac{4}{5}\times\frac{12}{13}+\frac{3}{5}\times\frac{5}{13}=\frac{63}{65}$。

（2）当 $\cos B=-\frac{12}{13}$，即 B 为钝角时，

$\sin C=\sin[180°-(A+B)]=\sin(A+B)=\sin A\cos B+\cos A\sin B$

$=\frac{4}{5}\times\left(-\frac{12}{13}\right)+\frac{3}{5}\times\frac{5}{13}=-\frac{33}{65}$。

因为 C 为△ABC 的内角，$\sin C>0$，所以 $\sin C=-\frac{33}{65}$ 不合题意，舍去。综上所述，$\sin C=\frac{63}{65}$。

［方法规律总结］ 由单位圆中的三角函数线易知在△ABC 中，$A>B\Leftrightarrow\sin A>\sin B$。因此求得 $\sin A=\frac{4}{5}$ 后，可由 $\frac{4}{5}>\frac{5}{13}$ 知 $A>B$，故 B 为锐角，从而易求 $\cos B=\frac{12}{13}$。

【跟踪训练 3】 在△ABC 中，$\sin A=\frac{3}{5}$，$\cos B=\frac{5}{13}$，求 $\cos C$。

三、课堂练习

1. $\cos\frac{5\pi}{12}$的值等于(　　)。

A. $\frac{\sqrt{6}+\sqrt{2}}{2}$　　B. $\frac{\sqrt{2}}{2}$　　C. $\frac{\sqrt{6}-\sqrt{2}}{4}$　　D. $\frac{\sqrt{3}+\sqrt{2}}{4}$

2. 在$\triangle ABC$中,已知$\sin(A-B)\cdot\cos B+\cos(A-B)\sin B\geqslant 1$,则$\triangle ABC$是(　　)。

A. 锐角三角形　　B. 钝角三角形

C. 直角三角形　　D. 等腰非直角三角形

3. 已知$\cos\alpha=\frac{3}{5}$,$\cos(\alpha+\beta)=-\frac{5}{13}$,$\alpha$,$\beta$都是锐角,则$\cos\beta=$(　　)。

A. $-\frac{63}{65}$　　B. $-\frac{33}{65}$　　C. $\frac{33}{65}$　　D. $\frac{63}{65}$

4. 已知$\cos\left(\alpha-\frac{\pi}{6}\right)+\sin\alpha=\frac{4\sqrt{3}}{5}$,则$\sin\left(\alpha+\frac{7}{6}\pi\right)$的值是(　　)。

A. $-\frac{2\sqrt{3}}{5}$　　B. $\frac{2\sqrt{3}}{5}$　　C. $-\frac{4}{5}$　　D. $\frac{4}{5}$

5. $\frac{\sin 47^\circ-\sin 17^\circ\cos 30^\circ}{\cos 17^\circ}$等于(　　)。

A. $-\frac{\sqrt{3}}{2}$　　B. $-\frac{1}{2}$　　C. $\frac{1}{2}$　　D. $\frac{\sqrt{3}}{2}$

9.3　两角和与差的正弦、余弦、正切公式(二)

【学习目标】

1. 能利用两角和与差的正、余弦公式导出两角和与差的正切公式。
2. 掌握两角和与差的正切公式及变形运用。

一、阅读提纲

【疑点识记】

1. $\tan(-\alpha)=$________。
2. $\tan(\pi+\alpha)=$________。
3. $\tan(\pi-\alpha)=$________。
4. 同角三角函数的基本关系式

$\sin^2\alpha+\cos^2\alpha=1$,$\tan\alpha=\frac{\sin\alpha}{\cos\alpha}\left(\alpha\neq k\pi+\frac{\pi}{2},k\in\mathbf{Z}\right)$。

【问题探究】

问题 1:前面学习的同角三角函数关系中,$\tan\alpha$,$\sin\alpha$,$\cos\alpha$的关系是怎样的?

问题 2:利用该关系式及两角和的正余弦公式,能把$\tan(\alpha+\beta)$用$\tan\alpha$,$\tan\beta$表示吗?

问题 3:能用$\tan\alpha$,$\tan\beta$表示$\tan(\alpha-\beta)$吗?

问题 4:公式中,α,β为任意实数吗?

小结：

两角和的正切：$\tan(\alpha+\beta)=\dfrac{\tan\alpha+\tan\beta}{1-\tan\alpha\tan\beta}(T_{(\alpha+\beta)})$。

两角差的正切：$\tan(\alpha-\beta)=\dfrac{\tan\alpha-\tan\beta}{1+\tan\alpha\tan\beta}(T_{(\alpha-\beta)})$。

其中，$\alpha,\beta,\alpha\pm\beta\neq k\pi+\dfrac{\pi}{2},k\in\mathbf{Z}$。

归纳，升华，领悟：

1. 两角和与差的正弦、余弦和正切公式的关系为：

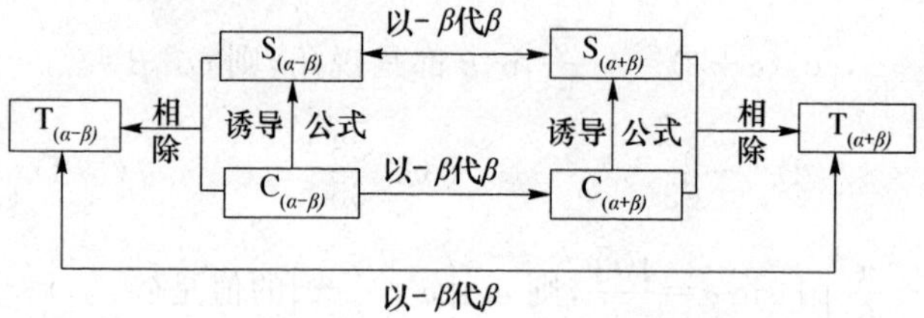

2. 在使用公式 $\tan(\alpha\pm\beta)=\dfrac{\tan\alpha\pm\tan\beta}{1\mp\tan\alpha\tan\beta}$时，要特别注意角的条件限制，即 $\alpha,\beta,\alpha\pm\beta\neq k\pi+\dfrac{\pi}{2},k\in\mathbf{Z}$。

二、核心突破

【命题方向1】 两角和与差正切公式的应用

【典例1】 已知 $\tan(\alpha+\beta)=5,\tan(\alpha-\beta)=3$，求 $\tan2\alpha,\tan2\beta,\tan\left(2\alpha+\dfrac{\pi}{4}\right)$。

解：$\tan2\alpha=\tan[(\alpha+\beta)+(\alpha-\beta)]$

$=\dfrac{\tan(\alpha+\beta)+\tan(\alpha-\beta)}{1-\tan(\alpha+\beta)\tan(\alpha-\beta)}$

$=\dfrac{5+3}{1-5\times3}=-\dfrac{4}{7}$，

$\tan2\beta=\tan[(\alpha+\beta)-(\alpha-\beta)]$

$=\dfrac{\tan(\alpha+\beta)-\tan(\alpha-\beta)}{1+\tan(\alpha+\beta)\tan(\alpha-\beta)}$

$=\dfrac{5-3}{1+5\times3}=\dfrac{1}{8}$，

$\tan\left(2\alpha+\dfrac{\pi}{4}\right)=\dfrac{1+\tan2\alpha}{1-\tan2\alpha}=\dfrac{1-\dfrac{4}{7}}{1+\dfrac{4}{7}}=\dfrac{3}{11}$。

[方法规律总结] 利用 $2\alpha=(\alpha+\beta)+(\alpha-\beta),2\beta=(\alpha+\beta)-(\alpha-\beta)$ 求 $\tan2\alpha,\tan2\beta$，再由两角和的正切公式求 $\tan\left(2\alpha+\dfrac{\pi}{4}\right)$。应用两角和(差)的正切公式求值时，首先应先求出这两个角的正切值，再正用公式展开求值。

【跟踪练习1】 (1) $\tan15^\circ=$________。

(2) 若 $\tan\alpha=3,\tan\beta=\frac{4}{3}$,则 $\tan(\alpha-\beta)=($　　$)$。

A. -3　　B. $-\frac{1}{3}$　　C. 3　　D. $\frac{1}{3}$

【命题方向 2】 化简求值

【典例 2】 求下列各式的值：

(1) $\frac{\sqrt{3}-\tan 15^\circ}{1+\sqrt{3}\tan 15^\circ}$;

(2) $\frac{1+\tan 15^\circ}{1+\tan 165^\circ}$。

解:(1) 原式$=\frac{\tan 60^\circ-\tan 15^\circ}{1+\tan 60^\circ\tan 15^\circ}=\tan(60^\circ-15^\circ)=\tan 45^\circ=1$。

(2) 原式$=\frac{1+\tan 15^\circ}{1-\tan 15^\circ}=\frac{\tan 45^\circ+\tan 15^\circ}{1-\tan 45^\circ\tan 15^\circ}=\tan(45^\circ+15^\circ)=\tan 60^\circ=\sqrt{3}$。

[**方法规律总结**] 注意利用常数代换,熟记几个特殊三角函数值对应的角的度数:$1=\tan 45^\circ,\sqrt{3}=\tan 60^\circ,\frac{\sqrt{3}}{3}=\tan 30^\circ$等。

【跟踪训练 2】 $\tan 72^\circ-\tan 42^\circ-\frac{\sqrt{3}}{3}\tan 72^\circ\tan 42^\circ=$__________。

【命题方向 3】 三角形形状的判断

【典例 3】 已知$\triangle ABC$中,$\tan B+\tan C+\sqrt{3}\tan B\cdot\tan C=\sqrt{3}$,且$\sqrt{3}\tan A+\sqrt{3}\tan B=\tan A\cdot\tan B-1$,试判断$\triangle ABC$的形状。

解:若 $\tan B\tan C=1$,因为 $\tan B+\tan C+\sqrt{3}\tan B\cdot\tan C=\sqrt{3}$,则 $\tan B+\tan C=0$,所以 $\tan B=-\tan C$,所以 $\tan^2 C=-1$,这不可能。

故 $\tan B\tan C\neq 1$。

因为 $\tan B+\tan C+\sqrt{3}\tan B\tan C=\sqrt{3}$,

所以$\frac{\tan B+\tan C}{1-\tan B\cdot\tan C}=\sqrt{3}$,

得,$\tan(B+C)=\sqrt{3}$①。

同理 $\tan A\tan B\neq 1$,

又因为$\sqrt{3}\tan A+\sqrt{3}\tan B=\tan A\cdot\tan B-1$,

所以$\frac{\tan A+\tan B}{1-\tan A\cdot\tan B}=-\frac{\sqrt{3}}{3}$,

得 $\tan(A+B)=-\frac{\sqrt{3}}{3}$②。

又因为 A、B、C 为$\triangle ABC$ 的内角,所以 $B+C=60^\circ,A+B=150^\circ$。得出 $A=120^\circ,B=C=30^\circ$。

则$\triangle ABC$ 为顶角为钝角的等腰三角形。

【跟踪训练 3】 在$\triangle ABC$ 中,若 $\tan A\tan B>1$,则$\triangle ABC$ 的形状是(　　)。

A. 锐角三角形　　B. 钝角三角形

C. 直角三角形　　D. 不能确定

【命题方向 4】 综合应用问题

【典例 4】 已知 $\tan\alpha$、$\tan\beta$ 是方程 $x^2+x-6=0$ 的两个根，求 $\sin 2(\alpha+\beta)-3\sin(\alpha+\beta)\cdot\cos(\alpha+\beta)-3\cos^2(\alpha+\beta)$ 的值。

解：因为 $\tan\alpha$、$\tan\beta$ 是方程 $x^2+x-6=0$ 的两个根，所以 $\tan\alpha+\tan\beta=-1$，$\tan\alpha\tan\beta=-6$，所以 $\tan(\alpha+\beta)=\dfrac{\tan\alpha+\tan\beta}{1-\tan\alpha\tan\beta}=-\dfrac{1}{7}$。

$$\sin^2(\alpha+\beta)-3\sin(\alpha+\beta)\cos(\alpha+\beta)-3\cos^2(\alpha+\beta)$$

$$=\frac{\sin^2(\alpha+\beta)-3\sin(\alpha+\beta)\cos(\alpha+\beta)-3\cos^2(\alpha+\beta)}{\sin^2(\alpha+\beta)+\cos^2(\alpha+\beta)}$$

$$=\frac{1}{1+\tan^2(\alpha+\beta)}[\tan^2(\alpha+\beta)-3\tan(\alpha+\beta)-3]$$

$$=\frac{49}{50}\times\left(\frac{1}{49}+\frac{3}{7}-3\right)=-\frac{5}{2}。$$

[方法规律总结] 由一元二次方程根与系数的关系可得 $\tan\alpha+\tan\beta$ 与 $\tan\alpha\cdot\tan\beta$，进而可得 $\tan(\alpha+\beta)$，分子、分母同除以 $\cos^2(\alpha+\beta)$ 可化切（注意原式的分母可看作 $1=\sin^2(\alpha+\beta)+\cos^2(\alpha+\beta)$）。

【跟踪训练 4】 设 $\tan\alpha$、$\tan\beta$ 是方程 $x^2-3x+2=0$ 的两个根，则 $\tan(\alpha+\beta)$ 的值为（　　）。

A. -3　　B. -1　　C. 1　　D. 3

三、课堂练习

1. $\dfrac{\tan 75^\circ-\tan 15^\circ}{1+\tan 75^\circ\tan 15^\circ}=$（　　）。

A. $\sqrt{3}$　　B. $\dfrac{\sqrt{3}}{3}$　　C. 1　　D. $-\sqrt{3}$

2. 在 $\triangle ABC$ 中，若 $\tan A\tan B=\tan A+\tan B+1$，则 $\cos C$ 的值是（　　）。

A. $-\dfrac{\sqrt{2}}{2}$　　B. $\dfrac{\sqrt{2}}{2}$　　C. $\dfrac{1}{2}$　　D. $-\dfrac{1}{2}$

3. 若 $\tan\alpha=2$，$\tan(\beta-\alpha)=3$，则 $\tan(\beta-2\alpha)$ 的值为________。

4. 已知 $\tan(\alpha-\beta)=\dfrac{1}{2}$，$\tan\beta=-\dfrac{1}{7}$，且 α、$\beta\in(0,\pi)$。

(1) 求 $\tan\alpha$ 的值；

(2) 求 $2\alpha-\beta$ 的值。

5. 已知 $\sin\alpha=\dfrac{3}{5}$，α 是第二象限角，且 $\tan(\alpha+\beta)=1$，求 $\tan\beta$ 的值。

9.4 简单的三角恒等变换

【学习目标】

1. 了解半角公式及推导过程。
2. 能利用两角和与差的公式进行简单的三角恒等变换。
3. 了解三角变换在解数学问题时所起的作用，进一步体会三角变换的规律。

一、阅读提纲

【疑点识记】

1. 半角公式

(1) $S_{\frac{\alpha}{2}}$：$\sin\frac{\alpha}{2}=$______________________________。

(2) $C_{\frac{\alpha}{2}}$：$\cos\frac{\alpha}{2}=$__________________________________。

(3) $T_{\frac{\alpha}{2}}$：$\tan\frac{\alpha}{2}=$________________(无理形式)＝____________________＝________________(有理形式)。

2. 辅助角公式

使 $a\sin x+b\cos x=\sqrt{a^2+b^2}\sin(x+\varphi)$ 成立时，$\cos\varphi=$________________，$\sin\varphi=$________，其中 φ 称为辅助角，它的终边所在象限由________决定。

【问题探究】

问题 1：半角公式中“±”号如何选取？

问题 2：半角公式有哪些应用？

问题 3：如何求 φ？

问题 4：常用的辅助角公式有哪些？

小结：

三角恒等变换的常用方法。

(1) 变角(式子中所含角的变换)

通过观察不同三角函数式所包含的角的差异，借助“拆凑角(如用特殊角表示一般角，用已知角表示所求角等)”“消角(如异角化同角，复角化单角等)”来消除角与角之间的差异，减少角的个数。

(2) 变名(式子中不同函数之间的变换)

通过观察角的三角函数种类的差异，借助“切化弦”“弦切互化”等进行函数名称的变换。

(3) 变式(式子的结构形式的变换)

通过观察不同的三角函数结构形式的差异，借助以下几种途径进行变换：

① 常值代换。例如，$1=\sin^2\theta+\cos^2\theta=\tan\frac{\pi}{4}$。

② 变用公式。例如，$\sin\alpha\cos\alpha=\frac{1}{2}\sin 2\alpha$，$\tan A+\tan B=\tan(A+B)(1-\tan A\tan B)$。

③ 升降幂公式。例如，$1+\cos\alpha=2\cos^2\frac{\alpha}{2}$，$1-\cos\alpha=2\sin^2\frac{\alpha}{2}$ 以及 $\cos^2\alpha=\frac{1+\cos 2\alpha}{2}$，$\sin^2\alpha=\frac{1-\cos 2\alpha}{2}$。

④ 配方与平方。例如：$1+\sin\theta=\left(\sin\frac{\theta}{2}+\cos\frac{\theta}{2}\right)^2$。

⑤ 辅助角公式。$a\sin\theta+b\cos\theta=\sqrt{a^2+b^2}\sin(\theta+\varphi)$。其中，$\sin\varphi=\frac{b}{\sqrt{a^2+b^2}}$，

$\cos\varphi=\dfrac{a}{\sqrt{a^2+b^2}}$。

二、核心突破

【命题方向 1】 半角公式的应用

【典例 1】 已知 $\cos\alpha=\dfrac{\sqrt{3}}{3}$，$\alpha$ 为第四象限角，求 $\tan\dfrac{\alpha}{2}$的值。

解：解法一(用 $\tan\dfrac{\alpha}{2}=\pm\sqrt{\dfrac{1-\cos\alpha}{1+\cos\alpha}}$来处理)。

因为 α 为第四象限角，所以$\dfrac{\alpha}{2}$是第二或第四象限角。则 $\tan\dfrac{\alpha}{2}<0$。

得出 $\tan\dfrac{\alpha}{2}=-\sqrt{\dfrac{1-\cos\alpha}{1+\cos\alpha}}=-\sqrt{\dfrac{1-\dfrac{\sqrt{3}}{4}}{1+\dfrac{\sqrt{3}}{3}}}=-\sqrt{2-\sqrt{3}}=-\dfrac{1}{2}\sqrt{8-4\sqrt{3}}=-\dfrac{1}{2}\sqrt{(\sqrt{6}-\sqrt{2})^2}=\dfrac{\sqrt{2}-\sqrt{6}}{2}$。

解法二(用 $\tan\dfrac{\alpha}{2}=\dfrac{1-\cos\alpha}{\sin\alpha}$来处理)。

因为 α 为第四象限的角，则 $\sin\alpha<0$。

得出 $\sin\alpha=-\sqrt{1-\cos^2\alpha}=-\sqrt{1-\dfrac{1}{3}}=-\dfrac{\sqrt{6}}{3}$。

解法三(用 $\tan\dfrac{\alpha}{2}=\dfrac{\sin\alpha}{1+\cos\alpha}$来处理)。

因为 α 为第四象限的角，则 $\sin\alpha<0$。

得出 $\sin\alpha=-\sqrt{1-\cos^2\alpha}=-\sqrt{1-\dfrac{1}{3}}=-\dfrac{\sqrt{6}}{3}$。

因此 $\tan\dfrac{\alpha}{2}=\dfrac{\sin\alpha}{1+\cos\alpha}=\dfrac{-\dfrac{\sqrt{6}}{3}}{1+\dfrac{\sqrt{3}}{3}}=\dfrac{-\sqrt{6}}{3+\sqrt{3}}=\dfrac{\sqrt{2}-\sqrt{6}}{2}$，或者 $\tan\dfrac{\alpha}{2}=\dfrac{1-\cos\alpha}{\sin\alpha}=\dfrac{1-\dfrac{\sqrt{3}}{3}}{-\dfrac{\sqrt{6}}{3}}=\dfrac{\sqrt{2}-\sqrt{6}}{2}$。

[方法规律总结] 比较上述三种解法，可知在求半角的正切 $\tan\dfrac{\alpha}{2}$时，用 $\tan\dfrac{\alpha}{2}=\pm\sqrt{\dfrac{1-\cos\alpha}{1+\cos\alpha}}$来处理，要由 α 所在的象限确定$\dfrac{\alpha}{2}$所在的象限，再用三角函数值的符号取舍根号前的双重符号；而用 $\tan\dfrac{\alpha}{2}=\dfrac{1-\cos\alpha}{\sin\alpha}$或 $\tan\dfrac{\alpha}{2}=\dfrac{\sin\alpha}{1+\cos\alpha}$来处理，可以避免这些问题，尤其是 $\tan\dfrac{\alpha}{2}=\dfrac{1-\cos\alpha}{\sin\alpha}$，分母是单项式，容易计算。因此常用 $\tan\dfrac{\alpha}{2}=\dfrac{1-\cos\alpha}{\sin\alpha}$求半角的正切值。

【跟踪练习 1】 设 $\pi<\theta<2\pi$，$\cos\dfrac{\theta}{2}=-\dfrac{3}{5}$，求：

(1) $\sin\theta$ 的值；(2) $\cos\theta$ 的值；(3) $\sin^2\dfrac{\theta}{4}$ 的值。

【命题方向 2】 三角恒等式的证明

【典例 2】 求证 $\tan\dfrac{3x}{2}-\tan\dfrac{x}{2}=\dfrac{2\sin x}{\cos x+\cos 2x}$。

可以从左向右证明，从函数名称入手考虑，将函数名称统一为弦；也可以从右向左证明，从角入手考虑，注意到 $x=\dfrac{3x}{2}-\dfrac{x}{2}$，$2x=\dfrac{3x}{2}+\dfrac{x}{2}$，从消除等式两边角的差异入手考虑。

证明：证法一。$\tan\dfrac{3x}{2}-\tan\dfrac{x}{2}=\dfrac{\sin\dfrac{3x}{2}}{\cos\dfrac{3x}{2}}-\dfrac{\sin\dfrac{x}{2}}{\cos\dfrac{x}{2}}$

$$=\frac{\sin\dfrac{3x}{2}\cos\dfrac{x}{2}-\cos\dfrac{3x}{2}\sin\dfrac{x}{2}}{\cos\dfrac{3x}{2}\cos\dfrac{x}{2}}=\frac{\sin\left(\dfrac{3x}{2}-\dfrac{x}{2}\right)}{\cos\dfrac{3x}{2}\cos\dfrac{x}{2}}$$

$$=\frac{\sin x}{\cos\dfrac{3x}{2}\cos\dfrac{x}{2}}=\frac{2\sin x}{\cos\left(\dfrac{3x}{2}-\dfrac{x}{2}\right)+\cos\left(\dfrac{3x}{2}+\dfrac{x}{2}\right)}=\frac{2\sin x}{\cos x+\cos 2x}。$$

证法二。$\dfrac{2\sin x}{\cos x+\cos 2x}=\dfrac{2\sin\left(\dfrac{3x}{2}-\dfrac{x}{2}\right)}{\cos\left(\dfrac{3x}{2}-\dfrac{x}{2}\right)+\cos\left(\dfrac{3x}{2}+\dfrac{x}{2}\right)}$

$$=\frac{2\left(\sin\dfrac{3x}{2}\cos\dfrac{x}{2}-\cos\dfrac{3x}{2}\sin\dfrac{x}{2}\right)}{2\cos\dfrac{3x}{2}\cos\dfrac{x}{2}}=\frac{\sin\dfrac{3x}{2}}{\cos\dfrac{3x}{2}}-\frac{\sin\dfrac{x}{2}}{\cos\dfrac{x}{2}}=\tan\frac{3x}{2}-\tan\frac{x}{2}。$$

[**方法规律总结**] (1) 在恒等式的证明中，"化繁为简"是化简一个三角函数式的一般原则，由复杂的一边化到简单的一边，按照目标确定化简思路。如果两边都比较复杂，也可以采用左右归一的方法。

(2) 化简与证明的常用方法：

① "切"化"弦"；

② 积化和差，和差化积；

③ 平方降次；

④ 异角化同角，异次化同次，异名化同名。

【跟踪训练 2】 求证：$\dfrac{2\sin x\cos x}{(\sin x+\cos x-1)(\sin x-\cos x+1)}=\dfrac{1+\cos x}{\sin x}$。

【命题方向 3】 讨论三角函数的性质

【典例 3】 已知函数 $f(x)=\sin^2 x+a\sin x\cos x-\cos^2 x$，且 $f\left(\dfrac{\pi}{4}\right)=1$。

(1) 求常数 a 的值及 $f(x)$ 的最小值；

(2) 当 $x\in\left[0,\frac{\pi}{2}\right]$时,求 $f(x)$的单调增区间。

解析:(1) 利用 $f\left(\frac{\pi}{4}\right)=1$ 求得 a,再将函数 $f(x)$的解析式化为 $f(x)=A\sin(\omega x+\varphi)$的形式后求出最小值;(2)利用(1)求出函数 $f(x)$在 **R** 上的单调增区间,再与$\left[0,\frac{\pi}{2}\right]$取交集。

解:(1) 因为 $f\left(\frac{\pi}{4}\right)=1$,所以 $\sin^2\frac{\pi}{4}+a\sin\frac{\pi}{4}\cos\frac{\pi}{4}-\cos^2\frac{\pi}{4}=1$,解得 $a=2$。

所以 $f(x)=\sin^2 x+2\sin x\cos x-\cos^2 x=\sin 2x-\cos 2x=\sqrt{2}\sin\left(2x-\frac{\pi}{4}\right)$。

当 $2x-\frac{\pi}{4}=2k\pi-\frac{\pi}{2}(k\in\mathbf{Z})$,即 $x=k\pi-\frac{\pi}{8}(k\in\mathbf{Z})$时,$\sin\left(2x-\frac{\pi}{4}\right)$有最小值$-1$,则 $f(x)$的最小值为$-\sqrt{2}$。

(2) 令 $2k\pi-\frac{\pi}{2}\leqslant 2x-\frac{\pi}{4}\leqslant 2k\pi+\frac{\pi}{2}(k\in\mathbf{Z})$,整理得 $k\pi-\frac{\pi}{8}\leqslant x\leqslant k\pi+\frac{3\pi}{8}(k\in\mathbf{Z})$。

又 $x\in\left[0,\frac{\pi}{2}\right]$,则 $0\leqslant x\leqslant\frac{3\pi}{8}$。

所以 $f(x)$的单调增区间是$\left[0,\frac{3\pi}{8}\right]$。

[方法规律总结] 解答此类综合题的关键是利用三角函数的和、差、倍角、半角公式化成 $f(x)=A\sin(\omega x+\varphi)$的形式,然后借助于三角函数的图像及性质去研究 $f(x)$的相应性质,解答过程中一定要注意公式的合理应用,以免错用公式,导致化简失误。

【跟踪训练 3】 已知函数 $f(x)=\cos^4 x-2\sin x\cos x-\sin^4 x$。

(1) 求 $f(x)$的最小正周期;

(2) 若 $x\in\left[0,\frac{\pi}{2}\right]$,求 $f(x)$的最大、最小值。

三、课堂练习

1. 设 $5\pi<\theta<6\pi$,$\cos\frac{\theta}{2}=a$,那么 $\sin\frac{\theta}{4}$等于(　　)。

A. $-\frac{\sqrt{1+a}}{2}$　　B. $-\frac{\sqrt{1-a}}{2}$　　C. $-\sqrt{\frac{1+a}{2}}$　　D. $-\sqrt{\frac{1-a}{2}}$

2. 设$-3\pi<\alpha<-\frac{5\pi}{2}$,则化简$\sqrt{\frac{1-\cos(\alpha-\pi)}{2}}$的结果是(　　)。

A. $\sin\frac{\alpha}{2}$　　B. $\cos\frac{\alpha}{2}$　　C. $-\cos\frac{\alpha}{2}$　　D. $-\sin\frac{\alpha}{2}$

3. 设 $a=\frac{1}{2}\cos 6°-\frac{\sqrt{3}}{2}\sin 6°$,$b=2\sin 13°\cos 13°$,$c=\sqrt{\frac{1-\cos 50°}{2}}$,则有(　　)。

A. $c<b<a$　　B. $a<b<c$　　C. $a<c<b$　　D. $b<c<a$

4. 已知 $\tan\left(\alpha+\frac{\pi}{4}\right)=2$,则$\frac{\sin 2\alpha-\cos^2\alpha}{1+\cos 2\alpha}$的值为(　　)。

A. $-\frac{1}{6}$　　B. $\frac{1}{6}$　　C. $\frac{5}{2}$　　D. $-\frac{5}{6}$

5. 函数 $y=\cos^2\left(x+\frac{\pi}{4}\right)-\sin^2\left(x+\frac{\pi}{4}\right)$是（　　）。

A. 周期为 π 的奇函数　　B. 周期为 π 的偶函数

C. 周期为 2π 的奇函数　　D. 周期为 2π 的偶函数

6. 函数 $f(x)=\sin x+\cos x$ 的最大值是（　　）。

A. $\frac{1}{2}$　　B. $\sqrt{2}$　　C. $\frac{\sqrt{2}}{2}$　　D. 2

必修四篇

第 10 章　解 三 角 形

10.1　正弦定理(一)

【学习目标】

1. 通过对任意三角形边长和角度关系的探索,掌握正弦定理的内容及其证明方法。

2. 能运用正弦定理与三角形内角和定理解决简单的解三角形问题。

一、阅读提纲

【疑点识记】

1. 在△ABC 中,$A+B+C=$______,$\frac{A}{2}+\frac{B}{2}+\frac{C}{2}=$______。

2. 在 Rt△ABC 中,$C=\frac{\pi}{2}$,则$\frac{a}{c}=$______,$\frac{b}{c}=$______。

3. 一般地,把三角形的三个角 A,B,C 和它们的对边 a,b,c 叫作三角形的______,已知三角形的几个元素求其他元素的过程叫作__________。

4. 正弦定理:在一个三角形中,各边和它所对角的正弦的比相等,即__________,这个比值是__________。

5. $S_{\triangle ABC}=\frac{1}{2}bc\sin A=$__________$=$__________。

【问题探究】

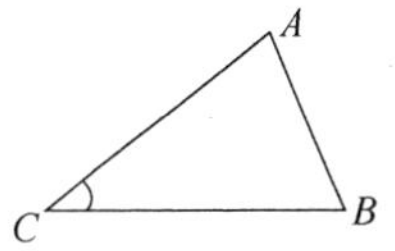

如右图所示,固定△ABC 的边 CB 及∠B,使边 AC 绕着顶点 C 转动。∠C 的大小与它的对边 AB 的长度之间有怎样的数量关系?能否用一个等式把这种关系精确地表示出来?这就是本节我们要一起研究的问题。

问题 1:　在初中,我们已学过直角三角形,那么在直角三角形中,你能探究出角与边的等式关系吗?

问题 2:在锐角△ABC 中,以上关系式是否仍然成立?

问题 3:在钝角△ABC 中,以上关系式是否仍然成立?(不妨设∠A 为钝角)

小结:

由上面的探究过程,可得正弦定理:对于任意三角形,均有$\frac{a}{\sin A}=\frac{b}{\sin B}=\frac{c}{\sin C}$。

问题 4:上述正弦定理$\frac{a}{\sin A}=\frac{b}{\sin B}=\frac{c}{\sin C}$中,比值是否有明显几何意义?

二、核心突破

【命题方向 1】 已知两角和一边解三角形

【典例 1】 在$\triangle ABC$中,已知$A=60^\circ$,$B=45^\circ$,$c=2$,解三角形。

解:在$\triangle ABC$中,$C=180^\circ-(A+B)=180^\circ-(60^\circ+45^\circ)=75^\circ$。

$\sin 75^\circ=\sin(45^\circ+30^\circ)=\sin 45^\circ\cos 30^\circ+\cos 45^\circ\sin 30^\circ=\frac{\sqrt{2}}{2}\times\frac{\sqrt{3}}{2}+\frac{\sqrt{2}}{2}\times\frac{1}{2}=\frac{\sqrt{2}(\sqrt{3}+1)}{4}$。

根据正弦定理,得$a=\frac{c\sin A}{\sin C}=\frac{2\sin 60^\circ}{\sin 75^\circ}=\frac{2\times\frac{\sqrt{3}}{2}}{\frac{\sqrt{2}(\sqrt{3}+1)}{4}}=\sqrt{6}(\sqrt{3}-1)$,

$b=\frac{c\sin B}{\sin C}=\frac{2\sin 45^\circ}{\sin 75^\circ}=\frac{2\times\frac{\sqrt{2}}{2}}{\frac{\sqrt{2}(\sqrt{3}+1)}{4}}=2(\sqrt{3}-1)$。

[方法规律总结] 已知任意两角和一边,解三角形的步骤:

(1) 求角。根据三角形内角和定理求出第三个角。

(2) 求边。根据正弦定理,求另外的两边。

已知内角不是特殊角时,往往先求出其正弦值,再根据以上步骤求解。

【跟踪练习 1】 在$\triangle ABC$中,$AB=\sqrt{6}$,$\angle A=75^\circ$,$\angle B=45^\circ$,则$AC=$__________。

【命题方向 2】 已知两边和一角解三角形

【典例 2】 已知在$\triangle ABC$中,$a=2\sqrt{3}$,$b=6$,$A=30^\circ$,解这个三角形。

解:因为A为锐角,$b\sin A=6\sin 30^\circ=3<a<b$,所以本题有两解。

因为$\sin B=\frac{b\sin A}{a}=\frac{\sqrt{3}}{2}$,

所以$B=60^\circ$或120°。

当$B=60^\circ$时,$C=90^\circ$,$c=\frac{a\sin C}{\sin A}=\frac{2\sqrt{3}\sin 90^\circ}{\sin 30^\circ}=4\sqrt{3}$;

当$B=120^\circ$时,$C=30^\circ$,$c=\frac{a\sin C}{\sin A}=\frac{2\sqrt{3}\sin 30^\circ}{\sin 30^\circ}=2\sqrt{3}$。

综上,$B=60^\circ$,$C=90^\circ$,$c=4\sqrt{3}$或$B=120^\circ$,$C=30^\circ$,$c=2\sqrt{3}$。

[方法规律总结] 已知三角形两边及一边对角解三角形时利用正弦定理求解,但要注意判定解的情况。基本步骤是:

(1) 求正弦。根据正弦定理求另外一边所对角的正弦值,判断解的情况。

(2) 求角。先根据正弦值求角,再根据内角和定理求第三角。

(3) 求边。根据正弦定理求第三条边的长度。

【跟踪训练 2】 已知$\triangle ABC$中,$a=4$,$b=4\sqrt{3}$,$\angle A=30^\circ$,则$\angle B$等于(　　)。

A. 30°　　B. 30°或150°　　C. 60°　　D. 60°或120°

【命题方向 3】　运用正弦定理求三角形面积

【典例 3】　已知在△ABC 中，$c=2\sqrt{2}$，$a>b$，$C=\frac{\pi}{4}$，$\tan A\cdot\tan B=6$，试求三角形的面积。

解：因为 $C=\frac{\pi}{4}$，所以 $A+B=\frac{3\pi}{4}$。

又因为 $\tan A\cdot\tan B=6$，

所以 $\tan A+\tan B=\tan(A+B)\cdot(1-\tan A\cdot\tan B)=-\tan C\cdot(1-6)=-\tan\frac{\pi}{4}\times(-5)=5$。

因此 $\tan A>0$，$\tan B>0$，即 A，B 皆为锐角，且 $a>b$，则 $\tan A>\tan B$，得出 $\tan A=3$，$\tan B=2$。

所以 $\sin A=\frac{3\sqrt{10}}{10}$，$\sin B=\frac{2\sqrt{5}}{5}$。

由正弦定理，得 $a=\frac{c\sin A}{\sin C}=\frac{2\sqrt{2}\times\frac{3\sqrt{10}}{10}}{\frac{\sqrt{2}}{2}}=\frac{6\sqrt{10}}{5}$，$b=\frac{c\sin B}{\sin C}=\frac{2\sqrt{2}\times\frac{2\sqrt{5}}{5}}{\frac{\sqrt{2}}{2}}=\frac{8\sqrt{5}}{5}$。

所以 $S_{\triangle ABC}=\frac{1}{2}ab\sin C=\frac{1}{2}\times\frac{6\sqrt{10}}{5}\times\frac{8\sqrt{5}}{5}\times\frac{\sqrt{2}}{2}=\frac{24}{5}$。

[方法规律总结]　常用的三角形的面积公式有：(1) $S_{\triangle ABC}=\frac{1}{2}\times$底$\times$高；(2) $S_{\triangle ABC}=\frac{1}{2}ab\sin C=\frac{1}{2}ac\sin B=\frac{1}{2}bc\sin A$。要熟练掌握。

【跟踪训练 3】　在△ABC 中，$B=30^\circ$，$AB=2\sqrt{3}$，$AC=2$，求△ABC 的面积。

三、课堂练习

1. 在△ABC 中，$a=15$，$b=10$，$\angle A=60^\circ$，则 $\cos B$ 等于(　　)。

A. $-\frac{2\sqrt{2}}{3}$　　B. $\frac{2\sqrt{2}}{3}$　　C. $-\frac{\sqrt{6}}{3}$　　D. $\frac{\sqrt{6}}{3}$

2. 在△ABC 中，$b=8$，$c=8\sqrt{3}$，$S_{\triangle ABC}=16\sqrt{3}$，则 A 等于(　　)。

A. 30°　　B. 60°　　C. 30°或 150°　　D. 60°或 120°

3. 在△ABC 中，$a=b\sin A$，则△ABC 一定是(　　)。

A. 锐角三角形　　B. 直角三角形

C. 钝角三角形　　D. 等腰三角形

4. △ABC 的三个内角 A，B，C 所对的边分别为 a，b，c，$a\sin A\sin B+b\cos^2 A=\sqrt{2}a$，则 $\frac{b}{a}=$(　　)。

A. $2\sqrt{3}$　　B. $2\sqrt{2}$　　C. $\sqrt{3}$　　D. $\sqrt{2}$

5. 在△ABC 中，角 A，B，C 的对边分别为 a，b，c，$B=\frac{\pi}{3}$，$\cos A=\frac{4}{5}$，$b=\sqrt{3}$。

(1) 求 $\sin C$ 的值；

(2) 求△ABC 的面积。

10.2 正弦定理(二)

【学习目标】

1. 熟记并能应用正弦定理的有关变形公式解决三角形中的问题。

2. 能根据条件,判断三角形解的个数。

3. 能利用正弦定理、三角变换解决较为复杂的三角形问题。

一、阅读提纲

【疑点识记】

1. 正弦定理的常见变形。

(1) $\sin A:\sin B:\sin C=$____________________;

(2) $\dfrac{a}{\sin A}=\dfrac{b}{\sin B}=\dfrac{c}{\sin C}=\dfrac{a+b+c}{\sin A+\sin B+\sin C}=$____________;

(3) $a=$________________,$b=$________________,$c=$________________;

(4) $\sin A=$________,$\sin B=$________,$\sin C=$________。

2. 自行复习三角恒等变换公式(和差角三角函数、二倍角公式、降幂公式)。

【问题探究】

问题1:在$\triangle ABC$中,若$A>B$,一定有$\sin A>\sin B$吗?反证若$\sin A>\sin B$,是否也一定有$A>B$?

问题2:已知a,b和A,用正弦定理求B时的各种情况以列表方式写出。

小结:

三角形中已知两边及其中一边的对角,则三角形解的情况不唯一或可能无解,此时可结合正弦定理判断或尺规作图判断;判断三角形中内角大小,可利用边的大小或者利用其正弦值的大小来判断。

二、核心突破

【命题方向1】 判断三角形解的个数

【典例1】 在$\triangle ABC$中,已知$a=x$,$b=2$,$B=45°$,如果三角形有两解,则x的取值范围是( )。

A. $2<x<2\sqrt{2}$　　B. $x<2\sqrt{2}$　　C. $\sqrt{2}<x<2$　　D. $0<x<2$

解析:由余弦定理得$4=x^2+c^2-\sqrt{2}cx$,即$c^2-\sqrt{2}cx+x^2-4=0$,故由题设$2x^2-4(x^2-4)>0$且$x^2-4>0$,解之得$2<x<2\sqrt{2}$。

答案:A。

【跟踪训练1】 由下列条件解$\triangle ABC$,其中有两解的是( )。

A. $b=20$,$A=45°$,$c=80°$　　B. $a=30$,$c=28$,$B=60°$

C. $a=14$,$c=16$,$A=45°$　　D. $a=4\sqrt{3}$,$b=4\sqrt{2}$,$A=60°$

[方法规律总结] 已知两边和其中一边的对角判断三角形解的个数时,要利用尺规作图并结合解直角三角形知识求解。

【命题方向 2】 判断三角形形状

【典例 2】 在$\triangle ABC$中，已知$\frac{a^2\sin B}{\cos B}=\frac{b^2\sin A}{\cos A}$，试判断$\triangle ABC$的形状。

解：因为$\frac{a^2\sin B}{\cos B}=\frac{b^2\sin A}{\cos A}$，$a=2R\sin A$，$b=2R\sin B$，所以$\frac{4R^2\sin^2 A\sin B}{\cos B}=\frac{4R^2\sin^2 B\sin A}{\cos A}$。

又因为$\sin A\sin B\neq 0$，所以$\sin A\cos A=\sin B\cos B$，即$\sin 2A=\sin 2B$。

所以$2A=2B$，或$2A+2B=\pi$。即$A=B$，或$A+B=\frac{\pi}{2}$。

故$\triangle ABC$是等腰三角形或直角三角形。

[**方法规律总结**] 利用正弦定理判断三角形形状的方法：

(1) 化边为角。将题目中的所有条件，利用正弦定理化边为角，再根据三角函数的有关知识得到三个内角的关系，进而确定三角形的形状。

(2) 化角为边。根据题目中的所有条件，利用正弦定理化角为边，再利用代数恒等变换得到边的关系(如$a=b$，$a^2+b^2=c^2$)，进而确定三角形的形状。

【跟踪训练 2】 在$\triangle ABC$中，$\angle A$，$\angle B$，$\angle C$所对的边长分别是a，b，c，若$\sin C+\sin(B-A)=\sin 2A$，则$\triangle ABC$的形状为(　　)。

A. 等腰三角形　　　　B. 直角三角形

C. 等腰直角三角形　　　　D. 等腰三角形或直角三角形

【命题方向 3】 利用正弦定理求最值或范围

【典例 3】 在锐角$\triangle ABC$中，角A，B，C分别对应边a，b，c，且$a=2b\sin A$，求$\cos A+\sin C$的取值范围。

解：设R为$\triangle ABC$外接圆的半径。

因为$a=2b\sin A$，所以$2R\sin A=4R\sin B\sin A$，所以$\sin B=\frac{1}{2}$。

因为B为锐角，所以$B=\frac{\pi}{6}$。

令$y=\cos A+\sin C=\cos A+\sin[\pi-(B+A)]$

$=\cos A+\sin\left(\frac{\pi}{6}+A\right)$

$=\cos A+\sin\frac{\pi}{6}\cos A+\cos\frac{\pi}{6}\sin A$

$=\frac{3}{2}\cos A+\frac{\sqrt{3}}{2}\sin A=\sqrt{3}\sin\left(A+\frac{\pi}{3}\right)$。

由锐角$\triangle ABC$知，$\frac{\pi}{2}-B<A<\frac{\pi}{2}$，所以$\frac{\pi}{3}<A<\frac{\pi}{2}$。

因为$\frac{2\pi}{3}<A+\frac{\pi}{3}<\frac{5\pi}{6}$，所以$\frac{1}{2}<\sin\left(A+\frac{\pi}{3}\right)<\frac{\sqrt{3}}{2}$，$\frac{\sqrt{3}}{2}<\sqrt{3}\sin\left(A+\frac{\pi}{3}\right)<\frac{3}{2}$，即$\frac{\sqrt{3}}{2}<y<\frac{3}{2}$。

所以$\cos A+\sin C$的取值范围是$\left(\frac{\sqrt{3}}{2},\frac{3}{2}\right)$。

【方法规律总结】 在三角形中解决三角函数的取值范围或最值问题的方法：

(1) 利用正弦定理理清三角形中基本量间的关系或求出某些量。

(2) 将要求最值或取值范围的量表示成某一变量的函数(三角函数)，从而转化为函数的值域或最值的问题。

【跟踪训练3】 在△ABC中,若$C=2B$,求$\frac{c}{b}$的取值范围。

【命题方向4】 正弦定理与三角变换的综合

【典例4】 已知△ABC的三个内角A、B、C的对边分别为a、b、c,若$a+c=2b$,且$2\cos 2B-8\cos B+5=0$,求角B的大小并判断△ABC的形状。

解:因为$2\cos 2B-8\cos B+5=0$,所以$2(2\cos^2 B-1)-8\cos B+5=0$,$4\cos^2 B-8\cos B+3=0$,即$(2\cos B-1)(2\cos B-3)=0$。

解得$\cos B=\frac{1}{2}$或$\cos B=\frac{3}{2}$(舍去)。

因为$0<B<\pi$,所以$B=\frac{\pi}{3}$。

又因为$a+c=2b$,

由正弦定理得$\sin A+\sin C=2\sin B=2\sin\frac{\pi}{3}=\sqrt{3}$。

所以$\sin A+\sin\left(\frac{2\pi}{3}-A\right)=\sqrt{3}$,所以$\sin A+\sin\frac{2\pi}{3}\cos A-\cos\frac{2\pi}{3}\sin A=\sqrt{3}$,化简得$\frac{3}{2}\sin A+\frac{\sqrt{3}}{2}\cos A=\sqrt{3}$,即$\sin\left(A+\frac{\pi}{6}\right)=1$。

因为$0<A<\pi$,所以$A+\frac{\pi}{6}=\frac{\pi}{2}$,$A=\frac{\pi}{3}$,$C=\frac{\pi}{3}$。

因此△ABC是等边三角形。

【方法规律总结】 借助正弦定理可以实现三角形中边角关系的互化,在转化为角的关系后,常常利用三角变换公式进行化简,从而进行三角形形状的判断、三角恒等式的证明。

【跟踪训练4】 △ABC中,角A,B,C所对的边分别为a,b,c。已知$\cos B=\frac{\sqrt{3}}{3}$,$\sin(A+B)=\frac{\sqrt{6}}{9}$,$ac=2\sqrt{3}$,求$\sin A$和$c$的值。

三、课堂练习

1. 在△ABC中,角A,B,C所对的边长分别为a,b,c,且满足$c\sin A=\sqrt{3}a\cos C$,则$\sin A+\sin B$的最大值是(　　)。

A. 1　　B. $\sqrt{2}$　　C. 3　　D. $\sqrt{3}$

2. 设△ABC的内角A,B,C所对的边分别为a,b,c,若$b\cos C+c\cos B=a\sin A$,则△ABC的形状为(　　)。

A. 锐角三角形　　B. 直角三角形　　C. 钝角三角形　　D. 不确定

3. △ABC中,$b=30$,$c=15$,$C=26°$,则此三角形解的情况是(　　)。

A. 一解　　B. 两解　　C. 无解　　D. 无法确定

4. 在△ABC中,若$a=3$,$\cos A=\frac{1}{2}$,则△ABC外接圆的半径为(　　)。

A. 6　　B. $2\sqrt{3}$　　C. 3　　D. $\sqrt{3}$

5. 在$\triangle ABC$中，$B=60°$，最大边与最小边之比为$(\sqrt{3}+1):2$，则最大角为(　　)。

A. 45°　　B. 60°　　C. 75°　　D. 90°

10.3　余弦定理(一)

【学习目标】

1. 理解余弦定理的证明。
2. 初步运用余弦定理及其变形形式解三角形。

一、阅读提纲

【疑点识记】

1. 余弦定理

三角形任何一边的________等于其他两边的________减去这两边与它们的________的余弦的积的________。

即$a^2=b^2+c^2-2bc\cos A$，$b^2=$__________，$c^2=$__________。

2. 余弦定理的变形

$\cos A=$__________；$\cos B=$__________；$\cos C=$__________。

3. 在$\triangle ABC$中，

(1) 若$a^2+b^2-c^2=0$，则$C=$______；

(2) 若$c^2=a^2+b^2-ab$，则$C=$______；

(3) 若$c^2=a^2+b^2+\sqrt{2}ab$，则$C=$______。

【问题探究】

在$\mathrm{Rt}\triangle ABC$中，若$C=90°$有：$c^2=a^2+b^2$，在斜三角形中一边的平方与其余两边平方和及其夹角还有什么关系呢？本节我们就来一起研究这个问题。

问题 1：如下图所示，在$\triangle ABC$中，已知$a=3$，$b=4$，及角C，如何分别求出c边的长？

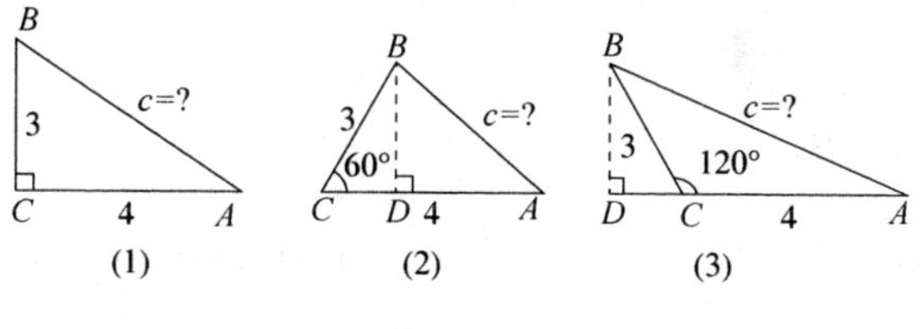

问题 2：如图，在$\triangle ABC$中，已知a，b，及角C，如何求c边的长(即用a，b表示c)。

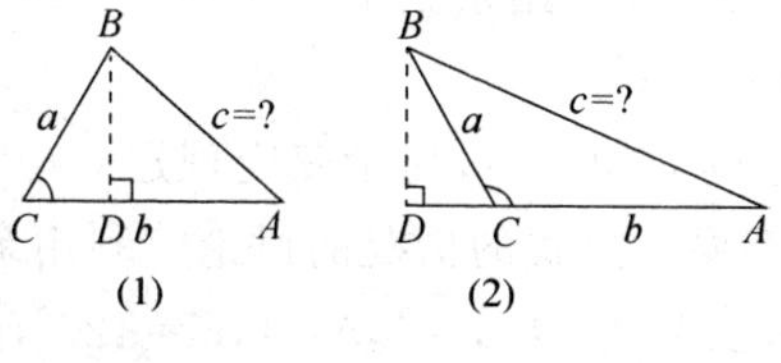

小结：

三角形任何一边的平方等于其他两边的平方和减去这两边与它们的夹角的余弦的积的

两倍。即 $a^2=b^2+c^2-2bc\cos A$，$b^2=c^2+a^2-2ac\cos B$，$c^2=a^2+b^2-2ab\cos C$。

问题3：如右图所示，$\triangle ABC$，角 A、B、C 所对的边为 a、b、c，设 $\overrightarrow{CB}=\boldsymbol{a}$，$\overrightarrow{CA}=\boldsymbol{b}$，$\overrightarrow{AB}=\boldsymbol{c}$，由 $\overrightarrow{AB}=\overrightarrow{CB}-\overrightarrow{CA}$ 知 $\boldsymbol{c}=\boldsymbol{a}-\boldsymbol{b}$，那么，如何用 a，b 和角 C 表示出边 c 呢？

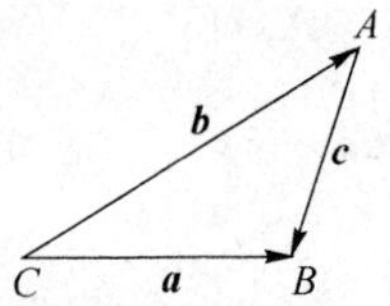

问题4：我们可以把三角形放在平面直角坐标系中来研究，写出各个顶点的坐标，你能否利用平面内两点间的距离公式来推导余弦定理？

二、核心突破

【命题方向1】 已知两边和夹角解三角形

【典例1】 在 $\triangle ABC$ 中，已知 $a=\sqrt{3}$，$b=\sqrt{2}$，$B=45°$，解三角形。

解析： 由余弦定理，得 $b^2=a^2+c^2-2ac\cos B$，

则 $2=3+c^2-2\sqrt{3}\times\frac{\sqrt{2}}{2}\times c$，即 $c^2-\sqrt{6}c+1=0$，

解得 $c=\frac{\sqrt{6}+\sqrt{2}}{2}$，或 $c=\frac{\sqrt{6}-\sqrt{2}}{2}$。

当 $c=\frac{\sqrt{6}+\sqrt{2}}{2}$ 时，由余弦定理得

$$\cos A=\frac{b^2+c^2-a^2}{2bc}=\frac{2+\left(\frac{\sqrt{6}+\sqrt{2}}{2}\right)^2-3}{2\times\sqrt{2}\times\frac{\sqrt{6}+\sqrt{2}}{2}}=\frac{1}{2}。$$

因为 $0°<A<180°$，所以 $A=60°$。

所以 $C=180°-(A+B)=180°-(60°+45°)=75°$。当 $c=\frac{\sqrt{6}-\sqrt{2}}{2}$ 时，由余弦定理得

$$\cos A=\frac{b^2+c^2-a^2}{2bc}=\frac{2+\left(\frac{\sqrt{6}-\sqrt{2}}{2}\right)^2-3}{2\times\sqrt{2}\times\frac{\sqrt{6}-\sqrt{2}}{2}}=-\frac{1}{2}。$$

因为 $0°<A<180°$，所以 $A=120°$，

所以 $C=180°-(A+B)=180°-(120°+45°)=15°$。

故 $c=\frac{\sqrt{6}+\sqrt{2}}{2}$ 时，$A=60°$，$C=75°$；$c=\frac{\sqrt{6}-\sqrt{2}}{2}$ 时，$A=120°$，$C=15°$。

[方法规律总结] 已知两边及一角解三角形的方法：

(1) 当已知两边及它们的夹角时，用余弦定理求解出第三边，再用正弦定理和三角形内角和定理求解另外两角，只有一解；

(2) 当已知两边及其一边的对角时，可用余弦定理建立一元二次方程，解方程求出第三边，也可用正弦定理求解，但都要注意解的情况的讨论。利用余弦定理求解相对简便。

【跟踪练习1】 (1) 已知 $\triangle ABC$ 中，$a=1$，$b=1$，$C=120°$，则边 $c=$________。

(2) 在 $\triangle ABC$ 中，若 $AB=\sqrt{5}$，$AC=5$，且 $\cos C=\frac{9}{10}$，则 $BC=$________。

【命题方向 2】　已知三边解三角形

【典例 2】　在△ABC 中，已知 $a=2\sqrt{6}$，$b=6+2\sqrt{3}$，$c=4\sqrt{3}$，求角 A，B，C。

解：在△ABC 中，由余弦定理的推论得，

$$\cos C=\frac{a^2+b^2-c^2}{2ab}=\frac{(2\sqrt{6})^2+(6+2\sqrt{3})^2-(4\sqrt{3})^2}{2\times 2\sqrt{6}\times(6+2\sqrt{3})}=\frac{24\ (\sqrt{3}+1)}{24\sqrt{2}(\sqrt{3}+1)}=\frac{\sqrt{2}}{2}。$$

所以 $C=45^\circ$，$\sin C=\frac{\sqrt{2}}{2}$。由正弦定理得，$\sin A=\frac{a\sin C}{c}=\frac{2\sqrt{6}\times\frac{\sqrt{2}}{2}}{4\sqrt{3}}=\frac{1}{2}$。

因为 $a<c$，所以 $A<C$，所以 $A=30^\circ$。

所以 $B=180^\circ-(A+C)=180^\circ-(30^\circ+45^\circ)=105^\circ$。

[**方法规律总结**]　已知三边解三角形的方法：

(1) 先利用余弦定理求出一个角的余弦，从而求出第一个角。再利用余弦定理或由求得的第一个角，利用正弦定理求出第二个角。最后利用三角形的内角和定理求出第三个角。

(2) 利用余弦定理求三角的余弦，进而求得三个角。

【跟踪训练 2】　在△ABC 中，$a=3$，$b=4$，$c=\sqrt{37}$，求最大角。

【命题方向 3】　判断三角形形状

【典例 3】　在△ABC 中，若 $b^2\sin^2 C+c^2\sin^2 B=2bc\cos B\cos C$，试判断△$ABC$ 的形状。

解：解法一。因为 $b^2\sin^2 C+c^2\sin^2 B=2bc\cos B\cos C$，

所以利用正弦定理可得

$\sin^2 B\sin^2 C+\sin^2 C\sin^2 B=2\sin B\cdot\sin C\cdot\cos B\cdot\cos C$，

因为 $\sin B\sin C\neq 0$，所以 $\sin B\cdot\sin C=\cos B\cos C$，

所以 $\cos(B+C)=0$，所以 $\cos A=0$。

因为 $0<A<\pi$，所以 $A=\frac{\pi}{2}$，因此△ABC 为直角三角形。

解法二。已知等式可化为

$b^2-b^2\cos^2 C+c^2-c^2\cos^2 B=2bc\cos B\cos C$，

由余弦定理可得

$$b^2+c^2-b^2\cdot\left(\frac{a^2+b^2-c^2}{2ab}\right)^2-c^2\cdot\left(\frac{a^2+c^2-b^2}{2ac}\right)^2$$

$$=2bc\cdot\frac{a^2+b^2-c^2}{2ab}\cdot\frac{a^2+c^2-b^2}{2ac}。$$

所以 $b^2+c^2=a^2$，所以△ABC 为直角三角形。

[**方法规律总结**]　已知三角形的边或角的关系式解三角形或判断三角形的形状，可先观察条件式的特点，再依据此特点选取变形方法，当等式两端各项都含有边时常用正弦定理变形；当等式两边含有角的正弦的同次幂时，常用正弦定理变形；当含有边的积式及边的平方和与差的形式时，常考虑用余弦定理变形，可以化边为角，通过三角变换求解，也可以化角为边，通过因式分解、配方等方法得出边的关系等。

【跟踪训练 3】　在△ABC 中，$a\cos A=b\cos B$，试确定△ABC 的形状。

三、课堂练习

1. 在$\triangle ABC$中，若$b^2=a^2+c^2+ac$，则B等于(　　)。

A. $60°$　　B. $45°$或$135°$　　C. $120°$　　D. $30°$

2. 在$\triangle ABC$中，已知$a=2$，则$b\cos C+c\cos B$等于(　　)。

A. 1　　B. $\sqrt{2}$　　C. 2　　D. 4

3. 如果等腰三角形的周长是底边长的5倍，那么它的顶角的余弦值为(　　)。

A. $\frac{5}{18}$　　B. $\frac{3}{4}$　　C. $\frac{\sqrt{3}}{2}$　　D. $\frac{7}{8}$

4. 在$\triangle ABC$中，若$(a^2+c^2-b^2)\tan B=\sqrt{3}ac$，则角$B$的值为(　　)。

A. $\frac{\pi}{6}$　　B. $\frac{\pi}{3}$　　C. $\frac{\pi}{6}$或$\frac{5\pi}{6}$　　D. $\frac{\pi}{3}$或$\frac{2\pi}{3}$

5. 在$\triangle ABC$中，$\sin^2\frac{A}{2}=\frac{c-b}{2c}$，则$\triangle ABC$的形状为(　　)。

A. 正三角形　　B. 直角三角形

C. 等腰直角三角形　　D. 等腰三角形

10.4　余弦定理(二)

【学习目标】

1. 熟练掌握余弦定理及其变形形式。
2. 会用余弦定理解三角形。
3. 能利用正、余弦定理解决三角形的有关问题。

一、阅读提纲

【疑点识记】

1. 正弦定理及其变形

(1) $\frac{a}{\sin A}=\frac{b}{\sin B}=\frac{c}{\sin C}=$______。

(2) $a=$__________，$b=$__________，$c=$__________。

2. 余弦定理及其推论

(1) $a^2=$__________，$b^2=$__________，$c^2=$__________。

(2) $\cos A=$__________；$\cos B=$__________；$\cos C=$__________。

(3) 在$\triangle ABC$中，$c^2=a^2+b^2\Leftrightarrow C$为________；$c^2>a^2+b^2\Leftrightarrow C$为________；$c^2<a^2+b^2\Leftrightarrow C$为________。

3. 三角变换公式

(1) $\cos(\alpha+\beta)=$__________；

(2) $\cos(\alpha-\beta)=$__________；

(3) $\cos 2\alpha=$________$=$________$=$________。

【问题探究】

问题 1:已知三角形的两边及其中一边的对角,解三角形的一般思路是什么?

问题 2:对于思考 1 中的这一类问题能否直接利用余弦定理来解三角形?

二、核心突破

【命题方向 1】 已知两边和其中一边的对角求第三边

【典例 1】 已知$\triangle ABC$中,$a=8$,$b=7$,$B=60°$,求 c。

由余弦定理 $b^2=a^2+c^2-2ac\cos B$,得 $7^2=8^2+c^2-2\times 8\times c\cos 60°$,整理得 $c^2-8c+15=0$,解得 $c=3$ 或 $c=5$。

[方法规律总结] 在三角形的 6 个元素中要已知三个(至少有一边)才能求解,已知一边和两角用正弦定理解;已知三边用余弦定理解;已知两边和夹角及已知两边和其中一边的对角解三角形时,正、余弦定理可能都要用到。

【跟踪练习 1】 在$\triangle ABC$中,角 A、B、C 所对的边分别为 a、b、c,若 $A=\frac{\pi}{3}$,$a=\sqrt{3}$,$b=1$,则 c 等于(　　)。

A. 1　　B. 2　　C. $\sqrt{3}-1$　　D. $\sqrt{3}$

【命题方向 2】 正弦定理和余弦定理的综合运用

【典例 2】 在$\triangle ABC$中,已知$(a+b+c)(b+c-a)=3bc$,且 $\sin A=2\sin B\cos C$,试判断$\triangle ABC$的形状。

解:由$(a+b+c)(b+c-a)=3bc$,

得 $b^2+2bc+c^2-a^2=3bc$,即 $a^2=b^2+c^2-bc$,

所以 $\cos A=\frac{b^2+c^2-a^2}{2bc}=\frac{bc}{2bc}=\frac{1}{2}$。

因为 $0<A<\pi$,

所以 $A=\frac{\pi}{3}$。

又因为 $\sin A=2\sin B\cos C$。

所以由正、余弦定理得 $a=2b\cdot\frac{a^2+b^2-c^2}{2ab}=\frac{a^2+b^2-c^2}{a}$,

得出 $b^2=c^2$,$b=c$。

所以$\triangle ABC$为等边三角形。

[方法规律总结] 题中边的大小没有明确给出,而是通过一个关系式来确定的,可以考虑利用正弦定理将边的关系转化为角的关系,也可以利用余弦定理将边、角关系转化为边的关系来判断。

【跟踪训练 2】 在$\triangle ABC$中,若 $B=60°$,$2b=a+c$,试判断$\triangle ABC$的形状。

三、课堂练习

1. 在$\triangle ABC$中,若 $2\cos B\sin A=\sin C$,则$\triangle ABC$的形状一定是(　　)。

A. 等腰直角三角形　　B. 直角三角形

C. 等腰三角形　　D. 等边三角形

2. 在$\triangle ABC$中，内角A,B,C所对的边分别为a,b,c。已知$\triangle ABC$的面积为$3\sqrt{15}$，$b-c=2,\cos A=-\frac{1}{4}$，则$a$的值为__________。

3. 在$\triangle ABC$中，$\angle ABC=\frac{\pi}{4},AB=\sqrt{2},BC=3$，则$\sin\angle BAC=$（　　）。

A. $\frac{\sqrt{10}}{10}$　　B. $\frac{\sqrt{10}}{5}$　　C. $\frac{3\sqrt{10}}{10}$　　D. $\frac{\sqrt{5}}{5}$

4. 设$2a+1,a,2a-1$为钝角三角形的三边，那么a的取值范围是______。

5. 在$\triangle ABC$中，若$\angle B=30°,AB=2\sqrt{3},AC=2$，则满足条件的三角形有几个？

第 11 章　数　　列

11.1　数列的概念与简单表示法(一)

【学习目标】

1. 理解数列及其有关概念。

2. 理解数列的通项公式,并会用通项公式写出数列的任意一项。

3. 对于比较简单的数列,会根据其前 n 项写出它的通项公式。

一、阅读提纲

【疑点识记】

1. 按照一定顺序排列的一列数称为______,数列中的每一个数叫作这个数列的______。数列中的每一项都和它的序号有关,排在第一位的数称为这个数列的第 1 项(通常也叫作______项),排在第二位的数称为这个数列的第 2 项,…,排在第 n 位的数称为这个数列的第______项。

2. 数列的一般形式可以写成 $a_1,a_2,\cdots,a_n,\cdots$,简记为______。

3. 项数有限的数列称______数列,项数无限的数列叫作______数列。

4. 如果数列 $\{a_n\}$ 的第 n 项与序号 n 之间的关系可以用一个式子来表示,那么这个式子叫作这个数列的________。

【问题探究】

问题 1:先看下面的几组例子。

(1) 全体自然数按从小到大排成一列数:

$0,1,2,3,4,\cdots$。

(2) 正整数 1,2,3,4,5 的倒数排成一列数:

$1,\frac{1}{2},\frac{1}{3},\frac{1}{4},\frac{1}{5}$。

(3) π 精确到 1,0.1,0.01,0.001,…的不足近似值排成一列数:

$3,3.1,3.14,3.141,\cdots$。

(4) 无穷多个 1 排成一列数:

$1,1,1,1,1,\cdots$。

(5) 当 n 分别取 1,2,3,4,5,…时,$(-1)^n$ 的值排成一列数:

$-1,1,-1,1,-1,\cdots$。

请你根据上面的例子尝试给数列下个定义。

问题 2:数列的记法和集合有些相似,那么数列与集合的区别在哪儿?

问题3:数列1,2,3,4,…的第100项是多少?你是如何猜的?

问题4:上例中的$a_n=n$当序号n取不同的值,就可得到不同的项,所以可以把$a_n=n$当作数列1,2,3,4,…的项的通用公式,这个公式就叫通项公式。你能把通项公式推广到一般数列吗?

问题5:数列的通项公式$a_n=f(n)$与函数解析式$y=f(x)$有什么异同?

问题6:数列是特殊的函数,类比函数单调性,数列是否也有单调性?数列怎样分类?

二、核心突破

【命题方向1】 已知数列前几项写出通项公式

【典例1】 写出下列数列的一个通项公式,使它的前四项为下列各数。

(1) $1\frac{1}{2},2\frac{2}{3},3\frac{3}{4},4\frac{4}{5},\cdots$;

(2) 11,102,1003,10004,…;

(3) 9,99,999,9999,…;

(4) $\frac{1}{2},2,\frac{9}{2},8,\frac{25}{2}$。

解析:(1) 这个数列各项的整数部分分别为1,2,3,4,…,恰好是序号n;分数部分分别为$\frac{1}{2}$,$\frac{2}{3},\frac{3}{4},\frac{4}{5},\cdots$,与序号$n$的关系是$\frac{n}{n+1}$,所以这个数列的一个通项公式是$a_n=n+\frac{n}{n+1}=\frac{n^2+2n}{n+1}$。

(2) 这个数列可以改写为10+1,100+2,1 000+3,10 000+4,…,所以这个数列的一个通项公式是$a_n=10^n+n$。

(3) 这个数列可以改写为10−1,100−1,1 000−1,10 000−1,…,所以这个数列的一个通项公式是$a_n=10^n-1$。

(4) 将每一项都统一写成分母为2的分数,即$\frac{1}{2},\frac{4}{2},\frac{9}{2},\frac{16}{2},\frac{25}{2},\cdots$,所以它的一个通项公式是$a_n=\frac{n^2}{2}$。

[方法规律总结] 要由数列的前几项写出数列的一个通项公式,只需观察分析数列中的项的构成规律,看哪些部分不随序号变化而变化,哪些部分随序号变化而变化,确定变化部分随序号变化的规律,继而将a_n表示为n的函数关系。

【跟踪练习1】 (1) 数列$\frac{1}{4},\frac{1}{2},\frac{3}{4},1,\frac{5}{4},\frac{3}{2},\cdots$的一个通项公式为__________。

(2) 数列$1,2\sqrt{2},3\sqrt{3},8,5\sqrt{5},6\sqrt{6},7\sqrt{7},\cdots$的一个通项公式为__________。

(3) 数列$1,-\frac{1}{2},\frac{1}{4},-\frac{1}{8},\frac{1}{16},\cdots$的一个通项公式为__________。

【命题方向2】 数列的通项公式的应用

【典例2】 已知数列$\{a_n\}$的通项公式为$a_n=3n^2-28n$。

(1) 写出数列的第4项和第6项;

(2) −49和68是该数列的项吗?若是,是第几项?若不是,请说明理由。

解析:(1) 因为$a_n=3n^2-28n$,所以$a_4=3\times4^2-28\times4=-64$,$a_6=3\times6^2-28\times6=-60$。

(2) 令 $3n^2-28n=-49$，即 $3n^2-28n+49=0$，所以 $n=7$ 或 $n=\frac{7}{3}$（舍）。

所以 -49 是该数列的第 7 项，即 $a_7=-49$。

令 $3n^2-28n=68$，即 $3n^2-28n-68=0$，所以 $n=-2$ 或 $n=\frac{34}{3}$。

因为 $-2\notin \mathbf{N}^*$，$\frac{34}{3}\notin \mathbf{N}^*$，所以 68 不是该数列的项。

[方法规律总结]　判断某数是否为数列中的项，只需将它代入通项公式中求 n 的值，若存在正整数 n，则说明该数是该数列中的项，否则就不是该数列中的项。

【跟踪训练 2】　已知数列的通项公式为 $a_n=\frac{4}{n^2+3n}$，试问 $\frac{1}{10}$ 和 $\frac{16}{27}$ 是不是它的项？如果是，是第几项？

三、课堂练习

1. 设 $a_n=\frac{1}{n+1}+\frac{1}{n+2}+\frac{1}{n+3}+\cdots+\frac{1}{2n}(n\in \mathbf{N}^*)$，那么 $a_{n+1}-a_n$ 等于（　　）。

A. $\frac{1}{2n+1}$　　B. $\frac{1}{2n+2}$　　C. $\frac{1}{2n+1}+\frac{1}{2n+2}$　　D. $\frac{1}{2n+1}-\frac{1}{2n+2}$

2. 已知数列 $\{a_n\}$ 的通项公式为 $a_n=\begin{cases}3n+1, & n \text{ 为正奇数} \\ 4n-1, & n \text{ 为正偶数}\end{cases}$。则它的前 4 项依次为__________。

3. 根据下列 5 个图形及相应点的个数的变化规律，试猜测第 n 个图中有多少个点。

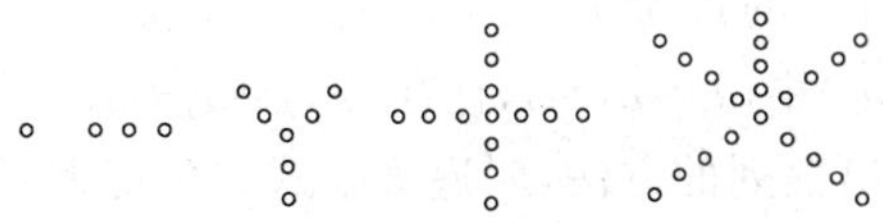

(1)　(2)　(3)　(4)　(5)

4. 对任意的 $a_1\in(0,1)$，由关系式 $a_{n+1}=f(a_n)$ 得到的数列满足 $a_{n+1}>a_n(n\in \mathbf{N}^*)$，则函数 $y=f(x)$ 的图像可能是（　　）。

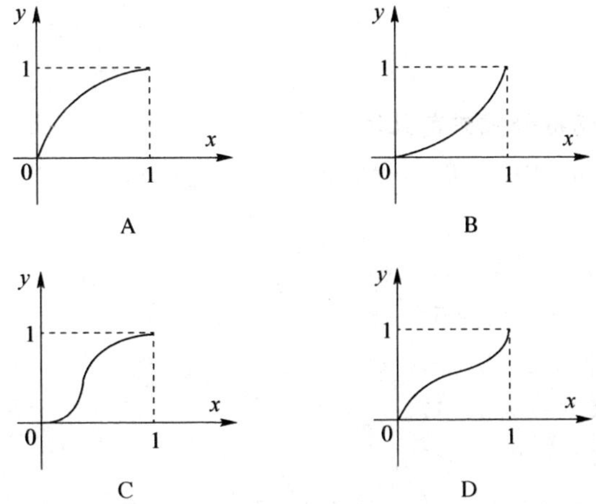

5. 若数列的前 4 项分别为 2,0,2,0,则这个数列的通项公式不可能是(　　)。

A. $a_n=1+(-1)^{n+1}$　　　　B. $a_n=1-\cos n\pi$

C. $a_n=2\sin^2\frac{n\pi}{2}$　　　　D. $a_n=1+(-1)^{n-1}+(n-1)(n-2)$

11.2　数列的概念与简单表示法(二)

【学习目标】

1. 理解数列的几种表示方法,能从函数的观点研究数列。

2. 理解递推公式的含义,能根据递推公式求出数列的前几项。

一、阅读提纲

【疑点识记】

1. 如果数列$\{a_n\}$的第 1 项或前几项已知,并且数列$\{a_n\}$的任一项a_n与它的前一项a_{n-1}(或前几项)间的关系可以用一个式子来表示,那么这个式子就叫作这个数列的________。

2. 数列可以看作是一个定义域为正整数集 $\mathbf{N}^*$(或它的有限子集$\{1,2,3,\cdots,n\}$)的函数,当自变量按照从小到大的顺序依次取值时,对应的一列__________。

3. 一般地,一个数列$\{a_n\}$,如果从第 2 项起,每一项都大于它的前一项,即________,那么这个数列叫作递增数列。如果从第 2 项起,每一项都小于它的前一项,即________,那么这个数列叫作递减数列。如果数列$\{a_n\}$的各项________,那么这个数列叫作常数列。

【问题探究】

问题 1:(1) 已知数列$\{a_n\}$的首项 $a_1=1$,且有 $a_n=3a_{n-1}+2(n>1)$,则 $a_4=$______。

(2) 已知数列$\{a_n\}$中,$a_1=a_2=1$,且有 $a_{n+2}=a_n+a_{n+1}(n\in\mathbf{N}^*)$,则 $a_4=$______。

问题 2:上例是一种给出数列的方法,叫递推公式。你能概括一下什么叫递推公式吗?

问题 3:我们已经知道通项公式和递推公式都能给出数列。那么通项公式和递推公式有什么不同?

问题 4:以数列 2,4,6,8,10,12,…为例,你能用几种方法表示这个数列?并归纳表示数列的方法?

二、核心突破

【命题方向 1】　由递推公式求前几项

【典例 1】　在数列$\{a_n\}$中,已知 $a_1=2,a_2=3,a_{n+2}=3a_{n+1}-2a_n(n\geqslant1)$,写出此数列的前 6 项。

解析:$a_1=2,a_2=3$,

$a_3=3a_2-2a_1=3\times3-2\times2=5$,

$a_4=3a_3-2a_2=3\times5-2\times3=9$,

$a_5=3a_4-2a_3=3\times9-2\times5=17$,

$a_6=3a_5-2a_4=3\times17-2\times9=33$。

[方法规律总结]　已知数列递推公式求数列通项时,依次将项数 n 的值代入即可。

【跟踪练习 1】 已知数列$\{a_n\}$中，$a_1=1,a_2=\frac{2}{3},\frac{1}{a_{n-2}}+\frac{1}{a_n}=\frac{2}{a_{n-1}}(n\in\mathbf{N}^*,n\geqslant3)$，求$a_3,a_4$。

【命题方向 2】 根据递推公式求通项公式

【典例 2】 设$\{a_n\}$是首项为 1 的正项数列，且$(n+1)a_{n+1}^2-na_n^2+a_{n+1}a_n=0(n\in\mathbf{N}^*)$，求通项公式$a_n$。

解析：把$(n+1)a_{n+1}^2-na_n^2+a_{n+1}a_n=0$分解因式，

得出$[(n+1)a_{n+1}-na_n](a_{n+1}+a_n)=0$。

因为$a_n>0$，所以$a_n+a_{n+1}>0$，

所以$(n+1)a_{n+1}-na_n=0$，得出$\frac{a_{n+1}}{a_n}=\frac{n}{n+1}$。

因此$a_n=a_1\cdot\frac{a_2}{a_1}\cdot\frac{a_3}{a_2}\cdot\frac{a_4}{a_3}\cdot\frac{a_5}{a_4}\cdot\cdots\cdot\frac{a_n}{a_{n-1}}=1\times\frac{1}{2}\times\frac{2}{3}\times\frac{3}{4}\times\frac{4}{5}\times\cdots\times\frac{n-1}{n}=\frac{1}{n}$。

[方法规律总结] 由递推关系式$a_n=f(n)a_{n-1}$求数列的通项公式时一般采用累乘法；由递推关系式$a_n-a_{n-1}=f(n)$求数列通项公式一般用累加法。

【跟踪训练 2】 已知数列$\{a_n\}$满足$a_1=-1,a_{n+1}=a_n+\frac{1}{n(n+1)},n\in\mathbf{N}^*$，则通项公式$a_n=$__________。

【命题方向 3】 数列的函数特征

【典例 3】 已知数列$\{a_n\}$的通项公式为$a_n=\frac{n^2}{n^2+1}$。求证：数列$\{a_n\}$为递增数列。

解析：因为$a_n=\frac{n^2}{n^2+1}=1-\frac{1}{n^2+1}$，

所以$a_{n+1}-a_n=\frac{1}{n^2+1}-\frac{1}{(n+1)^2+1}=\frac{[(n+1)^2+1]-(n^2+1)}{(n^2+1)[(n+1)^2+1]}=\frac{2n+1}{(n^2+1)[(n+1)^2+1]}$。

由$n\in\mathbf{N}^*$，得$a_{n+1}-a_n>0$，即$a_{n+1}>a_n$。

所以数列$\{a_n\}$为递增数列。

[方法规律总结] 数列是一种特殊的函数，因此可用函数单调性的方法来研究数列的单调性。

【跟踪训练 3】 已知数列$\{a_n\}$中，$a_1=1,a_2=2,a_{n+2}=a_{n+1}-a_n$，则$a_{2016}=$__________。

三、课堂练习

1. 数列 1,3,6,10,15,…的递推公式是（　　）。

A. $a_{n+1}=a_n+n,n\in\mathbf{N}^*$

B. $a_n=a_{n-1}+n,n\in\mathbf{N}^*,n\geqslant2$

C. $a_{n+1}=a_n+(n+1),n\in\mathbf{N}^*,n\geqslant2$

D. $a_n=a_{n-1}+(n-1),n\in\mathbf{N}^*,n\geqslant2$

2. 数列$\{a_n\}$中，$a_1=1$，对所有的$n\geqslant2$，都有$a_1\cdot a_2\cdot a_3\cdots a_n=n^2$，则：$a_3+a_5$等于（　　）。

A. $\frac{25}{9}$　　B. $\frac{25}{16}$　　C. $\frac{61}{16}$　　D. $\frac{31}{15}$

3. 已知数列$\{a_n\}$满足$a_{n+1}=\begin{cases}2a_n, & 0\leqslant a_n<\frac{1}{2}\\ 2a_n-1, & \frac{1}{2}\leqslant a_n<1\end{cases}$。若$a_1=\frac{6}{7}$,则$a_{2010}$的值为(　　)。

A. $\frac{6}{7}$　　B. $\frac{5}{7}$　　C. $\frac{3}{7}$　　D. $\frac{1}{7}$

4. 已知$a_n=\frac{n-\sqrt{98}}{n-\sqrt{99}}$,则这个数列的前30项中最大项和最小项分别是(　　)。

A. a_1,a_{30}　　B. a_1,a_9　　C. a_{10},a_9　　D. a_{10},a_{30}

5. 已知数列$\{a_n\}$满足:$a_n\leqslant a_{n+1}$,$a_n=n^2+\lambda n$,$n\in\mathbf{N}^*$,则实数λ的最小值是________。

11.3　等差数列(一)

【学习目标】

1. 理解等差数列的定义。

2. 会推导等差数列的通项公式,能运用等差数列的通项公式解决一些简单的问题。

3. 掌握等差中项的概念,深化认识并能运用。

一、阅读提纲

【疑点识记】

1. 如果一个数列从第2项起,每一项与它的前一项的差都等于同一个常数,那么这个数列就叫作________数列,这个常数叫作等差数列的________,公差通常用字母d表示。

2. 若三个数a,A,b构成等差数列,则A叫作a与b的________,并且$A=\frac{a+b}{2}$。

3. 若等差数列的首项为a_1,公差为d,则其通项$a_n=$________。

4. 等差数列$\{a_n\}$中,若公差$d>0$,则数列$\{a_n\}$为________数列;若公差$d<0$,则数列$\{a_n\}$为________数列。

【问题探究】

问题1:给出以下三个数列。

(1) 0,5,10,15,20。　　(2) 4,4,4,4,…。　　(3) 18,15.5,13,10.5,8,5.5。

它们有什么共同的特征?

问题2:你能从上面几个具体例子中抽象出一般等差数列的定义吗?

问题3:观察如下的两个数之间,插入一个什么数后三个数就会成为一个等差数列。

(1) 2,4;(2) -1,5;(3) a,b;(4) 0,0。

问题4:如果三个数x,A,y组成等差数列,那么A叫作x和y的等差中项,试用x,y表示A。

问题5:对于等差数列2,4,6,8,…,有$a_2-a_1=2$,即$a_2=a_1+2$;$a_3-a_2=2$,即

$a_3=a_2+d=a_1+2\times2$；$a_4-a_3=2$，即 $a_4=a_3+d=a_1+3\times2$。若一个等差数列$\{a_n\}$，首项是 a_1，公差为 d，你能用 a_1 和 d 表示 a_n 吗？

二、核心突破

【命题方向 1】　等差数列的判定和证明

【典例 1】　判断下列数列是否为等差数列。

(1) $a_n=3-2n$；　(2) $a_n=n^2-n$。

解析：(1) 因为 $a_{n+1}-a_n=[3-2(n+1)]-(3-2n)=-2$，是常数，

所以数列$\{a_n\}$是等差数列。

(2) 因为 $a_{n+1}-a_n=[(n+1)^2-(n+1)]-(n^2-n)=2n$，不是常数，

所以数列$\{a_n\}$不是等差数列。

[方法规律总结]　定义法是判定(或证明)数列$\{a_n\}$是等差数列的基本方法，其步骤为：

(1) 作差 $a_{n+1}-a_n$；

(2) 对差式进行变形；

(3) 当 $a_{n+1}-a_n$ 是一个与 n 无关的常数时，数列$\{a_n\}$是等差数列；当 $a_{n+1}-a_n$ 不是常数，是与 n 有关的代数式时，数列$\{a_n\}$不是等差数列。

【跟踪练习 1】　若$\frac{1}{b+c}$，$\frac{1}{a+c}$，$\frac{1}{a+b}$成等差数列，求证：a^2，b^2，c^2成等差数列。

【命题方向 2】　等差数列通项公式

【典例 2】　在等差数列$\{a_n\}$中：

(1) 已知 $a_5=-1$，$a_8=2$，求 a_1 与 d；

(2) 已知 $a_1+a_6=12$，$a_4=7$，求 a_9。

解：(1) 由题意知$\begin{cases}a_1+(5-1)d=-1\\a_1+(8-1)d=2\end{cases}$，解得$\begin{cases}a_1=-5\\d=1\end{cases}$。

(2) 由题意知

$\begin{cases}a_1+a_1+(6-1)d=12\\a_1+(4-1)d=7\end{cases}$，解得$\begin{cases}a_1=1\\d=2\end{cases}$。

所以 $a_9=a_1+(9-1)d=1+8\times2=17$。

[方法规律总结]　(1) 构成等差数列的基本量是 a_1 和 d，根据已知条件列出关于 a_1 和 d 的方程组，求出 a_1 和 d，进而求出通项公式 $a_n=a_1+(n-1)d$。

(2) 若已知等差数列中的任意两项 a_m，a_n，求通项公式或其它项时，应用 $a_n=a_m+(n-m)d$ 较简便。

【跟踪训练 2】　(1) 求等差数列 10，8，6，…的第 20 项。

(2) 100 是不是等差数列 2，9，16，…的项？如果是，是第几项？如果不是，说明理由。

【命题方向 3】　构造解题法

【典例 3】　已知数列$\{a_n\}$满足 $a_1=\frac{1}{2}$，$a_{n+1}=\frac{3a_n}{3-a_n}$，试探究$\{a_n\}$的通项公式。

解：将 $a_{n+1}=\frac{3a_n}{3-a_n}$变形为$\frac{1}{a_{n+1}}-\frac{1}{a_n}=-\frac{1}{3}$，

令 $b_n=\frac{1}{a_n}$，则 $b_{n+1}-b_n=-\frac{1}{3}$。

所以数列 $\{b_n\}$ 构成等差数列，首项 $b_1=\frac{1}{a_1}=2$，公差 $d=-\frac{1}{3}$。

因此 $b_n=b_1+(n-1)d=2-\frac{1}{3}(n-1)=\frac{7-n}{3}$，$a_n=\frac{3}{7-n}$。

[**方法规律总结**]　(1) 注意观察可以发现 $\frac{1}{a_{n+1}}-\frac{1}{a_n}=P$（$P$ 为常数）可变形为 $a_{n+1}=\frac{a_n}{Pa_{n+1}}$。因此形如 $a_{n+1}=\frac{ka_n}{ma_{n+k}}$ 的数列可转化为等差数列求解。

(2) 在本章的许多问题中，需用构造法，构造一个新数列，使新数列成等差（或等比）数列，从而使原问题获得解决。

【跟踪训练 3】　数列 $\{a_n\}$ 满足 $a_1=1$，$a_2=\frac{2}{3}$，且 $\frac{1}{a_{n-1}}+\frac{1}{a_{n+1}}=\frac{2}{a_n}(n\geqslant 2)$，则 $a_n=$（　　）。

A. $\frac{2}{n+1}$　　B. $\left(\frac{2}{3}\right)^{n-1}$　　C. $\left(\frac{2}{3}\right)^{n}$　　D. $\frac{2}{n+2}$

三、课堂练习

1. $\triangle ABC$ 中，三内角 A、B、C 成等差数列，则角 B 等于（　　）。

A. 30°　　B. 60°　　C. 90°　　D. 120°

2. 在数列 $\{a_n\}$ 中，$a_1=2$，$2a_{n+1}=2a_n+1(n\in\mathbf{N}^*)$，则 a_{101} 的值为（　　）。

A. 49　　B. 50　　C. 51　　D. 52

3. 一个等差数列的前三项为：a，$2a-1$，$3-a$。则这个数列的通项公式为__________。

4. 设 $\{a_n\}$ 是递增等差数列，前三项的和为 12，前三项的积为 48，则它的首项是（　　）。

A. 1　　B. 2　　C. 4　　D. 6

5. 首项为 −24 的等差数列，从第 10 项起开始为正数，则公差的取值范围是__________。

11.4　等差数列(二)

【学习目标】

1. 能根据等差数列的定义推出等差数列的重要性质。
2. 能运用等差数列的性质解决有关问题。

一、阅读提纲

【疑点识记】

1. 等差数列的通项公式 $a_n=a_1+(n-1)d$，当 $d=0$ 时，a_n 是关于 n 的常函数；当 $d\neq 0$ 时，a_n 是关于 n 的一次函数。点 (n,a_n) 分布在以________为斜率的直线上，是这条直线上的一列孤立的点。

2. 已知在公差为 d 的等差数列 $\{a_n\}$ 中的第 m 项 a_m 和第 n 项 $a_n(m\neq n)$，则 $\frac{a_m-a_n}{m-n}$ = ________。

3. 对于任意的正整数 m、n、p、q，若 $m+n=p+q$。则在等差数列 $\{a_n\}$ 中，a_m+a_n 与 a_p+a_q 之间的关系为__________。

【问题探究】

问题 1：已知等差数列 $\{a_n\}$ 的首项 a_1 和公差 d 能表示出通项 $a_n=a_1+(n-1)d$，如果已知第 m 项 a_m 和公差 d，又如何表示通项 a_n？

问题 2：由思考 1 可得 $d=\frac{a_n-a_1}{n-1}$，$d=\frac{a_n-a_m}{n-m}$，你能联系直线的斜率解释一下这两个式子的几何意义吗？

问题 3：还记得高斯怎么计算 $1+2+3+\cdots+100$ 的吗？推广到一般的等差数列，你有什么猜想？

问题 4：利用等差数列的定义，尝试证明下列结论：

若 $\{a_n\}$、$\{b_n\}$ 分别是公差为 d，d' 的等差数列，则有

数列	结论
$\{c+a_n\}$	公差为 d 的等差数列（c 为任一常数）
$\{c\cdot a_n\}$	公差为 cd 的等差数列（c 为任一常数）
$\{a_n+a_{n+k}\}$	公差为 $2d$ 的等差数列（k 为常数，$k\in\mathbf{N}^*$）
$\{pa_n+qb_n\}$	公差为 $pd+qd'$ 的等差数列（p，q 为常数）

二、核心突破

【命题方向 1】　等差数列推广通项公式的应用

【典例 1】　在等差数列 $\{a_n\}$ 中，已知 $a_2=5$，$a_8=17$，求数列的公差及通项公式。

解：因为 $a_8=a_2+(8-2)d$，

所以 $17=5+6d$，解得 $d=2$。

又因为 $a_n=a_2+(n-2)d$，

所以 $a_n=5+(n-2)\times2=2n+1$。

[方法规律总结]　等差数列通项公式的推广公式是等差数列中任意两项的关系，这样处理可避免求首项，灵活运用可以使得计算简洁。

【跟踪练习 1】　已知方程 $(x^2-2x+m)(x^2-2x+n)=0$ 的四个根组成一个首项为 $\frac{1}{4}$ 的等差数列，则 $|m-n|=$__________。

【命题方向 2】　等差数列与一次函数的关系

【典例 2】　已知数列 $\{a_n\}$ 的通项公式 $a_n=pn+q$，其中 p、q 为常数，那么这个数列一定是等差数列吗？若是，首项和公差分别是多少？

解析：取数列 $\{a_n\}$ 中任意相邻两项 a_n 和 $a_{n-1}(n>1)$，

求差得 $a_n-a_{n-1}=(pn+q)-[p(n-1)+q]=pn+q-(pn-p+q)=p$。

它是一个与 n 无关的常数，所以 $\{a_n\}$ 是等差数列。

由于 $a_n=pn+q=q+p+(n-1)p$，

所以首项 $a_1=p+q$，公差 $d=p$。

[方法规律总结] 判断一个数列是不是等差数列的常用方法：

(1) 从递推公式上看，$a_{n+1}-a_n=d$（d 为常数，$n\in\mathbf{N}^*$）$\Leftrightarrow\{a_n\}$ 是等差数列；

(2) 从任意连续三项关系上看，$2a_{n+1}=a_n+a_{n+2}$（$n\in\mathbf{N}^*$）$\Leftrightarrow\{a_n\}$ 是等差数列；

(3) 从通项公式代数特点上看，$a_n=kn+b$（k,b 为常数，$n\in\mathbf{N}^*$）$\Leftrightarrow\{a_n\}$ 是等差数列。

但若要说明一个数列不是等差数列，则只需举出一个反例即可。如：其中某连续三项不成等差数列；存在 $n\in\mathbf{N}^*$，$a_{n+1}-a_n$ 的结果不等于同一个常数等。

【跟踪训练 2】 已知 a,b,c 成等差数列，证明 $a^2(b+c),b^2(c+a),c^2(a+b)$ 也能构成等差数列。

【命题方向 3】 由递推关系构造等差数列求通项

【典例 3】 已知数列 $\{a_n\}$ 满足 $a_1=\frac{1}{5}$，且当 $n>1,n\in\mathbf{N}^*$ 时，有 $\frac{a_{n-1}}{a_n}=\frac{2a_{n-1}+1}{1-2a_n}$，设 $b_n=\frac{1}{a_n},n\in\mathbf{N}^*$。

(1) 求证：数列 $\{b_n\}$ 为等差数列。

(2) 试问 a_1a_2 是否是数列 $\{a_n\}$ 中的项？如果是，是第几项；如果不是，请说明理由。

解析：(1) **证明：**当 $n>1,n\in\mathbf{N}^*$ 时，$\frac{a_{n-1}}{a_n}=\frac{2a_{n-1}+1}{1-2a_n}\Leftrightarrow\frac{1-2a_n}{a_n}=\frac{2a_{n-1}+1}{a_{n-1}}\Leftrightarrow\frac{1}{a_n}-2=2+\frac{1}{a_{n-1}}\Leftrightarrow\frac{1}{a_n}-\frac{1}{a_{n-1}}=4\Leftrightarrow b_n-b_{n-1}=4$，又 $b_1=\frac{1}{a_1}=5$。

所以 $\{b_n\}$ 是等差数列，且公差为 4，首项为 5。

(2) 由(1)知 $b_n=b_1+(n-1)d=5+4(n-1)=4n+1$。

所以 $a_n=\frac{1}{b_n}=\frac{1}{4n+1},n\in\mathbf{N}^*$。

因为 $a_1=\frac{1}{5},a_2=\frac{1}{9}$，所以 $a_1a_2=\frac{1}{45}$。

令 $a_n=\frac{1}{4n+1}=\frac{1}{45}$，所以 $n=11$。

即 $a_1a_2=a_{11}$，所以 a_1a_2 是数列 $\{a_n\}$ 的中项，是第 11 项。

[方法规律总结] 已知数列的递推公式求数列的通项时，要对递推公式进行合理变形，构造出等差数列求通项，需掌握常见的几种变形形式。

【跟踪训练 3】 在数列 $\{a_n\}$ 中，$a_1=2,a_{n+1}=a_n+2^n+1$。

(1) 求证：数列 $\{a_n-2^n\}$ 为等差数列。

(2) 设数列 $\{b_n\}$ 满足 $b_n=2\log_2(a_n+1-n)$，求 $\{b_n\}$ 的通项公式。

三、课堂练习

1. 在等差数列 $\{a_n\}$ 中，若 $a_2+a_4+a_6+a_8+a_{10}=80$，则 $a_7-\frac{1}{2}a_8$ 的值为(　　)。

A. 4　　B. 6　　C. 8　　D. 10

2. 已知数列$\{a_n\}$为等差数列且$a_1+a_7+a_{13}=4\pi$，则$\tan(a_2+a_{12})$的值为(　　)。

A. $\sqrt{3}$　　B. $\pm\sqrt{3}$　　C. $-\frac{\sqrt{3}}{3}$　　D. $-\sqrt{3}$

3. 已知等差数列$\{a_n\}$的公差为$d(d\neq0)$，且$a_3+a_6+a_{10}+a_{13}=32$，若$a_m=8$，则m为(　　)。

A. 12　　B. 8　　C. 6　　D. 4

4. 设公差为-2的等差数列$\{a_n\}$，如果$a_1+a_4+a_7+\cdots+a_{97}=50$，那么$a_3+a_6+a_9+\cdots+a_{99}$等于(　　)。

A. -182　　B. -78　　C. -148　　D. -82

5. 在 3 与 27 之间插入 7 个数，使这 9 个数成等差数列，则插入这 7 个数中的第 4 个数值为(　　)。

A. 18　　B. 9　　C. 12　　D. 15

11.5　等差数列的前 n 项和(一)

【学习目标】

1. 掌握等差数列前 n 项和公式及其获取思路。

2. 经历公式的推导过程，体会数形结合的数学思想，体验从特殊到一般的研究方法，学会观察、归纳、反思。

3. 熟练掌握等差数列的五个量a_1,d,n,a_n,S_n的关系，能够由其中三个求另外两个。

一、阅读提纲

【疑点识记】

1. 把$a_1+a_2+\cdots+a_n$叫数列$\{a_n\}$的前 n 项和，记作________。例如$a_1+a_2+\cdots+a_{16}$可以记作______；$a_1+a_2+a_3+\cdots+a_{n-1}=$______$(n\geqslant2)$。

2. 若$\{a_n\}$是等差数列，则S_n可以用首项a_1和末项a_n表示为$S_n=$________；若首项为a_1，公差为d，则S_n可以表示为$S_n=$__________。

3. 等差数列前 n 项和的性质(自己尝试推导)

(1) 若数列$\{a_n\}$是公差为d的等差数列，则数列$\left\{\frac{S_n}{n}\right\}$也是等差数列，且公差为$\frac{d}{2}$。

(2) S_m,S_{2m},S_{3m}分别为$\{a_n\}$的前m项，前$2m$项，前$3m$项的和，则$S_m,S_{2m}-S_m,S_{3m}-S_{2m}$也成等差数列。

(3) 设两个等差数列$\{a_n\}$、$\{b_n\}$的前n项和分别为S_n、T_n，则$\frac{a_n}{b_n}=\frac{S_{2n-1}}{T_{2n-1}}$。

【问题探究】

问题 1：高斯用$1+2+3+\cdots+100=(1+100)+(2+99)+\cdots+(50+51)=101\times50$迅速求出了等差数列前 100 项的和。但如果是求$1+2+3+\cdots+n$，不知道共有奇数项还是偶数项怎么办？

问题 2：能否用“倒序相加法”求首项为a_1，公差为d的等差数列$\{a_n\}$的前n项和S_n呢？

问题 3:我们对等差数列的通项公式变形:$a_n=a_1+(n-1)d=nd+(a_1-d)$,分析出通项公式与一次函数的关系。你能类比这个思路分析一下 $S_n=na_1+\frac{n(n-1)}{2}d$ 吗?

小结:

等差数列$\{a_n\}$的前 n 项和公式的形式为 $S_n=an^2+bn$。

问题 4:如果$\{a_n\}$是等差数列,那么

$a_1+a_2+\cdots+a_{10},a_{11}+a_{12}+\cdots+a_{20},a_{21}+a_{22}+\cdots+a_{30}$是等差数列吗?试推广到一般情形?

小结:

等差数列依次 k 项和依然成等差数列。

二、核心突破

【命题方向 1】 等差数列的前 n 项和的应用

【典例 1】 已知等差数列$\{a_n\}$中,

(1) $a_1=\frac{1}{2},S_4=20$,求 S_6;

(2) $a_1=\frac{3}{2},d=-\frac{1}{2},S_n=-15$,求 n 及 a_n;

(3) $a_1=1,a_n=-512,S_n=-1\ 022$,求 d。

解:(1) $S_4=4a_1+\frac{4\times(4-1)}{2}d=4a_1+6d=2+6d=20$,所以 $d=3$。

故 $S_6=6a_1+\frac{6\times(6-1)}{2}d=6a_1+15d=3+15d=48$。

(2) 因为 $S_n=n\cdot\frac{3}{2}+\frac{n(n-1)}{2}\left(-\frac{1}{2}\right)=-15$,

整理得 $n^2-7n-60=0$,解得 $n=12$ 或 $n=-5$(舍去)。

所以 $a_{12}=\frac{3}{2}+(12-1)\times\left(-\frac{1}{2}\right)=-4$。

(3) 由 $S_n=\frac{n(a_1+a_n)}{2}=\frac{n(-512+1)}{2}=-1\ 022$,解得 $n=4$。

又由 $a_n=a_1+(n-1)d$,即$-512=1+(4-1)d$,解得 $d=-171$。

[方法规律总结] a_1,d,n 是等差数列的三个基本量,a_n和 S_n都可以用这三个基本量来表示,五个量 a_1,d,n,a_n,S_n中可知三求二,通过通项公式和前 n 项和公式建立方程(组)来求解。

【跟踪练习 1】 若 S_n是等差数列$\{a_n\}$的前 n 项和,已知 $a_2=3,a_6=11$,则 $S_7=$________。

【命题方向 2】 等差数列前 n 项和性质的应用

【典例 2】 两个等差数列$\{a_n\},\{b_n\}$的前 n 项和分别为 S_n,T_n,若$\frac{S_n}{T_n}=\frac{2n}{3n+1}$,求$\frac{a_n}{b_n}$。

解:解法一。设 $a_n=a_1+(n-1)d,b_n=b_1+(n-1)e$。

取 $n=1$,则$\frac{a_1}{b_1}=\frac{S_1}{T_1}=\frac{1}{2}$,所以 $b_1=2a_1$。

所以$\dfrac{S_n}{T_n}=\dfrac{na_1+\dfrac{n(n-1)}{2}d}{nb_1+\dfrac{n(n-1)}{2}e}=\dfrac{a_1+\dfrac{n-1}{2}d}{b_1+\dfrac{n-1}{2}e}=\dfrac{a_1+\dfrac{n}{2}d-\dfrac{d}{2}}{2a_1+\dfrac{n}{2}e-\dfrac{e}{2}}=\dfrac{2n}{3n+1}$，

故 $en^2+(4a_1-e)n=\dfrac{3}{2}dn^2+\left(3a_1-\dfrac{3}{2}d+\dfrac{d}{2}\right)n+a_1-\dfrac{d}{2}$。

从而$\begin{cases}e=\dfrac{3}{2}d\\4a_1-e=3a_1-d\\a_1-\dfrac{d}{2}=0\end{cases}$，即$\begin{cases}d=2a_1\\e=3a_1\end{cases}$，所以$\dfrac{a_n}{b_n}=\dfrac{2n-1}{3n-1}$。

解法二。$\dfrac{a_n}{b_n}=\dfrac{\dfrac{a_1+a_{2n-1}}{2}}{\dfrac{b_1+b_{2n-1}}{2}}=\dfrac{\dfrac{n(a_1+a_{2n-1})}{2}}{\dfrac{n(b_1+b_{2n-1})}{2}}=\dfrac{S_{2n-1}}{T_{2n-1}}=\dfrac{2(2n-1)}{3(2n-1)+1}=\dfrac{2n-1}{3n-1}$。

［**方法规律总结**］　求解与等差数列的前 n 项和有关问题时，注意利用前 n 项和的性质以简化运算过程。

【跟踪训练 2】　等差数列$\{a_n\}$与$\{b_n\}$的前 n 项和之比为$(5n+13):(4n+5)$，则$\dfrac{a_{10}}{b_{10}}$的值为______。

【命题方向 3】　实际应用问题

【典例 3】　某单位用分期付款的方式为职工购买 40 套住房，共需 1 150 万元，购买当天先付 150 万元，按约定以后每月这一天都交付 50 万元，并加付所有欠款利息，月利率为 1%，若交付 150 万元后的一个月开始算分期付款的第一个月，问分期付款的第 10 个月应付多少钱？全部付清后，买这 40 套住房实际花了多少钱？

解：因购房时付 150 万元，则欠款 1 000 万元，依题意分 20 次付款，则每次付款的数额顺次构成数列$\{a_n\}$。

则 $a_1=50+1\,000\times1\%=60$，

$a_2=50+(1\,000-50)\times1\%=59.5$，

$a_3=50+(1\,000-50\times2)\times1\%=59$，

$a_4=50+(1\,000-50\times3)\times1\%=58.5$，

所以 $a_n=50+[1\,000-50(n-1)]\times1\%=60-\dfrac{1}{2}(n-1)\quad(1\leqslant n\leqslant20,n\in\mathbf{N})$。

所以$\{a_n\}$是以 60 为首项，$-\dfrac{1}{2}$为公差的等差数列，

得出 $a_{10}=60-9\times\dfrac{1}{2}=55.5$，

$a_{20}=60-19\times\dfrac{1}{2}=50.5$。

所以 $S_{20}=\dfrac{1}{2}\times(a_1+a_{20})\times20=10\times(60+50.5)=1\,105$。

因此实际共付 1 105+150=1 255(万元)。

[**方法规律总结**] 解答数列的实际应用问题时,要注意依据题设条件建立数列模型,辨清"通项",还是"前 n 项和",要特别注意项数和第几项。

【跟踪训练 3】 "嫦娥"奔月,举国欢庆,据科学计算运载"嫦娥"飞船的"长征 3 号甲"火箭,点火 1 min 内通过的路程为 2 km,以后每 min 通过的路程增加 2 km,在到达离地面 240 km的高度时,火箭与飞船分离,则这一过程大约需要的时间是(　　)。

A. 10 min　　B. 13 min　　C. 15 min　　D. 20 min

三、课堂练习

1. 等差数列$\{a_n\}$中,$S_{10}=4S_5$,则$\frac{a_1}{d}$等于(　　)。

A. $\frac{1}{2}$　　B. 2　　C. $\frac{1}{4}$　　D. 4

2. 已知等差数列$\{a_n\}$中,$a_3^2+a_8^2+2a_3a_8=9$,且 $a_n<0$,则 S_{10} 为(　　)。

A. -9　　B. -11　　C. -13　　D. -15

3. 设等差数列$\{a_n\}$的前 n 项和为 S_n,若 $S_3=9$,$S_6=36$。则 $a_7+a_8+a_9$ 等于(　　)。

A. 63　　B. 45　　C. 36　　D. 27

4. 一个等差数列的项数为 $2n$,若 $a_1+a_3+\cdots+a_{2n-1}=90$,$a_2+a_4+\cdots+a_{2n}=72$,且 $a_1-a_{2n}=33$,则该数列的公差是(　　)。

A. 3　　B. -3　　C. -2　　D. -1

5. 在项数为 $2n+1$ 的等差数列中,所有奇数项的和为 165,所有偶数项的和为 150,则 n 的值为__________。

11.6　等差数列的前 n 项和(二)

【学习目标】

1. 进一步熟练掌握等差数列的通项公式和前 n 项和公式;了解等差数列的一些性质。
2. 掌握等差数列前 n 项和的最值问题。
3. 理解 a_n与 S_n的关系,能根据 S_n求 a_n。

一、阅读提纲

【疑点识记】

1. 前 n 项和 S_n与 a_n之间的关系

对任意数列$\{a_n\}$,S_n是前 n 项和,S_n与 a_n的关系可以表示为 $a_n=$__________。

2. 等差数列前 n 项和公式

$S_n=$__________$=$__________。

3. 等差数列前 n 项和的最值(自主尝试推导)

(1) 在等差数列$\{a_n\}$中,

当 $a_1>0,d<0$ 时,S_n有最大值,使 S_n取到最值的 n 可由不等式组$\begin{cases}a_n\geqslant 0\\a_{n+1}\leqslant 0\end{cases}$确定;

当 $a_1<0,d>0$ 时,S_n有最小值,使 S_n取到最值的 n 可由不等式组$\begin{cases}a_n\leqslant 0\\a_{n+1}\geqslant 0\end{cases}$确定。

(2) 因为 $S_n=\frac{d}{2}n^2+\left\{a_1-\frac{d}{2}\right\}n$,若 $d\neq 0$,则从二次函数的角度看:当 $d>0$ 时,S_n有最小值;当 $d<0$ 时,S_n有最大值;且 n 取最接近对称轴的自然数时,S_n取到最值。

【问题探究】

问题 1:如果已知数列$\{a_n\}$的前 n 项和 S_n,能否求出它的通项公式 a_n?

问题 2:如果数列$\{a_n\}$的前 n 项和的公式是 $S_n=an^2+bn+c(a,b,c$ 为常数),求通项公式 a_n,并判断这个数列一定是等差数列吗?

问题 3:我们已经知道等差数列前 n 项和是关于 n 的二次函数($d\neq 0$)$S_n=\frac{d}{2}n^2+\left(a_1-\frac{d}{2}\right)n$,类比二次函数的最值问题,探究其何时取最大值,何时取最小值。

问题 4:你能分析一下等差数列前 n 项和的最值与首项、公差的正负的关系吗?

二、核心突破

【命题方向 1】　由前 n 项和求通项公式

【典例 1】　已知数列$\{a_n\}$的前 n 项和 $S_n=-2n^2+n+2$。

(1) 求$\{a_n\}$的通项公式。

(2) 判断$\{a_n\}$是否为等差数列?

解析:(1) 因为 $S_n=-2n^2+n+2$,

所以当 $n\geqslant 2$ 时,$S_{n-1}=-2(n-1)^2+(n-1)+2=-2n^2+5n-1$。

所以 $a_n=S_n-S_{n-1}=(-2n^2+n+2)-(-2n^2+5n-1)=-4n+3$。

又因为 $a_1=S_1=1$,不满足 $a_n=-4n+3$,

所以数列$\{a_n\}$的通项公式是 $a_n=\begin{cases}1, & n=1\\-4n+3, & n\geqslant 2\end{cases}$。

(2) 由(1)知,当 $n\geqslant 2$ 时,

$a_{n+1}-a_n=[-4(n+1)+3]-(-4n+3)=-4$,

但 $a_2-a_1=-5-1=-6\neq -4$。

所以$\{a_n\}$不满足等差数列的定义,$\{a_n\}$不是等差数列。

[方法规律总结]　应用 $a_n=S_n-S_{n-1}$解题时,不要忘记检验 a_1是否满足。

【跟踪练习 1】　已知下列各数列$\{a_n\}$的前 n 项和 S_n的公式,写出$\{a_n\}$的通项公式。

(1) $S_n=2n^2-3n$,$a_n=$__________。

(2) $S_n=3^n-2$，$a_n=$______。

【命题方向 2】 等差数列的最值问题

【典例 2】 等差数列$\{a_n\}$中，$a_1<0$，$S_9=S_{12}$，该数列前多少项的和最小？

解：解法一。设等差数列$\{a_n\}$的公差为d，则由题意得$9a_1+\frac{1}{2}\times9\times8\cdot d=12a_1+\frac{1}{2}\times12\times11\cdot d$，所以$a_1=-10d$。

因为$a_1<0$，所以$d>0$。

所以$S_n=na_1+\frac{1}{2}n(n-1)d=\frac{1}{2}dn^2-\frac{21}{2}dn=\frac{d}{2}\left(n-\frac{21}{2}\right)^2-\frac{441}{8}d$。

因为$d>0$，所以S_n有最小值。

又因为$n\in\mathbf{N}^*$，所以$n=10$或$n=11$时，S_n取最小值。

解法二。同解法一，由$S_9=S_{12}$得$a_1=-10d$。

设$\begin{cases}a_n=a_1+(n-1)d\leqslant0\\a_{n+1}=a_1+nd\geqslant0\end{cases}$，所以$\begin{cases}-10d+(n-1)d\leqslant0\\-10d+nd\geqslant0\end{cases}$。

因为$a_1<0$，所以$d>0$，解得$10\leqslant n\leqslant11$。

因此n取10或11时，S_n取最小值。

解法三。因为$S_9=S_{12}$，所以$a_{10}+a_{11}+a_{12}=0$，所以$3a_{11}=0$，$a_{11}=0$。

因为$a_1<0$，所以前10项或前11项和最小。

[**方法规律总结**] 讨论等差数列前n项和的最值的方法：

(1)已知通项时，由$a_n\geqslant0$(或$a_n\leqslant0$)探求；

(2)已知前n项和时，用配方法探求(注意$n\in\mathbf{N}^*$)；

(3)已知$S_n=S_m$时，借助二次函数性质探求。

【跟踪训练 2】 已知等差数列$\{a_n\}$的前n项和为S_n，$7a_5+5a_9=0$，且$a_9>a_5$，则S_n取得最小值时n的值为(　　)。

A. 5　　B. 6　　C. 7　　D. 8

【命题方向 3】 含绝对值的数列的前 *n* 项和

【典例 3】 在等差数列$\{a_n\}$中，$a_1=-60$，$a_{17}=-12$，求数列$\{|a_n|\}$的前n项和。

解析：等差数列$\{a_n\}$的公差$d=\frac{a_{17}-a_1}{17-1}=\frac{-12-(-60)}{16}=3$，

所以$a_n=a_1+(n-1)d=-60+(n-1)\times3=3n-63$。由$a_n<0$，得$3n-63<0$，即$n<21$。

所以数列$\{a_n\}$的前20项是负数，第21项及以后的项都为非负数。

设S_n，S'_n分别表示数列$\{a_n\}$和$\{|a_n|\}$的前n项之和，当$n\leqslant20$时，$S'_n=-S_n=-\left[-60n+\frac{n(n-1)}{2}\times3\right]=-\frac{3}{2}n^2+\frac{123}{2}n$；

当$n>20$时，$S'_n=-S_{20}+(S_n-S_{20})=S_n-2S_{20}$

$=-60n+\frac{n(n-1)}{2}\times3-2\times\left(-60\times20+\frac{20\times19}{2}\times3\right)$

$=\frac{3}{2}n^2-\frac{123}{2}n+1\,260$。

所以数列$\{|a_n|\}$的前 n 项和$S'_n=\begin{cases}-\frac{3}{2}n^2+\frac{123}{2}n, & n\leqslant 20\\ \frac{3}{2}n^2-\frac{123}{2}n+1\,260, & n>20\end{cases}$。

[**方法规律总结**]　已知$\{a_n\}$为等差数列,求数列$\{|a_n|\}$的前 n 项和的步骤：

(1) 解不等式 $a_n\geqslant 0$(或 $a_n\leqslant 0$)寻找$\{a_n\}$的正负项分界点。

(2) 求和。①若 a_n各项均为正数(或均为负数),则$\{|a_n|\}$各项的和等于$\{a_n\}$的各项的和(或其相反数);②若 $a_1>0,d<0$(或 $a_1<0,d>0$)这时数列$\{a_n\}$只有前面有限项为正数(或负数)可分段求和再相加。

【跟踪训练 3】　设等差数列$\{a_n\}$的前 n 项和为 S_n,$a_4+a_5+a_6+a_7+a_8=25$,$S_{12}=54$。

(1) 求 a_n;

(2) 求$|a_1|+|a_2|+|a_3|+\cdots+|a_n|$。

三、课堂练习

1. 已知数列$\{a_n\}$的前 n 项和 $S_n=n^2$,则 a_n等于(　　)。

A. n　　　B. n^2　　　C. $2n+1$　　　D. $2n-1$

2. 数列$\{a_n\}$为等差数列,它的前 n 项和为 S_n,若 $S_n=(n+1)^2+\lambda$,则 λ 的值是(　　)。

A. -2　　　B. -1　　　C. 0　　　D. 1

3. 设$\{a_n\}$是等差数列,S_n是其前 n 项和,且 $S_5<S_6$,$S_6=S_7>S_8$,则下列结论错误的是(　　)。

A. $d<0$　　　B. $a_7=0$

C. $S_9>S_5$　　　D. S_6与 S_7均为 S_n的最大值

4. 在等差数列$\{a_n\}$中,$a_1=25$,$S_9=S_{17}$,则前 n 项和 S_n的最大值是__________。

5. 已知等差数列$\{a_n\}$中,记 S_n是它的前 n 项和,若 $S_2=16$,$S_4=24$,求数列$\{|a_n|\}$的前 n 项和 T_n。

11.7　等比数列(一)

【学习目标】

1. 通过实例,理解等比数列的概念并学会简单应用。
2. 掌握等比中项的概念并会应用。
3. 掌握等比数列的通项公式并了解其推导过程。

一、阅读提纲

【疑点识记】

1. 如果一个数列从第______项起,每一项与它的前一项的______都等于同一个常数,那么这个数列叫作等比数列。这个常数叫作等比数列的______,通常用字母______表示($q\neq 0$)。

2. 等比数列的通项公式:__________。

3. 等比中项的定义

如果 a、G、b 成等比数列，那么 G 叫作 a 与 b 的______，且 $G=\pm\sqrt{ab}$。

【问题探究】

问题 1：观察下面几个数列：

① 1,2,4,8,16,…；

② $1,\frac{1}{2},\frac{1}{4},\frac{1}{8},\frac{1}{16},\cdots$；

③ 1,−1,1,−1,1,…；

④ $\frac{1}{2},-1,2,-4,8,\cdots$。

归纳其共同特点。

问题 2：类比等差数列，归纳出等比数列的概念和特点。

问题 3：在 2,8 之间插入一个数，使之成等比数列。这样的实数有几个？

问题 4：下表是等差中项与等比中项概念的对比，请填充完整。

对比项	等差中项	等比中项
定义	若 a,A,b 成等差数列，则 A 叫作 a 与 b 的等差中项	若 a,G,b 成______数列，则 G 叫作 a 与 b 的等比中项
定义式	$A-a=b-A$	$\frac{G}{a}=\frac{b}{G}$
公式	$A=\frac{a+b}{2}$	$G=$______
个数	a 与 b 的等差中项唯一	a 与 b 的等比中项有______个，且互为______
备注	任意两个数 a 与 b 都有等差中项	只有当______时，a 与 b 才有等比中项

问题 5：类比等差数列通项公式的推导过程，推导首项为 a_1，公比为 q 的等比数列的通项公式。

二、核心突破

【命题方向 1】 等比数列通项公式

【典例 1】 在等比数列 $\{a_n\}$ 中，

(1) 已知 $a_1=3,q=-2$，求 a_6；

(2) 已知 $a_3=20,a_6=160$，求 a_n。

解： (1) 由等比数列的通项公式，得

$a_6=3\times(-2)^{6-1}=-96$。

(2) 设等比数列的公比为 q，那么 $\begin{cases}a_1q^2=20\\a_1q^5=160\end{cases}$，解得 $\begin{cases}q=2\\a_1=5\end{cases}$。

所以 $a_n=a_1q^{n-1}=5\times2^{n-1}$。

[方法规律总结] 等比数列的通项公式 $a_n=a_1q^{n-1}$ 中有四个量 a_1,q,n,a_n。已知其中

三个量可求得第四个，简称“知三求一”。

【跟踪练习 1】 在等比数列$\{a_n\}$中，

(1) 若 $a_4=2$，$a_7=8$，则 a_n__________；

(2) 若 $a_2+a_5=18$，$a_3+a_6=9$，$a_n=1$，则 $n=$__________。

【命题方向 2】 等比数列的判定与证明

【典例 2】 已知数列$\{a_n\}$满足 $a_1=1$，$a_{n+1}=2a_n+1$，$b_n=a_n+1(n\in\mathbf{N}^*)$，

(1) 求证$\{b_n\}$是等比数列；

(2) 求$\{a_n\}$的通项公式。

(1) **证明**：因为 $a_{n+1}=2a_n+1$，所以 $a_{n+1}+1=2(a_n+1)$，即 $b_{n+1}=2b_n$。

因为 $b_1=a_1+1=2\neq 0$。所以 $b_n\neq 0$，$\dfrac{b_{n+1}}{b_n}=2$，$\{b_n\}$是等比数列。

(2) 由(1)知$\{b_n\}$是首项 $b_1=2$，公比为 2 的等比数列。

所以 $b_n=2\times 2^{n-1}=2^n$，即 $a_n+1=2^n$，所以 $a_n=2^n-1$。

[方法规律总结] 判定数列是等比数列的常用方法。

(1) 定义法：$\dfrac{a_{n+1}}{a_n}=q$(常数)或$\dfrac{a_n}{a_{n-1}}=q$(常数)$(n\geqslant 2)\Leftrightarrow\{a_n\}$为等比数列。

(2) 等比中项法：$a_{n+1}^2=a_n\cdot a_{n+2}(a_n\neq 0, n\in\mathbf{N}^*)\Leftrightarrow\{a_n\}$为等比数列。

(3) 通项法：$a_n=a_1q^{n-1}$(其中 a_1、q 为非零常数，$n\in\mathbf{N}^*)\Leftrightarrow\{a_n\}$为等比数列。

【跟踪训练 2】 设数列$\{a_n\}$的前 n 项和为 S_n，已知 $a_1=1$，$S_{n+1}=4a_n+2$。

(1) 设 $b_n=a_{n+1}-2a_n$，证明：数列$\{b_n\}$是等比数列。

(2) 求数列$\{a_n\}$的通项公式。

【命题方向 3】 等比中项

【典例 3】 等差数列$\{a_n\}$的公差不为零，首项 $a_1=1$，a_2 是 a_1 和 a_5 的等比中项，则数列$\{a_n\}$的前 10 项之和是(　　)。

A. 90　　B. 100　　C. 145　　D. 190

解析：设公差为 d，由题意得 $a_2^2=a_1\cdot a_5$。

因为 $a_1=1$，所以$(1+d)^2=1+4d$，解出 $d^2-2d=0$。

因为 $d\neq 0$，所以 $d=2$。

因此 $S_{10}=10\times 1+\dfrac{10\times 9}{2}\times 2=100$，故选 B。

[方法规律总结] 等比中项的应用主要有两点：(1)计算，与其他性质综合应用，起到简化计算、提高解题速度的作用；(2)用来判断或证明等比数列。

【跟踪训练 3】 等差数列$\{a_n\}$中，公差 $d\neq 0$，且 a_3 是 a_1 和 a_9 的等比中项，则$\dfrac{a_1+a_3+a_9}{a_2+a_4+a_{10}}$=__________。

三、课堂练习

1. 在等比数列$\{a_n\}$中，$a_n>0$，且 $a_2=1-a_1$，$a_4=9-a_3$，则 a_4+a_5的值为(　　)。

A. 16　　B. 27　　C. 36　　D. 81

2. 若正项等比数列$\{a_n\}$的公比$q\neq1$，且a_3,a_5,a_6成等差数列，则$\frac{a_3+a_5}{a_4+a_6}$等于(　　)。

A. $\frac{\sqrt{5}-1}{2}$　　B. $\frac{\sqrt{5}+1}{2}$　　C. $\frac{1}{2}$　　D. 不确定

3. 一个直角三角形的三边成等比数列，则较小锐角的正弦值是________。

4. 若等比数列的首项为4，末项为128，公比为2，则这个数列的项数为(　　)。

A. 4　　B. 8　　C. 6　　D. 32

5. 已知数列$\{a_n\}$的前n项和为S_n，$S_n=\frac{1}{3}(a_n-1)$ $(n\in\mathbf{N}^*)$。

(1) 求a_1,a_2。(2) 求证：数列$\{a_n\}$是等比数列。

11.8　等比数列(二)

【学习目标】

1. 灵活应用等比数列的定义及通项公式。
2. 熟悉等比数列的有关性质。
3. 系统了解判断是否成等比数列的方法。

一、阅读提纲

【疑点识记】

1. 一般地，如果m,n,k,l为正整数，且$m+n=k+l$，则有________，特别地，当$m+n=2k$时，$a_m\cdot a_n=$________。

2. 在等比数列$\{a_n\}$中，每隔k项$(k\in\mathbf{N}^*)$取出一项，按原来的顺序排列，所得的新数列仍为________数列。

3. 如果$\{a_n\},\{b_n\}$均为等比数列，且公比分别为q_1,q_2，那么数列$\left\{\frac{1}{a_n}\right\},\{a_n\cdot b_n\},\left\{\frac{b_n}{a_n}\right\},\{|a_n|\}$仍是等比数列，且公比分别为________________。

【问题探究】

问题1：我们曾经把等差数列的通项公式做过如下变形：$a_n=a_1+(n-1)d=a_m+(n-m)d$。等比数列也有类似变形吗？

问题2：我们知道等差数列的通项公式可以变形为$a_n=dn+a_1-d$，其单调性由公差的正负确定；你能用等比数列的通项公式研究其单调性吗？

问题3：在等比数列$\{a_n\}$中，$a_5^2=a_1a_9$是否成立？$a_5^2=a_3a_7$是否成立？$a_n^2=a_{n-2}a_{n+2}$ $(n>2)$是否成立？

问题4：在等比数列$\{a_n\}$中，若$m+n=s+t$，证明$a_m\cdot a_n=a_s\cdot a_t(m,n,s,t\in\mathbf{N}^*)$。

二、核心突破

【命题方向1】　等比数列的性质

【典例1】　在等比数列$\{a_n\}$中，已知$a_4a_7=-512$，$a_3+a_8=124$，且公比为整数，则$a_{10}=$____________。

解析:由等比数列的性质,得 $a_3a_8=a_4a_7=-512$。

由$\begin{cases}a_3+a_8=124\\a_3a_8=-512\end{cases}$,得$\begin{cases}a_3=-4\\a_8=128\end{cases}$或$\begin{cases}a_3=128\\a_8=-4\end{cases}$。

因为 q 为整数,所以 $a_3=-4,a_8=128$。

所以 $q^5=\frac{a_8}{a_3}=\frac{128}{-4}=-32,q=-2$。

所以 $a_{10}=a_8\cdot q^2=128\times4=512$。

[方法规律总结]　(1) 若 $\{a_n\}$ 为等比数列,则 $\left\{\frac{1}{a_n}\right\},\{|a_n|\},\{a_n^2\},\{pa_n\}(p\neq0)$,$\{a_na_{n+k}\}$均为等比数列。

(2) 若 $\{a_n\},\{b_n\}$ 均为等比数列,则 $\{a_nb_n\},\left\{\frac{a_n}{b_n}\right\}$都是等比数列。

(3) 若 $m+n=p+q(m,n,p,q\in\mathbf{N}^*)$,则 $a_m\cdot a_n=a_p\cdot a_q$。

(4) 若等比数列的下标具有某种规律时,应考虑应用性质求解。

【跟踪练习 1】　(1) 在等比数列 $\{a_n\}$ 中,已知 $a_7a_{12}=5$,则 $a_8a_9a_{10}a_{11}=$____________。

(2) $\{a_n\}$ 为等比数列,且 $a_1a_9=64,a_3+a_7=20$,则 $a_{11}=$______________。

(3) 在等比数列 $\{a_n\}$ 中,若 $a_2\cdot a_8=36,a_3+a_7=15$,则公比 q 值的个数可能为(　　)。

A. 1 个　　　B. 2 个　　　C. 3 个　　　D. 4 个

【命题方向 2】　等比数列的设项技巧

【典例 2】　已知四个数前三个成等差,后三个成等比,中间两数之积为 16,首尾两个数之积为 -128,求这四个数。

解:设四个数为 $\frac{2a}{q}-a$、$\frac{a}{q}$、a、aq。

则由题意得$\begin{cases}\frac{a^2}{q}=16\\\left(\frac{2a}{q}-a\right)\cdot aq=-128\end{cases}$,解得$\begin{cases}a=8\\q=4\end{cases}$或$\begin{cases}a=-8\\q=4\end{cases}$。

因此所求的四个数为 $-4,2,8,32$ 或 $4,-2,-8,-32$。

[方法规律总结]　等比数列中的设项方法与技巧。

(1) 若三个数成等比数列,可设三个数为 a,aq,aq^2 或 $\frac{a}{q},a,aq$。

(2) 若四个数成等比数列,可设 a,aq,aq^2,aq^3;若四个数均为正(负)数,可设 $\frac{a}{q^3},\frac{a}{q},aq,aq^3$。

【跟踪训练 2】　(1) 有四个数成等比数列,将这四个数分别减去 1,1,4,13,则成等差数列,则这四个数为______________。

(2) 三个互不相等的数成等差数列,如果适当排列三个数,又可成为等比数列,这三个数的和为 6,则这三个数为______________。

三、课堂练习

1. 若 a,b,c 成等比数列,m 是 a,b 的等差中项,n 是 b,c 的等差中项,则 $\frac{a}{m}+\frac{c}{n}=$(　　)。

A. 4　　B. 3　　C. 2　　D. 1

2. 已知各项为正数的等比数列$\{a_n\}$中，$a_1a_2a_3=5$，$a_7a_8a_9=10$，则$a_4a_5a_6$等于(　　)。

A. $5\sqrt{2}$　　B. 7　　C. 6　　D. $4\sqrt{2}$

3. 在由正数组成的等比数列$\{a_n\}$中，若$a_4a_5a_6=3$，$\log_3 a_1+\log_3 a_2+\log_3 a_8+\log_3 a_9$的值为(　　)。

A. $\frac{4}{3}$　　B. $\frac{3}{4}$　　C. 2　　D. $3\frac{4}{3}$

4. 已知数列-1，a_1，a_2，-4成等差数列，-1，b_1，b_2，b_3，-4成等比数列，则$\frac{a_2-a_1}{b_2}$的值是＿＿＿＿＿。

5. 有四个数，前三个数成等比数列，后三个数成等差数列，首末两项和为21，中间两项和为18，求这四个数。

11.9　等比数列的前 n 项和

【学习目标】

1. 掌握等比数列的前n项和公式及公式证明思路。

2. 会用等比数列的前n项和公式解决有关等比数列的一些简单问题。

一、阅读提纲

【疑点识记】

1. 等比数列前n项和公式。

(1) 公式：$S_n=$＿＿＿＿＿＿＿＿。

(2) 注意：应用该公式时，一定不要忽略$q=1$的情况。

2. 若$\{a_n\}$是等比数列，且公比$q\neq 1$，则前n项和$S_n=\frac{a_1}{1-q}(1-q^n)=A(q^n-1)$。其中$A=\frac{a_1}{q-1}$。

3. 推导等比数列前n项和的方法叫＿＿＿＿＿法。一般适用于求一个等差数列与一个等比数列对应项积的前n项和。

【问题探究】

问题1：对于$S_{64}=1+2+4+8+\cdots+2^{62}+2^{63}$，用2乘以等式的两边可得$2S_{64}=2+4+8+\cdots+2^{62}+2^{63}+2^{64}$，对这两个式子作怎样的运算能解出$S_{64}$？

问题2：类比思考1中求和的方法，如何求等比数列$\{a_n\}$的前n项和S_n？

小结：

等比数列前n项和公式$S_n=\begin{cases}\frac{a_1(1-q^n)}{1-q}=\frac{a_1-a_nq}{1-q}(q\neq 1)\\ na_1(q=1)\end{cases}$。

问题 3：一般地，使用等比数列求和公式时需注意什么？

二、核心突破

【命题方向 1】 等比数列求和公式

【典例 1】 已知等差数列$\{a_n\}$满足$a_3=2$，前 3 项和$S_3=\frac{9}{2}$。

(1) 求$\{a_n\}$的通项公式。

(2) 设等比数列$\{b_n\}$满足$b_1=a_1, b_4=a_{15}$，求$\{b_n\}$的前 n 项和T_n。

解：(1)设$\{a_n\}$的公差为 d，则由已知条件得$a_1+2d=2, 3a_1+\frac{3\times 2}{2}d=\frac{9}{2}$，化简得$a_1+2d=2, a_1+d=\frac{3}{2}$，解得$a_1=1, d=\frac{1}{2}$，故通项公式$a_n=1+\frac{n-1}{2}$，即$a_n=\frac{n+1}{2}$。

(2) 由(1)得$b_1=1, b_4=a_{15}=\frac{15+1}{2}=8$。设$\{b_n\}$的公比为 q，则$q^3=\frac{b_4}{b_1}=8$，从而$q=2$。故$\{b_n\}$的前 n 项和$T_n=\frac{b_1(1-q^n)}{1-q}=\frac{1\times(1-2^n)}{1-2}=2^n-1$。

[方法规律总结] 在等比数列$\{a_n\}$的五个量a_1, q, a_n, n, S_n中，a_1, q是最基本的元素，当条件与结论间的联系不明显时，均可以用a_1, q列方程组求解。若等比数列的下标具有某种规律时，应考虑应用性质求解。

【跟踪练习 1】 已知数列$\{a_n\}$是递增的等比数列，$a_1+a_4=9, a_2a_3=8$，则数列$\{a_n\}$的前 n 项和等于__________。

【命题方向 2】 等比数列前 n 项和的性质

【典例 2】 设等比数列$\{a_n\}$的前 n 项和为S_n。若$S_2=3, S_4=15$，则$S_6=$(　　)。

A. 31　　B. 32　　C. 63　　D. 64

解析：解法一。由条件知$a_n>0$。且$\begin{cases}a_1+a_2=3\\a_1+a_2+a_3+a_4=15\end{cases}$，化为$\begin{cases}a_1(1+q)=3\\a_1(1+q+q^2+q^3)=15\end{cases}$，解得$q=2$。

所以$a_1=1$，因此$S_6=\frac{1-2^6}{1-2}=63$。

解法二。由题意知S_2, S_4-S_2, S_6-S_4成等比数列，即$(S_4-S_2)^2=S_2(S_6-S_4)$，即$12^2=3(S_6-15)$，所以$S_6=63$。

[方法规律总结] 下标成等差的等差、等比数列的项或前 n 项和的问题，常考虑应用等差、等比数列的性质求解。

【跟踪训练 2】 设等比数列$\{a_n\}$的前 n 项和为S_n，若$\frac{S_6}{S_3}=3$，则$\frac{S_9}{S_6}=$(　　)。

A. 2　　B. $\frac{7}{3}$　　C. $\frac{8}{3}$　　D. 3

【命题方向 3】 等比数列前 n 项和的实际应用

【典例 3】 某商场今年销售计算机 5 000 台，如果平均每年的销售量比上一年的销售量增加 10%，那么从今年起，大约几年可使总销售量达到 30 000 台(结果保留到个位)？

解:根据题意,每年销售量比上一年增加的百分率相同。

所以,从今年起,每年的销售量组成一个等比数列$\{a_n\}$,其中$a_1=5\ 000$,$q=1+10\%=1.1$,$S_n=30\ 000$。

于是得到$\frac{5\ 000(1-1.1^n)}{1-1.1}=30\ 000$。整理,得$1.1^n=1.6$,两边取对数,得$n\lg 1.1=\lg 1.6$。

用计算器算得$n=\frac{\lg 1.6}{\lg 1.1}\approx\frac{0.20}{0.041}\approx 5$(年)。

答:大约 5 年可以使总销量达到 30 000 台。

[方法规律总结] 解应用题先要认真阅读题目,尤其是一些关键词:"平均每年的销售量比上一年的销售量增加 10%"。理解题意后,将文字语言向数字语言转化,建立数学模型,再用数学知识解决问题。

【跟踪训练 3】 设一个热气球在第一分钟上升了 25 m 的高度,在以后的每一分钟里,它上升的高度都是它在前一分钟里上升高度的 80%。这个热气球上升的高度能超过 125 m 吗?

三、课堂练习

1. 设S_n为等比数列$\{a_n\}$的前n项和,$8a_2+a_5=0$,则$\frac{S_5}{S_2}$等于(　　)。

A. 11　　B. 5　　C. -8　　D. -11

2. 记等比数列$\{a_n\}$的前n项和为S_n,若$S_3=2$,$S_6=18$,则$\frac{S_{10}}{S_5}$等于(　　)。

A. -3　　B. 5　　C. -31　　D. 33

3. 设$\{a_n\}$是由正数组成的等比数列,S_n为其前n项和,已知$a_2a_4=1$,$S_3=7$,则S_5等于(　　)。

A. $\frac{15}{2}$　　B. $\frac{31}{4}$　　C. $\frac{33}{4}$　　D. $\frac{17}{2}$

4. 在数列$\{a_n\}$中,$a_{n+1}=ca_n$(c为非零常数),且前n项和为$S_n=3^n+k$,则实数k的值为(　　)。

A. 0　　B. 1　　C. -1　　D. 2

5. 如果数列$\{a_n\}$的前n项和$S_n=2a_n-1$,则此数列的通项公式$a_n=$________。

11.10 数列求和

【学习目标】

掌握数列求和的几种常用方法。

一、核心突破

【命题方向 1】 分组转化求和

【典例 1】 已知$\{a_n\}$是等差数列,$\{b_n\}$是等比数列,且$b_2=3$,$b_3=9$,$a_1=b_1$,$a_{14}=b_4$。

(1) 求$\{a_n\}$的通项公式。

(2) 设$c_n=a_n+b_n$,求数列$\{c_n\}$的前n项和。

解:(1) 等比数列$\{b_n\}$的公比$q=\frac{b_3}{b_2}=\frac{9}{3}=3$,所以$b_1=\frac{b_2}{q}=1$,$b_4=b_3q=27$。

设等差数列$\{a_n\}$的公差为d。因为$a_1=b_1=1$,$a_{14}=b_4=27$,所以$1+13d=27$,即$d=2$。所以$a_n=2n-1(n=1,2,3,\cdots)$。

(2) 由(1)知,$a_n=2n-1$,$b_n=3^{n-1}$。因此$c_n=a_n+b_n=2n-1+3^{n-1}$。

从而数列$\{c_n\}$的前n项和$S_n=1+3+5+\cdots+(2n-1)+1+3+\cdots+3^{n-1}=\frac{n(1+2n-1)}{2}+\frac{1-3^n}{1-3}=n^2+\frac{3^n-1}{2}$。

[**方法规律总结**]　分组转化求和法

如果一个数列的每一项是由几个独立的项组合而成,并且各独立项也可组成等差或等比数列,则该数列的前n项和可考虑拆项后利用公式求解。

【跟踪练习 1】　求和:$1\frac{1}{2}+2\frac{1}{4}+3\frac{1}{8}+\cdots+\left(n+\frac{1}{2^n}\right)=$__________。

【命题方向 2】　裂项相消求和

【典例 2】　等比数列$\{a_n\}$的各项均为正数,且$2a_1+3a_2=1$,$a_3^2=9a_2a_6$。

(1) 求数列$\{a_n\}$的通项公式。

(2) 设$b_n=\log_3a_1+\log_3a_2+\cdots+\log_3a_n$,求数列$\left\{\frac{1}{b_n}\right\}$的前$n$项和。

解:(1) 设数列$\{a_n\}$的公比为q,由$a_3^2=9a_2a_6$得$a_3^2=9a_4^2$,所以$q^2=\frac{1}{9}$。由条件可知$q>0$,故$q=\frac{1}{3}$。由$2a_1+3a_2=1$得$2a_1+3a_1q=1$,所以$a_1=\frac{1}{3}$。

故数列$\{a_n\}$的通项公式为$a_n=\frac{1}{3^n}$。

(2) $b_n=\log_3a_1+\log_3a_2+\cdots+\log_3a_n=-(1+2+\cdots+n)=-\frac{n(n+1)}{2}$。

故$\frac{1}{b_n}=-\frac{2}{n(n+1)}=-2\left(\frac{1}{n}-\frac{1}{n+1}\right)$,$\frac{1}{b_1}+\frac{1}{b_2}+\cdots+\frac{1}{b_n}=-2\left[\left(1-\frac{1}{2}\right)+\left(\frac{1}{2}-\frac{1}{3}\right)+\cdots+\left(\frac{1}{n}-\frac{1}{n+1}\right)\right]=-\frac{2n}{n+1}$。

所以数列$\left\{\frac{1}{b_n}\right\}$的前$n$项和为$-\frac{2n}{n+1}$。

[**方法规律总结**]　裂项求和法

对于裂项后明显有能够相消的项的一类数列,在求和时常用"裂项法",分式的求和多利用此法。可用待定系数法对通项公式进行拆项,相消时应注意消去项的规律,即消去哪些项,保留哪些项,例如:

(1) 若$\{a_n\}$为等差数列,公差为d,则$\frac{1}{a_n\cdot a_{n+1}}=\frac{1}{d}\left(\frac{1}{a_n}-\frac{1}{a_{n+1}}\right)$;

(2) $\frac{1}{\sqrt{n+1}+\sqrt{n}}=\sqrt{n+1}-\sqrt{n}$等。

【跟踪训练 2】　已知正项等差数列$\{a_n\}$的前n项和为S_n,且满足$a_1+a_5=\frac{2}{7}a_3^2$,$S_7=63$。

(1) 求数列$\{a_n\}$的通项公式。

(2) 若数列$\{b_n\}$满足$b_1=a_1$,$b_{n+1}-b_n=a_{n+1}$,求数列$\left\{\frac{1}{b_n}\right\}$的前$n$项和$T_n$。

【命题方向3】 错位相减法

【典例3】 已知数列$\{a_n\}$的前n项和$S_n=3n^2+8n$,$\{b_n\}$是等差数列,且$a_n=b_n+b_{n+1}$。

(1) 求数列$\{b_n\}$的通项公式。

(2) 令$c_n=\frac{(a_n+1)^{n+1}}{(b_n+2)^n}$。求数列$\{c_n\}$的前$n$项和$T_n$。

解:(1) 由题意当$n\geqslant 2$时,$a_n=S_n-S_{n-1}=6n+5$。

当$n=1$时,$a_1=S_1=11$,所以$a_n=6n+5(n\in\mathbf{N}^*)$。

设数列$\{b_n\}$的公差为d,由$\begin{cases}a_1=b_1+b_2\\a_2=b_2+b_3\end{cases}$,即$\begin{cases}11=2b_1+d\\17=2b_1+3d\end{cases}$,解得$b_1=4$,$d=3$,所以$b_n=3n+1(n\in\mathbf{N}^*)$。

(2) 由(1)知$c_n=\frac{(6n+6)^{n+1}}{(3n+3)^n}=3(n+1)\cdot 2^{n+1}$。又$T_n=c_1+c_2+c_3+\cdots+c_n$,

即$T_n=3[2\times 2^2+3\times 2^3+4\times 2^4+\cdots+(n+1)2^{n+1}]$,

所以$2T_n=3[2\times 2^3+3\times 2^4+4\times 2^5+\cdots+(n+1)2^{n+2}]$。

以上两式两边相减得$-T_n=3[2\times 2^2+2^3+2^4+\cdots+2^{n+1}-(n+1)2^{n+2}]=3\left[4+\frac{4(2^n-1)}{2-1}-(n+1)2^{n+2}\right]=-3n\cdot 2^{n+2}$。

所以$T_n=3n\cdot 2^{n+2}$。

[方法规律总结] 错位相减法

若数列$\{a_n\}$为等差数列,数列$\{b_n\}$是等比数列,由这两个数列的对应项乘积组成的新数列为$\{a_nb_n\}$,当求该数列的前n项的和时,常常采用将$\{a_nb_n\}$的各项乘以公比q,然后错位一项与$\{a_nb_n\}$的同次项对应相减,即可转化为特殊数列的求和,所以这种数列求和的方法称为错位相减法。

【跟踪训练3】 已知数列$\{a_n\}$中,$a_1=3$,点(a_n,a_{n+1})在直线$y=x+2$上。

(1) 求数列$\{a_n\}$有通项公式。

(2) 若$b_n=a_n\cdot 3^n$,求数列$\{b_n\}$的前n项和T_n。

二、课堂练习

1. 已知$\{a_n\}$是公差为3的等差数列,数列$\{b_n\}$满足$b_1=1$,$b_2=\frac{1}{3}$,$a_nb_{n+1}+b_{n+1}=nb_n$。

(1) 求$\{a_n\}$的通项公式;

(2) 求$\{b_n\}$的前n项和。

2. 已知$\{a_n\}$是等比数列,前n项和为$S_n(n\in\mathbf{N}^*)$,且$\frac{1}{a_1}-\frac{1}{a_2}=\frac{2}{a_3}$,$S_6=63$。

(1) 求$\{a_n\}$的通项公式;

(2) 若对任意的$n\in\mathbf{N}^*$,b_n是$\log_2 a_n$和$\log_2 a_{n+1}$的等差中项,求数列$\{(-1)^n b_n^2\}$的前$2n$项和。

第12章　不　等　式

12.1　不等关系与不等式

【学习目标】

1. 初步学会作差法比较两实数的大小。
2. 掌握不等式的基本性质，并能运用这些性质解决有关问题。

一、阅读提纲

【疑点识记】

1. 比较实数 a,b 的大小

(1) 文字叙述

如果 $a-b$ 是正数，那么 a ______ b；

如果 $a-b$ 等于______，那么 $a=b$；

如果 $a-b$ 是负数，那么 a ______ b，反之也成立。

(2) 符号表示

$a-b>0\Leftrightarrow a$ ______ b；

$a-b=0\Leftrightarrow a$ ______ b；

$a-b<0\Leftrightarrow a$ ______ b。

2. 常用的不等式的基本性质

(1) $a>b\Leftrightarrow b$ ______ a（对称性）；

(2) $a>b,b>c\Rightarrow a$ ______ c（传递性）；

(3) $a>b\Rightarrow a+c$ ______ $b+c$（可加性）；

(4) $a>b,c>0\Rightarrow ac$ ______ bc；$a>b,c<0\Rightarrow ac$ ______ bc；

(5) $a>b,c>d\Rightarrow a+c$ ______ $b+d$；

(6) $a>b>0,c>d>0\Rightarrow ac$ ______ bd；

(7) $a>b>0,n\in\mathbf{N},n\geqslant2\Rightarrow a^n$ ______ b^n；

(8) $a>b>0,n\in\mathbf{N},n\geqslant2\Rightarrow\sqrt[n]{a}$ ______ $\sqrt[n]{b}$。

【问题探究】

问题1：限速 40 km/h 的路标，指示司机在前方路段行驶时，应使汽车的速度 v 不超过 40 km/h，用不等式如何表示？

问题2：试用不等式表示下列关系：

(1) a 大于 b，a ______ b；

(2) a 小于 b,a ______ b;

(3) a 不超过 b,a ______ b;

(4) a 不小于 b,a ______ b。

问题 3:x^2+1 与 $2x$ 两式都随 x 的变化而变化,其大小关系并不显而易见。你能想个办法,比较 x^2+1 与 $2x$ 的大小,而且具有说服力吗?

问题 4:上例展示了在比较大小方面作差法的优势。那么作差法的理论依据是什么?

问题 5:不等式性质是证明不等式、解不等式的依据,下面是常用的不等式性质,你可以尝试使用作差法和已经证明的不等式性质予以证明。(与课本对照,做对了吗?)

(1) $a>b \Leftrightarrow b<a$(对称性);

(2) $a>b, b>c \Rightarrow a>c$(传递性);

(3) $a>b \Rightarrow a+c>b+c$(可加性);

(4) $a>b, c>0 \Rightarrow ac>bc$;$a>b, c<0 \Rightarrow ac<bc$;

(5) $a>b, c>d \Rightarrow a+c>b+d$;

(6) $a>b>0, c>d>0 \Rightarrow ac>bd$;

(7) $a>b>0, n\in \mathbf{N}, n\geqslant 2 \Rightarrow a^n>b^n$;

(8) $a>b>0, n\in \mathbf{N}, n\geqslant 2 \Rightarrow \sqrt[n]{a}>\sqrt[n]{b}$。

二、核心突破

【命题方向 1】 用不等式表示不等关系

【典例 1】 某钢铁厂要把长度为 4 000 mm 的钢管截成 500 mm 和 600 mm 两种,按照生产的要求,600 mm 钢管的数量不能超过 500 mm 钢管的 3 倍。试写出满足上述所有不等关系的不等式。

解:设截得 500 mm 的钢管 x 根,截得 600 mm 的钢管 y 根,依题意,可得不等式组:

$$\begin{cases}500x+600y\leqslant 4\,000\\ 3x\geqslant y\\ x\geqslant 0\\ y\geqslant 0\end{cases},\text{即}\begin{cases}5x+6y\leqslant 40\\ 3x\geqslant y\\ x\geqslant 0\\ y\geqslant 0\end{cases}。$$

[方法规律总结] 用不等式(组)表示实际问题中不等关系的步骤:

(1) 审题。通读题目,分清楚已知量和待求量,设出待求量。找出体现不等关系的关键词:"至少""至多""不少于""不多于""超过""不超过"等。

(2) 列不等式组:分析题意,找出已知量和待求量之间的约束条件,将各约束条件用不等式表示。

【跟踪练习 1】 某种杂志原以每本 2.5 元的价格销售,可以售出 8 万本。根据市场调查,若单价每提高 0.1 元,销售量就可能相应减少 2 000 本,若把提价后杂志的定价设为 x 元,怎样用不等式表示销售的总收入仍不低于 20 万元?

【命题方向 2】 比较数或式子的大小

【典例 2】 已知 $x<y<0$,比较 $(x^2+y^2)(x-y)$ 与 $(x^2-y^2)(x+y)$ 的大小。

解:因为 $x<y<0$,$xy>0$,$x-y<0$,所以 $(x^2+y^2)(x-y)-(x^2-y^2)(x+y)=-2xy(x-y)>0$。

因此$(x^2+y^2)(x-y)>(x^2-y^2)(x+y)$。

[方法规律总结]　比较两个代数式大小的步骤。

(1) 作差:对要比较大小的两个数(或式子)作差。

(2) 变形:对差进行变形。

(3) 判断差的符号:结合变形的结果及题设条件判断差的符号。

(4) 作出结论。

这种比较大小的方法通常称为作差比较法。其思维过程:作差→变形→判断符号→结论,其中变形是判断符号的前提。

【跟踪训练 2】　设$a\in\mathbf{R}$且$a\neq0$,比较a与$\frac{1}{a}$的大小。

【命题方向 3】　不等式性质的应用

【典例 3】　对于实数a、b、c,有下列结论:

① 若$a>b$,则$ac<bc$;

② 若$ac^2>bc^2$,则$a>b$;

③ 若$a<b<0$,则$a^2>ab>b^2$;

④ 若$c>a>b>0$,则$\frac{a}{c-a}>\frac{b}{c-b}$;

⑤ 若$a>b$,$\frac{1}{a}>\frac{1}{b}$,则$a>0$,$b<0$。

其中正确结论的个数是(　　)。

A. 2　　B. 3　　C. 4　　D. 5

解析: ① c的正、负或是否为零未知,因而判断ac与bc的大小缺乏依据,故该结论错误。

② 由$ac^2>bc^2$知$c\neq0$,又$c^2>0$,所以$a>b$,故②是正确的。

③ $\left.\begin{matrix}a<b<0\\a<0\end{matrix}\right\}\Rightarrow a^2>ab$,$\left.\begin{matrix}a<b\\b<0\end{matrix}\right\}\Rightarrow ab>b^2$,$\left\{\begin{matrix}a^2>ab\\ab>b^2\end{matrix}\right.\Rightarrow a^2>ab>b^2$。故③正确。

④ $a>b>0\Rightarrow -a<-b\Rightarrow c-a<c-b$。因为$c>a$,得出$c-a>0$。所以$0<c-a<c-b$。

两边同乘以$\frac{1}{(c-a)(c-b)}$,得$\frac{1}{c-a}>\frac{1}{c-b}>0$。

又因为$a>b>0$,

所以$\frac{a}{c-a}>\frac{b}{c-b}$。故④正确。

⑤ 由已知条件知$a>b\Rightarrow a-b>0$,$\frac{1}{a}>\frac{1}{b}\Rightarrow\frac{1}{a}-\frac{1}{b}>0\Rightarrow\frac{b-a}{ab}>0$。

因为$a-b>0$,得出$b-a<0$。所以$ab<0$。

又$a>b$,所以$a>0$,$b<0$。故⑤正确。

综上可知,命题②、③、④、⑤都正确。

[方法规律总结]　有关不等式的证明,最基本的依据是不等式的 8 条基本性质,在解不等式时,对不等式进行有关变形的依据也是 8 条基本性质。

【跟踪训练 3】　若$x>y$,$m>n$,下列不等式正确的是(　　)。

A. $x-m>y-n$　　B. $xm>yn$　　C. $\frac{x}{n}>\frac{y}{m}$　　D. $m-y>n-x$

三、课堂练习

1. 若 $a,b,c\in\mathbf{R}$，$a>b$，则下列不等式成立的是(　　)。

A. $\dfrac{1}{a}<\dfrac{1}{b}$　　B. $a^2>b^2$　　C. $\dfrac{a}{c^2+1}>\dfrac{b}{c^2+1}$　　D. $a|c|>b|c|$

2. 若 $x\in(e^{-1},1)$，$a=\ln x$，$b=2\ln x$，$c=\ln^3 x$，则(　　)。

A. $a<b<c$　　B. $c<a<b$　　C. $b<a<c$　　D. $b<c<a$

3. 设 $a,b\in\mathbf{R}$，若 $a-|b|>0$，则下列不等式中正确的是(　　)。

A. $b-a>0$　　B. $a^3+b^3<0$　　C. $a^2-b^2<0$　　D. $b+a>0$

4. 若 $1\leqslant a\leqslant 5$，$-1\leqslant b\leqslant 2$，则 $a-b$ 的取值范围为__________。

5. 设 $n>1$，$n\in\mathbf{N}$，$A=\sqrt{n}-\sqrt{n-1}$，$B=\sqrt{n+1}-\sqrt{n}$，则 A 与 B 的大小关系为________。

12.2　一元二次不等式及其解法(一)

【学习目标】

1. 理解一元二次方程、一元二次不等式与二次函数的关系。
2. 掌握图像法解一元二次不等式。
3. 体会数形结合、分类讨论思想。

一、阅读提纲

【疑点识记】

一元二次不等式与二次函数、一元二次方程的关系如下表所示：

判别式 $\Delta=b^2-4ac$	$\Delta>0$	$\Delta=0$	$\Delta<0$
二次函数 $y=ax^2+bx+c$ $(a>0)$的图像	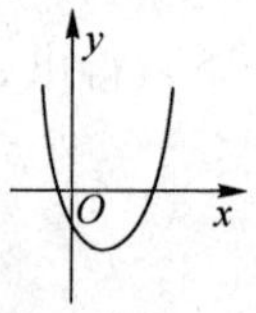	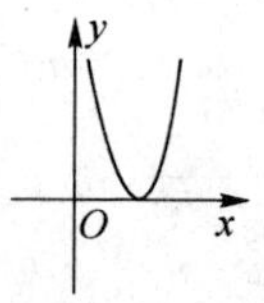	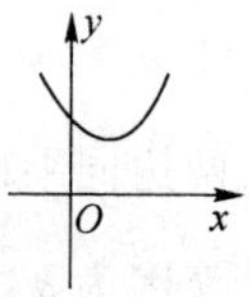
一元二次方程 $ax^2+bx+c=0(a>0)$的根	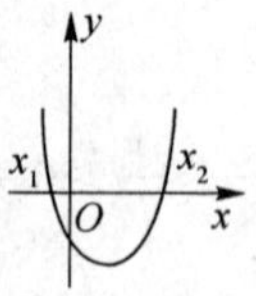	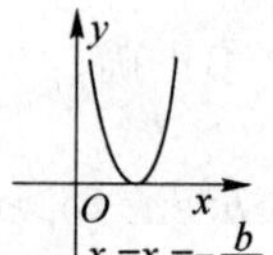 $x_1=x_2=-\dfrac{b}{2a}$	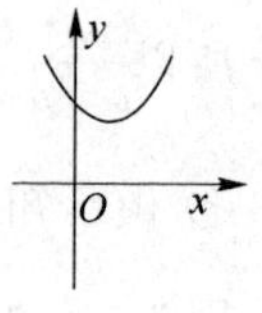
$ax^2+bx+c>0$ $(a>0)$的解集	①	②	③
$ax^2+bx+c<0$ $(a>0)$的解集	④	⑤	⑥

【问题探究】

问题1：作出函数 $y=x^2-x-6$ 的图像，根据图像完成下列问题。

(1) 方程 $x^2-x-6=0$ 的解集是__________；

(2) 不等式 $x^2-x-6>0$ 的解集是__________；

(3) 不等式 $x^2-x-6<0$ 的解集是__________。

问题2:作出函数 $y=-x^2+4x-3$ 的图像,根据图像完成下列问题。

(1) 方程 $-x^2+4x-3=0$ 的解集是__________；

(2) 不等式 $-x^2+4x-3>0$ 的解集是__________；

(3) 不等式 $-x^2+4x-3<0$ 的解集是__________。

问题3:由问题1和2探寻一元二次不等式与相应的一元二次方程、二次函数的联系。

二、核心突破

【命题方向1】　一元二次不等式的解法

【典例1】　解下列不等式:

(1) $x^2-3x+5>0$；

(2) $-6x^2-x+2\geqslant 0$；

(3) $-4x^2\geqslant 1-4x$；

(4) $2x^2-4x+7<0$。

解: (1) 因为 $\Delta=(-3)^2-4\times 5=9-20<0$,所以 $x^2-3x+5>0$ 的解集为 $\mathbf{R}$。

(2) 原不等式可化为 $6x^2+x-2\leqslant 0$。

因为 $\Delta=1^2-4\times 6\times(-2)=49>0$,所以方程 $6x^2+x-2=0$ 有两个不同实根,分别是 $-\frac{2}{3},\frac{1}{2}$。

因此原不等式的解集为 $\left\{x\middle|-\frac{2}{3}\leqslant x\leqslant\frac{1}{2}\right\}$。

(3) 原不等式可化为 $4x^2-4x+1\leqslant 0$,即 $(2x-1)^2\leqslant 0$。

所以原不等式的解集是 $\left\{x\middle|x=\frac{1}{2}\right\}$。

(4) 因为 $\Delta=(-4)^2-4\times 2\times 7=-40<0$,所以不等式 $2x^2-4x+7<0$ 的解集为 $\varnothing$。

[方法规律总结]　解一元二次不等式的一般步骤:

(1) 将一元二次不等式化为一端为0的形式(习惯上二次项系数大于0)；

(2) 求出相应二次方程的根,或判断出方程没有实根；

(3) 画出相应二次函数示意草图,方程有根的将根标在图中；

(4) 观察图像中位于 x 轴上方或下方的部分,对比不等式中不等号的方向,写出解集。

【跟踪练习1】　设集合 $A=\{x|x^2-3x-4<0\}$,$B=\{x|x>1\}$,则 $A\cap B=($　　$)$。

A. $(1,4)$　　B. $(-1,1)$　　C. $(1,+\infty)$　　D. $(-1,+\infty)$

【命题方向2】　"三个二次"关系的应用

【典例2】　若不等式 $ax^2+bx+c\geqslant 0$ 的解集是 $\left\{x\middle|-\frac{1}{3}\leqslant x\leqslant 2\right\}$,求不等式 $cx^2+bx+a<0$ 的解集。

解: 由 $ax^2+bx+c\geqslant 0$ 的解集为 $\left\{x\middle|-\frac{1}{3}\leqslant x\leqslant 2\right\}$,知 $a<0$。

又$\left(-\frac{1}{3}\right)\times 2=\frac{c}{a}<0$,则 $c>0$。

又$-\frac{1}{3}$,2 为方程 $ax^2+bx+c=0$ 的两个根,所以$-\frac{b}{a}=\frac{5}{3}$,得$\frac{b}{a}=-\frac{5}{3}$。

又$\frac{c}{a}=-\frac{2}{3}$,所以 $b=-\frac{5}{3}a$,$c=-\frac{2}{3}a$。

因此不等式 $cx^2+bx+a<0$ 化为$\left(-\frac{2}{3}a\right)x^2+\left(-\frac{5}{3}a\right)x+a<0$,即 $2ax^2+5ax-3a>0$。

又因为 $a<0$,所以 $2x^2+5x-3<0\Leftrightarrow(2x-1)(x+3)<0$。

所以不等式 $cx^2+bx+a<0$ 的解集为$\left\{x\mid -3<x<\frac{1}{2}\right\}$。

[方法规律总结] (1) 一元二次不等式 $ax^2+bx+c>0(a\neq 0)$ 的解集的端点值是一元二次方程 $ax^2+bx+c=0$ 的根,也是函数 $y=ax^2+bx+c$ 的图像与 x 轴交点的横坐标。

(2) 注意灵活运用根与系数的关系解决问题。

【跟踪训练 2】 已知方程 $ax^2+bx+2=0$ 的两根为$-\frac{1}{2}$和 2。

(1) 求 a、b 的值。

(2) 解不等式 $ax^2+bx-1>0$。

【命题方向 3】 一元二次不等式的实际应用

【典例 3】 某热带风暴中心 B 位于海港城市 A 东偏南 30°的方向,与 A 市相距 400 km。该热带风暴中心 B 以 40 km/h 的速度向正北方向移动,影响范围的半径是 350 km。问:从此时起,经多少时间后 A 市将受热带风暴影响,大约受影响多长时间?

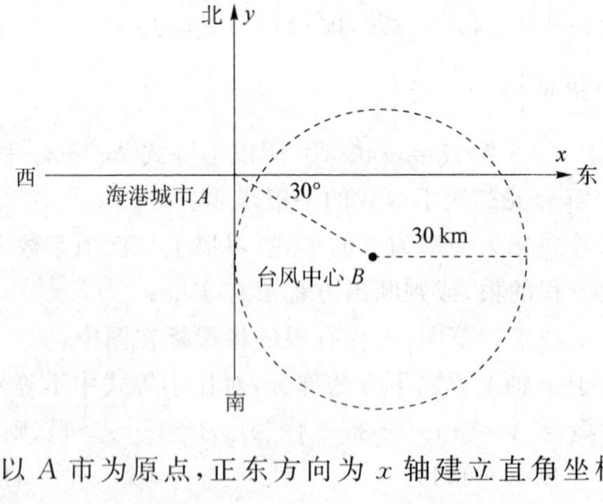

解:如上图所示,以 A 市为原点,正东方向为 x 轴建立直角坐标系。因为 $AB=400$,$\angle BAx=30°$,所以台风中心 B 的坐标为$(200\sqrt{3},-200)$,x h 后台风中心 B 到达点 $P(200\sqrt{3},40x-200)$处。

由已知,A 市受台风影响时,有$|AP|\leqslant 350$,

即$(200\sqrt{3})^2+(40x-200)^2\leqslant 350^2$,

整理得 $16x^2-160x+375\leqslant 0$,

解这个不等式得 $3.75\leqslant x\leqslant 6.25$。

A 市受台风影响的时间为 $6.25-3.75=2.5$。

故在 3.75 h 后，A 市会受到台风的影响，时间长达 2.5 h。

[方法规律总结]　一元二次不等式应用题常以二次函数为模型，解题时要弄清题意，准确找出其中的不等关系，再利用一元二次不等式求解，确定答案时应注意变量具有的“实际含义”。

【跟踪训练 3】　汽车在行驶中，由于惯性作用，刹车后还要向前滑行一段距离才能停住，我们称这段距离为“刹车距离”。刹车距离是分析事故的一个重要因素，在一个限速 40 km/h以内的弯道上，甲、乙两车相向而行，发现情况不对，同时刹车，但还是相碰了。事后现场测得甲车的刹车略超过 12 m，乙车的刹车略超过 10 m，又知甲、乙两种车型的刹车距离 s(m)与车速 x(km/h)之间有如下关系：$s_{甲}=0.1x+0.01x^2$，$s_{乙}=0.05x+0.005x^2$。

问：超速行驶应负主要责任的是谁？

三、课堂练习

1. 一元二次方程 $ax^2+bx+c=0$ 的根为 $2,-1$，则当 $a<0$ 时，不等式 $ax^2+bx+c\geqslant 0$ 的解集为(　　)。

A. $\{x|x<-1$ 或 $x>2\}$　　B. $\{x|x\leqslant -1$ 或 $x\geqslant 2\}$

C. $\{x|-1<x<2\}$　　D. $\{x|-1\leqslant x\leqslant 2\}$

2. 函数 $y=\lg(x^2-4)+\sqrt{x^2+6x}$ 的定义域是(　　)。

A. $(-\infty,-2)\cup[0,+\infty)$　　B. $(-\infty,-6]\cup(2,+\infty)$

C. $(-\infty,-2]\cup[2,+\infty)$　　D. $(-\infty,-6)\cup[6,+\infty)$

3. 设函数 $f(x)=\begin{cases}x^2-4x+6, & x\geqslant 0\\ x+6, & x<0\end{cases}$，则不等式 $f(x)>f(1)$ 的解是(　　)。

A. $(-3,1)\cup(3,+\infty)$　　B. $(-3,1)\cup(2,+\infty)$

C. $(-1,1)\cup(3,+\infty)$　　D. $(-\infty,-3)\cup(1,3)$

4. 已知 x_1、x_2 是方程 $x^2-(k-2)x+k^2+3k+5=0(k\in\mathbf{R})$ 的两个实数根，则 $x_1^2+x_2^2$ 的最大值为(　　)。

A. 18　　B. 19　　C. $\frac{50}{9}$　　D. 不存在

5. 已知不等式 $ax^2+bx-1>0$ 的解集是 $\{x|3<x<4\}$，则不等式 $x^2+bx-a\leqslant 0$ 的解集是________________。

12.3　一元二次不等式及其解法(二)

【学习目标】

1. 能够从实际生活和生产中抽象出一元二次不等式的模型，并加以解决。
2. 掌握含参数一元二次不等式有解或恒成立问题的讨论方法。

一、阅读提纲

【疑点识记】

处理不等式恒成立问题的常用方法：

1. 一元二次不等式恒成立的情况。

$ax^2+bx+c>0\ (a\neq 0)$恒成立$\Leftrightarrow$________；

$ax^2+bx+c\leqslant 0\ (a\neq 0)$恒成立$\Leftrightarrow$________。

2. 一般地，若函数 $y=f(x),x\in D$ 既存在最大值，也存在最小值，则：

$a>f(x),x\in D$ 恒成立$\Leftrightarrow$______，$a<f(x),x\in D$ 恒成立$\Leftrightarrow$______。

【问题探究】

问题 1：$x-1>0$ 在区间$[2,3]$上恒成立的几何意义是什么？区间$[2,3]$与不等式 $x-1>0$的解集有什么关系？

问题 2：一般地，“不等式 $f(x)>0$ 在区间$[a,b]$上恒成立”的几何意义是函数 $y=f(x)$ 在区间$[a,b]$上的图像全部在 x 轴________方。区间$[a,b]$ 是不等式 $f(x)>0$ 的解集的________。

问题 3：含参数的一元二次不等式的解法。

(1) 不等式 $a(x-1)(x-2)<0(a\neq 0)$的解集与 a 的取值有关吗？

(2) 不等式$(x-m)\left(x+\dfrac{m}{2}\right)\geqslant 0$ 的解集是$\left(-\dfrac{m}{2},m\right)$吗？为什么？上面的问题给你什么启示？

二、核心突破

【命题方向 1】 含参数的一元二次不等式的解法

【典例 1】 解关于 x 的不等式 $ax^2-(a+1)x+1<0$。

解：(1) 当 $a=0$ 时，原不等式可化为$-x+1<0$，所以 $x>1$。

(2) 当 $a\neq 0$ 时，原不等式可化为$(ax-1)(x-1)<0$。

当 $a<0$ 时，不等式可化为$\left(x-\dfrac{1}{a}\right)(x-1)>0$，

因为$\dfrac{1}{a}<1$，所以 $x<\dfrac{1}{a}$或 $x>1$；

当 $a>0$ 时，不等式可化为$\left(x-\dfrac{1}{a}\right)(x-1)<0$，

若$\dfrac{1}{a}<1$，即 $a>1$，则$\dfrac{1}{a}<x<1$；

若$\dfrac{1}{a}=1$，即 $a=1$，则 $x\in\varnothing$；

若$\dfrac{1}{a}>1$，即 $0<a<1$，则 $1<x<\dfrac{1}{a}$。

综上所述，原不等式的解集如下：

当 $a<0$ 时，$\{x\mid x<\dfrac{1}{a}$或 $x>1\}$；

当 $a=0$ 时，$\{x|x>1\}$；

当 $0<a<1$ 时，$\{x|1<x<\frac{1}{a}\}$；

当 $a=1$ 时，$x\in\varnothing$；

当 $a>1$ 时，$\{x|\frac{1}{a}<x<1\}$。

[方法规律总结] 解含参数的一元二次不等式时：

(1) 若二次项系数含有参数，则需对二次项系数大于 0 与小于 0 进行讨论；

(2) 若求对应一元二次方程的根，需对判别式 Δ 进行讨论；

(3) 若求出的根中含有参数，则应对两根的大小进行讨论。

【跟踪练习 1】 解关于 x 的不等式 $ax^2-x+1>0$。

【命题方向 2】 不等式恒成立的问题

【典例 2】 关于 x 的不等式 $(1+m)x^2+mx+m<x^2+1$ 对 $x\in\mathbf{R}$ 恒成立，求实数 m 的取值范围。

解：原不等式等价于 $mx^2+mx+m-1<0$ 对 $x\in\mathbf{R}$ 恒成立。

当 $m=0$ 时，$0\cdot x^2+0\cdot x-1<0$ 对 $x\in\mathbf{R}$ 恒成立。

当 $m\neq0$ 时，由题意，得

$$\begin{cases}m<0,\\ \Delta=m^2-4m(m-1)<0\end{cases}\Leftrightarrow\begin{cases}m<0\\ 3m^2-4m>0\end{cases}\Leftrightarrow\begin{cases}m<0\\ m<0，或\ m>\frac{4}{3}\end{cases}\Leftrightarrow m<0。$$

综上所述，m 的取值范围为 $m\leqslant0$。

[方法规律总结] 正确处理不等式有解和不等式恒成立问题。

(1) 一元二次不等式恒成立问题

① $ax^2+bx+c>0(a\neq0)$ 恒成立（或解集为 $\mathbf{R}$）时，满足 $\begin{cases}a>0\\ \Delta<0\end{cases}$；

② $ax^2+bx+c\geqslant0(a\neq0)$ 恒成立（或解集为 $\mathbf{R}$）时，满足 $\begin{cases}a>0\\ \Delta\leqslant0\end{cases}$；

③ $ax^2+bx+c<0(a\neq0)$ 恒成立（或解集为 $\mathbf{R}$）时，满足 $\begin{cases}a<0\\ \Delta<0\end{cases}$；

④ $ax^2+bx+c\leqslant0(a\neq0)$ 恒成立（或解集为 $\mathbf{R}$）时，满足 $\begin{cases}a<0\\ \Delta\leqslant0\end{cases}$。

(2) 不等式有解问题

① 若 $ax^2+bx+c>0(a\neq0)$ 有解，则 $a>0$ 或 $\begin{cases}a<0\\ \Delta>0\end{cases}$；

② 若 $ax^2+bx+c\geqslant0(a\neq0)$ 有解，则 $a>0$，或 $\begin{cases}a<0\\ \Delta\geqslant0\end{cases}$。

【跟踪训练 2】 已知不等式 $ax^2+(a-1)x+a-1<0$ 对于所有的实数 x 都成立，求 a 的取值范围。

三、课堂练习

1. 若不等式 $x^2+mx+1\geqslant0$ 的解集为 $\mathbf{R}$，则实数 m 的取值范围是(　　)。

A. $m\geqslant 2$　　B. $m\leqslant -2$

C. $m\leqslant -2$ 或 $m\geqslant 2$　　D. $-2\leqslant m\leqslant 2$

2. 若 $0<t<1$,则不等式 $x^2-\left(t+\dfrac{1}{t}\right)x+1<0$ 的解集是(　　)。

A. $\left\{x\mid \dfrac{1}{t}<x<t\right\}$　　B. $\left\{x\mid x>\dfrac{1}{t}\text{或}x<t\right\}$

C. $\left\{x\mid x<\dfrac{1}{t}\text{或}x>t\right\}$　　D. $\left\{x\mid t<x<\dfrac{1}{t}\right\}$

3. 已知不等式 $x^2+ax+4<0$ 的解集为空集,则 a 的取值范围是(　　)。

A. $-4\leqslant a\leqslant 4$　　B. $-4<a<4$

C. $a\leqslant -4$ 或 $a\geqslant 4$　　D. $a<-4$ 或 $a>4$

4. 若 $f(x)=-x^2+mx-1$ 的函数值有正值,则 m 的取值范围是(　　)。

A. $m<-2$ 或 $m>2$　　B. $-2<m<2$

C. $m\neq\pm 2$　　D. $1<m<3$

5. 解关于 x 的不等式 $x^2-(a+a^2)x+a^3>0$。

12.4　二元一次不等式(组)与平面区域

【学习目标】

1. 了解二元一次不等式表示的平面区域。
2. 会画出二元一次不等式(组)表示的平面区域。

一、阅读提纲

【疑点识记】

1. 二元一次不等式(组)的概念

含有______未知数,并且未知数的次数是______的不等式叫作二元一次不等式。

由几个二元一次不等式组成的不等式组称为__________。

2. 二元一次不等式表示的平面区域

在平面直角坐标系中,二元一次不等式 $Ax+By+C>0$ 表示直线________某一侧所有点组成的平面区域,把直线画成_______以表示区域不包括边界。

不等式 $Ax+By+C\geqslant 0$ 表示的平面区域包括边界,把边界画成_______。

3. 二元一次不等式(组)表示平面区域的确定

(1) 直线 $Ax+By+C=0$ 同一侧的所有点的坐标 (x,y) 代入 $Ax+By+C$ 所得的符号都_______。

(2) 在直线 $Ax+By+C=0$ 的一侧取某个特殊点 (x_0,y_0),由________的符号可以断定 $Ax+By+C>0$ 表示的是直线 $Ax+By+C=0$ 哪一侧的平面区域。

【问题探究】

问题 1:在平面直角坐标系中,画出直线 $x-y+2=0$,并标出以下 9 个点:$O(0,0)$,$A(0,2)$,

$B(-2,0)$,$C(-1,1)$,$D(1,0)$,$E(0,-1)$,$F(-3,0)$,$G(-2,2)$,$H(0,3)$。

通过图像能得到哪些结论?

问题 2:在平面直角坐标系中,画出直线 $Ax+By+C=0$ 以后,需要判断出不等式 $Ax+By+C>0$ 与 $Ax+By+C<0$ 分别表示直线 $Ax+By+C=0$ 的哪一侧?

二、核心突破

【命题方向 1】 二元一次不等式表示的平面区域

【典例 1】 画出不等式 $2x+y-6\leqslant 0$ 表示的平面区域。

解:先画直线 $2x+y-6=0$(画成实线),把原点(0,0),代入 $2x+y-6$。

因为 $2\times 0+0-6=-6<0$,所以(0,0)在 $2x+y-6\leqslant 0$ 表示的平面区域内,不等式 $2x+y-6\leqslant 0$ 表示的区域如右图所示。

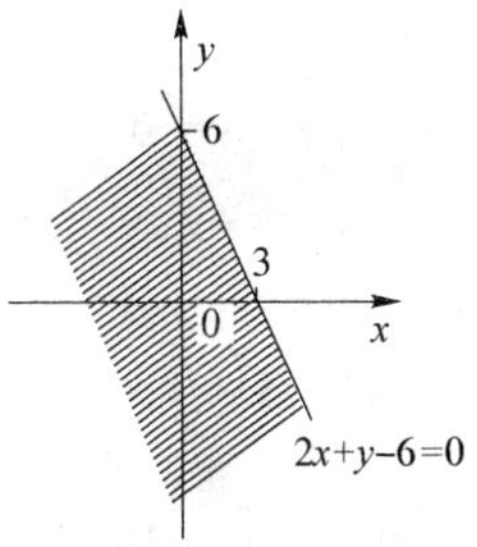

[**方法规律总结**] 由于在直线 $Ax+By+C=0$ 的同一侧的所有点(x,y),使实数 $Ax+By+C$ 的符号相同,所以只须在此直线的某侧任取一点(x_0,y_0),把它的坐标代入 $Ax+By+C$,由其值的符号即可判断 $Ax+By+C>0$(或<0)表示直线的哪一侧,当 $C\neq 0$ 时,常把原点作为此特殊点。

【跟踪练习 1】 画出不等式 $-x+2y-4<0$ 表示的平面区域。

【命题方向 2】 二元一次不等式组表示的平面区域

【典例 2】 画出下列不等式组表示的平面区域。

$$\begin{cases}x-y+5\geqslant 0\\ x+y+1\geqslant 0\\ x\leqslant 3\end{cases}$$

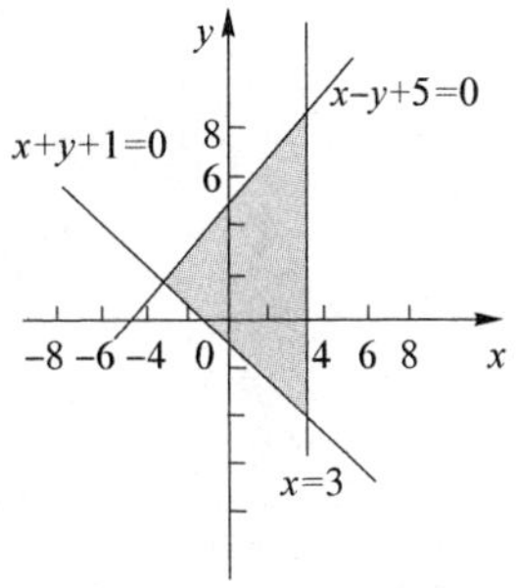

解:不等式 $x-y+5\geqslant 0$ 表示直线 $x-y+5=0$ 上及右下方的点的集合,$x+y+1\geqslant 0$ 表示直线 $x+y+1=0$ 上及右上方的点的集合,$x\leqslant 3$ 表示直线 $x=3$ 上及左方的点的集合,所以不等式组表示的平面区域为右图中阴影部分(包括边界)。

[**方法规律总结**] (1) 在画二元一次不等式组表示的平面区域时,应先画出每个不等式表示的区域,再取它们的公共部分即可。其步骤为:①画线;②定侧;③求"交";④表示。

(2) 要判断一个二元一次不等式所表示的平面区域,只需在它所对应的直线的某一侧取一个特殊点(x_0,y_0),从 Ax_0+By_0+C 的正负判断。

【跟踪训练 2】 在△ABC 中,$A(3,-1)$、$B(-1,1)$、$C(1,3)$,写出△ABC 区域(包括边界)所表示的二元一次不等式组。

【命题方向 3】 求平面区域的面积

【典例 3】 不等式组$\begin{cases}y\leqslant x\\ x+2y\leqslant 4\\ y\geqslant -2\end{cases}$表示的平面区域的面积为(　　)。

A. $\frac{25}{3}$　　B. $\frac{50}{3}$　　C. $\frac{100}{3}$　　D. $\frac{10}{3}$

解析:不等式组$\begin{cases}y\leqslant x\\x+2y\leqslant 4\\y\geqslant -2\end{cases}$表示的平面区域如下图所示。

由$\begin{cases}y=-2\\x-y=0\end{cases}$,得$\begin{cases}x=-2\\y=-2\end{cases}$。

由$\begin{cases}y=-2\\x+2y-4=0\end{cases}$,得$\begin{cases}x=8\\y=-2\end{cases}$。

由$\begin{cases}x-y=0\\x+2y-4=0\end{cases}$,得$\begin{cases}x=\frac{4}{3}\\y=\frac{4}{3}\end{cases}$。

所以$A\left(\frac{4}{3},\frac{4}{3}\right)$、$B(-2,-2)$、$C(8,-2)$。

所以$BC=10$,点A到边BC的距离$d=\frac{4}{3}-(-2)=\frac{10}{3}$。

所以平面区域的面积为$S=\frac{1}{2}\times 10\times\frac{10}{3}=\frac{50}{3}$。

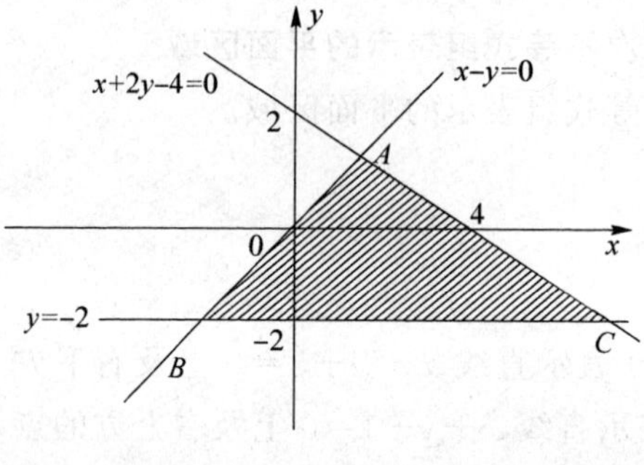

【方法规律总结】 求平面区域面积的方法

求平面区域面积,先画出不等式组表示的平面区域,然后根据区域的形状求面积。若图形为规则的,则直接利用面积公式求解;若图形为不规则图形,可采取分割的方法,将平面区域分为几个规则图形求解。

【跟踪训练 3】 不等式组$\begin{cases}x\leqslant 0\\y\geqslant 0\\y-x\leqslant 2\end{cases}$表示的平面区域的面积为________。

三、课堂练习

1. 已知点$(-1,2)$和$(3,-3)$在直线$3x+y-a=0$的两侧,则a的取值范围是(　　)。

A. $(-1,6)$　　B. $(-6,1)$

C. $(-\infty,-1)\cup(6,+\infty)$　　D. $(-\infty,-6)\cup(1,+\infty)$

2. 在平面直角坐标系中，不等式组$\begin{cases}x+y\geqslant 0\\x-y+4\geqslant 0\\x\leqslant a\end{cases}$（$a$ 为常数）表示的平面区域的面积是 9，那么实数 a 的值为（　　）。

A. $3\sqrt{2}+2$　　B. $-3\sqrt{2}+2$　　C. -5　　D. 1

3. 若不等式组$\begin{cases}x\geqslant 0\\x+3y\geqslant 4\\3x+y\leqslant 4\end{cases}$所表示的平面区域被直线 $y=kx+\frac{4}{3}$ 分为面积相等的两部分，则 k 的值是（　　）。

A. $\frac{7}{3}$　　B. $\frac{3}{7}$　　C. $\frac{4}{3}$　　D. $\frac{3}{4}$

4. 不等式组$\begin{cases}4x+3y\leqslant 12\\x-y>-1\\y\geqslant 0\end{cases}$表示的平面区域内整点的个数是（　　）。

A. 2 个　　B. 4 个　　C. 6 个　　D. 8 个

5. 若 A 为不等式组$\begin{cases}x\leqslant 0\\y\geqslant 0\\y-x\leqslant 2\end{cases}$表示的平面区域，则当 a 从 -2 连续变化到 1 时，动直线 $x+y=a$ 扫过 A 中的那部分区域的面积为__________。

12.5　简单的线性规划问题

【学习目标】

1. 了解线性规划的意义以及约束条件、目标函数、可行解、可行域、最优解等基本概念。
2. 了解线性规划问题的图解法，并能应用它解决一些简单的实际问题。

一、阅读提纲

【疑点识记】

线性规划中的基本概念

名称	意义
约束条件	由变量 x,y 组成的不等式或方程
线性约束条件	由 x,y 的______不等式(或方程)组成的不等式组
目标函数	欲求最大值或最小值所涉及的变量 x,y 的函数解析式
线性目标函数	关于 x,y 的______解析式
可行解	满足__________解(x,y)
可行域	所有______组成的集合
最优解	使目标函数取得______的可行解
线性规划问题	____________________________

【问题探究】

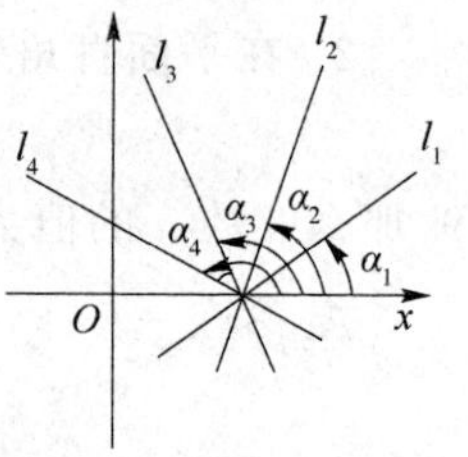

问题 1:直线 l_1,l_2,l_3,l_4 的图像如右图所示,$\alpha_1,\alpha_2,\alpha_3,\alpha_4$ 依次是它们的倾斜角。k_1,k_2,k_3,k_4 分别是 l_1,l_2,l_3,l_4 的斜率。试按从小到大的顺序排列 k_1,k_2,k_3,k_4。

问题 2:若 $x\geqslant 0,y\geqslant 0$,且 $x+y\leqslant 1$,将二元函数 $z=x+2y$ 看成直线方程,则 z 体现什么;直线具有怎样的特征?

问题 3:阅读课本,弄明白约束条件、线性约束条件、目标函数、线性目标函数、可行域、最优解的概念(答案见课本)。

问题 4:一些非线性目标函数的最值可以赋予几何意义,利用数形结合的思想加以解决,例如:

① $z=x^2+y^2$ 表示可行域中的点 (x,y) ________________;

② $z=(x-a)^2+(y-b)^2$ 表示可行域中的点 (x,y) ________________;

③ $z=\dfrac{y-b}{x-a}$ 表示可行域内的点 (x,y) ________________。

二、核心突破

【命题方向 1】 求线性目标函数的最值问题

【典例 1】 设 $z=2x+y$,式中变量 x、y 满足条件 $\begin{cases}x-4y\leqslant -3\\3x+5y\leqslant 25\\x\geqslant 1\end{cases}$,求 z 的最大值和最小值。

解:作出不等式组表示的平面区域(即可行域),如下图所示。

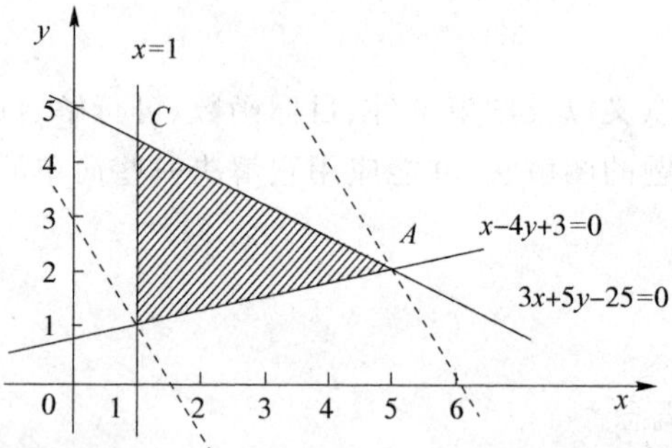

把 $z=2x+y$ 变形为 $y=-2x+z$,得到斜率为 -2,在 y 轴上的截距为 z,随 z 变化的一组平行直线。由上图可看出,当直线 $z=2x+y$ 经过可行域上的点 A 时,截距 z 最大,经过点 B 时,截距 z 最小。

解方程组 $\begin{cases}x-4y+3=0\\3x+5y-25=0\end{cases}$,得 A 点坐标为 $(5,2)$。

解方程组 $\begin{cases}x=1\\x-4y+3=0\end{cases}$,得 B 点坐标为 $(1,1)$。

[方法规律总结] 解线性规划问题的关键是准确地作出可行域,正确理解 z 的几何意义,对一个封闭图形而言,最优解一般在可行域的边界线交点处或边界线上取得。在解题中

也可由此快速找到最大值点或最小值点。

【跟踪练习 1】 若 x,y 满足约束条件 $\begin{cases}x-y+1\geqslant 0\\x-2y\leqslant 0\\x+2y-2\leqslant 0\end{cases}$，则 $z=x+y$ 的最大值为____________。

【命题方向 2】 简单的线性规划中的整数解

【典例 2】 设 $z=7x+5y$ 中的变量 x,y 满足下列条件 $\begin{cases}4x+3y-20\leqslant 0\\x-3y-2\leqslant 0\\x\geqslant 0\\y\geqslant 0\end{cases}$，当 x,y 是整数时，求 z 的最大值。

解：由题意知，作出可行域如右图所示。

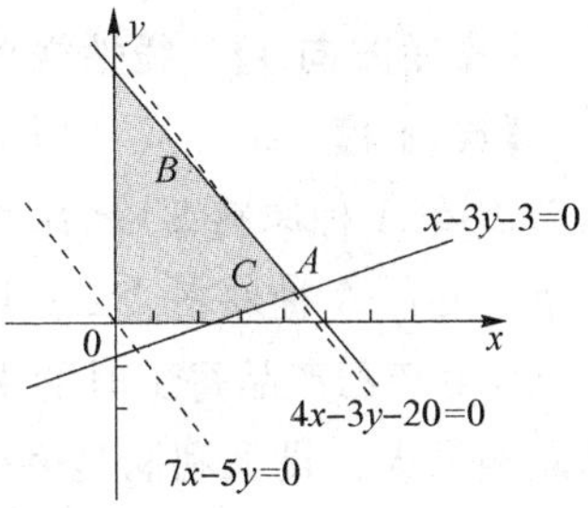

由方程组 $\begin{cases}4x+3y-20=0\\x-3y-2=0\end{cases}$，

解得交点 A 的坐标为 $\left(\dfrac{22}{5},\dfrac{4}{5}\right)$。

作直线 $7x+5y=0$，平行移动过点 A 时，$z=7x+5y$ 取最大值。

因为点 A 不是整数点，所以对应的 z 值不是最优解。

因为此时过点 A 的直线为 $7x+5y=\dfrac{174}{5}$，所以应考虑可行域中距离直线 $7x+5y=\dfrac{174}{5}$ 最近的整点，即 $B(2,4)$。又因为 $z_{(B)}=7\times2+5\times4=34$，所以 z 的最大值为 34。

[方法规律总结] 在求解最优解为整数点的题型时，若最优解不在直线的交点处，应考虑可行域中距离邻近最优解的边界线附近的整点，比较后作出正确的解答。

【跟踪训练 2】 不等式组 $\begin{cases}|x+y|\leqslant 1\\|x-y|\leqslant 1\end{cases}$ 表示的平面区域内整点的个数是(　　)。

A. 0　　　　B. 2　　　　C. 4　　　　D. 5

【命题方向 3】 非线性目标函数的最值问题

【典例 3】 已知 x、y 满足 $\begin{cases}x-y+2\geqslant 0\\x+y-4\geqslant 0\\2x-y-5\leqslant 0\end{cases}$，求：

(1) $z=x^2+y^2-10y+25$ 的最小值；

(2) $z=\dfrac{y+1}{x+1}$ 的取值范围。

解：作出可行域，如右图所示。

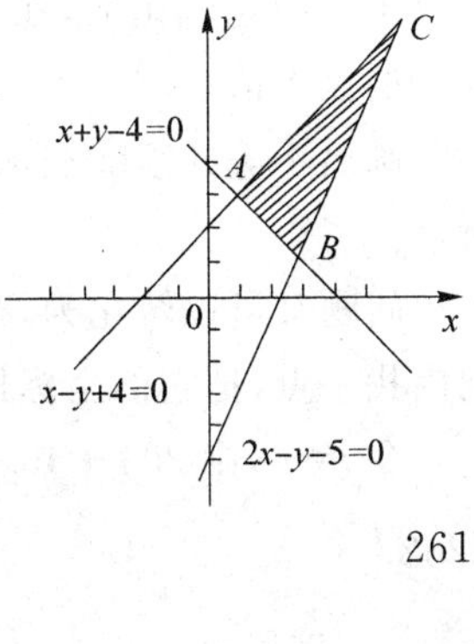

并求出点 A、B 的坐标分别为(1,3)、(3,1)。

(1) $z=x^2+(y-5)^2$ 表示可行域内任一点 (x,y) 到定点 $M(0,5)$ 的距离的平方，过 M 作直线 AC 的垂线 MN，垂足为 N，

则：$z_{最小}=|MN|^2=\left(\dfrac{|0-5+2|}{\sqrt{2}}\right)^2=\dfrac{9}{2}$。

(2) $z=\frac{y+1}{x+1}=\frac{y-(-1)}{x-(-1)}$表示可行域内任一点$(x,y)$与定点$Q(-1,-1)$连线的斜率,可知,$k_{AQ}$最大,$k_{QB}$最小。而$k_{QA}=\frac{3+1}{1+1}=2$,$k_{QB}=\frac{1+1}{3+1}=\frac{1}{2}$。

所以z的取值范围为$\left[\frac{1}{2},2\right]$。

【方法规律总结】 求非线性目标函数的最值,要注意分析充分利用目标函数所表示的几何意义,通常与截距、斜率、距离等联系。

【跟踪训练3】 变量x,y满足$\begin{cases}x+y\leqslant 2\\2x-3y\leqslant 9\\x\geqslant 0\end{cases}$,则$x^2+y^2$的最大值是(　　)。

A. 4　　　B. 9　　　C. 10　　　D. 12

【命题方向4】 线性规划问题的应用

【典例4】 某工厂计划生产甲、乙两种产品,这两种产品都需要两种原料.生产甲产品1工时需要A种原料3 kg,B种原料1 kg;生产乙产品1工时需要A种原料2 kg,B种原料2 kg。现有A种原料1 200 kg,B种原料800 kg。如果生产甲产品每工时的平均利润是30元,生产乙产品每工时的平均利润是40元,问甲、乙两种产品各生产多少工时能使利润的总额最大?最大利润是多少?

解:依题意可列表如下。

产品	原料A数量(kg)	原料B数量(kg)	利润(元)
生产甲种产品1工时	3	1	30
生产乙种产品1工时	2	2	40
限额数量	1 200	800	

设计划生产甲种产品用x工时,生产乙种产品用y工时,则获得利润总额为

$t=30x+40y$。　　①

其中x、y满足下列条件

$$\begin{cases}3x+2y\leqslant 1\,200\\x+2y\leqslant 800\\x\geqslant 0\\y\geqslant 0\end{cases}\quad ②$$

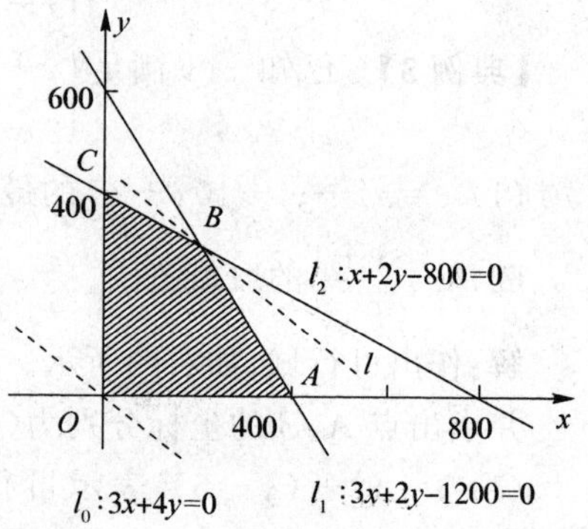

于是问题转化为,在x、y满足条件②的情况下,求①的最大值。

画出不等式组②表示的平面区域$OABC$,如右图所示。

问题又可以转化为,在不等式组②表示的平面区域内找一点,把它的坐标代入①时,使t取最大值。

令$t=0$,则$30x+40y=0$,此方程表示通过原点的一条直线,记为l_0。

我们平移直线 l_0 到位置 l，使 l 通过平面区域 $OABC$，可见当 l 经过点 B 时，$l: y=-\frac{3}{4}x+\frac{t}{40}$ 在 y 轴上的截距取到最大值，从而 t 取到最大值，

解方程组 $\begin{cases}3x+2y=1\ 200\\x+2y=800\end{cases}$，

得点 B 的坐标(200,300)，代入式子①，得

$t_{\max}=30\times200+40\times300=18\ 000$。

答：用 200 工时生产甲种产品，用 300 工时生产乙种产品，能获得最大利润 18 000 元。

【方法规律总结】 利用线性规划解决实际问题的步骤是：(1)设出未知数(当数据较多时，可以列表格来分析数据)；(2)列出约束条件，确立目标函数；(3)作出可行域；(4)利用图解法求出最优解；(5)得出结论。

【跟踪训练 4】 某高科技企业生产产品 A 和产品 B 需要甲、乙两种新型材料。生产一件产品 A 需要甲材料 1.5 kg，乙材料 1 kg，用 5 个工时；生产一件产品 B 需要甲材料0.5 kg，乙材料 0.3 kg，用 3 个工时。生产一件产品 A 的利润为 2 100 元，生产一件产品 B 的利润为 900 元，该企业现有甲材料 150 kg，乙材料 90 kg，则在不超过 600 个工时的条件下，生产产品 A，产品 B 的利润之和的最大值为________元。

三、课堂练习

1. 若 x,y 满足 $\begin{cases}2x-y\leqslant0\\x+y\leqslant3\\x\geqslant0\end{cases}$，则 $2x+y$ 的最大值为(　　)。

A. 0　　B. 3　　C. 4　　D. 5

2. 设变量 x,y 满足约束条件 $\begin{cases}x-y+2\geqslant0\\2x+3y-6\geqslant0\\3x+2y-9\leqslant0\end{cases}$，则目标函数 $z=2x+5y$ 的最小值为(　　)。

A. -4　　B. 6　　C. 10　　D. 17

3. 若 x,y 满足约束条件 $\begin{cases}x+y\geqslant1\\x-y\geqslant-1\\2x-y\leqslant2\end{cases}$，目标函数 $z=ax+2y$ 仅在点(1,0)处取得最小值，则 a 的取值范围是(　　)。

A. $(-1,2)$　　B. $(-4,2)$　　C. $(-4,0]$　　D. $(-2,4)$

4. 已知实数 x,y 满足 $\begin{cases}x-2y+4\geqslant0\\2x+y-2\geqslant0\\3x-y-3\leqslant0\end{cases}$，则 x^2+y^2 的取值范围是__________。

5. 在平面直角坐标系 xOy 中，M 为不等式组 $\begin{cases}2x+3y-6\leqslant0\\x+y-2\geqslant0\\y\geqslant0\end{cases}$ 所表示的区域上一动点，则 $|OM|$ 的最小值是____________。

12.6 基本不等式

【学习目标】

1. 理解基本不等式的内容及其证明。
2. 熟练掌握基本不等式及变形的应用。
3. 会用基本不等式解决简单的最大(小)值问题。

一、阅读提纲

【疑点识记】

1. 如果 $a,b\in\mathbf{R}$,那么 a^2+b^2 ______ $2ab$(当且仅当________时取"="号)。

2. 若 a,b 都为正数,那么 $\frac{a+b}{2}$________$\sqrt{ab}$(当且仅当 a ______ b 时,等号成立),称上述不等式为______不等式,其中 $\frac{a+b}{2}$ 称为 a,b 的算术平均数,$\sqrt{ab}$ 称为 a,b 的几何平均数。

3. 基本不等式的常用推论

(1) ab ______ $\left(\frac{a+b}{2}\right)^2$ ______ $\frac{a^2+b^2}{2}$$(a,b\in\mathbf{R})$。

(2) 当 $x>0$ 时,$x+\frac{1}{x}\geqslant$______;当 $x<0$ 时,$x+\frac{1}{x}\leqslant$______。

(3) 当 $ab>0$ 时,$\frac{b}{a}+\frac{a}{b}\geqslant$______;当 $ab<0$ 时,$\frac{b}{a}+\frac{a}{b}\leqslant$______。

(4) $a^2+b^2+c^2$ ______ $ab+bc+ca$,$(a,b,c\in\mathbf{R})$。

【问题探究】

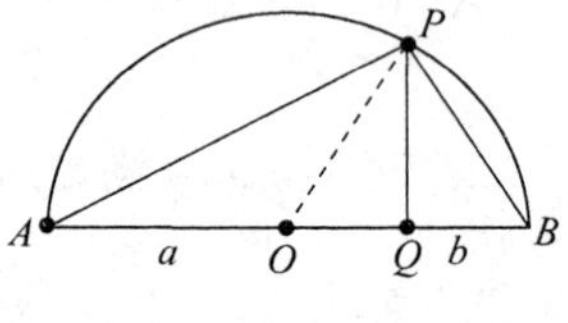

问题1:如右图所示,AB 是圆 O 的直径,点 Q 是 AB 上任一点,$AQ=a$,$BQ=b$,过点 Q 作 PQ 垂直 AB 于 Q,连接 AP,PB。如何用 a,b 表示 PO,PQ 的长度?

问题2:由问题1你能抽象出一个不等式吗?

问题3:当 $a>0,b>0$ 时,$\frac{2}{\frac{1}{a}+\frac{1}{b}}\leqslant\sqrt{ab}\leqslant\frac{a+b}{2}\leqslant\sqrt{\frac{a^2+b^2}{2}}$ 这是一条重要的基本不等式链,请你给出证明。

二、核心突破

【命题方向1】 利用不等式求函数的最值

【典例1】 (1) 已知 $m,n>0$,且 $m+n=16$,求 $\frac{1}{2}mn$ 的最大值。

(2) 已知 $x>2$,求 $x+\frac{4}{x-2}$ 的最小值。

(3) 设 $0<x<\frac{3}{2}$,求函数 $y=4x(3-2x)$ 的最大值。

解：(1) 因为 $m,n>0$ 且 $m+n=16$，

所以由基本不等式可得 $mn\leqslant\left(\frac{m+n}{2}\right)^2=\left(\frac{16}{2}\right)^2=64$，

当且仅当 $m=n=8$ 时，mn 取到最大值 64。

所以 $\frac{1}{2}mn$ 的最大值为 32。

(2) 因为 $x>2$，则 $x-2>0$，

所以 $x+\frac{4}{x-2}=x-2+\frac{4}{x-2}+2\geqslant2\sqrt{(x-2)\cdot\frac{4}{x-2}}+2=6$，

当且仅当 $x-2=\frac{4}{x-2}$，即 $x=4$ 时，等号成立。

所以 $x+\frac{4}{x-2}$ 的最小值为 6。

(3) 因为 $0<x<\frac{3}{2}$，则 $3-2x>0$，

所以 $y=4x(3-2x)=2[2x(3-2x)]\leqslant2\left[\frac{2x+(3-2x)}{2}\right]^2=\frac{9}{2}$。

当且仅当 $2x=3-2x$，即 $x=\frac{3}{4}$ 时等号成立。

又因为 $\frac{3}{4}\in\left(0,\frac{3}{2}\right)$，所以函数 $y=4x(3-2x)\left(0<x<\frac{3}{2}\right)$ 的最大值为 $\frac{9}{2}$。

[**方法规律总结**]　(1) 利用基本不等式求最值，必须按照“一正，二定，三相等”的原则，即

①一正。符合基本不等式 $\frac{a+b}{2}\geqslant\sqrt{ab}$ 成立的前提条件，$a>0,b>0$。

②二定。化不等式的一边为定值。

③三相等。必须存在取“=”号的条件，即“=”号成立。

以上三点缺一不可。

(2) 若是求和式的最小值，通常化(或利用)积为定值；若是求积的最大值，通常化(或利用)和为定值，其解答技巧是恰当变形，合理拆分或配凑因式。

【跟踪练习 1】　(1) 若实数 a,b 满足 $\frac{1}{a}+\frac{2}{b}=\sqrt{ab}$，则 ab 的最小值为(　　)。

A. $\sqrt{2}$　　B. 2　　C. $2\sqrt{2}$　　D. 4

(2) 已知 $\lg a+\lg b$，则 $a+b$ 的最小值为__________。

【命题方向 2】　变形技巧：“1”的代换

【典例 2】　已知 $x>0,y>0$，且 $\frac{1}{x}+\frac{9}{y}=1$，求 $x+y$ 的最小值。

解：因为 $\frac{1}{x}+\frac{9}{y}=1$，所以 $x+y=(x+y)\cdot\left(\frac{1}{x}+\frac{9}{y}\right)=10+\frac{y}{x}+\frac{9x}{y}$。

因为 $x>0,y>0$，所以 $\frac{y}{x}+\frac{9x}{y}\geqslant2\sqrt{\frac{y}{x}\cdot\frac{9x}{y}}=6$。

当且仅当$\frac{y}{x}=\frac{9x}{y}$,即 $y=3x$ 时,取等号。

又$\frac{1}{x}+\frac{9}{y}=1$,所以 $x=4,y=12$,得 $x+y\geqslant 16$。

所以当 $x=4,y=12$ 时,$x+y$ 取最小值 16。

[方法规律总结] 用基本不等式$\frac{a+b}{2}\geqslant\sqrt{ab}$求最值时,一定要明确什么时候等号成立,要注意"代入消元""拆、拼、凑""1 的代换"等技巧的应用及转化思想的应用。

【跟踪训练 2】 (1) 已知$\frac{2}{x}+\frac{3}{y}=2(x>0,y>0)$,则 $x\cdot y$ 的最小值是__________。

(2) 设 $x>0,y>0$,且 $2x+8y=xy$,则 $x+y$ 的最小值为__________。

【命题方向 3】 利用基本不等式比较数的大小

【典例 3】 已知 $m=a+\frac{1}{a-2}(a>2)$,$n=4-b^2(b\neq 0)$,则 m,n 之间的大小关系是__________。

解析:因为 $a>2$,所以 $a-2>0$。

又因为 $m=a+\frac{1}{a-2}=(a-2)+\frac{1}{a-2}+2$,

所以 $m\geqslant 2\sqrt{(a-2)\times\frac{1}{a-2}}+2=4$,即 $m\in[4,+\infty)$。

由 $b\neq 0$,得 $b^2\neq 0$,所以 $4-b^2<4$,即 $n<4$。

综上易得 $m>n$。

【方法规律总结】 通过计算 m 与 n 的范围,从而确定其大小关系。

【跟踪训练 3】 若 $a>b>1$,$P=\sqrt{\lg a\cdot\lg b}$,$Q=\frac{1}{2}(\lg a+\lg b)$,$R=\lg\frac{a+b}{2}$,则 P,Q,R 的大小关系是__________。

【命题方向 4】 实际应用问题

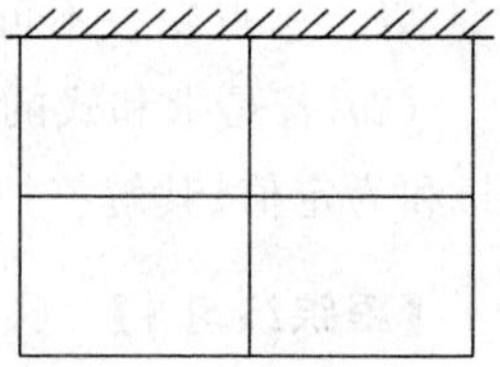

【典例 4】 如右图所示,动物园要围成相同面积的长方形虎笼四间,一面可利用原有的墙,其他各面用钢筋网围成。

(1) 现有可围 36 m 长的材料,每间虎笼的长、宽各设计为多少时,可使每间虎笼面积最大?

(2) 若使每间虎笼面积为 24 m^2,则每间虎笼的长、宽各设计为多少时,可使围成四间虎笼的钢筋网总长最小?

解: 设每间虎笼长 x m,宽 y m,则由条件知:$4x+6y=36$,即 $2x+3y=18$。

设每间虎笼面积为 S,则 $S=xy$。

由于 $2x+3y\geqslant 2\sqrt{2x\cdot 3y}=2\sqrt{6xy}$,

所以 $2\sqrt{6xy}\leqslant 18$,得 $xy\leqslant\frac{27}{2}$。

即 $S\leqslant\frac{27}{2}$，当且仅当 $2x=3y$ 时，等号成立。

由 $\begin{cases}2x+3y=18\\2x=3y\end{cases}$，解得 $\begin{cases}x=4.5\\y=3\end{cases}$。

故每间虎笼长为 4.5 m，宽为 3 m 时，可使面积最大。

【方法规律总结】 应用基本不等式解决实际问题的步骤：

(1) 理解题意，设出变量，一般把要求最值的量定为函数；

(2) 建立相应的函数关系，把实际问题抽象成函数的最大值或最小值问题；

(3) 在定义域内，利用基本不等式求出函数的最大值或最小值；

(4) 根据实际背景写出答案。

【跟踪训练 4】 某种汽车，购车费用是 10 万元，每年使用的保险费、汽油费约为 0.9 万元，年维修费第一年是 0.2 万元，以后逐年递增 0.2 万元，问这种汽车使用多少年时，它的年平均费用最少？

三、课堂练习

1. 函数 $f(x)=\frac{\sqrt{x}}{x+1}$ 的最大值为(　　)。

A. $\frac{2}{5}$　　B. $\frac{1}{2}$　　C. $\frac{\sqrt{2}}{2}$　　D. 1

2. 若 $a\geqslant0,b\geqslant0$，且 $a+b=2$，则(　　)。

A. $ab\leqslant\frac{1}{2}$　　B. $ab\geqslant\frac{1}{2}$　　C. $a^2+b^2\geqslant2$　　D. $a^2+b^2\leqslant3$

3. 已知 $x>0,y>0,2x+3y=6$，则 xy 的最大值为(　　)。

A. $\frac{1}{2}$　　B. 3　　C. $\frac{3}{2}$　　D. 1

4. 下列函数中，最小值为 2 的是(　　)。

A. $y=\sqrt{x^2+2}+\frac{1}{\sqrt{x^2+2}}$　　B. $y=\lg x+\frac{1}{\lg x}(1<x<10)$

C. $y=3^x+3^{-x}(x\in\mathbf{R})$　　D. $y=\sin x+\frac{1}{\sin x}\left(0<x<\frac{\pi}{2}\right)$

5. 已知 $t>0$，则函数 $y=\frac{t^2-4t+1}{t}$ 的最小值是________。

答案与解析

必修一篇

第1章　集合与函数的概念

1.1　集合的含义及其表示方法(一)

一、阅读题纲

【疑点识记】略

【问题探究】

问题1:指全体学生。

问题2:能。

问题3:能。

问题4:我们把研究的对象统称为“元素”,那么把一些元素组成的总体叫“集合”。

问题5:a 是集合 A 的元素,b 不是集合 A 的元素。学生得出元素与集合的关系有两种:属于和不属于。

问题6:能,是珠穆朗玛峰。

问题7:不能。

问题8:确定性。给定的集合,它的元素必须是明确的,即任何一个元素要么在这个集合中,要么不在这个集合中,这就是集合的确定性。

问题9:3个。

问题10:互异性。一个给定集合的元素是互不相同的,即集合中的元素是不重复出现的,这就是集合的互异性。

问题11:集合 M 和 N 相同。这说明集合中的元素具有无序性,即集合中的元素是没有顺序的。可以发现:如果两个集合中的元素完全相同,那么这两个集合是相等的。

问题12:常见数集的专用符号。

$\mathbf{N}$:非负整数集(或自然数集)(全体非负整数的集合);

$\mathbf{N}^*$ 或 $\mathbf{N}_+$:正整数集(非负整数集 $\mathbf{N}$ 内排除0的集合);

$\mathbf{Z}$:整数集(全体整数的集合);

$\mathbf{Q}$:有理数集(全体有理数的集合);

$\mathbf{R}$:实数集(全体实数的集合)。

二、核心突破

【跟踪训练1】 D

【跟踪训练2】 (1) × (2) √ (3) × (4) √ (5) × (6) √

三、课堂练习

1. (1)(2)(3)(4)(6)(7)(9)能组成集合,(5)(8)不能组成集合。

2. (1) 其元素为 4,6,8,10;(2) 其元素为 $-1,1$;(3) 其元素为 1,3,5,15。

3. (1) $\in$　$\in$　$\notin$　$\notin$　$\notin$;(2) $\in$　$\in$　$\in$　$\notin$　$\notin$;(3) $\in$　$\in$　$\in$　$\in$　$\notin$;
(4) $\in$　$\in$　$\in$　$\in$　$\in$。

4. (1)×　(2)√　(3)×　(4)√　(5)√。

1.2　集合的含义及其表示方法(二)

一、阅读提纲

【问题探究】

问题 1:{北京,天津,上海,重庆}。

问题 2:{m,a,t,h,s}。

问题 3:{b,o,k}。

问题 4:{51,52,53,…,100}。

问题 5:$\{x\in\mathbf{R}\mid x+1<-2\}$或$\{x\mid x<-3,x\in\mathbf{R}\}$。

二、核心突破

【跟踪训练 1】　(1) $\{x-2,x+2\}$;(2) $\{0,1,2,3,4\}$;(3) $\{-3\}$;
(4) $\{2,3,5,7,11,13,17,19\}$;(5) $\{(-1,0),(0,1),(0,-1),(1,0)\}$;
(6) $\{1,2\}$;(7) $\{-7,2\}$;(8) $\{(1,2),(2,4),(3,6)\}$;
(9) $\{(0,6),(1,5),(2,4),(3,3),(4,2),(5,1),(6,0)\}$。

【跟踪训练 2】　(1) $\{(x,y)\mid 2x+y=5\}$;(2) $\{x\mid 0\leqslant x<10,x\in\mathbf{Z}\}$;
(3) $\{(x,y)\mid ax+by=0(ab\neq 0)\}$;(4) $\{x\mid |x|>3\}$;
(5) $\{(x,y)\mid xy<0\}$;(6) $\left\{(x,y)\middle|\begin{cases}x+y=1\\x-y=1\end{cases}\right\}$;
(7) $\{x\mid x=2k-1,k\in\mathbf{N}^*\}$;(8) $\{(x,y)\mid x\in\mathbf{R},y=0\}$;
(9) $\{x\mid x=2k,k\in\mathbf{N}\}$;(10) $\{x\mid x=3k,k\in\mathbf{Z}\}$。

三、课堂练习

1. C

2. (1) $\{1,3,5,15\}$;(2) $\{(1,1),(1,2),(2,1),(2,2)\}$;(3)$\{1,-1\}$;
(4)$\{14,23,32,41,50\}$;(5) $\{(0,8),(2,5),(4,2)\}$。

3. $\{2,3\}$,$\{x\in\mathbf{N}\mid x^2-5x+6=0\}$。

4. $\{0,1,2,3\}$。

1.3　集合的基本关系

一、阅读题纲

【疑点识记】　略

【问题探究】　略

二、核心突破

【跟踪练习 1】　$\in$;$\in$;$\subseteq$; $\supseteq$。

【跟踪训练 2】　$\{0,1,2\}$,$\{0,1\}$,$\{0,2\}$,$\{1,2\}$,$\{0\}$,$\{1\}$,$\{2\}$,$\varnothing$。除了$\{0,1,2\}$其余都为真子集。

三、课堂练习

1. (1) $A\subset B$;(2) $A\subset B$;(3) $A\subset B$;(4) $A\supset B$;(5) $A\supseteq B$。

2. 8 个子集,7 个真子集。$\{a,b,c\}$,$\{a,b\}$,$\{a,c\}$,$\{b,c\}$$\{a\}$,$\{b\}$,$\{c\}$,$\varnothing$。

3. $A\supset B$。

1.4 并集与交集

一、阅读提纲

【疑点识记】 略

【问题探究】 略

二、核心突破

【跟踪练习 1】 $\{x|x\geqslant 0\}$

【跟踪训练 2】 $p=8,a=5,b=-6$。

【跟踪训练 3】 C

三、课堂练习

1. D 2. D 3. C 4. (1)$A=B$ 5. $\{y|-4\leqslant y\leqslant 14\}$ 6. $\left\{-\frac{1}{3},\frac{8}{3},7\right\}$

1.5 集合的基本运算

一、阅读提纲

【疑点识记】 见课本

【问题探究】 略

二、核心突破

【跟踪练习 1】 因为 $A=\{0,2,4,6\}$，$\complement_S A=\{-1,-3,1,3\}$。

所以 $S=\{-3,-1,0,1,2,3,4,6\}$。

又 $\complement_S B=\{-1,0,2\}$，

所以 $B=\{-3,1,3,4,6\}$。

【跟踪训练 2】 $m=5,n=4$。

三、课堂练习

1. B 2. A 3. A

4. $a=3,b=4$。

5. $\{x\in\mathbf{R}|x\neq-3$ 且 $x\neq 0$ 且 $x\neq 3\}$。

6. $A=\{3,5,11,13\},B=\{7,11,13,19\}$。

1.6 函数的概念

一、阅读提纲

【疑点识记】 略

【问题探究】 略

二、核心突破

【跟踪练习 1】 $\{x|x\neq 2$ 且 $x\neq-2,x\in\mathbf{R}\}$。

【跟踪训练 2】 $a=2,k=5,A=\{1,2,3,5\},B=\{4,7,10,16\}$。

三、课堂练习

1. C 2. C 3. D 4. $\{2\}$ 5. $5,2a+3,4a+9$

6. $y=2x\cdot\frac{l-(2x+\pi x)}{2}+\frac{\pi x^2}{2}=-\left(2+\frac{\pi}{2}\right)x^2+lx$，定义域为$\left\{x|0<x<\frac{l}{2+\pi}\right\}$。

1.7 函数的表示法

一、阅读提纲

【疑点识记】 略

【问题探究】 略

二、核心突破

【跟踪练习 1】 $f[g(x)]=x^6-6x^4+9x^2-2$

【跟踪训练 2】 略

三、课堂练习

1. C 2. B 3. B 4. C 5. 3 m,1.5 m。6. (1) $f(a)=a$;(2) $f(x)=x^2-x+1$。

1.8 函数的表示方法——分段函数

一、阅读提纲

【疑点识记】 略

【问题探究】 略

二、核心突破

【跟踪练习 1】 (1) 当 $x\geqslant 2$ 时,即 $x-2\geqslant 0$ 时,

$$y=(x-2)(x+1)=x^2-x-2=\left(x-\frac{1}{2}\right)^2-\frac{9}{4}。$$

当 $x<2$ 时,即 $x-2<0$ 时,

$$y=-(x-2)(x+1)=-x^2+x+2=-\left(x-\frac{1}{2}\right)^2+\frac{9}{4}。$$

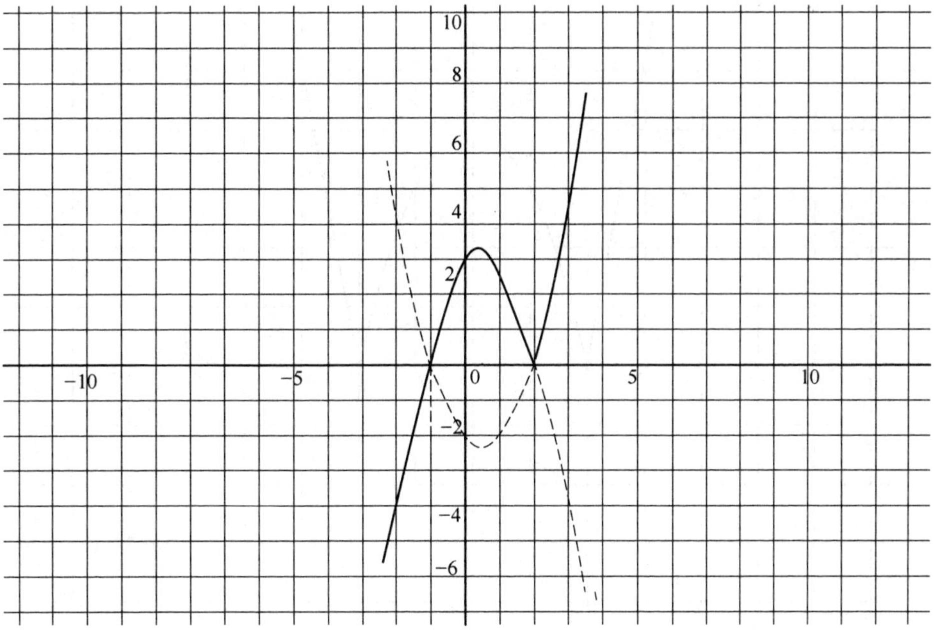

$$所以\ y=\begin{cases}\left(x-\frac{1}{2}\right)^2-\frac{9}{4} & x\geqslant 2\\ -\left(x-\frac{1}{2}\right)^2+\frac{9}{4} & x<2\end{cases}。$$

这是分段函数,每段函数图像可根据二次函数图像作出,如上图所示。

【跟踪训练 2】 **解**:根据“零点分段法”去掉绝对值符号,即:

$$y=|x-1|+|x+2|=\begin{cases}-(2x+1), & x\leqslant -2 \\ 3, & -2<x\leqslant 1 \\ 2x+1, & x>1\end{cases}$$

作出图像如图所示。

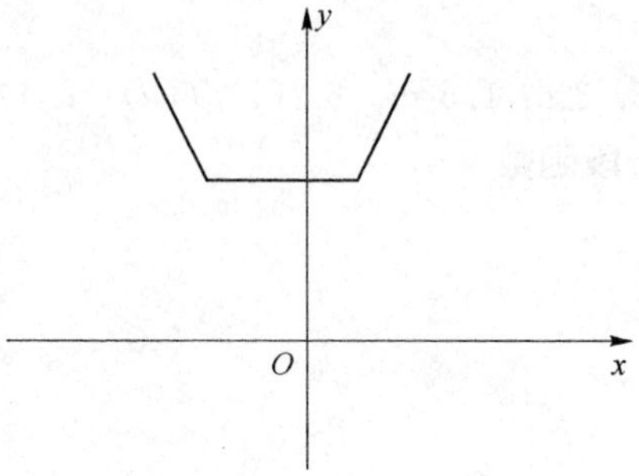

【跟踪训练 3】 解：$y=\begin{cases}x^2-2x-3, & x^2-2x-3\geqslant 0 \\ -(x^2-2x-3), & x^2-2x-3<0\end{cases}$

步骤：(1) 作出函数 $y=x^2-2x-3$ 的图像，如下图所示。

(2) 将上述图像 x 轴下方部分以 x 轴为对称轴向上翻折（上方部分不变），即得 $y=|x^2-2x-3|$ 的图像。

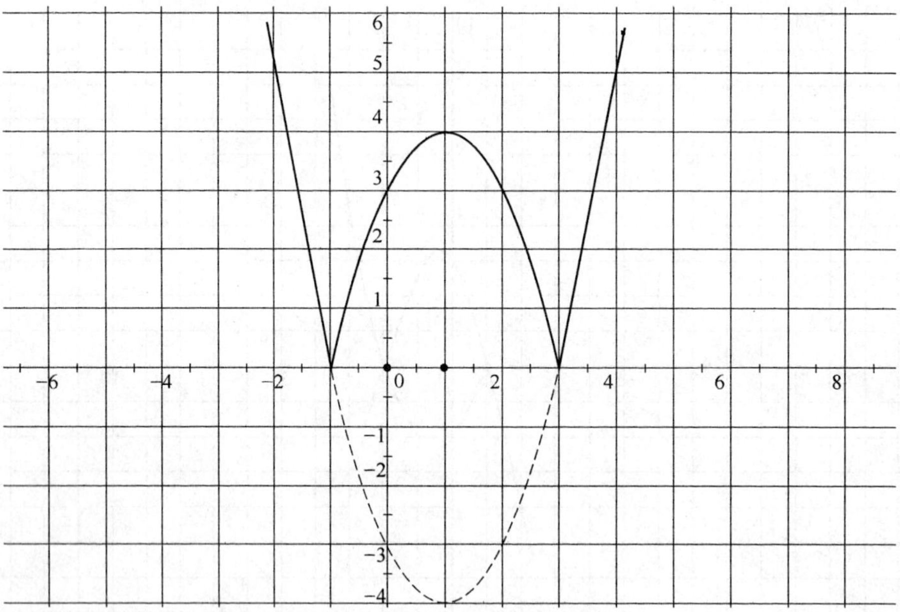

三、课堂练习

1. C 2. C 3. 1 或 $-\frac{\sqrt{2}}{2}$ 4. $10\sin\frac{\pi t}{60}$

1.9 函数单调性

一、阅读提纲

【疑点识记】 略

【问题探究】 略

二、核心突破

【跟踪练习1】 B

【跟踪训练2】 C

【跟踪训练3】 略

三、课堂练习

1. A 2. A 3. C 4. $(-\infty,0]$ 5. $m<\frac{1}{2}$

1.10 函数的最值

一、阅读提纲

【疑点识记】 略

【问题探究】 略

二、核心突破

【跟踪练习1】 B

【跟踪训练2】 当 $x=2$ 时，$f(x)$最大值为2。当 $x=5$ 时，$f(x)$最小值为$\frac{5}{4}$。

三、课堂练习

1. A 2. A 3. D 4. A

1.11 函数的奇偶性的概念

一、阅读提纲

【疑点识记】 略

【问题探究】 略

二、核心突破

【跟踪练习1】 (1) 奇函数；(2) 非奇非偶函数；(3) 既是奇函数又是偶函数。

【跟踪训练2】 奇函数

三、课堂练习

1. C 2. A 3. B 4. B 5. D 6. 偶函数 7. 0 8. 大，-5

1.12 奇偶性的应用

一、阅读提纲

【疑点识记】 略

【问题探究】 略

二、核心突破

【跟踪练习1】 B

【跟踪训练2】 1. $f(3)<f(1)$ 2. $f(1)>f(-3)$ 3. $(-2,0)\cup(2,5]$

【跟踪训练3】 因为 $f(x)$是奇函数，所以当 $x>0$ 时，$f(x)=-f(-x)=-(-x)[1-(-x)]=x(1+x)$；

当 $x=0$ 时，$f(0)=-f(0)$，即 $f(0)=0$。满足 $f(x)=x(1+x)$，所以当 $x\geqslant 0$ 时，$f(x)=x(1+x)$。

三、课堂练习

1. C

2. B

3. **解析**:函数 $y=(x+1)(x-a)=x^2+(1-a)x-a$ 为二次函数,且为偶函数,则 $1-a=0$,即 $a=1$。

4. (1) 令 $x=y=0$,得 $f(0)=f(0)+f(0)$,所以 $f(0)=0$。

令 $y=-x$,得 $f(0)=f(x)+f(-x)$,所以 $f(x)+f(-x)=0$。

即 $f(x)=-f(-x)$,因此 $y=f(x)$是奇函数。

(2) 令 $x+y=x_1$,$x=x_2$,则 $y=x_1-x_2$,得 $f(x_1)=f(x_2)+f(x_1-x_2)$。

设 $x_1>x_2$,因为 $x>0$ 时 $f(x)<0$,所以 $f(x_1-x_2)<0$,则 $f(x_1)-f(x_2)=f(x_1-x_2)<0$,得 $f(x_1)<f(x_2)$。

所以 $y=f(x)$为 **R** 上的减函数。

(3) 由 $f(kx_2)+f(-x_2+x-2)>0$,得 $f(kx_2)>-f(-x_2+x-2)$。

因为 $f(x)$是奇函数,有 $f(kx_2)>f(x_2-x+2)$。

又因为 $f(x)$是 **R** 上的减函数,所以 $kx_2<x_2-x+2$,即$(k-1)x_2+x-2<0$ 对于 $x\in\mathbf{R}$ 恒成立。

即$\begin{cases}k-1<0\\ \Delta=1+8,k-1<0\end{cases}$,故 $k<\frac{7}{8}$。

第 2 章　基本初等函数

2.1　指数与指数幂的运算(一)

一、阅读提纲

【疑点识记】 略

【问题探究】 略

二、核心突破

【跟踪训练 1】 (1) -2;(2) $3-3a$;(3) 当 $a>1$ 时,原式$=2a-1$;当 $a\leqslant 1$ 时,原式$=1$。

【跟踪训练 2】 4

【跟踪训练 3】 $a\geqslant 1$

三、课堂练习

1. B　2. C　3. A　4. B　5. C

2.2　指数与指数幂的运算(二)

一、阅读提纲

【疑点识记】 略

【问题探究】 略

二、核心突破

【跟踪训练 1】 (1) $2^{\frac{7}{12}}$;(2) $b^{\frac{11}{3}}$;(3) $x^{-\frac{3}{5}}$。

【跟踪训练 2】 (1) $-\frac{31}{30}$;(2) $\frac{1}{50}$。

【跟踪训练 3】 (1) 7;(2) 47;(3) 8。

三、课堂练习

1. D 2. C 3. D 4. (1) $\frac{314}{7}$ (2) $\frac{2(m+n)}{m-n}$ 5. $\frac{45}{4}$

2.3 指数函数及其性质(一)

一、阅读提纲

【疑点识记】 略

【问题探究】 略

二、核心突破

【跟踪训练 1】 $a=2,b=2$。

【跟踪训练 2】 B

【跟踪训练 3】 (1) $\{x|x\neq 1\}$;(2) $\left\{x\middle|x\geqslant\frac{1}{5}\right\}$。

三、课堂练习

1. D 2. C 3. C 4. D 5. D

2.4 指数函数及其性质(二)

一、阅读提纲

【疑点识记】 略

【问题探究】 略

二、核心突破

【跟踪训练 1】 (1) $0.8^{-0.1}<1.25^{0.2}$;(2) $\left(\frac{1}{\pi}\right)^{-\pi}>1$。

【跟踪训练 2】 A

【跟踪训练 3】 $\left(\frac{1}{2},+\infty\right)$

三、课堂练习

1. B 2. B 3. $(1,+\infty)$ 4. $\frac{\sqrt{5}\pm 1}{2}$ 5. 略

2.5 对数与对数运算(一)

一、阅读提纲

【疑点识记】 略

【问题探究】 略

二、核心突破

【跟踪训练 1】 $(0,1)$

【跟踪训练 2】 (1) $\frac{3}{2}$;(2) 16;(3) 3。

【跟踪训练 3】 (1) A;(2) N。

三、课堂练习

1. B 2. C 3. C 4. B 5. C

2.6 对数与对数运算(二)

一、阅读提纲

【疑点识记】 略

【问题探究】 略

二、核心突破

【跟踪训练 1】 $\frac{1}{2}\log_a x-\log_a y-\log_a z$

【跟踪训练 2】 $\log_{42}56=\frac{\log_3 56}{\log_3 42}==\frac{\log_3 7+3\log_3 2}{\log_3 7+\log_3 2+1}=\frac{ab+3}{ab+a+1}$

【跟踪训练 3】 (1) $I=1\ \text{W/m}^2$ 时,相应的分贝值为 120 dB。

(2) 70 dB 时,声音强度 I 是 60 dB 时声音强度 I' 的 10 倍。

三、课堂练习

1. A 2. D 3. D 4. B 5. D

2.7 对数函数及其性质(一)

一、阅读提纲

【疑点识记】 略

【问题探究】 略

二、核心突破

【跟踪训练 1】 (1) 不是;(2) 不是;(3) 不是;(4) 是。

【跟踪训练 2】 (1) $\left\{x \mid x<\frac{1}{3}\right\}$;(2) $\{x \mid x\geqslant 1\}$。

【跟踪训练 3】 A

三、课堂练习

1. C 2. C 3. C 4. A 5. C

2.8 对数函数及其性质(二)

一、阅读提纲

【疑点识记】 略

【问题探究】 略

二、核心突破

【跟踪训练 1】 (1) 值域为$[0,+\infty)$;

(2) 由复合函数的单调性得到函数在$(0,1)$上是减函数,在$(1,2)$上是增函数。

【跟踪训练 2】 奇函数

【跟踪训练 3】 C

三、课堂练习

1. B 2. A 3. A 4. D 5. A

2.9 幂函数

一、阅读提纲

【疑点识记】 略

【问题探究】 略

二、核心突破

【跟踪训练 1】 B

【跟踪训练 2】 A

【跟踪训练 3】 (1) 在区间$(0,+\infty)$内是减函数;(2)a 的取值范围是$\left(\frac{2}{3},\frac{3}{2}\right)$。

三、课堂练习

1. C　2. D　3. A　4. B　5. D

第 3 章　函数的应用

3.1　方程的根与函数的零点

一、阅读提纲

【疑点识记】 1. $f(x)=0$ 的实数 x

2. ① 实数根,横坐标;② 交点,零点。

3. $f(a)\cdot f(b)<0$

【问题探究】 略

二、核心突破

【跟踪练习 1】 **解**:由已知得$(-3)^2-3-a=0$,解得 $a=6$。

所以 $f(x)=x^2+x-6$,令 $f(x)=x^2+x-6=0$,得 $x_1=-3,x_2=2$。

【跟踪练习 2】 B

解析:$f(\frac{1}{2})=\sqrt{e}-2<0,f(1)=e-1>0$,所以 $f(\frac{1}{2})f(1)<0$。

【跟踪训练 3】 C

解析:令 $f(x)=0$ 得 $\ln x=\frac{1}{x-1}$,画出函数图像如下:

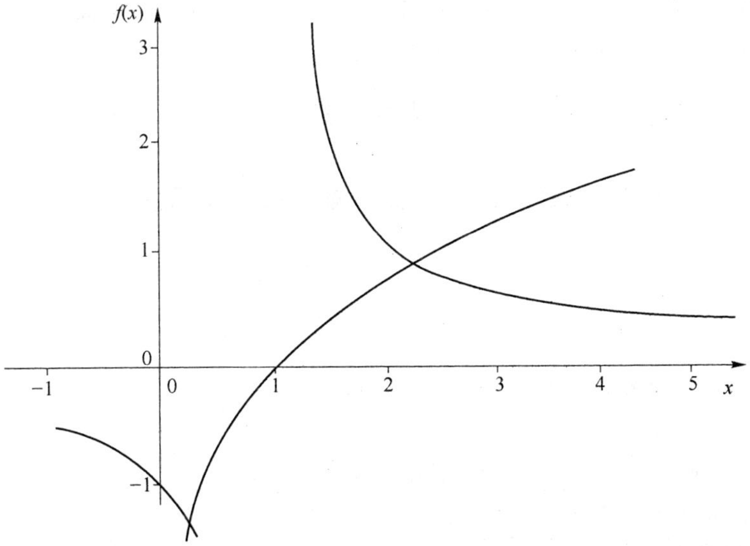

由图可知函数有两个零点。

三、课堂练习

1. 2　2. B　3. B　4. 3,0

5. **解**:(1) 当 $x\in(-\infty,0)$时,$-x\in(0,+\infty)$。

因为 $y=f(x)$是奇函数,

所以 $f(x)=-f(-x)=-[(-x)^2-2(-x)]=-x^2-2x$,

所以 $f(x)=\begin{cases}x^2-2x, & x\geqslant 0\\ -x^2-2x, & x<0\end{cases}$。

(2) 当 $x\in[0,+\infty)$时,$f(x)=x^2-2x=(x-1)^2-1$,最小值为-1;

所以当 $x\in(-\infty,0)$时,$f(x)=-x^2-2x=1-(x+1)^2$,最大值为1。

所以据此可作出函数 $y=f(x)$的图像,如图所示,根据图像得,若方程 $f(x)=a$ 恰有 3 个不同的解,则 a 的取值范围是$(-1,1)$。

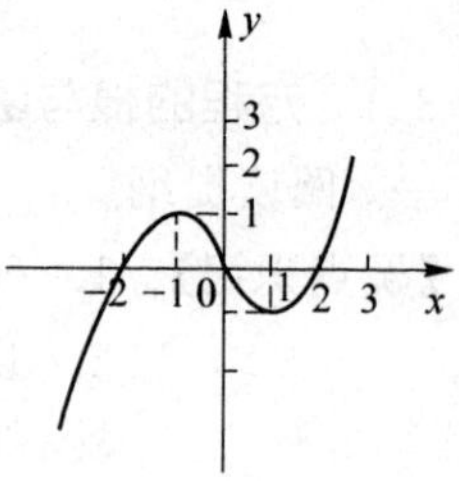

3.2　用二分法求方程的近似解

一、阅读提纲

【疑点识记】 1. $f(a)f(b)<0$

2. 连续不断,$f(a)f(b)<0$,一分为二,零点。

3. $f(a)f(b)<0$,c,(a,c),(c,b)。

【问题探究】 略

二、核心突破

【跟踪训练 1】 ③④⑤

【跟踪训练 2】 1.328125

三、课堂练习

1. (1.25,1.5)　2. [2,2.5)　3. C　4. A

5. **解**:(1) 函数 $y=f(x)$的零点即方程 $x^3+x=0$ 的实数根,解方程得 $x=0$;

(2) 计算得 $f(9)=738$,$f(10)=1\,010$,由函数 $f(x)=x^3+x$ 在区间$(0,+\infty)$单调递增,可知不存在自然数 n,使 $f(n)=1\,000$ 成立。

必修二篇

第 4 章　点、直线、平面之间的位置关系

4.1　平面

一、阅读提纲

【疑点识记】

1. 两点,这条直线,符号:$A\in\alpha$,$B\in\alpha$,直线 $AB\subset\alpha$。

2. 过不共线的三,一个。

3. 一个,一条。符号:$P\in\alpha$,且 $P\in\beta\Rightarrow\alpha\cap\beta=l$,且 $P\in l$。

4. 用符号语言表示下列语句:

(1) $A\in\alpha$,$A\notin\beta$。(2) $A\in l$,$B\in l$,$A\in\alpha$,$B\notin\alpha$。

(3) $\alpha\cap\beta=l$。(4) $l\subset\alpha$,$m\subset\alpha$,$l\cap m=A$。

【问题探究】

问题 1:没有大小,没有薄厚。

问题 2:直线是无限延伸的,直线是很直的,所以,平面是无限延展的,平面是很平的。

问题 3:公理 2 及 3 个推论的作用是确定平面的依据;公理 3 的作用是面面相交的依据。

问题 4:共面问题,共点问题,共线问题。

二、核心突破

【跟踪练习 1】 方法一:设 $l_1 /\!/ l_2 /\!/ l_3 /\!/ \cdots /\!/ l_n$,与 l 依次相交于 $A_1, A_2, A_3, \cdots, A_n$。

因为 $l_1 /\!/ l_2$,所以 l_1 和 l_2 可确定平面 α。

又因为 $A_1, A_2 \in \alpha$,所以 $l \subset \alpha$,l_2 可以看成由 l_1 和 l 确定的平面 α 内。

同理可证,$l_3, l_4, \cdots, l_n$ 都在 α 内。

故 $l, l_1, l_2 \cdots, l_n$ 这 $n+1$ 条直线共面。

方法二:因为 $l_1 /\!/ l_2$,所以 l_1 和 l_2 可确定平面 α。又因为 $l_1 /\!/ l_3$,所以 l_1 和 l_3 可确定平面 β。又因为 α 和 β 都经过 l 和 l_2,所以,α 和 β 重合。所以 l_1, l_2, l_3, l 共面。同理可证:这 $n+1$ 条直线共面。

【跟踪训练 2】 **证明:**

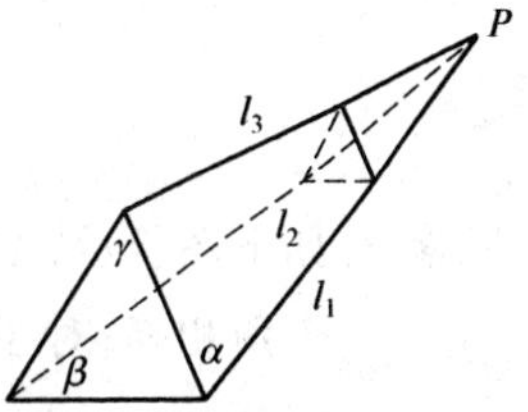

如右图所示。

因为 $l_1 \subset \beta, l_2 \subset \beta$,$l_1$ 不平行于 l_2,

所以 $l_1 \cap l_2$ 交于一点,记交点为 P。

因为 $P \in l_1 \subset \beta, P \in l_2 \subset \gamma$,

所以 $P \in \beta \cap \gamma = l_3$,

所以 l_1, l_2, l_3 交于一点。

【跟踪训练 3】 **证明:**如右图所示,因为 $AB /\!/ CD$,所以 AB, CD 确定平面 $ABCD$,$AD \cap \alpha = H$。因为 $H \in$ 平面 $ABCD$,$H \in \alpha$。由公理 3 可知,H 必在平面 $ABCD$ 与平面 α 的交线上。同理 F、G、E 都在平面 $ABCD$ 与平面 α 的交线上,因此 E, F, G, H 必在同一直线上。

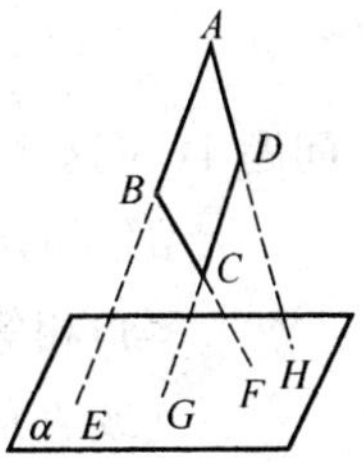

三、课堂练习

1. C 2. B 3. C 4. A

5. (1) O;(2) AA_1;(3) AC;(4) OO_1;(5) B_1。

6. **证明:**如图所示,因为 $AE = EB, AH = HD$,

所以 $EH /\!/ BD$,且 $EH = \frac{1}{2} BD$。

因为 $\frac{CF}{CB} = \frac{CG}{CD} = \frac{2}{3}$,所以 $FG /\!/ BD$,且 $FG = \frac{2}{3} BD$。

所以 $EH /\!/ FG$,且 $EH \neq FG$,故四边形 $EFGH$ 为梯形,则 EF 与 GH 必相交。设交点为 P,$P \in$ 平面 ABC,$P \in$ 平面 DAC。又平面 $ABC \cap$ 平面 $DAC = AC$,故 $P \in AC$,即 EF, GH, AC 交于一点。

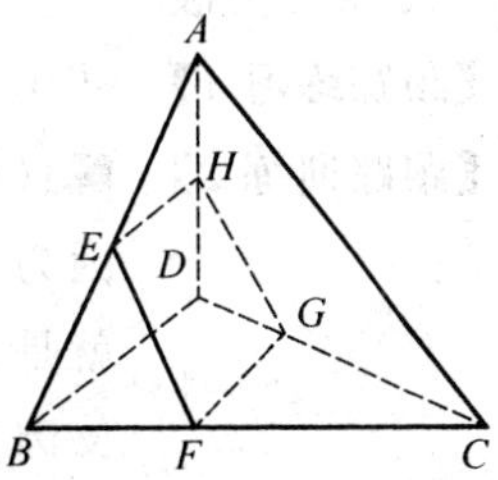

4.2 空间中直线与直线的位置关系

一、阅读提纲

【疑点识记】

1. 不同在任何一个平面内的两条直线叫作异面直线。

2. 一个，没有，没有。

3. 互相平行，平行线的传递性。

4. 对应平行，互补。

5. 锐角(或直角)，$\left(0,\dfrac{\pi}{2}\right]$，$a\perp b$。

【问题探究】

问题1：同一平面内的两条直线有两种位置关系：平行和相交。空间中的两条直线有三种位置关系：平行，相交，异面(说成两种也行：共面和异面)。

问题2：从图中可以看出 a，b 虽然在两个平面内，但是它们相交或平行，是共面直线。

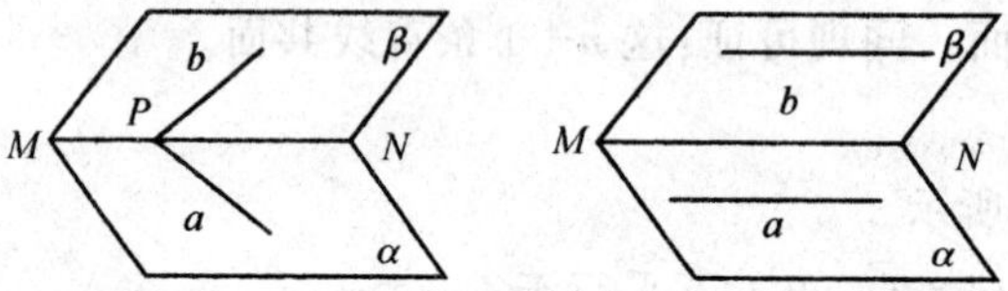

问题3：如下图所示，$AB/\!/A_1B_1$，$BC/\!/B_1C_1$，对于$\angle ABC$与$\angle A_1B_1C_1$两个角的方向相同，这两个角相等；对于$\angle ABC$与$\angle E_1B_1C_1$两个角的方向不同，这两个角互补，即$\angle ABC+\angle E_1B_1C_1=180°$。

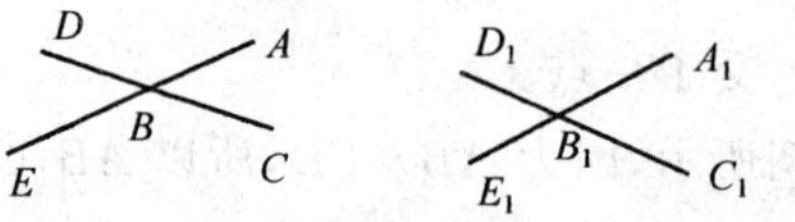

问题4：在这个定义中，空间中有一点是任意取的，若在空间中，再取一点 O'，过点 O' 作 $a''/\!/a$，$b''/\!/b$，根据等角定理，a''与b''所成的锐角(或直角)和a'与b'所成的锐角(或直角)相等，即过空间任意一点引两条直线分别平行于两条异面直线，它们所成的锐角(或直角)都是相等的，值是唯一的、确定的，而与所取的点的位置无关，这表明这样定义两条异面直线所成角是合理的。有时为了方便，可将点 O 取在 a 或 b 上，甚至更特殊的点上。

二、核心突破

【跟踪练习1】 ②④

【跟踪训练2】 解：(1) 如图所示，连接 DC_1，

因为 $DC_1/\!/AB_1$，所以 DC_1 和 CC_1 所成的锐角$\angle CC_1D$就是 AB_1 和 CC_1 所成的角。

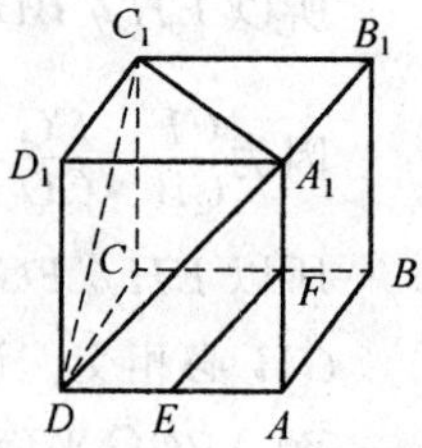

又因为$\angle CC_1D=45°$，所以 AB_1 和 CC_1 所成的角为 45°。

(2) 连接 DA_1，A_1C_1。

因为 $EF/\!/A_1D$，$AB_1/\!/DC_1$，所以$\angle A_1DC_1$是直线 AB_1

和 EF 所成的角。

又因为$\triangle A_1DC_1$是等边三角形，所以$\angle A_1DC_1=60°$。

即直线 AB_1 和 EF 所成的角为 60°。

三、课堂练习

1. B 2. D 3. B 4. D 5. C

6. **证明**：如图右所示，假设 EF 和 a 共面，设这个平面为 α，

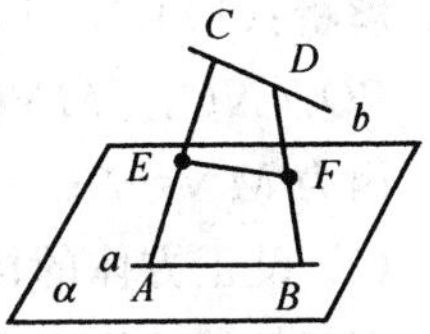

则 $EF\subset\alpha$，$a\subset\alpha$，所以 $A,B,E,F\in\alpha$。

所以 $BF\subset\alpha$，$AE\subset\alpha$。

又因为 $C\in AE$，$D\in BF$，

所以 $C,D\in\alpha$。于是 $b\subset\alpha$。

从而 a,b 共面于 α，这与题设条件 a,b 是异面直线相矛盾。

所以 EF 和 a 共面的假设不成立。

所以 EF 和 a 是异面直线。

同理可得 EF 和 b 也是异面直线。

4.3 空间中直线与平面以及平面与平面位置关系

一、阅读提纲

【疑点识记】

1. 无数个，有且只有一个，无。
2. 无数个。

【问题探究】

问题 1：两个。

问题 2：平行或相交。

问题 3：直线与平面相交或直线在平面内。

问题 4：直线与平面平行。

问题 5：不存在。

问题 6：直线 a 与 b 平行，相交或异面。

问题 7：该直线与另一个平面无公共点，故该直线与另一个平面平行。

二、核心突破

【跟踪练习 1】 **解析**：由点 Q 在线段 DD_1 上移动，当点 Q 与点 D_1 重合时，截面图形为等边三角形 AB_1D_1，如图(1)所示；

当点 Q 与点 D 重合时，截面图形为矩形 AB_1C_1D，如图(2)所示；

当点 Q 不与点 D,D_1 重合时，截面图形为等腰梯形 $AQRB_1$，如图(3)所示。

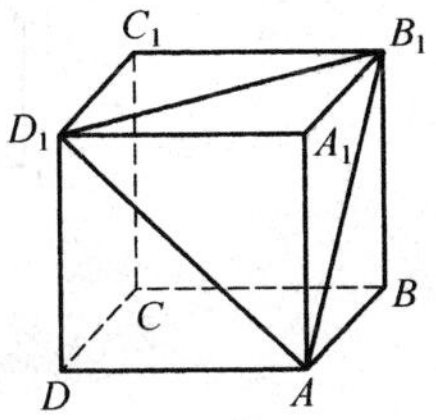

图(1)

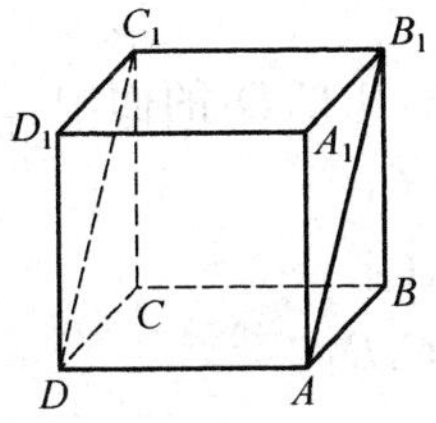

图(2)

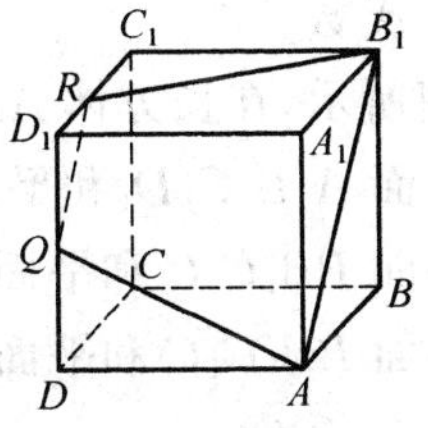

图(3)

【跟踪训练 2】 **解析**:平行或异面。

假设 a 和 b 相交点 A。因为 $a\subset\alpha$,$b\subset\beta$,所以 $A\in\alpha$,$A\in\beta$。所以,A 是平面 α,β 的公共点,与 $\alpha/\!/\beta$ 矛盾。因此,直线 a,b 平行或异面。

三、课堂练习

1. D 2. C 3. D 4. $b\subset\alpha$,$b/\!/\alpha$ 或 b 与 α 相交。5. 4,6,7,8。

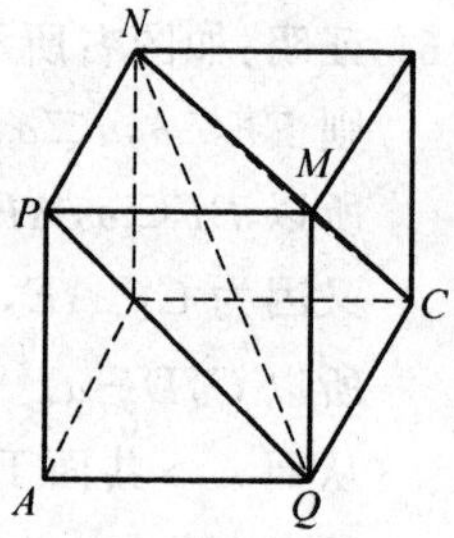

6. **解析**:(1)MN 与 PQ 是异面直线,如右图所示,在正方体中,

$PQ/\!/NC$,$\angle MNC$ 为 MN 与 PQ 所成角。

因为 $MN=NC=MC$,所以 $\angle MNC=60°$。

(2) 设正方体的棱长为 a,则正方体的体积 $V=a^3$。

而三棱锥 $MNPQ$ 的体积与三棱锥 $NPQM$ 的体积相等,

且 $NP\perp$ 面 MPQ。

所以 $V_{NPQM}=\frac{1}{3}\times\frac{1}{2}MP\cdot MQ\cdot NP=\frac{1}{6}a^3$。

即四面体 $MNPQ$ 的体积与正方体的体积之比为 16。

4.4 直线与平面平行的判定

一、阅读提纲

【疑点识记】

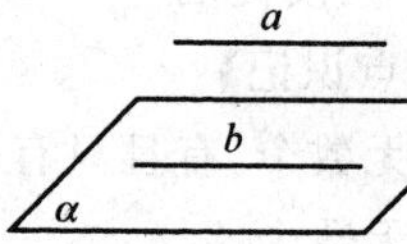

1. 没有。 2. 平面外的,此平面内的,$a\not\subset\alpha$,$b\subset\alpha$,且 $a/\!/b\Rightarrow a/\!/\alpha$。

3. 直线在平面内,直线与平面相交,直线与平面平行。

【问题探究】

问题 1:两个实例中的直线 l 与对应平面都是平行的。

问题 2:直线与平面平行的判定定理

定理:平面外一条直线与此平面内的一条直线平行,则该直线与此平面平行。

问题 3:(1)$a\not\subset\alpha$,$b\subset\alpha$,且 $a/\!/b\Rightarrow a/\!/\alpha$。(2)见典例 1。

二、核心突破

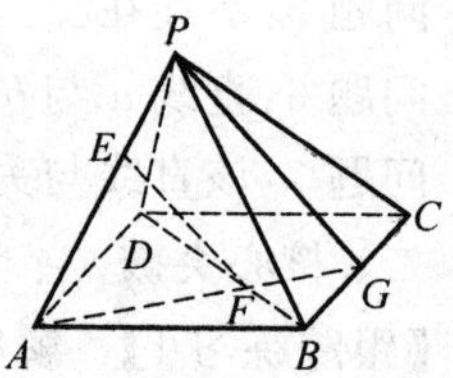

【跟踪训练 1】 **证明**:如右图所示,连接 AF 延长交 BC 于 G,连接 PG。

在平行四边行 $ABCD$ 中,

易证 $\triangle BFG\backsim\triangle DFA$。

所以 $\frac{GF}{FA}=\frac{BF}{FD}=\frac{PE}{EA}$,所以 $EF/\!/PG$。

而 $EF\not\subset$ 平面 PBC,$PG\subset$ 平面 PBC,

所以 $EF/\!/$ 平面 PBC。

三、课堂练习

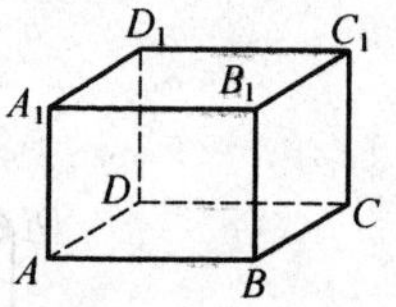

1. D 2. 无数

3. 如右图所示,在长方体 $ABCD\text{-}A_1B_1C_1D_1$ 的面中:

(1) 平面 $A_1B_1C_1D_1$ 和平面 DD_1C_1C;

(2) 平面 BB_1C_1C 和平面 DDC_1C;

(3) 平面 BB_1C_1C 和平面 $A_1B_1C_1D_1$。

4. 平行 5. ①③

6. **证明**:方法一。如图(1)所示,作 $PM/\!/AB$ 交 BE 于 M,作 $QN/\!/AB$ 交 BC 于 N,连接 MN。

因为正方形 $ABCD$ 和正方形 $ABEF$ 有公共边 AB,

所以 $AE=BD$。

又因为 $AP=DQ$,所以 $PE=QB$。

又因为 $PM/\!/AB/\!/QN$,所以$\dfrac{PM}{AB}=\dfrac{PE}{AE}$,$\dfrac{QN}{DC}=\dfrac{BQ}{BD}$。

所以 $PM\underline{\underline{/\!/}}QN$。

所以四边形 $PQNM$ 是平行四边形。故 $PQ/\!/MN$。

又因为 $MN\subset$平面 BCE,$PQ\not\subset$平面 BCE,所以 $PQ/\!/$平面 BCE。

方法二。如图(2)所示,连接 AQ 并延长交 BC(或其延长线)于 K,连接 EK。

因为 $KB/\!/AD$,所以$\dfrac{DQ}{BQ}=\dfrac{AQ}{QK}$。

因为 $AP=DQ$,$AE=BD$,

所以 $BQ=PE$。

所以$\dfrac{DQ}{BQ}=\dfrac{AP}{PE}$,$\dfrac{AQ}{QK}=\dfrac{AP}{PE}$,$PQ/\!/EK$。

又因为 $PQ\not\subset$面 BCE,$EK\subset$面 BCE,所以 $PQ/\!/$面 BCE。

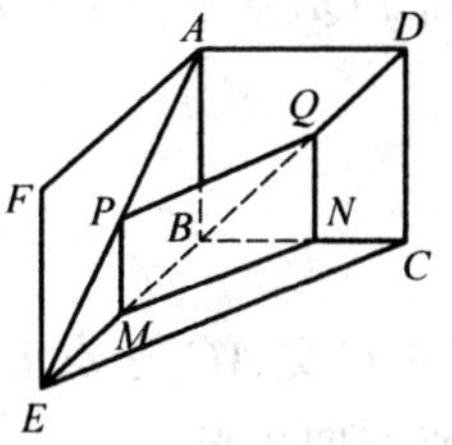

图(1)

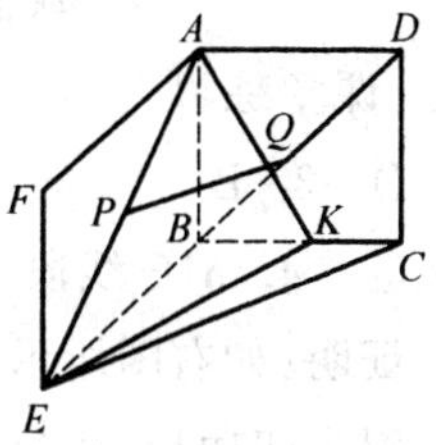

图(2)

4.5　平面与平面平行的判定

一、阅读提纲

【疑点识记】

1. 平行。

2. $m\cap n=P$。

【问题探究】

问题 1:(1)平行　(2)平行　(3)平行。

问题 2:平行。

面面平行的判定定理。

问题 3:一个平面内两条相交直线与另一个平面平行,则这两个面平行。

二、核心突破

【跟踪训练 1】　(1) **证明**:(1)如右图所示,连接 BM,BN,BG 并延长分别交 AC,AD,CD 于 P,F,H。

因为 M,N,G 分别为$\triangle ABC$,$\triangle ABD$,$\triangle BCD$ 的重心,

则有$\dfrac{BM}{MP}=\dfrac{BN}{NF}=\dfrac{BG}{GH}=2$,且 P,H,F 分别为 AC,CD,AD 的中点。

连接 PF,FH,PH,有 $MN/\!/PF$。

又因为 $PF\subset$平面 ACD,$MN\not\subset$平面 ACD,

所以 $MN/\!/$平面 ACD。

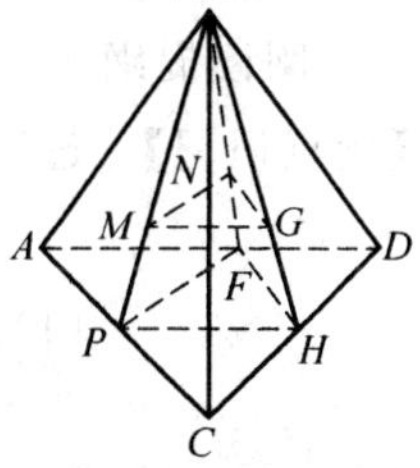

跟踪练习 1 图

同理 $MG /\!/$ 平面 ACD，$MG \cap MN = M$，

所以平面 $MNG /\!/$ 平面 ACD。

(2) **解**：由(1)可知 $\frac{MG}{PH} = \frac{BG}{BH} = \frac{2}{3}$，所以 $MG = \frac{2}{3}PH$。

又 $PH = \frac{1}{2}AD$，所以 $MG = \frac{1}{3}AD$。

同理 $NG = \frac{1}{3}AC$，$MN = \frac{1}{3}CD$。

所以 $\triangle MNG \backsim \triangle ACD$，其相似比为 $1:3$。

所以 $S_{\triangle MNG} : S_{\triangle ACD} = 1:9$。

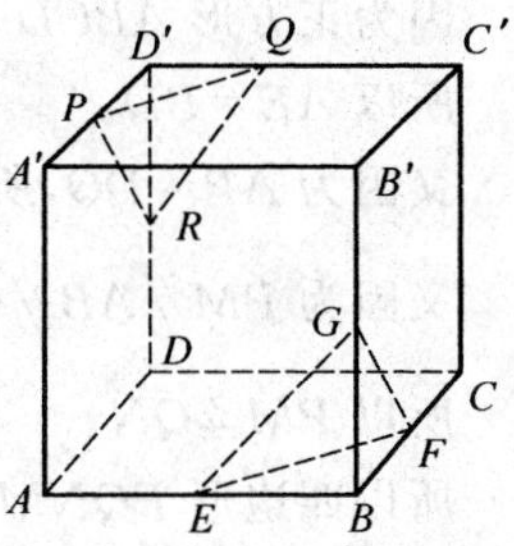

跟踪练习 2 图

【跟踪训练 2】 **解析**：当 R 为 DD' 的中点时，平面 $PQR /\!/$ 平面 EFG。

易证，$EF /\!/ PQ$，$FG /\!/ PR$。

从而，平面 $PQR /\!/$ 平面 EFG。

三、课堂练习

1. D　2. B

3. ③　4. $M \in$ 线段 FH

5. **证明**：如右图所示，连接 A_1C 交 AC_1 于点 E，

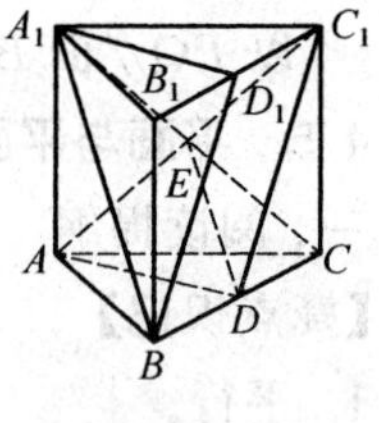

第 5 题图

因为四边形 A_1ACC_1 是平行四边形，

所以 E 是 A_1C 的中点。连接 ED。

因为 $A_1B /\!/$ 平面 AC_1D，$ED \subset$ 平面 AC_1D，

所以 A_1B 与 ED 没有交点。

又因为 $ED \subset$ 平面 A_1BC，$A_1B \subset$ 平面 A_1BC，

所以 $ED /\!/ A_1B$。

因为 E 是 A_1C 的中点，所以 D 是 BC 的中点。

又因为 D_1 是 B_1C_1 的中点，

所以 $BD_1 /\!/ C_1D$，$A_1D_1 /\!/ AD$。

所以 $BD_1 /\!/$ 平面 AC_1D，$A_1D_1 /\!/$ 平面 AC_1D。

又 $A_1D_1 \cap BD_1 = D_1$，所以平面 $A_1BD_1 /\!/$ 平面 AC_1D。

4.6　直线与平面平行的性质

一、阅读提纲

【疑点识记】 过这条直线的任一平面与此平面的交线与该直线平行

(1) $\begin{cases} a /\!/ \alpha \\ a \subset \beta \\ \beta \cap \alpha = b \end{cases} \Rightarrow a /\!/ b$　(2) 直线和直线　平行线

【问题探究】 略

二、核心突破

【跟踪练习 1】 **证明**：因为四边形 $EFGH$ 为平行四边形，所以 $EF /\!/ GH$。

又因为 $GH\subset$ 平面 BCD，$EF\not\subset$ 平面 BCD。所以 $EF//$ 平面 BCD。

而平面 $ACD\cap$ 平面 $BCD=CD$，$EF\subset$ 平面 ACD，所以 $EF//CD$。

因为 $EF\subset$ 平面 $EFGH$，$CD\not\subset$ 平面 $EFGH$，所以 $CD//$ 平面 $EFGH$。

【跟踪练习 2】 **解析**：直线 $l//$ 平面 PAC。

证明：

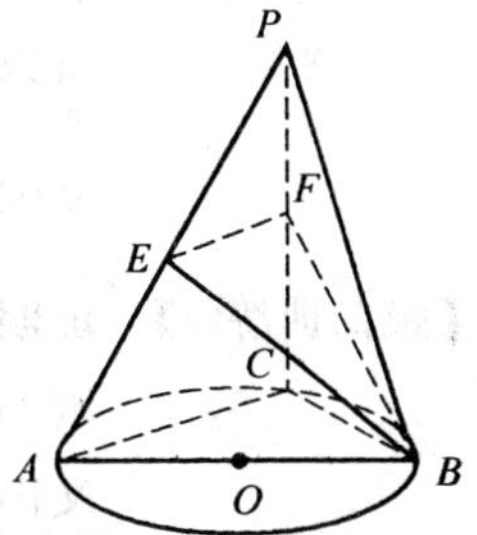

如右图所示，因为 E，F 分别是 PA，PC 的中点，所以 $EF//AC$。

又因为 $EF\not\subset$ 平面 ABC，且 $AC\subset$ 平面 ABC，所以 $EF//$ 平面 ABC。

而 $EF\subset$ 平面 BEF，且平面 $BEF\cap$ 平面 $ABC=l$，所以 $EF//l$。

因为 $l\not\subset$ 平面 PAC，$EF\subset$ 平面 PAC，所以 $l//$ 平面 PAC。

三、课堂练习

1. C 2. C 3. B 4. ①②⇒③(或①③⇒②)

5. (1)**证明**：因为 $BC//AD$，$AD\subset$ 平面 PAD，$BC\not\subset$ 平面 PAD，所以 $BC//$ 平面 PAD。

又因为平面 $PAD\cap$ 平面 $PBC=l$，$BC\subset$ 平面 PBC，所以 $BC//l$。

(2) **解**：$MN//$ 平面 PAD。

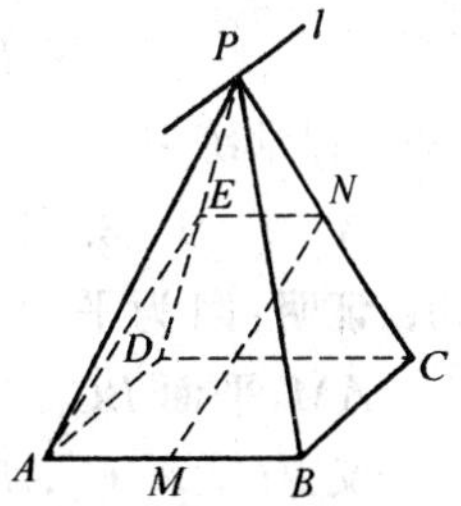

证明：如右图所示，取 PD 中点 E。

连接 EN、AE。又因为 N 为 PC 中点，所以 $EN//\frac{1}{2}AB$。

所以 $EN//AM$，四边形 $ENMA$ 为平行四边形，故 $AE//MN$。

又因为 $AE\subset$ 平面 PAD，$MN\not\subset$ 平面 PAD， 所以 $MN//$ 平面 PAD。

4.7 平面与平面平行的性质

一、阅读提纲

【疑点识记】

1. 那么它们的交线平行

$$(1)\left.\begin{array}{r}\alpha//\beta\\ \alpha\cap\gamma=a\\ \beta\cap\gamma=b\end{array}\right\}\quad(2)\text{线线平行}$$

2. (1)另一个平面 $a//\beta$ (2)相等 (3)平行

【问题探究】

问题 1：是的。

问题 2：不一定，也可能异面。

问题 3：平行。

二、核心突破

【跟踪训练 1】 **解**：AA'，BB' 相交于 O，所以 AA'，BB' 确定的平面与平面 α、平面 β 的交线为 AB，$A'B'$。

因为 $AB//A'B'$，且 $\frac{OA}{OA'}=\frac{AB}{A'B'}=\frac{3}{2}$。

同理可得$\frac{OA}{OA'}=\frac{AC}{A'C'}=\frac{3}{2}$，

$\frac{OA}{OA'}=\frac{BC}{B'C'}=\frac{3}{2}$。

所以$\triangle ABC$，$\triangle A'B'C'$面积的比为 9∶4。

又因为$\triangle ABC$面积$\sqrt{3}$，所以$\triangle A'B'C'$面积$\frac{4\sqrt{3}}{9}$。

【跟踪训练 2】 **证明**：如图所示，

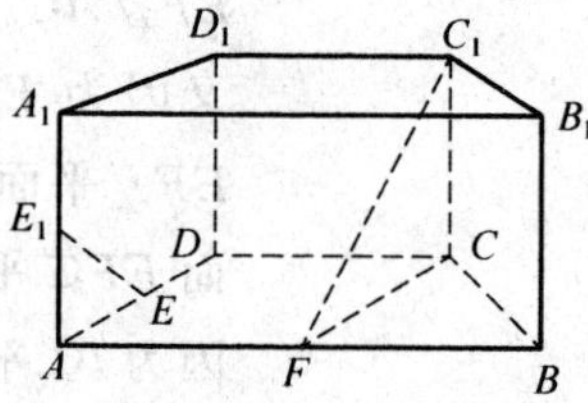

因为 F 为 AB 的中点，所以 $AB=2AF$。

又因为 $AB=2CD$，所以 $CD=AF$。

因为 $AB /\!/ CD$，所以 $CD /\!/ AF$，四边形 $AFCD$ 为平行四边形，故 $FC /\!/ AD$。

又因为 $FC\not\subset$平面 ADD_1A_1，$AD\subset$平面 ADD_1A_1，所以 $FC /\!/$平面 ADD_1A_1。

因为 $CC_1 /\!/ DD_1$，$CC_1\not\subset$平面 ADD_1A_1，$DD_1\subset$平面 ADD_1A_1。

所以 $CC_1 /\!/$平面 ADD_1A_1。

又 $FC\cap CC_1=C$，所以平面 $ADD_1A_1 /\!/$平面 FCC_1。

又 $EE_1\subset$平面 ADD_1A_1，所以 $EE_1 /\!/$平面 FCC_1。

三、课堂练习

1. A 2. B 3. 平行

4. **证明**：因为平面 $AB_1M /\!/$平面 BC_1N，平面 $ACC_1A_1\cap$平面 $AB_1M=AM$，平面 $BC_1N\cap$平面 $ACC_1A_1=C_1N$，所以 $C_1N /\!/ AM$。

又 $AC /\!/ A_1C_1$，所以四边形 ANC_1M 为平行四边形。

所以 $AN=C_1M=\frac{1}{2}A_1C_1=\frac{1}{2}AC$，$N$ 为 AC 的中点。

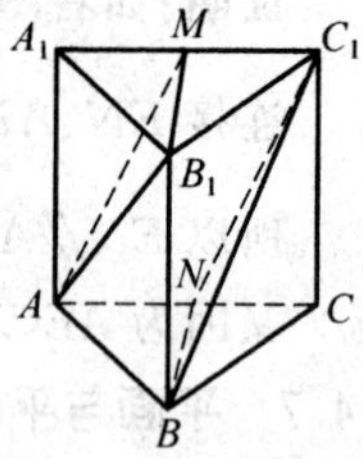

第 4 题图

5. **证明**：如图所示，

过 E 作 $EG /\!/ AB$ 交 BB_1 于点 G，连接 GF，则$\frac{B_1E}{B_1A}=\frac{B_1G}{B_1B}$。

因为 $B_1E=C_1F$，$B_1A=C_1B$，所以$\frac{C_1F}{C_1B}=\frac{B_1G}{B_1B}$，$FG /\!/ B_1C_1 /\!/ BC$。

又因为 $EG\cap FG=G$，$AB\cap BC=B$，所以平面 $EFG /\!/$平面 $ABCD$。

又因为 $EF\subset$平面 EFG，$EF\not\subset$平面 $ABCD$，所以 $EF /\!/$平面$ABCD$。

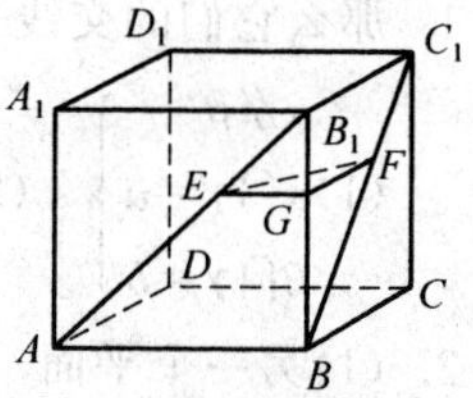

第 5 题图

4.8 直线与平面垂直的判定

一、阅读提纲

【疑点识记】

1. (1)任意一条 垂直 $l\perp\alpha$ 垂线 垂面 (2)两条相交直线 $a\subset\alpha$ $b\subset\alpha$ $a\cap b=A$

2. (1)射影 锐角 $\angle PAO$ (2)0° [0°,90°]

【问题探究】

问题 1：略

问题 2：直线与平面位置关系(1)直线在平面内；(2)直线在平面外。

问题 3：垂直

问题 4：(1)90° (2)不会 (3)垂直

问题 5：(1)不一定 (2)是

二、核心突破

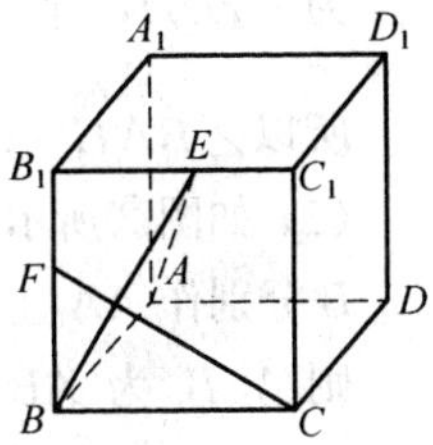

【跟踪练习 1】 **证明**：如右图所示，在平面 B_1BCC_1 中，因为 E、F 分别是 B_1C_1、B_1B 的中点，所以 $\triangle BB_1E \cong \triangle CBF$。

所以 $\angle B_1BE = \angle BCF$，$\angle BCF + \angle EBC = 90°$，故 $CF \perp BE$。

又因为 $AB \perp$ 平面 B_1BCC_1，$CF \subset$ 平面 B_1BCC_1，所以 $AB \perp CF$。

又因为 $AB \cap BE = B$，

所以 $CF \perp$ 平面 EAB。

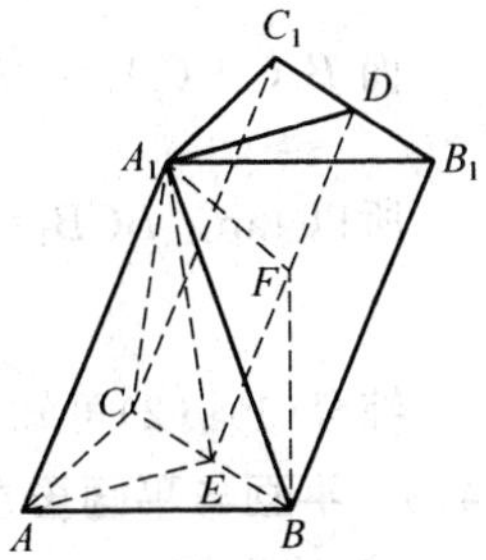

【跟踪训练 2】 (1) **证明**：如右图所示，

取 BC 的中点 E，连接 A_1E, DE, AE，由题意得 $A_1E \perp$ 平面 ABC，所以 $A_1E \perp AE$。

因为 $AB = AC$，所以 $AE \perp BC$，故 $AE \perp$ 平面 A_1BC。

由 D, E 分别是 B_1C_1, BC 的中点，得 $DE \parallel B_1B$ 且 $DE = B_1B$，所以 $DE \parallel A_1A$。

所以四边形 A_1AED 是平行四边形，故 $A_1D \parallel AE$。

又因为 $AE \perp$ 平面 A_1BC，所以 $A_1D \perp$ 平面 A_1BC。

(2) 作 $A_1F \perp DE$，垂足为 F，连接 BF。

因为 $A_1E \perp$ 平面 ABC，所以 $BC \perp A_1E$。

因为 $BC \perp AE$，所以 $BC \perp$ 平面 AA_1DE。

所以 $BC \perp A_1F$，$A_1F \perp$ 平面 BB_1C_1C。$\angle A_1BF$ 为直线 A_1B 与平面 BB_1C_1C 所成的角。

由 $AB = AC = 2$，$\angle CAB = 90°$，得 $EA = EB = \sqrt{2}$。

由 $\angle A_1EA = \angle A_1EB = 90°$，得 $A_1A = A_1B = 4$，$A_1E = \sqrt{14}$。

由 $DE = BB_1 = 4$，$DA_1 = EA = \sqrt{2}$，$\angle DA_1E = 90°$，得 $A_1F = \dfrac{\sqrt{7}}{2}$。

所以 $\sin\angle A_1BF = \dfrac{\sqrt{7}}{8}$。

三、课堂练习

1. B 2. A 3. ②④

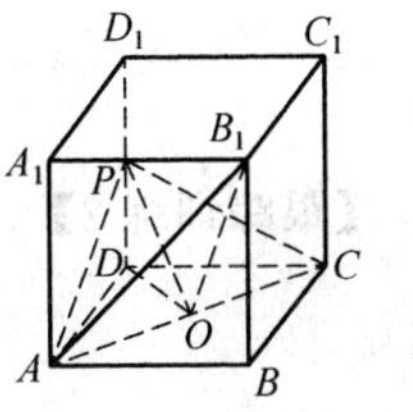

4. **证明**：如右图所示，连接 AB_1，CB_1，设 $AB = 1$，所以 $AB_1 = CB_1 = \sqrt{2}$。

因为 $AO = CO$，所以 $B_1O \perp AC$。连接 PB_1。

因为 $OB_1^2 = OB^2 + BB_1^2 = \dfrac{3}{2}$，$PB_1^2 = PD_1^2 + B_1D_1^2 = \dfrac{9}{4}$，$OP^2 = PD^2 + DO^2 = \dfrac{3}{4}$，所以 $OB_1^2 + OP^2 = PB_1^2$。所以 $B_1O \perp PO$。

又因为 $PO \cap AC=O$,所以 $B_1O \perp$ 平面 PAC。

5. **解**:(1)如图①,当 A、B 位于平面 α 同侧时,由点 A、B 分别向平面 α 作垂线,垂足分别为 A_1、B_1,则 $AA_1=1$,$BB_1=2$,$B_1A_1=\sqrt{3}$。过点 A 作 $AH \perp BB_1$ 于 H,则 AB 和 α 所成角即为 $\angle HAB$。而 $\tan\angle BAH=\frac{2-1}{\sqrt{3}}=\frac{\sqrt{3}}{3}$。

所以 $\angle BAH=30°$。

(2) 如图②所示,当 A、B 位于平面 α 异侧时,经 A、B 分别作 $AA_1 \perp \alpha$ 于 A_1,$BB_1 \perp \alpha$ 于 B_1,$AB \cap \alpha=C$,则 A_1B_1 为 AB 在平面 α 上的射影,$\angle BCB_1$ 或 $\angle ACA_1$ 为 AB 与平面 α 所成的角。因为 $\triangle BCB_1 \backsim \triangle ACA_1$,所以 $\frac{BB_1}{AA_1}=\frac{B_1C}{CA_1}=2$,所以 $B_1C=2CA_1$。

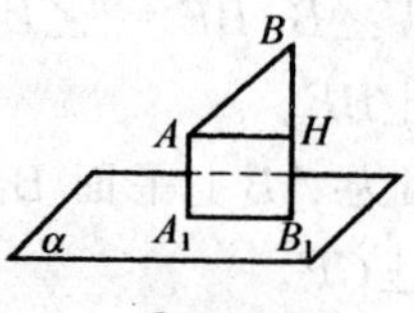

①

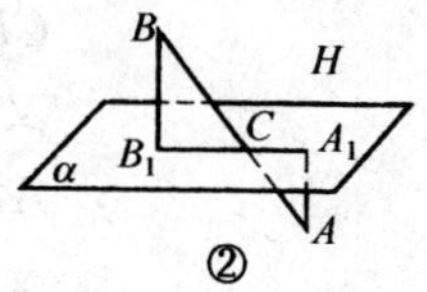

②

而 $B_1C+CA_1=\sqrt{3}$,所以 $B_1C=\frac{2\sqrt{3}}{3}$。

所以 $\tan\angle BCB_1=\frac{BB_1}{B_1C}=\frac{2}{\frac{2\sqrt{3}}{3}}=\sqrt{3}$,$\angle BCB_1=60°$。

综合(1)、(2)可知:AB 与平面 α 所成的角为 30°或 60°。

4.9 平面与平面垂直的判定

一、阅读提纲

【疑点识记】

1. 两个半平面　这条直线　这两个半平面
2. 垂足　$\angle AOB$
3. (1)直二面角　(2)垂线　$a \subset \alpha$

【问题探究】

问题 1:二面角　问题 2:都垂直　问题 3:二面角的平面角

二、核心突破

【跟踪训练 1】 **证明**:如右图所示,取 BC 中点 D,连接 SD、AD,

由 $SA=SB=SC$,$\angle ASB=\angle ASC=60°$,

得 $AB=AC=SA$。

所以 $AD \perp BC$,$SD \perp BC$,$\angle ADS$ 是二面角 A-BC-S 的平面角。

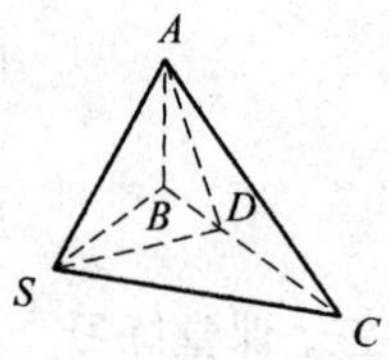

$\angle BSC=90°$,令 $SA=1$,$SD=\frac{\sqrt{2}}{2}$,$AD=\frac{\sqrt{2}}{2}$

所以 $SD^2+AD^2=SA^2$。

所以 $\angle ADS=90°$,所以平面 $ABC \perp$ 平面 BSC。

【跟踪训练 2】 **证明**:因为 $AB=BC$,$CD=AD$,G 是 AC 的中点,

所以 $BG \perp AC$,$DG \perp AC$,

所以 $AC \perp$ 平面 BGD。

又因为 $EF/\!/AC$,所以 $EF\perp$平面 BGD.

因为 $EF\subset$平面 BEF,所以平面 $BEF\perp$平面 BGD。

【跟踪训练3】 (1) **证明:**如右图所示,连接 BD,由 $ABCD$ 是菱形且$\angle BCD=60°$知,$\triangle BCD$ 是等边三角形。

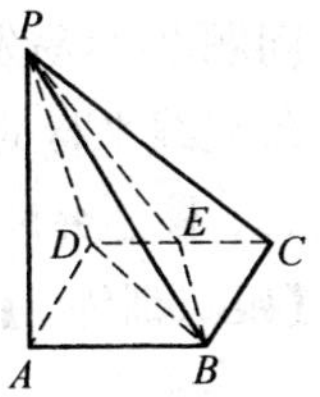

因为 E 是 CD 的中点,所以 $BE\perp CD$。

又因为 $AB/\!/CD$,所以 $BE\perp AB$。

又因为 $PA\perp$平面 $ABCD$,$BE\subset$平面 $ABCD$,所以 $PA\perp BE$。

而 $PA\cap AB=A$,因此 $BE\perp$平面 PAB。

又因为 $BE\subset$平面 PBE,所以平面 $PBE\perp$平面 PAB。

(2) **解:**由(1)知,$BE\perp$平面 PAB,$PB\subset$平面 PAB,所以 $PB\perp BE$。

又因为 $AB\perp BE$,所以$\angle PBA$ 是二面角 $A\text{-}BE\text{-}P$ 的平面角。

在 Rt$\triangle PAB$ 中,$\tan\angle PBA=\frac{PA}{AB}=\sqrt{3}$,则$\angle PBA=60°$。

故二面角 $A\text{-}BE\text{-}P$ 的大小是 $60°$。

三、课堂练习

1. D 2. C 3. B 4. 75°

5.(1) **证明:**如右图所示,延长 C_1F 交 CB 的延长线于点 N,连接 AN。

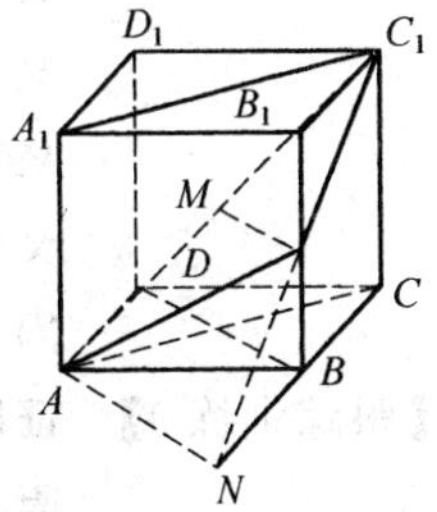

因为 F 是 BB_1的中点,所以 F 为 C_1N 的中点,B 为 CN 的中点。

又 M 是线段 AC_1的中点,故 $MF/\!/AN$。

又因为 $MF\not\subset$平面 $ABCD$,$AN\subset$平面 $ABCD$。

所以 $MF/\!/$平面 $ABCD$。

(2) **证明:**如右图所示,连接 BD,由直四棱柱 $ABCD\text{-}A_1B_1C_1D_1$,可知 $AA_1\perp$平面 $ABCD$。

又因为 $BD\subset$平面 $ABCD$,所以 $A_1A\perp BD$。

因为四边形 $ABCD$ 为菱形,所以 $AC\perp BD$。

又因为 $AC\cap A_1A=A$,AC、$A_1A\subset$平面 ACC_1A_1,所以 $BD\perp$平面 ACC_1A_1。

在四边形 $DANB$ 中,$DA/\!/BN$ 且 $DA=BN$,所以四边形 $DANB$ 为平行四边形。

故 $NA/\!/BD$,所以 $NA\perp$平面 ACC_1A_1。

又因为 $NA\subset$平面 AFC_1,所以平面 $AFC_1\perp$平面 ACC_1A_1。

(3) **解:**由(2),知 $BD\perp$平面 ACC_1A_1,又 $AC_1\subset$平面 ACC_1A_1,所以 $BD\perp AC_1$。

因为 $BD/\!/NA$,所以 $AC_1\perp NA$。

又因为 $BD\perp AC$,可知 $NA\perp AC$,

所以$\angle C_1AC$ 就是平面 AFC_1与平面 $ABCD$ 所成二面角的平面角或补角。

在 Rt$\triangle C_1AC$ 中,$\tan\angle C_1AC=\frac{C_1C}{CA}=\frac{1}{\sqrt{3}}$,故$\angle C_1AC=30°$。

所以平面 AFC_1与平面 $ABCD$ 所成二面角的大小为 $30°$或 $150°$。

4.10 直线与平面垂直的性质以及平面与平面垂直的性质

一、阅读提纲

【疑点识记】

1. 平行 $a/\!/b$ 2. 垂直 交线 $a\perp\beta$ 3. (1)第一个平面内 $a\subset\alpha$ (2)$a/\!/\alpha$

【问题探究】

问题1：平行。

问题2：容易发现墙壁与墙壁所在平面的交线与地面垂直，因此只要在黑板上画出一条与这条交线平行的直线，则所画直线必与地面垂直。

二、核心突破

【跟踪训练1】 如右图所示，因为 $PA\perp\alpha$，$l\subset\alpha$，所以 $PA\perp l$。

同理 $PB\perp l$。

因为 $PA\cap PB=P$，所以 $l\perp$ 平面 PAB。

又因为 $PA\perp\alpha$，$a\subset\alpha$，所以 $PA\perp a$。

因为 $a\perp AB$，$PA\cap AB=A$，所以 $a\perp$ 平面 PAB。

所以 $a\parallel l$。

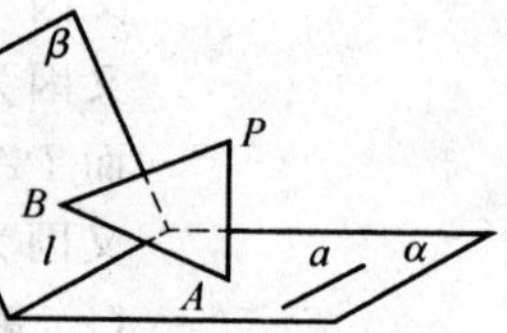

跟踪训练1图

【跟踪训练2】 如图所示，在平面 PAB 内，作 $AD\perp PB$ 于 D。

因为平面 $PAB\perp$ 平面 PBC，且平面 $PAB\cap$ 平面 $PBC=PB$。

所以 $AD\perp$ 平面 PBC。

又 $BC\subset$ 平面 PBC，所以 $AD\perp BC$。

又因为 $PA\perp$ 平面 ABC，$BC\subset$ 平面 ABC，所以 $PA\perp BC$。

又因为 $PA\cap AD=A$，所以 $BC\perp$ 平面 PAB。

因为 $AB\subset$ 平面 PAB，所以 $BC\perp AB$。

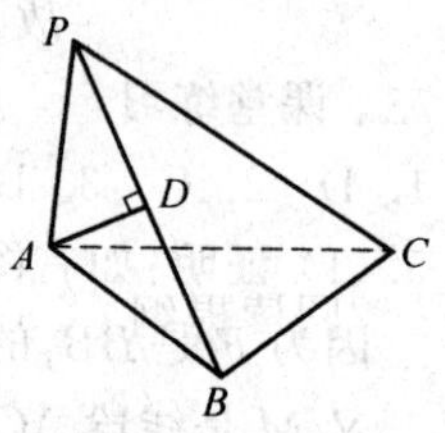

跟踪训练2图

【跟踪训练3】 **证明**：(1) 设 $BD=a$，如图所示，作 $DF\parallel BC$ 交 CE 于 F，则 $CF=DB=a$。

因为 $CE\perp$ 面 ABC，所以 $BC\perp CF$，$DF\perp EC$。

所以 $DE=\sqrt{EF^2+DF^2}=\sqrt{5}a$。

又因为 $DB\perp$ 平面 ABC，$DA=\sqrt{DB^2+AB^2}=\sqrt{5}a$，

故 $DE=DA$。

(2) 取 CA 的中点 N，连接 MN，BN，则 $MN\mathrel{\underline{\underline{\parallel}}}\frac{1}{2}CE\mathrel{\underline{\underline{\parallel}}}DB$。

所以四边形 $MNBD$ 为平行四边形，$MD\parallel BN$。

又因为 $EC\perp$ 面 ABC，所以 $EC\perp BN$，$EC\perp MD$。

又 $DE=DA$，M 为 EA 的中点，所以 $DM\perp AE$。

所以 $DM\perp$ 平面 AEC，面 $BDM\perp$ 面 ECA。

(3) 由(2)知 $DM\perp$ 平面 AEC，而 $DM\subset$ 平面 DEA，

所以平面 $DEA\perp$ 平面 ECA。

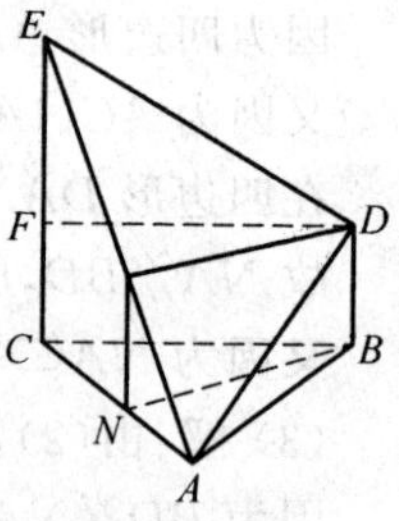

跟踪训练3图

三、课堂练习

1. D 2. A 3. 2 4. B

5. **证明**：(1) 如右图所示，在平面 ABC 内取一点 D，作 $DF\perp AC$ 于 F。

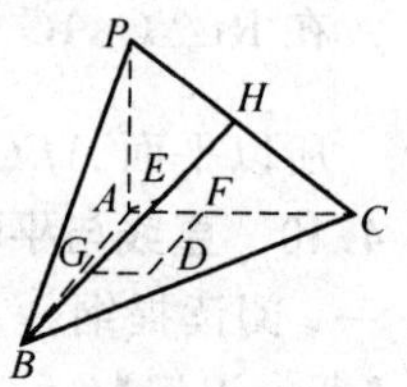

第5题图

因为平面 $PAC \perp$ 平面 ABC,且交线为 AC,所以 $DF \perp$ 平面 PAC。

又因为 $PA \subset$ 平面 PAC,所以 $DF \perp PA$。

作 $DG \perp AB$ 于 G,

同理可证 $DG \perp PA$。

因为 $DG \cap DF = D$,所以 $PA \perp$ 平面 ABC。

(2) 连接 BE 并延长交 PC 于 H。

因为 E 是 $\triangle PBC$ 的垂心,所以 $PC \perp BH$。

又 $AE \perp$ 平面 PBC,故 $AE \perp PC$。

且 $AE \cap BE = E$,所以 $PC \perp$ 平面 ABE,$PC \perp AB$。

又因为 $PA \perp$ 平面 ABC,所以 $PA \perp AB$。

且 $PA \cap PC = P$,

所以 $AB \perp$ 平面 PAC,$AB \perp AC$,即 $\triangle ABC$ 是直角三角形。

第 5 章　直线与方程

5.1　倾斜角与斜率

一、阅读提纲

【疑点识记】

1. x,正向,向上方向,正切值,$k=\tan\alpha$。
2. $90^\circ<\alpha<180^\circ$,0,$k>0$,斜率不存在,$0^\circ\leqslant\alpha<180$,$(-\infty,+\infty)$。
3. $\dfrac{y_2-y_1}{x_2-x_1}(x_1\neq x_2)$。

【问题探究】

问题 1:两点确定一条直线。

问题 2:一个点和直线的方向也可以确定一条直线。

问题 3:直线上的一个定点以及它的倾斜角,二者缺一不可。

二、核心突破

【跟踪训练 1】 (1) $k=\tan 30^\circ=\dfrac{\sqrt{3}}{3}$;(2) $k=\tan 135^\circ=-1$;(3) $k=\tan 60^\circ=\sqrt{3}$;

(4) 不存在。

【跟踪训练 2】 (1) $k=\dfrac{4-1}{2-1}=3>0$,则倾斜角是锐角;

(2) $k=\dfrac{2-5}{0-(-3)}=-1<0$,则倾斜角是钝角;

(3) 倾斜角是90°,无斜率;

(4) $k=\dfrac{2-2}{-10-10}=0$,则倾斜角是 0°。

【跟踪训练 3】 C

三、课堂练习

1. B 2. A 3. 135°

4. **解析**:由题意知$-1<\tan\alpha<1$,$0°\leqslant\alpha<180°$,α的取值范围为$\left[0,\frac{\pi}{4}\right)\cup\left(\frac{3\pi}{4},\pi\right)$。

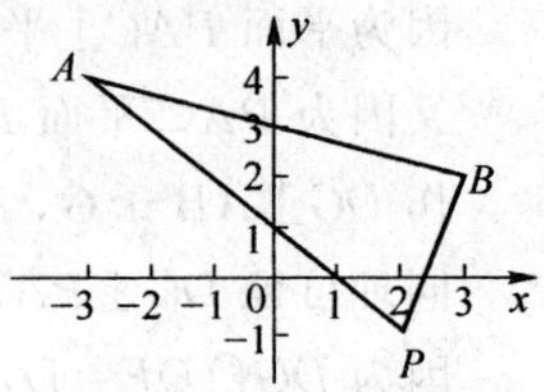

5. **解**:如右图所示,因为$k_{PA}=\frac{4-(-1)}{-3-2}=-1$,$k_{PB}=\frac{2-(-1)}{3-2}=3$。要使$l$与线段$AB$有公共点,则直线$l$的斜率$k$的取值范围是$k\leqslant-1$或$k\geqslant3$。

5.2 两条直线平行与垂直的判定

一、阅读提纲

【疑点识记】

1. 它们的斜率相等,$k_1=k_2$,平行。

2. (1) 垂直。(2) $l_1\perp l_2\Leftrightarrow k_1k_2=-1$。

【问题探究】

问题1:平行,垂直,重合。

问题2:(1) 斜率相等。(2) 平行。(3) 平行或重合。

问题3:(1) 斜率互为倒数。(2) 斜率互为倒数。

二、核心突破

【跟踪训练1】 A

【跟踪训练2】 由根与系数的关系可知,$k_1+k_2=\frac{3}{2}$,$k_1\cdot k_2=-\frac{b}{2}$,则当$l_1\perp l_2$时,$k_1\cdot k_2=-\frac{b}{2}=-1$,解得$b=2$;当$l_1/\!/l_2$时,$k_1=k_2=\frac{3}{4}$,解得$b=-2k_1\cdot k_2=-\frac{9}{8}$。

三、课堂练习

1. B 2. D 3. C 4. $D(0,3)$。

5. 若$\angle A$为直角,则$AC\perp AB$,所以$k_{AC}\cdot k_{AB}=-1$,即$\frac{m+1}{2-5}\cdot\frac{1+1}{1-5}=-1$,得$m=-7$;

若$\angle B$为直角,则$AB\perp BC$,所以$k_{AB}\cdot k_{BC}=-1$,即$-\frac{1}{2}\cdot\frac{m-1}{2-1}=-1$,得$m=3$;

若$\angle C$为直角,则$AC\perp BC$,所以$k_{AC}\cdot k_{BC}=-1$,即$\frac{m+1}{-3}\cdot\frac{m-1}{2-1}=-1$,得$m=\pm2$。

综上可知,$m=-7$或$m=3$或$m=\pm2$。

5.3 直线的点斜式方程

一、阅读提纲

【疑点识记】

1. $y-y_0=k(x-x_0)$,$y=kx+b$。

2. (1)纵坐标。(2)横坐标。

【问题探究】

问题1:无数条,一条。

问题2:能确定唯一一条直线。

问题3:(1)(1,2)。(2)答案不唯一,都在方程$y=2x$上。

问题4:直线上任意一点的坐标都是这个方程的解;反过来,以这个方程的解为坐标的点都在此直线上。

二、核心突破

【跟踪训练 1】 (1) $y+3=3x$;

(2) 因为 $k=\tan 60°=\sqrt{3}$,所以 $y-2=\sqrt{3}(x-1)$;

(3) 因为 $k=\tan 150°=-\frac{\sqrt{3}}{3}$,所以 $y=-\frac{\sqrt{3}}{3}x$。

【跟踪训练 2】 由直线方程的斜截式,得直线方程为 $y=2x+m$。

因为直线通过点(1,1),将 $x=1,y=1$ 代入方程 $y=2x+m$ 得 $1=2\times1+m$,所以 $m=-1$。

【跟踪训练 3】 过点(0,7)且与直线 $y=-4x+2$ 平行的直线方程为 $y-7=-4x$,即直线 l 的方程为 $y=-4x+7$。

三、课堂练习

1. C 2. B 3. B 4. D

5. 因为直线 l_1:$y=-\sqrt{3}x+1$ 的斜率 $k_1=-\sqrt{3}$,所以直线的倾斜角为 120°,由题意知,所求直线的倾斜角为 60°,斜率 $k=\sqrt{3}$。(1)因为过点(−4,1),所以直线方程为 $y-1=\sqrt{3}(x+4)$。(2)因为在 y 轴上截距为−10,所以直线方程为 $y=\sqrt{3}x-10$。

5.4 直线的两点式方程

一、阅读提纲

【疑点识记】

1. $\frac{y-y_1}{y_2-y_1}=\frac{x-x_1}{x_2-x_1}$,$\frac{x}{a}+\frac{y}{b}=1$。2. 与 x 轴或与 y 轴。3. x 轴上,y 轴上。4. −3,2。

【问题探究】

问题 1:两点

问题 2:$\frac{y_2-y_1}{x_2-x_1}$, $y-y_1=\frac{y_2-y_1}{x_2-x_1}(x-x_1)$

问题 3:不能用之代替。因为此方程中 $x-x_1\neq0$,会比原来方程表示的直线少一点。

二、核心突破

【跟踪训练 1】 因为直线 l 过点 $A(3,-5)$ 和 $B(-2,5)$ 所示 $k_1=\frac{5-(-5)}{-2-3}=-2$。

将 $A(3,-5)$,$k=-2$ 代入点斜式,得 $y-(-5)=-2(x-3)$,

即 $2x+y-1=0$。

【跟踪训练 2】 设直线 l 的方程为 $\frac{x}{a}+\frac{y}{b}=1$。由题意,得 $\frac{1}{a}+\frac{2}{b}=1$①,$\frac{1}{2}ab=4$②。

联立①,②,得 $a=2,b=4$。

所以 l 的方程为 $\frac{x}{2}+\frac{y}{4}=1$,即 $4x+2y-8=0$。

三、课堂练习

1. B 2. A 3. 设直线方程为 $\frac{x}{a}+\frac{y}{b}=1$,所以 $\frac{2}{a}+\frac{2}{b}=1$,所以 $\frac{1}{a}+\frac{1}{b}=\frac{1}{2}$ 4. C

5. 设直线 l 的点斜式方程为 $y+2=k(x-6)(k\neq0)$。令 $x=0$,得 $y=-6k-2$;令 $y=0$,得

$x=\frac{2}{k}+6$。所以$\left(\frac{2}{k}+6\right)-(-6k-2)=1$，解得：$k_1=-\frac{2}{3}$或$k_2=-\frac{1}{2}$。所以直线$l$的方程为$y+2=-\frac{2}{3}(x-6)$或$y+2=-\frac{1}{2}(x-6)$。即$y=-\frac{2}{3}x+2$或$y=-\frac{1}{2}x+1$。

5.5 直线的一般式方程

一、阅读提纲

【疑点识记】

1. $y-y_1=k(x-x_1)$，$y=kx+b$，$\frac{y-y_1}{x-x_1}=\frac{y_2-y_1}{x_2-x_1}(x_2\neq x_1)$，$\frac{x}{a}+\frac{y}{b}=1$。

【问题探究】

问题1：$Ax+By+C=0$(A,B不同时为0)，关于x,y的二元一次方程，它表示一条直线。

问题2：直线的一般式方程能够表示平面上的所有直线，而点斜式、斜截式、两点式方程，都不能表示与x轴垂直的直线。

问题3：(1) $A=0,BC\neq0$　(2) $B=0,AC\neq0$　(3) $A=C=0$　(4) $B=C=0$

二、核心突破

【跟踪训练1】 所求的直线方程为：$y+4=-\frac{4}{3}(x-6)$。化为一般式：$4x+3y-12=0$。

【跟踪训练2】 已知直线l：$2x+y-1=0$的斜率$k=-2$。①过$A(2,2)$与l平行的直线方程为$y-2=-2(x-2)$。即$2x+y-6=0$。②过A与l垂直的直线的斜率$k_1=-\frac{1}{k}=\frac{1}{2}$，方程为$y-2=\frac{1}{2}(x-2)$。即$x-2y+2=0$为所求。

【跟踪训练3】 解法一。由l_1：$2x+(m+1)y+4=0$。l_2：$mx+3y-2=0$。

① 当$m=0$时，显然l_1与l_2不平行。

② 当$m\neq0$时，$l_1\parallel l_2$，需$\frac{2}{m}=\frac{m+1}{3}\neq\frac{4}{-2}$。

解得$m=2$或$m=-3$。所以m的值为2或-3。

解法二。令$2\times3=m(m+1)$，解得$m=-3$或$m=2$。

当$m=-3$时，l_1：$x-y+2=0$，l_2：$3x-3y+2=0$，显然l_1与l_2不重合，所以$l_1\parallel l_2$。

同理当$m=2$时，l_1：$2x+3y+4=0$，l_2：$2x+3y-2=0$，l_1与l_2不重合，$l_1\parallel l_2$，所以m的值为2或-3。

三、课堂练习

1. D

2. B　$k_{AB}=\frac{1-2}{3-1}=-\frac{1}{2}$，由$k\cdot k_{AB}=-1$得$k=2$。由中点坐标公式得$x=\frac{1+3}{2}=2$，$y=\frac{2+1}{2}=\frac{3}{2}$，所以中点坐标为$\left(2,\frac{3}{2}\right)$。由点斜式方程得$y-\frac{3}{2}=2(x-2)$，即$4x-2y=5$。

3. D　根据两直线平行可得$\frac{m}{1}=\frac{1}{m}$，所以$m=\pm1$，又两直线不可重合，所以$m=1$时，$n\neq-1$；$m=-1$时，$n\neq1$。

4. 由题意，设所求直线为$\frac{x}{a}+\frac{y}{-4}=1$，且$\frac{1}{2}|4a|=20$，所以$|a|=10$，即$a=10$或$-10$，则其

方程为$\frac{x}{10}-\frac{y}{4}=1$或$\frac{x}{-10}-\frac{y}{4}=1$，可化为 $2x-5y-20=0$ 或 $2x+5y+20=0$。

5. 由$\frac{x}{a}+\frac{y}{b}=1$，化得 $y=-\frac{b}{a}x+b=-2x+b$，又可化得：$bx+ay-ab=bx+ay-8=0$，则 $\frac{b}{a}=2$，且 $ab=8$。解得 $a=2,b=4$ 或 $a=-2,b=-4$。

5.6 两条直线的交点坐标

一、阅读提纲

【疑点识记】 略

【问题探究】

问题 1：看这两条直线方程所组成的方程组$\begin{cases}A_1x+B_1y+C_1=0,\\A_2x+B_2y+C_2=0\end{cases}$的解的情况。

问题 2：直线 l_1、l_2联立得方程组$\begin{cases}唯一解\\无穷多解\\无解\end{cases}\overset{转化}{\Leftrightarrow}\begin{cases}l_1l_2\ 相交\\l_1l_2\ 重合。\\l_1l_2\ 平行\end{cases}$

问题 3：观察三组方程对应系数比的特点。

(1) $\frac{3}{2}\neq\frac{4}{1}$ (2) $\frac{2}{\frac{1}{3}}=\frac{-6}{-1}=\frac{3}{\frac{1}{2}}$ (3) $\frac{2}{\frac{1}{3}}=\frac{-6}{-1}\neq\frac{1}{\frac{1}{2}}$

一般地，对于直线 $l_1:A_1x+B_1y+C_1=0$，$l_2:A_2x+B_2y+C_2=0(A_1B_1C_1\neq0,A_2B_2C_2\neq0)$，有

$$方程组\begin{cases}A_1x+B_1y+C_1=0\\A_2x+B_2y+C_2=0\end{cases}\begin{cases}唯一解\Leftrightarrow\frac{A_1}{A_2}\neq\frac{B_1}{B_2}\Leftrightarrow l_1l_2\ 相交\\无穷多解\Leftrightarrow\frac{A_1}{A_2}=\frac{B_1}{B_2}=\frac{C_1}{C_2}\Leftrightarrow l_1l_2\ 重合。\\无解\Leftrightarrow\frac{A_1}{A_2}=\frac{B_1}{B_2}\neq\frac{C_1}{C_2}\Leftrightarrow l_1l_2\ 平行\end{cases}$$

二、核心突破

【跟踪练习 1】 **解**：解方程组$\begin{cases}x-2y+2=0\\2x-y-2=0\end{cases}$得$\begin{cases}x=2\\y=2\end{cases}$，所以 l_1 与 l_2 的交点是(2,2)。

设经过原点的直线方程为 $y=kx$，把点(2,2)的坐标代入以上方程，得 $k=1$，所以所求直线方程为 $y=x$。

【跟踪训练 2】 (1)重合。(2)平行。(3)相交，交点坐标为(2,−1)。

三、课堂练习

1. D 2. A 3. B 4. C 5. 2

5.7 两点间的距离

一、阅读提纲

【疑点识记】

1. $|AB|=|x_B-x_A|$

2. $|P_1P_2|=\sqrt{(x_2-x_1)^2+(y_2-y_1)^2}$

3. $|OP|=\sqrt{x^2+y^2}$

【问题探究】

问题 1：$|AB|=|x_B-x_A|$，$|CD|=|y_C-y_D|$。

问题 2：通过画简图，发现一个 Rt△BMO，应用勾股定理得到点 B 到原点的距离是 5。

问题 3：在直角坐标系中，已知两点 $P_1(x_1,y_1)$、$P_2(x_2,y_2)$，如右图所示，从 P_1、P_2 分别向 x 轴和 y 轴作垂线 P_1M_1、P_1N_1 和 P_2M_2、P_2N_2，垂足分别为 $M_1(x_1,0)$、$N_1(0,y_1)$、$M_2(x_2,0)$、$N_2(0,y_2)$，其中直线 P_1N_1 和 P_2M_2 相交于点 Q。

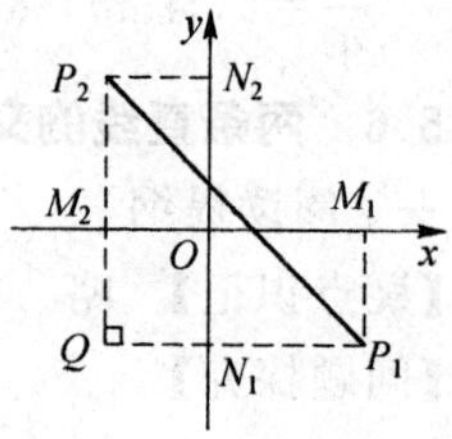

在 Rt△P_1QP_2 中，$|P_1P_2|^2=|P_1Q|^2+|QP_2|^2$。

因为 $|P_1Q|=|M_1M_2|=|x_2-x_1|$，$|QP_2|=|N_1N_2|=|y_2-y_1|$，

所以 $|P_1P_2|^2=|x_2-x_1|^2+|y_2-y_1|^2$。

由此得到两点 $P_1(x_1,y_1)$、$P_2(x_2,y_2)$ 的距离公式：$|P_1P_2|=\sqrt{(x_2-x_1)^2+(y_2-y_1)^2}$。

二、核心突破

【跟踪练习 1】 由于 B 在 l 上，可设 B 点坐标为 $(x_0,-2x_0+6)$。

由 $|AB|^2=(x_0-1)^2+(-2x_0+7)^2=25$，化简得 $x_0^2-6x_0+5=0$，解得 $x_0=1$ 或 5。

当 $x_0=1$ 时，AB 方程为 $x=1$；当 $x_0=5$ 时，AB 方程为 $3x+4y+1=0$。

综上所述，直线 l_1 的方程为 $x=1$ 或 $3x+4y+1=0$。

三、课堂练习

1. A　2. C　3. C　4. B　5. $\sqrt{17}$

5.8　点到直线距离以及两条平行直线之间的距离

【疑点识记】

1. $|P_1P_2|=\sqrt{(x_2-x_1)^2+(y_2-y_1)^2}$　2. $d=\dfrac{|Ax_0+By_0+C|}{\sqrt{A^2+B^2}}$

3. $d=\dfrac{|C_1-C_2|}{\sqrt{A^2+B^2}}$

【问题探究】

问题 1：$x_0=0$，$y_0=0$ 时，$d=\dfrac{|C|}{\sqrt{A^2+B^2}}$。

问题 2：设过点 P 且与直线 l 平行的直线 l_1 的方程为 $Ax+By+C_1=0$，令 $y=0$，得 $P'\left(-\dfrac{C_1}{A},0\right)$。

所以 $P'N=\dfrac{\left|A\cdot\left(-\dfrac{C_1}{A}\right)+C\right|}{\sqrt{A^2+B^2}}=\dfrac{|C-C_1|}{\sqrt{A^2+B^2}}$。

因为 P 在直线 l_1：$Ax+By+C_1=0$ 上，所以 $Ax_0+By_0+C_1=0$. 所以 $C_1=-Ax_0-By_0$，代入得 $|P'N|=\dfrac{|C+Ax_0+By_0|}{\sqrt{A^2+B^2}}$，即 $d=\dfrac{|Ax_0+By_0+C|}{\sqrt{A^2+B^2}}$。

问题 3：可以验证，当 $A=0$ 或 $B=0$ 时，上述公式也成立。

问题 4：设 $P_0(x_0,y_0)$ 是直线 $Ax+By+C_2=0$ 上任一点，则点 P_0 到直线 $Ax+By+C_1=0$ 的

距离为 $d=\frac{|Ax_0+By_0+C|}{\sqrt{A^2+B^2}}$。

又因为 $Ax_0+By_0+C_2=0$，即 $Ax_0+By_0=-C_2$，所以 $d=\frac{|C_1-C_2|}{\sqrt{A^2+B^2}}$。

二、核心突破

【跟踪练习 1】 **解**：$\frac{|3a-4\times6-2|}{\sqrt{3^2+4^2}}=4\Rightarrow|3a-6|=20\Rightarrow a=20$ 或 $a=\frac{46}{3}$。

【跟踪练习 2】 **解**：已知直线上一点，故可设点斜式方程，再根据点到直线的距离公式，即可求出直线方程为 $x+y-1=0$ 或 $7x+y+5=0$。

【跟踪训练 3】 **解**：点 $O(0,0)$ 关于直线 $l:2x-y+1=0$ 的对称点为 $O'\left(-\frac{4}{5},\frac{2}{5}\right)$。

则直线 MO' 的方程为 $y-3=\frac{13}{4}x$。

直线 MO' 与直线 $l:2x-y+1=0$ 的交点 $P(-\frac{8}{15},-\frac{11}{5})$ 即为所求，

相应的 $||PO|-|PM||$ 的最大值为 $|MO'|=\frac{\sqrt{185}}{5}$。

三、课堂练习

1. D　2. B　3. B　4. C

5. **解**：(1) 设 BC 边的高所在直线为 l，

由题知 $k_{BC}=\frac{3-(-1)}{2-(-2)}=1$，则 $k_l=\frac{-1}{k_{BC}}=-1$，

又点 $A(-1,4)$ 在直线 l 上，所以直线 l 的方程为 $y-4=-1\times(x+1)$，

即 $x+y-3=0$。

(2) BC 所在直线方程为：$y+1=1\times(x+2)$，即 $x-y+1=0$，

点 $A(-1,4)$ 到 BC 的距离 $d=\frac{|-1-4+1|}{\sqrt{1^2+(-1)^2}}=2\sqrt{2}$，

又 $|BC|=\sqrt{(-2-2)^2+(-1-3)^2}=4\sqrt{2}$，

则 $S_{\triangle ABC}=\frac{1}{2}\cdot|BC|\cdot d=\frac{1}{2}\times4\sqrt{2}\times2\sqrt{2}=8$。

第 6 章　圆与方程

6.1　圆的标准方程

一、阅读提纲

【疑点识记】

1. $(x-a)^2+(y-b)^2=r^2$

2. 设点到圆心的距离为 d，圆半径为 r：

(1) 点在圆上 $\Leftrightarrow d=r$；(2) 点在圆外 $\Leftrightarrow d>r$；(3) 点在圆内 $\Leftrightarrow d<r$。

【问题探究】

问题 1：略

问题 2:略

问题 3:1. 建系设点

C 是定点,可设 $C(a,b)$、半径 r,且设圆上任一点 M 坐标为(x,y)。

2. 写点集

根据定义,圆就是集合 $P=\{M||MC|=r\}$。

3. 列方程

由两点间的距离公式得:$\sqrt{(x-a)^2+(y-b)^2}=r$。

4. 化简方程

将上式两边平方得:$(x-a)^2+(y-b)^2=r^2$ (1)

方程(1)就是圆心是 $C(a,b)$、半径是 r 的圆的方程。我们把它叫作圆的标准方程。

问题 4:这是二元二次方程,展开后没有 xy 项,括号内变数 x,y 的系数都是 1。点(a,b)、r 分别表示圆心的坐标和圆的半径。当圆心在原点即 $C(0,0)$时,方程为 $x^2+y^2=r^2$。

二、核心突破

【跟踪训练 1】 (1) 圆心是(3,2),半径是$\sqrt{5}$;(2) 圆心是(−4,−3),半径是$\sqrt{7}$;(3) 圆心是(−2,0),半径是 2。

【跟踪训练 2】 $(x-4)^2+(y-1)^2=26$

【跟踪训练 3】 **解**:设圆的方程为$(x-a)^2+(y-b)^2=r^2(r>0)$。

由题意得$\begin{cases}|a|=r\\a-3b=0\\(6-a)^2+(1-b)^2=r^2\end{cases}$。

解得 $a=3,b=1,r=3$ 或 $a=111,b=37,r=111$。

所以圆的方程为$(x-3)^2+(y-1)^2=9$ 或$(x-111)^2+(y-37)^2=111^2$。

三、课堂练习

1. A 2. B 3. B 4. A 5. $5+\sqrt{2}$

6.2 圆的一般方程

一、阅读提纲

【疑点识记】

1. (1) $D^2+E^2-4F>0$,$\left(-\frac{D}{2},\frac{E}{2}\right)$,$\frac{1}{2}\sqrt{D^2+E^2-4F}$。(2) $\left(-\frac{D}{2},\frac{E}{2}\right)$。(3) $D^2+E^2-4F<0$。

2. $>$,$=$,$<$。

【问题探究】

问题 1:将方程 $x^2+y^2+Dx+Ey+F=0$ 左边配方得:

$$\left(x+\frac{D}{2}\right)^2+\left(y+\frac{F}{2}\right)^2=\frac{D^2+E^2-4F}{4}\text{(1)}$$

(1) 当 $D^2+E^2-4F>0$ 时,方程(1)与标准方程比较,可以看出方程

$x^2+y^2+Dx+Ey+F=0$ 表示以$\left(-\frac{D}{2},\frac{E}{2}\right)$为圆心、$\frac{1}{2}\sqrt{D^2+E^2-4F}$为半径的圆;

(2)当 $D^2+E^2-4F=0$ 时,方程 $x^2+y^2+Dx+Ey+F=0$ 只有实数解 $x=-\frac{D}{2}$,$y=-\frac{E}{2}$,

所以表示一个点$\left(-\frac{D}{2},-\frac{E}{2}\right)$；

(3) 当$D^2+E^2-4F<0$时，方程$x^2+y^2+Dx+Ey+F=0$没有实数解，因而它不表示任何图形。

问题2：当二元二次方程$Ax^2+Bxy+Cy^2+Dx+Ey+F=0$具有条件：

(1) x^2和y^2的系数相同，不等于零，即$A=C\neq0$；

(2) 没有xy项，即$B=0$；

(3) $D^2+E^2-4AF>0$。

它才表示圆。

二、核心突破

【跟踪训练1】 A

【跟踪训练2】 **解**：解方程组$\begin{cases}x^2+y^2-2x+10y-24=0\\x^2+y^2+2x+2y-8=0\end{cases}$，得两圆交点为$(-4,0)$，$(0,2)$。

设所求圆的方程为$(x-a)^2+(y-b)^2=r^2$，因为两点在所求圆上，且圆心在直线l上，所以得方程组为$\begin{cases}(-4-a)^2+b^2=r^2\\a^2+(2-b)^2=r^2\\a+b=0\end{cases}$，

解得$a=-3$，$b=3$，$r=\sqrt{10}$。

故所求圆的方程为：$(x+3)^2+(y-3)^2=10$。

三、课堂练习

1. C 2. D 3. B 4. D

5. **解**：设过A、B、C三点的圆的方程为$x^2+y^2+Dx+Ey+F=0$，

则$\begin{cases}D-5E-F=26\\5D+5E+F=-50\\6D-2E+F=-40\end{cases}$，解得$\begin{cases}D=-4\\E=-2\\F=-20\end{cases}$。

所以过A、B、C三点的圆的方程为$x^2+y^2-4x-2y-20=0$。

将点$D(-2,-1)$代入上述方程等式不成立。

故A、B、C、D四点不能在同一个圆上。

6.3 直线、圆的位置关系

一、阅读提纲

【疑点识记】

1. (a,b)，r；

2. $x^2+y^2+Dx+Ey+F=0$ $(D^2+E^2-4F>0)$，$\left(-\frac{D}{2},-\frac{E}{2}\right)$，$\frac{1}{2}\sqrt{D^2+E^2-4F}$；

3. $=$，$>$，$<$。

【问题探究】 略

二、核心突破

【跟踪训练1】 圆C方程可化为$(x-2)^2+(y+3)^2=25$，得圆心为$(2,-3)$，$r=5$。因为直线到圆的距离$d=\frac{|1\times2-3\times(-1)+5|}{\sqrt{1^2+(-1)^2}}=5\sqrt{2}>5$，所以直线与圆相离。

【跟踪练习 2】 解:圆心到 l 的距离 $d=\sqrt{r^2-\left(\frac{4\sqrt{5}}{2}\right)^2}=\sqrt{5}$,显然 l 存在斜率。

设 l:$y-5=k(x-5)$,即 $kx-y+5-5k=0$,$d=\frac{|5-5k|}{\sqrt{k^2+1}}$。

所以 $\frac{|5-5k|}{\sqrt{k^2+1}}=\sqrt{5}$,所以 $k=\frac{1}{2}$ 或 2。

所以 l 的方程为 $x-2y+5=0$ 或 $2x-y-5=0$。

【跟踪训练 3】 解:$(x-2)^2+y^2=4$,圆心为(2,0),圆心与切点的连线垂直于切线,其斜率互为负倒数,$k=\frac{0-\sqrt{3}}{2-1}=-\sqrt{3}$。

所以切线斜率为 $\frac{\sqrt{3}}{3}$,则过 $(1,\sqrt{3})$ 切线方程为 $x-\sqrt{3}y+2=0$。

三、课堂练习

1. D 2. C 3. A 4. C 5. B 6. C

6.4 圆与圆的位置关系

一、阅读提纲

略

二、核心突破

【跟踪练习 1】 因为圆 C_1 的圆心 $C_1(-2,2)$,半径 $r_1=1$,圆 C_2 的圆心 $C_2(2,5)$,半径 $r_2=4$。

所以圆心距 $|C_1C_2|=\sqrt{(2+2)^2+(5-2)^2}=5=r_1+r_2$,故圆 C_1 与圆 C_2 外切。

【跟踪练习 2】 解:设所求圆的方程为 $(x-a)^2+(y-b)^2=r^2$,

则 $\begin{cases} a=b ① \\ b=3 ② \\ \sqrt{a^2+b^2}=r ③ \end{cases}$,由①②③得 $\begin{cases} a=b=3 \\ r=3\sqrt{2} \end{cases}$。

所以圆的方程为 $(x-3)^2+(y-3)^2=18$。

【跟踪练习 3】 解:A、B 两点关于直线 $x-y+n=0$ 对称,

即 AB 中点 $(\frac{m+1}{2},1)$ 在直线 $x-y+n=0$ 上,则有 $\frac{m+1}{2}-1+n=0$①,

且 AB 斜率 $\frac{4}{1-m}=-1$②。

由①②解得:$m=5$,$n=-2$,$m+n=3$。

三、课堂练习

1. A 2. C 3. C 4. C 5. D 6. C

6.5 直线与圆的方程的应用

一、阅读提纲

略

二、核心突破

【跟踪训练 1】 设圆拱半径为 R,由题意得 $R^2=(R-4)^2+64$,解得 $R=10$,求 3 米高时的弦

宽 $x=2\sqrt{10^2-9^2}=2\sqrt{19}>4$，面货船宽只有 4 米，可以通过。当卸货后船涨高为 3.9 米以上，只有 0.1 米不能通过。

【跟踪训练 2】 **解析**：设 $2x+y=t$，圆心 $(1,-2)$ 到直线 $2x+y-t=0$ 距离为 $\frac{|t|}{\sqrt{5}}$，$\frac{|t|}{\sqrt{5}}\leqslant 2$，解得 $-2\sqrt{5}\leqslant t\leqslant 2\sqrt{5}$，故 $2x+y$ 的最大值和最小值分别为 $2\sqrt{5}$ 和 $-2\sqrt{5}$。

三、课堂练习

1. C　2. B　3. A　4. A　5. C

必修四篇

第 7 章　三 角 函 数

7.1　任意角

一、阅读提纲

【疑点识记】

1. (1) 一条射线　端点　旋转　(2) 逆时针方向旋转　顺时针方向旋转　没有作任何旋转

2. 第几象限角　3. $\alpha+k\cdot 360°, k\in\mathbf{Z}$　整数个周角

【问题探究】

问题 1：两种，即逆时针和顺时针

问题 2：无数种

问题 3：分别在第一、四、二象限

问题 4：不是

问题 5：不唯一

二、核心突破

【跟踪练习 1】 **解析**：$-90°<-75°<0°$，$180°<225°<270°$。

$360°+90°<475°<360°+180°$，$-360°<-315°<-270°$。

所以这四个命题都是正确的。

答案：D。

【跟踪练习 2】 **解析**：与 $-1\ 000°$ 角终边相同的角的集合是 $S=\{\alpha\mid\alpha=-1\ 000°+k\cdot 360°, k\in\mathbf{Z}\}$，分别对 k 赋予不同的数值便可求出结果。

答案：$-640°$，$-280°$，$80°$，$440°$。

【跟踪练习 3】 **解析**：终边落在 $y=\sqrt{3}x\ (x\geqslant 0)$ 上的角的集合是 $S_1=\{\alpha\mid\alpha=60°+k\cdot 360°, k\in\mathbf{Z}\}$，终边落在 $y=\sqrt{3}x\ (x\leqslant 0)$ 上的角的集合是 $S_2=\{\alpha\mid\alpha=240°+k\cdot 360°, k\in\mathbf{Z}\}$，于是终边在 $y=\sqrt{3}x$ 上角的集合是 $S=\{\alpha\mid\alpha=60°+k\cdot 360°, k\in\mathbf{Z}\}\cup\{\alpha\mid\alpha=240°+k\cdot 360°, k\in\mathbf{Z}\}=\{\alpha\mid\alpha=60°+2k\cdot 180°, k\in\mathbf{Z}\}\cup\{\alpha\mid\alpha=60°+(2k+1)\cdot 180°, k\in\mathbf{Z}\}=\{\alpha\mid\alpha=60°+n\cdot 180°, n\in\mathbf{Z}\}$。

三、课堂练习

1. D　2. B　3. 三　4. 80°，一

5. (1) 四种　(2) $-315°, -225°, -135°, -45°, 45°, 135°, 225°, 315°$

7.2　弧度制

一、阅读提纲

【疑点识记】

1. (1) $\frac{1}{360}$　(2) 半径长　1 rad　(3) $|\alpha|=\frac{l}{r}$　终边的旋转方向　正数　负数　0

2. 2π　$360°$　π　$180°$　$\frac{\pi}{180}$　$\left(\frac{180}{\pi}\right)$

3. $\frac{\alpha\pi R}{180}$　αR　$\frac{\alpha\pi R^2}{360}$　$\frac{1}{2}\alpha R^2$　$\frac{1}{2}lR$

【问题探究】

问题 1：$1°$

问题 2：$180°$

问题 3：$\left(\frac{180}{\pi}\right)°$，$\left(\frac{180\alpha}{\pi}\right)°$

问题 4：$\frac{\pi}{2}$rad，$1°=\frac{\pi}{180}$rad

二、核心突破

【跟踪练习 1】　**解析**：根据 1 弧度的定义，结合各选项知 A、B、C 均正确，只有 D 是错误的。答案：D。

【跟踪练习 2】　**解**：(1) 因为 $9=2\pi+(9-2\pi)$，而 $\frac{\pi}{2}<9-2\pi<\pi$，所以 9 为第二象限角。

(2) 因为 $-4=-2\pi+(2\pi-4)$，而 $\frac{\pi}{2}<2\pi-4<\pi$，所以 -4 为第二象限角。

(3) $-\frac{1\,999\pi}{5}=-200\times2\pi+\frac{\pi}{5}$，所以 $-\frac{1\,999\pi}{5}$ 为第一象限角。

【跟踪练习 3】　**解**：(1) 如下图所示，设扇形的半径为 r cm，弧长为 l cm，圆心角为 $\theta(0<\theta<2\pi)$。

由 $l+2r=20$，得 $l=20-2r$，

由 $\frac{1}{2}lr=9$，得 $\frac{1}{2}(20-2r)r=9$，

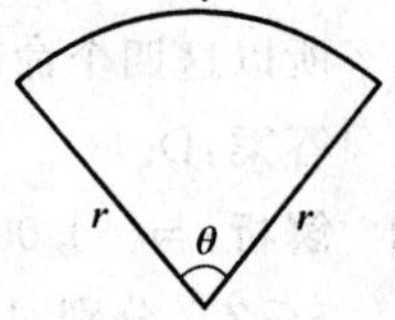

所以 $r^2-10r+9=0$，解得 $r_1=1, r_2=9$。

当 $r_1=1$ cm 时，$l=18$ cm，$\theta=\frac{l}{r}=\frac{18}{1}=18>2\pi$（舍去）。

当 $r_2=9$ cm 时，$l=2$ cm，$\theta=\frac{l}{r}=\frac{2}{9}$。

所以扇形的圆心角的弧度数为 $\frac{2}{9}$。

(2) 扇形的圆心角为 $75\times\frac{\pi}{180}=\frac{5\pi}{12}$，扇形半径为 15 cm，扇形面积 $S=\frac{1}{2}|\alpha|r^2=\frac{1}{2}\times\frac{5\pi}{12}\times15^2=\frac{375}{8}\pi(\text{cm}^2)$。

三、课堂练习

1. D 2. C 3. C 4. $[-4,-\pi]\cup[0,\pi]$。

5. **解**:(1) 设弧长为 l,弓形面积为 $S_{弓}$,

因为 $\alpha=60°=\dfrac{\pi}{3}$,$R=10$,所以 $l=\alpha R=\dfrac{10\pi}{3}$(cm)。

$S_{弓}=S_{扇}-S_{\triangle}=\dfrac{1}{2}\times\dfrac{10\pi}{3}\times10-\dfrac{1}{2}\times10^2\times\sin60°=50\left(\dfrac{\pi}{3}-\dfrac{\sqrt{3}}{2}\right)(\text{cm}^2)$。

(2) 扇形周长 $c=2R+l=2R+\alpha R$,所以 $\alpha=\dfrac{c-2R}{R}$。

所以 $S_{扇}=\dfrac{1}{2}\alpha R^2=\dfrac{1}{2}\cdot\dfrac{c-2R}{R}\cdot R^2=\dfrac{1}{2}(c-2R)R=-R^2+\dfrac{1}{2}cR=-\left(R-\dfrac{c}{4}\right)^2+\dfrac{c^2}{16}$。

当且仅当 $R=\dfrac{c}{4}$,即 $\alpha=2$ 时,扇形面积最大,且最大面积是 $\dfrac{c^2}{16}$。

7.3 任意角的三角函数(一)

一、阅读提纲

【疑点识记】

1. $\dfrac{y}{r}$ $\dfrac{x}{r}$ $\dfrac{y}{x}$ 2. 略 3. 相等 $\sin\alpha$ $\cos\alpha$ $\tan\alpha$

【问题探究】

问题 1:提示。$OP=r=2$,$\sin60°=\dfrac{\sqrt{3}}{2}$,$\cos60°=\dfrac{1}{2}$,$\tan60°=\sqrt{3}$。

问题 2:提示。设 $OP=r$,则 $\sin\alpha=\dfrac{b}{r}$,$\cos\alpha=\dfrac{a}{r}$,$\tan\alpha=\dfrac{b}{a}$。

问题 3:$\sin\alpha=b$,$\cos\alpha=a$,$\tan\alpha=\dfrac{b}{a}$。

问题 4:若角 α 为第二象限角,则 $x<0$,$y>0$,$\sin\alpha>0$,$\cos\alpha<0$,$\tan\alpha<0$。

问题 5:相等,因为终边相等。

二、核心突破

【跟踪练习 1】 **解析**:$r=\sqrt{16+b^2}$,所以 $\cos\alpha=\dfrac{-b}{r}=-\dfrac{3}{5}$,所以 $b^2=9$,$b=\pm3$。

又 $\cos\alpha=-\dfrac{3}{5}<0$,所以 $-b<0$,$b>0$,所以 $b=3$。

答案:A。

【跟踪练习 2】 **解析**:因为 α 是第二象限角,所以 $\sin\alpha>0$,$\cos\alpha<0$。

所以 $\dfrac{|\sin\alpha|}{\sin\alpha}-\dfrac{\cos\alpha}{|\cos\alpha|}=\dfrac{\sin\alpha}{\sin\alpha}+\dfrac{\cos\alpha}{\cos\alpha}=2$。

答案:C。

【跟踪练习 3】 **解**:(1) 原式 $=\cos\left[\dfrac{\pi}{3}+(-4)\times2\pi\right]+\tan\left[\dfrac{\pi}{4}+2\times2\pi\right]=\cos\dfrac{\pi}{3}+\tan\dfrac{\pi}{4}=\dfrac{1}{2}+1=\dfrac{3}{2}$。

(2) 原式 $=\sin(360°+270°)+\tan(3\times360°+45°)+\tan(2\times360°+45°)+\cos$

$(360°+180°)=\sin 270°+\tan 45°+\tan 45°+\cos 180°=-1+1+1-1=0$。

三、课堂练习

1. D 2. B 3. A

4. **解析**:因为$\frac{\pi}{2}<2<\pi$,所以$\sin 2>0$。

又因为$\frac{\pi}{2}<3<\pi$,所以$\cos 3<0$。

又因为$\pi<4<\frac{3\pi}{2}$,所以$\tan 4>0$。

则$\sin 2\cdot\cos 3\cdot\tan 4$为负值。

答案:负。

5. **解析**:(1) 因为$\sin x<0$,且$\tan>0$,所以x是第三象限角。

所以$2k\pi+\pi<x<2k\pi+\frac{3}{2}\pi(k\in\mathbf{Z})$,

得$k\pi+\frac{\pi}{2}<\frac{x}{2}<k\pi+\frac{3}{4}\pi(k\in\mathbf{Z})$,

因此角$\frac{x}{2}$的终边在第二或第四象限。

(2) 由(2)得$\tan\frac{x}{2}<0$,$\sin\frac{x}{2}\cdot\cos\frac{x}{2}<0$。

7.4 任意角的三角函数(二)

一、阅读提纲

【疑点识记】

1. MP OM AT MP OM AT

【问题探究】

问题1:

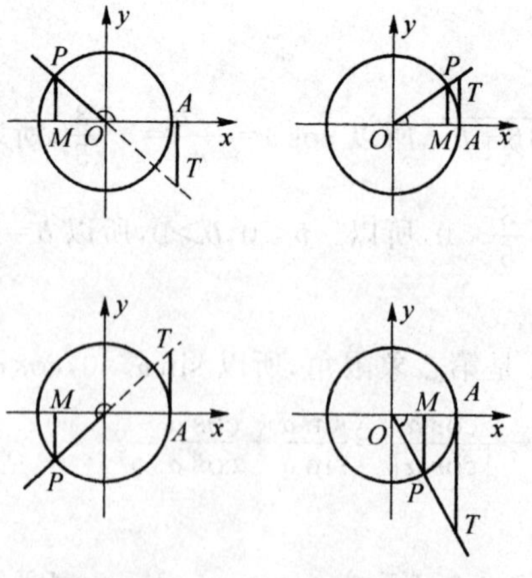

问题2:可以,$|\sin\alpha|=|MP|$,$|\cos\alpha|=|OM|$,$|\tan\alpha|=|AT|$。

二、核心突破

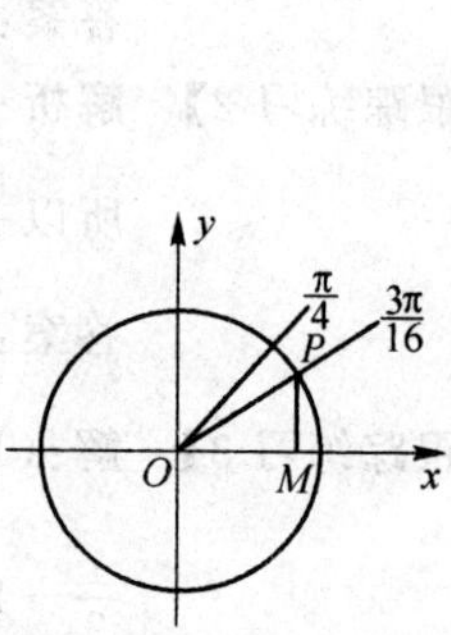

跟踪训练1图

【跟踪训练1】 **解析**:如右图可知,$OM>MP>0$。

答案:D。

【跟踪训练 2】 **解析**:如右图所示,画出三角函数线 $\sin x=MP$,$\cos x=OM$,由于 $\sin\left(-\frac{3\pi}{4}\right)=\cos\left(-\frac{3\pi}{4}\right)$,$\sin\frac{\pi}{4}=\cos\frac{\pi}{4}$,为使 $\sin x\leqslant\cos x$ 成立,则由图可得 $-\frac{3\pi}{4}\leqslant x\leqslant\frac{\pi}{4}$。

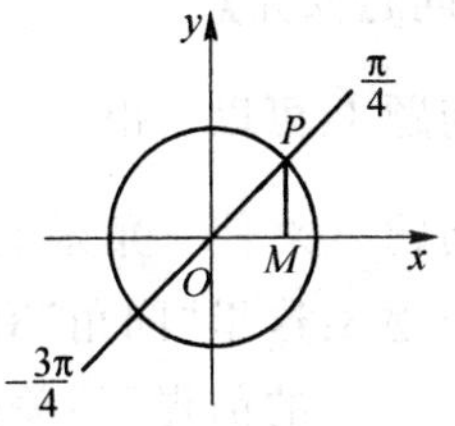

答案:A。

【跟踪训练 3】 **证明**:如右图所示,单位圆 O 与 x 轴正半轴交于点 A,与角 α,β 的终边分别交于点 Q,P,过 P,Q 分别作 OA 的垂线,设垂足分别为 M,N,则由三角函数线定义可知:$\sin\alpha=NQ$,$\sin\beta=MP$,过点 Q 作 $QH\perp MP$ 于 H,于是 $MH=NQ$,则 $HP=MP-MH=\sin\beta-\sin\alpha$。

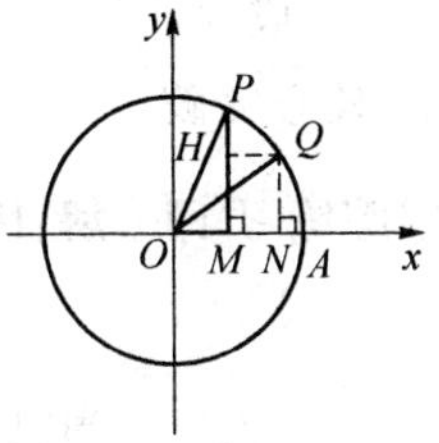

由图可知 $HP<\overset{\frown}{PQ}=\overset{\frown}{AP}-\overset{\frown}{AQ}=\beta-\alpha$,即 $\beta-\alpha>\sin\beta-\sin\alpha$。

三、课堂练习

1. C 因为 1,1.2,1.5 均在 $\left(0,\frac{\pi}{2}\right)$ 内,正弦线在 $\left(0,\frac{\pi}{2}\right)$ 内随 α 的增大而逐渐增大,所以 $\sin 1.5>\sin 1.2>\sin 1$。

2. D 在同一单位圆中,利用三角函数线可得 D 正确。

3. A 如右图所示,在单位圆中分别作出 α 的正弦线 MP、余弦线 OM、正切线 AT,很容易地观察出 $OM<MP<AT$,即 $\cos\alpha<\sin\alpha<\tan\alpha$。

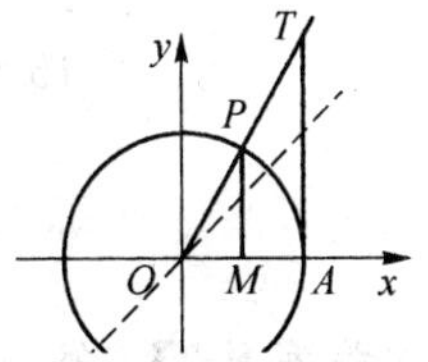

4. **解析**:不等式的解集如右图所示(阴影部分),所以 $\left\{\alpha\,\middle|\,k\pi-\frac{\pi}{6}<\alpha<k\pi+\frac{\pi}{2},k\in\mathrm{Z}\right\}$。

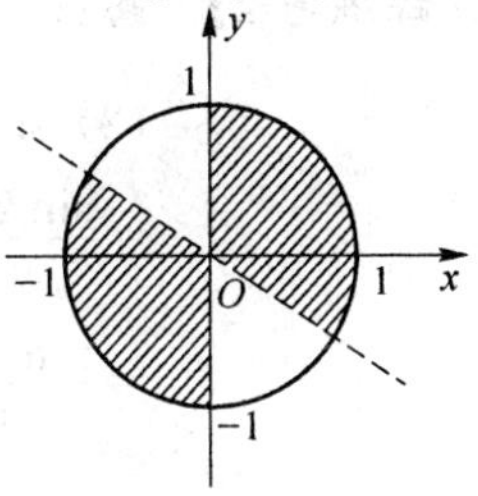

5. **解析**:如右图所示。因为 $3-4\sin^2 x>0$,所以 $\sin^2 x<\frac{3}{4}$,所以 $-\frac{\sqrt{3}}{2}<\sin x<\frac{\sqrt{3}}{2}$。所以 $x\in\left(2k\pi-\frac{\pi}{3},2k\pi+\frac{\pi}{3}\right)\cup\left(2k\pi+\frac{2\pi}{3},2k\pi+\frac{4\pi}{3}\right)(k\in\mathbf{Z})$。即 $x\in\left(k\pi-\frac{\pi}{3},k\pi+\frac{\pi}{3}\right)(k\in\mathbf{Z})$。

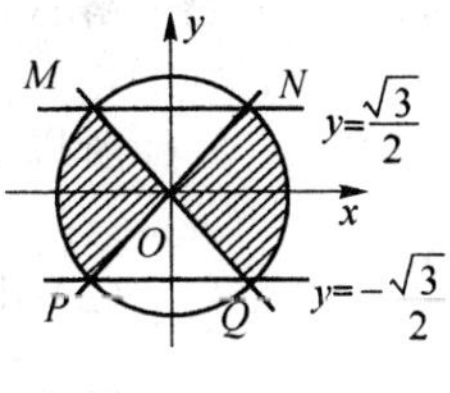

7.5 同角三角函数的基本关系

一、阅读提纲

【疑点识记】

1. (1) $\sin^2\alpha+\cos^2\alpha=1$ (2) $\tan\alpha=\frac{\sin\alpha}{\cos\alpha}$

2. (1) $1-\cos^2\alpha$ $1-\sin^2\alpha$ $1+2\sin\alpha\cos\alpha$ $1-2\sin\alpha\cos\alpha$ 2 $\frac{(\sin\alpha+\cos\alpha)^2-1}{2}$ $\frac{1-(\sin\alpha-\cos\alpha)^2}{2}$

(2) $\cos\alpha\tan\alpha$ $\frac{\sin\alpha}{\tan\alpha}$

【问题探究】

问题1:可以。由 $x^2+y^2=1$,得 $\cos^2\alpha+\sin^2\alpha=1$。由 $\frac{y}{x}=\tan\alpha$,得 $\frac{\sin\alpha}{\cos\alpha}=\tan\alpha$。

问题2:对使三角函数有意义的任意角都成立。

问题3:这里"同角"有两层含义:一是"角相同",二是对"任意"一个角(在使得函数有意义的前提下)关系式都成立。如 $\sin^2 2\alpha+\cos^2 2\alpha=1$ 成立,但 $\sin^2\alpha+\cos^2\beta=1$ 不一定成立。

二、核心突破

【跟踪练习1】 解:因为 $\sin A=\frac{4}{5}>0$,所以 A 为锐角或钝角。

当 A 为锐角时,$\cos A=\sqrt{1-\sin^2 A}=\frac{3}{5}$,所以 $\frac{5\sin A+8}{15\cos A-7}=\frac{5\times\frac{4}{5}+8}{15\times\frac{3}{5}-7}=6$。

当 A 为钝角时,$\cos A=-\sqrt{1-\sin^2 A}=-\frac{3}{5}$,所以 $\frac{5\sin A+8}{15\cos A-7}=\frac{5\times\frac{4}{5}+8}{15\times\left(-\frac{3}{5}\right)-7}=-\frac{3}{4}$。

综上所述,$\frac{5\sin A+8}{15\cos A-7}$ 的值为6或 $-\frac{3}{4}$。

【跟踪练习2】 解:(1) $\frac{2\sin\alpha-\cos\alpha}{\sin\alpha+2\cos\alpha}=\frac{2\tan\alpha-1}{\tan\alpha+2}=\frac{3}{4}$。

(2) $\sin^2\alpha+\sin\alpha\cos\alpha-2\cos^2\alpha$

$=\frac{\sin 2\alpha+\sin\alpha\cos\alpha-2\cos 2\alpha}{\sin 2\alpha+\cos 2\alpha}$

$=\frac{\tan 2\alpha+\tan\alpha-2}{\tan 2\alpha+1}=\frac{4}{5}$。

【跟踪练习3】 解:(1) 由 $\sin A+\cos A=\frac{1}{5}$ 两边平方得:$1+2\sin A\cdot\cos A=\frac{1}{25}$,

所以 $\sin A\cdot\cos A=-\frac{12}{25}$。

(2) 由(1) $\sin A\cos A=-\frac{12}{25}$ 知,$\cos A<0$,且 $0<A<\pi$,

所以角 A 为钝角,则 $\triangle ABC$ 是钝角三角形。

(3) 联立 $\begin{cases}\sin A+\cos A=\frac{1}{5}\\ \sin A\cos A=-\frac{12}{25}\end{cases}$,

解得,$\sin A=\frac{4}{5}$,$\cos A=-\frac{3}{5}$

所以 $\tan A=\frac{\sin A}{\cos A}=-\frac{4}{3}$。

【跟踪训练 4】 **证明**:左边$=\dfrac{\cos^2 2x+\sin^2 2x-2\sin 2x\cos 2x}{\cos^2 2x-\sin^2 2x}$

$=\dfrac{(\cos 2x-\sin 2x)^2}{(\cos 2x-\sin 2x)(\cos 2x+\sin 2x)}$

$=\dfrac{\cos 2x-\sin 2x}{\cos 2x+\sin 2x}=\dfrac{1-\tan 2x}{1+\tan 2x}$

=右边。

所以原等式成立。

三、课堂练习

1. C $\dfrac{1+2\sin\alpha\cos\alpha}{\sin^2\alpha-\cos^2\alpha}=\dfrac{(\sin\alpha+\cos\alpha)(\sin\alpha+\cos\alpha)}{(\sin\alpha+\cos\alpha)(\sin\alpha-\cos\alpha)}=\dfrac{\sin\alpha+\cos\alpha}{\sin\alpha-\cos\alpha}=\dfrac{\tan\alpha+1}{\tan\alpha-1}=\dfrac{-\frac{1}{2}+1}{-\frac{1}{2}-1}=-\dfrac{1}{3}$。

2. C $\tan\alpha+\dfrac{1}{\tan\alpha}=\dfrac{\sin\alpha}{\cos\alpha}+\dfrac{\cos\alpha}{\sin\alpha}=\dfrac{1}{\sin\alpha\cos\alpha}$。

3. $-\dfrac{5}{13}$

4. **解**:(1) $\sqrt{1-\sin^2 400^\circ}=\sqrt{1-\sin^2 40^\circ}=\sqrt{\cos^2 40^\circ}=\cos 40^\circ$。

(2) $\dfrac{\sqrt{1-2\sin 40^\circ\cos 40^\circ}}{\cos 40^\circ-\sqrt{1-\cos^2 40^\circ}}$

$=\dfrac{\sqrt{\sin^2 40^\circ+\cos^2 40^\circ-2\sin 40^\circ\cos 40^\circ}}{\cos 40^\circ-\sqrt{\sin^2 40^\circ}}$

$=\dfrac{|\cos 40^\circ-\sin 40^\circ|}{\cos 40^\circ-\sin 40^\circ}=\dfrac{\cos 40^\circ-\sin 40^\circ}{\cos 40^\circ-\sin 40^\circ}=1$。

5. **解**:原式$=\dfrac{(1-\cos^4\alpha)-\sin^4\alpha}{(1-\cos^6\alpha)-\sin^6\alpha}$

$=\dfrac{(1-\cos^2\alpha)(1+\cos^2\alpha)-\sin^4\alpha}{(1-\cos^2\alpha)(1+\cos^2\alpha+\cos^4\alpha)-\sin^6\alpha}$

$=\dfrac{\sin^2\alpha(1+\cos^2\alpha)-\sin^4\alpha}{\sin^2\alpha(1+\cos^2\alpha+\cos^4\alpha)-\sin^6\alpha}$

$=\dfrac{1+\cos^2\alpha-\sin^2\alpha}{1+\cos^2\alpha+\cos^4\alpha-\sin^4\alpha}$

$=\dfrac{2\cos^2\alpha}{1+\cos^2\alpha+(\cos^2\alpha+\sin^2\alpha)(\cos^2\alpha-\sin^2\alpha)}$

$=\dfrac{2\cos^2\alpha}{1+\cos^2\alpha+\cos^2\alpha-\sin^2\alpha}=\dfrac{2\cos^2\alpha}{3\cos^2\alpha}=\dfrac{2}{3}$。

7.6 三角函数的诱导公式(一)

一、阅读提纲

【疑点识记】

1. 原点 x 轴 y 轴

2. (1) $\sin\alpha$ $\cos\alpha$ $\tan\alpha$ (2) $-\sin\alpha$ $-\cos\alpha$ $\tan\alpha$ (3) $-\sin\alpha$ $\cos\alpha$ $-\tan\alpha$

(4) $\sin\alpha$ $-\cos\alpha$ $-\tan\alpha$

【问题探究】

问题1：相等。

问题2：关于 x 轴对称。$P(\cos\alpha,\sin\alpha)$，$P'(\cos(-\alpha),\sin(-\alpha))$。

问题3：$\cos(-\alpha)=\cos\alpha$，$\sin(-\alpha)=-\sin\alpha$。

问题4：分别关于原点，y 轴对称。

问题5：有。

二、核心突破

【跟踪练习1】 **解析**：因为 $\sin\frac{\pi}{3}=\frac{\sqrt{3}}{2}$，所以 $\cos\left(2n\pi+\frac{\pi}{6}\right)=\cos\frac{\pi}{6}=\frac{\sqrt{3}}{2}$，

$\sin\left(2n\pi+\frac{\pi}{3}\right)=\sin\frac{\pi}{3}=\frac{\sqrt{3}}{2}$，而 $\cos\left(2n\pi+\frac{\pi}{3}\right)=\cos\frac{\pi}{3}\neq\frac{\sqrt{3}}{2}$，

$\sin\left[(2n+1)\pi-\frac{\pi}{3}\right]=\sin\left(\pi-\frac{\pi}{3}\right)=\sin\frac{\pi}{3}=\frac{\sqrt{3}}{2}$，且对 $\sin\left(n\pi+\frac{4\pi}{3}\right)$，当 $n=2k(k\in\mathbf{Z})$ 时，$\sin\left(n\pi+\frac{4\pi}{3}\right)=\sin\frac{4\pi}{3}=-\sin\frac{\pi}{3}$，

当 $n=2k+1(k\in\mathbf{Z})$ 时，$\sin\left(n\pi+\frac{4\pi}{3}\right)=\sin\frac{7\pi}{3}=\sin\frac{\pi}{3}$。

答案：C。

【跟踪训练2】 **解析**：原式 $=\frac{\sin\alpha+\cos\alpha}{\sin\alpha-\cos\alpha}=\frac{\tan\alpha+1}{\tan\alpha-1}=\frac{m+1}{m-1}$。

答案：A。

【跟踪训练3】 $f(2\,009)=a\sin(2\,009\pi+\alpha)+b\cos(2\,009\pi+\beta)+2$

$=a\sin(\pi+\alpha)+b\cos(\pi+\beta)+2$

$=2-(a\sin\alpha+b\cos\beta)=1$，

所以 $a\sin\alpha+b\cos\beta=1$。

$f(2\,010)=a\sin(2\,010\pi+\alpha)+b\cos(2\,010\pi+\beta)+2$

$=a\sin\alpha+b\cos\beta+2=3$。

三、课堂练习

1. A $\sin\left(-\frac{19\pi}{6}\right)=-\sin\frac{19\pi}{6}=-\sin\left(2\pi+\frac{7\pi}{6}\right)=-\sin\frac{7\pi}{6}=-\sin\left(\pi+\frac{\pi}{6}\right)=\sin\frac{\pi}{6}=\frac{1}{2}$。

   故选A。

2. C

3. D $\sin^2(\pi+\alpha)-\cos(\pi+\alpha)\cos(-\alpha)+1=\sin^2\alpha+\cos^2\alpha+1=2$。故选D。

4. 原式 $=\frac{-\sin(2\pi-\alpha)-\sin(3\pi+\alpha)\cos(3\pi-\alpha)}{-\cos\alpha-(-\cos\alpha)\cos\alpha}$

   $=\frac{\sin\alpha-\sin\alpha\cos\alpha}{-\cos\alpha+\cos^2\alpha}$

   $=\frac{\sin\alpha(1-\cos\alpha)}{-\cos\alpha(1-\cos\alpha)}$

   $=-\tan\alpha$。

   因为 $\cos(\alpha-\pi)=\cos(\pi-\alpha)=-\cos\alpha=-\frac{2}{3}$，

所以 $\cos\alpha=\frac{2}{3}$。因此 α 为第一象限角或第四象限角。

当 α 为第一象限角时，$\cos\alpha=\frac{2}{3}$，$\sin\alpha=\sqrt{1-\cos^2\alpha}=\frac{\sqrt{5}}{3}$，所以 $\tan\alpha=\frac{\sin\alpha}{\cos\alpha}=\frac{\sqrt{5}}{2}$，所以原式 $=-\frac{\sqrt{5}}{2}$。

当 α 为第四象限角时，$\cos\alpha=\frac{2}{3}$，$\sin\alpha=-\sqrt{1-\cos^2\alpha}=-\frac{\sqrt{5}}{3}$，所以 $\tan\alpha=\frac{\sin\alpha}{\cos\alpha}=-\frac{\sqrt{5}}{2}$，所以原式 $=\frac{\sqrt{5}}{2}$。

综上所述，原式 $=\pm\frac{\sqrt{5}}{2}$。

5. 当 k 为偶数时，不妨设 $k=2n, n\in\mathbf{Z}$，则

原式 $=\frac{\sin[(2n+1)\pi+\theta]\cdot\cos[(2n+1)\pi-\theta]}{\sin(2n\pi-\theta)\cdot\cos(2n\pi+\theta)}=\frac{\sin(\pi+\theta)\cdot\cos(\pi-\theta)}{-\sin\theta\cdot\cos\theta}$

$=\frac{-\sin\theta\cdot(-\cos\theta)}{-\sin\theta\cdot\cos\theta}=-1$。

当 k 为奇数时，设 $k=2n+1, n\in\mathbf{Z}$，则

原式 $=\frac{\sin[(2n+2)\pi+\theta]\cdot\cos[(2n+2)\pi-\theta]}{\sin[(2n+1)\pi-\theta]\cdot\cos[(2n+1)\pi+\theta]}$

$=\frac{\sin[2(n+1)\pi+\theta]\cdot\cos[2(n+1)\pi-\theta]}{\sin(\pi-\theta)\cdot\cos(\pi+\theta)}$

$=\frac{\sin\theta\cdot\cos\theta}{\sin\theta\cdot(-\cos\theta)}=-1$。

7.7 三角函数的诱导公式(二)

一、阅读提纲

【疑点识记】

1. (1) $\cos\alpha$ $\sin\alpha$ (2) $\cos\alpha$ $-\sin\alpha$
2. 异名 符号

【问题探究】

问题 1：关于 $y=x$ 对称。

问题 2：有。

问题 3：$\sin\left(\frac{\pi}{2}+\alpha\right)=\sin\left[\pi-\left(\frac{\pi}{2}-\alpha\right)\right]=\sin\left(\frac{\pi}{2}-\alpha\right)=\cos\alpha$，

$\cos\left(\frac{\pi}{2}+\alpha\right)=\cos\left[\pi-\left(\frac{\pi}{2}-\alpha\right)\right]=-\cos\left(\frac{\pi}{2}-\alpha\right)=-\sin\alpha$。

二、核心突破

【跟踪训练 1】 **解析**：因为 $f(\cos x)=\cos 2x$，所以 $f(\sin 15^\circ)=f(\cos 75^\circ)=\cos 150^\circ=-\cos 30^\circ=-\frac{\sqrt{3}}{2}$。

答案：A。

【跟踪训练 2】 **解析**：$f(\alpha)=\dfrac{\sin\alpha\cos\alpha\cos\alpha}{-\cos\alpha\sin\alpha}=-\cos\alpha$，

所以 $f\left(-\dfrac{31}{3}\pi\right)=-\cos\dfrac{\pi}{3}=-\dfrac{1}{2}$。

【跟踪训练 3】 **证明**：左边 $=\dfrac{\cos(x-5\pi)\tan(2\pi-x)}{\cos\left(\pi+\dfrac{\pi}{2}+x\right)}+\tan^2(\pi-x)$

$=\dfrac{\cos(\pi-x)\tan(-x)}{-\cos\left(\dfrac{\pi}{2}-x\right)}+\tan^2 x=\dfrac{\cos x\tan x}{\sin x}+\tan^2 x=1+\tan^2 x=$右边

三、课堂练习

1. A　$\cos\left(\dfrac{\pi}{4}+\alpha\right)=\sin\left[\dfrac{\pi}{2}-\left(\dfrac{\pi}{4}+\alpha\right)\right]=\sin\left(\dfrac{\pi}{4}-\alpha\right)=-\sin\left(\alpha-\dfrac{\pi}{4}\right)=-\dfrac{1}{3}$。

2. C　因为 $\sin(\pi+\alpha)+\cos\left(\dfrac{\pi}{2}+\alpha\right)=-\sin\alpha-\sin\alpha=-m$，所以 $\sin\alpha=\dfrac{m}{2}$。$\cos\left(\dfrac{3}{2}\pi-\alpha\right)+2\sin(2\pi-\alpha)=-\sin\alpha-2\sin\alpha=-3\sin\alpha=-\dfrac{3}{2}m$。

3. C　由 $\cos\left(\dfrac{\pi}{2}+\varphi\right)=-\sin\varphi=\dfrac{\sqrt{3}}{2}$，得 $\sin\varphi=-\dfrac{\sqrt{3}}{2}$。又因为 $|\varphi|<\dfrac{\pi}{2}$，所以 $\varphi=-\dfrac{\pi}{3}$，$\tan\varphi=-\sqrt{3}$。

4. A　由题意，$\tan\alpha=\tan\gamma=1$，由 $\begin{cases}\tan\alpha=\dfrac{\sin\alpha}{\cos\alpha}=1\\ \sin^2\alpha+\cos 2\alpha=1\end{cases}$ 且 α 是第一象限角，解得 $\begin{cases}\sin\alpha=\dfrac{\sqrt{2}}{2}\\ \cos\alpha=\dfrac{\sqrt{2}}{2}\end{cases}$。

所以 $\sin\beta=\sin(\alpha+90^\circ)=\cos\alpha=\dfrac{\sqrt{2}}{2}$。

5. **解**：因为 $5x^2-7x-6=0$ 的两根 $x=2$ 或 $x=-\dfrac{3}{5}$，所以 $\sin\alpha=-\dfrac{3}{5}$。

又因为 α 为第三象限角，所以 $\cos\alpha=-\sqrt{1-\sin 2\alpha}=-\dfrac{4}{5}$，则 $\tan\alpha=\dfrac{3}{4}$。

因此原式 $=\dfrac{-\cos\alpha\cdot(-\cos\alpha)\cdot\tan 2\alpha\cdot(-\tan\alpha)}{\sin\alpha\cdot(-\sin\alpha)}=\tan\alpha=\dfrac{3}{4}$。

7.8　正弦函数、余弦函数的图像

一、阅读提纲

【疑点识记】

1. $y=\sin x$　2. 能　3. 能

4. 因为 $\sin(k\cdot 360^\circ+x)=\sin x(k\in\mathbf{Z})$，所以只需将这段图像向左右两方向平移即可得到。

【问题探究】

问题 1：可以，$\sin\left(\dfrac{\pi}{2}+x\right)=\cos x$。

问题 2：将正弦曲线向左平移 $\dfrac{\pi}{2}$ 个单位即可。

二、核心突破

【跟踪训练 1】 **解析**:按五个关键点列表;描点并将它们用光滑的曲线连接起来如下图。

x	0	$\frac{\pi}{2}$	π	$\frac{3\pi}{2}$	2π
$\cos x$	1	0	-1	0	1
$3+2\cos x$	5	3	1	3	5

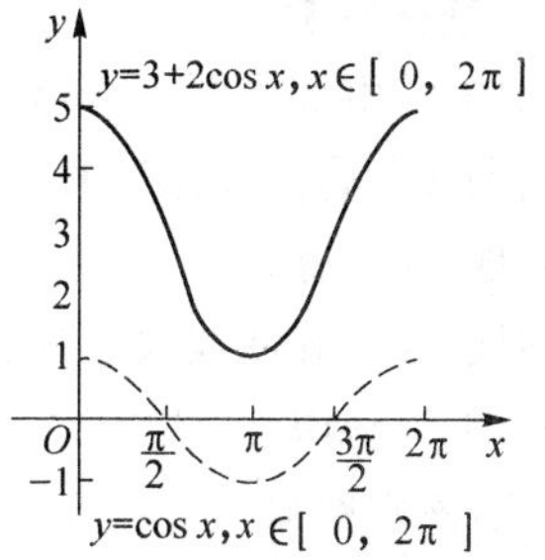

【跟踪训练 2】 **解析**:因为 $y=\sin|x|=\begin{cases}-\sin x & -2\pi\leqslant x<0\\ \sin x & 0\leqslant x\leqslant 2\pi\end{cases}$ 为偶函数,所以首先用五点法作出函数 $y=\sin x,x\in[0,2\pi]$的图像和 $x\in[-2\pi,0]$的图像,只需将 $x\in[0,2\pi]$的图像作出关于 y 轴对称的图像。如图所示。

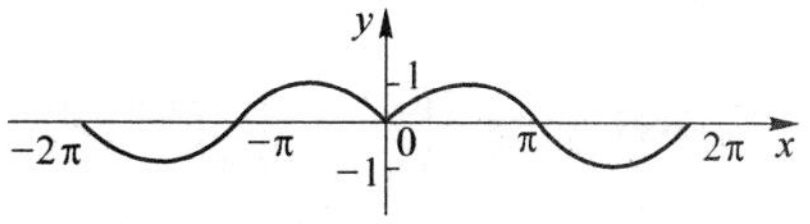

【跟踪训练 3】 **解**:$f(x)=\begin{cases}3\sin x & 0\leqslant x\leqslant\pi\\ -\sin x & \pi<x\leqslant 2\pi\end{cases}$ 的图像如图所示,故由图像知 $1<k<3$。

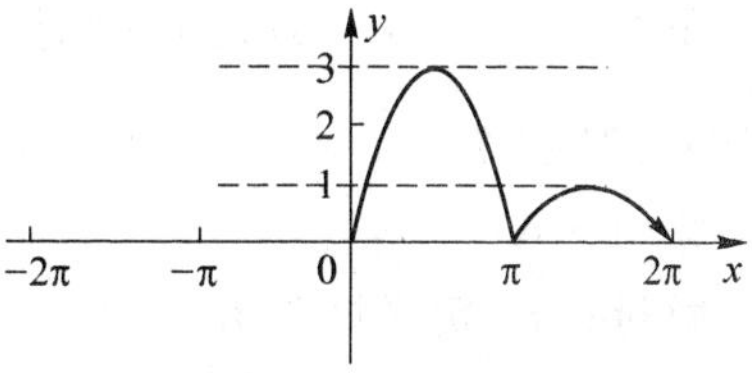

三、课堂练习

1. D 2. B 3. D 4. A

5. **解析**:(1) 按五个关键点列表

x	0	$\frac{\pi}{2}$	π	$\frac{3\pi}{2}$	2π
y	-1	-2	-1	0	-1

(2) 描点并用光滑曲线连接可得其图像,如图所示。

6. **解析**:设 $f(x)=x^2,g(x)=\cos x$,在同一直角坐标系中画出 $f(x)$和 $g(x)$的图像,如图所示。

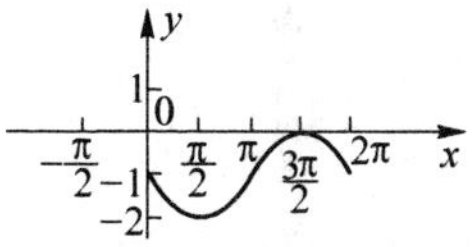

第 5 题图

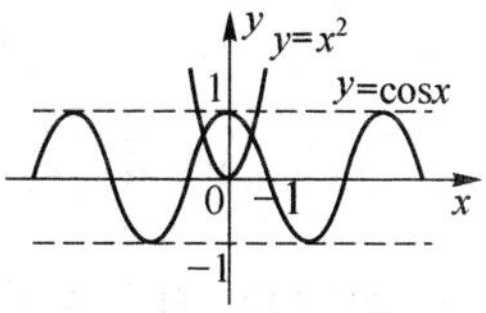

第 6 题图

由图知 $f(x)$和 $g(x)$的图像有两个交点,则方程 $x^2-\cos x=0$ 有两个根。

7.9 正弦函数、余弦函数的性质(一)

一、阅读提纲

【疑点识记】

1. 非零常数 T,每一个,$f(x+T)=f(x)$,非零常数 T,最小的正数

2. 2π

3. 奇函数,偶函数

【问题探究】

问题1:相等。即 $\sin(2k\pi+x)=\sin x$,$\cos(2k\pi+x)=\cos x(k\in\mathbf{Z})$。

问题2:"周而复始",每隔 2π 就重复一次。

问题3:具有。

问题4:正弦曲线关于原点对称、余弦曲线关于 y 轴对称。

问题5:奇偶性。

二、核心突破

【跟踪训练1】

1. 3

2. **解**:(1) 因为 $\omega=2$,所以 $T=\frac{2\pi}{2}=\pi$,

则函数 $y=\sin\left(2x+\frac{\pi}{6}\right)$的周期是 π。

(2) 作出 $y=|\sin 2x|$的图像。

由图像可知,$y=|\sin 2x|$的周期为$\frac{\pi}{2}$。

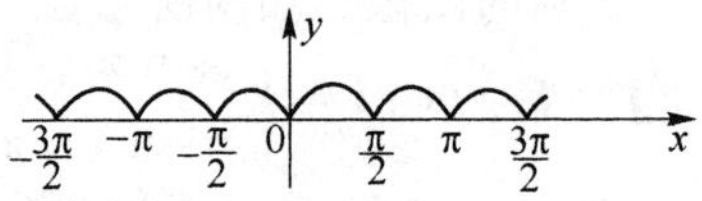

【跟踪训练2】

1. C 2. A

3. **解析**:(1) 定义域为 $\mathbf{R}$。

$f(-x)=\sin(-x)\cos(-x)=-\sin x\cos x=-f(x)$,所以 $f(x)$是奇函数。

(2) 要使函数有意义,自变量 x 的取值应满足 $1+\sin x\neq 0$,所以 $\sin x\neq -1$,$x\neq 2k\pi+\frac{3\pi}{2}$,$k\in\mathbf{Z}$。

所以函数的定义域为$\left\{x\mid x\in\mathbf{R},且\ x\neq 2k\pi+\frac{3\pi}{2},k\in\mathbf{Z}\right\}$,不关于原点对称。

因此函数 $f(x)$既不是奇函数也不是偶函数。

【跟踪训练3】

1. 0.4

2. **解**:因为 $f(x+1)=-f(x)$,所以 $f(x+2)=-f(x+1)$。

所以 $f(x+2)=f(x)$,即 $T=2$。所以 $f\left(\frac{9}{2}\right)=f\left(\frac{9}{2}-4\right)=f\left(\frac{1}{2}\right)$。

又因为 $f(x)$为奇函数,且 $x\in(-1,0)$时,$f(x)=2x+1$,所以 $f\left(\frac{1}{2}\right)=-f\left(-\frac{1}{2}\right)=-\left[2\times\left(-\frac{1}{2}\right)+1\right]=0$,故 $f\left(\frac{9}{2}\right)=0$。

三、课堂练习

1. B 2. C 3. A 4. C 5. -1

6. **解析**:当 $x\in[0,2\pi]$时,$y=\sin x$ 不是周期函数。

因为当 $x=\frac{\pi}{2}$时,$f\left(\frac{\pi}{2}\right)=\sin\frac{\pi}{2}=1$,而$\frac{\pi}{2}+2\pi$ 不在定义域内没有意义。

若将区间改为$[0,+\infty)$，而 2π 是它的一个周期，$f(x+2\pi)=\sin(x+2\pi)=\sin x=f(x)$

而-2π 不是它的一个周期，因为，当 $x=\frac{\pi}{2}$时，$f\left(\frac{\pi}{2}\right)=\sin\frac{\pi}{2}=1$，而$\frac{\pi}{2}-2\pi=-\frac{3}{2}\pi\notin$ $[0,+\infty)$，无意义。

7. **证明**：因为 $f(x+2)=\frac{1}{f(x)}$，所以 $f(x+4)=f[(x+2)+2]=\frac{1}{f(x+2)}=\frac{1}{\frac{1}{f(x)}}=f(x)$。

所以函数 $f(x)$是周期函数，4 是一个周期。

7.10 正弦函数、余弦函数的性质(二)

一、阅读提纲

【疑点识记】

1. $\left[-\frac{\pi}{2}+2k\pi,\frac{\pi}{2}+2k\pi\right](k\in\mathbf{Z})$　$\left[\frac{\pi}{2}+2k\pi,\frac{3\pi}{2}+2k\pi\right](k\in\mathbf{Z})$

$[-\pi+2k\pi,2k\pi](k\in\mathbf{Z})$　从-1 增大到 1

$[2k\pi,\pi+2k\pi]((k\in\mathbf{Z})$　从 1 减小到-1

2. (1) $x=\frac{\pi}{2}+2k\pi(k\in\mathbf{Z})$　$x=-\frac{\pi}{2}+2k\pi(k\in\mathbf{Z})$

(2) $x=2k\pi(k\in\mathbf{Z})$　$x=\pi+2k\pi(k\in\mathbf{Z})$

【问题探究】

问题 1：是一个周期。

问题 2：从-1 增大到 1。

问题 3：不是，是从 1 逐渐减小到-1。

问题 4：在$[0,\pi]$上单调递减，在$[\pi,2\pi]$上单调递增。

问题 5：是的。

二、核心突破

【跟踪训练 1】 **解析**：(1) 因为函数 $y=\sin x$ 在$\left[-\frac{\pi}{2}+2k\pi,\frac{\pi}{2}+2k\pi\right](k\in\mathbf{Z})$上是增函数，

所以函数 $y=\sin\left(x+\frac{\pi}{4}\right)$为增函数，当且仅当$-\frac{\pi}{2}+2k\pi\leqslant x+\frac{\pi}{4}\leqslant\frac{\pi}{2}+2k\pi$时，即$-\frac{3\pi}{4}+2k\pi\leqslant x\leqslant\frac{\pi}{4}+2k\pi(k\in\mathbf{Z})$。

因此函数 $y=\sin\left(x+\frac{\pi}{4}\right)$在$\left[-\frac{3\pi}{4}+2k\pi,\frac{\pi}{4}+2k\pi\right](k\in\mathbf{Z})$上是增函数。

(2) 令 $u=\frac{\pi}{3}-2x$，则 u 是 x 的减函数。

因为 $y=\sin u$ 在$\left[-\frac{\pi}{2}+2k\pi,\frac{\pi}{2}+2k\pi\right](k\in\mathbf{Z})$上为增函数，

所以原函数 $y=3\sin\left(\frac{\pi}{3}-2x\right)$在区间$\left[-\frac{\pi}{2}+2k\pi,\frac{\pi}{2}+2k\pi\right](k\in\mathbf{Z})$上递减。

则$-\frac{\pi}{2}+2k\pi\leqslant\frac{\pi}{3}-2x\leqslant\frac{\pi}{2}+2k\pi$，即$-\frac{\pi}{12}+k\pi\leqslant x\leqslant\frac{5\pi}{12}+k\pi(k\in\mathbf{Z})$。

因此原函数 $y=3\sin\left(\frac{\pi}{3}-2x\right)$在$\left[-\frac{\pi}{12}+k\pi,\frac{5\pi}{12}+k\pi\right](k\in\mathbf{Z})$上单调递减。

【跟踪训练 2】 (1) $\sin 194° = \sin(180° + 14°) = -\sin 14°$，$\cos 160° = \cos(180° - 20°) = -\cos 20° = -\sin 70°$。

因为 $0° < 14° < 70° < 90°$，所以 $\sin 14° < \sin 70°$，从而 $-\sin 14° > -\sin 70°$，即 $\sin 194° > \cos 160°$。

(2) 因为 $\cos\frac{3\pi}{8} = \sin\frac{\pi}{8}$，所以 $0 < \cos\frac{3\pi}{8} < \sin\frac{3\pi}{8} < 1$。而 $y = \sin x$ 在 $(0,1)$ 内递增，所以 $\sin\left(\cos\frac{3\pi}{8}\right) < \sin\left(\sin\frac{3\pi}{8}\right)$。

【跟踪训练 3】 $x = \frac{k\pi}{2} - \frac{\pi}{6}$，$(k \in \mathbf{Z})$，$\left(\frac{k\pi}{2} + \frac{\pi}{12}, 0\right) k \in \mathbf{Z}$

【跟踪训练 4】 (1) 因为 $-1 \leqslant \sin 2x \leqslant 1$，所以 $1 \leqslant y \leqslant 5$。

因此 $y \in [1,5]$。

(2) 当 $\sin x \geqslant 0$ 时，$y = 2\sin x \leqslant 2$，这时 $0 \leqslant y \leqslant 2$；当 $\sin x < 0$ 时，$y = 0$。

所以函数的值域为 $y \in [0,2]$。

三、课堂练习

1. A 2. A 3. C 4. $\left[k\pi + \frac{2}{3}\pi, k\pi + \frac{7}{6}\pi\right]$，$(k \in \mathbf{Z})$

5. $2k\pi \leqslant x \leqslant \pi + 2k\pi, k \in \mathbf{Z}$；$\left[2k\pi, 2k\pi + \frac{\pi}{2}\right]$，$k \in \mathbf{Z}$。

7.11 正切函数的性质与图像

一、阅读提纲

【疑点识记】

1. $\left\{x \mid x \neq k\pi + \frac{\pi}{2}, k \in \mathbf{Z}\right\}$ $(-\infty, +\infty)$ $T = \pi$ 奇函数 $\left(k\pi - \frac{\pi}{2}, k\pi + \frac{\pi}{2}\right)(k \in \mathbf{Z})$ 增函数

2.

(1)

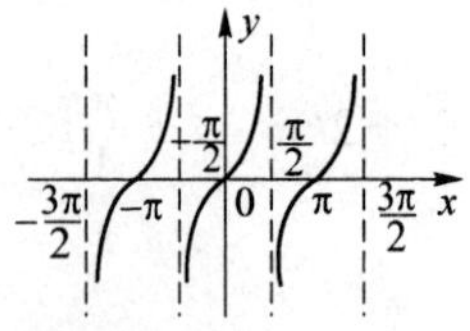

(2) 正切曲线

(3) $x = \frac{\pi}{2} + k\pi, k \in \mathbf{Z}$

【问题探究】

问题 1：$\left\{x \mid x \neq k\pi + \frac{\pi}{2}, k \in \mathbf{Z}\right\}$。

问题 2：周期性。$\tan(k\pi + x) = \tan x (k \in \mathbf{Z})$。

问题 3：奇偶性。

问题 4：不是，正切函数没有最大值和最小值。

问题 5：是的。

问题 6：过单位圆与 x 正半轴的交点 A，作垂直于 x 轴的直线，交角的终边或其延长线于点

T,则有向线段 AT,即为该角的正切线。

问题 7:能。

二、核心突破

【跟踪训练 1】 (1) $y=\tan\left(-\frac{1}{2}x\right)=\tan\left[-\frac{1}{2}x-\pi\right]=\tan\left[-\frac{1}{2}(x+2\pi)\right]$,所以 $y=\tan\left(-\frac{1}{2}x\right)$的最小正周期为 2π。

(2) $y=\tan\left(2x+\frac{\pi}{12}\right)=\tan\left(2x+\frac{\pi}{12}+\pi\right)=\tan\left[2\left(x+\frac{\pi}{2}\right)+\frac{\pi}{12}\right]$,所以 $y=\tan\left(2x+\frac{\pi}{12}\right)$的最小正周期为$\frac{\pi}{2}$。

【跟踪训练 2】 (1) 因为定义域$\left[-\frac{\pi}{4},\frac{\pi}{4}\right)$不关于原点对称。所以它既不是奇函数也不是偶函数。

(2) 定义域为$\left\{x\mid x\neq\frac{k\pi}{2}+\frac{\pi}{4},k\in\mathbf{Z}\right\}$,关于原点对称。因为 $f(-x)=(-x)\tan^2(-x)+(-x)^4=x\tan^2x+x^4=f(x)$,所以它是偶函数。

(3) 定义域为$\left\{x\mid x\neq k\pi+\frac{\pi}{2},k\in\mathbf{Z}\right\}$,关于原点对称,因为 $f(-x)=\sin(-x)+\tan(-x)=-\sin x-\tan x=-f(x)$,所以它是奇函数。

【跟踪训练 3】 **解析:**要使函数有意义应满足$\frac{\pi}{6}-\frac{x}{4}\neq k\pi+\frac{\pi}{2}$,得 $x\neq-4k\pi-\frac{4\pi}{3}$,所以函数定义域为$\left\{x\mid x\neq-4k\pi-\frac{4\pi}{3},k\in\mathbf{Z}\right\}$。

$y=3\tan\left(\frac{\pi}{6}-\frac{x}{4}\right)=-3\tan\left(\frac{x}{4}-\frac{\pi}{6}\right)$,由 $k\pi-\frac{\pi}{2}<\frac{x}{4}-\frac{\pi}{6}<k\pi+\frac{\pi}{2},k\in\mathbf{Z}$,

得 $4k\pi-\frac{4\pi}{3}<x<4k\pi+\frac{8\pi}{3},k\in\mathbf{Z}$。

所以 $y=3\tan\left(\frac{\pi}{6}-\frac{x}{4}\right)$的单调递减区间为$\left(4k\pi-\frac{4\pi}{3},4k\pi+\frac{8\pi}{3}\right),k\in\mathbf{Z}$。不存在增区间。

【跟踪训练 4】 (1) $<$ (2) $<$

【跟踪训练 5】 **解:**因为 $\tan\left(-\frac{\pi}{4}\right)=-1$,所以不等式 $\tan 2x\leqslant-1$ 的解集由不等式 $k\pi-\frac{\pi}{2}<2x\leqslant k\pi-\frac{\pi}{4}(k\in\mathbf{Z})$确定,解出$\frac{k\pi}{2}-\frac{\pi}{4}<x\leqslant\frac{k\pi}{2}-\frac{\pi}{8}(k\in\mathbf{Z})$。

所以不等式 $\tan 2x\leqslant-1$ 的解集为$\left\{x\mid\frac{k\pi}{2}-\frac{\pi}{4}<x\leqslant\frac{k\pi}{2}-\frac{\pi}{8},k\in\mathbf{Z}\right\}$。如右图所示。

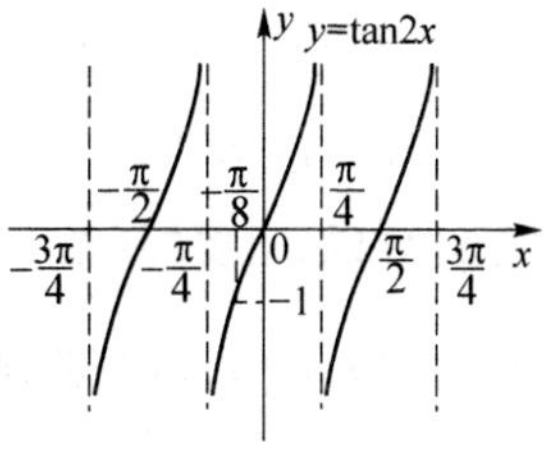

三、课堂练习

1. A 2. A 3. D 4. A 5. $\left(2k\pi-\frac{\pi}{2},2k\pi+\frac{3}{2}\pi\right)(k\in\mathbf{Z})$

6. **解析**：由 $y=|\tan x|+\tan x$ 知

$$y=\begin{cases}0, & x\in\left(k\pi-\frac{\pi}{2},k\pi\right],(k\in\mathbf{Z})\\ 2\tan x, & x\in\left(k\pi,k\pi+\frac{\pi}{2}\right),(k\in\mathbf{Z})\end{cases}。$$

其图像如图所示。

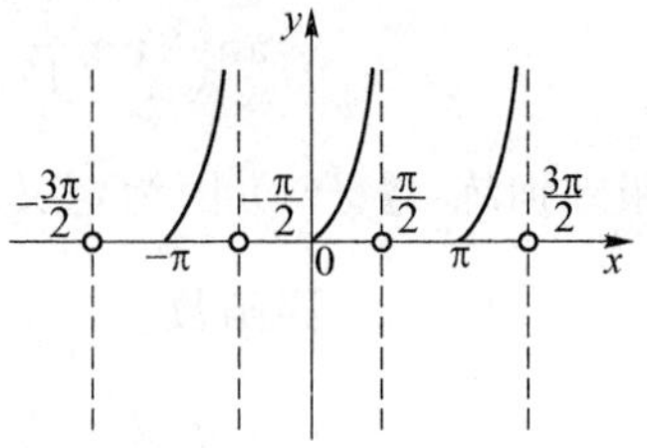

函数的主要性质为：

(1) 定义域：$\left\{x\,|\,x\in\mathbf{R},x\neq\frac{\pi}{2}+k\pi,k\in\mathbf{Z}\right\}$。

(2) 值域：$[0,+\infty)$。

(3) 周期性：$T=\pi$。

(4) 奇偶性：非奇非偶函数。

(5) 单调性：单调增区间为 $\left[k\pi,k\pi+\frac{\pi}{2}\right),k\in\mathbf{Z}$。

7.12 函数 $y=A\sin(\omega x+\varphi)$ 的图像(一)

一、阅读提纲

【疑点识记】

1. (上)左，φ；(下)右，$|\varphi|$

2. (上)缩短，$\frac{1}{\omega}$；(下)伸长，$\frac{1}{\omega}$

3. (1) (上)伸长，A；(下)缩短，A

(2) $y=\sin(x+\varphi)$；$y=\sin(\omega x+\varphi)$；$y=A\sin(\omega x+\varphi)$。

4. A，最大距离；$\frac{2\pi}{\omega}$，一次；$\frac{1}{T}$，$\frac{\omega}{2\pi}$，次数；$\omega x+\varphi$，φ。

【问题探究】

问题1：$a>0$ 时，只需把 $y=f(x)$ 的图像左移 a 个单位；$a<0$ 时，只需把 $y=f(x)$ 的图像右移 $|a|$ 个单位。

问题2：能，向左平移 $\frac{\pi}{4}$ 个单位即可。

问题3：分别为 2π，π，4π。

问题4：当函数值相同时，$y=\sin 2x$ 中 x 的取值是 $y=\sin x$ 中 x 取值的 $\frac{1}{2}$ 倍，$y=\sin\frac{x}{2}$ 中 x 的取值是 $y=\sin x$ 中 x 取值的 2 倍。

问题5：可以，只要“压缩”或“伸长”$y=\sin x$ 的图像即可。

问题6：(1) $y=2\sin x$ 的函数值是 $y=\sin x$ 的函数值的 2 倍，而 $y=\frac{1}{2}\sin x$ 的函数值是 $y=\sin x$ 的函数值的 $\frac{1}{2}$ 倍。

（2）$y=3\sin\left(2x-\frac{\pi}{6}\right)$的函数值是 $y=\sin\left(2x-\frac{\pi}{6}\right)$的函数值的 3 倍。

二、核心突破

【跟踪训练 1】 列表：

$\frac{1}{2}x+\frac{\pi}{3}$	0	$\frac{\pi}{2}$	π	$\frac{3\pi}{2}$	2π
x	$-\frac{2\pi}{3}$	$\frac{\pi}{3}$	$\frac{4\pi}{3}$	$\frac{7\pi}{3}$	$\frac{10\pi}{3}$
y	$\frac{1}{2}$	0	$-\frac{1}{2}$	0	$\frac{1}{2}$

描点，连线得函数 $y=\frac{1}{2}\cos\left(\frac{1}{2}x+\frac{\pi}{3}\right)$在一个周期内的图像，如下图所示。

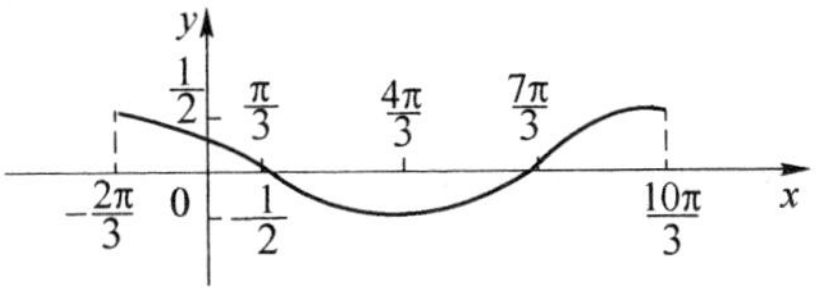

【跟踪训练 2】 **解析：**因为 $y=\sin\frac{1}{2}x=\sin\left[\frac{1}{2}\left(x-\frac{\pi}{2}\right)+\frac{\pi}{4}\right]$，所以只需将函数 $y=\sin\left(\frac{1}{2}x+\frac{\pi}{4}\right)$向右平移$\frac{\pi}{2}$个单位长度。

【跟踪训练 3】 A

三、课堂练习

1. A 2. B 3. B 4. B

5. **解：**$y=\frac{1}{2}\sin 2x \xrightarrow[\text{原来的 2 倍}]{\text{横坐标变为}} y=\frac{1}{2}\sin 2\left(\frac{1}{2}x\right)=\frac{1}{2}\sin x$。

$y=\frac{1}{2}\sin x \xrightarrow[\text{原来的一半}]{\text{纵坐标变为}} y=\frac{1}{4}\sin x$。

即所得图像的解析式为 $y=\frac{1}{4}\sin x$。

7.13 函数 $y=A\sin(\omega x+\varphi)$的图像(二)

一、阅读提纲

【疑点识记】

1. 周期，频率，$\omega x+\varphi$，φ

2. （1）$\mathbf{R}$ （2）$[-A,A]$，$\frac{2k\pi+\frac{\pi}{2}-\varphi}{\omega}$，$\frac{2k\pi-\frac{\pi}{2}-\varphi}{\omega}$ （3）$\frac{2\pi}{\omega}$

（4）奇，偶 （5）$\left[\frac{2k\pi-\frac{\pi}{2}-\varphi}{\omega},\frac{2k\pi+\frac{\pi}{2}-\varphi}{\omega}\right]$，$\left[\frac{2k\pi+\frac{\pi}{2}-\varphi}{\omega},\frac{2k\pi+\frac{3\pi}{2}-\varphi}{\omega}\right]$

【问题探究】

问题 1：函数图像与 x 轴的交点是对称中心，即对称中心是$\left(\frac{k\pi-\varphi}{\omega},0\right)(k\in\mathbf{Z})$；对称轴与函

数图像的交点的纵坐标是函数的最值，即对称轴是直线 $x=\frac{k\pi+\frac{\pi}{2}-\varphi}{\omega}$，其中 $k\in\mathbf{Z}$。

问题 2：对于函数 $y=A\sin(\omega x+\varphi)(A>0,\omega>0)$ 的图像，相邻的两个对称中心或两条对称轴相距半个周期；相邻的一个对称中心和一条对称轴相距周期的四分之一。

二、核心突破

【跟踪训练 1】 解：$\frac{T}{2}=4,T=8=\frac{2\pi}{\omega},\omega=\frac{\pi}{4},A=\frac{4-0}{2}=2,B=\frac{4+0}{2}=2$，所以 $f(x)=2\sin\left(\frac{\pi}{4}x+\varphi\right)+2$。

当 $x=-2$ 时，$y_{\max}=4,2\sin\left[\frac{\pi}{4}\times(-2)+\varphi\right]+2=4$，所以 $-\frac{\pi}{2}+\varphi=2k\pi+\frac{\pi}{2}(k\in\mathbf{Z})$，取 $k=0,\varphi=\pi$。

因此 $f(x)=2\sin\left(\frac{\pi}{4}x+\pi\right)+2$。

【跟踪训练 2】 A

三、课堂练习

1. A　2. A　3. B　4. A　5. A

6. 解：(1) 由图得 $A=2,T=2\left[\frac{5\pi}{12}-\left(-\frac{\pi}{12}\right)\right]=\pi,\omega=\frac{2\pi}{T}=\frac{2\pi}{\pi}=2$，故 $y=2\sin(2x+\varphi)$。

因为 $2\sin\left(-2\times\frac{\pi}{12}+\varphi\right)=2$，即 $\sin\left(-\frac{\pi}{6}+\varphi\right)=1$，所以 $\varphi=2k\pi+\frac{2\pi}{3},k\in\mathbf{Z}$。

又因为 $|\varphi|<\pi$，所以 $\varphi=\frac{2\pi}{3}$，得函数解析式为 $y=2\sin\left(2x+\frac{2\pi}{3}\right)$。

(2) 令 $z=2x+\frac{2\pi}{3}$，函数 $y=\sin z$ 的单调递增区间是 $\left[-\frac{\pi}{2}+2k\pi,\frac{\pi}{2}+2k\pi\right](k\in\mathbf{Z})$。

由 $-\frac{\pi}{2}+2k\pi\leqslant 2x+\frac{2\pi}{3}\leqslant\frac{\pi}{2}+2k\pi$，得 $-\frac{7\pi}{12}+k\pi\leqslant x\leqslant-\frac{\pi}{12}+k\pi(k\in\mathbf{Z})$。

所以函数 $y=2\sin\left(2x+\frac{2\pi}{3}\right)$ 的递增区间为 $\left[-\frac{7\pi}{12}+k\pi,-\frac{\pi}{12}+k\pi\right],k\in\mathbf{Z}$。

第 8 章　平面向量

8.1　平面向量的实际背景及基本概念

一、阅读提纲

【疑点识记】

1. (1) 大小，方向　(2) 大小，方向

2. (1) 带有方向，起点，方向，长度

(2) 有向线段，长度，$\overrightarrow{AB}$

3. 零，$\mathbf{0}$；一个单位；相同或相反，$\boldsymbol{a}/\!/\boldsymbol{b}$，平行；相等，相同，$\boldsymbol{a}=\boldsymbol{b}$

【问题探究】

问题 1：速度和位移既有大小，又有方向；而面积、质量只有大小，没有方向。

问题 2:起点、方向、长度。

问题 3:利用有向线段表示。

问题 4:有向线段的方向表示量的方向,长度表示量的大小。

二、核心突破

【跟踪训练 1】 从共线向量、单位向量、相反向量等的概念及特征进行逐一考察,注意各自的特例对命题的影响。

答案:④⑤。

【跟踪训练 2】 **解**:(1) 作出图形如图(1),由已知,有$|\boldsymbol{a}|=|\boldsymbol{c}|=|\boldsymbol{e}|=|\boldsymbol{g}|=1$,$|\boldsymbol{b}|=|\boldsymbol{d}|=|\boldsymbol{f}|=|\boldsymbol{h}|=\sqrt{2}$。

而在正方形 $ABCD$ 中,$|AB|=|CD|=|BC|=|AD|=1$,$|AC|=|BD|=\sqrt{2}$如图(2)所示。

又已知两正方形对应边平行,所以$\overrightarrow{AB}=\overrightarrow{DC}=\boldsymbol{a}$,$\overrightarrow{BC}=\overrightarrow{AD}=\boldsymbol{c}$,$\overrightarrow{BA}=\overrightarrow{CD}=\boldsymbol{e}$,$\overrightarrow{CB}=\overrightarrow{DA}=\boldsymbol{g}$,$\overrightarrow{AC}=\boldsymbol{b}$,$\overrightarrow{CA}=\boldsymbol{f}$,$\overrightarrow{BD}=\boldsymbol{d}$,$\overrightarrow{DB}=\boldsymbol{h}$。

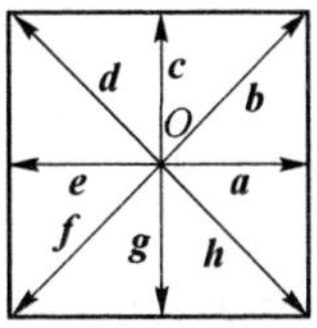

(1)

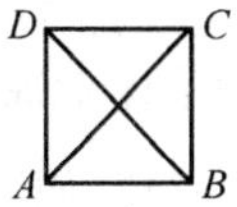

(2)

(2) 已知两正方形对应边平行,则对应对角线也平行,所以与$\overrightarrow{AB}$共线的向量有:$\boldsymbol{a}$、$\boldsymbol{e}$;

与$\overrightarrow{BC}$共线的向量有:$\boldsymbol{c}$、$\boldsymbol{g}$;

与$\overrightarrow{AC}$共线的向量有:$\boldsymbol{b}$、$\boldsymbol{f}$;

与$\overrightarrow{BD}$共线的向量有:$\boldsymbol{d}$、$\boldsymbol{h}$。

【跟踪训练 3】 **解**:如右图所示,$\overrightarrow{AB}$表示飞机从 A 地按北偏西 15°方向飞行到 B 地的位移,则$|\overrightarrow{AB}|=1\ 400$ km。$\overrightarrow{BC}$表示飞机从 B 地按东偏南 15° 方向飞行到 C 地的位移,则$|\overrightarrow{BC}|=1\ 400$ km。

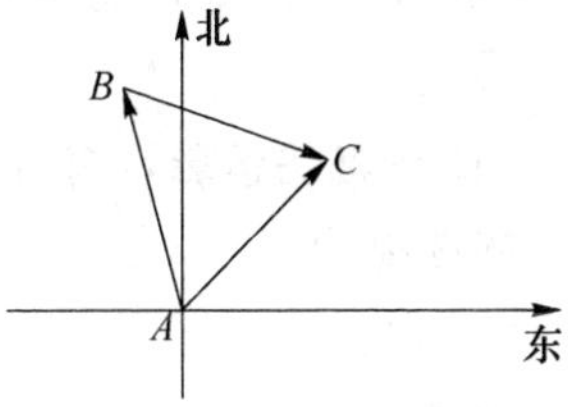

所以$\overrightarrow{AC}$为从 A 地到 C 地的位移。

在$\triangle ABC$ 中,$|AB|=|BC|=1\ 400$,且$\angle ABC=(90°-15°)-15°=60°$,所以$\angle BAC=60°$,且$|AC|=1\ 400$。

所以 C 地在 A 地北偏东 $60°-15°=45°$,距离 A 地 1 400 km。

三、课堂练习

1. D 2. D 3. A 4. C 5. C

6. **解**:(1) 与$\overrightarrow{AF}$相等的向量为$\overrightarrow{BE}$、$\overrightarrow{CD}$,与$\overrightarrow{AE}$相等的向量为$\overrightarrow{BD}$。

(2) $\overrightarrow{DA}$,$\overrightarrow{CF}$,$\overrightarrow{FC}$。

8.2 向量加法运算及其几何意义

一、阅读提纲

【疑点识记】

1. (1) $\overrightarrow{AC}$ $\boldsymbol{a}+\boldsymbol{b}$ $\overrightarrow{AC}$ $\mathbf{0}$ $\boldsymbol{a}$ $\boldsymbol{a}$ (2) OA OB 平行四边形 $\overrightarrow{OC}$

2. (1) $\boldsymbol{b}+\boldsymbol{a}$ (2) $\boldsymbol{a}+(\boldsymbol{b}+\boldsymbol{c})$

【问题探究】

问题1:能,如力的合成。

问题2:$\boldsymbol{F}_1+\boldsymbol{F}_2=\boldsymbol{0}$。

问题3:有。

问题4:力的合力不在这两个方向上。

问题5:满足。

问题6:如图所示,$\boldsymbol{a}+\boldsymbol{b}+\boldsymbol{c}=(\boldsymbol{a}+\boldsymbol{b})+\boldsymbol{c}=\boldsymbol{a}+(\boldsymbol{b}+\boldsymbol{c})$。

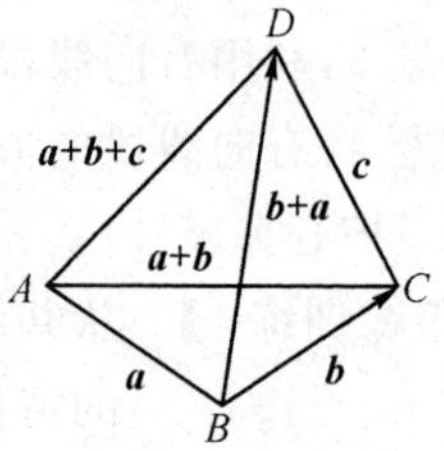

问题 6 图

二、核心突破

【跟踪练习 1】 C

【跟踪训练 2】 (1) $2\boldsymbol{a}+\boldsymbol{b}$ $2\boldsymbol{a}+2\boldsymbol{b}$ $\boldsymbol{a}+2\boldsymbol{b}$ (2) $\boldsymbol{0}$

【跟踪训练 3】 **解析**:如图所示,设$\overrightarrow{OA}$表示小船垂直于河岸行驶的速度,$\overrightarrow{OB}$表示水流的速度,以$\overrightarrow{OA}$、$\overrightarrow{OB}$为邻边作平行四边形$OACB$,则$\overrightarrow{OC}$就是小船实际航行的速度。

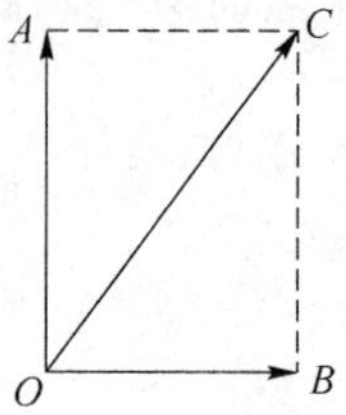

跟踪训练 3 图

三、课堂练习

1. D 2. D 3. C 4. D

5. D

解析:如图所示,$\overrightarrow{AC}=\boldsymbol{a}+\boldsymbol{b}$, $|\overrightarrow{AB}|=5$, $|\overrightarrow{BC}|=5$,且 $AB\perp BC$,则 $|\overrightarrow{AC}|=5\sqrt{2}$, $\angle BAC=45°$。

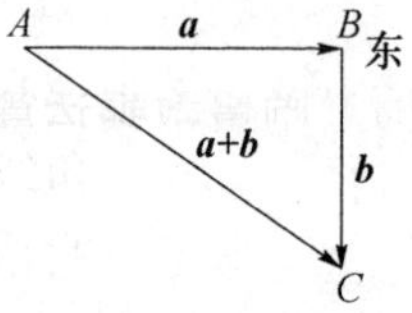

第 5 题图

6. C

解析:如图所示,因为$\overrightarrow{AO}+\overrightarrow{OD}=\overrightarrow{AD}$, $\overrightarrow{AC}+\overrightarrow{CD}=\overrightarrow{AD}$,所以$\overrightarrow{AO}+\overrightarrow{OD}=\overrightarrow{AC}+\overrightarrow{CD}$。

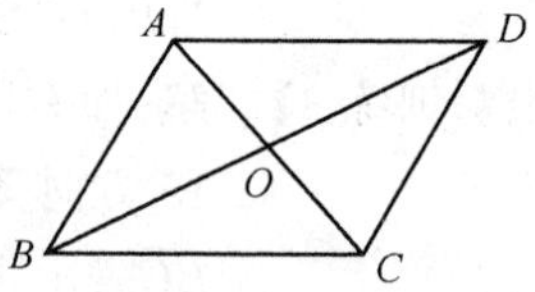

第 6 题图

8.3 向量减法运算及其几何意义

一、阅读提纲

【疑点识记】

(1) 相反向量 (2) $\overrightarrow{BA}$ (3) 始点 终点 $\overrightarrow{BA}$

【问题探究】

问题1:$-\boldsymbol{a}$。

问题2:有,向量 $\boldsymbol{a}$ 的相反向量是$-\boldsymbol{a}$。

问题3:是零向量。

问题4:(1) 先作出$-\boldsymbol{b}$ (2) 再按三角形或平行四边形法则进行。

二、核心突破

【跟踪训练 1】 **解**:如右图所示,作$\overrightarrow{OA}=\boldsymbol{a}$, $\overrightarrow{OB}=\boldsymbol{b}$,作$\overrightarrow{BA}$,则 $\boldsymbol{a}-\boldsymbol{b}=\overrightarrow{OA}-\overrightarrow{OB}=\overrightarrow{BA}$。作$\overrightarrow{OC}=\boldsymbol{c}$, $\overrightarrow{OD}=\boldsymbol{d}$,作$\overrightarrow{DC}$,则 $\boldsymbol{c}-\boldsymbol{d}=\overrightarrow{OA}-\overrightarrow{OD}=\overrightarrow{DC}$。

【跟踪训练 2】 **解析**:(1) $\overrightarrow{DB}=\overrightarrow{DE}+\overrightarrow{EA}+\overrightarrow{AB}=\boldsymbol{d}+\boldsymbol{e}+\boldsymbol{a}=\boldsymbol{a}+\boldsymbol{d}+\boldsymbol{e}$。

(2) $\overrightarrow{DB}=\overrightarrow{CB}-\overrightarrow{CD}=-\overrightarrow{BC}-\overrightarrow{CD}=-\boldsymbol{b}-\boldsymbol{c}$。

(3) $\overrightarrow{EC}=\overrightarrow{EA}+\overrightarrow{AB}+\overrightarrow{BC}=\boldsymbol{a}+\boldsymbol{b}+\boldsymbol{e}$。

(4) $\overrightarrow{EC}=-\overrightarrow{CE}=-(\overrightarrow{CD}+\overrightarrow{DE})=-\boldsymbol{c}-\boldsymbol{d}$。

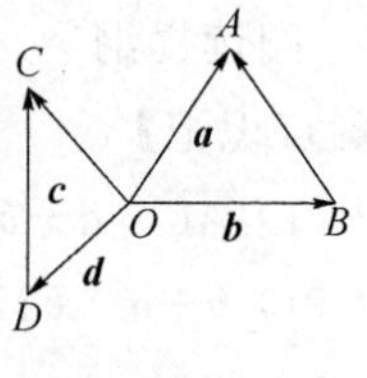

跟踪训练 1 图

【跟踪训练 3】 **解析**:如右图所示,在平面内作平行四边形 $ABCD$,使$\overrightarrow{AB}=\boldsymbol{a}$,$\overrightarrow{AD}=\boldsymbol{b}$,则$\overrightarrow{AC}=\boldsymbol{a}+\boldsymbol{b}$,$\overrightarrow{DB}=\boldsymbol{a}-\boldsymbol{b}$,由于$|\boldsymbol{a}|=|\boldsymbol{b}|=1$,所以 $ABCD$ 为菱形,且 $AC\perp BD$,交点 $AO=\frac{\sqrt{3}}{2}$,$AB=1$,所以 $OB=\sqrt{AB^2-AO^2}=\frac{1}{2}$,$BD=1$,$|\boldsymbol{a}-\boldsymbol{b}|=1$。

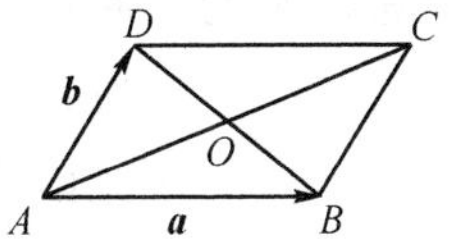

三、课堂练习

1. C 2. B

3. D

解析:原式$=(\overrightarrow{AC}-\overrightarrow{AB})+(\overrightarrow{CD}+\overrightarrow{DB})=\overrightarrow{BC}+\overrightarrow{CB}=0$。

4. A

解析:$\overrightarrow{AC}-\overrightarrow{AD}=\overrightarrow{DC}$,在平行四边形 $ABCD$ 中,$\overrightarrow{DC}=\overrightarrow{AB}$。

5. D

解析:$\overrightarrow{AB}+(\overrightarrow{PA}+\overrightarrow{BQ})=(\overrightarrow{AB}+\overrightarrow{BQ})-\overrightarrow{AP}=\overrightarrow{AQ}-\overrightarrow{AP}=\overrightarrow{PQ}$;$(\overrightarrow{AB}+\overrightarrow{PC})+(\overrightarrow{BA}-\overrightarrow{QC})=(\overrightarrow{AB}-\overrightarrow{AB})+(\overrightarrow{PC}+\overrightarrow{CQ})=\overrightarrow{PQ}$;$\overrightarrow{QC}+\overrightarrow{CQ}-\overrightarrow{QP}=-\overrightarrow{QP}=\overrightarrow{PQ}$;$\overrightarrow{PA}+\overrightarrow{AB}-\overrightarrow{BQ}=\overrightarrow{PB}-\overrightarrow{BQ}\neq\overrightarrow{PQ}$。

8.4 向量数乘运算及其几何意义

一、阅读提纲

【疑点识记】

1. 向量 数乘 $\lambda\boldsymbol{a}$ (1) $|\lambda||\boldsymbol{a}|$ (2) $\lambda>0$ $\lambda<0$ 0 0

2. (1) $(\lambda\mu)\boldsymbol{a}$ (2) $\lambda\boldsymbol{a}+\mu\boldsymbol{a}$ (3) $\lambda\boldsymbol{a}+\lambda\boldsymbol{b}$ $-(\lambda\boldsymbol{a})$ $\lambda(-\boldsymbol{a})$ $\lambda\boldsymbol{a}-\lambda\boldsymbol{b}$

3. $\boldsymbol{b}=\lambda\boldsymbol{a}$

4. 加 减 数乘 $\lambda\mu_1\boldsymbol{a}\pm\lambda\mu_2\boldsymbol{b}$

【问题探究】

问题 1:按三角形法则,$|\boldsymbol{a}+\boldsymbol{a}|=2|\boldsymbol{a}|$。

问题 2:可以。

问题 3:$3\boldsymbol{a}$ 与 $\boldsymbol{a}$ 方向相同,$-3\boldsymbol{a}$ 与 $\boldsymbol{a}$ 方向相反。

问题 4:是的。

问题 5:成立。

问题 6:相等。

问题 7:方向相同或方向相反或其中一者为零向量。

问题 8:相同或相反。

问题 9:共线。

二、核心突破

【跟踪训练 1】 **解**:(1) $\frac{2}{5}(\boldsymbol{a}-\boldsymbol{b})-\frac{1}{3}(2\boldsymbol{a}+4\boldsymbol{b})+\frac{2}{15}(2\boldsymbol{a}+13\boldsymbol{b})$

$$=\frac{2}{5}\boldsymbol{a}-\frac{2}{5}\boldsymbol{b}-\frac{2}{3}\boldsymbol{a}-\frac{4}{3}\boldsymbol{b}+\frac{4}{15}\boldsymbol{a}+\frac{26}{15}\boldsymbol{b}$$

$$=\left(\frac{2}{5}-\frac{2}{3}+\frac{4}{15}\right)\boldsymbol{a}+\left(-\frac{2}{5}-\frac{4}{3}+\frac{26}{15}\right)\boldsymbol{b}=0\boldsymbol{a}+0\boldsymbol{b}=\boldsymbol{0}。$$

(2) 原式$=m(\boldsymbol{a}-\boldsymbol{b})+n(\boldsymbol{a}-\boldsymbol{b})-m(\boldsymbol{a}+\boldsymbol{b})+n(\boldsymbol{a}+\boldsymbol{b})$。

【跟踪训练 2】 **解**:(1) 因为$\overrightarrow{BD}=\overrightarrow{BC}+\overrightarrow{CD}=-2\boldsymbol{a}+8\boldsymbol{b}+3(\boldsymbol{a}-\boldsymbol{b})=\boldsymbol{a}+5\boldsymbol{b}$,$\overrightarrow{AB}=\boldsymbol{a}+5\boldsymbol{b}$,

所以$\overrightarrow{AB}=\overrightarrow{BD}$,$AB/\!/BD$。

又因为$\overrightarrow{AB}$、$\overrightarrow{BD}$有公共点 B,所以 A,B,D 三点共线。

(2) 因为$\overrightarrow{CA}=\overrightarrow{CB}+\overrightarrow{BA}=-\overrightarrow{BC}-\overrightarrow{AB}=2\boldsymbol{a}-8\boldsymbol{b}-\boldsymbol{a}-5\boldsymbol{b}=\boldsymbol{a}-13\boldsymbol{b}$,

$x\overrightarrow{CB}+y\overrightarrow{CD}=x(2\boldsymbol{a}-8\boldsymbol{b})+3y(\boldsymbol{a}-\boldsymbol{b})=(2x+3y)\boldsymbol{a}+(-8x-3y)\boldsymbol{b}$。

所以$\begin{cases}2x+3y=1\\-8x-3y=-13\end{cases}$,解得$\begin{cases}x=2\\y=-1\end{cases}$。

所以$\overrightarrow{CA}=x\overrightarrow{CB}+y\overrightarrow{CD}$,其中 $x+y=1$。

【跟踪训练 3】 **解**:由题意知 A 是 BC 的中点,则$\overrightarrow{OA}=\frac{1}{2}(\overrightarrow{OB}+\overrightarrow{OC})$,从而$\overrightarrow{OC}=2\overrightarrow{OA}-\overrightarrow{OB}=2\boldsymbol{a}-\boldsymbol{b}$。

又因为 $OD=2DB$,所以$\overrightarrow{OD}=\frac{2}{3}\overrightarrow{OB}=\frac{2}{3}\boldsymbol{b}$,$\overrightarrow{DC}=\overrightarrow{OC}-\overrightarrow{OD}=(2\boldsymbol{a}-\boldsymbol{b})-\frac{2}{3}\boldsymbol{b}$

$=2\boldsymbol{a}-\frac{5}{3}\boldsymbol{b}$。

三、课堂练习

1. B

解析:$(2\boldsymbol{a}-\boldsymbol{b})-(2\boldsymbol{a}+\boldsymbol{b})=2\boldsymbol{a}-\boldsymbol{b}-2\boldsymbol{a}-\boldsymbol{b}=-2\boldsymbol{b}$。

2. C

解析:A,当 $\lambda>0$ 时正确,否则错误;B,$0\cdot\boldsymbol{a}$ 是向量而非数 0;D,若 $\boldsymbol{b}=\lambda\boldsymbol{a}$,则$|\boldsymbol{b}|=|\lambda\boldsymbol{a}|$。

3. D

解析:$\overrightarrow{BC}=\overrightarrow{AC}-\overrightarrow{AB}=3\overrightarrow{AB}-\overrightarrow{AB}=2\overrightarrow{AB}$。

4. D

解析:当 $\boldsymbol{e}_1=\boldsymbol{0}$ 时,显然有 $\boldsymbol{a}/\!/\boldsymbol{b}$;

当 $\boldsymbol{e}_1\neq\boldsymbol{0}$ 时,$\boldsymbol{b}=2\boldsymbol{e}_1\neq\boldsymbol{0}$,又 $\boldsymbol{a}/\!/\boldsymbol{b}$,

所以存在实数 μ,使 $\boldsymbol{a}=\mu\boldsymbol{b}$,即 $\boldsymbol{e}_1+\lambda\boldsymbol{e}_2=2\mu\boldsymbol{e}_1$,

所以 $\lambda\boldsymbol{e}_2=(2\mu-1)\boldsymbol{e}_1$,又因为 $\lambda\neq0$,所以 $\boldsymbol{e}_1/\!/\boldsymbol{e}_2$。

5. C

解析:(1) 真命题。因为 $2>0$,所以 $2\boldsymbol{a}$ 与 $\boldsymbol{a}$ 的方向相同。又$|2\boldsymbol{a}|=2|\boldsymbol{a}|$,所以命题①是真命题。

(2) 真命题。因为 $5>0$,所以 $5\boldsymbol{a}$ 与 $\boldsymbol{a}$ 方向相同,且$|5\boldsymbol{a}|=5|\boldsymbol{a}|$,而$-2<0$,所以$-2\boldsymbol{a}$ 与 $\boldsymbol{a}$ 的方向相反,$|-2\boldsymbol{a}|=2|\boldsymbol{a}|$,所以$-2\boldsymbol{a}$ 与 $5\boldsymbol{a}$ 的方向相反,且模是 $5\boldsymbol{a}$ 的模的$\frac{2}{5}$。故(2)是真命题。

(3) 真命题。依据相反向量的定义及实数与向量乘积的定义进行判断。

(4) 假命题。因为 $\boldsymbol{a}-\boldsymbol{b}$ 与 $\boldsymbol{b}-\boldsymbol{a}$ 是一对相反向量。所以 $\boldsymbol{a}-\boldsymbol{b}$ 与$-(\boldsymbol{b}-\boldsymbol{a})$是一对相等向量,故(4)是假命题。正确命题个数为 3,答案 C。

8.5 平面向量基本定理答案

一、阅读提纲

【疑点识记】

1.（1）不共线　任意　有且只有一对　$\lambda_1\boldsymbol{e}_1+\lambda_2\boldsymbol{e}_2$　（2）不共线　所有

2.（1）非零向量　$\angle AOB$　①$[0°,180°]$　②同向　③反向　（2）$90°$　$\boldsymbol{a}\perp\boldsymbol{b}$

【问题探究】

问题 1：可以。

问题 2：不确定。

问题 3：可以，根据是数乘向量和平行四边形法则。

问题 4：不一定，当 $\boldsymbol{a}$ 与 $\boldsymbol{e}_1$ 共线时可以表示，否则不能表示。

问题 5：有。

问题 6：所成的角为 $90°$时。

二、核心突破

【跟踪练习 1】　答案：③。

解析：① 设 $\boldsymbol{e}_1+\boldsymbol{e}_2=\lambda\boldsymbol{e}_1$，则$\begin{cases}\lambda=1\\1=0\end{cases}$，无解。

所以 $\boldsymbol{e}_1+\boldsymbol{e}_2$与 $\boldsymbol{e}_1$不共线，即 $\boldsymbol{e}_1$与 $\boldsymbol{e}_1+\boldsymbol{e}_2$。

② 设 $\boldsymbol{e}_1-2\boldsymbol{e}_2=\lambda(\boldsymbol{e}_2-2\boldsymbol{e}_1)$，则$(1+2\lambda)\boldsymbol{e}_1-(2+\lambda)\boldsymbol{e}_2=0$，所以$\begin{cases}1+2\lambda=0\\2+\lambda=0\end{cases}$，无解。

得出 $\boldsymbol{e}_1-2\boldsymbol{e}_2$与 $\boldsymbol{e}_2-2\boldsymbol{e}_1$不共线，即 $\boldsymbol{e}_1-2\boldsymbol{e}_2$与 $\boldsymbol{e}_2-2\boldsymbol{e}_1$可作为一组基底。

③ 因为 $\boldsymbol{e}_1-2\boldsymbol{e}_2=-\dfrac{1}{2}(4\boldsymbol{e}_2-2\boldsymbol{e}_1)$，所以 $\boldsymbol{e}_1-2\boldsymbol{e}_2$与 $4\boldsymbol{e}_2-2\boldsymbol{e}_1$共线，即 $\boldsymbol{e}_1-2\boldsymbol{e}_2$与 $4\boldsymbol{e}_2-2\boldsymbol{e}_1$不可作为一组基底。

④ 设 $\boldsymbol{e}_1+\boldsymbol{e}_2=\lambda(\boldsymbol{e}_1-\boldsymbol{e}_2)$，则$(1-\lambda)\boldsymbol{e}_1+(1+\lambda)\boldsymbol{e}_2=0$，所以$\begin{cases}1-\lambda=0\\1+\lambda=0\end{cases}$，无解。

得出 $\boldsymbol{e}_1+\boldsymbol{e}_2$与 $\boldsymbol{e}_1-\boldsymbol{e}_2$不共线，即 $\boldsymbol{e}_1+\boldsymbol{e}_2$与 $\boldsymbol{e}_1-\boldsymbol{e}_2$可作为一组基底。

【跟踪训练 2】　**解析：**$\overrightarrow{BA}=\boldsymbol{a}-\boldsymbol{b}$，$\overrightarrow{BM}=\dfrac{1}{6}\overrightarrow{BA}=\dfrac{1}{6}\boldsymbol{a}-\dfrac{1}{6}\boldsymbol{b}$，$\overrightarrow{OM}=\overrightarrow{OB}+\overrightarrow{BM}=\dfrac{1}{6}\boldsymbol{a}+\dfrac{5}{6}\boldsymbol{b}$，$\overrightarrow{OD}=\boldsymbol{a}+\boldsymbol{b}$，$\overrightarrow{ON}=\overrightarrow{OA}+\overrightarrow{CN}=\dfrac{1}{2}\overrightarrow{OD}+\dfrac{1}{6}\overrightarrow{OD}=\dfrac{2}{3}\overrightarrow{OD}=\dfrac{2}{3}\boldsymbol{a}+\dfrac{2}{3}\boldsymbol{b}$，$\overrightarrow{MN}=\overrightarrow{ON}-\overrightarrow{OM}=\dfrac{1}{2}\boldsymbol{a}-\dfrac{1}{6}\boldsymbol{b}$。

【跟踪训练 3】　**解析：**(1) 因为$\triangle ABC$ 为等边三角形，所以$\angle ABC=60°$。

如右图所示，延长 AB 至点 D，使 $AB=BD$，则$\overrightarrow{AB}=\overrightarrow{BD}$，

所以$\angle DBC$ 为向量$\overrightarrow{AB}$与$\overrightarrow{BC}$的夹角。

因为$\angle DBC=120°$，

所以向量$\overrightarrow{AB}$与$\overrightarrow{BC}$的夹角为 $120°$。

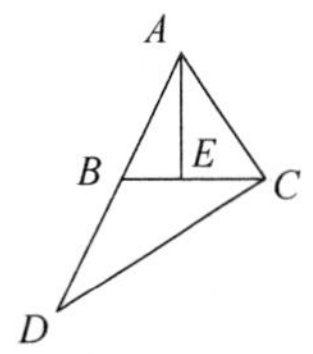

(2) 因为 E 为 BC 的中点，所以 $AE\perp BC$，

所以$\overrightarrow{AE}$与$\overrightarrow{EC}$的夹角为90°。

三、课堂练习

1. B

2. B

解析:因为B中$-6\boldsymbol{e}_1+4\boldsymbol{e}_2=-2(3\boldsymbol{e}_1-2\boldsymbol{e}_2)$,所以为平行向量,不能作为一组基底。

3. D

解析:由平面向量基本定理可知,选项D正确。对于任意向量$\boldsymbol{e}_1$,$\boldsymbol{e}_2$,选项A、B不正确,而只有当$\boldsymbol{e}_1$与$\boldsymbol{e}_2$为不共线向量时,选项C才正确。

4. B

解析:$\overrightarrow{AD}$与$\overrightarrow{AB}$不共线,$\overrightarrow{DA}\parallel\overrightarrow{BC}$,$\overrightarrow{CA}$与$\overrightarrow{DC}$不共线,$\overrightarrow{OD}\parallel\overrightarrow{OB}$,则①③可以作为该平面内所有向量的基底。

5. C

解析:选项A中,由平面向量基本定理知$\lambda_1\boldsymbol{e}_1+\lambda_2\boldsymbol{e}_2$与$\boldsymbol{e}_1$、$\boldsymbol{e}_2$共面,所以A项不正确;选项B中,实数$\lambda_1$、$\lambda_2$有且仅有一对,所以B项不正确;选项D中,实数$\lambda_1$、$\lambda_2$一定存在,所以D项不正确;很明显C项正确。

8.6 平面向量的正交分解及坐标表示、平面向量的坐标运算

一、阅读提纲

【疑点识记】

1. (1) 互相垂直 (2) 单位向量 $x\boldsymbol{i}+y\boldsymbol{j}$ 有序数对(x,y) $\boldsymbol{a}=(x,y)$ (3) (x,y) (x_2-x_1,y_2-y_1)

2. (1) (x_1+x_2,y_1+y_2) (2) (x_1-x_2,y_1-y_2) (3) $(\lambda x,\lambda y)$

【问题探究】

问题1:不唯一。

问题2:唯一。

问题3:不一定相同。

问题4:若$\boldsymbol{a}=x_1\boldsymbol{i}+y_1\boldsymbol{j}$,$\boldsymbol{b}=x_2\boldsymbol{i}+y_2\boldsymbol{j}$。

问题5:(x_1,y_1),(x_2,y_2)。

问题6:$3\boldsymbol{a}=3(x_1\boldsymbol{i}+y_1\boldsymbol{j})=3x_1\boldsymbol{i}+3y_1\boldsymbol{j}$。$2\boldsymbol{a}-\boldsymbol{b}=(2x_1-x_2)\boldsymbol{i}-(2y_1-y_2)\boldsymbol{j}$。

问题7:$(3x_1,3y_1)$,$(2x_1-x_2,2y_1-y_2)$。

问题8:相同。$\overrightarrow{BC}$的坐标不是C点坐标。

二、核心突破

【跟踪练习1】 **解析**:设$\boldsymbol{a}=(a_1,a_2)$,$\boldsymbol{b}=(b_1,b_2)$,$\boldsymbol{c}=(c_1,c_2)$,

则$a_1=|\boldsymbol{a}|\cos 45°=2\times\dfrac{\sqrt{2}}{2}=\sqrt{2}$,

$a_2=|\boldsymbol{a}|\sin 45°=2\times\dfrac{\sqrt{2}}{2}=\sqrt{2}$,

$b_1=|\boldsymbol{b}|\cos 120°=3\times\left(-\dfrac{1}{2}\right)=-\dfrac{3}{2}$,

$b_2=|\boldsymbol{b}|\sin 120°=3\times\dfrac{\sqrt{3}}{2}=\dfrac{3\sqrt{2}}{2}$,

$c_1=|\boldsymbol{c}|\cos(-30°)=4\times\frac{\sqrt{3}}{2}=2\sqrt{3}$,

$c_2=|\boldsymbol{c}|\sin(-30°)=4\times\left(-\frac{1}{2}\right)=-2$。

因此 $\boldsymbol{a}=(\sqrt{2},\sqrt{2})$,$\boldsymbol{b}=\left(-\frac{3}{2},\frac{3\sqrt{2}}{2}\right)$,$\boldsymbol{c}=(2\sqrt{3},-2)$。

【跟踪训练 2】 **解析**:(1) $\boldsymbol{a}+3\boldsymbol{b}=(2,1)+3(-3,4)=(2,1)+(-9,12)=(-7,13)$。

(2) $\frac{1}{2}\boldsymbol{a}-\frac{1}{4}\boldsymbol{b}=\frac{1}{2}(2,1)-\frac{1}{4}(-3,4)=\left(1,\frac{1}{2}\right)-\left(-\frac{3}{4},1\right)=\left(\frac{7}{4},-\frac{1}{2}\right)$。

【跟踪训练 3】 **解析**:因为 $A(-2,4)$,$B(3,-1)$,$C(-3,-4)$,所以$\overrightarrow{CA}=(1,8)$,$\overrightarrow{CB}=(6,3)$。设 $M(x,y)$,则$\overrightarrow{CM}=(x+3,y+4)$。

由$\overrightarrow{CM}=3\overrightarrow{CA}$得$(x+3,y+4)=3(1,8)$,即$\begin{cases}x+3=3\\y+4=24\end{cases}$,解得$\begin{cases}x=0\\y=20\end{cases}$,即 $M(0,20)$。

同理可得 $N(9,2)$。所以$\overrightarrow{MN}=(9,-18)$。

三、课堂练习

1. B

2. C

解析:因为$\overrightarrow{OA}=(x,y)$,所以 $A(x,y)$。又因为点 A 在第二象限,所以 $x<0,y>0$。

3. D

解析:由 $M(1,1)$,$N(-1,-2)$,则$\overrightarrow{MN}=(-1-1,-2-1)=(-2,-3)$。

4. D

解析:$2\boldsymbol{a}-\frac{1}{3}\boldsymbol{b}=2(0,1)-\frac{1}{3}(-1,2)=(0,2)-\left(-\frac{1}{3},\frac{2}{3}\right)=\left(\frac{1}{3},\frac{4}{3}\right)$。

5. -3

解析:由向量 $\boldsymbol{a}=(2,1)$,$\boldsymbol{b}=(1,-2)$,得 $m\boldsymbol{a}+n\boldsymbol{b}=(2m+n,m-2n)=(9,-8)$,则$\begin{cases}2m+n=9\\-2n=-8\end{cases}$,解得$\begin{cases}m=2\\n=5\end{cases}$,故 $m-n=-3$。

8.7 平面向量共线的坐标表示

一、阅读提纲

【疑点识记】

1. (1) $x_1y_2-x_2y_1=0$ (2) $\frac{x_1}{x_2}=\frac{y_1}{y_2}$

2. $(0,+\infty)$ $(-\infty,-1)$ $(-1,0)$

【问题探究】

问题 1:(1)、(2)中,$\boldsymbol{b}=2\boldsymbol{a}$,(3)中,$\boldsymbol{b}=-2\boldsymbol{a}$,(4)中,$\boldsymbol{b}=-\boldsymbol{a}$。

问题 2:共线。

问题 3:坐标不为 0 时成比例。

二、核心突破

【跟踪练习 1】 **解析**:因为 $k\boldsymbol{a}-\boldsymbol{b}=k(1,0)-(2,1)=(k-2,-1)$,$\boldsymbol{a}+3\boldsymbol{b}=(1,0)+3(2,1)=(7,3)$,由向量平行的条件可得:$3\times(k-2)-(-1)\times7=0$,所以 $k=-\frac{1}{3}$。

此时 $k\boldsymbol{a}-\boldsymbol{b}=\left(-\frac{7}{3},-1\right)=-\frac{1}{3}(7,3)=-\frac{1}{3}(\boldsymbol{a}+3\boldsymbol{b})$，因此，它们是反向的。

【跟踪训练 2】 **解析**：依题意知 $\boldsymbol{i}=(1,0)$，$\boldsymbol{j}=(0,1)$，则$\overrightarrow{AB}=(1,0)-2(0,1)=(1,-2)$，$\overrightarrow{BC}=(1,0)+m(0,1)=(1,m)$。

因为$\overrightarrow{AB}$、$\overrightarrow{BC}$共线，所以 $1\times m-(-2)\times 1=0$，$m=-2$。

即当 $m=-2$ 时，A、B、C 三点共线。

三、课堂练习

1. D

2. A

解析：因为 $\boldsymbol{a}$ 与 $\boldsymbol{b}$ 共线，则 $-3x-3\times 3=0$，解得 $x=-3$。

3. B

解析：设 $A(x,y)$，因为$\overrightarrow{OA}=3\overrightarrow{OB}$，所以$(x,y)=3(-1,3)$，$x=-3$，$y=9$。

4. C

解析：$\boldsymbol{a}-\boldsymbol{c}=(4,2)$与 $\boldsymbol{b}=(5,7)$中坐标 $4\times 7\neq 2\times 5$，故不共线。

$\boldsymbol{b}+\boldsymbol{c}=(7,11)$与 $\boldsymbol{a}=(6,6)$中坐标 $6\times 7\neq 11\times 6$，故不共线。

$\boldsymbol{b}-\boldsymbol{c}=(3,3)$与 $\boldsymbol{a}=(6,6)$中坐标 $3\times 6=3\times 6$，故共线。

$\boldsymbol{a}+\boldsymbol{b}=(11,13)$与 $\boldsymbol{c}=(2,4)$中坐标 $2\times 13\neq 11\times 4$。故不共线。所以成立的只有 C。

5. A

8.8 平面向量数量积的物理背景及其含义

一、阅读提纲

【疑点识记】

1. (1) $|\boldsymbol{a}||\boldsymbol{b}|\cos\theta$　(2) 0　(3) $|\boldsymbol{a}|\cos\theta$　$|\boldsymbol{b}|\cos\theta$

2. $|\boldsymbol{b}|\cos\theta$　3. (1) $\boldsymbol{b}\cdot\boldsymbol{a}$　(2) $\lambda(\boldsymbol{a}\cdot\boldsymbol{b})$　$\boldsymbol{a}\cdot(\lambda\boldsymbol{b})$　(3) $\boldsymbol{a}\cdot\boldsymbol{c}+\boldsymbol{b}\cdot\boldsymbol{c}$

【问题探究】

问题 1：$W=|s||f|\cos\theta$。

问题 2：$|f|\cos\theta$。

问题 3：与力 f 的大小，位移的大小及它们之间的夹角有关。

二、核心突破

【跟踪练习 1】 **解析**：$\boldsymbol{a}\cdot\boldsymbol{b}=|\boldsymbol{a}||\boldsymbol{b}|\cos 150°=-6\sqrt{3}$。

因为$(\boldsymbol{a}-\boldsymbol{b})^2=|\boldsymbol{a}|^2-2\boldsymbol{a}\cdot\boldsymbol{b}+|\boldsymbol{b}|^2=25+12\sqrt{3}$。

所以 $|\boldsymbol{a}+\boldsymbol{b}|=\sqrt{(\boldsymbol{a}+\boldsymbol{b})^2}=\sqrt{|\boldsymbol{a}|^2+2\boldsymbol{a}\cdot\boldsymbol{b}+|\boldsymbol{b}|^2}=\sqrt{25-12\sqrt{3}}$，即 $|\boldsymbol{a}+\boldsymbol{b}|=\sqrt{25-12\sqrt{3}}$。

【跟踪训练 2】 B

解析：$\boldsymbol{a}\cdot\boldsymbol{b}=|\boldsymbol{a}||\boldsymbol{b}|\cos\theta=|\boldsymbol{b}||\boldsymbol{a}|\cos\theta=3\times\frac{3}{2}=\frac{9}{2}$。

【跟踪训练 3】 C

解析：由题意，得 $\boldsymbol{a}\cdot(2\boldsymbol{a}+\boldsymbol{b})=2\boldsymbol{a}^2+\boldsymbol{a}\cdot\boldsymbol{b}=0$，即 $\boldsymbol{a}\cdot\boldsymbol{b}=-2\boldsymbol{a}^2$，所以 $\cos\langle\boldsymbol{a},\boldsymbol{b}\rangle=$

$\frac{\boldsymbol{a}\cdot\boldsymbol{b}}{|\boldsymbol{a}|\cdot|\boldsymbol{b}|}=\frac{-2\boldsymbol{a}^2}{4\boldsymbol{a}^2}=-\frac{1}{2}$,所以$\langle\boldsymbol{a},\boldsymbol{b}\rangle=\frac{2\pi}{3}$,故选C。

【跟踪训练4】 **解析**:(1) 因为$\boldsymbol{a}^2=4$,所以$|\boldsymbol{a}|^2=4$,即$|\boldsymbol{a}|=2$。

把$x=1$代入方程$x^2+|\boldsymbol{a}|x+\boldsymbol{a}\cdot\boldsymbol{b}=0$,

得$1+|\boldsymbol{a}|+\boldsymbol{a}\cdot\boldsymbol{b}=0$,所以$\boldsymbol{a}\cdot\boldsymbol{b}=-3$。

则$\boldsymbol{a}\cdot\boldsymbol{b}=|\boldsymbol{a}|\cdot|\boldsymbol{b}|\cdot\cos\langle\boldsymbol{a},\boldsymbol{b}\rangle$

$=2|\boldsymbol{b}|\cos 120°=-3$,所以$|\boldsymbol{b}|=3$。

(2) 由(1)知$|\boldsymbol{b}|=3$,$|\lambda\boldsymbol{b}|=|\lambda|\cdot|\boldsymbol{b}|=3|\lambda|$。

三、课堂练习

1. D

解析:设$\boldsymbol{a}$与$\boldsymbol{c}$的夹角为θ_1,$\boldsymbol{b}$与$\boldsymbol{c}$的夹角为θ_2。

因为$\boldsymbol{a}\cdot\boldsymbol{c}=\boldsymbol{b}\cdot\boldsymbol{c}$,所以$|\boldsymbol{a}||\boldsymbol{c}|\cos\theta_1=|\boldsymbol{b}|\cdot\boldsymbol{c}|\cos\theta_2$,即$|\boldsymbol{a}|\cos\theta_1=|\boldsymbol{b}|\cos\theta_2$,故选D。

2. C

解析:$\boldsymbol{m}\cdot\boldsymbol{n}=|\boldsymbol{m}||\boldsymbol{n}|\cos\theta=4\times6\times\cos 135°=-24\times\frac{\sqrt{2}}{2}=-12\sqrt{2}$。

3. C

解析:$0=(2\boldsymbol{a}+\boldsymbol{b})\cdot\boldsymbol{b}=2\boldsymbol{a}\cdot\boldsymbol{b}+\boldsymbol{b}^2=2|\boldsymbol{a}||\boldsymbol{b}|\cos\langle\boldsymbol{a},\boldsymbol{b}\rangle+|\boldsymbol{b}|^2$,因为$|\boldsymbol{a}|=|\boldsymbol{b}|\neq0$,

所以$2\cos\langle\boldsymbol{a},\boldsymbol{b}\rangle+1=0$,$\cos\langle\boldsymbol{a},\boldsymbol{b}\rangle=-\frac{1}{2}$,故$\langle\boldsymbol{a},\boldsymbol{b}\rangle=120°$。

4. A

解析:因为$\boldsymbol{a}\cdot\boldsymbol{b}>0$,所以$\cos\theta>0$,所以$\theta\in\left[0,\frac{\pi}{2}\right)$。

5. D

解析:在菱形$ABCD$中,$\overrightarrow{BA}=\overrightarrow{CD}$,$\overrightarrow{BD}=\overrightarrow{BA}+\overrightarrow{BC}$,所以$\overrightarrow{BD}\cdot\overrightarrow{CD}=(\overrightarrow{BA}\cdot\overrightarrow{BC})\cdot\overrightarrow{CD}=$

$\overrightarrow{BA}\cdot\overrightarrow{CD}+\overrightarrow{BC}\cdot\overrightarrow{CD}=\boldsymbol{a}^2+\boldsymbol{a}\cdot\boldsymbol{a}\cdot\cos 60°=\boldsymbol{a}^2+\frac{1}{2}\boldsymbol{a}^2=\frac{3}{2}\boldsymbol{a}^2$。

6. $\frac{12}{5}$

解析:因为$\boldsymbol{a}$在$\boldsymbol{b}$方向上的投影为$|\boldsymbol{a}|\cos\theta$,又$\cos\theta=\frac{\boldsymbol{a}\cdot\boldsymbol{b}}{|\boldsymbol{a}||\boldsymbol{b}|}$,所以$|\boldsymbol{a}|\cos\theta=\frac{\boldsymbol{a}\cdot\boldsymbol{b}}{|\boldsymbol{b}|}=\frac{12}{5}$。

8.9 平面向量数量积的坐标表示、模、夹角

一、阅读提纲

【疑点识记】

1. $x_1x_2+y_1y_2$　相应坐标乘积的和

2. $x_1x_2+y_1y_2=0$

3. (1) $\sqrt{x_1^2+y_1^2}$　(2) $\sqrt{(x_2-x_1)^2+(y_2-y_1)^2}$

4. $\frac{\boldsymbol{a}\cdot\boldsymbol{b}}{|\boldsymbol{a}||\boldsymbol{b}|}$　$\frac{x_1x_2+y_1y_2}{\sqrt{x_1^2+y_1^2}\sqrt{x_2^2+y_2^2}}$

【问题探究】

问题 1:$\boldsymbol{a}=x_1\boldsymbol{i}+y_1\boldsymbol{j}$,$\boldsymbol{b}=x_2\boldsymbol{i}+y_2\boldsymbol{j}$。

问题 2:$|\boldsymbol{a}|=\sqrt{(x_1\boldsymbol{i}+y_1\boldsymbol{j})^2}=\sqrt{x_1^2+y_1^2}$;$|\boldsymbol{b}|=\sqrt{(x_2\boldsymbol{i}+y_2\boldsymbol{j})^2}=\sqrt{x_2^2+y_2^2}$。

问题 3:$\boldsymbol{a}\cdot\boldsymbol{b}=(x_1\boldsymbol{i}+y_1\boldsymbol{j})\cdot(x_2\boldsymbol{i}+y_2\boldsymbol{j})=x_1x_2\boldsymbol{i}^2+(x_1y_2+x_2y_1)\boldsymbol{i}\cdot\boldsymbol{j}+y_1y_2\boldsymbol{j}^2=x_1x_2+y_1y_2$。

问题 4:能。

二、核心突破

【跟踪练习 1】 **解析**:先求出 $\boldsymbol{a}\cdot\boldsymbol{b}$,$\boldsymbol{a}^2$,$\boldsymbol{b}^2$,再对$(3\boldsymbol{a}-\boldsymbol{b})\cdot(\boldsymbol{a}-2\boldsymbol{b})$展开求解。

解法一。因为 $\boldsymbol{a}\cdot\boldsymbol{b}=2\times3+(-1)\times(-2)=8$,$\boldsymbol{a}^2=2^2+(-1)^2=5$,$\boldsymbol{b}^2=3^2+(-2)^2=13$,所以$(3\boldsymbol{a}-\boldsymbol{b})\cdot(\boldsymbol{a}-2\boldsymbol{b})=3\boldsymbol{a}^2-7\boldsymbol{a}\cdot\boldsymbol{b}+2\boldsymbol{b}^2=3\times5-7\times8+2\times13=-15$。

解法二。因为 $\boldsymbol{a}=(2,-1)$,$\boldsymbol{b}=(3,-2)$,所以 $3\boldsymbol{a}-\boldsymbol{b}=(6,-3)-(3,-2)=(3,-1)$,$\boldsymbol{a}-2\boldsymbol{b}=(2,-1)-(6,-4)=(-4,3)$。

因此$(3\boldsymbol{a}-\boldsymbol{b})\cdot(\boldsymbol{a}-2\boldsymbol{b})=3\times(-4)+(-1)\times3=-15$。

【跟踪训练 2】 **解析**:$\boldsymbol{a}+t\boldsymbol{b}=(4,-3)+t(2,1)=(4+2t,t-3)$。

$(\boldsymbol{a}+t\boldsymbol{b})\cdot\boldsymbol{b}=(4+2t,t-3)\cdot(2,1)=5t+5$。

$|\boldsymbol{a}+t\boldsymbol{b}|=\sqrt{(4+2t)^2+(t-3)^2}=\sqrt{5(t+1)^2+20}$。

由$(\boldsymbol{a}+t\boldsymbol{b})\cdot\boldsymbol{b}=|\boldsymbol{a}+t\boldsymbol{b}||\boldsymbol{b}|\cos45°$,得 $5t+5=\frac{5\sqrt{2}}{2}\sqrt{(t+1)^2+4}$,即 $t^2+2t-3=0$。所以 $t=-3$ 或 $t=1$,经检验 $t=-3$ 不合题意,舍去。

因此 $t=1$。

三、课堂练习

1. B

解析:因为 $\boldsymbol{a}=(0,1)$,$\boldsymbol{b}=(2,-1)$,所以 $\boldsymbol{a}\cdot\boldsymbol{b}=(0,1)\cdot(2,-1)=0\times2+1\times(-1)=-1$。

2. A

解析:$\overrightarrow{AC}=(-3,3)$,$\overrightarrow{AB}=(1,1)$,$\overrightarrow{AC}\cdot\overrightarrow{AB}=0$。

3. A

解析:因为$-5\times6+6\times5=0$,所以 $\boldsymbol{a}\perp\boldsymbol{b}$。

4. C

解析:因为 $\boldsymbol{a}=(2,1)$,$\boldsymbol{a}\cdot\boldsymbol{b}=10$,$|\boldsymbol{a}+\boldsymbol{b}|=5\sqrt{2}$,所以$(\boldsymbol{a}+\boldsymbol{b})^2=50=\boldsymbol{a}^2+2\boldsymbol{a}\cdot\boldsymbol{b}+\boldsymbol{b}^2$,可得 $|\boldsymbol{b}|=5$。

5. B

解析:本题考查数量积的运算,向量垂直的条件。

$m+n=(2\lambda+3,3)$,$m-n=(-1,-1)$。

因为$(m+n)\perp(m-n)$,所以$(m+n)\cdot(m-n)=-2\lambda-3-3=0$。

因此 $\lambda=-3$。

第 9 章 三角恒等变换

9.1 两角差的余弦公式

一、阅读提纲

【疑点识记】

1. $y,x,(\cos\alpha,\sin\alpha)$ 2. (1) $|\boldsymbol{a}||\boldsymbol{b}|\cos\theta$ (2) $x_1y_1+x_2y_2$

3．$\sin\alpha$，$-\cos\alpha$，$\cos\alpha$，$\sin\alpha$，$-\sin\alpha$，$\cos\alpha$，$-\tan\alpha$。

【问题探究】

问题1：$\cos\alpha-\cos\beta=\cos 60^\circ-\cos 30^\circ=\frac{1-\sqrt{3}}{2}$。

问题2：不成立。

问题3：不一定。

问题4：$A(\cos\alpha,\sin\alpha)$，$B(\cos\beta,\sin\beta)$。$\overrightarrow{OA}$与$\overrightarrow{OB}$的夹角是$\alpha-\beta$。

问题5：(1) $\overrightarrow{OA}\cdot\overrightarrow{OB}=|\overrightarrow{OA}|\cdot|\overrightarrow{OB}|\cos(\alpha-\beta)=\cos(\alpha-\beta)$。

(2) $\overrightarrow{OA}\cdot\overrightarrow{OB}=(\cos\alpha,\sin\alpha)\cdot(\cos\beta,\sin\beta)=\cos\alpha\cos\beta+\sin\alpha\sin\beta$。

问题6：$\cos(\alpha-\beta)=\cos\alpha\cos\beta+\sin\alpha\sin\beta$。

二、核心突破

【跟踪训练1】 (1) D

解析：$\cos(30^\circ-45^\circ)=\cos 30^\circ\cos 45^\circ+\sin 30^\circ\sin 45^\circ=\frac{\sqrt{3}}{2}\times\frac{\sqrt{2}}{2}+\frac{1}{2}\times\frac{\sqrt{2}}{2}=\frac{\sqrt{2}+\sqrt{6}}{4}$。

(2) **证明：**$\cos(2\pi-\alpha)=\cos 2\pi\cos\alpha+\sin 2\pi\sin\alpha=1\cdot\cos\alpha+0\cdot\sin\alpha=\cos\alpha$；

$\cos(\pi-\alpha)=\cos\pi\cos\alpha+\sin\pi\sin\alpha=-1\cdot\cos\alpha+0\cdot\sin\alpha=-\cos\alpha$；

$\cos\left(\frac{\pi}{2}-\alpha\right)=\cos\frac{\pi}{2}\cos\alpha+\sin\frac{\pi}{2}\sin\alpha=0\cdot\cos\alpha+1\cdot\sin\alpha=\sin\alpha$。

【跟踪训练2】 **解析：**因为$\sin\theta=\frac{1}{5}$，$\theta\in\left(\frac{\pi}{2},\pi\right)$，所以$\cos\theta=-\frac{2\sqrt{6}}{5}$。

则$\cos\left(\theta-\frac{\pi}{3}\right)=\cos\theta\cos\frac{\pi}{3}+\sin\theta\sin\frac{\pi}{3}=-\frac{2\sqrt{6}}{5}\times\frac{1}{2}+\frac{1}{5}\times\frac{\sqrt{3}}{2}=\frac{\sqrt{3}-2\sqrt{6}}{10}$。

【跟踪训练3】 **解析：**(1) 原式$=\cos[(\alpha-35^\circ)-(25^\circ+\alpha)]=\cos(-60^\circ)=\frac{1}{2}$。

(2) 原式$=\cos 40^\circ\cos 70^\circ+\sin 70^\circ\sin 40^\circ=\cos(70^\circ-40^\circ)=\cos 30^\circ=\frac{\sqrt{3}}{2}$。

【跟踪训练4】 **解析：**(1) 因为α、$\beta\in\left(0,\frac{\pi}{2}\right)$，所以$\alpha+\beta\in(0,\pi)$。

又因为$\cos\alpha=\frac{1}{7}$，$\cos(\alpha+\beta)=-\frac{11}{14}$，所以$\sin\alpha=\sqrt{1-\cos^2\alpha}=\frac{4\sqrt{3}}{7}$，$\sin(\alpha+\beta)=\sqrt{1-\cos^2(\alpha+\beta)}=\frac{5\sqrt{3}}{14}$。

又因为$\beta=(\alpha+\beta)-\alpha$，所以$\cos\beta=\cos[(\alpha+\beta)-\alpha]=\cos(\alpha+\beta)\cos\alpha+\sin(\alpha+\beta)\sin\alpha=\left(-\frac{11}{14}\right)\times\frac{1}{7}+\frac{5\sqrt{3}}{14}\times\frac{4\sqrt{3}}{7}=\frac{1}{2}$。

(2) 在$\triangle ABC$中，

因为$\cos B=-\frac{3}{4}<0$，$\sin(A+B)=\frac{2}{3}$，所以$\frac{\pi}{2}<B<\pi$，$\frac{\pi}{2}<A+B<\pi$，

则 $\sin B=\sqrt{1-\cos^2 B}=\sqrt{1-\left(-\frac{3}{4}\right)^2}=\frac{\sqrt{7}}{4}$，

$\cos(A+B)=-\sqrt{1-\sin^2(A+B)}=\sqrt{1\left(\frac{2}{3}\right)^2}=-\sqrt{\frac{5}{3}}$。

所以 $\cos A=\cos[(A+B)-B]=\cos(A+B)\cos B+\sin(A+B)\sin B$

$=\left(-\sqrt{\frac{5}{3}}\right)\times\left(-\frac{3}{4}\right)+\frac{2}{3}\times\frac{\sqrt{7}}{4}=\frac{2\sqrt{7}+3\sqrt{5}}{12}$。

三、课堂练习

1. B

解析：原式 $=\cos(x+y)\cos(x-y)+\sin(x+y)\cdot\sin(x-y)=\cos[(x+y)-(x-y)]=\cos 2y$。

2. B

解析：因为 $\sin(\pi+\theta)=-\frac{3}{5}$，且 θ 是第二象限角，所以 $\sin\theta=\frac{3}{5}$，$\cos\theta=-\sqrt{1-\left(\frac{3}{5}\right)^2}=-\frac{4}{5}$。

又因为 $\sin\left(\frac{\pi}{2}+\varphi\right)=-\frac{2\sqrt{5}}{5}$，且 φ 是第三象限角，所以 $\cos\varphi=-\frac{2\sqrt{5}}{5}$，$\sin\varphi=-\frac{\sqrt{5}}{5}$。

则 $\cos(\theta-\varphi)=\cos\theta\cos\varphi+\sin\theta\sin\varphi=\left(-\frac{4}{5}\right)\times\left(-\frac{2\sqrt{5}}{5}\right)+\frac{3}{5}\times\left(-\frac{\sqrt{5}}{5}\right)=\frac{\sqrt{5}}{5}$。

3. D

解析：由题意，得 $\cos A\cos B-\sin A\sin B>0$。

即 $\cos(A+B)>0$，$-\cos C>0$，$\cos C<0$。

又 $0<C<\pi$，故 $\frac{\pi}{2}<C<\pi$，$\triangle ABC$ 为钝角三角形。

4. $\frac{4}{5}$

解析：$\cos\left(\alpha-\frac{\pi}{6}\right)+\sin\alpha=\frac{\sqrt{3}}{2}\cos\alpha+\frac{3}{2}\sin\alpha=\frac{4}{5}\sqrt{3}$，$\frac{1}{2}\cos\alpha+\frac{\sqrt{3}}{2}\sin\alpha=\frac{4}{5}$，所以 $\cos\left(\alpha-\frac{\pi}{3}\right)=\frac{1}{2}\cos\alpha+\frac{\sqrt{3}}{2}\sin\alpha=\frac{4}{5}$。

5. **解析**：因为 $\sin\left(\alpha+\frac{\pi}{4}\right)=\frac{4}{5}$，且 $\frac{\pi}{4}<\alpha<\frac{3\pi}{4}$，所以 $\frac{\pi}{2}<\alpha+\frac{\pi}{4}<\pi$。

所以 $\cos\left(\alpha+\frac{\pi}{4}\right)=-\sqrt{1-\left(\frac{4}{5}\right)^2}=-\frac{3}{5}$。

则 $\cos\alpha=\cos\left[\left(\alpha+\frac{\pi}{4}\right)-\frac{\pi}{4}\right]$

$=\cos\left(\alpha+\frac{\pi}{4}\right)\cos\frac{\pi}{4}+\sin\left(\alpha+\frac{\pi}{4}\right)\sin\frac{\pi}{4}$

$=-\frac{3}{5}\times\frac{\sqrt{2}}{2}+\frac{4}{5}\times\frac{\sqrt{2}}{2}=\frac{\sqrt{2}}{10}$。

9.2 两角和与差的正弦、余弦、正切公式(一)

一、阅读提纲

【疑点识记】

1. $\cos\alpha\cos\beta+\sin\alpha\sin\beta$　2. $-\sin\alpha,\cos\alpha$　3. $\cos\alpha,\sin\alpha$

【问题探究】

问题 1:$\cos(\alpha+\beta)=\cos[\alpha-(-\beta)]=\cos\alpha\cos(-\beta)+\sin\alpha\sin(-\beta)$

$=\cos\alpha\cos\beta+\sin\alpha(-\sin\beta)$

$=\cos\alpha\cos\beta-\sin\alpha\sin\beta$。

问题 2:α,β 为任意角。

问题 3:可以,$\sin(\alpha+\beta)=\cos\left[\frac{\pi}{2}-(\alpha+\beta)\right]=\cos\left[\left(\frac{\pi}{2}-\alpha\right)-\beta\right]=\sin\alpha\cos\beta+\cos\alpha\sin\beta$。

问题 4:可以,把公式 $\sin(\alpha+\beta)=\sin\alpha\cos\beta+\cos\alpha\sin\beta$ 中的 β 用 $-\beta$ 代替,可以得到 $\sin(\alpha-\beta)=\sin\alpha\cos\beta-\cos\alpha\sin\beta$。

二、核心突破

【跟踪训练 1】 **解:**(1) $\cos 105^\circ=\cos(60^\circ+45^\circ)=\cos 60^\circ\cos 45^\circ-\sin 60^\circ\sin 45^\circ=\frac{1}{2}\cdot\frac{\sqrt{2}}{2}-\frac{\sqrt{3}}{2}\cdot\frac{\sqrt{2}}{2}=\frac{\sqrt{2}-\sqrt{6}}{4}$。

(2) 原式$=\cos[(x+27^\circ)-(x-18^\circ)]=\cos 45^\circ=\frac{\sqrt{2}}{2}$。

(3) 原式$=\sin x\cos\frac{\pi}{3}+\cos x\sin\frac{\pi}{3}+2\sin x\cos\frac{\pi}{3}-2\cos x\sin\frac{\pi}{3}-\sqrt{3}\cos\frac{2\pi}{3}\cos x-\sqrt{3}\sin\frac{2\pi}{3}\sin x=\left(\cos\frac{\pi}{3}+2\cos\frac{\pi}{3}-\sqrt{3}\sin\frac{2\pi}{3}\right)\sin x+\left(\sin\frac{\pi}{3}-2\sin\frac{\pi}{3}-\sqrt{3}\cos\frac{2\pi}{3}\right)\cos x=\left(\frac{1}{2}+1-\sqrt{3}\times\frac{\sqrt{3}}{2}\right)\sin x+\left(\frac{\sqrt{3}}{2}-\sqrt{3}+\frac{\sqrt{3}}{2}\right)\cos x=0$。

【跟踪训练 2】 **解:**因为 $\cos\alpha=\frac{1}{3},\alpha\in\left(0,\frac{\pi}{2}\right)$,所以 $\sin\alpha=\sqrt{1-\cos^2\alpha}=\frac{2}{3}\sqrt{2}$。

又因为 $\sin\beta=-\frac{3}{5}$,β 是第三象限角,所以 $\cos\beta=-\sqrt{1-\sin^2\beta}=-\frac{4}{5}$。

因此 $\sin(\alpha+\beta)=\sin\alpha\cos\beta+\cos\alpha\sin\beta=\frac{2}{3}\sqrt{2}\times\left(-\frac{4}{5}\right)+\frac{1}{3}\times\left(-\frac{3}{5}\right)=-\frac{3+8\sqrt{2}}{15}$。

$\sin(\alpha-\beta)=\sin\alpha\cos\beta-\cos\alpha\sin\beta=\frac{2}{3}\sqrt{2}\times\left(-\frac{4}{5}\right)-\frac{1}{3}\times\left(-\frac{3}{5}\right)=\frac{3-8\sqrt{2}}{15}$。

【跟踪训练 3】 **解:**因为 $\cos B=\frac{5}{13}$,所以 B 为锐角,$\sin B=\sqrt{1-\cos^2 B}=\frac{12}{13}$。

因为 $\sin A=\frac{3}{5}$,$0<A<\pi$,所以当 A 为锐角时,$\cos A=\sqrt{1-\sin^2 A}=\frac{4}{5}$,

因此 $\cos C=\cos[\pi-(A+B)]=-\cos(A+B)=\sin A\sin B-\cos A\cos B=\frac{16}{65}$；

当 A 为钝角时，$\cos A=-\sqrt{1-\sin^2 A}=-\frac{4}{5}$，此时 $\sin(A+B)=\frac{3}{5}\times\frac{5}{13}+\left(-\frac{4}{5}\right)\times\frac{12}{13}<0$，这与 $0<A+B<\pi$ 矛盾，故此种情况下不成立。综上所述，$\cos C=\frac{16}{65}$。

三、课堂练习

1. C

解析：$\cos\frac{5\pi}{12}=-\cos\frac{7\pi}{12}=-\cos\left(\frac{\pi}{3}+\frac{\pi}{4}\right)$

$=-\left(\cos\frac{\pi}{3}\cos\frac{\pi}{4}-\sin\frac{\pi}{3}\cdot\sin\frac{\pi}{4}\right)$

$=-\left(\frac{1}{2}\times\frac{\sqrt{2}}{2}-\frac{\sqrt{3}}{2}\cdot\frac{\sqrt{2}}{2}\right)=\frac{\sqrt{6}-\sqrt{2}}{4}$。

2. C

解析：由题设知 $\sin[(A-B)+B]\geqslant 1$，所以 $\sin A\geqslant 1$。

而 $\sin A\leqslant 1$，所以 $\sin A=1$，$A=\frac{\pi}{2}$，所以 $\triangle ABC$ 是直角三角形。

3. C

解析：因为 α、β 是锐角，所以 $0<\alpha+\beta<\pi$，又 $\cos(\alpha+\beta)=-\frac{5}{13}<0$，所以 $\frac{\pi}{2}<\alpha+\beta<\pi$，所以 $\sin(\alpha+\beta)=\frac{12}{13}$，$\sin\alpha=\frac{4}{5}$。又 $\cos\beta=\cos(\alpha+\beta-\alpha)=\cos(\alpha+\beta)\cos\alpha+\sin(\alpha+\beta)\sin\alpha=-\frac{5}{13}\times\frac{3}{5}+\frac{12}{13}\times\frac{4}{5}=\frac{33}{65}$。

4. C

解析：$\cos\left(\alpha-\frac{\pi}{6}\right)+\sin\alpha=\cos\alpha\cos\frac{\pi}{6}+\sin\alpha\sin\frac{\pi}{6}+\sin\alpha=\frac{\sqrt{3}}{2}\cos\alpha+\frac{3}{2}\sin\alpha=\sqrt{3}\left(\sin\frac{\pi}{6}\cos\alpha+\cos\frac{\pi}{6}\sin\alpha\right)=\sqrt{3}\sin\left(\frac{\pi}{6}+\alpha\right)=\frac{4}{5}\sqrt{3}$，所以 $\sin\left(\frac{\pi}{6}+\alpha\right)=\frac{4}{5}$。

因此 $\sin\left(\alpha+\frac{7}{6}\pi\right)=\sin\left(\alpha+\frac{\pi}{6}+\pi\right)=-\sin\left(\alpha+\frac{\pi}{6}\right)=-\frac{4}{5}$。

5. C

解析：$\frac{\sin 47^\circ-\sin 17^\circ\cos 30^\circ}{\cos 17^\circ}=\frac{\sin(30^\circ+17^\circ)-\sin 17^\circ\cos 30^\circ}{\cos 17^\circ}=$

$\frac{\sin 30^\circ\cos 17^\circ+\cos 30^\circ\sin 17^\circ-\sin 17^\circ\cos 30^\circ}{\cos 17^\circ}=\frac{\sin 30^\circ\cos 17^\circ}{\cos 17^\circ}=\sin 30^\circ=\frac{1}{2}$。

9.3 两角和与差的正弦、余弦、正切公式(二)

一、阅读提纲

【疑点识记】

1. $-\tan\alpha$　2. $\tan\alpha$　3. $-\tan\alpha$

【问题探究】

问题 1：$\tan\alpha=\frac{\sin\alpha}{\cos\alpha}\left(\alpha\neq k\pi+\frac{\pi}{2},k\in\mathbf{Z}\right)$

问题 2：能，$\tan(\alpha+\beta)=\frac{\sin(\alpha+\beta)}{\cos(\alpha+\beta)}=\frac{\sin\alpha\cos\beta+\cos\alpha\sin\beta}{\cos\alpha\cos\beta-\sin\alpha\sin\beta}=\frac{\tan\alpha+\tan\beta}{1-\tan\alpha\tan\beta}$。

问题 3：能，将 β 用 $-\beta$ 代替，得到 $\tan(\alpha-\beta)=\frac{\tan\alpha-\tan\beta}{1+\tan\alpha\tan\beta}$。

问题 4：不是，$\alpha,\beta,\alpha\pm\beta\neq k\pi+\frac{\pi}{2},k\in\mathbf{Z}$。

二、核心突破

【跟踪训练 1】 (1) **解析**：$\tan 15^\circ=\tan(45^\circ-30^\circ)=\frac{\tan 45^\circ-\tan 30^\circ}{1+\tan 45^\circ\tan 30^\circ}=\frac{1-\frac{\sqrt{3}}{3}}{1+1\times\frac{\sqrt{3}}{3}}=2-\sqrt{3}$。

(2) D **解析**：$\tan(\alpha-\beta)=\frac{\tan\alpha-\tan\beta}{1+\tan\alpha\tan\beta}=\frac{3-\frac{4}{3}}{1+3\times\frac{4}{3}}=\frac{1}{3}$。

【跟踪训练 2】 **解析**：因为 $\tan(72^\circ-42^\circ)=\frac{\tan 72^\circ-\tan 42^\circ}{1+\tan 72^\circ\tan 42^\circ}=\frac{\sqrt{3}}{3}$，

所以 $\tan 72^\circ-\tan 42^\circ=\frac{\sqrt{3}}{3}+\frac{\sqrt{3}}{3}\tan 72^\circ\tan 42^\circ$。

即 $\tan 72^\circ-\tan 42^\circ-\frac{\sqrt{3}}{3}\tan 72^\circ\tan 42^\circ=\frac{\sqrt{3}}{3}$。

【跟踪训练 3】 **解析**：在$\triangle ABC$ 中，由 $\tan A\cdot\tan B>1$，知 $\tan A>0,\tan B>0$，从而 A、B 为锐角。

又因为 $\tan(A+B)=\frac{\tan A+\tan B}{1-\tan A\tan B}<0$，即 $\tan C=-\tan(A+B)>0$。

所以 C 为锐角，故$\triangle ABC$ 为锐角三角形。

【跟踪训练 4】 A **解析**：$\tan\alpha+\tan\beta=3,\tan\alpha\tan\beta=2$，

则 $\tan(\alpha+\beta)=\frac{\tan\alpha+\tan\beta}{1-\tan\alpha\tan\beta}=\frac{3}{1-2}=-3$。

三、课堂练习

1. A

解析：原式$=\tan(75^\circ-15^\circ)=\tan 60^\circ=\sqrt{3}$。

2. B

解析：由 $\tan A\cdot\tan B=\tan A+\tan B+1$，可得$\frac{\tan A+\tan B}{1-\tan A\cdot\tan B}=-1$，即 $\tan(A+B)=-1$。因为 $A+B\in(0,\pi)$，所以 $A+B=\frac{3\pi}{4}$，则 $C=\frac{\pi}{4}$，$\cos C=\frac{\sqrt{2}}{2}$。

3. $\frac{1}{7}$

解析：$\tan(\beta-2\alpha)=\tan[(\beta-\alpha)-\alpha]=\dfrac{\tan(\beta-\alpha)-\tan\alpha}{1+\tan(\beta-\alpha)\cdot\tan\alpha}=\dfrac{3-2}{1+3\times}=\dfrac{1}{7}$。

4. **解**：(1) $\tan\alpha=\tan[(\alpha-\beta)+\beta]=\dfrac{\tan(\alpha-\beta)+\tan\beta}{1-\tan(\alpha-\beta)\tan\beta}=\dfrac{\frac{1}{2}-\frac{1}{7}}{1+\frac{1}{14}}=\dfrac{1}{3}$。

(2) $\tan(2\alpha-\beta)=\tan[(\alpha-\beta)+\alpha]=\dfrac{\tan(\alpha-\beta)+\tan\alpha}{1-\tan(\alpha-\beta)\tan\alpha}=1$。

因为 $\tan\beta=-\dfrac{1}{7}<0$，所以 $\dfrac{\pi}{2}<\beta<\pi$。

又因为 $\tan\alpha=\dfrac{1}{3}>0$，所以 $0<\alpha<\dfrac{\pi}{2}$。则 $-\pi<\alpha-\beta<0$。

而 $\tan(\alpha-\beta)=\dfrac{1}{2}>0$，所以 $-\pi<\alpha-\beta<-\dfrac{\pi}{2}$，则 $2\alpha-\beta\in(-\pi,0)$。

因此 $2\alpha-\beta=-\dfrac{3\pi}{4}$。

5. **解**：因为 $\sin\alpha=\dfrac{3}{5}$，α 是第二象限角，所以 $\cos\alpha=-\dfrac{4}{5}$，$\tan\alpha=-\dfrac{3}{4}$，

则 $\tan\beta=\tan[(\alpha+\beta)-\alpha]=\dfrac{\tan(\alpha+\beta)-\tan\alpha}{1+\tan(\alpha+\beta)\tan\alpha}=\dfrac{1+\frac{3}{4}}{1-\frac{3}{4}}=7$。

9.4 简单的三角恒等变换答案

一、阅读提纲

【疑点识记】

1. (1) $\pm\sqrt{\dfrac{1-\cos\alpha}{2}}$　(2) $\pm\sqrt{\dfrac{1+\cos\alpha}{2}}$　(3) $\pm\sqrt{\dfrac{1-\cos\alpha}{1+\cos\alpha}}$　$\dfrac{\sin\alpha}{1+\cos\alpha}$　$\dfrac{1-\cos\alpha}{\sin\alpha}$

2. $\dfrac{a}{\sqrt{a^2+b^2}}$　$\dfrac{b}{\sqrt{a^2+b^2}}$　点(a,b)

【问题探究】

问题 1：符号由 $\dfrac{\alpha}{2}$ 所在象限决定。

问题 2：(1) 半角公式的变形较多，应用时要针对题目的条件选择适当的公式。例如，待求式中同时含有 $\sin\alpha$，$\cos\alpha$，$\tan\dfrac{\alpha}{2}$ 时，应选择公式 $\tan\dfrac{\alpha}{2}=\dfrac{\sin\alpha}{1+\cos\alpha}=\dfrac{1-\cos\alpha}{\sin\alpha}$；含有三角函数的平方形式时，一般选择降幂公式；含有根式的三角函数式常常需要升幂去根号。

(2) 角的和、差、倍、半都是相对的。例如，2α 是 α 的倍角，但 2α 同时又可看成 4α 的半角，还可看成$(\alpha+\beta)$与$(\alpha-\beta)$的和角等。

问题 3：可以由 $\sin\varphi$ 和 $\cos\varphi$ 的符号来确定 φ 所在的象限，由 $\sin\varphi$ 或 $\cos\varphi$ 的值确定角 φ 的大小。

问题 4：常用的辅助角公式有。

$\sin\alpha\pm\cos\alpha=\sqrt{2}\sin\left(\alpha\pm\dfrac{\pi}{4}\right)$，

$\sin\alpha\pm\sqrt{3}\cos\alpha=2\sin\left(\alpha\pm\dfrac{\pi}{3}\right)$，

$\cos\alpha\pm\sqrt{3}\sin\alpha=2\sin\left(\dfrac{\pi}{6}\pm\alpha\right)$。

二、核心突破

【跟踪练习 1】 **解**：(1) 因为 $\pi<\theta<2\pi$，所以 $\dfrac{\pi}{2}<\dfrac{\theta}{2}<\pi$。

又 $\cos\dfrac{\theta}{2}=-\dfrac{3}{5}$，所以 $\sin\dfrac{\theta}{2}=\sqrt{1-\cos^2\dfrac{\theta}{2}}=\sqrt{1-\left(-\dfrac{3}{5}\right)^2}=\dfrac{4}{5}$。

因此 $\sin\theta=2\sin\dfrac{\theta}{2}\cos\dfrac{\theta}{2}=2\times(-\dfrac{3}{5})\times\dfrac{4}{5}=-\dfrac{24}{25}$。

(2) $\cos\theta=2\cos^2\dfrac{\theta}{2}-1=2\times\left(-\dfrac{3}{5}\right)^2-1=-\dfrac{7}{25}$。

(3) $\sin^2\dfrac{\theta}{4}=\dfrac{1-\cos\dfrac{\theta}{2}}{2}=\dfrac{1-\left(-\dfrac{3}{5}\right)}{2}=\dfrac{4}{5}$。

【跟踪训练 2】 **证明**：左边 $=\dfrac{2\sin x\cos x}{\left(2\sin\dfrac{x}{2}\cos\dfrac{x}{2}-2\sin^2\dfrac{x}{2}\right)\left(2\sin\dfrac{x}{2}\cos\dfrac{x}{2}+2\sin^2\dfrac{x}{2}\right)}$

$=\dfrac{2\sin x\cos x}{4\sin^2\dfrac{x}{2}\left(\cos^2\dfrac{x}{2}-\sin^2\dfrac{x}{2}\right)}=\dfrac{\sin x}{2\sin^2\dfrac{x}{2}}=\dfrac{\cos\dfrac{x}{2}}{\sin\dfrac{x}{2}}=\dfrac{2\cos^2\dfrac{x}{2}}{2\sin\dfrac{x}{2}\cos\dfrac{x}{2}}=\dfrac{1+\cos x}{\sin x}$

$=$右边。

所以原等式成立。

【跟踪训练 3】 **解**：$f(x)=\cos^4x-2\sin x\cos x-\sin^4x=(\cos^2x+\sin^2x)(\cos^2x-\sin^2x)-\sin 2x=\cos 2x-\sin 2x=\sqrt{2}\cos\left(2x+\dfrac{\pi}{4}\right)$。

(1) 由 $f(x)$ 的表达式知，$f(x)$ 的最小正周期 $T=\dfrac{2\pi}{2}=\pi$。

(2) 因为 $x\in\left[0,\dfrac{\pi}{2}\right]$，所以 $2x+\dfrac{\pi}{4}\in\left[\dfrac{\pi}{4},\dfrac{5\pi}{4}\right]$。当 $2x+\dfrac{\pi}{4}=\dfrac{\pi}{4}$ 时，$\cos\left(2x+\dfrac{\pi}{4}\right)$ 取得最大值 $\dfrac{\sqrt{2}}{2}$；当 $2x+\dfrac{\pi}{4}=\pi$ 时，$\cos\left(2x+\dfrac{\pi}{4}\right)$ 取得最小值 -1。

所以，$f(x)$ 在 $\left[0,\dfrac{\pi}{2}\right]$ 上的最大值为 1，最小值为 $-\sqrt{2}$。

三、课堂练习

1. D

解析：若 $5\pi<\theta<6\pi$，则 $\dfrac{5\pi}{4}<\dfrac{\theta}{4}<\dfrac{3\pi}{2}$，则 $\sin\dfrac{\theta}{4}=-\sqrt{\dfrac{1-\cos\dfrac{\theta}{2}}{2}}=-\sqrt{\dfrac{1-a}{2}}$。

2. C

解析：因为 $-3\pi<\alpha<-\dfrac{5}{2}\pi$，所以 $-\dfrac{3}{2}\pi<\dfrac{\alpha}{2}<-\dfrac{5}{4}\pi$，$\cos\dfrac{\alpha}{2}<0$。

则原式$=\sqrt{\frac{1+\cos\alpha}{2}}=|\cos\frac{\alpha}{2}|=-\cos\frac{\alpha}{2}$。

3. C

解析：$a=\sin 30°\cos 60°-\cos 30°,\sin 6°=\sin(30°-6°)=\sin 24°,b=\sin 26°$，

$c=\sqrt{\frac{2\sin^2 25°}{2}}=\sin 25°$，所以 $b>c>A$。故选 C。

4. A

解析：$\tan\alpha=\tan\left[\left(\alpha+\frac{\pi}{4}\right)-\frac{\pi}{4}\right]=\frac{\tan\left(\alpha+\frac{\pi}{4}\right)-1}{1+\tan\left(\alpha+\frac{\pi}{4}\right)}=\frac{1}{3}$，

原式$=\frac{\cos\alpha(2\sin\alpha-\cos\alpha)}{2\cos^2\alpha}=\tan\alpha-\frac{1}{2}=\frac{1}{3}-\frac{1}{2}=-\frac{1}{6}$，故选 A。

5. A

解析：$y=\cos^2\left(x+\frac{\pi}{4}\right)-\sin^2\left(x+\frac{\pi}{4}\right)=\cos 2\left(x+\frac{\pi}{4}\right)=-\sin 2x$，周期 $T=\frac{2\pi}{2}=\pi$。

6. B

解析：因为 $f(x)=\sin x+\cos x=\sqrt{2}\sin\left(x+\frac{\pi}{4}\right)$，所以当 $x=2k\pi+\frac{\pi}{4}(k\in\mathbf{Z})$时，取得最大值为$\sqrt{2}$。

必修五篇

第10章　解 三 角 形

10.1　正弦定理(一)

一、阅读提纲

【疑点识记】

1. $\pi,\frac{\pi}{2}$　2. $\sin A$(或 $\cos B$)，$\sin B$(或 $\cos A$)　3. 元素，解三角形

4. $\frac{a}{\sin A}=\frac{b}{\sin B}=\frac{c}{\sin C}$，三角形外接圆的直径 $2R$　5. $\frac{1}{2}ac\sin B$，$\frac{1}{2}ab\sin C$

【问题探究】

问题 1：在 Rt$\triangle ABC$ 中，$\frac{a}{c}=\sin A$，$\frac{b}{c}=\sin B$，因此$\frac{a}{\sin A}=\frac{b}{\sin B}=c$，又因为 $\sin C=1$，故 $\frac{a}{\sin A}=\frac{b}{\sin B}=\frac{c}{\sin C}$。

问题 2：如右图所示，在锐角$\triangle ABC$ 中，作 $CD\perp AB$ 于点 D，有 $\frac{CD}{b}=\sin A$，$\frac{CD}{a}=\sin B$。所以 $CD=b\sin A=a\sin B$，所以 $\frac{a}{\sin A}=\frac{b}{\sin B}$，同理在$\triangle ABC$ 中，$\frac{a}{\sin A}=\frac{c}{\sin C}$，所以$\frac{a}{\sin A}=$

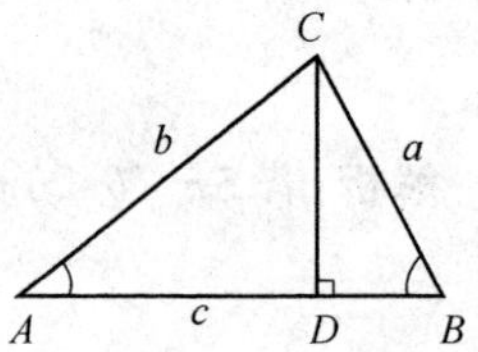

问题 2 图

$\frac{b}{\sin B}=\frac{c}{\sin C}$。

问题 3：如右图所示，过 C 作 $CD\perp AB$，垂足为 D，D 是 BA 延长线上一点，根据正弦函数的定义知：$\frac{CD}{b}=\sin\angle CAD=\sin(180^\circ-A)=\sin A$，$\frac{CD}{a}=\sin B$。所以 $CD=b\sin A=a\sin B$。所以 $\frac{a}{\sin A}=\frac{b}{\sin B}$。

同理，$\frac{b}{\sin B}=\frac{c}{\sin C}$。故 $\frac{a}{\sin A}=\frac{b}{\sin B}=\frac{c}{\sin C}$。

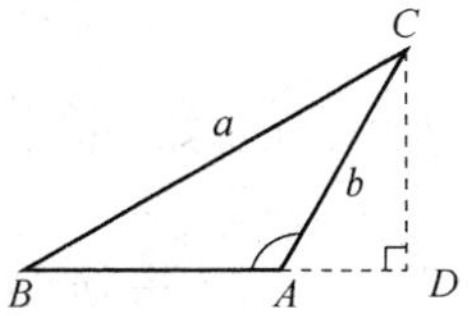

问题 3 图

问题 4：如图(1)所示，在 Rt△ABC 中，斜边 c 等于 Rt△ABC 外接圆的直径 $2R$，故有 $\frac{a}{\sin A}=\frac{b}{\sin B}=\frac{c}{\sin C}=2R$。如图(2)所示，因为△$ABC$ 为锐角三角形，连接 BO 交圆 O 于 D，连接 CD。因为 $\angle A=\angle D$，则在△BCD 中，$\frac{a}{\sin A}=\frac{a}{\sin D}=2R$。同理，$\frac{b}{\sin B}=\frac{c}{\sin C}=2R$，所以 $\frac{a}{\sin A}=\frac{b}{\sin B}=\frac{c}{\sin C}=2R$ 成立。同理在钝角三角形中结论仍然成立。

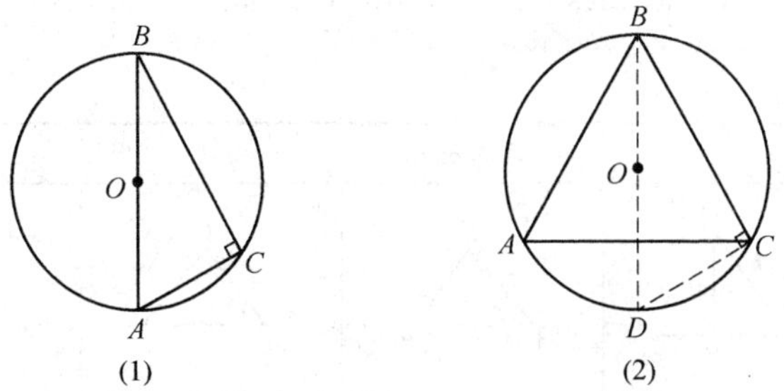

问题 5 图

二、核心突破

【跟踪训练 1】 2

【跟踪训练 2】 D

【跟踪训练 3】 **解析**：由正弦定理，得 $\sin C=\frac{AB\sin B}{AC}=\frac{\sqrt{3}}{2}$。

又因为 $AB>AC$，所以 $C=60^\circ$ 或 120°。

当 $C=60^\circ$ 时，$A=90^\circ$，

所以 $S_{\triangle ABC}=\frac{1}{2}AB\cdot AC\cdot\sin A=2\sqrt{3}$；

当 $C=120^\circ$ 时，$A=30^\circ$，

所以 $S_{\triangle ABC}=\frac{1}{2}AB\cdot AC\cdot\sin A=\sqrt{3}$。故△$ABC$ 的面积为 $2\sqrt{3}$ 或 $\sqrt{3}$。

三、课堂练习

1. D　2. C　3. B　4. D

5. **解析**：(1) 因为 A,B,C 为△ABC 的内角，且 $B=\frac{\pi}{3}$，$\cos A=\frac{4}{5}$，所以 $C=\frac{2\pi}{3}-A$，

$\sin A=\dfrac{3}{5}$。

所以 $\sin C=\sin\left(\dfrac{2\pi}{3}-A\right)=\dfrac{\sqrt{3}}{2}\cos A+\dfrac{1}{2}\sin A=\dfrac{3+4\sqrt{3}}{10}$。

(2) 由(1)知 $\sin A=\dfrac{3}{5}$,$\sin C=\dfrac{3+4\sqrt{3}}{10}$。

又因为 $B=\dfrac{\pi}{3}$,$b=\sqrt{3}$,所以在$\triangle ABC$中,由正弦定理,得 $a=\dfrac{b\sin A}{\sin B}=\dfrac{6}{5}$。

所以$\triangle ABC$的面积 $S=\dfrac{1}{2}ab\sin C=\dfrac{1}{2}\times\dfrac{6}{5}\times\sqrt{3}\times\dfrac{3+4\sqrt{3}}{10}=\dfrac{36+9\sqrt{3}}{50}$。

10.2 正弦定理(二)

一、阅读提纲

【疑点识记】

(1) $a:b:c$ (2) $2R$ (3) $2R\sin A$,$2R\sin B$,$2R\sin C$ (4) $\dfrac{a}{2R}$,$\dfrac{b}{2R}$,$\dfrac{c}{2R}$

【问题探究】

问题1:由 $A>B$,得 $a>b$,所以 $2R\sin A>2R\sin B$,即 $\sin A>\sin B$。

问题2:

	A为锐角			A为钝角或直角
图形	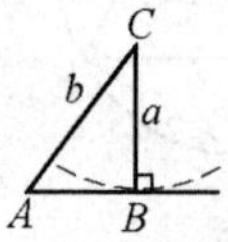	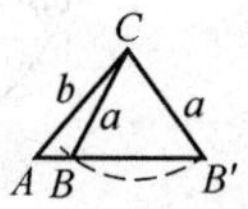	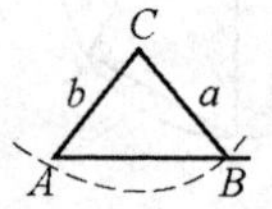	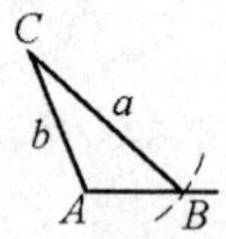
关系式	$a=b\sin A$	$b\sin A<a<b$	$a\geqslant b$	$a>b$
解的个数	一解	两解	一解	一解

二、核心突破

【跟踪训练1】 C

【跟踪训练2】 D

【跟踪训练3】 **解**:因为 $A+B+C=\pi$,$C=2B$,所以 $A=\pi-3B>0$,$0<B<\dfrac{\pi}{3}$,$\dfrac{1}{2}<\cos B<1$。

又因为$\dfrac{c}{b}=\dfrac{\sin C}{\sin B}=\dfrac{\sin 2B}{\sin B}=2\cos B$,所以 $1<2\cos B<2$,故 $1<\dfrac{c}{b}<2$。

【跟踪训练4】 **解**:在$\triangle ABC$中,由 $\cos B=\dfrac{\sqrt{3}}{3}$,得 $\sin B=\dfrac{\sqrt{6}}{3}$。

因为 $A+B+C=\pi$,所以 $\sin C=\sin(A+B)=\dfrac{\sqrt{6}}{9}$。

又因为 $\sin C<\sin B$,所以 $C<B$,C为锐角,$\cos C=\dfrac{5\sqrt{3}}{9}$。

因此 $\sin A=\sin(B+C)=\sin B\cos C+\cos B\sin C=\frac{\sqrt{6}}{3}\times\frac{5\sqrt{3}}{9}+\frac{\sqrt{3}}{3}\times\frac{\sqrt{6}}{9}=\frac{2\sqrt{2}}{3}$。

由 $\frac{a}{\sin A}=\frac{c}{\sin C}$，可得 $a=\frac{c\sin A}{\sin C}=\frac{\frac{2\sqrt{2}}{3}c}{\frac{\sqrt{6}}{9}}=2\sqrt{3}c$。

又因为 $ac=2\sqrt{3}$，所以 $c=1$。

三、课堂练习

1. D　2. B　3. B　4. D　5. C

10.3　余弦定理(一)

一、阅读提纲

【疑点识记】

1. $c^2+a^2-2ac\cos B$，$a^2+b^2-2ab\cos C$　2. $\frac{b^2+c^2-a^2}{2bc}$，$\frac{c^2+a^2-b^2}{2ca}$，$\frac{a^2+b^2-c^2}{2ab}$

3. $90°$，$60°$，$135°$

【问题探究】

问题1：(1) 由勾股定理，得 $c=\sqrt{3^2+4^2}=5$。

(2) 在 $\mathrm{Rt}\triangle CBD$ 中，$BD=BC\sin 60°=\frac{3\sqrt{3}}{2}$，$CD=3\cos 60°=\frac{3}{2}$，所以 $AD=4-\frac{3}{2}=\frac{5}{2}$，

在 $\mathrm{Rt}\triangle ABD$ 中，由勾股定理，得 $c=\sqrt{\left(\frac{3\sqrt{3}}{2}\right)^2+\left(\frac{5}{2}\right)^2}=\sqrt{13}$。

(3) 在 $\mathrm{Rt}\triangle CBD$ 中，$BD=BC\sin(180°-120°)=\frac{3\sqrt{3}}{2}$，$CD=3\cos(180°-120°)=\frac{3}{2}$，

所以 $AD=4+\frac{3}{2}=\frac{11}{2}$。

在 $\mathrm{Rt}\triangle ABD$ 中，由勾股定理，得 $c=\sqrt{\left(\frac{3\sqrt{3}}{2}\right)^2+\left(\frac{11}{2}\right)^2}=\sqrt{37}$。

问题2：在图(1)和图(2)中，不论 $\angle C$ 为锐角、钝角还是直角，都有 $BD=a\sin C$，$AD=b-a\cos C$。
在 $\mathrm{Rt}\triangle ADB$ 中，运用勾股定理，得 $c^2=AD^2+BD^2=(b-a\cos C)^2+(a\sin C)^2$
$=a^2+b^2-2ab\cos C$。同理可得 $b^2=a^2+c^2-2ac\cos B$，$a^2=b^2+c^2-2bc\cos A$。

问题3：$|\boldsymbol{c}|^2=\boldsymbol{c}\cdot\boldsymbol{c}=(\boldsymbol{a}-\boldsymbol{b})\cdot(\boldsymbol{a}-\boldsymbol{b})=\boldsymbol{a}\cdot\boldsymbol{a}+\boldsymbol{b}\cdot\boldsymbol{b}-2\boldsymbol{a}\cdot\boldsymbol{b}=\boldsymbol{a}^2+\boldsymbol{b}^2-2|\boldsymbol{a}||\boldsymbol{b}|\cos C$。
所以 $c^2=a^2+b^2-2ab\cos C$。
同理可以证明：$a^2=b^2+c^2-2bc\cos A$，$b^2=c^2+a^2-2ca\cos B$。

问题4：如右图所示，以 A 为原点，边 AB 所在直线为 x 轴建立直角坐标系，则 $A(0,0)$，$B(c,0)$，$C(b\cos A,b\sin A)$。
所以 $BC^2=b^2\cos^2 A-2bc\cos A+c^2+b^2\sin^2 A$，即 $a^2=b^2+c^2-2bc\cos A$。
同理可证：$b^2=c^2+a^2-2ca\cos B$，$c^2=a^2+b^2-2ab\cos C$。

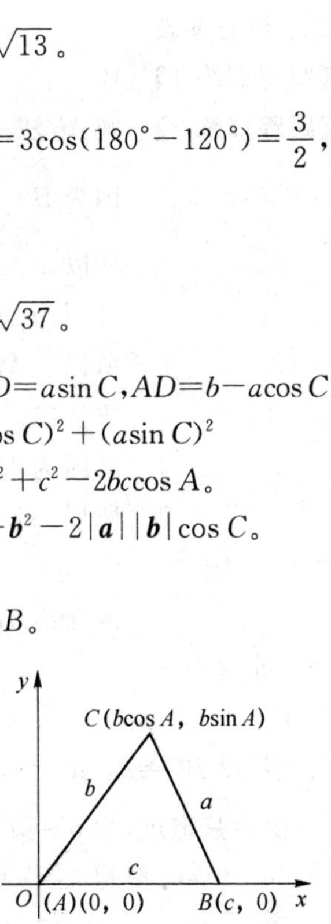

二、核心突破

【跟踪训练1】 (1) $\sqrt{3}$　(2) 4 或 5

【跟踪训练 2】 **解析**:因为 $\sqrt{37}>4>3$,边 c 最大,则角 C 最大。

又因为 $\cos C=\frac{a^2+b^2-c^2}{2ab}=\frac{3^2+4^2-37}{2\times3\times4}=-\frac{1}{2}$,所以最大角 $C=120°$。

【跟踪训练 3】 $\triangle ABC$ 为等腰三角形或直角三角形。

三、课堂练习

1. C 2. C 3. D 4. D 5. B

10.4 余弦定理(二)

一、阅读提纲

【疑点识记】

1. $2R$ 2. (1) $c^2+b^2-2bc\cos A, c^2+a^2-2ac\cos B, a^2+b^2-2ab\cos C$

(2) $\frac{b^2+c^2-a^2}{2bc}, \frac{c^2+a^2-b^2}{2ca}, \frac{a^2+b^2-c^2}{2ab}$ (3) 直角,钝角,锐角

3. $\cos\alpha\cos\beta-\sin\alpha\sin\beta, \cos\alpha\cos\beta+\sin\alpha\sin\beta, \cos^2\alpha-\sin^2\alpha$, $2\cos^2\alpha-1$, $1-2\sin^2\alpha$。

【问题探究】

问题 1:先利用正弦定理求出另一边所对的角,然后利用三角形内角和定理求出第三个角,最后再由正弦定理求出第三个边。

问题 2:设三角形的第三边为 x,通过余弦定理得到三边及已知角的余弦值之间的关系式,利用方程的思想,通过解方程即可得到 x 的值。

二、核心突破

【跟踪训练 1】 B

【跟踪训练 2】 **解**:方法一。根据余弦定理得 $b^2=a^2+c^2-2ac\cos B$。

因为 $B=60°$, $2b=a+c$,所以 $\left(\frac{a+c}{2}\right)^2=a^2+c^2-2ac\cos 60°$,整理得 $(a-c)^2=0$,所以 $a=c$。

又因为 $2b=a+c$,所以 $2b=2c$,即 $b=c$。

所以 $\triangle ABC$ 是等边三角形。

方法二。根据正弦定理,$2b=a+c$ 可转化为 $2\sin B=\sin A+\sin C$。

又因为 $B=60°$,所以 $A+C=120°$, $C=120°-A$。

所以 $2\sin 60°=\sin A+\sin(120°-A)$,整理得 $\sin(A+30°)=1$,所以 $A=60°$, $C=60°$。

因此 $\triangle ABC$ 是等边三角形。

三、课堂练习

1. C 2. 8 3. C 4. (2,8)

5. **解**:设 $BC=a, AC=b, AB=c$。

由余弦定理,得 $b^2=a^2+c^2-2ac\cos B$,所以 $2^2=a^2+(2\sqrt{3})^2-2a\times2\sqrt{3}\cos 30°$,即 $a^2-6a+8=0$,解得 $a=2$ 或 $a=4$。

当 $a=2$ 时,三边为 $2,2,2\sqrt{3}$ 可组成三角形;当 $a=4$ 时,三边为 $4,2,2\sqrt{3}$ 也可组成三角形。所以满足条件的三角形有两个。

第11章　数　　列

11.1　数列的概念与简单表示法(一)

一、阅读提纲

【疑点识记】

1. 数列,项,首 ,n　2. $\{a_n\}$　3. 有穷,无穷　4. 通项公式

【问题探究】

问题1:按照一定顺序排列的一列数叫作数列。数列中的每一个数叫作这个数列的项,依次称为数列的第1项(也叫首项),第2项,…。

问题2:数列中的数讲究顺序,集合中的元素具有无序性;数列中可以出现相同的数,集合中的元素具有互异性。

问题3:100。由前四项与它们的序号相同,猜第 n 项 $a_n=n$,从而第100项应为100。

问题4:如果数列$\{a_n\}$的第 n 项 a_n 与序号 n 之间的关系可以用一个式子 $a_n=f(n)$ 来表示,那么这个公式叫作这个数列的通项公式。

问题5:如下图所示,数列可以看成以正整数集 $\mathbf{N}^*$(或它的有限子集$\{1,2,3,\cdots,n\}$)为定义域的函数 $a_n=f(n)$ 当自变量按照从小到大的顺序依次取值时所对应的一列函数值。不同之处是定义域,数列中的 n 必须是从1开始 且连续的正整数,函数的定义域可以是任意非空数集。

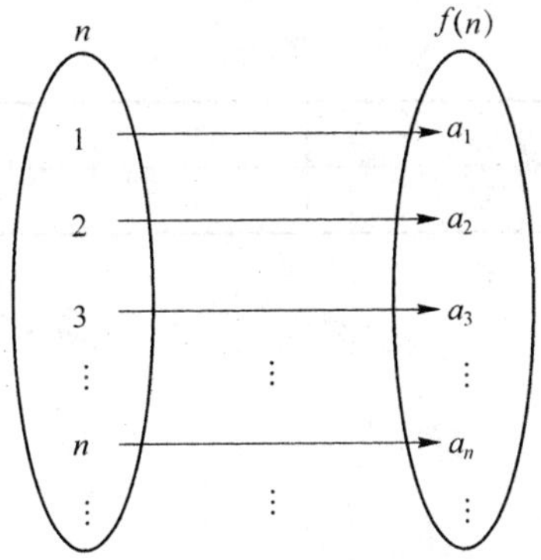

问题6:(1) 按项数分类,项数有限的数列叫作有穷数列,项数无限的数列叫作无穷数列。

(2) 按项的增减趋势分类,从第二项起,每一项都大于它的前一项的数列叫作递增数列;从第二项起,每一项都小于它的前一项的数列叫作递减数列;各项相等的数列叫作常数列;从第二项起,有些项大于它的前一项,有些项小于它的前一项的数列叫作摆动数列。

二、核心突破

【跟踪练习1】　(1) $a_n=\frac{n}{4}$　(2) $a_n=n\sqrt{n}$　(3) $a_n=\left(-\frac{1}{2}\right)^{n-1}$

【跟踪训练2】　**解析:**令$\frac{4}{n^2+3n}=\frac{1}{10}$,则 $n^2+3n-40=0$,解得 $n=5$ 或 $n=-8$,注意到 $n\in\mathbf{N}^*$,故将 $n=-8$ 舍去,所以$\frac{1}{10}$是该数列的第5项。令$\frac{4}{n^2+3n}=\frac{16}{27}$,则 $4n^2+12n-$

$27=0$，解得 $n=\frac{3}{2}$ 或 $n=-\frac{9}{2}$，注意到 $n\in\mathbf{N}^*$，所以 $\frac{16}{27}$ 不是此数列中的项。

三、课堂练习

1. D　2. 4,7,10,15　3. n^2-n+1　4. A　5. D

11.2　数列的概念与简单表示法(二)

一、阅读提纲

【疑点识记】

1. 递推公式　2. 函数值　3. $a_{n+1}>a_n$，$a_{n+1}<a_n$，都相等

【问题探究】

问题1:53,3

问题2:如果数列$\{a_n\}$的第1项或前几项已知，并且数列$\{a_n\}$的任一项a_n与它的前一项a_{n-1}（或前几项）间的关系可以用一个式子来表示，那么这个式子就叫作这个数列的递推公式。

问题3:通项公式和递推公式都是给出数列的方法。已知数列的通项公式，可以直接求出任意一项；已知递推公式，要求某一项，则必须依次求出该项前面所有的项。

问题4:(1) 解析法、列表法、图像法。数列可以用通项公式、图像、列表等方法来表示。

(2) 对数列2,4,6,8,10,12,…可用以下几种方法表示。

① 通项公式法：$a_n=2n$。

② 递推公式法：$\begin{cases}a_1=2\\a_{n+1}=a_n+2\end{cases}$。

③ 列表法：

n	1	2	3	…	k	…
a_n	2	4	6	…	$2k$	…

④ 图像法：

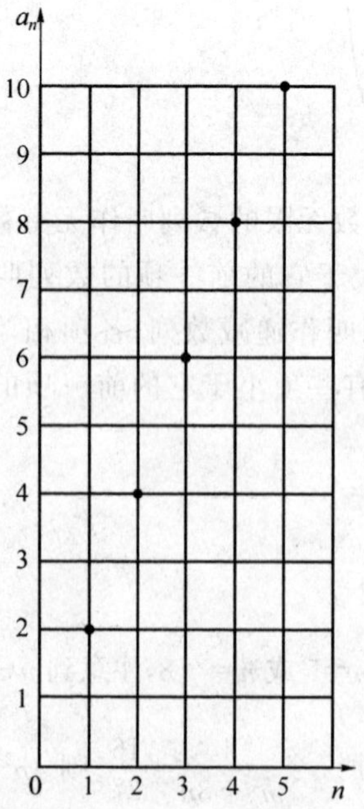

二、核心突破

【跟踪训练 1】 $a_3=\frac{1}{2}, a_4=\frac{2}{5}$

【跟踪训练 2】 $-\frac{1}{n}$

【跟踪训练 3】 -1

三、课堂练习

1. B 2. B 3. C 4. C 5. -3

11.3 等差数列(一)

一、阅读提纲

【疑点识记】

1. 等差,公差 2. 等差中项 3. $a_1+(n-1)d$ 4. 递增,递减

【问题探究】

问题 1:从第 2 项起,每项与它的前一项的差是同一个常数。

问题 2:如果一个数列从第 2 项起,每一项与它的前一项的差等于同一个常数,那么这个数列就叫作等差数列,这个常数叫作等差数列的公差,公差通常用字母 d 表示,可正可负可为零。

问题 3:(1) 3 (2) 2 (3) $\frac{a+b}{2}$ (4) 0

问题 4:因为 x, A, y 组成等差数列,所以 $A-x=y-A, 2A=x+y, A=\frac{x+y}{2}$。

问题 5:$a_n=a_1+(n-1)d$。

二、核心突破

【跟踪训练 1】 **证明:**由已知得 $\frac{1}{b+c}+\frac{1}{a+b}=\frac{2}{a+c}$,即 $\frac{2b+a+c}{(b+c)(a+b)}=\frac{2}{c+a}$。整理得 $(2b+a+c)(c+a)=2(b+c)(a+b)$。

所以 $a^2+c^2=2b^2$,a^2, b^2, c^2 成等差数列。

【跟踪训练 2】 **解析:**(1) 因为 $a_1=10, d=8-10=-2$,所以 $a_n=10+(n-1)\cdot(-2)=-2n+12$。因此 $a_{20}=-2\times20+12=-28$。

(2) 因为 $a_1=2, d=9-2=7$,所以 $a_n=2+(n-1)\times7=7n-5$,由 $7n-5=100$,得 $n=15$。因此 100 是这个数列的第 15 项。

【跟踪训练 3】 A

三、课堂练习

1. B 2. D 3. $a_n=\frac{1}{4}n+1$ 4. B 5. $\frac{8}{3}<d\leqslant3$

11.4 等差数列(二)

一、阅读提纲

【疑点识记】

1. d 2. d 3. $a_m+a_n=a_p+a_q$

【问题探究】

问题1：设等差数列的首项为 a_1，则 $a_m=a_1+(m-1)d$，变形得 $a_1=a_m-(m-1)d$，则 $a_n=a_1+(n-1)d=a_m-(m-1)d+(n-1)d=a_m+(n-m)d$。

问题2：等差数列通项公式可变形为 $a_n=dn+(a_1-d)$，其图像为一条直线上孤立的一系列点，$(1,a_1)$，(n,a_n)，(m,a_m) 都是这条直线上的点。d 为直线的斜率，故两点 $(1,a_1)$，(n,a_n) 连线的斜率 $d=\frac{a_n-a_1}{n-1}$。

当两点为 (n,a_n)，(m,a_m) 时，有 $d=\frac{a_n-a_m}{n-m}$。

问题3：利用 $1+100=2+99=\cdots$。在有穷等差数列中，与首末两项"等距离"的两项之和等于首项与末项的和。即 $a_1+a_n=a_2+a_{n-1}=a_3+a_{n-2}=\cdots$。注意到前式中的序号 $1+n=2+(n-1)=\cdots$。

在等差数列 $\{a_n\}$ 中，若 $m+n=p+q(m,n,p,q\in\mathbf{N}^*)$，则 $a_m+a_n=a_p+a_q$。特别地，若 $m+n=2p$，则 $a_n+a_m=2a_p$。

问题4：略。

二、核心突破

【跟踪训练1】 $\frac{1}{2}$

【跟踪训练2】 **证明**：因为 a,b,c 成等差数列，所以 $a+c=2b$。所以 $a^2(b+c)+c^2(a+b)$

$=a^2b+a^2c+c^2a+c^2b$

$=(a^2b+c^2b)+(a^2c+c^2a)$

$=b(a^2+c^2)+ac(a+c)$

$=b(a^2+c^2)+2abc$

$=b(a^2+c^2+2ac)$

$=b(a+c)^2$

$=b\cdot(a+c)\cdot(a+c)$

$=2\cdot b^2(c+a)$。

所以 $a^2(b+c)$，$b^2(c+a)$，$c^2(a+b)$ 能构成等差数列。

【跟踪训练3】 **解析**：(1) 证明 $(a_{n+1}-2^{n+1})-(a_n-2^n)=a_{n+1}-a_n-2^n=1$（与 n 无关），故数列 $\{a_n-2^n\}$ 为等差数列，且公差 $d=1$。

(2) 由(1)可知，$a_n-2^n=(a_1-2)+(n-1)d=n-1$，故 $a_n=2^n+n-1$，所以 $b_n=2\log_2(a_n+1-n)=2n$。

三、课堂练习

1. C 2. D 3. B 4. D 5. D

11.5 等差数列的前 n 项和(一)

一、阅读提纲

【疑点识记】

1. S_n，S_{16}，S_{n-1} 2. $\frac{n(a_1+a_n)}{2}$，$na_1+\frac{1}{2}n(n-1)d$

【问题探究】

问题 1：不知共有奇数项还是偶数项导致不能配对。但我们可以采用倒序相加来回避这个问题。

设 $S_n=1+2+3+\cdots+(n-1)+n$，

又 $S_n=n+(n-1)+(n-2)+\cdots+2+1$，

所以 $2S_n=(1+n)+[2+(n-1)]+\cdots+[(n-1)+2]+(n+1)$。

因此 $2S_n=n(n+1)$，$S_n=\dfrac{n(n+1)}{2}$。

问题 2：由上节课学到的性质，在有穷等差数列中，与首末两项"等距离"的两项之和等于首项与末项的和。即 $a_1+a_n=a_2+a_{n-1}=a_3+a_{n-2}=\cdots$。

"倒序相加法"可以推广到一般等差数列求前 n 项和，其方法如下：

$S_n=a_1+a_2+a_3+\cdots+a_{n-1}+a_n$

$=a_1+(a_1+d)+(a_1+2d)+\cdots+[a_1+(n-2)d]+[a_1+(n-1)d]$；

$S_n=a_n+a_{n-1}+a_{n-2}+\cdots+a_2+a_1$

$=a_n+(a_n-d)+(a_n-2d)+\cdots+[a_n-(n-2)d]+[a_n-(n-1)d]$。

两式相加，得 $2S_n=(a_1+a_n)\times n$，由此可得等差数列 $\{a_n\}$ 的前 n 项和公式：$S_n=\dfrac{n(a_1+a_n)}{2}$。

根据等差数列的通项公式 $a_n=a_1+(n-1)d$，代入上式可得 $S_n=na_1+\dfrac{n(n-1)}{2}d$。

问题 3：按 n 的降幂展开 $S_n=na_1+\dfrac{n(n-1)}{2}d=\dfrac{d}{2}n^2+\left(a_1-\dfrac{d}{2}\right)n$ 是关于 n 的二次函数形式，且常数项为 0。

问题 4：$(a_{11}+a_{12}+\cdots+a_{20})-(a_1+a_2+\cdots+a_{10})$

$=(a_{11}-a_1)+(a_{12}-a_2)+\cdots+(a_{20}-a_{10})$

$=\underbrace{10d+10d+\cdots+10d}_{10}=100d$，类似可得 $(a_{21}+a_{22}+\cdots+a_{30})-(a_{11}+a_{12}+\cdots+a_{20})=100d$。

所以 $a_1+a_2+\cdots+a_{10}$，$a_{11}+a_{12}+\cdots+a_{20}$，$a_{21}+a_{22}+\cdots+a_{30}$ 是等差数列。

S_m，S_{2m}，S_{3m} 分别为 $\{a_n\}$ 的前 m 项，前 $2m$ 项，前 $3m$ 项的和，则 S_m，$S_{2m}-S_m$，$S_{3m}-S_{2m}$ 也成等差数列，公差为 m^2d。

二、核心突破

【跟踪训练 1】 49

【跟踪训练 2】 $\dfrac{4}{3}$

【跟踪训练 3】 C

三、课堂练习

1. A 2. D 3. B 4. B 5. 10

11.6 等差数列的前 n 项和(二)

一、阅读提纲

【疑点识记】

1. $\begin{cases}S_1, & n=1\\ S_n-S_{n-1}, & n\geq 2\end{cases}$ 2. $\dfrac{n(a_1+a_n)}{2}$，$na_1+\dfrac{n(n-1)}{2}d$

【问题探究】

问题1：对所有数列都有 $S_n=a_1+a_2+\cdots+a_{n-1}+a_n$，$S_{n-1}=a_1+a_2+\cdots+a_{n-1}(n\geqslant 2)$。因此，当 $n\geqslant 2$ 时，有 $a_n=S_n-S_{n-1}$；当 $n=1$ 时，有 $a_1=S_1$。所以 a_n 与 S_n 的关系为 $a_n=\begin{cases}S_1, & n=1\\ S_n-S_{n-1}, & n\geqslant 2\end{cases}$。注意这一关系适用于所有数列，并且如果能统一用一个解析式 $a_n=f(n)(n\in\mathbf{N}^*)$ 来表示，应当统一表示。

问题2：当 $n=1$ 时，$a_1=S_1=a+b+c$；

当 $n\geqslant 2$ 时，$a_n=S_n-S_{n-1}=(an^2+bn+c)-[a(n-1)^2+b(n-1)+c]=2an-a+b$。

所以 $a_n=\begin{cases}a+b+c, & n=1\\ 2an-a+b, & n\geqslant 2\end{cases}$。

只有当 $c=0$ 时，$a_1=a+b+c$ 才满足 $a_n=2an-a+b$，数列 $\{a_n\}$ 才是等差数列。

问题3：由二次函数的性质可以得出，当 $d>0$ 时，S_n 有最小值；当 $d<0$ 时，S_n 有最大值。且 n 取最接近对称轴的正整数时，S_n 取到最值。

问题4：(1) 若 $a_1>0,d<0$，则数列的前面若干项为正项（或0），所以将这些项相加即得 $\{S_n\}$ 的最大值。

(2) 若 $a_1<0,d>0$，则数列的前面若干项为负项（或0），所以将这些项相加即得 $\{S_n\}$ 的最小值。

特别地，若 $a_1>0,d>0$，则 S_1 是 $\{S_n\}$ 的最小值；若 $a_1<0,d<0$，则 S_1 是 $\{S_n\}$ 的最大值。

二、核心突破

【跟踪训练1】 (1) $4n-5$　(2) $\begin{cases}1, & n=1\\ 2\cdot 3^{n-1}, & n\geqslant 2\end{cases}$

【跟踪训练2】 B

【跟踪训练3】 (1) $\{a_n\}$ 为等差数列，$a_4+a_5+a_6+a_7+a_8=25$，因为 $5a_6=25$，所以 $a_6=5$。

因为 $\{S_n\}$ 为 $\{a_n\}$ 的前 n 项和，则 $S_{12}=\frac{12(a_1+a_{12})}{2}=6(a_6+a_7)=6(5+a_7)=54$。

所以 $a_7=4,d=a_7-a_6=-1$。因此 $a_n=a_6+(n-6)\cdot(-1)=5-(n-6)=11-n$。

(2) 由(1)得 $a_n=-n+11$。则 $S_n=-\frac{1}{2}n^2+\frac{21}{2}n$。

当 $n\leqslant 11$ 时，$|a_1|+|a_2|+|a_3|+\cdots+|a_n|=S_n=-\frac{1}{2}n^2+\frac{21}{2}n$。

当 $n\geqslant 12$ 时，$|a_1|+|a_2|+|a_3|+\cdots+|a_n|=-S_n+2S_{11}=\frac{1}{2}n^2-\frac{21}{2}n+110$。

综上所述，$|a_1|+|a_2|+|a_3|+\cdots+|a_n|=\begin{cases}-\frac{1}{2}n^2+\frac{21}{2}n, & n\leqslant 11\\ \frac{1}{2}n^2-\frac{21}{2}n+110, & n\geqslant 12\end{cases}$。

三、课堂练习

1. D　2. B　3. C　4. 169　5. $T_n=\begin{cases}-n^2+10n, & n\leqslant 5\\ n^2-10n+50, & n\geqslant 6\end{cases}$

11.7 等比数列(一)

一、阅读提纲

【疑点识记】

1. 公比,q　2. $a_n=a_1q^{n-1}$　3. 等比中项

【问题探究】

问题1:从第2项起,每项与它的前一项的比是同一个常数。

问题2:如果一个数列从第2项起,每一项与它的前一项的比值等于同一个常数,那么这个数列叫作等比数列。这个常数叫作等比数列的公比,通常用字母q表示($q\neq0$)。

递推公式定义:$\frac{a_{n+1}}{a_n}=q(q\neq0)$。

问题3:设这个数为G。则$\frac{G}{2}=\frac{8}{G}$,$G=\pm4$,有两个。

问题4:等比,$\pm\sqrt{ab}$,两个,相反数,$ab>0$。

问题5:根据等比数列的定义知。

$a_1=a_1q^0$,$a_2=a_1q$,$a_3=a_2q=a_1q^2$,

$a_4=a_3q=a_1q^3$,$a_5=a_4q=a_1q^4$,…,一般地,有$a_n=a_1q^{n-1}$。

二、核心突破

【跟踪训练1】 (1) $2^{\frac{2n-5}{3}}$　(2) 6

【跟踪训练2】 (1) **证明:**由已知,有$a_1+a_2=4a_1+2$,所以$a_2=3a_1+2=5$,故$b_1=a_2-2a_1=3$。

又$a_{n+2}=S_{n+2}-S_{n+1}=4a_{n+1}+2-(4a_n+2)=4a_{n+1}-4a_n$,于是$a_{n+2}-2a_{n+1}=2(a_{n+1}-2a_n)$,即$b_{n+1}=2b_n$。

因此数列$\{b_n\}$是首项为3,公比为2的等比数列。

(2) 由(1)知等比数列$\{b_n\}$中,$b_1=3$,公比$q=2$,所以$a_{n+1}-2a_n=3\times2^{n-1}$。

于是$\frac{a_{n+1}}{2^{n+1}}-\frac{a_n}{2^n}=\frac{3}{4}$,因此数列$\left\{\frac{a_n}{2^n}\right\}$是首项为$\frac{1}{2}$,公差为$\frac{3}{4}$的等差数列,$\frac{a_n}{2^n}=\frac{1}{2}+(n-1)\times\frac{3}{4}=\frac{3}{4}n-\frac{1}{4}$。

所以$a_n=(3n-1)\cdot2^{n-2}$。

【跟踪训练3】 $\frac{13}{16}$

三、课堂练习

1. B　2. A　3. $\frac{\sqrt{5}-1}{2}$　4. C

5. (1) **解:**由$S_1=\frac{1}{3}(a_1-1)$,得$a_1=\frac{1}{3}(a_1-1)$,所以$a_1=-\frac{1}{2}$。又因为$S_2=\frac{1}{3}(a_2-1)$,即$a_1+a_2=\frac{1}{3}(a_2-1)$,得$a_2=\frac{1}{4}$。

(2) **证明:**当$n\geqslant2$时,$a_n=S_n-S_{n-1}=\frac{1}{3}(a_n-1)-\frac{1}{3}(a_{n-1}-1)$,得$\frac{a_n}{a_{n-1}}=-\frac{1}{2}$。又因为$\frac{a_2}{a_1}=-\frac{1}{2}$,所以$\{a_n\}$是首项为$-\frac{1}{2}$,公比为$-\frac{1}{2}$的等比数列。

11.8 等比数列(二)

一、阅读提纲

【疑点识记】

1. $a_m \cdot a_n = a_k \cdot a_l, a_k^2$ 2. 等比数列 3. $\frac{1}{q_1}, q_1q_2, \frac{q_2}{q_1}, |q_1|$

【问题探究】

问题 1：在等比数列中，由通项公式 $a_n = a_1q^{n-1}$，$\frac{a_n}{a_m} = \frac{a_1q^{n-1}}{a_1q^{m-1}} = q^{n-m}$，所以 $a_n = a_m \cdot q^{n-m}$ $(n, m \in \mathbf{N}^*)$。

问题 2：设等比数列$\{a_n\}$的首项为 a_1，公比为 q。则 $a_{n+1} - a_n = a_1q^n - a_1q^{n-1} = a_1q^{n-1}(q-1)$，差的正负由 $a_1, q, q-1$ 的正负共同决定。

等比数列单调递增$\Leftrightarrow \begin{cases} a_1 > 0 \\ q > 1 \end{cases}$ 或 $\begin{cases} a_1 < 0 \\ 0 < q < 1 \end{cases}$；

等比数列单调递减$\Leftrightarrow \begin{cases} a_1 > 0 \\ 0 < q < 1 \end{cases}$ 或 $\begin{cases} a_1 < 0 \\ q > 1 \end{cases}$。

问题 3：因为 $a_5 = a_1q^4, a_9 = a_1q^8, a_1a_9 = a_1^2q^8 = (a_1q^4)^2 = a_5^2$，$a_5^2 = a_1a_9$ 成立。

同理 $a_5^2 = a_3a_7$ 成立，$a_n^2 = a_{n-2} \cdot a_{n+2}$ 也成立。

问题 4：因为 $a_m = a_1q^{m-1}, a_n = a_1q^{n-1}$，所以 $a_m \cdot a_n = a_1^2 \cdot q^{m+n-2}$，同理，$a_s \cdot a_t = a_1^2q^{s+t-2}$，因为 $m+n = s+t$，所以 $a_m \cdot a_n = a_s \cdot a_t$。

二、核心突破

【跟踪训练 1】 (1) 25 (2) 1 或 64 (3) D

【跟踪训练 2】 (1) 3,6,12,24 (2) $-4,2,8$

三、课堂练习

1. C 2. A 3. A 4. $\frac{1}{2}$

5. **解**： 设这四个数分别为 $x, y, 18-y, 21-x$。

则由题意得$\begin{cases} y^2 = x(18-y) \\ 2(18-y) = y + (21-x) \end{cases}$，

解得$\begin{cases} x = 3 \\ y = 6 \end{cases}$或$\begin{cases} x = \frac{75}{4} \\ y = \frac{45}{4} \end{cases}$。

故所求的四个数为 3,6,12,18 或$\frac{75}{4}, \frac{45}{4}, \frac{27}{4}, \frac{9}{4}$。

11.9 等比数列的前 n 项和

一、阅读提纲

【疑点识记】

1. $\begin{cases} \frac{a_1(1-q^n)}{1-q} = \frac{a_1 - a_nq}{1-q}, & q \neq 1 \\ na_1, & q = 1 \end{cases}$ 3. 错位相减

【问题探究】

问题 1:比较两式易知,两式相减能消去同类项,解出 S_{64},即 $S_{64}=\frac{1-2^{64}}{1-2}=2^{64}-1$。

问题 2:设等比数列$\{a_n\}$的首项是 a_1,公比是 q,前 n 项和为 S_n。

S_n写成:$S_n=a_1+a_1q+a_1q^2+\cdots+a_1q^{n-1}$。①

则 $qS_n=a_1q+a_1q^2+\cdots+a_1q^{n-1}+a_1q^n$。②

由①-②得:$(1-q)S_n=a_1-a_1q^n$。

当 $q\neq1$ 时,$S_n=\frac{a_1(1-q^n)}{1-q}$。

当 $q=1$ 时,由于 $a_1=a_2=\cdots=a_n$,所以 $S_n=na_1$。

问题 3:(1) 一定不要忽略 $q=1$ 的情况。

(2) 知道首项 a_1、公比 q 和项数 n,可以用$\frac{a_1(1-q^n)}{1-q}$;知道首尾两项 a_1、a_n和 q,可以用$\frac{a_1-a_nq}{1-q}$。

(3) 在通项公式和前 n 项和公式中共出现了 5 个量:a_1,n,q,a_n,S_n。知道其中任意三个,可求其余。

二、核心突破

【跟踪训练 1】 2^n-1

【跟踪训练 2】 B

【跟踪训练 3】 **解析:**用 a_n表示热气球在第 n 分钟上升的高度,由题意,得 $a_{n+1}=\frac{4}{5}a_n$,因此,数列$\{a_n\}$是首项 $a_1=25$,公比 $q=\frac{4}{5}$的等比数列。

热气球在前 n 分钟内上升的总高度为 $S_n=a_1+a_2+\cdots+a_n=\frac{a_1(1-q^n)}{1-q}=$

$$\frac{25\times\left[1-\left(\frac{4}{5}\right)^n\right]}{1-\frac{4}{5}}=125\times\left[1-\left(\frac{4}{5}\right)^n\right]<125(\text{m})。$$

故这个热气球上升的高度不可能超过 125 m。

三、课堂练习

1. D 2. D 3. B 4. C 5. 2^{n-1}

11.10 数列求和

一、核心突破

【跟踪训练 1】 $\frac{n(n+1)}{2}+1-\frac{1}{2^n}$

【跟踪训练 2】 **解析:**(1) 解法一。设正项等差数列$\{a_n\}$的首项为 a_1,公差为 d,$a_n>0$,

则$\begin{cases}a_1+a_1+4d=\frac{2}{7}(a_1+2d)^2\\7a_1+21d=63\end{cases}$,得$\begin{cases}a_1=3\\d=2\end{cases}$。

所以 $a_n=3+(n-1)\times2=2n+1$。

解法二。因为$\{a_n\}$是等差数列且$a_1+a_5=\frac{2}{7}a_3^2$，所以$2a_3=\frac{2}{7}a_3^2$。又因为$a_n>0$，所以$a_3=7$。因为$S_7=\frac{7(a_1+a_7)}{2}=7a_4=63$，所以$a_4=9$，$d=a_4-a_3=2$，故$a_n=a_3+(n-3)d=2n+1$。

(2) 因为$b_{n+1}-b_n=a_{n+1}$，且$a_n=2n+1$，所以$b_{n+1}-b_n=2n+3$。

当$n\geqslant 2$时，$b_n=(b_n-b_{n-1})+(b_{n-1}-b_{n-2})+\cdots+(b_2-b_1)+b_1$

$=(2n+1)+(2n-1)+\cdots+5+3=n(n+2)$。

当$n=1$时，$b_1=3$满足上式，$b_n=n(n+2)$。所以$\frac{1}{b_n}=\frac{1}{n(n+2)}=\frac{1}{2}\left(\frac{1}{n}-\frac{1}{n+2}\right)$。

所以$T_n=\frac{1}{b_1}+\frac{1}{b_2}+\cdots+\frac{1}{b_{n-1}}+\frac{1}{b_n}$

$=\frac{1}{2}\left(1-\frac{1}{3}\right)+\left(\frac{1}{2}-\frac{1}{4}\right)+\left(\frac{1}{3}-\frac{1}{5}\right)+\cdots+\left(\frac{1}{n-1}-\frac{1}{n+1}\right)+\left(\frac{1}{n}-\frac{1}{n+2}\right)$

$=\frac{1}{2}\left(1+\frac{1}{2}-\frac{1}{n+1}-\frac{1}{n+2}\right)=\frac{3}{4}-\frac{1}{2}\left(\frac{1}{n+1}+\frac{1}{n+2}\right)$。

【跟踪训练3】 **解析**：(1) 因为点(a_n,a_{n+1})在直线$y=x+2$上，所以$a_{n+1}=a_n+2$，即$a_{n+1}-a_n=2$。

所以数列$\{a_n\}$是以3为首项，2为公差的等差数列，并且$a_n=3+2(n-1)=2n+1$。

(2) 因为$b_n=a_n\cdot 3^n$，所以$b_n=(2n+1)\cdot 3^n$。

所以$T_n=3\times 3+5\times 3^2+7\times 3^3+\cdots+(2n-1)\cdot 3^{n-1}+(2n+1)\cdot 3^n$，①

所以$3T_n=3\times 3^2+5\times 3^3+\cdots+(2n-1)\cdot 3^n+(2n+1)\cdot 3^{n+1}$。②

①−②得$-2T_n=3\times 3+2(3^2+3^3+\cdots+3^n)-(2n+1)\cdot 3^{n+1}$

$=9+2\times\frac{9(1-3^{n-1})}{1-3}-(2n+1)\cdot 3^{n+1}$

$=-2n\cdot 3^{n+1}$

所以$T_n=n\cdot 3^{n+1}$。

二、课堂练习

1. (1) 由题意令$a_nb_{n+1}+b_{n+1}=nb_n$中$n=1$，即$a_1b_2+b_2=b_1$，解得$a_1=2$，故$a_n=3n-1(n\in\mathbf{N}^*)$。

(2) 由(1)得$(3n-1)b_{n+1}+b_{n+1}=nb_n$，即$b_{n+1}=\frac{1}{3}b_n\ (n\in\mathbf{N}^*)$，故$\{b_n\}$是以$b_1=1$为首项，$q=\frac{1}{3}$为公比的等比数列，即$b_n=\left(\frac{1}{3}\right)^{n-1}\ (n\in\mathbf{N}^*)$，所以$\{b_n\}$的前$n$项和为$S_n=\frac{1\left(1-\frac{1}{3^n}\right)}{1-\frac{1}{3}}=\frac{3}{2}-\frac{1}{2\cdot 3^{n-1}}$。

2. (1) 数列$\{a_n\}$的公比为q，由已知有$\frac{1}{a_1}-\frac{1}{a_1q}=\frac{2}{a_1q^2}$，解得$q=2,q=-1$。

又由 $S_n=\frac{a_1(1-q^6)}{1-q}=63$ 知 $q\neq-1$，所以 $\frac{a_1(1-2^6)}{1-2}=63$，解得 $a_1=1$，所以 $a_n=2^{n-1}(n\in\mathbf{N}^*)$。

(2) 由题意得 $b_n=\frac{1}{2}(\log_2 a_n+\log_2 a_{n+1})=\frac{1}{2}(\log_2 2^{n-1}+\log_2 2^n)=n-\frac{1}{2}$，即数列 $\{b_n\}$ 是首项为 $\frac{1}{2}$，公差为 1 的等差数列。设数列 $\{(-1)^n b_n^2\}$ 的前 n 项和为 T_n，

则 $T_{2n}=(-b_1^2+b_2^2)+(-b_3^2+b_4^2)+\cdots+(-b_{2n-1}^2+b_{2n}^2)=b_1+b_2+\cdots+b_{2n}=\frac{2n(b_1+b_{2n})}{2}=2n^2$。

第 12 章　不　等　式

12.1　不等关系与不等式

一、阅读提纲

【疑点识记】

1. (1) $>$, 0, $<$　(2) $>$, $=$, $<$

2. (1) $<$　(2) $>$　(3) $>$　(4) $>$, $<$　(5) $>$　(6) $>$　(7) $>$　(8) $>$

【问题探究】

问题 1：$v\leqslant 40$。

问题 2：$>$, $<$, $\leqslant$, $\geqslant$

问题 3：作差。$x^2+1-2x=(x-1)^2\geqslant 0$，所以 $x^2+1\geqslant 2x$。

问题 4：$a>b\Leftrightarrow a-b>0$；$a=b\Leftrightarrow a-b=0$；$a<b\Leftrightarrow a-b<0$。

二、核心突破

【跟踪训练 1】 **解析**：提价后杂志的定价为 x 元，则销售的总收入为 $\left(8-\frac{x-2.5}{0.1}\times 0.2\right)x$ 万元，那么不等关系“销售的收入不低于 20 万元”用不等式可以表示为 $\left(8-\frac{x-2.5}{0.1}\times 0.2\right)x\geqslant 20$。

【跟踪训练 2】 由 $a-\frac{1}{a}=\frac{(a-1)(a+1)}{a}$，当 $a=\pm 1$ 时，$a=\frac{1}{a}$；当 $-1<a<0$ 或 $a>1$ 时，$a>\frac{1}{a}$；当 $a<-1$ 或 $0<a<1$ 时，$a<\frac{1}{a}$。

【跟踪训练 3】 D

三、课堂练习

1. C　2. C　3. D　4. $[-1,6]$　5. $A>B$

12.2　一元二次不等式及其解法(一)

一、阅读提纲

【疑点识记】

① $(-\infty,x_1)\cup(x_2,+\infty)$　② $\{x\mid x\in\mathbf{R}$ 且 $x\neq-\frac{b}{2a}\}$　③ $\mathbf{R}$

④ $\{x\mid x_1<x<x_2\}$　⑤ $\varnothing$　⑥ $\varnothing$

【问题探究】

问题 1：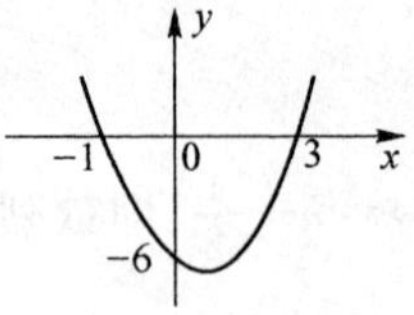

① $\{-2,3\}$； ② $\{x|x<-2$ 或 $x>3\}$； ③ $\{x|-2<x<3\}$。

问题 2：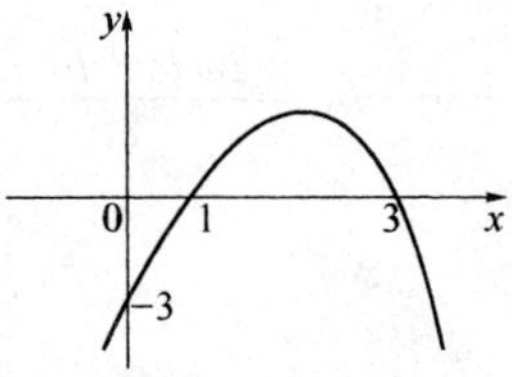

① $\{1,3\}$； ② $\{x|1<x<3\}$； ③ $\{x|x<1$ 或 $x>3\}$。

问题 3：一元二次方程 $ax^2+bx+c=0$，当 $\Delta=b^2-4ac>0$ 时，有两个不等的实数根，记作 x_1,x_2，且 $x_1<x_2$。则当 $a>0$ 时，不等式 $ax^2+bx+c>0$ 的解集是 $\{x|x<x_1$ 或 $x>x_2\}$，不等式 $ax^2+bx+c<0$ 的解集是 $\{x|x_1<x<x_2\}$；当 $a<0$ 时，不等式 $ax^2+bx+c>0$ 的解集是 $\{x|x_1<x<x_2\}$，不等式 $ax^2+bx+c<0$ 的解集是 $\{x|x<x_1$ 或 $x>x_2\}$。

二、核心突破

【跟踪训练 1】 A

【跟踪训练 2】 (1) 因为方程 $ax^2+bx+2=0$ 的两根为 $-\frac{1}{2}$ 和 2，由根与系数的关系，得

$$\begin{cases}-\frac{1}{2}+2=\frac{b}{a}\\ -\frac{1}{2}\times 2=\frac{2}{a}\end{cases}$$

。解得 $a=-2,b=3$。

(2) 由(1)知，$ax^2+bx-1>0$ 化为 $-2x^2+3x-1>0$，即 $2x^2-3x+1<0$，解得 $\frac{1}{2}<x<1$。所以不等式 $ax^2+bx-1>0$ 的解集为 $\left\{x\left|\frac{1}{2}<x<1\right.\right\}$。

【跟踪训练 3】 **解析**：要分清谁是应付主要责任者，就需分析行车速度，要弄清速度问题，就要利用刹车距离函数与实测数据，构建数学模型，由题意列出不等式

甲：$0.1x+0.01x^2>12$，

乙：$0.05x+0.005x^2>10$，

因为 $x>0$，所以解得 $x_{甲}>30$ km/h，$x_{乙}>40$ km/h，经比较知乙车超过限速，应付主要责任。

三、课堂练习

1. D 2. B 3. A 4. A 5. $\left\{x\left|-\frac{1}{3}\leqslant x\leqslant-\frac{1}{4}\right.\right\}$

12.3 一元二次不等式及其解法(二)

一、阅读提纲

【疑点识记】

1. $\begin{cases}a>0\\ \Delta<0\end{cases}$，$\begin{cases}a<0\\ \Delta\leqslant 0\end{cases}$ 2. $a>f(x)_{\max}$，$a<f(x)_{\min}$

【问题探究】

问题1：$x-1>0$ 在区间$[2,3]$上恒成立的几何意义是函数 $y=x-1$ 在区间$[2,3]$上的图像恒在 x 轴上方。区间$[2,3]$内的元素一定是不等式 $x-1>0$ 的解，反之不一定成立，故区间$[2,3]$是不等式 $x-1>0$ 的解集的子集。

问题2：上，子集

问题3：解答含参数的不等式时，一般需对参数进行讨论，常见的有以下几种情况：

(1) 二次项系数含参数时，根据二次不等式化标准形式需要化二次项系数为正，所以要对参数符号进行讨论。

(2) 解"Δ"的过程中，若"Δ"表达式含有参数且参数的取值影响"Δ"符号，这时根据"Δ"符号确定的需要，要对参数进行讨论。

(3) 方程的两根表达式中如果有参数，必须对参数讨论才能确定根的大小，这时要对参数进行讨论。

总之，参数讨论有三个方面：①二次项系数；②"Δ"；③根。但未必在这三个地方都进行讨论，是否讨论要根据需要而定。

二、核心突破

【跟踪训练1】 **解析**：当 $a=0$ 时，不等式的解集为$\{x\mid x<1\}$；当 $a<0$ 时，不等式的解集为$\left\{x\mid \frac{1+\sqrt{1-4a}}{2a}<x<\frac{1-\sqrt{1-4a}}{2a}\right\}$；当 $0<a<\frac{1}{4}$ 时，不等式的解集为$\left\{x= x<\frac{1-\sqrt{1-4a}}{2a}\text{或}x>\frac{1+\sqrt{1-4a}}{2a}\right\}$；当 $a=\frac{1}{4}$ 时，不等式的解集为$\{x\mid x\neq 2\}$；当 $a>\frac{1}{4}$ 时，$x\in\mathbf{R}$。

【跟踪训练2】 **解析**：若 $a=0$，则原不等式为 $-x-1<0$，即 $x>-1$，不合题意。故 $a\neq0$。

令 $f(x)=ax^2+(a-1)x+a-1$，因为原不等式对任意 $x\in\mathbf{R}$ 都成立，所以二次函数 $f(x)$ 的图像在 x 轴的下方。

所以 $a<0$ 且 $\Delta=(a-1)^2-4a(a-1)<0$。即 $\begin{cases}a<0\\(a-1)(3a+1)>0\end{cases}$，所以 $a<-\frac{1}{3}$。

故 a 的取值范围为$\left(-\infty,-\frac{1}{3}\right)$。

三、课堂练习

1. D　2. D　3. A　4. A

5. **解析**：原不等式可化为$(x-a)(x-a^2)>0$。

则方程 $x^2-(a+a^2)x+a^3=0$ 的两根为 $x_1=a$，$x_2=a^2$，

由 $a^2-a=a(a-1)$ 可知，

(1) 当 $a<0$ 或 $a>1$ 时，$a^2>a$。

所以原不等式的解为 $x>a^2$ 或 $x<a$。

(2) 当 $0<a<1$ 时，$a^2<a$，

所以原不等的解为 $x>a$ 或 $x<a^2$。

(3) 当 $a=0$ 时,原不等式为 $x^2>0$,所以 $x\neq0$。

(4) 当 $a=1$ 时,原不等式为 $(x-1)^2>0$,所以 $x\neq1$。

综上可知:

当 $a<0$ 或 $a>1$ 时,原不等式的解集为 $\{x|x<a$ 或 $x>a^2\}$;

当 $0<a<1$ 时,原不等式的解集为 $\{x|x<a^2$ 或 $x>a\}$;

当 $a=0$ 时,原不等式的解集为 $\{x|x\neq0\}$;

当 $a=1$ 时,原不等式的解集为 $\{x|x\neq1\}$。

12.4 二元一次不等式(组)与平面区域

一、阅读提纲

【疑点识记】

1. 两个,1,二元一次不等式组 2. $Ax+By+C=0$,虚线,实线

3. (1) 相同 (2) Ax_0+By_0+C

【问题探究】

问题1:通过图像容易得出以下结论。

(1) 点 $A(0,2)$,$B(-2,0)$,$C(-1,1)$ 的坐标满足方程 $x-y+2=0$,它们在直线 $x-y+2=0$上;

(2) 点 $O(0,0)$,$D(1,0)$,$E(0,-1)$ 的坐标满足不等式 $x-y+2>0$,它们在直线 $x-y+2=0$的右下方;

(3) 点 $F(-3,0)$,$G(-2,2)$,$H(0,3)$ 的坐标满足不等式 $x-y+2<0$,它们在直线 $x-y+2=0$ 的左上方。

问题2:(1) 在平面直角坐标系中,二元一次不等式 $Ax+By+C>0$(或 <0)表示直线 $Ax+By+C=0$ 某一侧所有点组成的平面区域,把直线画成虚线以表示区域不包括边界。不等式 $Ax+By+C\geqslant0$ 表示的平面区域包括边界,把边界画成实线。

(2) 直线 $Ax+By+C=0$ 同一侧的所有点的坐标 (x,y) 代入 $Ax+By+C$,所得的符号都相同。

(3) 在直线 $Ax+By+C=0$ 的一侧取某个特殊点 (x_0,y_0),由 Ax_0+By_0+C 的符号可以断定 $Ax+By+C>0$(或 <0)表示的是直线 $Ax+By+C=0$ 哪一侧的平面区域。

(4) 二元一次不等式组所表示的平面区域是各个不等式表示的平面区域的交集。

二、核心突破

【跟踪训练1】 **解析**:先画直线 $-x+2y-4=0$(画成虚线),取原点 $(0,0)$,代入 $-x+2y-4$,因为 $0+2\times0-4<0$,所以,原点在 $-x+2y-4<0$ 表示的平面区域内,所以,不等式 $-x+2y-4<0$表示的区域如图所示。

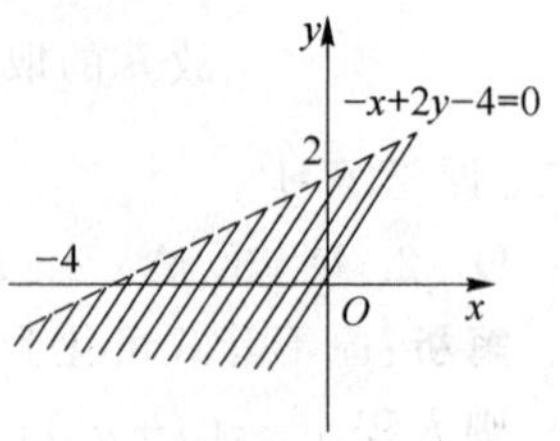

跟踪训练1图

【跟踪训练2】 $\triangle ABC$ 区域可表示为 $\begin{cases}x+2y-1\geqslant0\\x-y+2\geqslant0\\2x+y-5\leqslant0\end{cases}$。

【跟踪训练3】 2

三、课堂练习

1. A 2. D 3. A 4. C 5. $\frac{7}{4}$

12.5 简单的线性规划问题

一、阅读提纲

【疑点识记】

一次,一次,可行解,最大值或最小值,在线性约束条件下求线性目标函数的最大值或最小值问题。

【问题探究】

问题 1:因为 $0<\alpha_1<\alpha_2<\frac{\pi}{2},\frac{\pi}{2}<\alpha_3<\alpha_4<\pi$。所以 $\tan\alpha_2>\tan\alpha_1>0,\tan\alpha_3<\tan\alpha_4<0$。所以 $k_3<k_4<0<k_1<k_2$。

问题 2:将直线 $z=x+2y$ 化为斜截式方程为 $y=-\frac{1}{2}x+\frac{z}{2}$,则该直线可以由直线 $y=-\frac{1}{2}x$ 平移得到,且当 z 最大时,直线的纵截距最大;当 z 最小时,直线的纵截距最小。

问题 4:与原点(0,0)距离的平方,与点(a,b)距离的平方,与定点(a,b)连线的斜率。

二、核心突破

【跟踪训练 1】 $\frac{3}{2}$

【跟踪训练 2】 D

【跟踪训练 3】 C

【跟踪训练 4】 **解析**:设生产产品 A,B 的件数分别为 x,y,获得利润为 z 元,

则 x,y 满足约束条件为 $\begin{cases}x,y\in\mathbf{N}\\1.5x+0.5y\leqslant150\\x+0.3y\leqslant90\\5x+3y\leqslant600\end{cases}$,

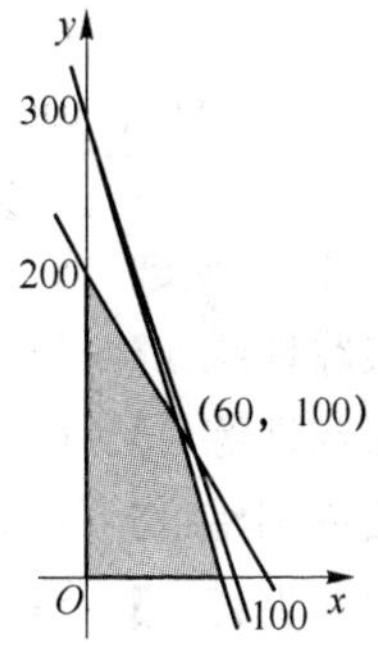

目标函数为 $z=2\,100x+900y=300(7x+3y)$,画出满足不等式组的可行域,如右图所示。

联立 $\begin{cases}5x+3y=600\\x+0.3y=90\end{cases}$,得 $\begin{cases}x=60\\y=100\end{cases}$,即 $A(60,100)$。移动目标函数 $y=-\frac{7}{3}x+\frac{z}{900}$,可得到当其经过点 $A(60,100)$ 时,z 有最大值 216 000。故填 216 000。

三、课堂练习

1. C 2. B 3. B 4. $\left[\frac{4}{5},13\right]$ 5. $\sqrt{2}$

12.6 基本不等式

一、阅读提纲

【疑点识记】

1. $\geqslant$, $a=b$ 2. $\geqslant$, $a=b$,基本 3. (1) $\leqslant,\leqslant$ (2) 2,-2 (3) 2,-2 (4) $\geqslant$

【问题探究】

问题 1:易证 $\text{Rt}\triangle APQ\backsim\text{Rt}\triangle PBQ$,那么 $PQ^2=AQ\cdot QB$,即 $PQ=\sqrt{ab}$。

问题 2：因为 $PQ \leqslant \frac{AB}{2}$，所以 $\frac{a+b}{2} \geqslant \sqrt{ab}$。

问题 3：**证明**：由于 $\sqrt{ab} \leqslant \frac{a+b}{2}$ 成立，

只须证明 $\sqrt{ab} \geqslant \frac{2}{\frac{1}{a}+\frac{1}{b}}$ 和 $\sqrt{\frac{a^2+b^2}{2}} \geqslant \frac{a+b}{2}$ 成立即可。

因为 $\sqrt{ab}-\frac{2}{\frac{1}{a}+\frac{1}{b}}=\sqrt{ab}-\frac{2ab}{a+b}=\frac{(a+b)\sqrt{ab}-2ab}{a+b}$

$=\frac{\sqrt{ab}(a+b-2\sqrt{ab})}{a+b}=\frac{\sqrt{ab}(\sqrt{a}-\sqrt{b})^2}{a+b} \geqslant 0$，

所以 $\sqrt{ab} \geqslant \frac{2}{\frac{1}{a}+\frac{1}{b}}$，即 $\frac{2}{\frac{1}{a}+\frac{1}{b}} \leqslant \sqrt{ab}$。

因为 $\left(\sqrt{\frac{a^2+b^2}{2}}\right)^2-\left(\frac{a+b}{2}\right)^2=\frac{a^2+b^2}{2}-\frac{(a+b)^2}{4}$

$=\frac{2(a^2+b^2)-(a+b)^2}{4}=\frac{a^2+b^2-2ab}{4}=\frac{(a-b)^2}{4} \geqslant 0$。

所以 $\sqrt{\frac{a^2+b^2}{2}} \geqslant \frac{a+b}{2}$，即 $\frac{a+b}{2} \leqslant \sqrt{\frac{a^2+b^2}{2}}$。

所以 $\frac{2}{\frac{1}{a}+\frac{1}{b}} \leqslant \sqrt{ab} \leqslant \frac{a+b}{2} \leqslant \sqrt{\frac{a^2+b^2}{2}}$。

二、核心突破

【跟踪训练 1】 (1) C (2) 20

【跟踪训练 2】 (1) 6 (2) 18

【跟踪训练 3】 $P<Q<R$

【跟踪训练 4】 汽车使用 10 年平均费用最少。

三、课堂练习

1. B 2. C 3. C 4. C 5. −2